国家卫生健康委员会"十三五"规划教材
全 国 高 等 学 校 教 材
供基础、临床、预防、口腔医学类专业用

U0658691

局部解剖学

Regional Anatomy

第9版

主 编 崔慧先 李瑞锡

副主编 张绍祥 钱亦华 张雅芳 张卫光

人民卫生出版社
PEOPLE'S MEDICAL PUBLISHING HOUSE

图书在版编目（CIP）数据

局部解剖学/崔慧先,李瑞锡主编.—9版.—北京:人民卫生出版社,2018

全国高等学校五年制本科临床医学专业第九轮规划教材

ISBN 978-7-117-26658-1

Ⅰ.①局… Ⅱ.①崔…②李… Ⅲ.①局部解剖学-医学院校-教材 Ⅳ.①R323

中国版本图书馆 CIP 数据核字(2018)第 182127 号

人卫智网	www. ipmph. com	医学教育、学术、考试、健康，购书智慧智能综合服务平台
人卫官网	www. pmph. com	人卫官方资讯发布平台

局部解剖学
第 9 版

主　　编：崔慧先　　李瑞锡

出版发行：人民卫生出版社(中继线 010-59780011)

地　　址：北京市朝阳区潘家园南里 19 号

邮　　编：100021

E – mail：pmph @ pmph. com

购书热线：010-59787592　010-59787584　010-65264830

印　　刷：北京汇林印务有限公司

经　　销：新华书店

开　　本：850×1168　1/16　印张：21

字　　数：621 千字

版　　次：1979 年 6 月第 1 版　　2018 年 9 月第 9 版
　　　　　2023 年 3 月第 9 版第 9 次印刷(总第 73 次印刷)

标准书号：ISBN 978-7-117-26658-1

定　　价：75.00 元

打击盗版举报电话：010-59787491　E-mail：WQ @ pmph. com

(凡属印装质量问题请与本社市场营销中心联系退换)

编 者

以姓氏笔画为序

李文生 （复旦大学上海医学院）

李振中 （山东大学齐鲁医学院）

李瑞锡 （复旦大学上海医学院）

汪华侨 （中山大学中山医学院）

张卫光 （北京大学医学部）

张绍祥 （陆军军医大学）

张雅芳 （哈尔滨医科大学）

欧阳钧 （南方医科大学）

周鸿鹰 （四川大学华西基础医学与法医学院）

侯志勇 （河北医科大学第三医院）

贺桂琼 （重庆医科大学）

袁琼兰 （同济大学医学院）

夏　蓉 （上海交通大学医学院）

夏玉军 （青岛大学医学院）

钱亦华 （西安交通大学医学部）

黄　飞 （滨州医学院）

黄明玉 （青海大学医学院）

崔慧先 （河北医科大学）

潘爱华 （中南大学湘雅医学院）

融合教材阅读使用说明

融合教材介绍：本套教材以融合教材形式出版，即融合纸书内容与数字服务的教材，每本教材均配有特色的数字内容，读者阅读纸书的同时可以通过扫描书中二维码阅读线上数字内容。

《局部解剖学》(第9版)融合教材配有以下数字资源：

🔥 教学课件　🔥 案例　🔥 视频　🔥 动画　🔥 自测试卷　🔥 英文名词读音

① 扫描教材封底圆形图标中的二维码，打开激活平台。

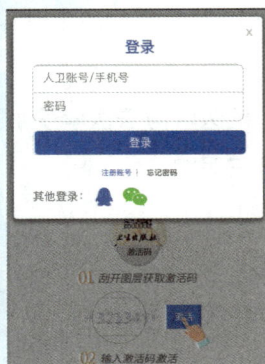

② 注册或使用已有人卫账号登录，输入刮开的激活码。

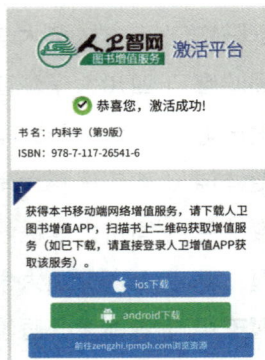

③ 下载"人卫图书增值"APP，也可登录 zengzhi.ipmph.com 浏览。

④ 使用APP"扫码"功能，扫描教材中二维码可快速查看数字内容。

配套教材(共计 56 种)

全套教材书目

《局部解剖学》(第9版)配套教材
《局部解剖学习题集》 主编：张雅芳

读者信息反馈方式

欢迎登录"人卫e教"平台官网"medu.pmph.com"，在首页注册登录后，即可通过输入书名、书号或主编姓名等关键字，查询我社已出版教材，并可对该教材进行读者反馈、图书纠错、撰写书评以及分享资源等。

党的十九大报告明确提出,实施健康中国战略。 没有合格医疗人才,就没有全民健康。 推进健康中国建设要把培养好医药卫生人才作为重要基础工程。 我们必须以习近平新时代中国特色社会主义思想为指引,按照十九大报告要求,把教育事业放在优先发展的位置,加快实现教育现代化,办好人民满意的医学教育,培养大批优秀的医药卫生人才。

着眼于面向 2030 年医学教育改革与健康中国建设,2017 年 7 月,教育部、国家卫生和计划生育委员会、国家中医药管理局联合召开了全国医学教育改革发展工作会议。 之后,国务院办公厅颁布了《国务院办公厅关于深化医教协同进一步推进医学教育改革与发展的意见》(国办发〔2017〕63 号)。 这次改革聚焦健康中国战略,突出问题导向,系统谋划发展,医教协同推进,以"服务需求、提高质量"为核心,确定了"两更加、一基本"的改革目标,即:到 2030 年,具有中国特色的标准化、规范化医学人才培养体系更加健全,医学教育改革与发展的政策环境更加完善,医学人才队伍基本满足健康中国建设需要,绘就了今后一个时期医学教育改革发展的宏伟蓝图,作出了具有全局性、战略性、引领性的重大改革部署。

教材是学校教育教学的基本依据,是解决培养什么样的人、如何培养人以及为谁培养人这一根本问题的重要载体,直接关系到党的教育方针的有效落实和教育目标的全面实现。 要培养高素质的优秀医药卫生人才,必须出版高质量、高水平的优秀精品教材。 一直以来,教育部高度重视医学教材编制工作,要求以教材建设为抓手,大力推动医学课程和教学方法改革。

改革开放四十年来,具有中国特色的全国高等学校五年制本科临床医学专业规划教材经历了九轮传承、创新和发展。 在教育部、国家卫生和计划生育委员会的共同推动下,以裘法祖、吴阶平、吴孟超、陈灏珠等院士为代表的我国几代著名院士、专家、医学家、教育家,以高度的责任感和敬业精神参与了本套教材的创建和每一轮教材的修订工作。 教材从无到有、从少到多、从多到精,不断丰富、完善与创新,逐步形成了课程门类齐全、学科系统优化、内容衔接合理、结构体系科学的立体化优秀精品教材格局,创建了中国特色医学教育教材建设模式,推动了我国高等医学本科教育的改革和发展,走出了一条适合中国医学教育和卫生健康事业发展实际的中国特色医药学教材建设发展道路。

在深化医教协同、进一步推进医学教育改革与发展的时代要求与背景下,我们启动了第九轮全国高等学校五年制本科临床医学专业规划教材的修订工作。 教材修订过程中,坚持以习近平新时代中国特色社会主义思想为指引,贯彻党的十九大精神,落实"优先发展教育事业""实施健康中国战略"及"落实立德树人根本任务,发展素质教育"的战略部署要求,更加突出医德教育与人文素质教育,将医德教育贯穿于医学教育全过程,同时强调"多临床、早临床、反复临床"的理念,强化临床实践教学,着力培养医德高尚、医术精湛的临床医生。

我们高兴地看到,这套教材在编写宗旨上,不忘医学教育人才培养的初心,坚持质量第一、立德树人;在编写内容上,牢牢把握医学教育改革发展新形势和新要求,坚持与时俱进、力求创新;在编写形式上,聚力"互联网+"医学教育的数字化创新发展,充分运用 AR、VR、人工智能等新技术,在传统纸质教材的基础上融合实操性更强的数字内容,推动传统课堂教学迈向数字教学与移动学习的新时代。 为进一步加强医学生临床实践能力培养,整套教材还配有相应的实践指导教材,内容丰富,图文并茂,具有较强的科学性和实践指导价值。

我们希望,这套教材的修订出版,能够进一步启发和指导高校不断深化医学教育改革,推进医教协同,为培养高质量医学人才、服务人民群众健康乃至推动健康中国建设作出积极贡献。

林蕙青

2018 年 2 月

全国高等学校五年制本科临床医学专业
第九轮　规划教材修订说明

　　全国高等学校五年制本科临床医学专业国家卫生健康委员会规划教材自1978年第一轮出版至今已有40年的历史。几十年来，在教育部、国家卫生健康委员会的领导和支持下，以裘法祖、吴阶平、吴孟超、陈灏珠等院士为代表的我国几代德高望重、有丰富的临床和教学经验、有高度责任感和敬业精神的国内外著名院士、专家、医学家、教育家参与了本套教材的创建和每一轮教材的修订工作，使我国的五年制本科临床医学教材从无到有，从少到多，从多到精，不断丰富、完善与创新，形成了课程门类齐全、学科系统优化、内容衔接合理、结构体系科学的由规划教材、配套教材、网络增值服务、数字出版等组成的立体化教材格局。这套教材为我国千百万医学生的培养和成才提供了根本保障，为我国培养了一代又一代高水平、高素质的合格医学人才，为推动我国医疗卫生事业的改革和发展做出了历史性巨大贡献，并通过教材的创新建设和高质量发展，推动了我国高等医学本科教育的改革和发展，促进了我国医药学相关学科或领域的教材建设和教育发展，走出了一条适合中国医药学教育和卫生事业发展实际的具有中国特色医药学教材建设和发展的道路，创建了中国特色医药学教育教材建设模式。老一辈医学教育家和科学家们亲切地称这套教材是中国医学教育的"干细胞"教材。

　　本套第九轮教材修订启动之时，正是我国进一步深化医教协同之际，更是我国医疗卫生体制改革和医学教育改革全方位深入推进之时。在全国医学教育改革发展工作会议上，李克强总理亲自批示"人才是卫生与健康事业的第一资源，医教协同推进医学教育改革发展，对于加强医学人才队伍建设、更好保障人民群众健康具有重要意义"，并着重强调，要办好人民满意的医学教育，加大改革创新力度，奋力推动建设健康中国。

　　教材建设是事关未来的战略工程、基础工程，教材体现国家意志。人民卫生出版社紧紧抓住医学教育综合改革的历史发展机遇期，以全国高等学校五年制本科临床医学专业第九轮规划教材全面启动为契机，以规划教材创新建设，全面推进国家级规划教材建设工作，服务于医改和教改。第九轮教材的修订原则，是积极贯彻落实国务院办公厅关于深化医教协同、进一步推进医学教育改革与发展的意见，努力优化人才培养结构，坚持以需求为导向，构建发展以"5+3"模式为主体的临床医学人才培养体系；强化临床实践教学，切实落实好"早临床、多临床、反复临床"的要求，提高医学生的临床实践能力。

　　在全国医学教育综合改革精神鼓舞下和老一辈医学家奉献精神的感召下，全国一大批临床教学、科研、医疗第一线的中青年专家、学者、教授继承和发扬了老一辈的优秀传统，以严谨治学的科学态度和无私奉献的敬业精神，积极参与第九轮教材的修订和建设工作，紧密结合五年制临床医学专业培养目标、高等医学教育教学改革的需要和医药卫生行业人才的需求，借鉴国内外医学教育教学的经验和成果，不断创新编写思路和编写模式，不断完善表达形式和内容，不断提升编写水平和质量，已逐渐将每一部教材打造成了学科精品教材，使第九轮全套教材更加成熟、完善和科学，从而构建了适合以"5+3"为主体的医学教育综合改革需要、满足卓越临床医师培养需求的教材体系和优化、系统、科学、经典的五年制本科临床医学专业课程体系。

其修订和编写特点如下：

1．教材编写修订工作是在国家卫生健康委员会、教育部的领导和支持下，由全国高等医药教材建设研究学组规划，临床医学专业教材评审委员会审定，院士专家把关，全国各医学院校知名专家教授编写，人民卫生出版社高质量出版。

2．教材编写修订工作是根据教育部培养目标、国家卫生健康委员会行业要求、社会用人需求，在全国进行科学调研的基础上，借鉴国内外医学人才培养模式和教材建设经验，充分研究论证本专业人才素质要求、学科体系构成、课程体系设计和教材体系规划后，科学进行的。

3．在教材修订工作中，进一步贯彻党的十九大精神，将"落实立德树人根本任务，发展素质教育"的战略部署要求，贯穿教材编写全过程。 全套教材在专业内容中渗透医学人文的温度与情怀，通过案例与病例融合基础与临床相关知识，通过总结和汲取前八轮教材的编写经验与成果，充分体现教材的科学性、权威性、代表性和适用性。

4．教材编写修订工作着力进行课程体系的优化改革和教材体系的建设创新——科学整合课程、淡化学科意识、实现整体优化、注重系统科学、保证点面结合。 继续坚持"三基、五性、三特定"的教材编写原则，以确保教材质量。

5．为配合教学改革的需要，减轻学生负担，精炼文字压缩字数，注重提高内容质量。 根据学科需要，继续沿用大 16 开国际开本、双色或彩色印刷，充分拓展侧边留白的笔记和展示功能，提升学生阅读的体验性与学习的便利性。

6．为满足教学资源的多样化，实现教材系列化、立体化建设，进一步丰富了理论教材中的数字资源内容与类型，创新在教材移动端融入 AR、VR、人工智能等新技术，为课堂学习带来身临其境的感受；每种教材均配有 2 套模拟试卷，线上实时答题与判卷，帮助学生复习和巩固重点知识。同时，根据实际需求进一步优化了实验指导与习题集类配套教材的品种，方便老师教学和学生自主学习。

第九轮教材共有 53 种，均为**国家卫生健康委员会"十三五"规划教材**。 全套教材将于 2018 年 6 月出版发行，数字内容也将同步上线。 教育部副部长林蕙青同志亲自为本套教材撰写序言，并对通过修订教材启发和指导高校不断深化医学教育改革、进一步推进医教协同，为培养高质量医学人才、服务人民群众健康乃至推动健康中国建设寄予厚望。 希望全国广大院校在使用过程中能够多提供宝贵意见，反馈使用信息，以逐步修改和完善教材内容，提高教材质量，为第十轮教材的修订工作建言献策。

全国高等学校五年制本科临床医学专业第九轮规划教材
教材目录

序号	书名	版次	主编			副主编			
1.	医用高等数学	第7版	秦 侠	吕 丹		李 林	王桂杰	刘春扬	
2.	医学物理学	第9版	王 磊	冀 敏		李晓春	吴 杰		
3.	基础化学	第9版	李雪华	陈朝军		尚京川	刘 君	籍雪平	
4.	有机化学	第9版	陆 阳			罗美明	李柱来	李发胜	
5.	医学生物学	第9版	傅松滨			杨保胜	邱广蓉		
6.	系统解剖学	第9版	丁文龙	刘学政		孙晋浩	李洪鹏	欧阳宏伟	阿地力江·伊明
7.	局部解剖学	第9版	崔慧先	李瑞锡		张绍祥	钱亦华	张雅芳	张卫光
8.	组织学与胚胎学	第9版	李继承	曾园山		周 莉	周国民	邵淑娟	
9.	生物化学与分子生物学	第9版	周春燕	药立波		方定志	汤其群	高国全	吕社民
10.	生理学	第9版	王庭槐			罗自强	沈霖霖	管又飞	武宇明
11.	医学微生物学	第9版	李 凡	徐志凯		黄 敏	郭晓奎	彭宜红	
12.	人体寄生虫学	第9版	诸欣平	苏 川		吴忠道	李朝品	刘文琪	程彦斌
13.	医学免疫学	第7版	曹雪涛			姚 智	熊思东	司传平	于益芝
14.	病理学	第9版	步 宏	李一雷		来茂德	王娅兰	王国平	陶仪声
15.	病理生理学	第9版	王建枝	钱睿哲		吴立玲	孙连坤	李文斌	姜志胜
16.	药理学	第9版	杨宝峰	陈建国		臧伟进	魏敏杰		
17.	医学心理学	第7版	姚树桥	杨艳杰		潘 芳	汤艳清	张 宁	
18.	法医学	第7版	王保捷	侯一平		丛 斌	沈忆文	陈 腾	
19.	诊断学	第9版	万学红	卢雪峰		刘成玉	胡申江	杨 炯	周汉建
20.	医学影像学	第8版	徐 克	龚启勇	韩 萍	于春水	王 滨	文 戈	高剑波 王绍武
21.	内科学	第9版	葛均波	徐永健	王 辰	唐承薇	肖海鹏	王建安	曾小峰
22.	外科学	第9版	陈孝平	汪建平	赵继宗	秦新裕	刘玉村	张英泽	李宗芳
23.	妇产科学	第9版	谢 幸	孔北华	段 涛	林仲秋	狄 文	马 丁	曹云霞 漆洪波
24.	儿科学	第9版	王卫平	孙 锟	常立文	申昆玲	李 秋	杜立中	母得志
25.	神经病学	第8版	贾建平	陈生弟		崔丽英	王 伟	谢 鹏	罗本燕 楚 兰
26.	精神病学	第8版	郝 伟	陆 林		李 涛	刘金同	赵旭东	王高华
27.	传染病学	第9版	李兰娟	任 红		高志良	宁 琴	李用国	

序号	书名	版次	主编		副主编			
28.	眼科学	第9版	杨培增	范先群	孙兴怀	刘奕志	赵桂秋	原慧萍
29.	耳鼻咽喉头颈外科学	第9版	孙 虹	张 罗	迟放鲁	刘 争	刘世喜	文卫平
30.	口腔科学	第9版	张志愿		周学东	郭传瑸	程 斌	
31.	皮肤性病学	第9版	张学军	郑 捷	陆洪光	高兴华	何 黎	崔 勇
32.	核医学	第9版	王荣福	安 锐	李亚明	李 林	田 梅	石洪成
33.	流行病学	第9版	沈洪兵	齐秀英	叶冬青	许能锋	赵亚双	
34.	卫生学	第9版	朱启星		牛 侨	吴小南	张正东	姚应水
35.	预防医学	第7版	傅 华		段广才	黄国伟	王培玉	洪 峰
36.	中医学	第9版	陈金水		范 恒	徐 巍	金 红	李 锋
37.	医学计算机应用	第6版	袁同山	阳小华	卜宪庚	张筠莉	时松和	娄 岩
38.	体育	第6版	裴海泓		程 鹏	孙 晓		
39.	医学细胞生物学	第6版	陈誉华	陈志南	刘 佳	范礼斌	朱海英	
40.	医学遗传学	第7版	左 伋		顾鸣敏	张咸宁	韩 骅	
41.	临床药理学	第6版	李 俊		刘克辛	袁 洪	杜智敏	闫素英
42.	医学统计学	第7版	李 康	贺 佳	杨土保	马 骏	王 彤	
43.	医学伦理学	第5版	王明旭	赵明杰	边 林	曹永福		
44.	临床流行病学与循证医学	第5版	刘续宝	孙业桓	时景璞	王小钦	徐佩茹	
45.	康复医学	第6版	黄晓琳	燕铁斌	王宁华	岳寿伟	吴 毅	敖丽娟
46.	医学文献检索与论文写作	第5版	郭继军		马 路	张 帆	胡德华	韩玲革
47.	卫生法	第5版	汪建荣		田 侃	王安富		
48.	医学导论	第5版	马建辉	闻德亮	曹德品	董 健	郭永松	
49.	全科医学概论	第5版	于晓松	路孝琴	胡传来	江孙芳	王永晨	王 敏
50.	麻醉学	第4版	李文志	姚尚龙	郭曲练	邓小明	喻 田	
51.	急诊与灾难医学	第3版	沈 洪	刘中民	周荣斌	于凯江	何 庆	
52.	医患沟通	第2版	王锦帆	尹 梅	唐宏宇	陈卫昌	康德智	张瑞宏
53.	肿瘤学概论	第2版	赫 捷		张清媛 李 薇 周云峰 王伟林 刘云鹏 赵新汉			

第七届全国高等学校五年制本科临床医学专业
教材评审委员会名单

顾　问

吴孟超　王德炳　刘德培　刘允怡

主 任 委 员

陈灏珠　钟南山　杨宝峰

副主任委员（以姓氏笔画为序）

王　辰　王卫平　丛　斌　冯友梅　李兰娟　步　宏
汪建平　张志愿　陈孝平　陈志南　陈国强　郑树森
郎景和　赵玉沛　赵继宗　柯　杨　桂永浩　曹雪涛
葛均波　赫　捷

委　员（以姓氏笔画为序）

马存根　王　滨　王省良　文历阳　孔北华　邓小明
白　波　吕　帆　刘吉成　刘学政　李　凡　李玉林
吴在德　吴肇汉　何延政　余艳红　沈洪兵　陆再英
赵　杰　赵劲民　胡翊群　南登崑　药立波　柏树令
闻德亮　姜志胜　姚　智　曹云霞　崔慧先　曾因明
颜　虹

崔慧先

　　医学博士，二级教授，博士生导师。 1987 年毕业于河北医学院人体解剖学专业，获医学硕士学位，1996 年毕业于日本信州大学医学部，获医学博士学位。 现任河北医科大学校长，兼任教育部高等学校基础医学类教学指导委员会委员，教育部普通高等学校本科教学评估专家，中华医学会医学教育分会常务理事；中国解剖学会理事，中国解剖学会人体解剖与数字解剖学分会副主任委员和教育工作委员会、体质调查工作委员会副主任，《解剖学杂志》副主编；河北省高等医学教育教学指导委员会主任，河北省解剖学会名誉理事长，河北省神经科学学会副理事长等。

　　从事人体解剖学的教学科研工作近 40 年，为国家精品视频公开课"系统解剖学"课程负责人，河北省精品课程"系统解剖学"负责人，担任国家级规划教材《系统解剖学》和《人体解剖生理学》主编以及《局部解剖学》《人体解剖学》等多部教材和专著的主编或副主编。 从事神经内分泌及神经退行性疾病的基础研究工作，主持国家级及省部级研究课题等 17 项；发表科研、教学论著 120 余篇。 获得享受国务院政府特殊津贴专家、河北省省管优秀专家、河北省有突出贡献中青年专家和河北省普通高等学校教学名师等多项荣誉称号。

李瑞锡

　　教授，博士生导师。 1988 年毕业于第三军医大学，获医学硕士学位；1998 年毕业于日本富山大学医学部，获博士学位。 2003 年作为引进人才入职复旦大学上海医学院，任解剖学教授、国家精品资源共享课"局部解剖学"课程负责人。 兼任上海市解剖学会理事、全国解剖学会大体解剖与数字解剖学专业委员会副主任委员、全国解剖学会神经解剖学专业委员会委员。

　　从事临床医学专业本科系统解剖学、局部解剖学、神经解剖学教学 40 年。 主编、副主编和参编教材及专著近 20 部；编导出版了《局部解剖操作指导》视频光盘 3 集。 近几年承担国家自然科学基金项目 2 项；每年发表科学研究论文 2 ~3 篇。 应用解剖学研究成果曾获省级与军队科技成果奖 4 次。 神经科学研究发现了杏仁体中胆碱能神经与去甲肾上腺素能神经相互作用参与情绪性学习记忆的突触机制；揭示了伏隔核、尾壳核等脑区中 A2A 受体神经元参与睡眠-觉醒调节的神经通路。 在复旦大学任教授期间，曾获宝钢教育基金优秀教师奖、上海医学院本科教学奖和研究生教学奖等奖项。

张绍祥

　　教授、博士生导师、少将。 现任陆军军医大学数字医学研究所所长。主要学术职务：国际数字医学学会（ISDM）主席、中国解剖学会理事长、中华医学会数字医学分会主任委员、国务院学科评议组成员、全国人体解剖学与数字解剖学学科首席科学传播专家、重庆市数字医学学会理事长、重庆市人工智能学会理事长。 系"国家杰出青年基金"获得者、首批"新世纪百千万人才工程国家级人选"、两项国家科学技术进步奖二等奖第一完成人。 现任国际学术期刊 Digital Medicine 主编、《局解手术学杂志》主编、《解剖学报》副主编、Clinical Anatomy（美国）、《解剖学杂志》《中国临床解剖学杂志》等 15 本学术期刊常务编委。

　　近年来，以课题负责人申请获得国家自然科学基金重大课题、科技部"国家重点研发计划"项目、国家支撑计划、863 课题等 19 项国家级课题资助。 以第一作者或通讯作者在国内外发表论文 400 余篇，获得国家和省部级科技进步一、二等奖 17 项，主编学术专著和全国统编教材 21 部，招收培养研究生 46 名。 带领团队建立了中国数字化人体数据集，并进行了系列研究；牵头创立了我国"数字医学"这一新兴的前沿交叉学科；创建了"数字化人体数字解剖学教学系统"，在数字医学研究领域做出了系统的、开拓性的重大贡献。

钱亦华

　　教授，博士生导师。 任西安交通大学基础医学院人体解剖与组织胚胎学系主任。 2012 年首批入选陕西省"三秦"人才，任中国解剖学会理事、中国神经科学学会神经退行性疾病分会委员、陕西省解剖学会副理事长。

　　从事人体系统解剖学、局部解剖学、神经解剖学教学 33 年，研究生选修课"神经系统研究技术与方法"教学 17 年。 荣获 2013 年度"王宽诚育才奖"、2015 年医学部优秀博士学位论文指导教师"子牛奖"。 主要从事中枢神经系统退行性疾病发病机制及其防治，神经发育、再生方面研究。 近 10年主持国家自然科学基金 3 项、参与 1 项。 以第一完成人获省级科技进步二等奖、省教委科技进步三等奖各 1 项。 发表科研论文 80 余篇。 主编、副主编教材 6 部，参编 16 部。

张雅芳

教授，博士生导师。 现任哈尔滨医科大学解剖学教研室主任。 为中国解剖学会理事会理事，中国解剖学会《解剖学杂志》《解剖科学进展》《解剖学研究》编委，中国人体质调查等工作委员会委员，黑龙江省解剖学会理事长等。

从事人体解剖学教学工作 30 余年，年均授课 250 学时左右；为黑龙江省优秀教师，省卫生系统三八红旗手；曾获省部级教学改革项目 4 项，参与获得国家级和省级教学成果奖两项；主编、副主编教育部、卫生部"十一五""十二五"规划教材 6 部；主要从事淋巴管研究，曾主持、参加各级各类课题 21 项；发表 SCI 收录论文 23 篇；获省部级科技成果二等、三等奖共 7 项。

张卫光

教授，医学博士，博导。 现任北京大学基础医学院人体解剖学与组织胚胎学系常务副主任，《解剖学报》编辑部主任，北京解剖学会副理事长。 一直从事临床解剖学的教学和科研工作，致力于人体解剖学的教学改革，先后负责完成了各类教学项目 12 项，主持国家级精品课程 3 门，主编教材或专著 14 部，负责及参与科研项目 16 项，发表研究论文 50 余篇，培养博（硕）士研究生 15 名，临床八年制创新人才 40 余名。 主要科研方向是临床解剖学和肝脑血管性病变的实验形态学研究。 曾获"全国卫生系统青年岗位能手""北京高校青年师德先进个人""北京市高校青年教师讲课比赛优秀指导教师""北京大学十佳教师""北京大学医学部名师"等多项表彰。

　　《局部解剖学》是我国改革开放伊始诞生的全国首套高等医药院校系列教材之一。该教材从原国家卫生部责成中国医科大学等6所医学院校启动编写、人民卫生出版社出版发行，至今已有四十个年头。教材初版定位为"试用教材"，由中国医科大学（单位）任主编，四十年中，继有数位教授担任主编，多次修版。其中，第2版由曹献廷教授主编，第3、4版由徐恩多教授主编，第5～7版由彭裕文教授主编，第8版由刘树伟、李瑞锡两位教授主编。正是这些专家的辛勤劳动及其单位的热情支持，使得本教材内容与时俱进，日臻完善，为我国医学卫生教育事业培养了一代又一代的医学人才，作出了值得永远铭记的贡献。

　　四十年来，虽几经修版，但教材的基本内容、逻辑构架和诸多插图始终被后继主编和编者沿用。初版教材没编写与理论配套的解剖操作教程，实为美中不足，此后虽增编了配套操作指导教材，但在实际教学使用中多有不便。第5版主编彭裕文教授及其编写团队改革性地集局部解剖学理论与解剖操作于一书，把各局部解剖操作指导有机地融入相应章节，大大提升了教材的整体性、严谨性和实用性。这一编写体例一直被后版沿用。

　　局部解剖学是基础医学向临床医学过渡的桥梁学科，需要紧密结合临床应用，因此第8版首次增编了"临床病例分析"，还增补了典型实用的影像及血管铸型图片。此外，还由李瑞锡教授组织全国十余所大学的一线解剖技师制作了大量人体标本，编写了与第8版配套的《局部解剖学实物标本彩色图谱》。这些内容有效地提升了局部解剖学教学与学习效果。

　　本教材是以全国高等学校五年制本科临床医学专业第九轮规划教材主编人会议精神为指导，在前八版教材基础上修订的新版本。本版教材旨在传承并进一步体现"三基"（基础理论、基本知识、基本技能）、"五性"（思想性、科学性、先进性、启发性、适用性）和"三特定"（特定对象、特定要求、特定限制）原则；保留前八版《局部解剖学》的基本结构、基本内容，针对师生在教材使用过程中发现提出的问题及要求进行修订。主要改动有：①在"绪论"中特别强调了体现医学人文和医学伦理的内容，全书不再使用"尸体"二字，代之以"人体标本"；②优化了教材的内在逻辑结构，将每章的"解剖操作"与"临床病例分析"两节的顺序做了对调；③进一步细化了解剖操作步骤，去除了与理论内容相重复的表述；④适量增加了目前已在临床广泛应用的新技术的相关解剖学知识；⑤为强化临床病例的真实性和实用性，增补了河北医科大学第三医院的侯志勇主任医师和复旦大学上海医学院专注临床解剖学研究的李文生教授两位编委，专门负责编撰"临床病例分析"内容；⑥为适应新时代的教学和学习需求，增加了数字资源内容，由本教材的副主编钱亦华、张卫光两位教授负责组织编撰；⑦增编了《局部解剖学习题集》，由本教材的副主编张雅芳教授负责并组织编撰。

　　本教材主要内容包括绪论、头部、颈部、胸部、腹部、盆部与会阴、脊柱区、上肢、下肢九个部分，插图仍以套色线条图为主，以红、蓝、黄、绿分别标示动脉、静脉、神经、淋巴管（结）或胆管、筋膜。文中的人体解剖学名词以2014年全国科学技术名词审定委员会公布的《人体解剖学名词》（第2版）为准。计量单位严格遵循《中华人民共和国法定计量单位》的统一规定。

　　综上所述，第9版《局部解剖学》是一部既有传承又有创新、与时俱进的多角度、多方位、多形式传递局部解剖学知识的立体化教材。

本书付梓之际，我们要特别感谢前八版全体主编、副主编和编委会成员的卓越贡献；感谢广大师生和读者提出的宝贵意见和建议；感谢全国高等医学院校临床医学专业教材评审委员会和人民卫生出版社所做的顶层设计；感谢河北医科大学和滨州医学院烟台校区的领导和相关老师对本教材编委会、定稿会所给予的支持和所付出的劳动；感谢全体编委、绘图技师负责任的工作。特别感谢河北医科大学曹雷和曹翠丽二位老师的辛勤付出。

虽然全体编委在编写中力求精益求精，审校过程亦是认真负责，但由于编者的认识和编写水平所限，书中错误和缺憾之处在所难免，敬请用书师生和广大读者不吝赐教。

崔慧先　李瑞锡

2018 年 5 月

目　录

第三章　胸部　　67

本书测试卷

绪　　论

局部解剖学 regional(or topographic)anatomy 是按照人体的局部分区来研究器官和结构的位置、形态、体表标志与投影以及层次和毗邻关系等的科学。它是人体解剖学的重要组成部分,是临床医学各学科,尤其是外科学、妇产科学和影像诊断学等的重要基础,具有很强的实际应用意义。

一、局部解剖学的学习目的与学习方法

学习局部解剖学的目的主要是通过**解剖** dissecting 与**观察** observing 人体标本,使学生掌握人体各部位器官和结构的位置、形态以及层次和毗邻关系,从而为学习临床课程,进而成为一名优秀的临床医师打下良好的基础。

局部解剖学的主要学习手段是对人体标本进行解剖和观察,实践性很强,因此,运用以下正确的思维形式和学习方法有助于提高学习的效果。

1. **理论指导实践**　局部解剖学开课于系统解剖学之后,本教材也是先介绍各部位器官结构的理论知识,再介绍解剖操作。对系统解剖学知识的掌握程度和对局部结构理论知识的把握将直接影响对人体局部实际解剖和观察的效果。因此,学生课前必须预习课程、课中认真听讲,方可对人体结构有系统了解,对局部结构心中有数,解剖操作才能做到"下刀从容",解剖出来的结构才能境界分明、层次清晰、结构完整。

2. **掌握解剖技能**　局部解剖学的基本技能是解剖操作和结构观察。要做好解剖操作,必须熟悉各种解剖器械的使用方法和各种人体结构的解剖要领,要亲手操作、亲自剖割,才能观察明了人体各区域、各器官结构的形态特点、层次配布和毗邻关系等。如果具有一定的绘画能力,能够把所解剖区域的人体结构绘制成简图,则可以增强理解记忆,提高学习效果,实现"锦上添花"。

3. **密切联系临床**　局部解剖学是介于基础和临床之间的桥梁课程,学习时要密切联系临床应用实际,注意推演解剖的人体各部位器官结构和毗邻关系在临床疾病诊断和手术治疗时的应用目的,达到学以致用的效果。本版教材每章都设有"临床病例分析"的内容,学生要利用好这些典型病例,加强对疾病多发部位、标志性结构、手术易损结构和常见手术入路等临床相关问题的学习和讨论,从而提高学习的效果。

4. **注意体表标志**　人体的体表标志在疾病诊断和外科手术中具有重要应用价值。因此在解剖前要注意重要结构体表标志的扪摸和体表投影的观察,还可以利用自己和同学的身体来学习表面解剖,掌握体表的标志和人体结构在体表的投影。

5. **重视相关知识**　断层解剖和管腔铸型等相关知识有助于深刻理解局部解剖学。断层解剖可在人体不同断面上,在保持结构于原位的状态下显示其形态变化与位置关系,对研究器官与结构的位置、层次和毗邻具有重要价值。血管铸型能以逼真的造型和丰富的色彩再现血管的走行、分支与分布;其他管腔铸型,如支气管、肝管等铸型,有利于展示器官的内部管道。因此,了解断层解剖和管腔铸型的相关知识,有助于提高局部解剖学的学习效果。

6. **借助新兴媒体**　新媒体技术和互联网已成为学习知识的重要途径和手段,推动了自主学习的开展。网上资源丰富,不但有人体形态结构的二维图像,还有三维和动态三维图像,对学习解剖学很有帮助。另外,本教材的数字资源内容包括各章节 PPT 和案例等,内容丰富、新颖、实用,可在电脑或手机等终端学习。

二、人体的分部、层次和基本结构

人体可分为头部、颈部、躯干部(包括胸部、腹部、盆部与会阴)和四肢四个部分,每一部分又可进一步分成若干个亚区。头部与躯干部的基本特点大致相同,均由皮肤、浅筋膜、深筋膜、肌、骨骼等按层次共同构成腔壁,围成腔室,容纳并保护中枢神经、感觉器官、内脏器官等。四肢的结构,以骨骼为支架,肌跨越关节附着于骨,深筋膜包裹着肌,浅筋膜封裹于皮下。全身各局部、各器官均有血管、淋巴管和神经分布。

现将与解剖操作有关的人体基本结构的特点分别介绍如下:

(一)皮肤

皮肤skin,覆于体表,是人体中最大的器官,是体内结构的重要保护装置。组织学上皮肤可分为两层,浅层为表皮,深层为真皮。真皮突起无数乳头,嵌入表皮深面,真皮深面借结缔组织纤维束(皮肤支持带)与浅筋膜相连。人体各部皮肤厚薄不一(0.5~4mm),通常肢体屈侧皮肤较薄,伸侧较厚,但手、足的皮肤相反。手掌、足底及项、背、肩部皮肤最厚,眼睑、乳房、阴茎、小阴唇的皮肤最薄。另外,身体各部的皮肤纹理(Langer线)也不一致,做皮肤切口时应注意上述特点。

(二)浅筋膜

浅筋膜superficial fascia 又称皮下筋膜或皮下组织,属疏松结缔组织,内有纤维交织且富有脂肪,几乎遍布于全身皮下。浅筋膜的发育情况因人而异,儿童、女性及丰腴者浅筋膜较厚;老年、男性及瘦弱者则相反。同一个体的不同部位,因器官机能的不同,浅筋膜的厚度也不一致:腹壁、臀部的浅筋膜较厚,有储脂作用;而眼睑、乳头、乳晕、阴茎等处浅筋膜甚薄,几为缺如。浅筋膜内纤维束的强弱和松紧,关系到皮肤的移动性以及解剖时剥离皮肤的难易。头皮、项、背、手掌、足底等部的浅筋膜致密,使皮肤紧密连接于深部结构。其他部位的浅筋膜则较疏松并富有弹性。

浅筋膜内有浅动脉、浅静脉、浅淋巴管及皮神经分布(图0-1)。浅动脉一般细小不明显,难以寻找。而腹股沟区的三条浅动脉(见相应章节)则位置恒定、易于辨认,临床上常用其建立皮瓣。浅静脉数量较多,且显而易见,有的相当粗大。浅静脉一般不与动脉伴行,行程中多相互吻合,并常与深静脉相交通,浅静脉最后穿深筋膜注入深静脉。浅淋巴管丰富,但很细小,管壁薄而透明,难以辨认。浅淋巴管行程中的某些部位(如头、颈、腋窝、腹股沟等处)可见到淋巴结。皮神经先在深筋膜深侧,然后穿出深筋膜,在浅筋膜内行进,并以细支分布于皮肤。

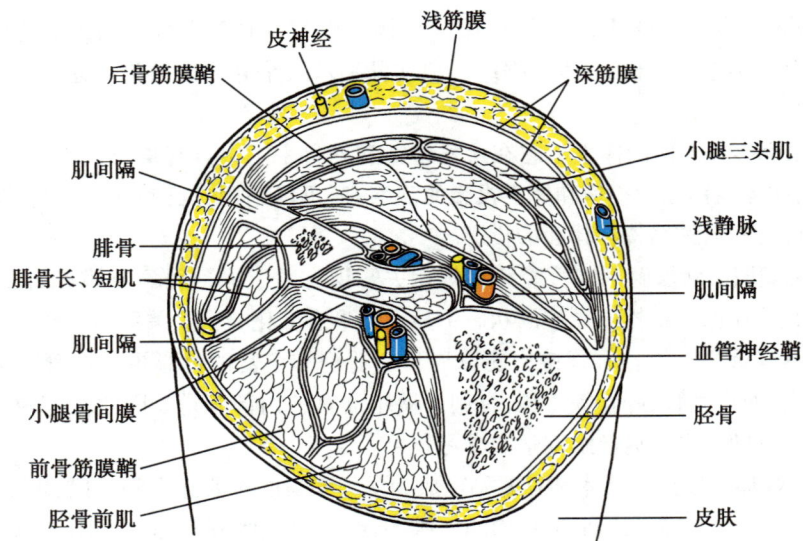

图 0-1 小腿横断面显示结构配布规律

（三）深筋膜

深筋膜 deep fascia 又称固有筋膜，是位于浅筋膜深面并包裹着肌的纤维组织膜。身体各部的深筋膜，其厚薄强弱有所不同，躯干部者较弱，四肢者较强，上肢者较弱，下肢者较强。四肢的深筋膜还深入肌群之间并连于骨，构成肌间隔。腕、踝部深筋膜在局部特别增厚，形成支持带，约束其深面的肌腱。某些部位的深筋膜作为肌的起止点，增强成腱样结构，如胸腰筋膜、髂胫束等。深筋膜还可包绕血管神经束形成血管神经鞘，或包被某些器官形成筋膜鞘（囊），或有骨参加包裹骨骼肌和血管神经称为骨筋膜鞘。在某些部位两层深筋膜之间，或在深筋膜与肌、骨等器官之间，由疏松结缔组织充填，称筋膜间隙，感染时脓液可在间隙中积聚蔓延。在解剖操作过程中，应注意各处深筋膜的厚薄、纤维走向及与肌的关系，还要注意其形成的结构，如肌间隔、支持带、血管神经鞘等（图0-1）。

（四）肌

肌 muscle（指骨骼肌）绝大多数起止于骨骼，部分肌可附着于筋膜、关节囊、韧带等处，少数肌附着于皮肤、黏膜或构成脏器壁（脏器横纹肌）。每块肌有特定的血管、神经分布，其动脉与支配该肌的神经伴行成束，循肌间到肌，在肌的特定部位进入肌内，此处为该肌的血管神经门，也称肌门。某些肌或腱在与骨、关节囊、筋膜的接触处，往往有滑膜囊形成。囊壁菲薄，囊内有滑液，有减少摩擦的作用。关节附近的滑膜囊有的与关节腔相通。在手足一些贴邻骨面的长腱上，深筋膜与滑膜囊共同形成双层筒状的腱鞘，鞘的外层称腱纤维鞘，内层称腱滑膜鞘。

（五）血管

包括**动脉** artery 和**静脉** vein，二者常与**神经** nerve 伴行。

1. **动脉** 管径较伴行静脉小，壁厚，腔圆，有弹性。没有灌注固定液的人体标本，动脉颜色发白，管腔内空虚，不含血液。

2. **静脉** 管径较同级动脉粗，管壁较薄，弹性较差。人体标本的静脉管腔内常含有凝固的血块，呈紫蓝色。静脉内有瓣膜，瓣膜处明显膨大，且含淤血。静脉的属支多，吻合多，浅静脉常在皮下吻合成网；深静脉常与动脉伴行，与中、小型动脉伴行的静脉常为两条，位于动脉的两侧。

（六）淋巴管与淋巴结

1. **淋巴管** lymphatic vessel 除胸导管和右淋巴导管较粗外，一般都很细小，壁薄透明，不经染色一般不易辨别。

2. **淋巴结** lymph node 为实质性结构，常呈扁椭圆形，灰红色，中等硬度。解剖时所见的淋巴结如黄豆大小者，多为正常；如有蚕豆大小或更大，则常为病态。淋巴结常沿血管分布，多位于人体的凹窝或较隐蔽处。

（七）神经

神经 nerve 呈白色条索状，多与血管伴行，形成血管神经束。有的还被结缔组织鞘包裹，只有剖开鞘后才能观察其内的血管和神经。内脏神经常缠绕在脏器和血管壁上形成神经丛，解剖时较难分离。

（八）骨与骨连结

骨 bone 构成人体的支架，起支持和保护作用，如颅保护脑、椎管保护脊髓、胸廓保护心、肺、肝、脾等，骨表面供骨骼肌附着。骨连结 joints 为骨与骨之间的连结装置，可分为直接连结和间接连结，后者又称关节，常有一些重要的辅助结构，如韧带、关节唇、关节盘、滑膜襞和滑膜囊等。

（九）脑与脊髓

脑 brain 位于颅腔内，可分为端脑、间脑、中脑、脑桥、延髓和小脑六部分，脑的表面由内向外有软脑膜、脑蛛网膜和硬脑膜包绕，十二对脑神经连于脑。**脊髓** spinal cord 位于椎管之中，由内向外被软脊膜、脊髓蛛网膜和硬脊膜封裹，有31对脊神经与之相连。

（十）内脏

内脏 viscera 是指消化、呼吸、泌尿和生殖四个系统的器官，分布于头、颈、胸、腹、盆各部。按结构可分其为两类，一类是有腔型（中空型）器官，内含管腔，管壁为分层结构，如消化道、呼吸道、泌尿生殖道;另一类是实质性器官,多为分叶性结构,如肝、胰、肾、睾丸等,也有的实质性器官不分叶,例如卵巢。实质性器官的血管、神经一般集中进出脏器,进出处称为该脏器的"门"。

三、解剖器械的准备和使用

(一) 解剖器械的准备

"工欲善其事,必先利其器"。学习局部解剖学,进行解剖操作,首先必须进行解剖器械的准备。常用的解剖器械包括解剖刀、解剖镊、解剖剪、血管钳、拉钩、肋骨剪、椎管锯和咬骨钳等。每种器械又有不同的大小和型号。应注意选择合适的器械。

要保证解剖操作的效果和较高的效率,必须保持解剖刀和解剖剪等的锋利。每次解剖操作完成以后,必须把所有使用过的解剖器械擦拭干净,妥善保存,防止生锈,防止刀尖和刀刃等受到损坏。同时,要注意安全,防止误伤自己和他人。

(二) 解剖器械的使用

1. **解剖刀 scalpel**　是解剖操作最先使用的器械。刀刃用于切开皮肤和切断肌;刀尖用于修洁血管、神经和肌;刀柄用于进行钝性分离或探查。使用时,应右手持刀,其方式视需要而定(图0-2)。做皮肤切口时,常用抓持式或执弓式(操琴法),即用拇指与中、环、小指夹持刀柄,示指按于刀背,形如持小提琴的弓;而解剖或修洁肌、血管和神经等,则常用执笔式,即用拇、示、中三指捏持刀柄的前部接近刀片处,犹如执笔写字,当手指和手腕运动时,刀尖或刀刃作小范围活动,以利于解剖操作准确和细致。

（1）执弓法

2. **解剖镊 forceps**　常用者为无齿和有齿两种(图0-3)。无齿解剖镊用于夹持和分离血管、神经和肌等;有齿解剖镊仅用于夹持皮肤或非常坚韧的结构,不可用于夹持血管、神经和肌等容易损坏的结构。解剖操作时,两手所

（2）执笔法　　　（2）反挑法

图0-2　解剖刀持刀法

持器械相互配合,通常是右手持解剖刀或解剖剪,左手持解剖镊;有时也可两手同时持解剖镊,配合操作,分离血管和神经。使用解剖镊一般采用执笔式,动作要简洁规范,不可用力推扭,以免造成镊尖对合不良(图0-4)。

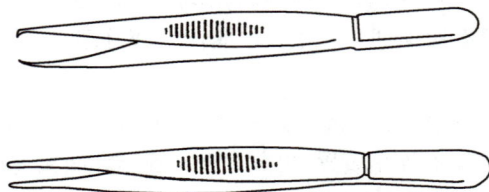

图0-3　两种解剖镊

图0-4　解剖镊持镊法

3. **解剖剪 scissors**　有长短、弯直之别,剪尖有尖头和圆头之分,也有一尖一圆的,应该按需要选择使用。圆头解剖剪一般用于剪开组织或剪断神经、血管,也可以用于撑开或分离组织;一尖一圆的或尖头的直剪,常用于剪线或拆线。解剖操作最常用的为尖头剪。正确使用解剖剪的方法是,将右手的拇指和环指各伸入解剖剪的一个环内,中指放在环的前方,示指抵压在解剖剪的运动轴处,起到稳定和定向的作用(图0-5)。

4. **血管钳或称止血钳 hemostatic forceps**　主要用于钳夹皮肤,协助翻皮。也常用于分离软组

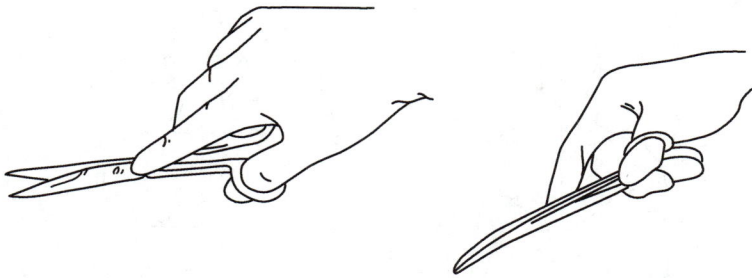

图 0-5　解剖剪（血管钳）持剪法

织及神经、血管等,还用于钳夹肌腱、韧带等韧性结构,起牵引固定的作用。其握持方法与解剖剪相同（图 0-5）。

5. 拉钩 hook　有宽窄不同、钩端深浅不同和弯曲度不同的多种类型。一般用于牵拉、暴露和固定结构,以利于深层结构的解剖操作。

6. 其他解剖器械　肋骨剪,常用于剪断肋骨;椎管双刃锯,常用于打开椎管;弓型锯,常用于锯开颅骨;咬骨钳,用于咬断骨并修整骨的断端等。

四、解剖操作的基本技术与方法

（一）皮肤剥离法

首先,在皮肤拟作切口的部位,用镊子尖划一线痕,再沿此线痕将解剖刀的刀尖与皮肤呈直角刺入,感到抵抗力突然减小时,提示刀尖已经抵达浅筋膜,立即将刀刃倾斜呈 45°,持稳解剖刀,切开皮肤。切皮深度以切透皮肤而不伤及浅筋膜为宜。

要注意体会人体不同部位皮肤的厚度和强度。用有齿解剖镊或止血钳牵起皮瓣的一角,用解剖刀紧贴真皮与皮下组织之间,切断皮下致密结缔组织,剥离皮肤,掀起皮片（图 0-6）。如果不需要解剖和观察皮下结构,可以将皮肤和皮下组织一并掀起,直接暴露深筋膜,项部和背部的皮肤与皮下组织结合紧密,常不易剥离,为节省时间可用此法。

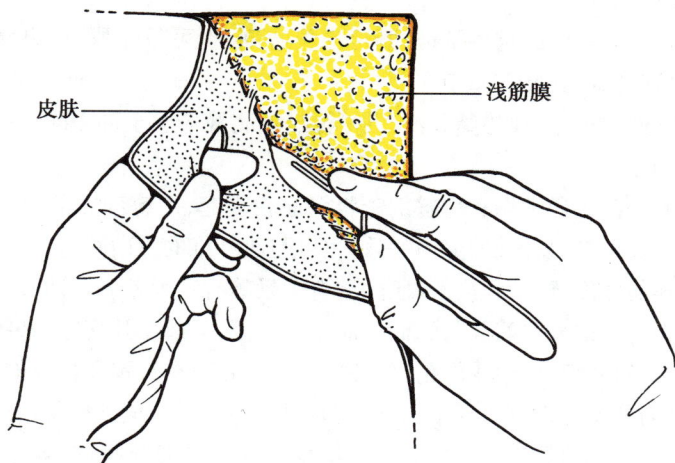

皮肤　　　　　　　　　　浅筋膜

图 0-6　皮肤剥离法

人体解剖常用皮肤切口如图 0-7 所示。

（二）浅筋膜解剖法

解剖浅筋膜的目的,主要是寻找观察浅筋膜中皮神经、浅静脉和浅动脉。在面部和颈部皮下还要注意解剖和观察面肌及颈阔肌等皮肌;在女性标本要注意解剖观察乳腺。

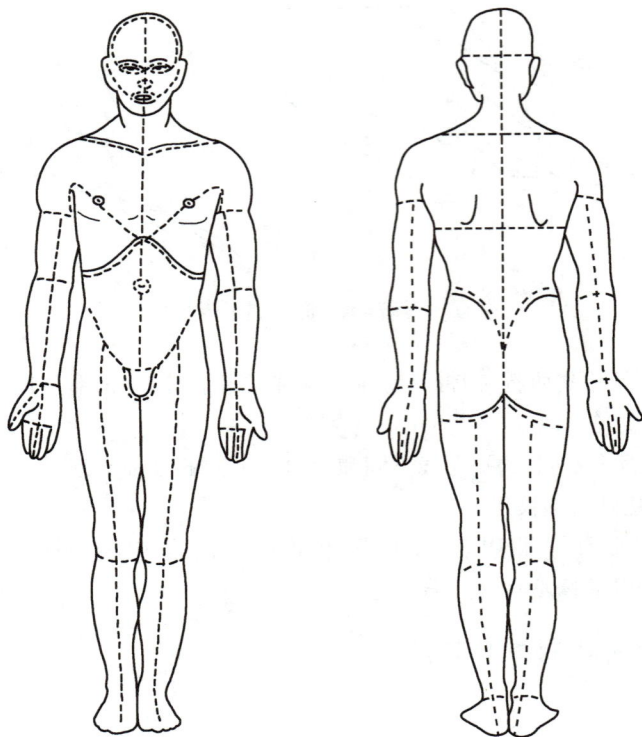

图 0-7 人体解剖常用皮肤切口

皮神经可从其穿出深筋膜处开始,用剪刀分离,沿其走向剖查,直至其神经末梢。

浅静脉和浅动脉位于浅筋膜中,一般隐约可见。但人体较胖脂肪组织太厚时,则不易直接见到。此时应沿其可能经过的部位,切开皮下脂肪,再用剪刀分离,将其暴露。

某些部位的浅筋膜内有浅淋巴结分布。可用刀尖分开皮下结缔组织,找到淋巴结后,用镊子提起。推开淋巴结周围的结缔组织,可见与淋巴结相连的输入与输出淋巴管。腹股沟部是以此法观察淋巴结及其淋巴管的最佳部位。

女性乳房是胸前区浅筋膜中的重要结构,既可原位解剖,也可整体取下,离体解剖。解剖方法为钝性刮除脂肪组织,显露乳腺(见相应章节)。

保留需要继续观察的皮神经、浅静脉和浅动脉等结构,将浅筋膜全部去除,暴露深筋膜。

(三) 深筋膜解剖法

深筋膜包被于肌的表面。通常用有齿解剖镊将深筋膜提起,用解剖刀的刀刃紧贴肌的表面切断深筋膜的纤维。运刀方向可与肌纤维的方向一致,也可与肌纤维的方向垂直。

人体各部位深筋膜的厚度、致密程度、与肌的结合关系等有很大差异。四肢与背部的深筋膜厚而致密,可成片切除;躯干的大部分深筋膜与深面的肌结合牢固,只能小片切除;某些部位的深筋膜作为肌的起点,如前臂上 1/3 的筋膜,或形成腱鞘,如腕部,很难切除;在头颈和四肢的一些部位,深筋膜还形成血管神经鞘、筋膜隔和支持带等重要结构,解剖时要小心辨认。全身最易剥离的深筋膜为肱二头肌筋膜,最难剥离的是背阔肌的筋膜。学生应通过解剖不同部位的筋膜,体会深筋膜的特点,理解其功能。

(四) 肌解剖法

解剖肌要注意修洁出肌的边界,去除肌表面的结缔组织,即上述的深筋膜,观察肌的位置、形态、层次、起止、肌纤维的走行方向、肌腹和肌腱的配布及血管、神经的分布,并注意理解该肌的作用。

有时,为了观察深处的结构,需要将肌切断。此时应注意断端尽量整齐;营养和支配肌的血管和神经应尽量保持完整。若需同时切断并排的两块或数块肌时,每块肌的断端应错开 1~2cm,以便日后复位观察。

（五）血管神经解剖法

解剖血管和神经的目的是将其清晰地暴露并观察之。通过解剖操作,认清它们的起始、层次、毗邻、走行、分支和分布范围,需注意有无变异情况出现。

解剖应该从粗的血管和神经开始,由粗到细,仔细剖查,直到进入器官为止。操作以钝性分离为主。对于粗大的血管神经束,可先用刀尖沿血管和神经的走向,划开包绕它们的结缔组织。然后用无齿的解剖镊提起血管或神经,沿其两侧,用解剖剪做钝性分离(图0-8)。清除血管或神经周围的结构时,应该在直视下小心进行。去除较粗大的静脉,应作双重结扎,在结扎线之间剪断。较小的伴行静脉可直接清除。

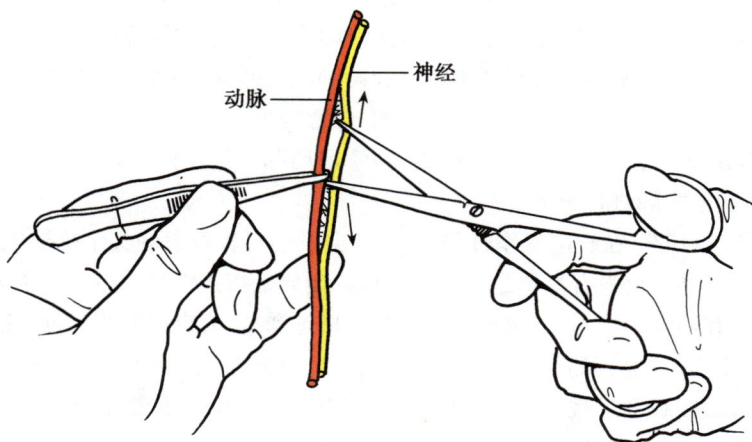

图 0-8　血管神经解剖法

（六）浆膜腔探查法

人体内,有胸膜腔、心包腔和腹膜腔等多个浆膜腔,形态各异、大小不同,易发生感染、积液或肿瘤细胞转移扩散。探查浆膜腔的目的,是为了体会和了解其位置、形态、境界、毗邻和大小等。

探查浆膜腔的主要方法,是切开浆膜的壁层以后,用手伸入浆膜腔,按一定的顺序仔细探查浆膜腔的各个部分,特别是壁层和脏层的各个部分及其相互移行和反折处。如果遇到浆膜腔内有明显的粘连,可以用手指小心进行钝性分离以后再探查;如果遇到浆膜腔内液体较多,影响探查,可用电吸引器吸除后再进行探查。

（七）脏器解剖法

解剖脏器的目的是暴露和观察其形态、位置、毗邻和内部结构,探查其血管和神经的分布等。所以,首先要原位暴露脏器,观察其位置、表面形态、浆膜配布、毗邻关系和体表投影,然后解剖暴露其血管和神经。必要时再切断其血管、神经和功能管道等固定装置,整体取下脏器,进行离体解剖观察,如心、肝、肾等。

（八）骨性结构处理法

骨组织坚硬,不同部位的骨可用不同的器械处理。如用肋骨剪剪断肋骨,用椎管锯打开椎管,用钢丝锯或弓型锯锯开颅骨,用咬骨钳咬断骨和修整骨的断端。骨的断端常较锐利,应避免被扎伤。

五、解剖操作的具体要求

1. 要体现人文精神　局部解剖所用的人体标本均来源于具有无私奉献精神的遗体捐献者,是医学生无言的老师。建议在首次解剖课前,做默哀仪式,有条件的学校可同时进行献花仪式。解剖过程中,要遵循人道主义精神和医学伦理的规则,自觉地尊重和爱护标本。解剖时要举止庄重,严肃认真,要像在患者身上实施手术一样,精益求精,不随意破坏任何一个结构,借此养成严谨的工作作风和良好的职业风范。

2. **要珍惜动手机会**　局部解剖学是临床医学专业的必修课,既是理论强化课,又是技能训练课。能够亲自动手操作、实施人体解剖对医学生来说,机会十分难得,因此一定要重视解剖操作,珍惜解剖操作机会。要不怕"脏"、不怕累、不怕异味刺激,勤动手,善观察,多动脑。要注意团结协作,加强讨论总结,充分利用人体标本,在努力学好局部解剖学理论的前提下,初步掌握与外科手术相关的操作技能。

3. **要认真做好预习**　预习是保证解剖操作正确规范和提高课堂效率的必要措施。每次解剖操作之前,必须认真研读教材的文字和插图,复习有关的系统解剖学知识,对照有关解剖学图谱、解剖网站和解剖操作录像,准备好解剖器械,了解将要解剖内容的重点、难点和顺序,做到心中有数。

4. **要规范解剖操作**　规范的解剖操作是保证解剖质量和学好局部解剖学的必要前提,也能为临床外科手术操作打下良好的基础。必须严格按照教师和教材规定的解剖步骤和操作要求,按层次依次进行。既要解剖清楚,暴露充分,又不可盲目切割,任意行事。

5. **要仔细观察辨认**　观察和辨认解剖结构,是学习局部解剖学的关键和目的。要边解剖,边观察,注意辨认,理论联系实际进行思考。

6. **要重视变异与畸形**　在解剖操作过程中,往往会发现与教科书的文字描述或图谱显示有所不同的现象,会遇到文字和图谱没有反映的变异或畸形。变异是指某些结构呈现的个体差异,出现率可高可低,往往对外观和功能影响不大;畸形是指异常的形态和结构,出现率相当低,往往对外观或功能有严重影响。某些变异(如血管的起点、走行和分支类型)和畸形(如先天性心血管畸形)具有十分重要的临床意义。所以,在解剖过程中,一旦发现变异或畸形,要及时报告老师,让更多的同学一起观察,并开展讨论和研究,抓住不可多得的机会丰富自己的解剖学知识。

（崔慧先）

第一章 头 部

第一节 概 述

头部head 可分为颅与面两部分。颅的内腔为颅腔,容纳脑及其被膜、相应的血管、神经、脑脊液,面部有视器、位听器、口、鼻等器官。鼻腔与口腔是呼吸道和消化道的门户。视器、位听器以及口、鼻黏膜中的味器和嗅器属特殊感受器。

一、境界与分区

头部以下颌骨下缘、下颌角、乳突尖端、上项线和枕外隆凸的连线为界与颈部区分。

头部又以眶上缘、颧弓上缘、外耳门上缘至乳突的连线为界,分为后上方的颅部和前下方的面部。

二、表面解剖

（一）体表及骨性标志

头部的下述体表及骨性标志,对于头部结构的定位具有重要意义(图 1-1,图 1-2)。

1. **眉弓 superciliary arch** 为位于眶上缘上方,额结节下方的弓状隆起,男性隆起较显著。眉弓适对大脑额叶的下缘,其内侧份的深面有额窦。

2. **眶上切迹 supraorbital notch** 有时成孔,即眶上孔,位于眶上缘的内、中 1/3 交界处,距正中线约 2.5cm,眶上血管和神经由此通过。用力按压时,可引起明显压痛。据统计,两侧均呈切迹者占 59.2%,两侧成孔者占 36.1%,一侧成孔而另一侧为切迹者占 4.7%。

3. **眶下孔 infraorbital foramen** 位于眶下缘中点的下方约 0.8cm 处,眶下血管及神经由此穿

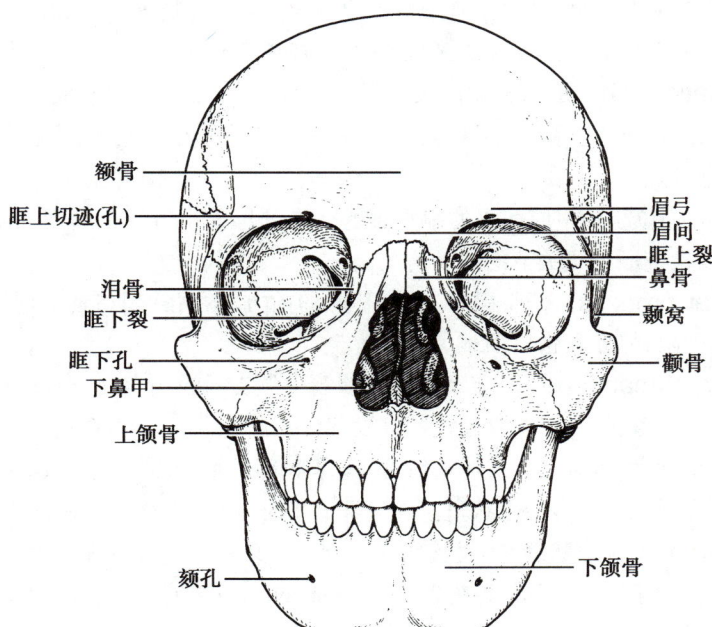

图 1-1 颅骨前面观

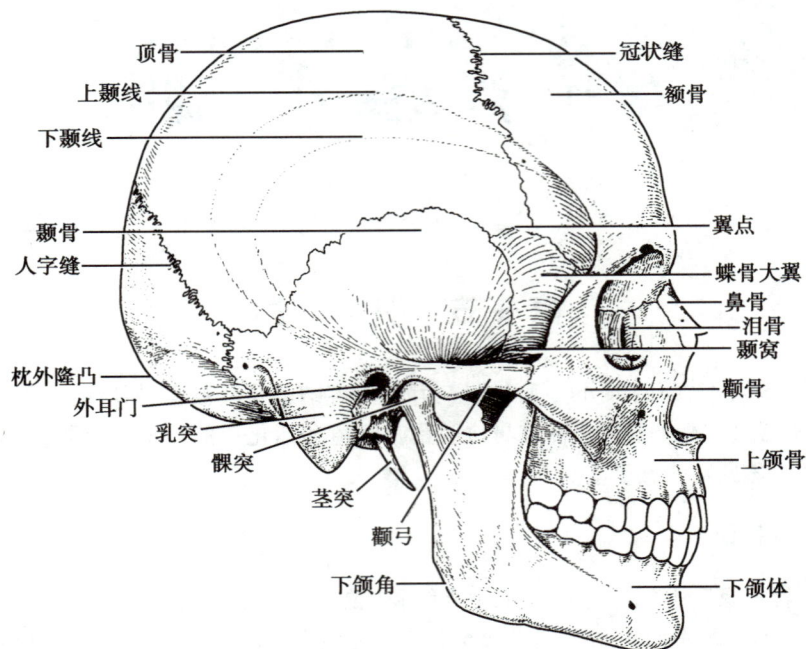

图 1-2   颅骨侧面观

过。此处可进行眶下神经阻滞麻醉。

4. 颏孔 mental foramen   位于下颌第二前磨牙根下方,下颌体上、下缘连线的中点或其稍上方,距正中线约 2.5cm 处。此孔呈卵圆形,开口多向后上方,有颏血管和神经通过,为颏神经麻醉的穿刺部位。颏孔的位置和开口方向均有随年龄变化,位置可随年龄的增长而逐渐上移和后移,在 7~8 岁儿童略低于成人,15 岁时接近成人位置,脱牙老人由于下颌牙槽吸收则多接近下颌体上缘;开口方向在婴儿期朝前上方或前方,6 岁以后则朝向后上方。

眶上切迹(孔)、眶下孔和颏孔三者之间的连线,一般为一条直线(图 1-1)。

5. 翼点 pterion   为额、顶、颞、蝶四骨汇合之处,位于颧弓中点上方约二横指(约 3.8cm)处,多呈 "H" 形。翼点是颅骨的薄弱部分,其内面有脑膜中动脉沟,沟内有脑膜中动脉前支通过,此处受暴力打击时,易发生骨折,并常伴有上述动脉的撕裂出血,形成硬膜外血肿。

6. 颧弓 zygomatic arch   由颞骨的颧突和颧骨的颞突共同组成,全长均可触及。颧弓上缘,相当于大脑半球颞叶前端的下缘。颧弓下缘与下颌切迹间的半月形中点对应,为咬肌神经封闭及上、下颌神经阻滞麻醉的进针点。

7. 耳屏 tragus   为位于耳甲腔前方的扁平突起。在耳屏前上方约 1cm 处可触及颞浅动脉的搏动。耳屏前方也可以检查颞下颌关节的活动情况。

8. 髁突 condylar process   位于颧弓下方,耳屏的前方。在张、闭口运动时,可触及髁突向前、后滑动,若髁突滑动受限,将导致张口困难。

9. 下颌角 angle of mandible   位于下颌体下缘与下颌支后缘相交处,有较明显的性别差异。下颌角位置突出,骨质较为薄弱,为下颌骨骨折的好发部位。

10. 乳突 mastoid process   位于耳垂后方,其基底部的前内方有茎乳孔,面神经由此孔出颅。在乳突后部的内面有乙状窦沟,容纳乙状窦。乳突根治术时,须注意勿伤及面神经和乙状窦。

11. 前囟点 bregma   为冠状缝与矢状缝的相交点,故又名冠矢点。新生儿此处的颅骨骨化尚未完成,仍为结缔组织膜性连接,呈菱形,称为**前囟** anterior fontanelle,在 1~2 岁时闭合。临床上可借前囟的膨出或内陷,判断颅内压的高低。

12. 人字点 lambda   为矢状缝与人字缝的相交点。有的人此处呈一线性凹陷,可以触知。新生儿的后囟即位于此处。后囟较前囟为小,呈三角形,出生后 3~6 个月即闭合。患佝偻病和脑积水时,前、后囟均闭合较晚。

13. 枕外隆凸 external occipital protuberance 是位于枕骨外面正中的最突出的隆起,与枕骨内面的窦汇相对应。枕外隆凸的下方有枕骨导血管,颅内压增高时此导血管常扩张,施行颅后窝开颅术若沿枕外隆凸做正中切口时,注意勿伤及导血管和窦汇,以免导致大出血。

14. 上项线 superior nuchal line 为自枕外隆凸向两侧延伸至乳突的骨嵴,内面与横窦平齐。

(二) 体表投影

为了判定脑膜中动脉和大脑半球上外侧面主要沟回的体表投影,可先确定以下 6 条标志线(图 1-3)。①下水平线:通过眶下缘与外耳门上缘;②上水平线:经过眶上缘,与下水平线平行;③矢状线:是从鼻根越颅顶正中线到枕外隆凸的弧线;④前垂直线:通过颧弓中点;⑤中垂直线:经髁突中点;⑥后垂直线:经过乳突基部后缘。这些垂直线向上延伸,与矢状线相交。

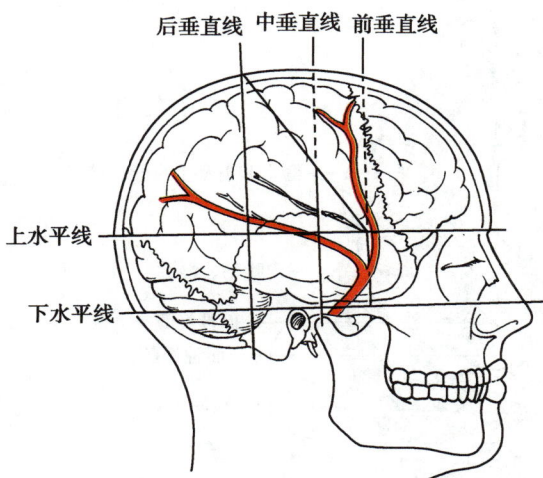

图 1-3 大脑主要沟回和脑膜中动脉的体表投影

1. 脑膜中动脉的投影 本干经过前垂直线与下水平线交点;前支通过前垂直线与上水平线的交点;后支则经过后垂直线与上水平线的交点。脑膜中动脉的分支状况,时有变异。探查前支,钻孔部位在距额骨颧突后缘和颧弓上缘各 4.5cm 的两线相交处;探查后支,则在外耳门上方 2.5cm 处进行。

2. 中央沟的投影 在前垂直线和上水平线交点与后垂直线和矢状线交点的连线上,介于中垂直线与后垂直线间的一段。

中央沟位于冠状缝的后方约两横指,且与冠状缝平行,其上端在鼻根与枕外隆凸连线中点后方 1cm 处。

3. 中央前、后回的投影 分别位于中央沟投影线前、后各 1.5cm 宽的范围内。

4. 运动性语言中枢的投影 通常位于左侧大脑半球额下回后部的运动性语言中枢,其投影区在前垂直线与上水平线相交点稍上方。

5. 外侧沟的投影 其后支位于上水平线与中央沟投影线夹角的等分线上,前端起自翼点,沿颞骨鳞部上缘的前份向后,终于顶结节下方不远处。

6. 大脑下缘的投影 为由鼻根中点上方 1.25cm 处开始向外,沿眶上缘向后,经颧弓上缘、外耳门上缘至枕外隆凸的连线。

第二节 面 部

面部可划分为眶区、鼻区、口区和面侧区,后者又分为颊区、腮腺咬肌区和面侧深区。本节仅叙述面部浅层结构、腮腺咬肌区和面侧深区。

一、面部浅层结构

(一) 皮肤与浅筋膜

面部皮肤薄而柔软,富于弹性。移动性视其与深部组织连接的松紧情况而定,睑部连接疏松,鼻尖等部位连接紧密。面部皮肤含有较多的皮脂腺、汗腺和毛囊,是皮脂腺囊肿和疖肿的好发部位。浅筋膜由疏松结缔组织构成,其中颊部脂肪聚成的团块,称颊脂体。睑部皮下组织少而疏松,此部位易形成水肿。浅筋膜内有神经、血管和腮腺管穿行。由于血供丰富,故面部创口愈合快,抗感染能力亦较强,但创伤时出血较多。

面静脉与颅内的海绵窦借多条途径相交通,因此面部感染有向颅内扩散的可能,尤其是口裂以上,两侧口角至鼻根的三角形区域,因该处面静脉缺乏静脉瓣,感染向颅内扩散的可能性更大,被称为"危险三角区"。面部的小动脉有丰富的内脏运动神经分布,反应灵敏,当情绪激动或患某些疾病时,面部的色泽也随之变化。

(二)面肌

面肌属于皮肌,薄而纤细,起自面颅诸骨或筋膜,止于皮肤,收缩时使面部呈现各种表情,故又称表情肌。面肌主要集中在眼裂、口裂和鼻孔的周围。面肌由面神经支配,面神经受损时,可引起面瘫。

(三)血管、淋巴引流及神经

1. **血管** 分布于面部浅层的主要动脉为面动脉,有同名静脉伴行(图1-4)。

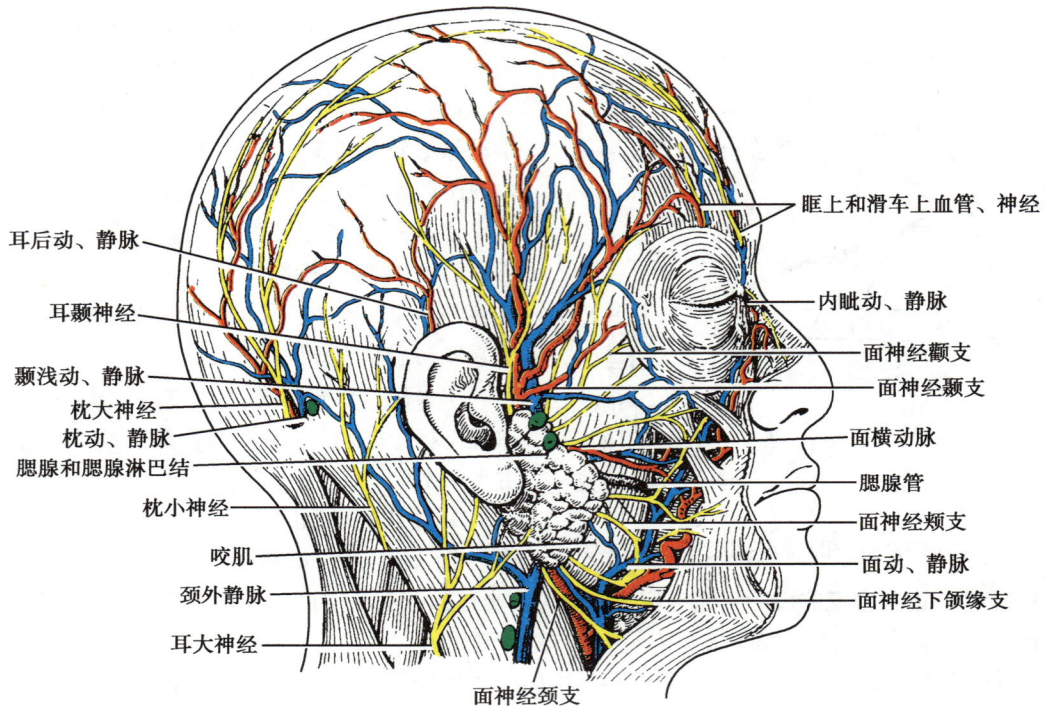

图1-4 面部浅层结构

（1）**面动脉**facial artery:于颈动脉三角内起自颈外动脉,穿经下颌下三角,在咬肌止点前缘处,出现于面部。面动脉行程迂曲,斜向前上行,经口角和鼻翼外侧至内眦,改称**内眦动脉**angular artery。面动脉的搏动在下颌骨下缘与咬肌前缘相交处可以触及。面动脉供区出血时,压迫此点可有一定的止血作用。面动脉的后方有面静脉伴行,浅面有部分面肌覆盖,并有面神经的下颌缘支和颈支越过。面动脉的分支有下唇动脉、上唇动脉和鼻外侧动脉。

（2）**面静脉**facial vein:起自内眦静脉,伴行于面动脉的后方,位置较浅,至下颌角下方与下颌后静脉的前支汇合成面总静脉,穿深筋膜,注入颈内静脉。面静脉经眼静脉与海绵窦相交通。口角平面以上的一段面静脉通常无瓣膜,面肌的收缩可促使血液逆流进入颅内。

2. **淋巴** 面部浅层的淋巴管非常丰富,吻合成网。这些淋巴管通常注入下颌下淋巴结和颏下淋巴结。此外,面部还有一些不恒定的淋巴结,如位于眶下孔附近的颧淋巴结,颊肌表面的颊淋巴结和位于咬肌前缘处的下颌淋巴结。以上3群淋巴结的输出管,均注入下颌下淋巴结。

3. **神经** 面部的感觉神经为三叉神经,面肌的运动神经是面神经的分支。

（1）**三叉神经**trigeminal nerve:为混合神经,发出眼神经、上颌神经和下颌神经3大分支,其感觉支除分布于面深部外,终末支穿面颅各孔,分布于相应区域的皮肤。以下只叙述 3 个较大的分支。

1）**眶上神经** supraorbital nerve：为眼神经的分支,与同名血管伴行。由眶上切迹或孔穿出至皮下,分布于额部皮肤。

2）**眶下神经** infraorbital nerve：为上颌神经的分支,与同名血管伴行,穿出眶下孔,在提上唇肌的深面下行,分为数支,分布于下睑、鼻背外侧及上唇的皮肤。

3）**颏神经** mental nerve：为下颌神经的分支,与同名血管伴行,出颏孔,在降口角肌深面分为数支,分布于下唇及颏区的皮肤。

三叉神经 3 个主支在面部的分布以眼裂和口裂为界,眼裂以上为眼神经的分支分布,口裂以下为下颌神经的分支分布,两者之间为上颌神经的分支分布(图 1-5)。

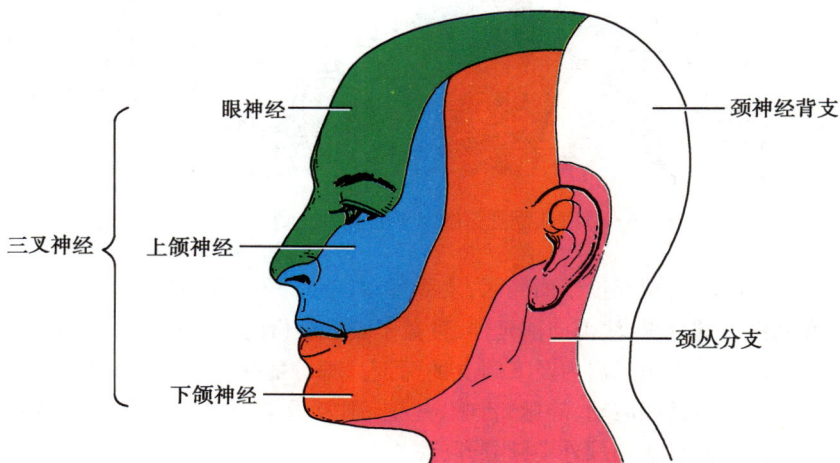

图 1-5 三叉神经在头面部的分布区示意图

（2）**面神经** facial nerve：由茎乳孔出颅,向前穿入腮腺,先分为上、下两干,再各分为数支并相互交织成丛,最后呈扇形分为 5 组分支,支配面肌。

1）**颞支** temporal branch：有 1 ~ 2 支,多为 2 支,经下颌骨髁突浅面或前缘,距耳屏前 1.0 ~ 1.5cm 处出腮腺上缘,越过颧弓后段浅面,行向前上方,分布至枕额肌额腹、眼轮匝肌的上份及耳部肌。

2）**颧支** zygomatic branch：有 1 ~ 4 支,多为 2 ~ 3 支,经腮腺上前缘穿出,上部分支较细,行向前上方,经耳轮脚与外眦连线的中 1/3 段,越颧骨表面至上、下睑眼轮匝肌;下部分支较粗,沿颧弓下方平均 1.3mm 向前至颧肌和上唇方肌深面,分布至此二肌。在做翼点入路开颅时,切口应尽量靠近对耳屏,分离浅筋膜时,应注意不要损伤面神经的颞支和颧支,以免引起术侧不能皱额。

3）**颊支** buccal branch：出腮腺前缘,支配颊肌和口裂周围诸肌。

4）**下颌缘支** marginal mandibular branch：从腮腺下端穿出后,行于颈阔肌深面,越过面动、静脉的浅面,沿下颌骨下缘前行,支配下唇诸肌及颏肌。

5）**颈支** cervical branch：由腮腺下端穿出,在下颌角附近至颈部,行于颈阔肌深面,并支配该肌。

二、面侧区

面侧区为位于颧弓、鼻唇沟、下颌骨下缘与胸锁乳突肌上份前缘之间的区域,包括颊区、腮腺咬肌区和面侧深区。本节重点叙述后两个区域。

（一）腮腺咬肌区

此区主要结构为腮腺、咬肌以及有关的血管、神经等。

1. **腮腺** parotid gland 略呈锥体形,底向外侧,尖向内侧突向咽旁,可分为浅、深两部,通常以下颌骨后缘或以穿过腮腺的面神经丛作为两者的分界(图 1-6)。

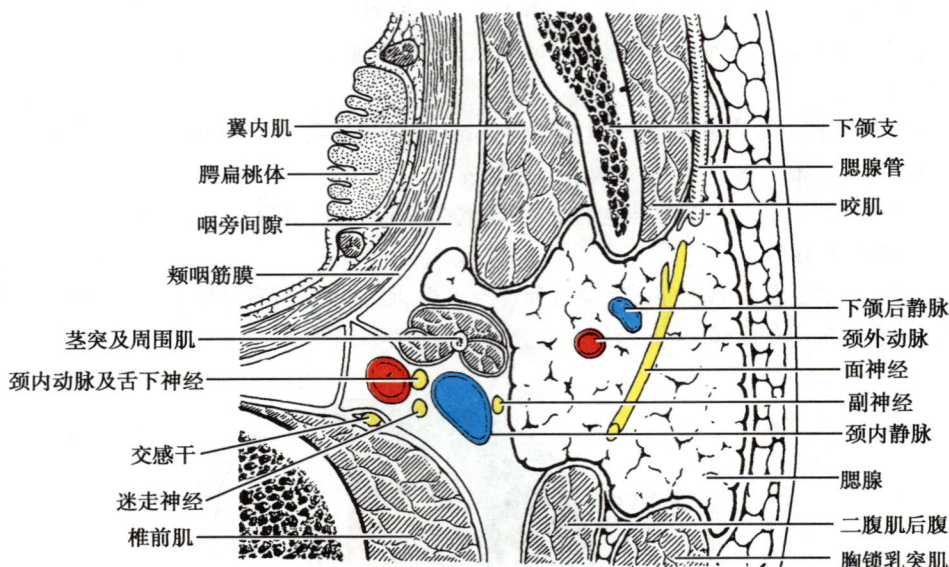

图1-6　腮腺和面侧区的水平断面（左侧，下面观）

（1）**腮腺的位置和毗邻**：腮腺位于面侧区，上缘邻接颧弓、外耳道和颞下颌关节；下平下颌角；前邻咬肌、下颌支和翼内肌的后缘，浅部向前延伸，覆盖于咬肌后份的浅面；后缘邻接乳突前缘及胸锁乳突肌前缘的上份；深部位于下颌后窝内及下颌支的深面。腮腺的深面与茎突诸肌及深部血管神经相邻。这些肌肉、血管神经包括颈内动、静脉，舌咽、迷走、副及舌下神经共同形成"腮腺床"，紧贴腮腺的深面，并借茎突与位于其浅面的颈外动脉分开（图1-7，图1-8）。

（2）**腮腺咬肌筋膜**：为颈深筋膜浅层向上的延续，在腮腺后缘分为深、浅两层，包绕腮腺形成腮腺鞘，两层在腮腺前缘处融合，覆盖于咬肌表面，称为咬肌筋膜。

腮腺鞘与腮腺结合紧密，并发出间隔，深入到腺实质内，将腮腺分隔成许多小叶。由于腮腺有致密的筋膜鞘包裹，炎症时常引起剧痛。腮腺鞘的浅层特别致密，而深层薄弱且不完整，腮腺化脓时，脓肿不易从浅层穿透，而穿入深部，形成咽旁脓肿或穿向颈部。因化脓性腮腺炎为多数小叶性脓肿，故

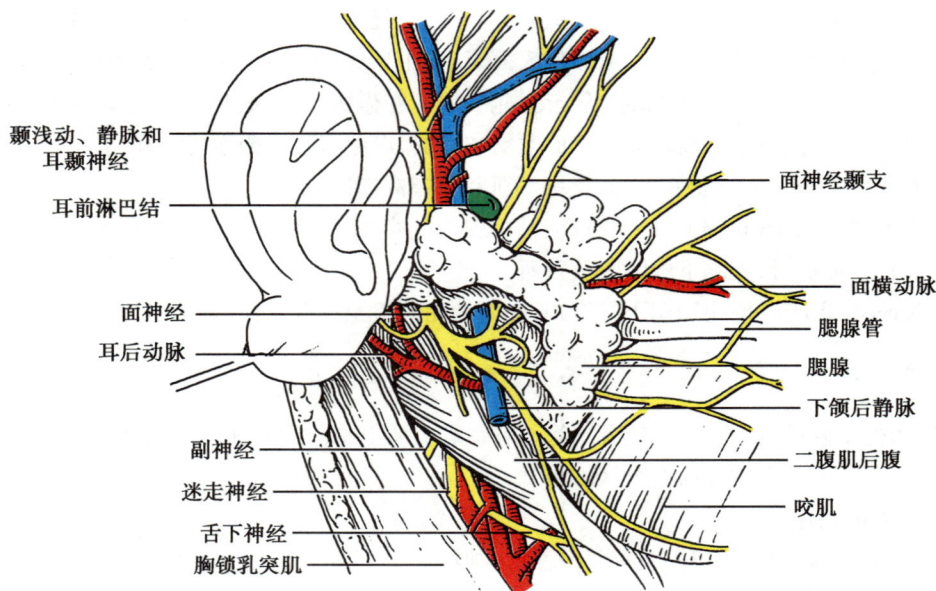

图1-7　腮腺及穿经腮腺的结构

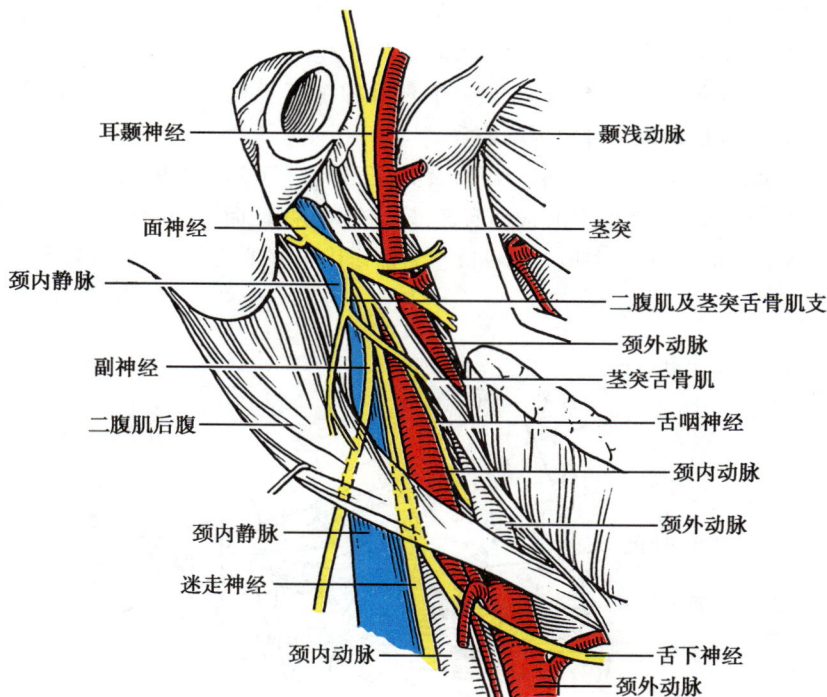

图1-8　腮腺深面的结构

在切开排脓时,应注意引流每一脓腔。

（3）**腮腺管**parotid duct:由腮腺浅部的前缘发出,在颧弓下一横指处,向前横行越过咬肌表面,至咬肌前缘急转向内侧,穿颊肌,在颊黏膜下潜行一段距离,然后开口于与上颌第二磨牙相对处的颊黏膜上。开口处黏膜隆起,称腮腺乳头,可经此乳头插管,进行腮腺管造影。用力咬合时,在咬肌前缘处可以触摸到腮腺管。腮腺管的体表投影相当于自鼻翼与口角间的中点至耳屏间切迹连线的中1/3段。

（4）**腮腺淋巴结**parotid lymph node:位于腮腺表面和腺实质内。浅淋巴结引流耳郭、颅顶前部和面上部的淋巴。深淋巴结收集外耳道、中耳、鼻、腭和颊深部的淋巴。然后均注入颈外侧淋巴结。

2. **面神经与腮腺的关系**　面神经facial nerve在颅外的行程中,因穿经腮腺而分为3段。

第1段:是面神经干从茎乳孔穿出至进入腮腺以前的一段,位于乳突与外耳道之间的切迹内。此段长1~1.5cm,向前经过茎突根部的浅面。此段虽被腮腺所遮盖,但尚未进入腮腺实质内,故显露面神经主干可在此处进行。

第2段:为腮腺内段。面神经主干于腮腺后内侧面进入腮腺,在腮腺内通常分为上、下两干,再发出分支,彼此交织成丛,最后形成颞、颧、颊、下颌缘、颈5组分支。面神经位于颈外动脉和下颌后静脉的浅面。正常情况下,面神经外膜与腮腺组织容易分离,但在病变时二者常紧密粘连,术中分离较为困难。腮腺肿瘤可压迫面神经,引起面瘫。

第3段:为面神经穿出腮腺以后的部分。面神经的5组分支,分别由腮腺浅部的上缘、前缘和下端穿出,呈扇形分布,至各相应区域,支配面肌。

3. **穿经腮腺的血管和神经**　纵行的有颈外动脉,颞浅动、静脉,下颌后静脉及耳颞神经;横行的有上颌动、静脉,面横动、静脉和面神经及其分支。上述血管神经的位置关系,由浅入深依次为:面神经及其分支,下颌后静脉,颈外动脉及耳颞神经。

下颌后静脉retromandibular vein　颞浅静脉和上颌静脉与同名动脉伴行,穿入腮腺,汇合形成下颌后静脉,在颈外动脉的浅面下行,分为前、后两支,穿出腮腺。前支与面静脉汇合成面总静脉,注入颈内静脉;后支与耳后静脉合成颈外静脉。

颈外动脉external carotid artery　由颈部上行,经二腹肌后腹和茎突舌骨肌深面,入下颌后窝,由深面穿入腮腺,行于下颌后静脉的前内侧,至下颌颈平面分为两个终支。上颌动脉行经下颌颈内侧入颞下窝;颞浅动脉在腮腺深面发出面横动脉,然后越颧弓至颞区。

耳颞神经 auriculotemporal nerve   穿入腮腺鞘,经腮腺深面至颞区。当耳颞神经因腮腺肿胀或受肿瘤压迫时,可引起由颞区向颅顶部放射的剧痛。

4. **咬肌** masseter muscle   起自颧弓下缘及其深面,止于下颌支外侧面和咬肌粗隆。该肌的后上部为腮腺所覆盖,表面覆以咬肌筋膜,浅面有面横动脉、腮腺管、面神经的颊支和下颌缘支横过。咬肌与颞肌、翼内、外肌共同组成咀嚼肌(图1-9),它们都作用于颞下颌关节,受三叉神经第三支的运动纤维支配。

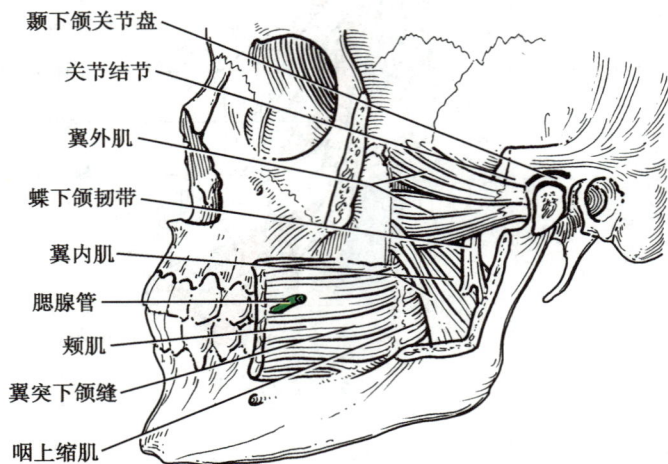

图1-9   咀嚼肌

5. **颞下颌关节** temporomandibular joint 又称下颌关节,是由下颌骨的下颌头与颞骨的下颌窝及关节结节构成的联合关节。关节囊上方附于下颌窝及关节结节周缘,故关节结节完全在关节囊内;下方附于下颌颈。关节囊外侧有韧带加强。关节内有纤维软骨构成的关节盘,盘周缘附于关节囊,故将关节腔分隔为上、下两部分。关节囊的前份较薄弱,下颌关节易向前脱位(图1-10)。

颞下颌关节属于联动关节,即两侧关节必须同时运动。下颌骨可作上提、下降、后退和侧方运动。张口时下颌体下降并伴有下颌头和关节盘向前的运动,故大张口时,下颌体降向下后方,而下颌头与关节盘滑至关节结节下方。如果张口过大且关节囊过分松弛时,下颌头可滑至关节结节前方而不能退回关节窝,造成下颌关节脱位。手法复位时,必须先将下颌骨拉向下,超过关节结节,再将下颌头纳回下颌窝内。

(二)面侧深区

此区位于颅底下方,口腔及咽的外侧,其上部通颞窝。

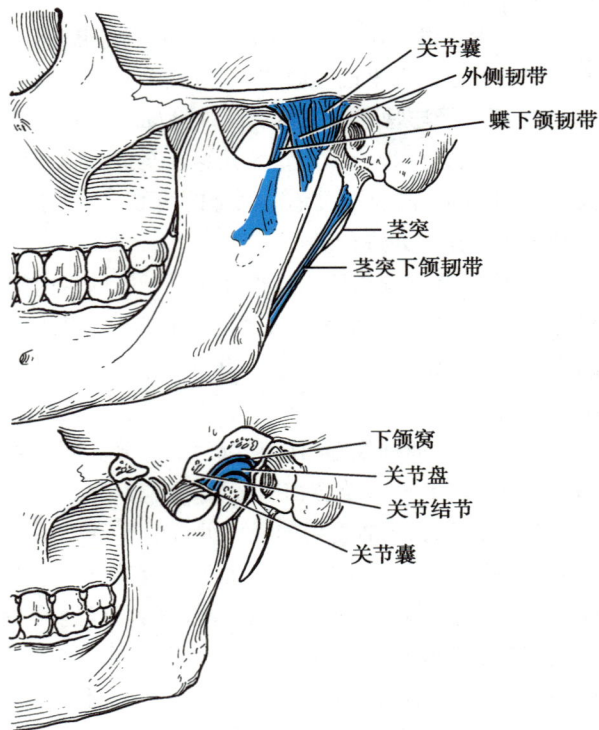

图1-10   颞下颌关节

1. **境界** 面侧深区有顶、底和四壁,顶为蝶骨大翼的颞下面,底平下颌骨下缘,前壁为上颌骨体的后面,后壁为腮腺深部,外侧壁为下颌支,内侧壁为翼突外侧板和咽侧壁(图 1-11)。

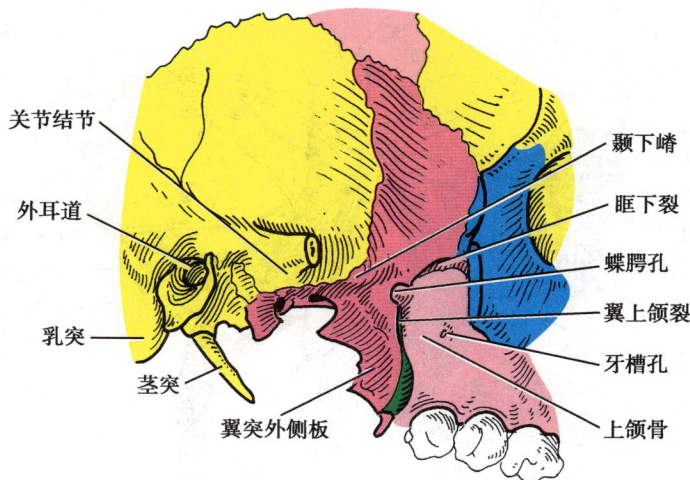

图 1-11 面侧深区的境界

2. **内容** 面侧深区有翼内、外肌及出入颅底的血管、神经通过。翼丛与上颌动脉位于颞下窝浅部,翼内肌、翼外肌、下颌神经及其分支位于深部(图 1-12,图 1-13)。

(1) **翼内、外肌**

1) **翼内肌** medial pterygoid muscle:起自翼窝,肌纤维斜向外下,止于下颌支内侧面的翼肌粗隆。翼内肌单侧收缩时,使下颌骨向对侧移动,两侧同时收缩时,使下颌骨上提和前移。

2) **翼外肌** lateral pterygoid muscle:有两头,上头起自蝶骨大翼的颞下面,下头起自翼突外侧板的外面。两束肌纤维均斜向外后方,止于下颌颈前面的翼肌凹。

翼内肌位于颞下窝的下内侧部,翼外肌位于上外侧部。两肌腹间及其周围的疏松结缔组织中,有血管与神经交错穿行。

(2) **翼丛** pterygoid plexus:是位于颞下窝内,翼内、外肌与颞肌之间的静脉丛。翼丛收纳与上颌动

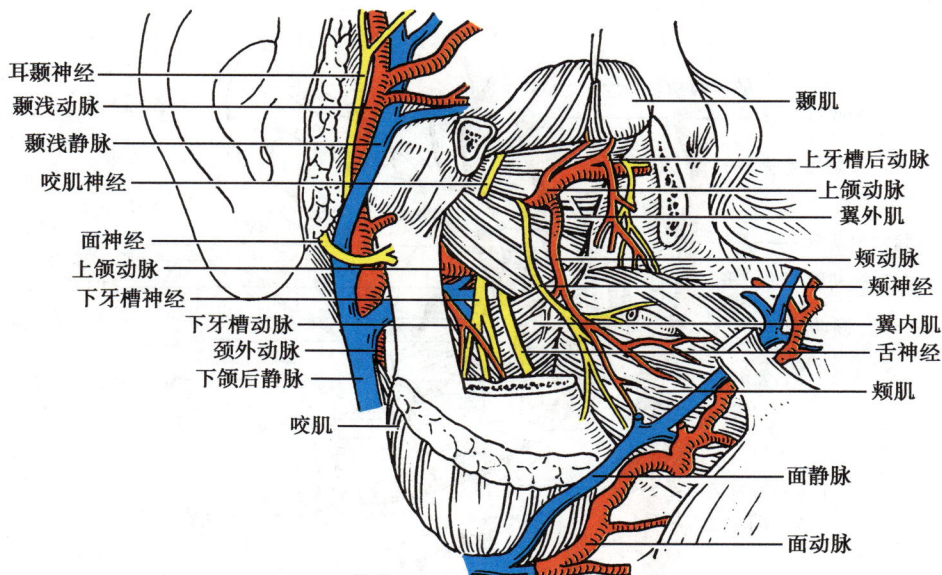

图 1-12 面侧深区的血管神经(浅部)

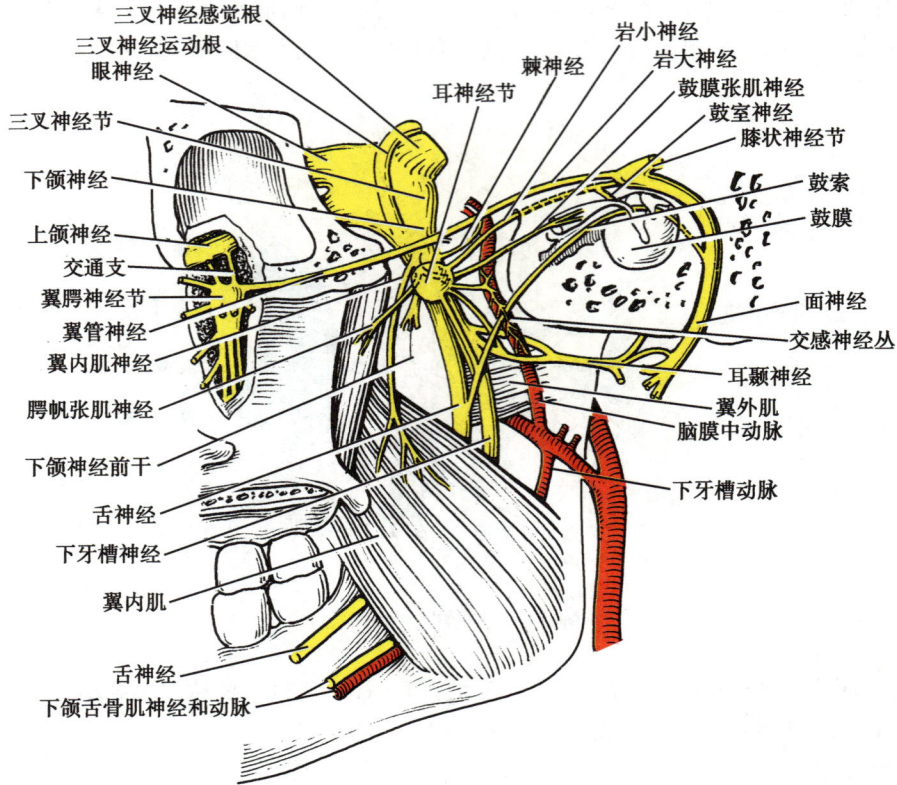

图 1-13 颞下窝内侧部的结构（切除部分颅骨，从内侧面观）

脉分支伴行的静脉,最后汇合成上颌静脉,回流到下颌后静脉。翼丛与上颌动脉位于颞下窝的浅部;翼内、外肌,下颌神经及其分支则位于颞下窝的深部。

翼丛通过眼下静脉和面深静脉与面静脉相通,并经卵圆孔网及破裂孔导血管与海绵窦相通,故口、鼻、咽等部的感染,可沿上述途径蔓延至颅内。

（3）上颌动脉 maxillary artery:平下颌颈高度起自颈外动脉,经下颌颈的深面入颞下窝,行经翼外肌的浅面或深面,经翼上颌裂入翼腭窝。上颌动脉以翼外肌为标志可分为 3 段(图 1-14)。

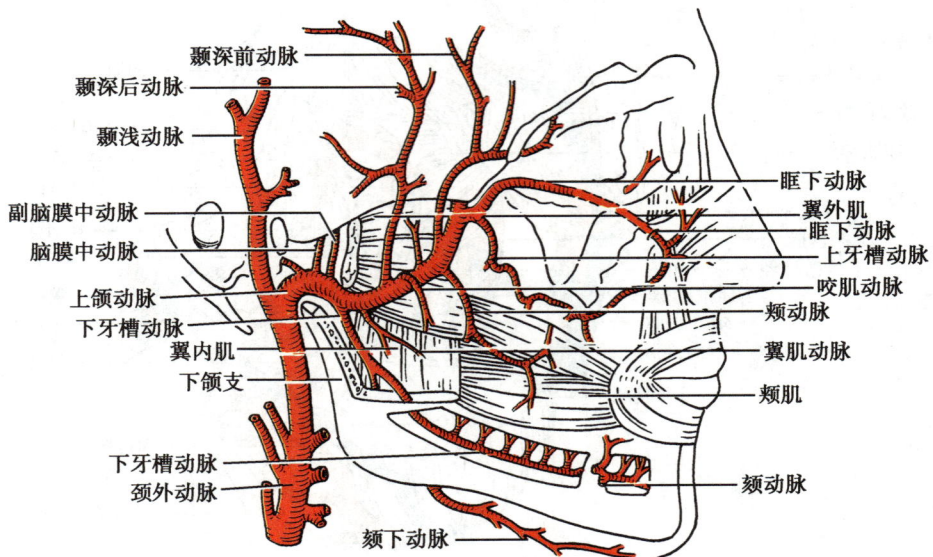

图 1-14 上颌动脉的行程及其分支

第1段:位于下颌颈深面,自起点至翼外肌下缘。其主要分支有:①**下牙槽动脉**inferior alveolar artery 经下颌孔入下颌管,分支至下颌骨、下颌牙及牙龈,终支出颏孔,分布于颏区;②**脑膜中动脉**middle meningeal artery 行经翼外肌深面,穿耳颞神经两根之间垂直上行,经棘孔入颅,分布于颞顶区内面的硬脑膜。

第2段:位于翼外肌的浅面或深面,分支至翼内、外肌、咬肌和颞肌,另发出**颊动脉**buccal artery 与颊神经伴行,分布于颊肌及颊黏膜。

第3段:位于翼腭窝内,主要分支有:①**上牙槽后动脉**posterior superior alveolar artery 向前下穿入上颌骨后面的牙槽孔,分布于上颌窦、上颌后份的牙槽突、牙、牙龈等;②**眶下动脉**inferior orbital artery 经眶下裂、眶下管、出眶下孔,沿途发出分支,分布于上颌前份的牙槽突、牙、牙龈,最后分布于下睑及眶下方的皮肤。

(4)**下颌神经**mandibular nerve:为三叉神经最大的分支,自卵圆孔出颅进入颞下窝,主干短,位于翼外肌的深面。下颌神经发出的运动支支配咀嚼肌,包括翼内肌神经、翼外肌神经、颞深前、后神经和咬肌神经。下颌神经还发出下述4个感觉支(图1-15)。

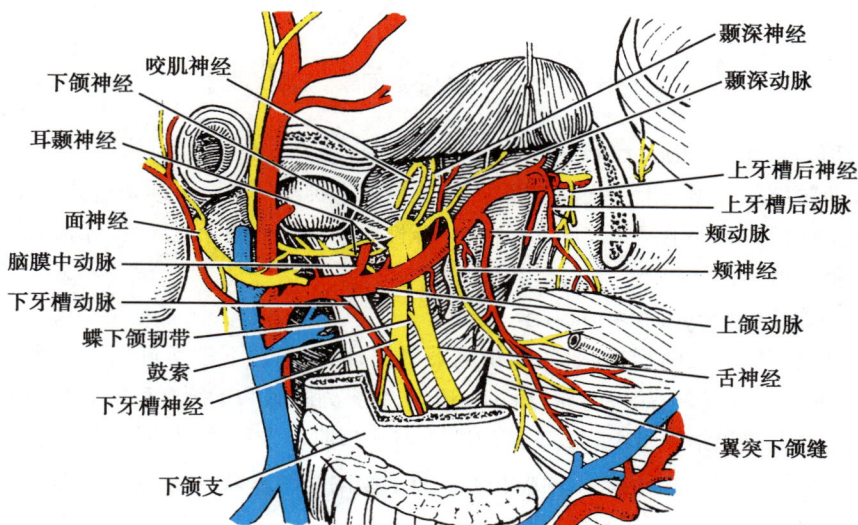

图1-15 面侧深区的血管和神经(深部)

1)**颊神经**buccal nerve:经翼外肌两头之间穿出,沿下颌支前缘的内侧下行至咬肌前缘,穿颊肌分布于颊黏膜、颊侧牙龈,另有分支穿颊脂体分布于颊区和口角的皮肤。

2)**耳颞神经**auriculotemporal nerve:以两根起自下颌神经,环绕脑膜中动脉,然后又合成一干,沿翼外肌深面,绕下颌骨髁突的内侧至其后方转向上行,穿入腮腺鞘,于腮腺上缘处浅出,分布于外耳道、耳郭及颞区的皮肤。

3)**舌神经**lingual nerve:经翼外肌深面下行,途中接受鼓索的味觉纤维和副交感纤维,继续向前下行,穿经下颌支与翼内肌之间,达下颌下腺的上方,再沿舌骨舌肌的浅面前行至口底,分布于下颌舌侧牙龈、下颌下腺、舌下腺、舌前2/3及口底的黏膜。

4)**下牙槽神经**inferior alveolar nerve:位于舌神经的后方,与同名动、静脉伴行,经下颌孔,入下颌管,发支分布于下颌骨及下颌诸牙,出颏孔后,称颏神经,分布于颏区皮肤。

三、面部的间隙

面部的间隙位于颅底与上、下颌骨之间,是散在于骨、肌肉与筋膜之间的间隙,彼此相通。间隙内充满疏松结缔组织,感染可沿间隙扩散,主要叙述以下3个间隙(图1-16)。

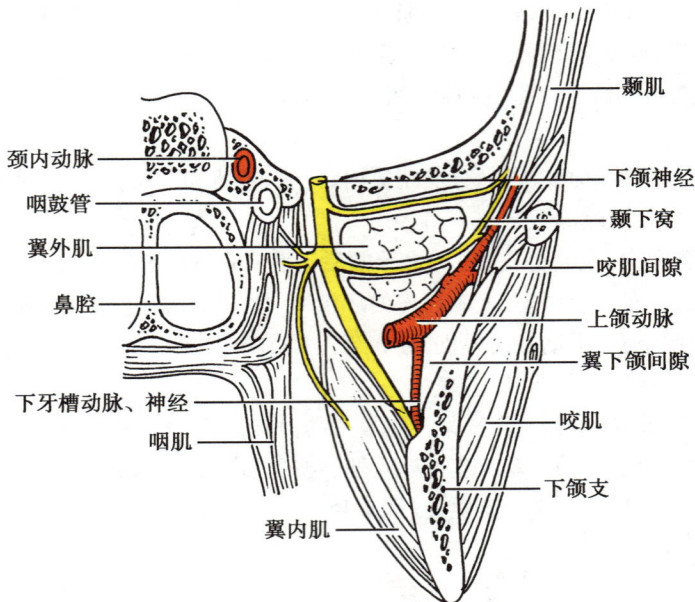

图 1-16　咬肌间隙和翼下颌间隙（冠状切面）

（一）咬肌间隙 masseter space

为位于咬肌深部与下颌支上部之间的间隙,咬肌的血管神经即通过下颌切迹穿入此隙,从深面进入咬肌。此间隙的前方紧邻下颌第三磨牙,许多牙源性感染如第 3 磨牙冠周炎、牙槽脓肿和下颌骨骨髓炎等均有可能扩散至此间隙。

（二）翼下颌间隙 pterygomandibular space

位于翼内肌与下颌支之间,与咬肌间隙仅隔下颌支,两间隙经下颌切迹相通。上界为翼外肌下缘,下界是翼内肌在下颌支附着处,前界为颞肌、颊肌,后界为腮腺和下颌支后缘。间隙内容下牙槽神经、下牙槽动、静脉及疏松结缔组织。翼下颌间隙向前与颊肌和咬肌之间的颊间隙相通,向后隔颈深筋膜浅层与咽旁间隙相邻,向上与颞下间隙相通。翼下颌间隙的感染,常来自下颌磨牙的炎症。下牙槽神经阻滞麻醉就是把药液注射于此间隙内。

（三）舌下间隙 sublingual space

呈马蹄铁型,上界为口底黏膜,下界为下颌舌骨肌及舌骨舌肌,前外侧为下颌舌骨肌起点以上的下颌骨体内侧面骨壁,后界止于舌根。间隙内有舌下腺、下颌下腺的深部及腺管、下颌下神经节、舌神经、舌下神经和舌下血管等。舌下间隙向后在下颌舌骨肌群后缘处与下颌下间隙相交通,向后上与翼下颌间隙相通,两侧在前方相通。

第三节　颅　　　部

颅部由颅顶、颅底和颅腔三部分组成。颅顶又分为额顶枕区和颞区,并包括其深面的颅顶诸骨。颅底有内、外面之分。内面分为颅前窝、颅中窝和颅后窝 3 部分。颅底有许多重要的孔道,是神经、血管出入颅的部位。

一、颅顶

（一）额顶枕区

1. **境界**　前为眶上缘,后为枕外隆凸和上项线,两侧借上颞线与颞区分界。
2. **层次**　覆盖于此区的软组织由浅入深分为五层,依次为:皮肤、浅筋膜（皮下组织）、帽状腱膜及颅顶肌(额、枕肌)、腱膜下疏松结缔组织和颅骨外膜(图1-17)。其中,浅部3层紧密连接,难以将其各自分开,因此,常将此3层合称"头皮"。深部两层连接疏松,较易分离。

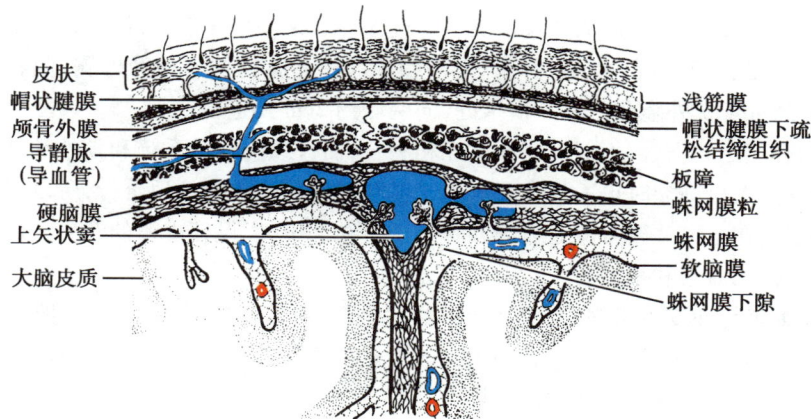

图 1-17 颅顶结构层次(冠状切面)

（1）**皮肤**:此区皮肤厚而致密,并有两个显著特点,一是含有大量毛囊、汗腺和皮脂腺,为疖肿或皮脂腺囊肿的好发部位;二是具有丰富的血管,外伤时易致出血,但创口愈合较快。

（2）**浅筋膜**:由致密结缔组织和脂肪组织构成,并有许多结缔组织小梁,使皮肤和帽状腱膜紧密相连,并将脂肪分隔成许多小格,内有血管和神经穿行。感染时渗出物不易扩散,早期即可压迫神经末梢引起剧痛。此外,小格内的血管,多被周围结缔组织固定,创伤时血管断端不易自行收缩闭合,故出血较多,常需压迫或缝合止血。浅筋膜内的血管和神经,可分为前、后、外3组(图1-18)。

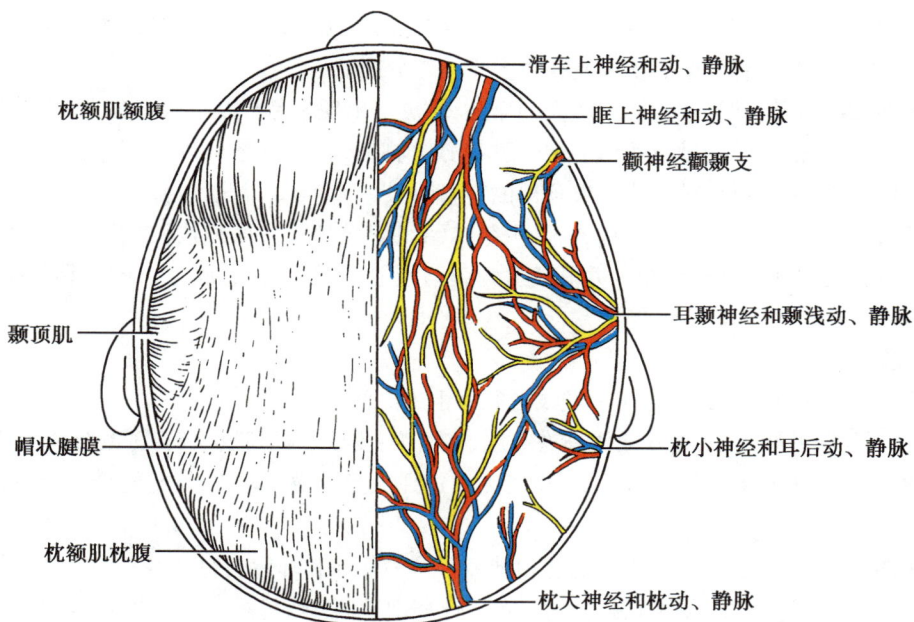

图 1-18 枕额肌及颅顶部的血管、神经

1）前组:又包括内、外侧两组。外侧组距正中线约2.5cm,有眶上动脉和眶上神经。内侧组距正中线约2cm,有滑车上动脉、静脉和滑车上神经。眶上动脉系眼动脉的分支,与眶上神经伴行,在眼眶内行于上睑提肌和眶上壁之间,至眶上孔(切迹)处绕过眶上缘到达额部。滑车上动脉是眼动脉的终支之一,与滑车上神经伴行,在外侧组的内侧绕额切迹至额部。上述两组动脉和神经的伴行情况,常

是眶上动脉在眶上神经的外侧,滑车上动脉在滑车上神经的内侧。眶上神经和滑车上神经都是眼神经的分支,所以三叉神经痛患者可在眶上缘的内、外 1/3 处有压痛。

2）后组:枕动脉和枕大神经分布于枕部。枕动脉是颈外动脉的分支,从颈部向后走行,经颞骨乳突的枕动脉沟,斜穿枕部一些肌肉而达枕部皮下。枕大神经穿过项深部肌群后,在上项线平面距正中线 2cm 处穿斜方肌腱膜,然后和枕动脉伴行,走向颅顶。枕动脉在枕大神经外侧,两者间有一定的距离。封闭枕大神经可于枕外隆凸下方一横指处,向两侧约 2cm 处进行。

颅顶的动脉有广泛的吻合,不但左右两侧互相吻合,而且颈内动脉系统和颈外动脉系统也互相联系,所以头皮在发生大块撕裂时也不易坏死。由于血管神经从四周向颅顶走行,所以因开颅手术而做皮瓣时,皮瓣的蒂应在下方。瓣蒂应是血管和神经干所在部位,以保证皮瓣的营养。而作一般切口则应呈放射状,以免损伤血管和神经。

颅顶的神经都走行在皮下组织中,而且分布互相重叠,所以局麻时须将药物注射在皮下组织内,皮下组织内有粗大的纤维束,注射时可感到阻力较大。神经分布互相重叠,故局麻阻滞一支神经常常得不到满意的效果,应当将神经阻滞的范围扩大。

3）外侧组:包括耳前和耳后两组,来源于颞区(见后述)。

（3）**帽状腱膜** epicranial aponeurosis:前连枕额肌的额腹,后连枕腹,两侧逐渐变薄,续于颞筋膜。整个帽状腱膜都很厚实坚韧,并与浅层的皮肤和浅筋膜紧密相连,临床上的所谓头皮,就是这三层的合称。

头皮外伤若未伤及帽状腱膜,则伤口裂开不明显;如帽状腱膜同时受伤,由于枕额肌的牵拉则伤口裂开,尤以横向裂口为甚。缝合头皮时一定要将此层缝好,一方面可以减少皮肤的张力,有利于伤口的愈合,另一方面也有利于止血。开颅术后因脑水肿和颅压高等行硬膜不缝合减压时,更应密缝帽状腱膜层,以免伤口感染及脑脊液外漏。

（4）**腱膜下疏松结缔组织**:此层又称腱膜下间隙,是位于帽状腱膜与骨膜之间的薄层疏松结缔组织。此隙范围较广,前至眶上缘,后达上项线。头皮借此层与颅骨外膜疏松连接,故移动性大,开颅时可经此间隙将皮瓣游离后翻起,头皮撕脱伤也多沿此层分离。

腱膜下间隙出血易广泛蔓延,形成较大的血肿,淤斑可出现于鼻根及上眼睑皮下。此间隙内的静脉,经导静脉与颅骨的板障静脉及颅内的硬脑膜静脉窦相通,若发生感染,可经上述途径继发颅骨骨髓炎或向颅内扩散,因此此层被认为是颅顶部的"危险层"。

（5）**颅骨外膜**:由致密结缔组织构成,借少量结缔组织与颅骨表面相连,二者易于剥离。严重的头皮撕脱伤可将头皮连同部分骨膜一并撕脱。骨膜与颅缝紧密愈着,骨膜下血肿常局限于一块颅骨的范围内。

（二）**颞区**

1. **境界**   位于颅顶的两侧,介于上颞线与颧弓上缘之间。

2. **层次**   此区的软组织,由浅入深亦有 5 层,依次为:皮肤、浅筋膜、颞筋膜、颞肌和颅骨外膜。

（1）**皮肤**:颞区的皮肤移动性较大,手术时无论选择纵行或横行切口,均易缝合,愈合后的瘢痕亦不明显。

（2）**浅筋膜**:所含脂肪组织较少。血管和神经可分为耳前和耳后两组。

1）耳前组:有颞浅动、静脉和耳颞神经,三者伴行,出腮腺上缘,越颧弓到达颞区。颞浅动脉为颈外动脉的两终支之一,其搏动可在耳屏前方触及,该动脉在颧弓上方 2~3cm 处分为前、后两支;颞浅静脉汇入下颌后静脉;耳颞神经是三叉神经第三支下颌神经的分支,可在耳轮脚前方进行局部阻滞麻醉。

2）耳后组:有耳后动、静脉和枕小神经,分布于颞区后部。耳后动脉起自颈外动脉;耳后静脉汇入颈外静脉;枕小神经来自第 2、3 神经,属颈丛的分支。

（3）**颞筋膜** temporal fascia:上方附着于上颞线,向下分为深、浅两层,浅层附着于颧弓的外面,深层附着于颧弓的内面。两层之间夹有脂肪组织,颞中动脉(发自上颌动脉)及颞中静脉由此经过。

（4）**颞肌** temporal muscle：呈扇形，起自颞窝和颞筋膜深面，前部肌纤维向下，后部肌纤维向前，逐渐集中，经颧弓深面，止于下颌骨的冠突（图1-19）。经颞区开颅术切除部分颞骨鳞部后，颞肌和颞筋膜有保护脑膜和脑组织的作用，故开颅减压术常采用颞区入路。颞肌深部有颞深血管和神经，颞深动脉来自上颌动脉，颞深神经来自下颌神经，支配颞肌。

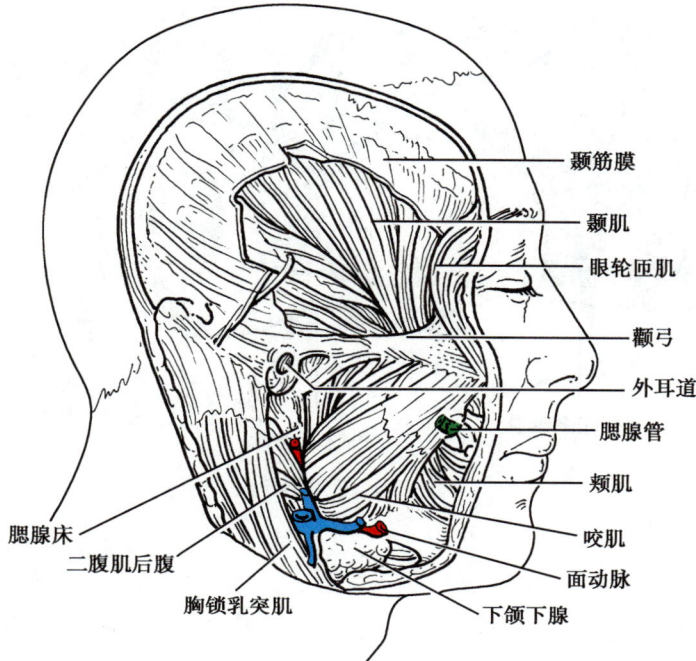

图 1-19　颞区层次结构

（5）**骨膜** periosteum：较薄，紧贴于颞骨表面，因此此区很少发生骨膜下血肿。骨膜与颞肌之间含有大量脂肪组织，称颞筋膜下疏松结缔组织，并经颧弓深面与颞下间隙相通，再向前则与面的颊脂体相连续。因此，颞筋膜下疏松结缔组织中有出血或炎症时，可向下蔓延至面部，形成面深部的血肿或脓肿，而面部炎症，如牙源性感染也可蔓延到颞筋膜下疏松结缔组织中。

（三）颅顶骨

颅顶骨在胚胎发育时期是膜内化骨，出生时尚未完全骨化，因此在某些部位仍保留膜性结构，如前囟和后囟等处。

颅顶各骨均属扁骨。前方为额骨，后方为枕骨。在额、枕骨之间是左、右顶骨。两侧前方小部分为蝶骨大翼；后方大部分为颞骨鳞部。颅顶各骨之间以颅缝相接合，发生颅内压增高时，在小儿骨缝可稍分离。

成人颅顶骨的厚度约为0.5cm，最厚的部位可达1cm，颞区最薄，仅有0.2cm。由于颅顶骨各部的厚度不一，故开颅钻孔时应予注意。

颅顶骨呈圆顶状，并有一定的弹性。受外力打击时常集中于一点，成人骨折线多以受力点为中心向四周放射，而小儿颅顶骨弹性较大，故外伤后常发生凹陷性骨折。

颅顶骨分为外板、板障和内板三层。外板较厚，对张力的耐受性较大，而弧度较内板为小。内板较薄，质地亦较脆弱，又称玻璃样板。因此，外伤时外板可保持完整，而内板却发生骨折，同时，骨折片可刺伤局部的血管、脑膜和脑组织等而引起血肿。

板障是内、外板之间的骨松质，含有骨髓，并有板障静脉位于板障管内。板障管在 X 线片上呈裂纹状，有时可被误认为骨折线，应注意鉴别。由于板障静脉位于骨内，手术时不能结扎，常用骨蜡止血。板障静脉通常可归纳为4组（图1-20）：①**额板障静脉** frontal diploic vein；②**颞前板障静脉** anterior

temporal diploic vein；③颞后板障静脉 posterior temporal diploic vein；④枕板障静脉 occipital diploic vein。
当头皮撕脱伤伤及颅骨骨膜时,应在颅骨上密集钻孔至板障层,等待肉芽组织长出后再植皮封闭创面。

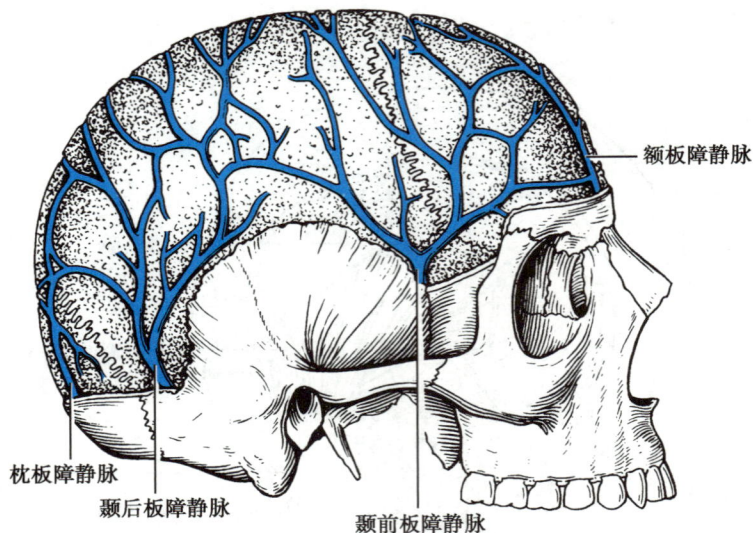

额板障静脉

枕板障静脉

颞后板障静脉

颞前板障静脉

图 1-20　板障静脉

二、颅底内面

颅底有许多重要的孔道,是神经、血管出入颅的部位(图 1-21)。颅底有内、外面之分。内面分为颅前窝、颅中窝和颅后窝 3 部分。

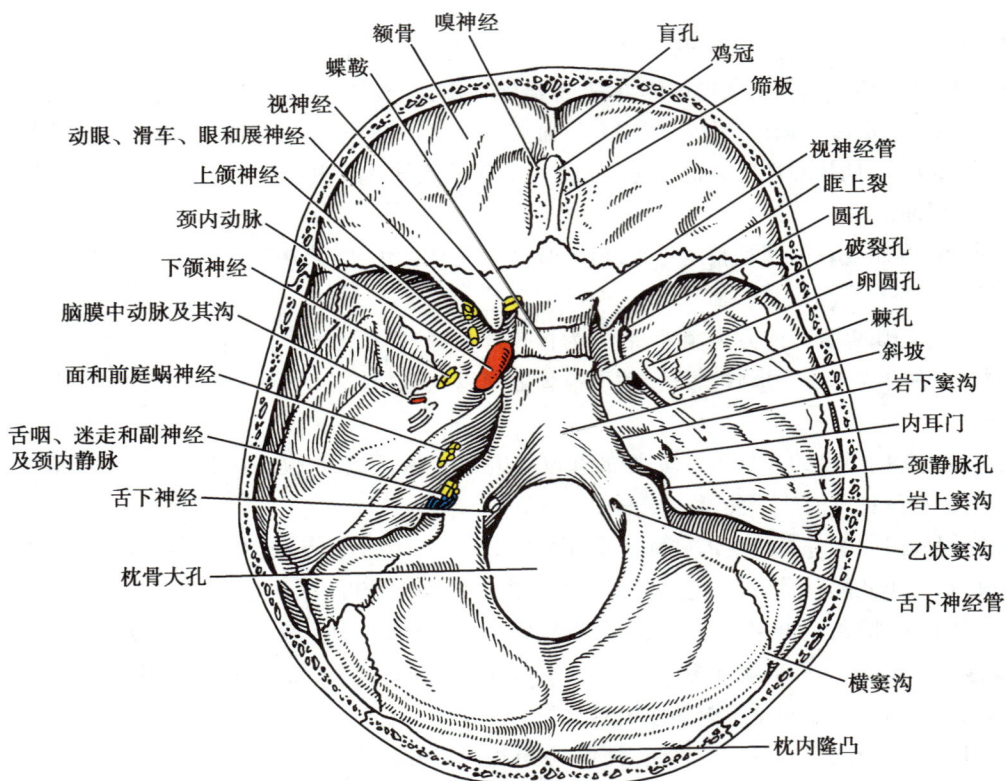

额骨　嗅神经　盲孔

蝶鞍　鸡冠

视神经　筛板

动眼、滑车、眼和展神经　视神经管

上颌神经　眶上裂

颈内动脉　圆孔

下颌神经　破裂孔

脑膜中动脉及其沟　卵圆孔

面和前庭蜗神经　棘孔

舌咽、迷走和副神经　斜坡
及颈内静脉　岩下窦沟

舌下神经　内耳门

颈静脉孔

岩上窦沟

乙状窦沟

枕骨大孔　舌下神经管

横窦沟

枕内隆凸

图 1-21　颅底内面

颅底在结构上和邻接上有其特点,因而颅底损伤时除本身的症状外,还可出现邻近器官的损伤症状,故须了解颅底结构的特点:①颅底的各部骨质厚薄不一,由前向后逐渐增厚,颅前窝最薄,颅后窝最厚,骨质较薄的部位在外伤时易骨折;②颅底的孔、裂、管是神经血管出入的通道,而某些骨内部又形成空腔性结构,如鼻旁窦、鼓室等,这些部位都是颅底的薄弱点,不但外伤时容易骨折,而且常伴有脑神经和血管损伤;③颅底与颅外的一些结构不但关系密切,而且紧相连接,如翼腭窝、咽旁间隙、眼眶等,这些部位的病变,如炎症、肿瘤等可蔓延入脑;相反,颅内病变也可引起其中某些部位的病变;④颅底骨与脑膜紧密愈着,外伤后不会形成硬膜外血肿,但常伴脑膜损伤,引起脑脊液外漏。

中颅底硬膜由两层组成,相互间结构疏松,除形成 Meckel 腔及海绵窦外,还在中颅底形成一个潜在的硬膜间腔,内有三叉神经的分支走行。此间腔向内直到小脑幕游离缘,向后外在下颌神经的后缘,两层硬膜相互融合成一层覆盖颞骨岩部前表面,向前外两层硬膜在从眶上裂到圆孔、卵圆孔的连线上相互融合,并在眶尖、圆孔及卵圆孔处分别与神经血管的共同鞘、上颌神经及下颌神经的鞘膜延续。若去除眶上裂后外侧壁并扩大圆孔及卵圆孔,可暴露此融合区,这里是切开硬膜,进入硬膜间腔的起点。在眶尖,由于颞极硬膜索带(颞极硬膜与眶上裂硬膜的连接)与神经血管共同鞘关系密切,相互间无确切的解剖界面,若直接切开,易损伤进入眶上裂的神经和血管,故不适合在此处切开硬膜夹层。在硬膜间腔中,硬膜内层与三叉神经各分支之间联系疏松,容易分离,但在海绵窦外侧壁,由于海绵窦固有层多不完整,在翻开海绵窦外壁硬膜时要注意保护内侧的静脉丛,以减少出血。

(一) 颅前窝

颅前窝 anterior cranial fossa 容纳大脑半球额叶,正中部凹陷,由筛骨筛板构成鼻腔顶,前外侧部形成额窦和眶的顶部。颅前窝骨折涉及筛板时,常伴有脑膜和鼻腔顶部黏膜撕裂,脑脊液或血液直接漏至鼻腔,若伤及嗅神经会导致嗅觉丧失;骨折线经过额骨眶板时,可见结膜下出血的典型症状。此外,额窦亦常受累,脑脊液和血液也可经额窦而流入鼻腔。

颅前窝的动脉血供主要来自大脑前动脉,它是颈内动脉的两个终末支之一,它在视神经前上方走行,到达大脑纵裂,在此通过较短的横行的前交通动脉(长 4~8mm)与对侧大脑前动脉吻合,并分出皮质支和中央支,供应额叶及其附近区域。大脑前动脉发出的走行于眶面的皮质支主要有眶额内侧动脉和额极动脉,供应相应区域。

(二) 颅中窝

颅中窝 middle cranial fossa 呈蝶形,可区分为较小的中央部(蝶鞍区)和两个较大而凹陷的外侧部。

1. **蝶鞍区** 位于蝶骨体上面,为蝶鞍及其周围区域。该区主要的结构有垂体、垂体窝和两侧的海绵窦等。

(1) **蝶鞍** sella:蝶鞍包括前床突、交叉前沟、鞍结节、垂体窝、鞍背和后床突。中国人蝶鞍的前后径为 1.1~1.2cm,深度 0.6~0.9cm,鞍底横径为 1.4~1.5cm。依前、后床突间距的不同,可分为 3 型,开放型:间距大于 0.5cm(39%);闭锁型间距小于 0.2cm(21%);半开放型间距界于 0.2~0.5cm 之间(40%)。蝶鞍的形态与颅形及蝶窦的发育程度有关。

蝶鞍的形态可出现如下变异:①前、后床突间出现骨性桥连结,称为鞍桥,出现率 6%,多为双侧性,有时不完整;②前、后床突之间有时有韧带连结,形成孔,孔内有颈内动脉经过,出现率为 10%;如此孔过小,可影响颈内动脉供血区的血液循环,需手术切断韧带;③前床突侧移或缺如。

(2) **垂体** hypophysis:垂体位于蝶鞍中央的垂体窝内,借漏斗和垂体柄穿过鞍膈与第三脑室底的灰结节相连。垂体肿瘤可突入第三脑室,发生脑脊液循环障碍,引起颅内压增高。

垂体在冠状断面和矢状断面上均呈横置的肾形,在横断面上,整个垂体呈椭圆形,垂体前叶呈肾形。据统计,垂体的前后径约 0.8cm,垂直径约 0.6cm。垂体肿瘤患者的 X 线片,常可见蝶鞍扩大与变形,这对诊断垂体病变有重要的参考价值。

垂体的血液供应来自颈内动脉和大脑前动脉等发出的细小分支。垂体门脉系统将下丘脑产生的垂体释放激素和释放抑制激素输送到垂体前叶,以控制垂体激素的分泌。垂体的静脉注入海绵窦。

（3）**垂体窝** hypophyseal fossa：垂体窝的顶为硬脑膜形成的鞍膈,鞍膈的前上方有视交叉和经视神经管入颅的视神经。垂体前叶的肿瘤可将鞍膈的前部推向上方,压迫视交叉,出现视野缺损。垂体窝的底,仅隔一薄层骨壁与蝶窦相邻。垂体病变时,可使垂体窝的深度增加,甚至侵及蝶窦。垂体窝的前方为**鞍结节** tuberculum sellae,后方为**鞍背** dorsum sellae,垂体肿瘤时,两处的骨质可因受压而变薄,甚至出现骨质破坏现象。

垂体窝的两侧为海绵窦,垂体肿瘤向两侧扩展时,可压迫海绵窦,发生海绵窦淤血及脑神经受损的症状。在垂体肿瘤切除术中,要注意避免损伤视神经及视交叉、海绵窦和颈内动脉等。

统计表明,垂体腺瘤的发病率占颅内肿瘤的第三位,随着 CT 和 MR 检查的普及,垂体腺瘤特别是微腺瘤的检出率逐年增加。垂体高度是指在冠状面上鞍底上缘至腺体上缘的最大距离,垂体高度测量是临床诊断微腺瘤的主要方法之一。目前认为,垂体高度的标准应依性别和年龄而制定。腺体平均高度女高于男,年轻妇女垂体最高,以后随年龄增大而逐渐变低,这与月经周期及更年期有关。女性以垂体高度>0.9cm 为可疑,>1.0cm 为异常。男性垂体高度一生变化不明显,当垂体高度>0.65cm 为可疑,>0.77cm 为异常。男性垂体内出现局部低密度变化罕见,若出现,应高度怀疑垂体病变。

（4）**海绵窦** cavernous sinus：海绵窦位于蝶鞍的两侧,前达眶上裂内侧部,后至颞骨岩部的尖端,为一对重要的硬脑膜静脉窦,由硬脑膜两层间的腔隙构成。窦内有颈内动脉和展神经通行。颅底骨折时,除可伤及海绵窦外,亦可伤及颈内动脉和展神经。窦内间隙有许多结缔组织小梁,将窦腔分隔成许多小的腔隙,窦中血流缓慢,感染时易形成栓塞。两侧海绵窦经鞍膈前、后的海绵间窦相交通,故一侧海绵窦的感染可蔓延到对侧。

在窦的外侧壁内,自上而下排列有动眼神经、滑车神经、眼神经与上颌神经。海绵窦一旦发生病变,可出现海绵窦综合征,表现为上述神经麻痹与神经痛,结膜充血以及水肿等症状。

窦的前端与眼静脉、翼丛、面静脉和鼻腔的静脉相交通,面部的化脓性感染可借上述通道扩散至海绵窦,引起海绵窦炎与血栓形成。

窦的内侧壁上部与垂体相邻,垂体肿瘤可压迫窦内的动眼神经和展神经等,以致引起眼球运动障碍、眼睑下垂、瞳孔开大及眼球突出等。窦的内侧壁下部借薄的骨壁与蝶窦相邻,故蝶窦炎亦可引起海绵窦血栓形成。

窦的后端在颞骨岩部尖端处,分别与岩上、下窦相连。岩上窦汇入横窦或乙状窦,岩下窦经颈静脉孔汇入颈内静脉。窦的后端与位于岩部尖端处的三叉神经节靠近。海绵窦向后还与枕骨斜坡上的基底静脉丛相连,后者向下续于椎内静脉丛。椎内静脉丛又与体壁的静脉相通,故腹膜后隙的感染可经此途径蔓延至颅内（图 1-22）。

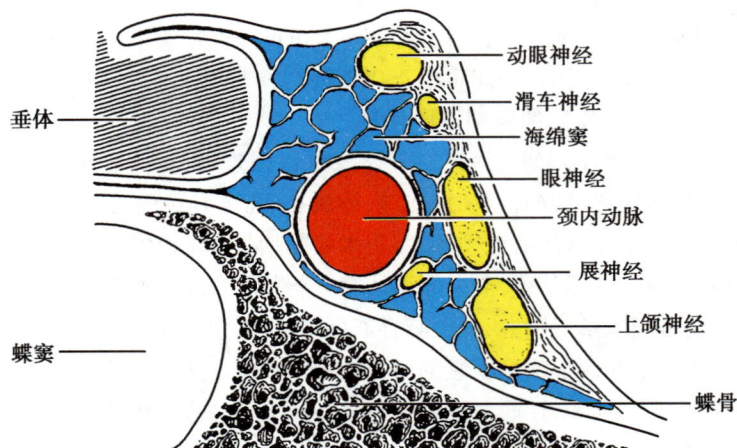

图 1-22 海绵窦（冠状断面）

显示海绵窦的最佳断层是冠状断层。海绵窦位于蝶鞍两旁,两侧形状和大小对称,外缘平或稍外凸。如出现下列 CT 征象,应考虑为异常海绵窦:①大小不对称;②形状不对称,尤其外侧壁;③窦内局限性异常密度区。

（5）**基底动脉环**：又称 Willis 环,是颅底最大的动脉吻合环,连合了颈内动脉和椎-基底动脉系统（图 1-23）,位于蝶鞍上方脚间池深部的蛛网膜下腔内,环绕视交叉、漏斗以及脚间窝的其他结构。从颈内动脉发出的大脑前动脉在前方通过前交通动脉与对侧大脑前动脉吻合,在后方两支大脑后动脉从基底动脉分出,通过两侧的后交通动脉与颈内动脉相连。基底动脉环是调节两侧颈内动脉系和椎-基底动脉系血流的重要结构,如果某支血管阻塞,可改变血流方向通过此动脉环供应相应脑区。

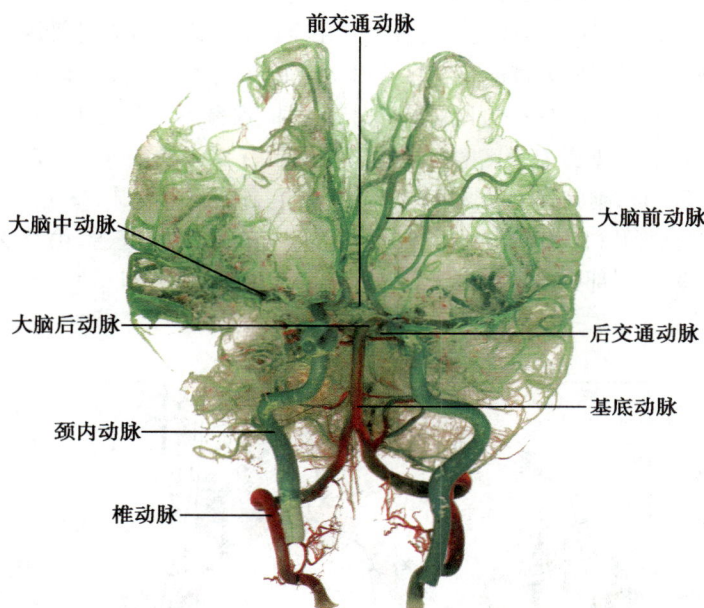

图 1-23　脑动脉系统（血管铸型）

形成动脉环的血管在类型和管径上均存在较大的个体差异,有时某条血管的明显狭窄会降低其作为血流调节的作用,动脉环的某支动脉或者交通动脉在某些个体可以完全缺如,或有各种各样的发育不全,或者成双支。动脉环的血流动力学受到交通动脉不同管径的影响,同时与大脑前、后动脉起始部位及与交通动脉的连接方式有关。不同个体间最大的管径变异是后交通动脉。通常与后交通动脉连接前的大脑后动脉的直径大于后交通动脉,在这些个体中,枕叶的血供主要来自于椎-基底动脉系统。有时相反,与后交通动脉连接之前的大脑后动脉直径小于后交通动脉,在这些个体中,枕叶的血供主要来自于颈内动脉发出的后交通动脉。大脑前动脉起始段的发育不全常常比前交通动脉多,并在 1/3 的个体中造成动脉环的缺陷。

颈内动脉终末段转向视神经的下方,穿行于视神经和动眼神经之间,在大脑外侧沟内后方分出大脑前动脉和大脑中动脉,其中大脑前动脉较小,大脑中动脉较大。大脑中动脉首先穿行于大脑外侧沟,然后转向后上方的岛叶,并分出多个分支,分布于相邻的大脑外侧面。大脑中动脉分出皮质支和中央支,皮质支分出的眶支到额叶的额下回和眶外侧面,分出的额支分布于中央前回、额中回和额下回,分出的顶支分布于中央后回、顶上小叶下部以及全部的顶下小叶,分出的颞支供应颞叶的外表面。大脑中动脉分出的中央支较小,主要供应相应的基底神经节。外科学上将大脑中动脉分成四部分:M_1——从颈内动脉末端到分叉处,也有将该段动脉划分成颈内动脉终末段（C_1 段）,该段又称为蝶部;M_2——该段走行于大脑外侧沟,又称为岛部;M_3——穿出大脑外侧沟以后的部分,又称为外科部;

M₄——为皮质部。

大脑中动脉的第一个分支处(前支和顶支的分叉处)由于血流的冲击力较大,是脑动脉瘤的好发部位。脑动脉瘤是脑动脉某个部位的气球样的扩张,常因血管壁薄弱造成。动脉瘤常常发生于脑动脉环,特别是在血管连接处或其附近。靠近颈内动脉终末端的动脉瘤可以压迫视交叉的侧方,引起鼻侧视野偏盲。靠近动眼神经的动脉瘤,如后交通动脉、小脑上动脉或基底动脉的动脉瘤,由于压迫,可引起动眼神经瘫痪,导致眼向外下方斜视、上眼睑下垂、瞳孔散大,若累及副交感神经,则可导致瞳孔散大及对光反射消失。检出脑动脉瘤的方法是脑动脉造影。

2. 颅中窝外侧部　容纳大脑半球的颞叶。眶上裂内有动眼神经、滑车神经、展神经、眼神经及眼上静脉穿行。在颈动脉沟外侧,由前内向后外有圆孔、卵圆孔和棘孔,分别有上颌神经、下颌神经及脑膜中动脉通过。脑膜中动脉多数发自上颌动脉(94%),本干平均长 1.7cm,外径 0.16cm,经棘孔入颅,向前行 2.0~4.5cm,分为额支和顶支。通常额支在经过翼点附近行于骨管内(60%),骨管平均长度 1.0cm,此处骨质较薄,受到外力打击时容易受损而出血;在分离硬膜时,也可能撕破而发生颅内出血。该动脉常与硬脑膜粘连,不易分离,但在硬膜外入路中,必须切断脑膜中动脉,才能充分翻开岩骨表面的硬膜,这是磨除岩骨、暴露岩斜区的前提。国人资料有 86.6% 的人存在副脑膜中动脉,其中一支者 80.9%,两支者 5.7%,副脑膜中动脉多数(75.7%)起自脑膜中动脉,23.6% 起自上颌动脉,经卵圆孔(73.1%)或蝶导血管孔(10.0%)入颅。在弓状隆起的外侧有鼓室盖,由薄层骨板构成,分隔鼓室与颞叶及脑膜。在颞骨岩部尖端处有三叉神经压迹,三叉神经节在此处位于硬脑膜形成的间隙内(图 1-24)。

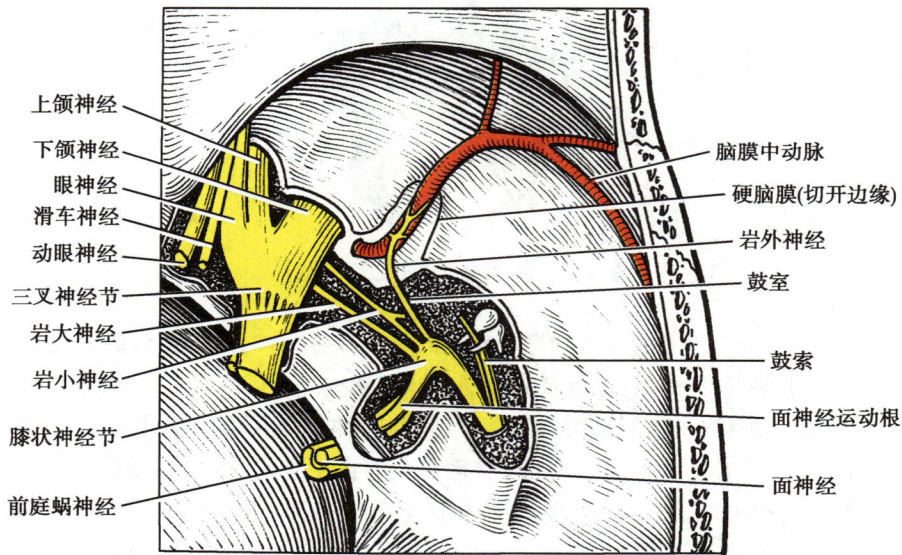

图 1-24　颞骨岩嵴附近的结构(凿去部分骨质,显露面神经)

颅中窝由于有多个孔、裂和腔的存在,为颅底骨折的好发部位,多发生于蝶骨中部和颞骨岩部。蝶骨中部骨折时,常同时伤及脑膜和蝶窦黏膜而使蝶窦与蛛网膜下腔相通,血性脑脊液经鼻腔流出;如伤及颈内静脉和海绵窦,可形成动静脉瘘,而引起眼静脉淤血,并伴有搏动性突眼症状;如累及穿过窦内和窦壁的神经,则出现眼球运动障碍和三叉神经刺激症状。岩部骨折侵及鼓室盖且伴有鼓膜撕裂时,血性脑脊液经外耳道溢出,穿经岩部内的面神经和前庭蜗神经亦可能受累。

(三) 颅后窝

颅后窝 posterior cranial fossa 由颞骨岩部后面和枕骨内面组成。在 3 个颅窝中,此窝最深,面积最大,容纳小脑、脑桥和延髓。窝底的中央有枕骨大孔,为颅腔与椎管相接处,孔的长径约 3.6cm,宽约 3cm,延髓经此孔与脊髓相连,并有左、右椎动脉和副神经的脊髓根通过。颅内的 3 层脑膜在枕骨大孔处与脊髓的 3 层被膜相互移行,但硬脊膜在枕骨大孔边缘与枕骨紧密愈着,故硬脊膜外腔与硬脑膜外腔互不相通。枕骨大孔的前方为斜坡。在枕骨大孔的前外侧缘有舌下神经管,为舌下神经出颅的部位。枕骨外侧部与颞骨岩部间有颈静脉孔,舌咽、迷走、副神经和颈内静脉在此通过。

颞骨岩部后面的中份有内耳门。内耳道位于颞骨岩部内,从内耳门开始行向前外,至内耳道底。后壁微凹,长度有很大差异。上壁、下壁及前壁光滑。自内耳门各缘至内耳道底横中嵴点的平均长度:前壁 1.2cm,后壁 0.7cm,顶壁 0.8cm,底壁 1.0cm。其内有面神经、前庭蜗神经和迷路动、静脉通过。在内耳道入口处,面神经运动根贴在前庭蜗神经前上方的凹槽内,中间神经夹于前庭蜗神经和面神经运动根之间;在内耳道中部,中间神经和面神经运动根合成一干,越过前庭蜗神经的前面。至内耳道外侧部,前庭蜗神经分为前庭神经和蜗神经,面神经干位于它们的上方。在内耳道底,面神经、蜗神经和前庭神经的分支分别通过相应的孔区进入内耳。在硬膜外经岩骨入路中,保护内耳道的硬膜完整,是防止面、听神经损伤的关键。

内耳道的定位方法有:①在颞骨岩部弓状隆起的范围内试探性磨出上半规管的透明线作为标志,内耳道底投影点到弓状隆起最高点的平均距离为 0.94cm。②面神经管裂孔的位置距内耳道底较近,易于辨认,因此有人用面神经管裂孔为标志定位内耳道。此法是连结从颧弓根点的颅内定位点到面神经管裂孔的颧面线,由面神经管裂孔向后引一条与颧面线成 90°的垂直线,在垂线上取离面神经管裂孔后方 0.45~0.5cm 处为一点,向内移动 3mm 即为内耳道上壁,此法可避免不慎磨穿上半规管的危险,较安全省时。③采用岩大神经与弓状隆起(或上半规管)夹角平分线或与弓状隆起前方呈 60°夹角方向,以后者更为可靠。

枕内隆凸为窦汇所在处,横窦起自窦汇的两侧,在同名沟内,走向颞骨岩部上缘的后端,续于乙状窦。乙状窦沿颅腔侧壁下行,继而转向内侧,达颈静脉孔,续于颈内静脉。乙状窦与乳突小房仅以薄层骨板相隔,术中凿开乳突时,注意勿损伤乙状窦。

颅后窝骨折时,由于出血和渗漏的脑脊液无排出通道,易被忽视,而更具危险性。当小脑或脑干受累时,可出现相应的症状。骨折后数日,乳突部皮下可出现淤斑。

颅后窝脑组织的血供主要来源于椎动脉及其分支(又称椎-基底动脉系)。椎动脉从锁骨下动脉分出,在颈部上六个颈椎的横突孔内上升,通过枕骨大孔进入颅内,位于延髓的前外侧方。两侧椎动脉在上升中向内侧聚集,在桥延沟处汇合成一支基底动脉。两侧椎动脉在延髓前方向内侧发出分支,于脊髓前沟处汇合成脊髓前动脉,沿脊髓的腹侧正中继续下降;在延髓背侧向后下发出一对脊髓后动脉,沿两侧后外侧沟下行,分支供应脊髓。椎动脉的最大分支是小脑下后动脉,它在橄榄的下端上升,并弯曲向后,在舌咽神经和迷走神经根后方上行,到达脑桥的下缘,然后弯曲沿第四脑室下外侧缘下降,在转向侧方进入半球间小脑谷之前分出内侧和外侧两个分支,内侧支在小脑半球和小脑蚓部之间向后走行,供应相应区域,外侧支供应小脑半球表面的下方,直到其外侧边缘。小脑下后动脉的主干供应延髓背部的橄榄核、舌下神经核的外侧及其神经根,同时供应第四脑室的脉络丛、小脑扁桃体。

基底动脉向两侧发出数支平行的脑桥动脉,供应脑桥。小脑下前动脉发自基底动脉下部,向后外侧走行,通常位于展神经、面神经和前庭神经腹侧。小脑上动脉自基底动脉发出,在动眼神经下方向外侧走行,该神经将其与大脑后动脉分开,在滑车神经下方呈环形弯曲,到达小脑上表面,分支供应该处的小脑。

基底动脉形成左右各一的终末支,是为大脑后动脉。大脑后动脉向侧方走行,环绕大脑脚至小脑幕表面,分支供应颞叶和枕叶。外科学上将大脑后动脉分为三段:P$_1$——从基底动脉分叉到与**后交通动脉**posterior communicating artery 连接处;P$_2$——从与后交通动脉连接处到中脑前池部分;P$_3$——走行于距状裂的部分。

大脑后动脉也分为皮质支和中央支。皮质支依据其分布区域命名,颞叶通常有两支,分布于海马旁回、钩、枕颞内侧回、枕颞外侧回。枕支分布于楔叶、舌回以及枕叶后外侧面。顶枕支分布于楔叶和楔前叶。大脑后动脉还供应大脑视皮质以及视觉传导路该部分的其他结构。中央支供应相应的皮质下结构。

小脑幕tentorium cerebella 是一个由硬脑膜形成的宽阔的半月襞,介于大脑半球枕叶与小脑之间,并构成了颅后窝的顶,略呈拱形。小脑幕圆凸的后外侧缘附着于横窦沟及颞骨岩部的上缘,达后床突而告终;其凹陷的前内侧缘游离,向前延伸附着于前床突,形成小脑幕切迹(图1-25)。小脑幕切迹与鞍背共同形成一卵圆形的孔,环绕着中脑。

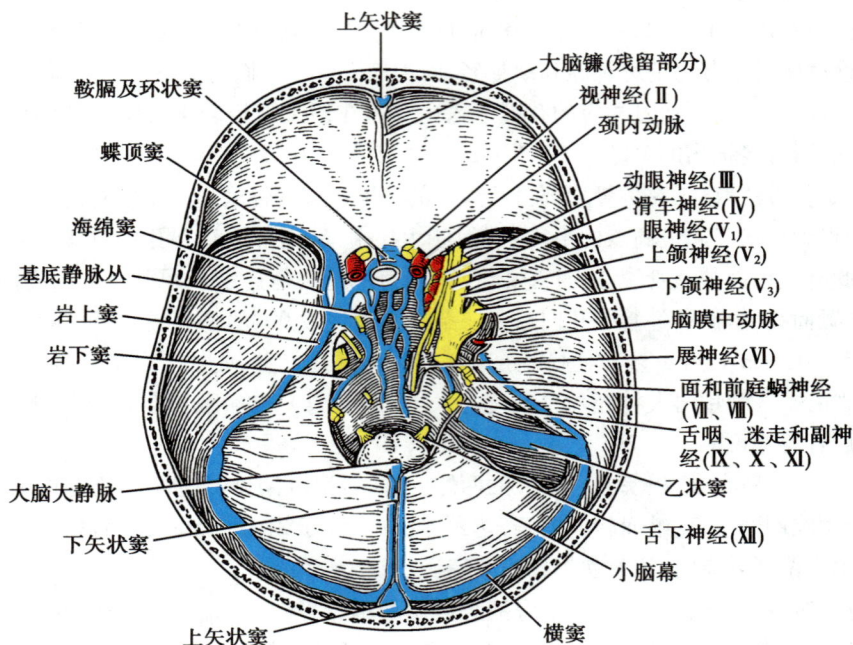

图1-25 小脑幕及颅底的神经、血管

小脑幕切迹上方与大脑半球颞叶的海马旁回钩紧邻。当幕上的颅内压显著增高时(如颅内血肿),海马旁回钩被推移至小脑幕切迹的下方,形成小脑幕切迹疝,使脑干受压,并导致动眼神经的牵张或挤压,出现同侧瞳孔散大,对光反射消失,对侧肢体轻瘫等体征。

枕骨大孔的后上方邻近小脑半球下面内侧部的小脑扁桃体,颅内压增高时,小脑扁桃体因受挤压而嵌入枕骨大孔时,则形成枕骨大孔疝,压迫延髓的呼吸和心血管运动中枢,将危及患者的生命。

(四) 脑的静脉

脑的静脉通过复杂的深部和浅表静脉系统回流,其特点是脑的静脉没有静脉瓣,血液流向复杂,同时脑静脉的管壁缺少肌肉组织,因而很薄,它们穿过蛛网膜和硬脑膜内侧面,进入硬脑膜静脉窦。脑干的静脉引流到脊髓,相邻的硬脑膜静脉窦或者伴随后4对脑神经的小静脉进入岩下窦、枕窦或颈静脉球上部。小脑的静脉引流直接进入与其相邻的静脉窦,或者从其上方表面进入大脑大静脉。大脑半球外侧和内侧的静脉分别引流到大脑半球的外侧面和内部。大脑半球外侧面的静脉分为3组,分别命名为上、中、下静脉,分别引流入上矢状窦、大脑中浅静脉和横窦。大脑下静脉在额叶视区处汇入大脑上静脉,引流到上矢状窦;与基底静脉和大脑中(浅、深)静脉在颞叶吻合,引流到海绵窦、岩上窦和横窦。基底静脉在接收大脑前静脉后,向后环绕大脑脚,注入大脑大静脉。大脑内静脉引流大脑半球深部和第三脑室及侧脑室脉络丛的血液,左右两侧的大脑内静脉相互平行行向后方,在胼胝体压部下方汇合形成大脑大静脉,在接收左右基底静脉后汇入直窦。

颅内外静脉形成广泛而丰富的交通联系(图1-26)。

颅内的静脉血,除经乙状窦汇入颈内静脉外,尚有下列途径使颅内、外的静脉相互交通。

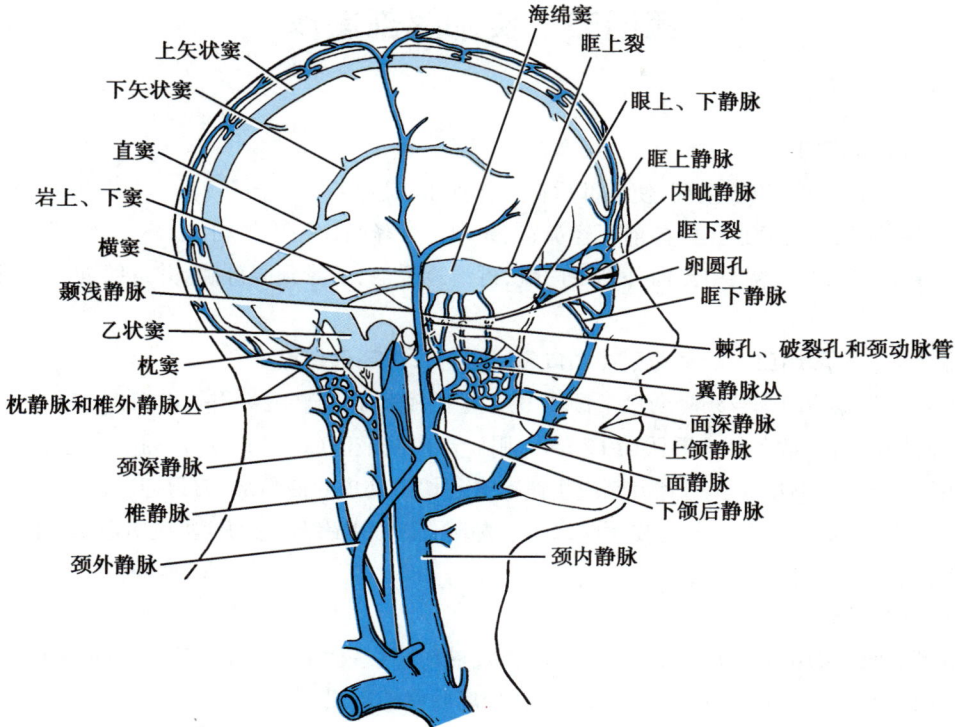

图 1-26　颅内外静脉的交通

1. 通过面部静脉与翼丛的交通途径

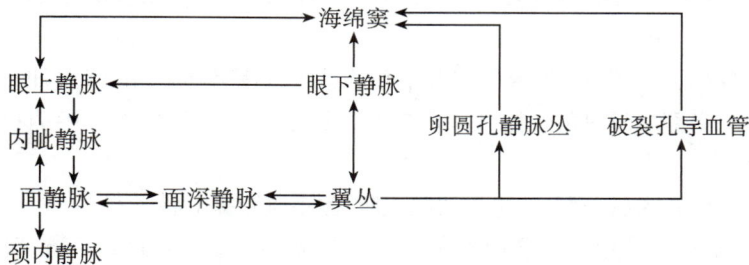

2. 通过导静脉的交通途径

（1）**顶导静脉** parietal emissary vein：通过顶孔，使颞浅静脉与上矢状窦相交通。

（2）**乳突导静脉** mastoid emissary vein：经乳突孔，使枕静脉与乙状窦相交通。

（3）**髁导静脉** condylar emissary vein：有时存在，通过髁管，使枕下静脉丛与乙状窦相交通。

（4）**额导静脉** frontal emissary vein：见于儿童及部分成人，通过盲孔，使额窦及鼻腔的静脉与上矢状窦相交通。

3. 通过板障静脉的交通途径

（1）**额板障静脉** frontal diploic vein：使眶上静脉与上矢状窦相交通。

（2）**颞前板障静脉** anterior temporal diploic vein：使颞深前静脉与蝶顶窦相交通。

（3）**颞后板障静脉** posterior temporal diploic vein：使颅外浅静脉与横窦相交通。

（4）**枕板障静脉** occipital diploic vein：使枕静脉与横窦相交通。

（张绍祥　黄明玉）

第四节　头部解剖操作

一、解剖面部

（一）体位及切口

人体标本取仰卧位，肩部垫高，使头部后仰。作如下皮肤切口（见图0-7）：

1. **面正中切口**　自颅顶正中向前下经鼻背、人中至颏隆凸作一正中切口。

2. **睑裂周切口**　自鼻根中点向外到眼内眦，再沿睑裂上、下缘到眼外眦，并继续向外至耳前作一横切口。

3. **鼻孔与口裂周切口**　沿鼻孔周缘和口裂唇缘各作一环形切口。

4. **下颌骨下缘切口**　自颏隆凸沿下颌体下缘至下颌角，再到乳突尖作一横切口。

因面部皮肤较薄，故各切口要浅（约2mm），眼睑部皮肤最薄（1~2mm），在翻皮片时要细心。

自中线向外侧剥离皮肤。用有齿镊或止血钳提起切口处皮片的角部，刀刃迎向皮面，尽量使深面的肌少受损伤。前额部注意皮肤与皮下结缔组织黏附，完整保留结缔组织，勿损伤额肌。面下部注意浅筋膜较厚，面肌位于其间。

（二）层次解剖

1. **解剖面肌**　面部表情肌附着于皮肤，剥离皮肤时，这些附着点已被切断，沿断端辨认面肌，解剖镊牵拉周围结缔组织，用手术刀或手术剪细心分离并修洁面肌。

（1）在眼内角处摸认睑内侧韧带（拉眼睑向外时紧张），然后修洁眼轮匝肌眶部，再修洁眼轮匝肌睑部。睑部的肌纤维色淡而薄，修洁时要小心，不要当做脂肪除去。

（2）修洁口轮匝肌，注意不要切掉与口轮匝肌交织的其他肌。

（3）在前额修洁枕额肌的额腹（即额肌），刀刃应与肌纤维平行。在额腹的内侧缘，找出下降到鼻背的降眉肌。

（4）沿鼻外侧找出上部的提上唇鼻翼肌和下部的鼻肌，追踪到鼻翼和上唇，注意不要损伤在它浅面的面静脉。在鼻上半部靠眼内角处找出鼻睫神经发出的滑车下神经，鼻下半部找出筛前神经的终支——鼻外神经。

（5）跟踪面静脉到颧大肌深面，依次修洁颧大肌、颧小肌和提上唇肌。

（6）追踪颈阔肌，可见其后部纤维向前弯向口角，这就是笑肌。在口角下方，辨认并修洁降口角肌和它前面的降下唇肌、颏肌。

面肌由内侧向外侧的排列特点是：①眼轮匝肌与口轮匝肌之间，依次为鼻肌、提上唇鼻翼肌、提上唇肌、颧小肌、颧大肌；②口轮匝肌与下颌骨下缘之间，依次为颏肌、降下唇肌、降口角肌、笑肌（颈阔肌）。

2. **面动、静脉**

（1）在咬肌前缘跨下颌骨下缘处找到面动脉，面静脉行于其后方。

（2）从口角处离断颈阔肌，注意勿伤及其深面结构，游离颈阔肌至下颌骨下缘。

（3）向下追踪面动脉至下颌下腺深面，面静脉则行于下颌下腺浅面。

（4）止血钳钝性分离并向上朝口角方向追踪面动脉，观察面动脉蜿蜒的走行特点和口角处发出的上、下唇动脉。

（5）继续沿鼻外侧追踪面动脉至眼内眦更名为内眦动脉。

3. **解剖腮腺区**　在耳郭前下方辨认腮腺轮廓，并按如下步骤实施解剖。

（1）解剖腮腺咬肌筋膜：紧靠耳郭前面，自颧弓到下颌角切开腮腺表面的腮腺咬肌筋膜，向前、上、下三个方向逐渐翻起除去，修洁时可能见到一些小的淋巴结即腮腺淋巴结。

（2）解剖穿出腮腺前缘上份至上端的结构：①先在腮腺前缘、颧弓下方约一指宽处找到腮腺管，追踪到咬肌前缘，在腮腺管上方寻找副腮腺（一小部分分离的腮腺）、面横血管和面神经颧支（有上、下两支）；②在腮腺的上端找出颞浅动脉和静脉，并在血管的后方找出耳颞神经，在血管的前方找出面神经的颞支。

（3）解剖穿出腮腺前缘下份及下端的结构：①在腮腺导管下方寻找面神经的颊支和下颌缘支；②在腮腺的下端找出面神经的颈支和下颌后静脉的前支和后支。注意下颌后静脉前支多与面静脉汇合形成面总静脉，面神经颈支走行在下颌后静脉前、后支之间。

在腮腺上、前、下三方面的结构依次有：①耳颞神经；②颞浅血管；③面神经的颞支；④面横血管；⑤面神经的颧支；⑥腮腺管；⑦面神经的颊支；⑧面神经的下颌缘支；⑨面神经的颈支；⑩下颌后静脉的前支及后支。

（4）解剖面神经、颈外动脉和颞浅动脉，并观察其在腮腺内的排列。

1）追踪面神经各支到进入面肌处，同时在颧弓上方2.5cm附近找出穿颞筋膜浅出皮下的颧神经颧颞支（即颧颞神经），在眼轮匝肌外下方找出浅出皮下的颧神经颧面支（即颧面神经）。

2）翻开眼轮匝肌外侧份，寻找穿至颧骨附近的面神经颧支。将颧大肌、颧小肌和提上唇肌从起点分离向下翻开，修洁面动、静脉和它们的分支。注意找到面深静脉，它由面静脉越过颊肌时分出，向后穿过脂肪到咬肌的深面。

3）小心去掉咬肌前缘深面的颊脂体，追踪面神经的颊支到颊肌，找出与颊支有吻合的颊神经，修洁颊神经并向后追踪到咬肌深面的下颌支前缘。

4）追踪面神经下颌缘支到降口角肌深面。

5）修洁提口角肌和颊肌，注意不要损伤颊神经。追踪腮腺导管到穿入颊肌处，在其附近可看到几个小的很像淋巴结的臼齿腺。

6）细心除去腮腺浅部，向后追踪面神经各支至其本干；同时寻找耳大神经和耳颞神经的交通支；继续追踪面神经干到茎乳孔，找出面神经干进入腮腺以前分出的支：耳后神经（面神经耳支）及到二腹肌后腹和茎突舌骨肌的分支。

7）继续除去腮腺实质，找出并修洁下颌后静脉、颈外动脉和它们的分支。

8）在面神经进入腮腺处切断面神经，向前翻开。除去下颌后静脉，在耳后动脉起点的上方切断颈外动脉，向上翻开。除去余下的腮腺实质，修洁腮腺周围的结构。

4. 解剖眶上神经、眶下神经、颏神经

（1）解剖穿出额肌纤维的滑车上神经和血管以及眶上神经和血管，前者在眶上缘内侧部的上方距正中线约一指宽处，后者常有两支，位于较外侧，穿眶上孔或眶上切迹上行。

（2）翻开眼轮匝肌下内侧份，找到穿出眶下孔的眶下神经和血管，修洁它们的分支。

（3）切断并向下翻开降口角肌，找出由颏孔穿出的颏神经。

5. 解剖泪器

（1）解剖泪腺：①自外侧切开眼轮匝肌眶部附着缘并翻向内侧，在眼眶外上象限切开眶隔；②在眶缘处钝性分离眶脂体与眶内容物，并紧贴眶缘骨面向下分离，在眼眶外上1/3处寻找泪腺睑部；③然后钝性分离泪腺与上眼眶，用咬骨钳咬去覆盖在泪腺眶部的额骨，从正面充分暴露整个泪腺，找到泪腺动脉和泪腺神经。

（2）解剖泪小管：①从外眦向内眦依次剪开睑结膜和球结膜连接处，并将分离的眼睑翻向内侧。注意保护经过眼眶上缘内侧的眶上神经和滑车上神经，以及经过眼眶下缘内侧的滑车下神经。②在内眦区域由内向外逐层分离结膜及结膜下组织，暴露 Horner 肌，找出泪小管，沿泪小管分离出泪总管，充分暴露泪总管和泪囊。

6. 解剖咬肌 修洁咬肌，观察其起止形态，向前翻开其后缘上部，寻找到咬肌的神经和血管。

7. 解剖颞肌及颞下颌关节

（1）修洁颞筋膜：在颧弓上方纵行切开，可见此筋膜向下分为两层，浅层附着于颧弓上缘，深层在颧弓深面与咬肌深面筋膜相续。沿颧弓上缘切断浅层筋膜，用刀柄检查深层筋膜延续情况，然后去掉此层筋膜，注意保留穿过颞筋膜的颞神经颧颞支和颞筋膜浅深两层之间分布的颞中动脉（颞浅动脉的分支）。

（2）锯断颧弓：①离断部位：后断端紧靠颧根结节的前方；前断端由颧弓上缘最前端斜越颧骨向前下，到颧骨下缘与上颌骨颧突连接处；②锯断颧弓后，追踪颞神经颧颞支到它穿出颧骨颞面的小孔；③将颧弓和咬肌向外下牵拉，从颧骨内侧面离断颞神经穿颧骨的分支，寻找跨过下颌切迹上方到咬肌的神经和血管，离断该神经和血管（可带上一小块肌，便于以后辨认）以及由颞肌加入咬肌的纤维；④分离咬肌与下颌支上部，保留咬肌在下颌角的附着点。

（3）修洁颞肌，观察其起止形态：在颞肌下部的深面找出向前下行走的颊神经（有时穿过颞肌），将它自颞肌分离，注意加以保护。然后自下颌切迹中点到下颌支前缘与下颌体交界处斜断冠突。将冠突和颞肌向上翻，用刀柄使颞肌与颞窝下部的骨分离，以显露颞深神经和颞深动脉，以及之前已看到穿入颞筋膜和颞肌深面的颞中动脉。

（4）修洁颞下颌关节的关节囊，观察颞下颌韧带（即外侧韧带），然后除去颞下颌韧带，打开关节腔，观察关节盘和关节腔的形态。

8. 解剖面侧深区（颞下窝）和舌下区　用刀柄自下颌颈和下颌支后缘的深面插入，使下颌颈和下颌支与深面的软组织分离，刀柄向下移动受阻处就是下牙槽神经和血管穿入下颌孔之点。用骨剪剪断下颌颈，并紧靠下颌孔上方水平锯断下颌支，将此段骨片去掉，小心除去脂肪纤维组织，露出深面的肌、血管和神经。依次找出并修洁下列结构：①在下颌孔处找到下牙槽神经和下牙槽动脉，向上追踪到翼外肌下缘。在下牙槽神经进入下颌孔的稍上方，寻找它发出的细小的下颌舌骨肌神经。下牙槽神经和动脉的内面有一薄膜状的小带（自翼外肌下缘露出，向外下附着于下颌小舌）就是蝶下颌韧带。②在下牙槽神经的前方，翼内肌表面找出舌神经。③追踪颊神经到翼外肌两头之间；追踪颞深神经和咬肌神经到翼外肌上缘。④修洁位于翼外肌表面的上颌动脉及其分支。有时上颌动脉位于翼外肌深面则待以后解剖。在修洁过程中遇到一些小静脉交织成网，此即翼静脉丛，可剔除。翼静脉丛向后下汇合成1～2支较大的上颌静脉。⑤修洁翼外肌和翼内肌已暴露的部分，观察它们的起止和形态。

9. 解剖面侧深区浅部

（1）除去颞下颌关节盘、下颌头及翼外肌，注意勿损伤耳颞神经、上颌动脉以及穿过翼外肌两头之间的颊神经和其深面其他结构。

（2）修洁下颌神经及其分支，拉舌神经向前，在颞下窝上部找出加入其后缘的鼓索神经。凿开下颌管，追踪下牙槽神经到齿根和颏孔。

（3）修洁上颌动脉第一段，找出它的分支。追踪脑膜中动脉到棘孔，看清耳颞神经两个根包绕脑膜中动脉的情况，追踪修洁耳颞神经。

（4）扭转下颌神经干（必要时可以割断翻开），试寻找位于其深面的耳神经节和连于耳神经节的小支。

10. 解剖面侧深区深部

（1）用骨凿和咬骨钳除去圆孔到棘孔连线外侧的蝶骨大翼前外侧部，打开翼腭窝的后壁和颞下窝的顶，注意保留圆孔和棘孔，不要损伤其下的软组织。

（2）自圆孔前方仔细分离上颌神经，在上颌神经干的下方找到翼腭神经节和与翼腭神经节相连的翼腭神经（神经节支）。向前追踪上颌神经，找出它分出的颧神经，上牙槽后神经和它本干的延续——眶下神经。上牙槽后神经一般分为两支，在上颌结节附近穿入上颌骨内。颧神经经眶下裂入眶，分为两支在眶外侧壁和底交界处穿入颧骨。眶下神经经眶下裂入眶，再经眶下沟，眶下管，由眶下孔穿出。

（3）追踪上颌动脉第三段和它的终支。这些终支都与上颌神经的分支伴行。

11. 解剖舌下间隙的内容

（1）使头部尽量后仰，沿下颌骨下缘割断面动脉、面静脉和二腹肌前腹，将下颌骨尽量向上翻，用拉钩固定。如果结构太硬，下颌骨向上拉开不够充分，可以在正中线稍外侧锯断下颌骨，再向上翻开固定。

（2）再次检查并进一步修洁二腹肌后腹和茎突舌骨肌。细心追踪面动脉到下颌下腺后面，找出面动脉在此处分出的扁桃体动脉和腭升动脉。追踪下颌下腺深部和下颌下腺导管到下颌舌骨肌后缘深面。找出舌下神经上方的舌神经和连于舌神经下方的下颌下神经节。

（3）切断下颌舌骨肌神经，将二腹肌前腹向下翻，进一步修洁并观察下颌舌骨肌。在下颌舌骨肌起点稍下切断该肌，向前下翻开，注意口底黏膜恰在该肌起点上方由下颌骨的内侧面伸展到舌下，不要损伤它。

（4）下颌舌骨肌翻开后，舌骨舌肌就完全暴露，它的前方由上而下有舌下腺、颏舌肌和颏舌骨肌，它的后方由上而下有茎突舌肌、茎突舌骨韧带和茎突咽肌。舌咽神经绕过茎突咽肌向前进入舌骨舌肌后缘深面。在舌骨舌肌表面由上而下有舌神经、下颌下神经节、下颌下腺深部和导管以及舌下神经等，分离并修洁这些结构。

（5）沿舌骨上缘切断舌骨舌肌，将它向上翻，注意不要损伤它浅面的结构，在舌骨大角上方找到舌动脉，向前追踪。修洁其他暴露的结构。

二、解剖颅部

（一）解剖颅顶部软组织

1. 切口　将人体标本头部垫高，把颅顶正中矢状皮肤切口向后延续到枕外隆凸，并从颅顶正中作一冠状切口向下到耳根上方，再向下切开耳根前、后的皮肤，翻去头部所有剩余皮片。

2. 解剖浅筋膜内结构

（1）在前额找到前面已找出的滑车上神经和血管、眶上神经和血管，以及颅顶肌的额腹，向上追踪修洁直到颅顶腱膜的前部，注意颅顶腱膜的外侧缘越过颞线向下伸展到颞部。

（2）向上追踪面神经颞支，同时修洁颞筋膜前部。

（3）向上追踪颞浅血管和耳颞神经，追踪修洁时可看到包在颅顶腱膜伸展部中的耳前肌和耳上肌，它们有时连成一片，修洁这两块肌和全部颞筋膜。

（4）在耳郭后面，追踪并修洁耳大神经、枕小神经、耳后血管、耳后神经（面神经耳支）和耳后肌。

（5）将标本翻转，面部朝下，在枕外隆凸处的浅筋膜中找出由颈部上升的第三颈神经末支。在距枕外隆凸外侧 2.5cm 处切开浅筋膜，找出枕动脉和枕大神经，追踪它们到颅顶。

3. 解剖帽状腱膜、腱膜下疏松结缔组织和颅骨外膜

（1）从上向下，修洁颅顶腱膜的后部和颅顶肌的枕腹，注意不要损伤血管和神经。

（2）在正中线切开颅顶腱膜，插入刀柄，检查其下的疏松结缔组织和颅顶肌前、后、左、右相连情况。分层仔细观察帽状腱膜、腱膜下疏松结缔组织和颅骨外膜（见图 1-17，图 1-18）。

（二）开颅取脑

1. 锯除顶盖　自眉间至枕外隆凸以及在两侧耳郭之间纵行和冠状切开帽状腱膜，将 4 片帽状腱膜翻向下。在眶上缘上方 1cm 和枕外隆凸上方 1cm 的平面上环形扎上细绳，并用笔沿绳画线一圈，沿线切开骨膜，并向上、下剥离，可见骨膜紧连于骨缝，松贴于颅骨。沿所画之线先锯一浅沟，进而锯开颅骨并撬开颅顶盖，操作时注意不要伤及硬脑膜。

2. 打开硬脑膜

（1）沿正中线由后向前切开硬脑膜，可见上矢状窦，将血块除去。

（2）沿上矢状窦两侧,用钝头剪刀前后方向剪开硬脑膜,再由两侧耳郭处向上剪开硬脑膜,直到上矢状窦两侧缘,将4瓣硬脑膜翻向外下。

（3）切断所有进入上矢状窦的大脑上静脉。在硬脑膜前极,经大脑半球之间切断附着于鸡冠处的大脑镰,且向后轻拉,游离出大脑镰。

（4）在小脑幕前缘,经大脑纵裂切断进入直窦的大脑大静脉。

3. 取脑

（1）将头部移至解剖台的一端,使脑自然下垂,左手扶脑,用刀柄将嗅球自筛板分离,由鼻腔穿过筛板的嗅神经也随之离断。

（2）依次切断下列诸结构:视神经——色白粗大,进入视神经孔;颈内动脉——位于视神经外侧;漏斗——位于视神经后方,下连垂体;动眼神经——位于鞍背两旁;滑车神经——位于动眼神经的外侧,被小脑幕游离缘遮盖,用刀尖翻起此缘,可见滑车神经。

（3）使标本头部转向左侧,切断进入横窦和蝶顶窦的大脑下静脉,将颞极自蝶骨小翼深面分离,轻揭右侧大脑半球,沿颞骨岩部上缘,用刀尖切开小脑幕的附着缘,自岩部尖端的小脑幕游离缘切至颞骨岩部上缘后部近乙状窦沟处,不要切得过深,以免伤其深面的小脑。用同法处理左侧小脑幕。

（4）使脑向后坠(不可用力搬脑,否则易在脑干处拉断),直到脑桥和延髓离开颅后窝前壁时,可见:①三叉神经运动根和感觉根,在近颞骨岩部尖端穿硬脑膜;②展神经在鞍背后面穿过硬脑膜;③面神经和前庭蜗神经进入内耳道;④舌咽、迷走、副神经从颈静脉孔离开颅腔;⑤舌下神经分为两股穿过硬脑膜出舌下神经管。

（5）依次切断上述左、右两侧诸神经,在枕骨大孔平面切断脊髓和两侧椎动脉,然后使头尽量后垂,轻轻取出延髓和小脑,全脑即可移出。

4. 观察硬脑膜 移开脑后,仔细观察硬脑膜形成的大脑镰、小脑幕、小脑幕切迹、小脑镰、硬脑膜静脉窦等结构。

5. 解剖颅底内面

（1）解剖颅前窝

1）仔细去除筛板表面的硬脑膜,找寻极为细小的筛前神经及其伴行的筛前动脉。筛前动脉起自眼动脉,筛前神经为鼻睫神经的终末支,由筛板外缘中份入颅,前行,经鸡冠两旁的小孔出颅到鼻腔。

2）眼眶解剖:①用咬骨钳自前床突打开视神经管顶壁,由后向前依次剔除蝶骨小翼和额骨眶部,充分暴露眼眶顶部。②打开眶骨膜并注意保护与之紧贴的额神经,修洁额神经和伴行的血管,找出额神经内侧的滑车神经与上斜肌、外侧的泪腺神经;并沿额神经找出滑车上神经和眶上神经。在保留神经的同时,显露上睑提肌。③尽量靠前离断上睑提肌并翻向后,辨认上直肌,修洁上直肌至眼球附着处,离断上直肌并向后翻开,找出视神经和其内侧的内直肌,修洁横过视神经上方的鼻睫神经,显露位于视神经与外直肌之间的动眼神经、睫状神经节、展神经。④沿鼻睫神经分离出筛前神经和滑车下神经。

（2）解剖颅中窝

1）移出垂体:切开鞍膈前后缘,可见围绕垂体前后的海绵间窦,它们与海绵窦相通形成一环,切忌用镊子夹漏斗,以免损伤。切除鞍膈,由前向后将垂体由垂体窝用刀柄挑出,细心去除蛛网膜,分清前、后叶,后叶较小,被前叶包绕。

2）自棘孔处划开硬脑膜,暴露脑膜中动脉及其分支。

3）解剖海绵窦:①自蝶骨小翼后缘划开硬脑膜,找寻沿蝶嵴排列的短而窄的蝶顶窦,它汇入位于垂体窝两侧的海绵窦;②自颞骨岩部上缘切开小脑幕的附着缘,不要损伤三叉神经,观察岩上窦,该窦前通海绵窦,后通横窦;③自颞骨岩部尖的前面切除硬脑膜,暴露三叉神经节,及眼神经、上颌神经和下颌神经;④追踪下颌神经到卵圆孔,并观察穿卵圆孔的导静脉,追踪上颌神经到圆孔,追踪眼神经及其3个分支(泪腺神经、额神经、鼻睫神经)到眶上裂,鼻睫神经分出较早,去除海绵窦外侧壁时,可见窦内有纤细小梁网,网眼内有血块;⑤保留动眼神经和滑车神经穿过硬脑膜的孔,追踪该二神经至眶上裂,动眼神经尚未到达时已分为上、下两支,勿用镊子夹神经,以免损伤;⑥除去剩余的海绵窦外侧壁,颈内动脉位于窦内,交感神经丛围绕动脉壁。找出颈内动脉外侧的展神经,并追踪至眶上裂。

4）解剖岩大、小神经:细心翻起尚存在于岩部前面的硬脑膜。找寻岩大、小神经,它们均很细,注意不要当结缔组织去掉。岩大神经由面神经管裂孔穿出,在岩大神经沟内向前内行,经三叉神经节的后方到破裂孔,与岩深神经会合形成翼管神经。岩小神经位于岩大神经的外侧,行向下内,由卵圆孔旁的一小孔出颅入耳神经节。

5）将三叉神经节自颅底翻转向下,可见三叉神经运动根。

（3）解剖颅后窝

1）在一侧切开大脑镰下缘,观察下矢状窦。切开大脑镰附着小脑幕处,观察直窦,直窦前端接受大脑大静脉,后端一般汇入左横窦,上矢状窦、直窦和左、右横窦可能汇合并扩大形成窦汇,位于枕内隆凸附近,并可在颅骨上见一浅窝。

2）自枕内隆凸向外划开横窦,然后向下和向前内划开乙状窦到颈内静脉孔。观察乳突导静脉开口于乙状窦后壁的中份。

3）去除遮盖颈内静脉孔的硬脑膜,但不要损伤舌咽、迷走、副神经。找出终于颈静脉孔前份的岩下窦。岩下窦位于颞骨岩部与枕骨基底部之间。

4）基底窦位于颅后窝的斜坡上。切开硬脑膜,检查基底窦时,勿伤展神经。

5）观察辨认第Ⅵ～Ⅻ对脑神经根(见图1-21,图1-25)。

（张绍祥　黄明玉）

第五节　临床病例分析

病例1-1

患者,男,63岁。因车祸外伤致头顶部流血不止。被送到急诊,检查发现头皮上有一个深及颅骨的伤口,医生做了头部伤口清创缝合处理。

临床解剖学问题:

（1）从解剖学角度解释,为什么头皮损伤出血多?

（2）为什么头皮伤口较深时一定要逐层缝合?

（3）头皮深部损伤具有哪些潜在危险?

病例1-2

患者,男,20岁。垒球运动员,在比赛中被球击中了右颊的外上部,面颊出现凹陷变平。患者到医院诉说眩晕、右眼复视、面颊麻木。医生检查发现患者右眼眶周围呈现肿块和淤斑。

临床解剖学问题:

（1）最有可能骨折的是什么骨?

（2）也可能发生哪些颅骨的骨折?

（3）什么症状提示眼眶可能受损?并可能伤及眼球?

病例1-3

患者,男,22岁。在篮球比赛中被撞倒,头重重地撞在地上,立刻感到眩晕,眼冒金星。视力模糊持续约 20 秒。之后虽没有其他受伤的症状,但仍有头痛。送医院检查发现有液体从鼻腔滴出。

临床解剖学问题:

(1) 如果持续头痛提示了什么?

(2) 从鼻腔滴出的液体可能是什么? 来自何处?

病例 1-4

患者,男,21 岁。因严重的面部粉刺去皮肤科就诊。医生观察到患者口唇上方有带脓点的疖肿。医生为其做了治疗处理,并告诉他不要挤压脓肿,因为该处为面部的"危险三角区",否则可能会导致颅内感染。

临床解剖学问题:

(1) 何为面部的危险三角区?

(2) 从解剖学的角度解释口唇上方的感染蔓延到颅内的可能途径?

(3) 颅内感染可能导致哪些后果?

病例 1-5

患者,男,58 岁。因在左面部外侧摸到一肿块,近 2 个月肿块迅速增大,且感觉同侧脸部肌无力。鼓腮吹气有困难去医院就诊。头颈部 CT 增强扫描显示:左腮腺浅叶内可见不规则结节状强化灶,局部边界显示欠清,病灶部分似与邻近皮肤粘连。病理学检查:肿块组织活检为腮腺癌。

临床解剖学问题:

(1) 此肿瘤细胞将转移到何处?

(2) 此肿瘤如何导致面部无力且吹口哨困难?

(3) 此肿瘤造成的面瘫是不可复性的吗?

病例 1-6

患者,女,52 岁。主诉左面部有突发性短暂的剧烈疼痛,这种情况持续了 2 个月且不断加剧。这种针扎样痛每天发生几次,每次持续 15 ~ 20 秒,令她痛不欲生。咀嚼或冷风吹在上唇都会引起疼痛。部位位于上唇左侧和面颊。患者称此疼痛会放射到下眼睑、鼻外侧和口腔。医生用力持续按压患者的左上颌和眶下区,没有迹象表明上颌窦存在炎症的触痛。在进一步检测中,医生发现患者上唇左侧有严重的感觉过敏,上颌左侧区域有针刺感,前额和下颌区无感觉异常。

诊断:××神经痛(具体神经名已隐除)。

临床解剖学问题:

(1) 突发针刺样疼痛的皮肤和黏膜区域受什么神经的支配?

(2) 该神经由什么部位出颅?

(3) 该神经的分支及其分布如何?

病例 1-7

患者,男,45 岁。因左侧面部下垂,左眼闭合不拢,咀嚼食物困难,食物会从左侧嘴角漏出来就诊。体格检查:患者左脸变平,没有表情,左前额没有皱纹,左侧面下部下垂,口水从左口角流出。患者左舌前三分之二的味觉失去,且不能自主控制左边面肌和颈阔肌。笑的时候,患者面下部歪向右侧,右嘴角可上扬,但左嘴角不能。患者并告诉医生,近几天患了感冒和耳部感染,前天晚上驾车回家途中,因为昏昏欲睡而开着车窗行车,以求清醒开车。

诊断:×神经麻痹(神经名称已隐除)。

临床解剖学问题：

（1）哪条神经损伤会导致患者出现上述体征？

（2）为什么患者左眼闭不上？

（3）为什么患者左舌前三分之二失去了味觉？

（4）此面瘫是不可复性的吗？

（5）此病例神经损伤的可能部位在哪里？

（夏蓉 李文生）

第二章　颈　部

第一节　概　述

颈部 neck 位于头部、胸部和上肢之间，前方正中有呼吸道和消化管的颈段；两侧有纵向走行的大血管和神经；后部正中是脊柱的颈段；颈根部除有斜行的血管神经束外，还有胸膜顶和肺尖由胸腔突入。颈部各结构之间有疏松结缔组织填充，形成诸多筋膜间隙。颈肌分为颈浅肌群、舌骨上肌群、舌骨下肌群和颈深肌群，可使头、颈灵活运动，并参与呼吸、吞咽和发音等运动。颈部淋巴结丰富，多沿血管神经排列，肿瘤转移时易受累。

一、境界与分区

（一）境界

上界是与头部的分界，为下颌骨下缘、下颌角、乳突尖、上项线和枕外隆凸的连线；下界是与胸部及上肢的分界，为胸骨颈静脉切迹、胸锁关节、锁骨上缘和肩峰至第7颈椎棘突的连线。

（二）分区

颈部分为固有颈部和项部。

两侧斜方肌前缘之前和脊柱前方部分称为**固有颈部**，即通常所指的颈部；两侧斜方肌前缘之后和脊柱后方的区域称为**项部**。项部也属于脊柱区的一部分（见第六章）。

固有颈部分为颈前区、胸锁乳突肌区和颈外侧区。颈前区的内侧界为颈前正中线，上界为下颌骨下缘，外侧界为胸锁乳突肌前缘。双侧颈前区以舌骨为界分成舌骨上区和舌骨下区。舌骨上区有颏下三角和左、右下颌下三角；舌骨下区有左、右颈动脉三角和肌三角。颈外侧区位于胸锁乳突肌后缘、斜方肌前缘和锁骨上缘之间。肩胛舌骨肌将颈外侧区分为枕三角与锁骨上三角（大窝）。胸锁乳突肌区即为该肌所覆盖的区域（图2-1）。

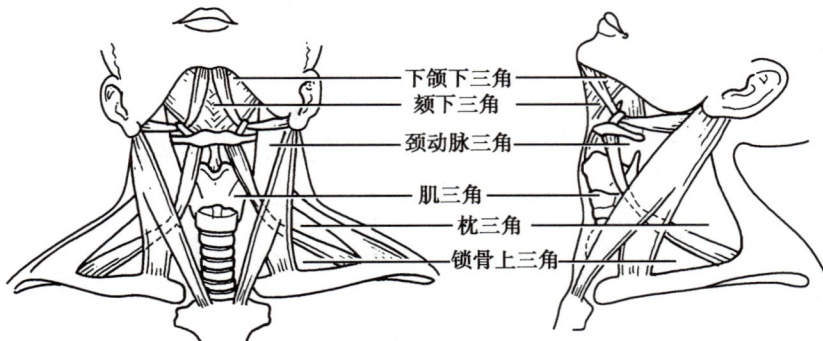

图2-1　颈部分区

二、表面解剖

（一）体表标志

1. 舌骨 hyoid bone　位于颏隆凸的下后方，对应第3、4颈椎之间的椎间盘平面。舌骨体向两侧可扪到舌骨大角,是寻找舌动脉的体表标志。

2. **甲状软骨** thyroid cartilage　位于舌骨与环状软骨之间。甲状软骨的上缘约平第 4 颈椎高度,颈总动脉在此处分为颈内、外动脉。成年男子的左、右甲状软骨板融合处的上端向前突出,形成**喉结** laryngeal prominence。

3. **环状软骨** cricoid cartilage　位于甲状软骨下方。环状软骨弓两侧平对第 6 颈椎横突,是喉与气管及咽与食管的分界标志,也可作为计数气管环的标志。

4. **颈动脉结节** carotid tubercle　即第 6 颈椎横突前结节,平环状软骨弓。颈总动脉恰在其前方,故压迫此处,可暂时阻断颈总动脉的血流。

5. **胸锁乳突肌** sternocleidomastoid　后缘中点有颈丛皮支穿出,为颈部皮肤浸润麻醉的阻滞点。胸锁乳突肌的胸骨头、锁骨头与锁骨的胸骨端上缘之间为**锁骨上小窝** lesser supraclavicular fossa。

6. **胸骨上窝** suprasternal fossa　是位于胸骨颈静脉切迹上方的凹陷,此处可触及气管颈段。

7. **锁骨上大窝** greater supraclavicular fossa　位于锁骨中 1/3 上方。在窝底可触及锁骨下动脉的搏动、臂丛和第 1 肋。

（二）体表投影

颈部结构的体表投影(图 2-2)。

1. **颈总动脉和颈外动脉** common carotid artery and external carotid artery　从乳突尖与下颌角连线的中点,右侧至右胸锁关节,左侧至左锁骨上小窝作连线,即两动脉的体表投影线。甲状软骨上缘是颈外动脉和颈总动脉的分界线。

2. **锁骨下动脉** subclavian artery　右侧自右胸锁关节、左侧自左锁骨上小窝,向外上至锁骨上

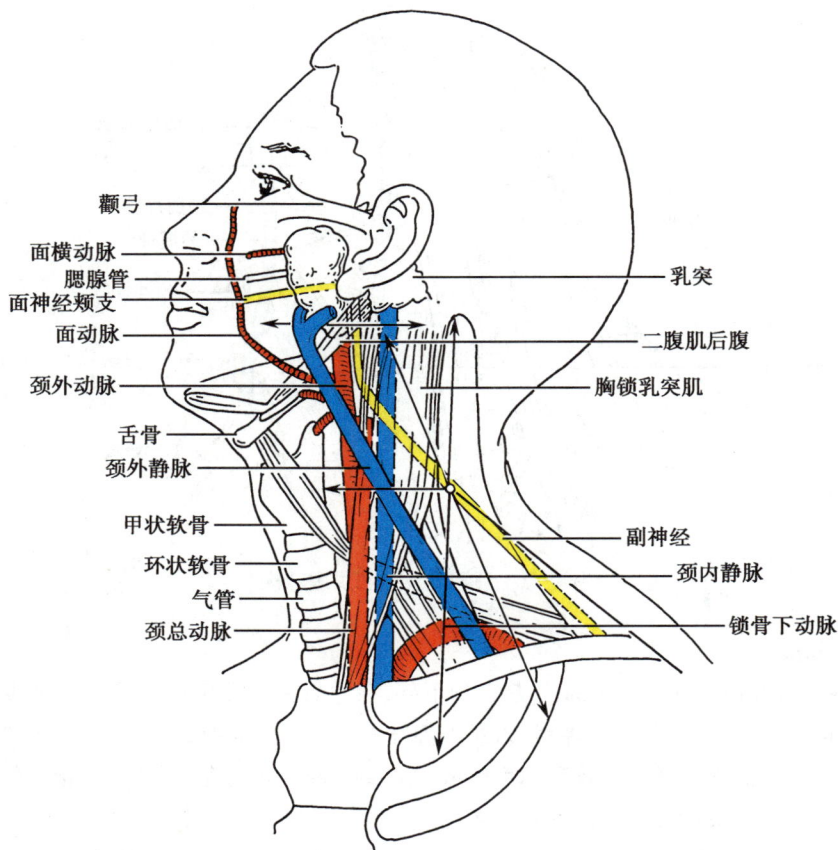

图 2-2　颈部有关器官的体表投影

缘中点划一弓形线,弓形的最高点距锁骨上缘约1cm,即为锁骨下动脉的体表投影。

3. **颈外静脉** external jugular vein   自下颌角至锁骨中点的连线。颈外静脉是静脉穿刺的儿童常用部位。

4. **副神经** accessory nerve   从乳突尖与下颌角连线的中点,经胸锁乳突肌后缘中、上 1/3 交点,至斜方肌前缘中、下 1/3 交点的连线。

5. **臂丛** brachial plexus   从胸锁乳突肌后缘中、下 1/3 交点至锁骨中、外 1/3 交点稍内侧的连线。臂丛在锁骨中点后方比较集中,位置浅表,易于触及,常作为臂丛阻滞麻醉时锁骨上入路的部位。

6. **颈丛** cervical plexus   自胸锁乳突肌后缘中点浅出,呈扇形分布于颈前区及胸壁上区(图 2-2)。

7. **胸膜顶** cupula of pleura 及肺尖 apex of lung   由胸腔突出胸廓上口至颈根部,最高点位于锁骨内侧 1/3 段上方 2～3cm。

第二节   颈部的层次结构

一、浅层结构

颈部皮肤较薄,移动性大,皮纹呈横向分布。手术宜采用横切口,以利皮肤愈合和术后美观。

颈浅筋膜为含有脂肪的疏松结缔组织。在颈前外侧部浅筋膜内,有菲薄的皮肌,称为**颈阔肌** platysma。该肌深面的浅筋膜内有颈前静脉、颈外静脉、颈外侧浅淋巴结、颈丛的皮支以及面神经的颈支等(图 2-3)。

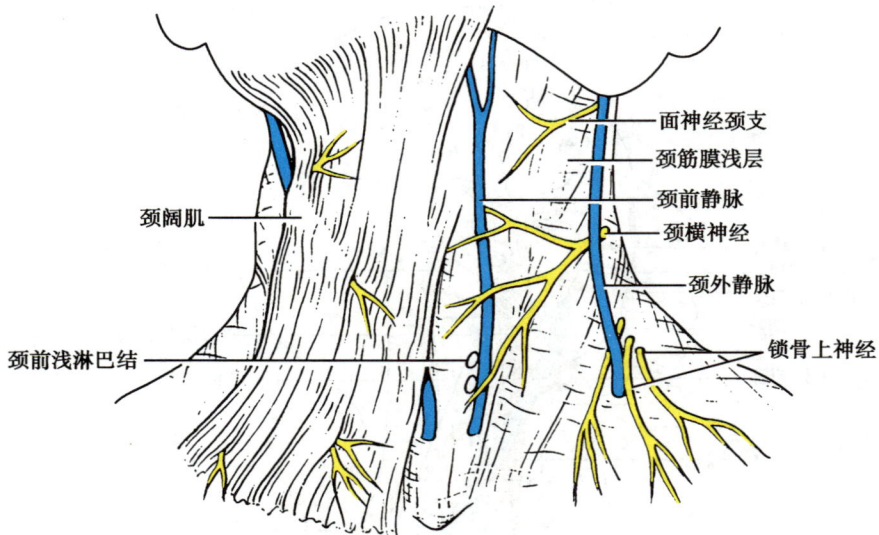

图 2-3   颈阔肌及颈部浅层结构

(一)浅静脉

1. **颈前静脉** anterior jugular vein   起自颏下部,在颈前正中线两侧,沿下颌舌骨肌浅面下行,至锁骨上方时转向外侧,穿入胸骨上间隙,汇入颈外静脉末端或锁骨下静脉,少数汇入头臂静脉。左、右颈前静脉在胸骨上间隙内借横行的**颈静脉弓** jugular venous arch 相吻合。若左、右颈前静脉合为一支,沿颈前正中线下行,则称**颈前正中静脉**(图 2-4)。

2. **颈外静脉** external jugular vein   由下颌后静脉后支与耳后静脉和枕静脉等汇合而成,沿胸锁乳突肌浅面斜行下行,于锁骨中点上方 2～5cm 处穿颈深筋膜,汇入锁骨下静脉或静脉角。该静脉

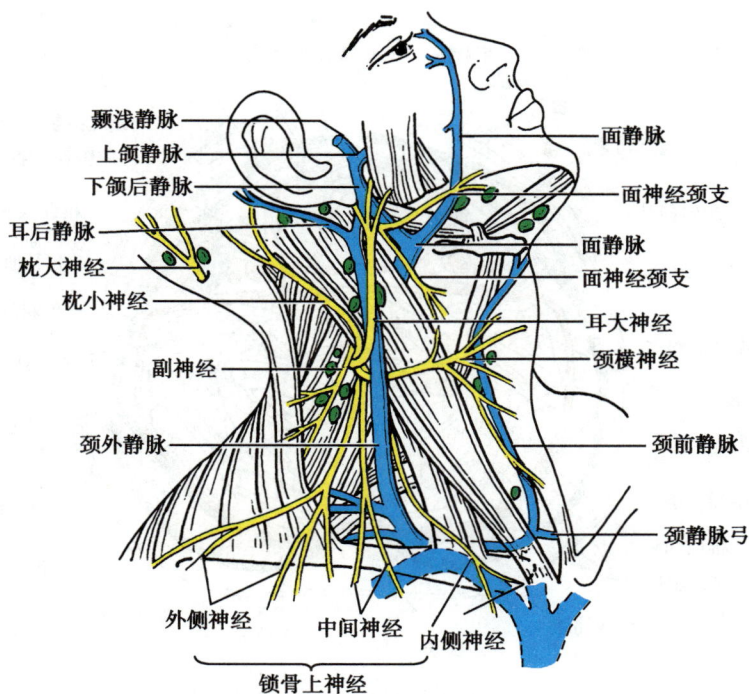

图 2-4 颈部浅层结构

末端虽有一对瓣膜,但不能阻止血液反流。当上腔静脉血回心受阻时,可致颈外静脉扩张。因为颈外静脉与颈深筋膜结合紧密,当静脉壁受伤破裂时,管腔不易闭合,可致气体栓塞。

（二）神经

1. 颈丛皮支 颈丛皮支从胸锁乳突肌后缘中点浅出时,位置表浅且相对集中,常为颈部手术阻滞麻醉的穿刺点(图 2-4)。

（1）枕小神经 lesser occipital nerve:勾绕副神经后,沿胸锁乳突肌后缘上升,分布至枕部及耳郭背面上部的皮肤。

（2）耳大神经 great auricular nerve:颈丛皮支中最大的分支。绕胸锁乳突肌后缘,并沿胸锁乳突肌表面上行,分布至耳郭及腮腺区的皮肤。

（3）颈横神经 transverse nerve of neck:横过胸锁乳突肌中份,穿颈阔肌浅面向前,分布至颈前区皮肤。

（4）锁骨上神经 supraclavicular nerves:分为 3 支,行向外下方。在锁骨上缘处浅出,分别分布至颈前外侧部、胸前壁上部和肩部等处皮肤。

2. 面神经颈支 cervical branch of facial nerve 自腮腺下缘浅出后行向前下,走行于颈阔肌深面,支配该肌(图 2-4)。

二、颈筋膜及筋膜间隙

颈筋膜 cervical fascia 是位于浅筋膜和颈阔肌深面的深筋膜,包绕颈、项部的肌和器官。颈筋膜可分为浅、中、深三层及成对的颈动脉鞘,各层之间的疏松结缔组织构成筋膜间隙(图 2-5,图 2-6)。有关颈部筋膜及筋膜间隙的解剖尚有不同的观点,进一步探明其构筑对微创外科手术具有非常重要的意义。

（一）颈筋膜

1. 浅层 即封套筋膜 investing fascia。向上附于头颈交界线,向下附于颈、胸和上肢交界线,向前在颈前正中线处左、右相延续,向两侧包绕斜方肌和胸锁乳突肌并形成两肌的鞘,向后附于项韧带和

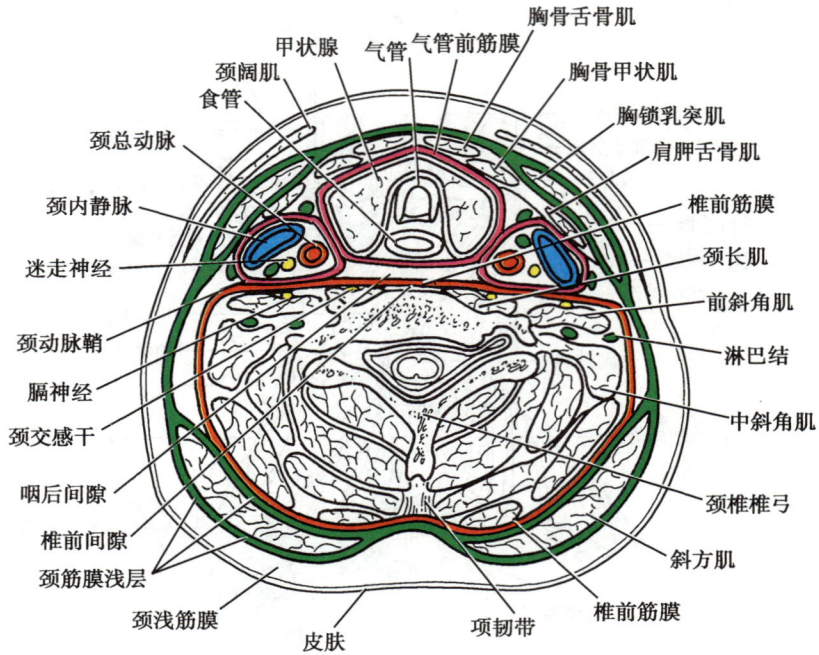

图2-5   颈筋膜与筋膜间隙（横断面）

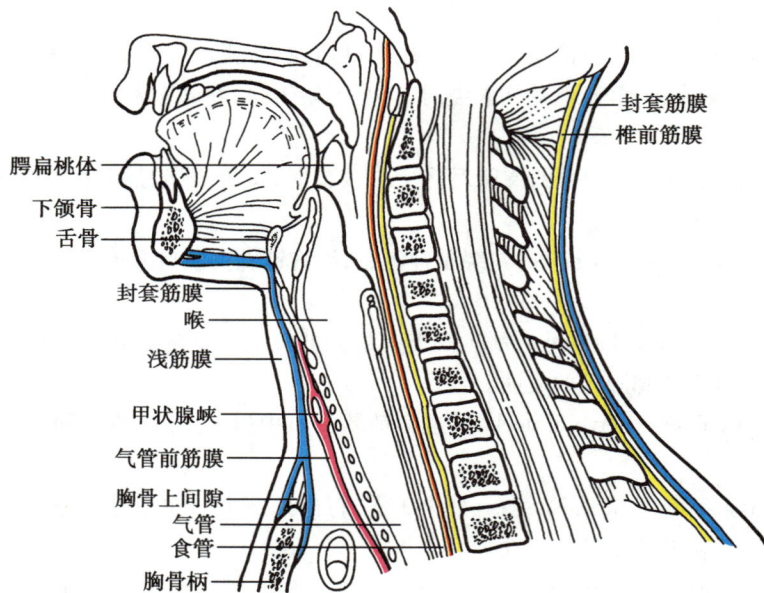

图2-6   颈筋膜与筋膜间隙（正中矢状面）

第7颈椎棘突,形成完整的封套结构。在舌骨上部,此筋膜分为浅深两层,包裹二腹肌前腹和下颌下腺;在面后部,浅深两层包裹腮腺。在颈静脉切迹上方,也分为浅深两层,向下分别附着于颈静脉切迹的前、后缘。

  2. 中层   又称**气管前筋膜** pretracheal fascia 或**内脏筋膜**。此筋膜位于舌骨下肌群深面,包裹着咽、食管颈部、喉、气管颈部、甲状腺和甲状旁腺等器官,并形成甲状腺鞘。在甲状腺与气管、食管上端邻接处,腺鞘后层增厚形成**甲状腺悬韧带**。前下部覆盖于气管者称为**气管前筋膜**;后上部覆盖颊肌和咽缩肌者称为**颊咽筋膜** buccopharyngeal fascia。气管前筋膜向上附于环状软骨弓、甲状软骨斜线及舌骨,向下经气管前方及两侧入胸腔,与心包上部相续。

3. **深层**　又称**椎前筋膜** prevertebral fascia,位于颈深肌群浅面,向上附着于颅底,向下续于前纵韧带及胸内筋膜,两侧覆盖臂丛、颈交感干、膈神经、锁骨下动脉及锁骨下静脉。此筋膜向下外方,由斜角肌间隙开始包裹锁骨下动、静脉及臂丛,并向腋窝走行,形成腋鞘。

4. **颈动脉鞘** carotid sheath　是颈筋膜向两侧扩展,包绕颈总动脉、颈内动脉、颈内静脉和迷走神经等形成的筋膜鞘。

（二）颈筋膜间隙

1. **胸骨上间隙** suprasternal space　封套筋膜在距胸骨柄上缘 3～4cm 处,分为深浅两层,向下分别附于胸骨柄前、后缘,两层之间为胸骨上间隙。内有颈静脉弓、颈前静脉下段、胸锁乳突肌胸骨头、淋巴结及脂肪组织等。

2. **气管前间隙** pretracheal space　位于气管前筋膜与气管颈部之间。内有甲状腺最下动脉、甲状腺下静脉和甲状腺奇静脉丛等。小儿还有胸腺上部、左头臂静脉和主动脉弓等。

3. **咽后间隙** retropharyngeal space　位于椎前筋膜与颊咽筋膜之间,其延伸至咽外侧壁的部分为咽旁间隙。

4. **椎前间隙** prevertebral space　位于脊柱、颈深肌群与椎前筋膜之间。颈椎结核脓肿多积于此间隙,并经腋鞘扩散至腋窝。当脓肿溃破后,可经咽后间隙向下至后纵隔（见图 2-6）。

第三节　颈　前　区

颈前区以舌骨为界分为舌骨上区和舌骨下区。

一、舌骨上区

舌骨上区包括中央的颏下三角和两侧的下颌下三角。

（一）颏下三角

颏下三角 submental triangle 是由左、右二腹肌前腹与舌骨体围成的三角区。其浅面为皮肤、浅筋膜及封套筋膜,深面由两侧下颌舌骨肌及其筋膜构成。此三角内有 1～3 个颏下淋巴结。

（二）下颌下三角

1. **境界**　下颌下三角 submandibular triangle 由二腹肌前、后腹和下颌骨体下缘围成,又称**二腹肌三角** digastric triangle（见图 2-1）。浅面有皮肤、浅筋膜、颈阔肌和封套筋膜,深面有下颌舌骨肌、舌骨舌肌及咽中缩肌。

2. **内容**

（1）**下颌下腺** submandibular gland:包裹在封套筋膜形成的筋膜鞘内。此腺呈 U 形,分浅、深两部:浅部较大,位于下颌舌骨肌浅面;绕该肌的后缘向前延至其深面,为该腺的深部。下颌下腺管由腺深部的前端发出,在下颌舌骨肌的深面前行,开口于口底黏膜的舌下阜（图 2-7）。

（2）血管、神经和淋巴结

1）**面动脉** facial artery:平舌骨大角起自颈外动脉,经二腹肌后腹的深面进入下颌下三角,沿下颌下腺深面前行,至咬肌前缘处绕过下颌骨体下缘入面部。

2）**舌下神经** hypoglossal nerve:在下颌下腺的内下方,行于舌骨舌肌表面,与二腹肌中间腱之间有舌动脉及其伴行静脉。舌动脉前行至舌骨舌肌后缘深面入舌。

3）**舌神经** lingual nerve:在下颌下腺深部内上方与舌骨舌肌之间前行入舌。

4）**下颌下神经节** submandibular ganglion:位于下颌下腺深部上方和舌神经下方,上方连于舌神经,向下发出分支至下颌下腺及舌下腺。

在下颌下腺周围有 4～6 个下颌下淋巴结。

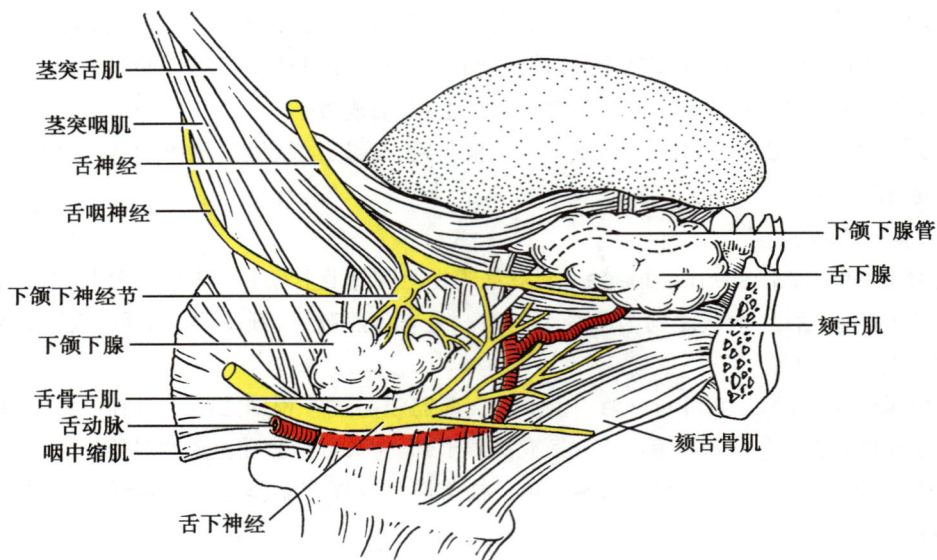

图 2-7 下颌下三角内容

二、舌骨下区

该区是指两侧胸锁乳突肌前缘之间、舌骨以下的区域,包括左、右颈动脉三角和肌三角。

(一)颈动脉三角

1. 境界 颈动脉三角 carotid triangle 由胸锁乳突肌上份前缘、肩胛舌骨肌上腹和二腹肌后腹围成。其浅面有皮肤、浅筋膜、颈阔肌及封套筋膜,深面有椎前筋膜,内侧是咽侧壁及其筋膜。

2. 内容 有颈内静脉及其属支、颈总动脉及其分支、舌下神经及其降支、迷走神经及其分支、副神经以及部分颈深淋巴结等(图 2-8)。

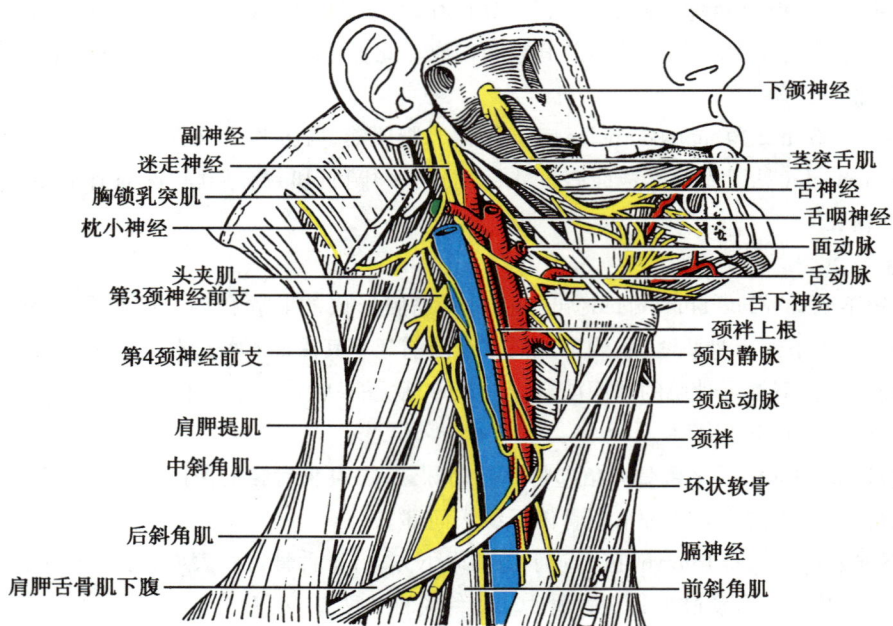

图 2-8 颈动脉三角内容

(1)动脉

1)**颈总动脉** common carotid artery:位于颈内静脉内侧,平甲状软骨上缘处分为颈内动脉和颈外动脉。颈内动脉起始部和颈总动脉的末端膨大,称为**颈动脉窦** carotid sinus,窦壁内有压力感受器。在颈总动脉分叉处的后方借结缔组织连有一米粒大小的扁椭圆形小体,称**颈动脉小球** carotid glomus,是化学感受器。二者分别有调节血压和呼吸的作用。

2)**颈外动脉** external carotid artery:平甲状软骨上缘起自颈总动脉,于颈内动脉前内侧上行,从甲状软骨上缘至舌骨大角处自前壁由下而上依次发出甲状腺上动脉、舌动脉和面动脉;近二腹肌后腹下缘处自后壁向后上发出枕动脉;自起始部内侧壁向上发出咽升动脉。

3)**颈内动脉** internal carotid artery:由颈总动脉发出后,自颈外动脉的后外方行至其后方。该动脉在颈部无分支。

(2)**静脉:颈内静脉** internal jugular vein 位于胸锁乳突肌前缘深面,颈总动脉外侧。其颈部的属支为面静脉、舌静脉和甲状腺上、中静脉。

(3)神经

1)**舌下神经** hypoglossal nerve:从二腹肌后腹深面进入三角,呈弓形向前越过颈内、外动脉浅面,再经二腹肌后腹深面进入下颌下三角。该神经在弓形处向下发出降支,称颈袢上根,该根沿颈总动脉浅面下降,在环状软骨水平与来自颈丛第2、3颈神经的颈袢下根组成**颈袢**,由袢发出分支支配舌骨下肌群。

2)**副神经** accessory nerve:经二腹肌后腹深面入颈动脉三角,继经颈内动、静脉之间行向后外侧,自胸锁乳突肌上份穿入该肌,并发出肌支支配该肌,本干向后至枕三角。

3)**迷走神经** vagus nerve:行于颈动脉鞘内,沿颈内静脉和颈内动脉及颈总动脉之间的后方下降。在迷走神经上端的下神经节处发出喉上神经,在颈动脉三角还发出颈心支,沿颈总动脉表面下降,入胸腔参与组成心丛(图2-9)。

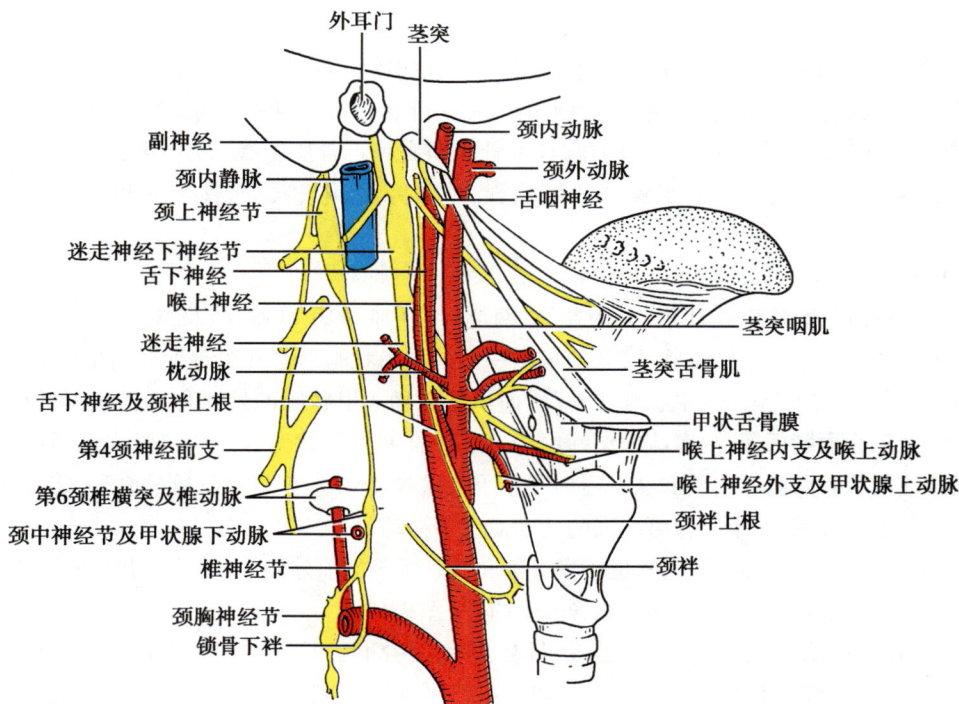

图2-9 颈内、外动脉与脑神经的关系

(4)**二腹肌后腹** posterior belly of digastric:是颈动脉三角与下颌下三角的分界标志,也是颈部及颌面部手术的主要标志。其表面有耳大神经、下颌后静脉及面神经颈支;深面有颈内动、静脉,颈外动脉,迷走神经,副神经,舌下神经,颈交感干;其上缘有耳后动脉和面神经及舌咽神经等;下缘有枕动脉和舌下神经(图2-10)。

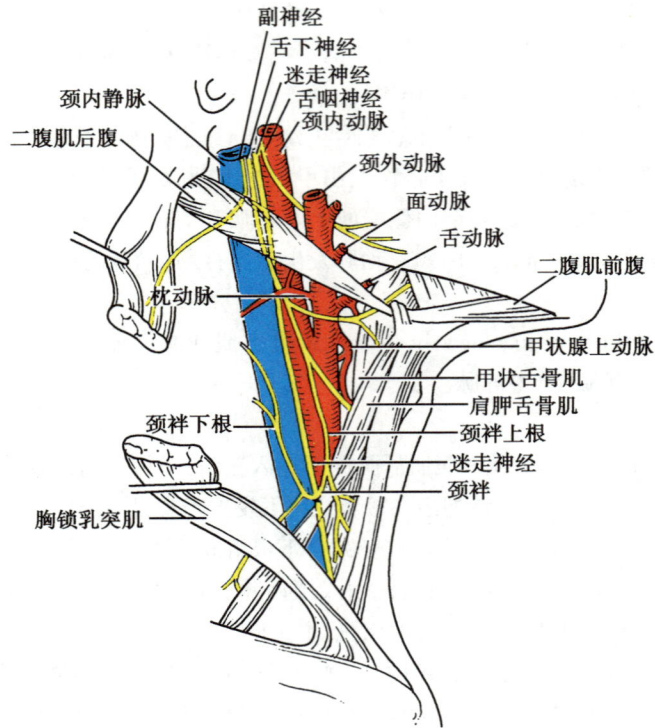

图 2-10   二腹肌后腹的毗邻关系

（二）肌三角

1. 境界   肌三角 muscular triangle 位于颈前正中线、胸锁乳突肌前缘和肩胛舌骨肌上腹之间。其浅面的结构由浅入深依次有皮肤、浅筋膜、颈阔肌、颈前静脉、皮神经和封套筋膜，深面为椎前筋膜。

2. 内容   肌三角内含有位于浅层的胸骨舌骨肌和肩胛舌骨肌上腹，位于深层的胸骨甲状肌和甲状舌骨肌，以及位于气管前筋膜深部的甲状腺、甲状旁腺、咽、喉、气管颈部和食管颈部等器官（图 2-11）。

（1）**甲状腺** thyroid gland

1）形态与被膜：甲状腺呈 H 形，分为左、右两侧叶及中间的甲状腺峡（图 2-12）。约半数以上的人存在从甲状腺峡向上伸出的锥状叶，其长短不一。国人甲状腺形态常出现变异（图 2-12）。甲状腺被气管前筋膜包裹，该筋膜形成甲状腺假被膜，即**甲状腺鞘**。甲状腺的外膜称真被膜即**纤维囊**，二者之间形成的间隙为**囊鞘间隙**，内有疏松结缔组织、血管、神经及甲状旁腺。假被膜内侧增厚形成的**甲状腺悬韧带**使甲状腺两侧叶内侧和峡部后面连于甲状软骨、环状软骨以及气管软骨环，将甲状腺固定于喉及气管壁上。吞咽时，甲状腺可随喉的活动而上下移动。

2）位置与毗邻：甲状腺的两侧叶位于喉下部和气管颈部的前外侧，上端达甲状软骨中部，下端至第 6 气管软骨。甲状腺峡位于第 2～4 气管软骨前方（图 2-12）。

甲状腺的前面由浅入深有皮肤、浅筋膜、封套筋膜、舌骨下肌群及气管前筋膜；左右两侧叶的后内侧邻近喉与气管、咽与食管以及喉返神经；侧叶的后外侧与颈动脉鞘及颈交感干相邻。甲状腺肿大时，如向后内侧压迫喉与气管，可出现呼吸、吞咽困难及声音嘶哑；如向后外方压迫颈交感干时，可出现 Horner 综合征，即患侧面部潮红、无汗、瞳孔缩小、眼裂变窄、上睑下垂及眼球内陷等。

3）甲状腺的动脉和喉的神经

甲状腺上动脉 superior thyroid artery 起自颈外动脉起始部前壁，与喉上神经外支伴行向前下方，至甲状腺上端附近分为前、后两支。前支沿甲状腺侧叶前缘下行，分布于侧叶前面；后支沿侧叶后缘下行。甲状腺上动脉发出喉上动脉，伴喉上神经内支穿甲状舌骨膜入喉（图 2-13）。

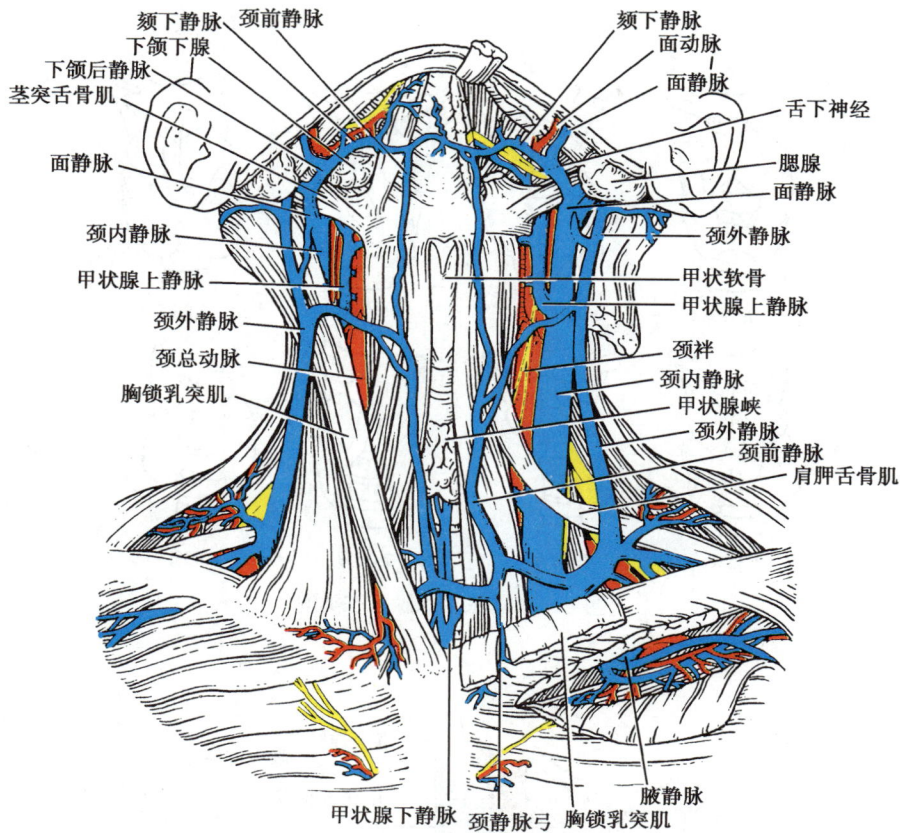

颏下静脉　颈前静脉
下颌下腺
下颌后静脉
茎突舌骨肌
面静脉
颈内静脉
甲状腺上静脉
颈外静脉
颈总动脉
胸锁乳突肌

颏下静脉
面动脉
面静脉
舌下神经
腮腺
面静脉
颈外静脉
甲状软骨
甲状腺上静脉
颈袢
颈内静脉
甲状腺峡
颈外静脉
颈前静脉
肩胛舌骨肌

甲状腺下静脉　颈静脉弓　胸锁乳突肌
腋静脉

（1）浅层

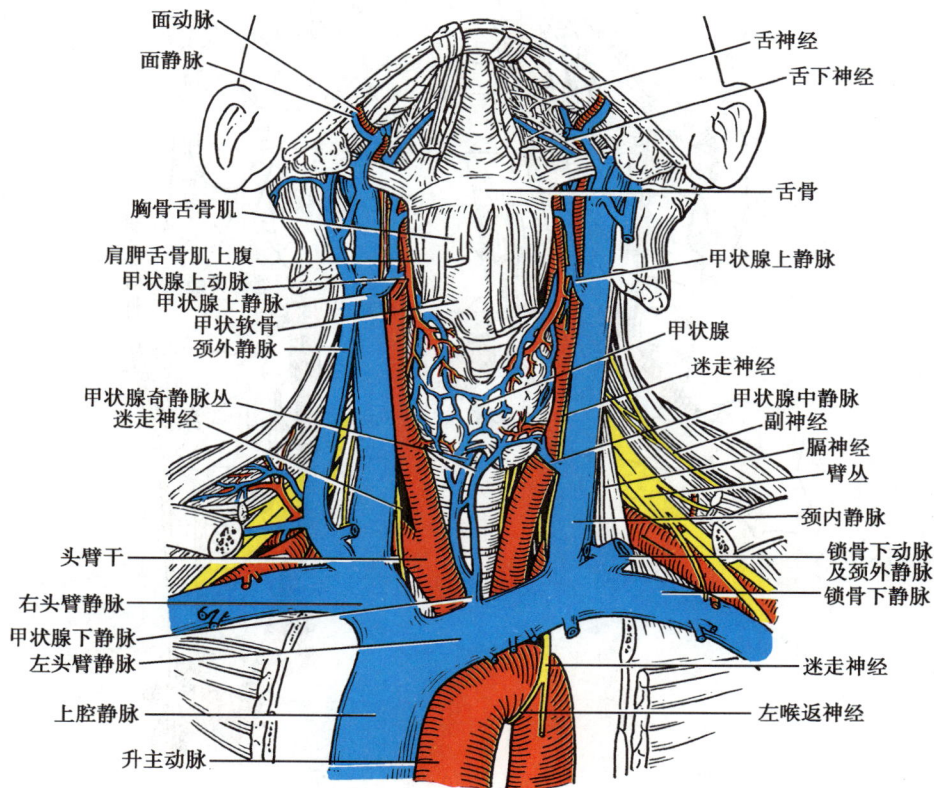

面动脉
面静脉
胸骨舌骨肌
肩胛舌骨肌上腹
甲状腺上动脉
甲状腺上静脉
甲状软骨
颈外静脉
甲状腺奇静脉丛
迷走神经
头臂干
右头臂静脉
甲状腺下静脉
左头臂静脉
上腔静脉
升主动脉

舌神经
舌下神经
舌骨
甲状腺上静脉
甲状腺
迷走神经
甲状腺中静脉
副神经
膈神经
臂丛
颈内静脉
锁骨下动脉
及颈外静脉
锁骨下静脉
迷走神经
左喉返神经

（2）深层

图 2-11　颈前区结构

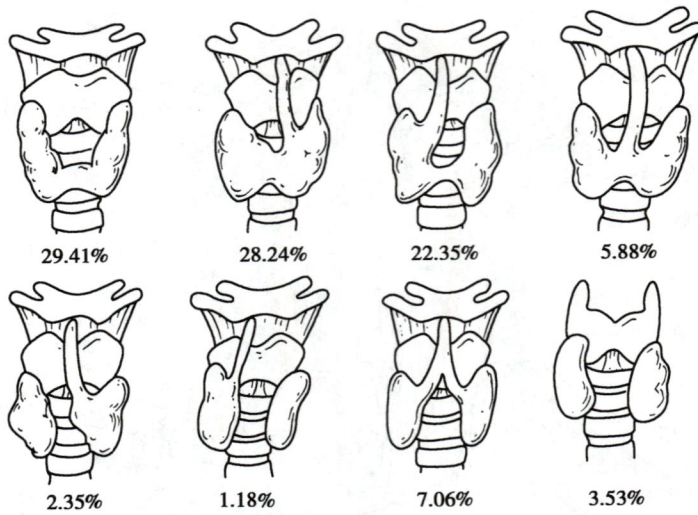

图 2-12 国人甲状腺形态类型

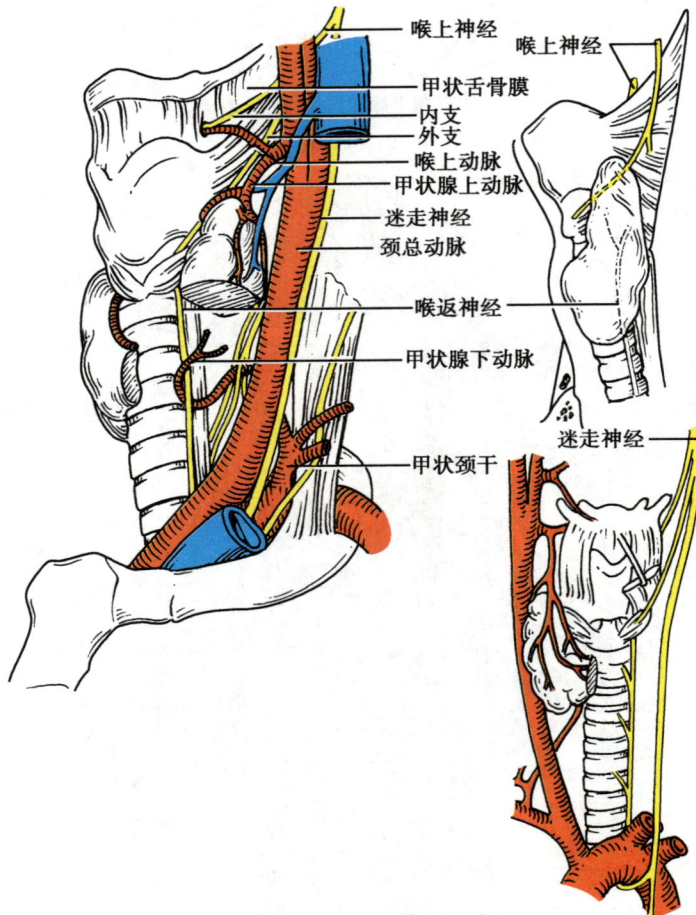

图 2-13 甲状腺的动脉及喉的神经

喉上神经
甲状舌骨膜
内支
外支
喉上动脉
甲状腺上动脉
迷走神经
颈总动脉
喉返神经
甲状腺下动脉
甲状颈干

喉上神经
迷走神经

喉上神经superior laryngeal nerve 是迷走神经的分支,沿咽侧壁下行,于舌骨大角处分为内、外两支。内支与同名动脉伴行穿甲状舌骨膜入喉,分布于声门裂以上的喉黏膜及会厌和舌根等处;外支伴甲状腺上动脉行向前下方,在距甲状腺上极 0.5~1.0cm 处,离开动脉弯向内侧,发出肌支支配环甲肌及咽下缩肌。故在甲状腺次全切除术结扎甲状腺上动脉时,应紧贴甲状腺上极进行,以免损伤喉上神经外支而影响发音。

甲状腺下动脉inferior thyroid artery 是锁骨下动脉甲状颈干的分支,沿前斜角肌内侧缘上升,至第6 颈椎平面,在颈动脉鞘与椎血管之间弯向内侧,近甲状腺侧叶下极潜入甲状腺侧叶的后面,分支分布于甲状腺、甲状旁腺、气管和食管等处,发出腺支与甲状腺上动脉的分支吻合。

喉返神经recurrent laryngeal nerve 是迷走神经的分支。左喉返神经勾绕主动脉弓至其后方,右喉返神经勾绕右锁骨下动脉至其后方,两者均在食管气管旁沟上行,至咽下缩肌下缘、环甲关节后方进入喉内,称为**喉下神经**inferior laryngeal nerve。其运动纤维支配除环甲肌以外的所有喉肌,感觉纤维分布于声门裂以下的喉黏膜。左喉返神经行程较长,位置深,多在甲状腺下动脉后方与其交叉;右喉返神经行程较短,位置较浅,多在甲状腺下动脉前方与其交叉或穿行于该动脉的两个分支之间。甲状腺下动脉与喉返神经的相交部位约在侧叶中、下 1/3 交界处的后方。两侧喉返神经入喉前通常经过环甲关节后方,故甲状软骨下角可作为显露喉返神经的标志(图 2-14)。由于喉返神经与甲状腺下动脉的关系在侧叶下极附近比较复杂,因此,施行甲状腺次全切除术结扎甲状腺下动脉时,应远离甲状腺下端,以免损伤喉返神经而致声音嘶哑。

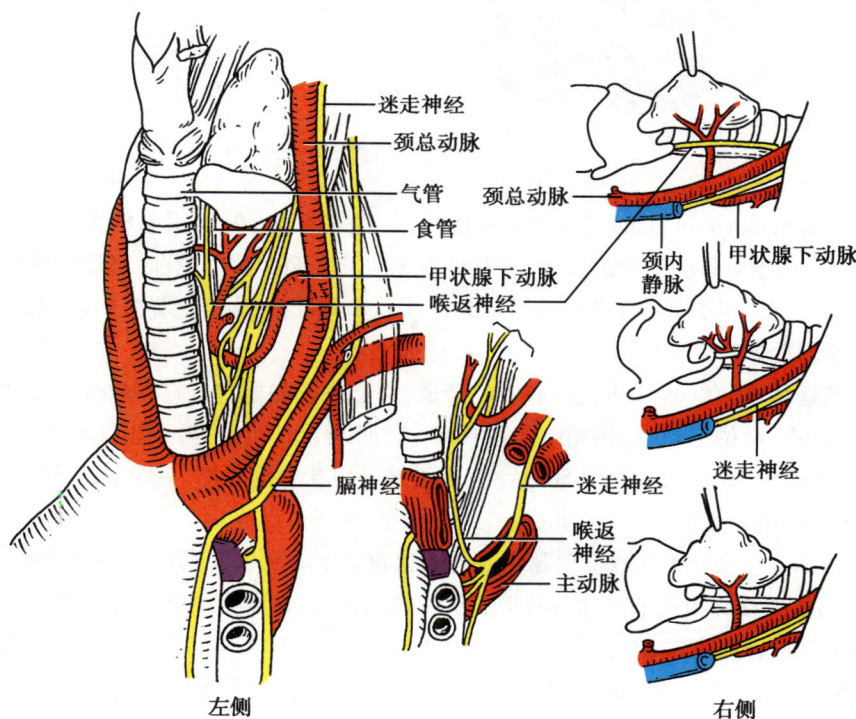

图 2-14 甲状腺下动脉与喉返神经的关系

甲状腺最下动脉arteria thyroidea ima 较小,出现率约 10%,主要起自头臂干或主动脉弓,沿气管颈部前方上行,至甲状腺峡,参与甲状腺动脉之间的吻合,当低位气管切开或甲状腺手术时应加注意。

4)甲状腺的静脉

甲状腺上静脉superior thyroid vein 与同名动脉伴行,注入颈内静脉。

甲状腺中静脉middle thyroid vein 起自甲状腺侧缘中部,短而粗,管壁较薄,经过颈总动脉的前方,直接注入颈内静脉。此静脉有时缺如。

甲状腺下静脉inferior thyroid vein 起自甲状腺的下缘,经气管前面下行,主要汇入头臂静脉。两侧甲状腺下静脉在气管颈部前方常吻合形成甲状腺奇静脉丛。做低位气管切开时,应注意止血(图 2-15)。

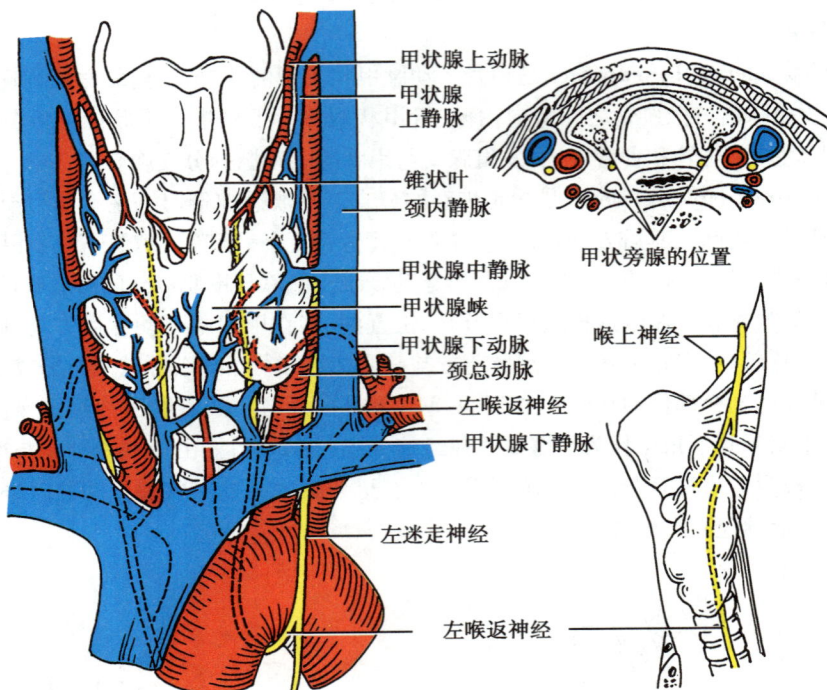

图 2-15   甲状腺的静脉

(2) 甲状旁腺parathyroid gland:为两对扁圆形小体,直径 0.6～0.8cm,呈棕黄色或淡红色,上、下各一对(图 2-16),位于甲状腺侧叶的后面,真假被膜之间的囊鞘间隙中,有时可位于甲状腺实质内或被膜外气管周围的结缔组织中。上甲状旁腺多位于甲状腺侧叶上、中份交界处的后方;下甲状旁腺多位于侧叶下 1/3 的后方。

(3) 喉和气管颈部:喉larynx 不仅是呼吸的管道,也是发音的器官。它以软骨为支架,借关节、韧带和喉肌连结而成。喉位于颈前部中份,上借甲状舌骨膜与舌骨相连,向下与气管相通,喉前面被舌骨下肌群覆盖,后方紧邻咽,两侧为颈部的大血管、神经及甲状腺侧叶等(见图 2-13,图 2-15)。喉的活动性较大,可随吞咽或发音而上、下移动。

营养喉的动脉主要来自甲状腺上动脉的喉上动脉和环甲动脉以及甲状腺下动脉的喉下动脉(见图 2-9,图 2-13),喉上动脉与喉下动脉分布于喉肌和黏膜,二者在喉内吻合。环甲动脉主要营养环甲肌。静脉与同名动脉伴行离喉,喉上静脉通过甲状腺上静脉或面静脉汇入颈内静脉。喉下静脉通过甲状腺下静脉注入头臂静脉。喉前庭和喉中间腔淋巴管汇合后,穿甲状舌骨膜,伴喉上血管在颈总动脉分叉附近,注入颈外侧深淋巴结。声门下腔淋巴管穿环甲膜或环气管韧带,注入喉前淋巴结或气管旁淋巴结。喉由喉上神经及喉返神经支配(见图 2-9,图 2-13,图 2-14),二者均属迷走神经的分支,喉上神经管理声门裂以上喉腔黏膜感觉,支配环甲肌。喉返神经管理声门裂以下喉腔黏膜感觉,支配除环甲肌以外的所有喉内肌。

气管颈部cervical part of trachea 上平第 6 颈椎下缘,下平胸骨颈静脉切迹处移行为气管胸部。成人长约 6.5cm,横径为 1.5～2.5cm,由 6～8 个气管软骨及其间的软组织构成。气管周围有疏松结缔组织包绕,故活动性较大,当仰头或低头时,气管可上、下移动 1.5cm。头转向一侧时,气管亦随之转向同侧,食管却移向对侧,故常规施行气管切开术时,头应严格保持正中位并尽量后仰,使气管接近体

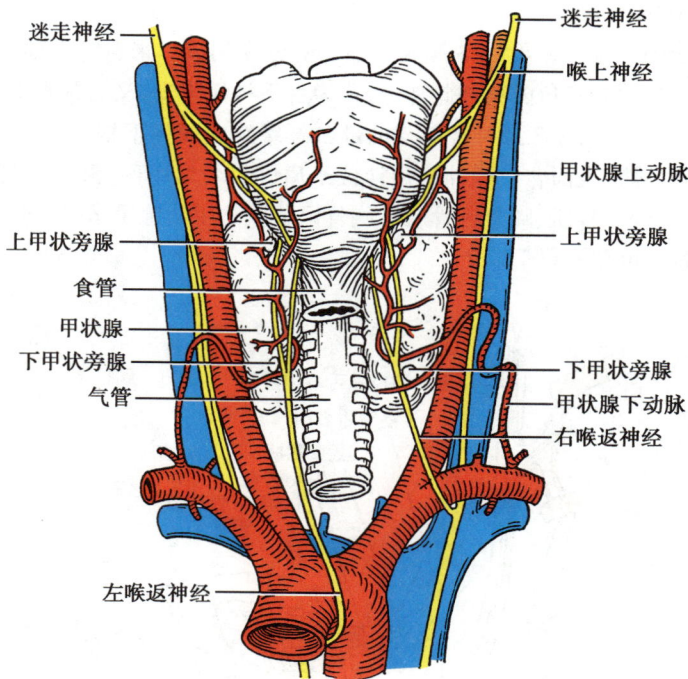

图 2-16 甲状旁腺的位置（后面观）

表,以免伤及食管及其周围的血管和神经。

气管颈部的毗邻:前方由浅入深依次为皮肤、浅筋膜、封套筋膜、胸骨上间隙及其内的静脉弓、舌骨下肌群、气管前筋膜和气管前间隙。平第 2~4 气管软骨前方有甲状腺峡,峡的下方有甲状腺下静脉,甲状腺奇静脉丛及可能存在的甲状腺最下动脉。气管颈部上端两侧为甲状腺侧叶,后方为食管,在二者之间的气管食管旁沟内有喉返神经上行。其后外侧有颈交感干和颈动脉鞘等。此外,幼儿的胸腺、左头臂静脉和主动脉弓等,常会高出胸骨颈静脉切迹达气管颈部前面。故对幼儿进行气管切开术时,应注意不宜低于第 5 气管软骨,以免伤及上述诸结构。

（4）**咽和食管颈部**:咽 pharynx 位于第 1~6 颈椎前方,为上宽下窄、前后略扁的漏斗形肌性管道,长约 12cm,其内腔称**咽腔** cavity of pharynx。咽上方固定于颅底,向下于第 6 颈椎体下缘平面续于食管（见图 2-6）。咽有前、后及侧壁,其后壁借疏松结缔组织连于椎前筋膜;两侧壁是茎突及起于茎突的诸肌,并与颈部大血管和甲状腺侧叶等相毗邻;前壁不完整,自上向下可分别通入鼻腔、口腔和喉腔。根据咽前方的毗邻,以腭帆游离缘和会厌上缘平面为界,将咽腔分为鼻咽、口咽、喉咽 3 部,其中后两部是消化道和呼吸道的共同通道。咽后上方的咽扁桃体,两侧的咽鼓管扁桃体、腭扁桃体和前下方的舌扁桃体,共同构成**咽淋巴环**,对消化道和呼吸道具有防御和保护作用。

食管颈部 cervical part of esophagus 上端平环状软骨下缘平面与咽相接,下端在颈静脉切迹平面处移行为食管胸部。食管颈部的前方为气管颈部（图 2-16）,食管颈部位置稍偏左侧,故食管颈部手术入路以左侧为宜;后方有颈长肌和脊柱;后外侧隔椎前筋膜与颈交感干相邻;两侧为甲状腺侧叶、颈动脉鞘及其内容物。

第四节　胸锁乳突肌区及颈根部

一、胸锁乳突肌区

（一）境界

胸锁乳突肌区 sternocleidomastoid region 是指该肌在颈部所占据和覆盖的区域。

（二）内容及其毗邻

1. **颈袢 ansa cervicalis** 由第 1~3 颈神经前支的分支构成。来自第 1 颈神经前支的部分纤维先随舌下神经走行,至颈动脉三角内离开此神经,称为**舌下神经降支**,又名**颈袢上根**,沿颈内动脉和颈总动脉浅面下行。来自颈丛第 2、3 颈神经前支的部分纤维组成**颈袢下根**,沿颈内静脉浅面（或深面）下行,上、下两根在颈动脉鞘表面合成颈袢。颈袢位于肩胛舌骨肌中间腱的上缘附近,平环状软骨弓水平。颈袢发支支配肩胛舌骨肌、胸骨舌骨肌和胸骨甲状肌。甲状腺手术时,多平环状软骨切断舌骨下诸肌,可避免损伤颈袢的肌支（图 2-17）。

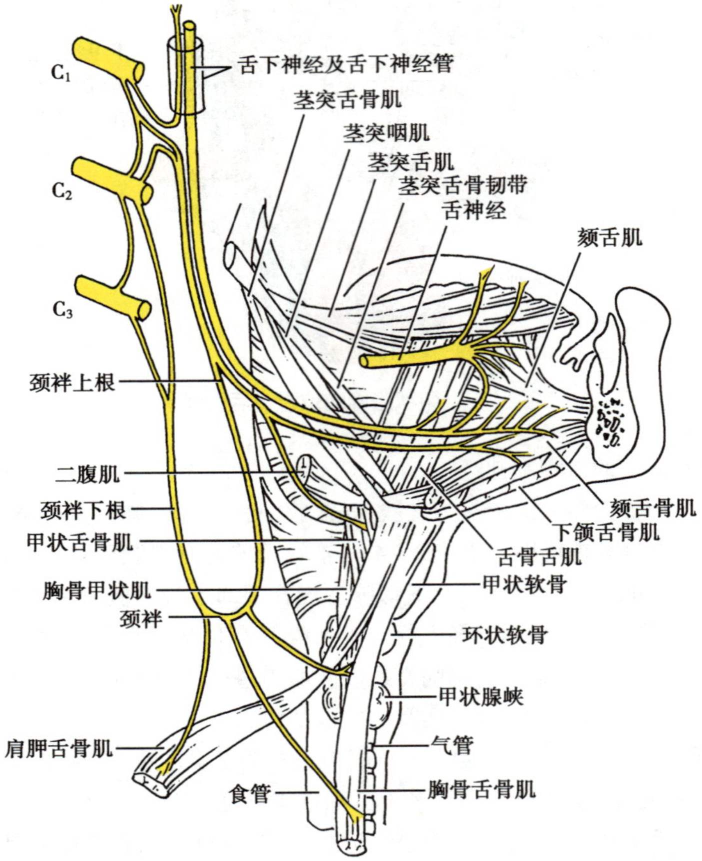

图 2-17 颈袢及支配的肌

2. **颈动脉鞘及其内容** 颈动脉鞘上起自颅底,下续纵隔。鞘内全长有颈内静脉和迷走神经,鞘内上部有颈内动脉,下部为颈总动脉。在颈动脉鞘下部,颈内静脉位于前外侧,颈总动脉位于后内侧,在二者之间的后外方有迷走神经。鞘的上部,颈内动脉居前内侧,颈内静脉在其后外方,迷走神经行于二者之间的后内方。

颈动脉鞘浅面有胸锁乳突肌、胸骨舌骨肌、胸骨甲状肌和肩胛舌骨肌下腹、颈袢及甲状腺上、中静脉;鞘的后方有甲状腺下动脉通过,隔椎前筋膜有颈交感干、椎前肌和颈椎横突等;鞘的内侧有咽、食管颈部,喉、气管颈部,喉返神经和甲状腺侧叶等。

3. **颈丛 cervical plexus** 由第 1~4 颈神经的前支组成,位于胸锁乳突肌上段与中斜角肌和肩胛提肌之间。分支有皮支及肌支。膈神经是其主要肌支。

4. **颈交感干 cervical part of sympathetic trunk** 由颈上、中、下交感神经节及其节间支组成,位于脊柱两侧,被椎前筋膜所覆盖。**颈上神经节** superior cervical ganglion 最大,呈梭形,位于第 2~3 颈椎横突前方。**颈中神经节** middle cervical ganglion 最小或不明显,位于第 6 颈椎横突的前方。**颈下神**

经节 inferior cervical ganglion 位于第 7 颈椎平面,在椎动脉起始部后方,多与第 1 胸神经节融合为**颈胸神经节** cervicothoracic ganglion,又名**星状神经节** stellate ganglion。以上 3 对神经节各发出心支入胸腔,参与心丛组成。

二、颈根部

颈根部是指颈部、胸部及腋区之间的接壤区域,由进出胸廓上口的诸结构占据。

(一)境界

颈根部 root of neck 前界为胸骨柄,后界为第 1 胸椎体,两侧为第 1 肋。其中心标志是前斜角肌,此肌前内侧主要是往来于颈、胸之间的纵行结构,如颈总动脉、颈内静脉、迷走神经、膈神经、颈交感干、胸导管和胸膜顶等;前、后方及外侧主要是往来于胸、颈与上肢间的横行结构,如锁骨下动脉、静脉和臂丛等。

(二)内容及其毗邻

1. 胸膜顶 cupula of pleura 是覆盖肺尖部的壁胸膜,突入颈根部,高出锁骨内侧 1/3 上缘 2～3cm。前、中、后斜角肌覆盖其前、外及后方。其前方邻接锁骨下动脉及其分支、膈神经、迷走神经、锁骨下静脉,左侧还有胸导管;后方贴靠第 1、2 肋,颈交感干和第 1 胸神经前支;外侧邻臂丛;内侧邻气管、食管,左侧还有胸导管和左喉返神经;上方从第 7 颈椎横突、第 1 肋颈和第 1 胸椎体连至胸膜顶的筋膜,称为**胸膜上膜** suprapleural membrane,此膜又称 **Sibson 筋膜**,起悬吊作用。当行肺萎陷手术时,须切断上述筋膜,才能使肺尖塌陷。

2. 锁骨下动脉 subclavian artery 左侧起自主动脉弓,右侧在胸锁关节后方起自头臂干,于第 1 肋外侧缘续于腋动脉。以前斜角肌为界,锁骨下动脉分为三段。

(1)第 1 段:位于前斜角肌内侧,胸膜顶前方,左、右侧前方都有迷走神经跨过,左侧还有胸导管或膈神经跨过。该段动脉的分支有:

1)**椎动脉** vertebral artery:沿前斜角肌内侧上行于胸膜顶前面,穿经上位 6 个颈椎横突孔,经枕骨大孔入颅,分布于脑、脊髓和内耳。

2)**胸廓内动脉** internal thoracic artery:在胸膜顶前方,正对椎动脉起始处发自锁骨下动脉下壁,经锁骨下静脉后方下行入胸壁。

3)**甲状颈干** thyrocervical trunk:起自锁骨下动脉上壁,分出甲状腺下动脉、肩胛上动脉及颈横动脉。

4)**肋颈干** costocervical trunk:起自锁骨下动脉第 1 或第 2 段后壁,分为颈深动脉和最上肋间动脉。

(2)第 2 段:位于前斜角肌后方,上方紧邻臂丛各干,下方跨胸膜顶。

(3)第 3 段:位于前斜角肌外侧,第 1 肋上面,其前下方邻锁骨下静脉,外上方为臂丛。此段动脉有时发出颈横动脉或肩胛上动脉。

3. 胸导管与右淋巴导管 **胸导管** thoracic duct 沿食管左侧出胸腔上口至颈部,平第 7 颈椎高度,形成**胸导管弓** arch of thoracic duct。其前方为颈动脉鞘,后方有椎动脉、椎静脉、颈交感干、甲状颈干、膈神经和锁骨下动脉(图 2-18,图 2-19)。胸导管多数注入左静脉角,有时也可注入左颈内静脉或左锁骨下静脉。左颈干、左锁骨下干及左支气管纵隔干通常注入胸导管末端,也可单独注入静脉。

右淋巴导管 right lymphatic duct 长 1.0～1.5cm,居右颈根部,接受右颈干、右锁骨下干和右支气管纵隔干,注入右静脉角。由于右淋巴导管出现率仅为 20% 左右,故有时各淋巴干也可直接注入右锁骨下静脉或右颈内静脉。

4. 锁骨下静脉 subclavian vein 自第 1 肋外侧缘续于腋静脉。沿第 1 肋上面,经锁骨与前斜角肌之间,向内侧与颈内静脉汇合成头臂静脉。由于锁骨下静脉壁与第 1 肋、锁骨下肌、前斜角肌的筋膜相愈着,破裂后难以自动闭合,故伤后易致气栓。临床上广泛应用锁骨下静脉插管技术,进行长期

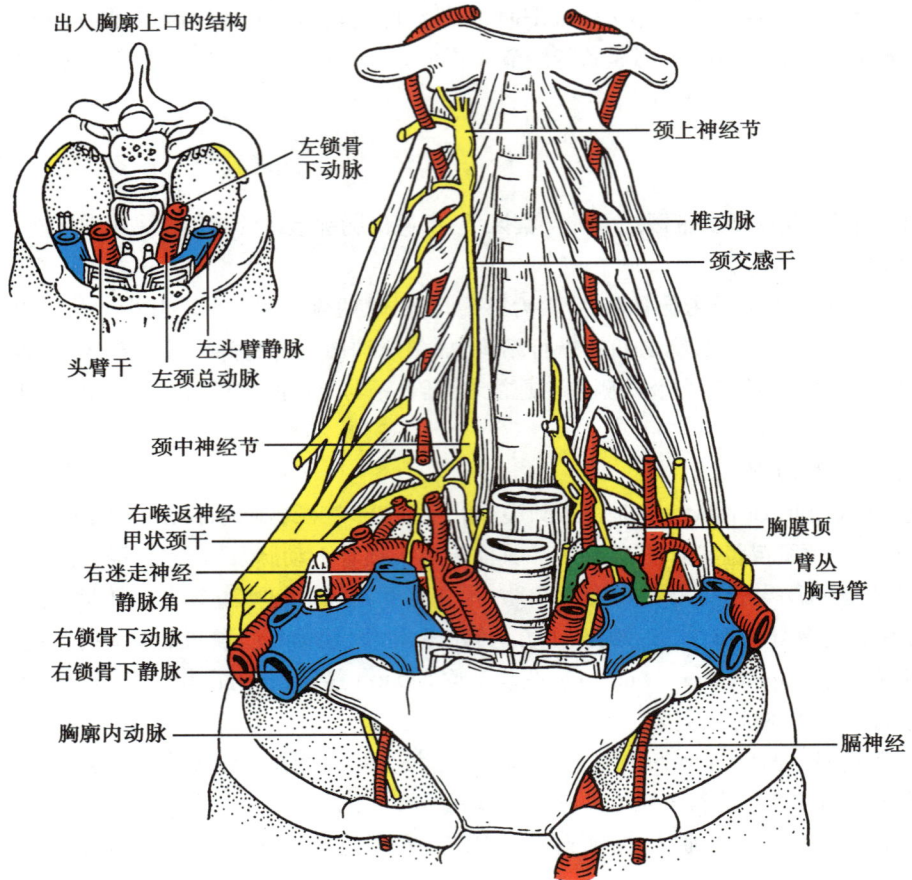

出入胸廓上口的结构

左锁骨
下动脉

头臂干
左头臂静脉
左颈总动脉

颈中神经节

右喉返神经
甲状颈干
右迷走神经
静脉角
右锁骨下动脉
右锁骨下静脉

胸廓内动脉

颈上神经节

椎动脉

颈交感干

胸膜顶
臂丛
胸导管

膈神经

图 2-18   颈根部

前斜角肌及膈神经
颈升动脉
颈横动脉
臂丛
颈外静脉
锁骨下动脉
锁骨下静脉
肩胛上动脉

锁骨
胸骨甲状肌

颈内静脉、颈总动脉
及迷走神经
椎前筋膜
交感干
甲状腺下动脉分支
及右喉返神经
颈中神经节
甲状腺下静脉
颈总动脉
锁骨下动脉
头臂干
胸骨舌骨肌
颈静脉切迹

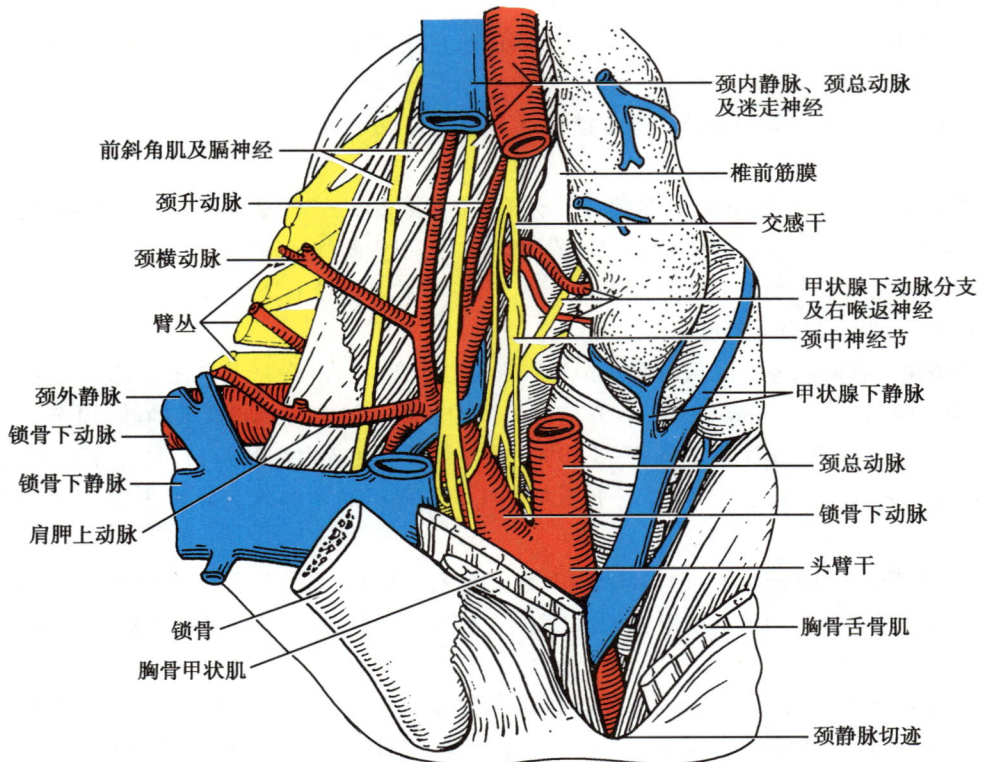

图 2-19   前斜角肌的毗邻关系

输液、心导管插管及中心静脉压测定等。

5. 迷走神经 vagus nerve 右迷走神经下行于右颈总动脉和右颈内静脉之间,经右锁骨下动脉第 1 段前面时发出右喉返神经,勾绕右锁骨下动脉的下面和后方返回颈部。左迷走神经在左颈总动脉和左颈内静脉之间下行入胸腔。

6. 膈神经 phrenic nerve 位于前斜角肌前面,椎前筋膜深面,由第 3 ~ 5 颈神经前支组成,向内下方斜降下行;其前方有胸锁乳突肌、肩胛舌骨肌中间腱、颈内静脉、颈横动脉和肩胛上动脉;左侧前方还邻接胸导管弓;内侧有颈升动脉上行。该神经在颈根部经胸膜顶的前内侧,迷走神经的外侧,穿锁骨下动、静脉之间进入胸腔(图 2-19)。

膈神经的起始部常发生变异形成**副膈神经**,其出现率为 48%,多起自颈 5(占 48.7%)或颈 5、6(占 27.6%),在膈神经的外侧下行(占 85.2%),经锁骨下静脉的后方进入胸腔。副膈神经在锁骨下静脉的下方与膈神经结合者占多数(57.1%)。

7. 椎动脉三角 triangle of vertebral artery 内侧界为颈长肌,外侧界为前斜角肌,下界为锁骨下动脉第 1 段,尖为第 6 颈椎横突前结节。三角的后方有第 7 颈椎横突、第 8 颈神经前支及第 1 肋颈;前方有迷走神经、颈动脉鞘、膈神经及胸导管弓(左侧)等。三角内的主要结构有胸膜顶、椎动脉、椎静脉、甲状颈干、甲状腺下动脉、颈交感干及颈胸(星状)神经节等(图 2-20)。

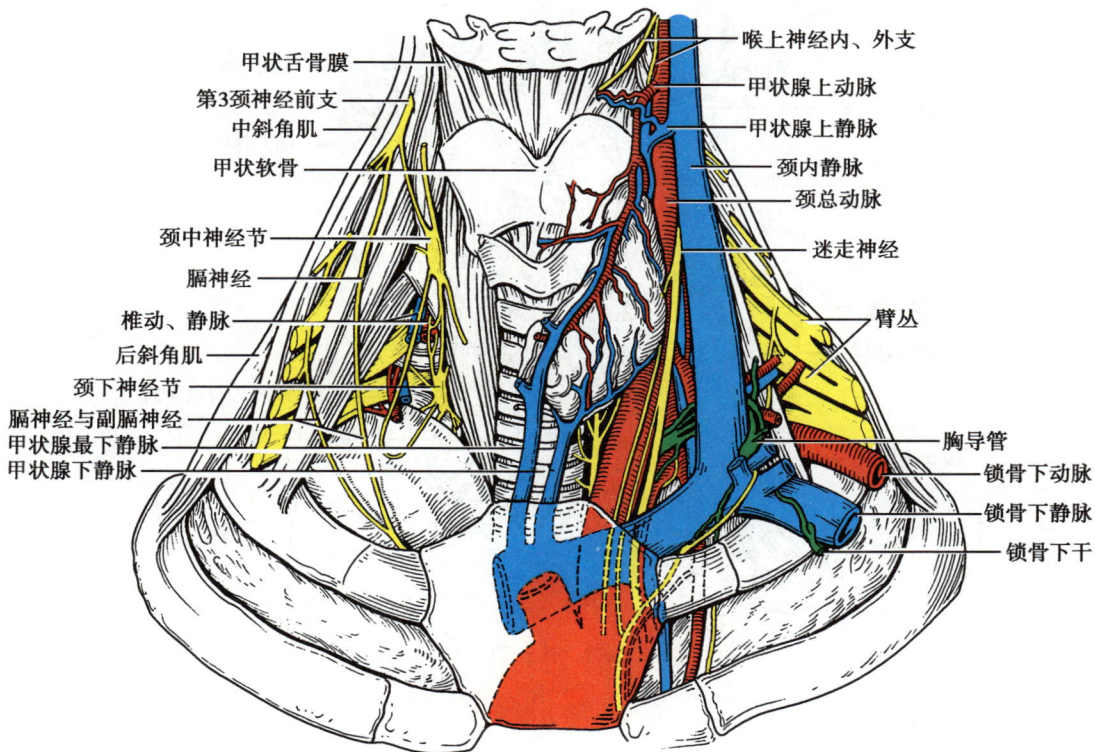

图 2-20 椎动脉三角及其内容

8. 斜角肌间隙 scalene space 颈深肌群包括内侧群和外侧群。内侧群位于脊柱颈部的前方,有头长肌和颈长肌等,合称椎前肌,能屈头、屈颈。外侧群位于脊柱颈部的两侧,主要有**前斜角肌** scalenus anterior、**中斜角肌** scalenus medius 和**后斜角肌** scalenus posterior,各肌均起自颈椎横突,前、中斜角肌分别止于第 1 肋上面的前斜角肌结节和锁骨下动脉沟的后方,后斜角肌止于第 2 肋。前、中斜角肌与第 1 肋之间形成一呈三角形的间隙,称为**斜角肌间隙** scalene space,内有锁骨下动脉和臂丛通过。斜角肌的作用:在颈椎固定时,可上提肋,以助吸气;胸廓固定时可使颈前屈,一侧收缩可使颈向同侧侧屈。

第五节 颈外侧区

颈外侧区是由胸锁乳突肌后缘、斜方肌前缘和锁骨中 1/3 上缘围成的三角区;该区被肩胛舌骨肌下腹分为上方较大的枕三角和下方较小的锁骨上三角。

一、枕三角

（一）境界

枕三角 occipital triangle 位于胸锁乳突肌后缘、斜方肌前缘与肩胛舌骨肌下腹上缘之间(图 2-21)。三角的浅面依次为皮肤、浅筋膜和封套筋膜;深面为椎前筋膜及其覆盖的前斜角肌、中斜角肌、后斜角肌、头夹肌和肩胛提肌。

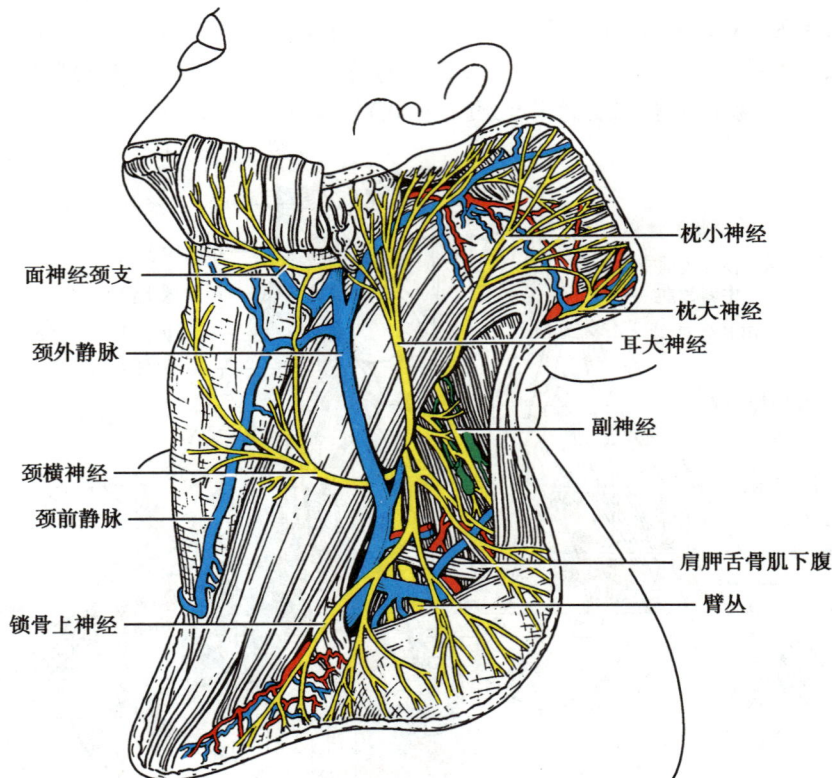

图 2-21   枕三角内容

（二）内容及其毗邻

1. **副神经** accessory nerve   自颈静脉孔出颅后,沿颈内静脉前外侧下行,经二腹肌后腹深面,在胸锁乳突肌上部的前缘穿入并发支支配该肌。其本干在胸锁乳突肌后缘上、中 1/3 交点处进入枕三角,有枕小神经勾绕,这是确定副神经的标志。在枕三角内,该神经沿肩胛提肌表面,经枕三角中份,向外下方斜行。此段位置表浅,周围有淋巴结排列,颈部淋巴结清除术时应避免损伤副神经。副神经自斜方肌前缘中、下 1/3 交界处进入该肌深面,并支配该肌(图 2-21)。

2. **颈丛和臂丛的分支**   颈丛皮支在胸锁乳突肌后缘中点处穿封套筋膜浅出(见图 2-4),分布于头、颈、胸前上部及肩上部的皮肤。臂丛分支有支配菱形肌的**肩胛背神经**,该神经位于副神经与臂丛上缘之间,略与副神经平行,但居椎前筋膜深面,可与副神经鉴别。此外,还有支配冈上肌、冈下肌的**肩胛上神经**,以及入腋区支配前锯肌的**胸长神经**等。

二、锁骨上三角

（一）境界

锁骨上三角 supraclavicular triangle 位于锁骨上方,在体表呈明显凹陷,故又名**锁骨上大窝** greater supraclavicular fossa,由胸锁乳突肌后缘、肩胛舌骨肌下腹和锁骨上缘中 1/3 围成(见图 2-1)。其浅面依次为皮肤、浅筋膜及封套筋膜;深面为斜角肌下份及椎前筋膜。

（二）内容及其毗邻

1. **锁骨下静脉** subclavian vein　于第 1 肋外侧缘续于腋静脉,有颈外静脉和肩胛背静脉注入。在该三角内,锁骨下静脉位于锁骨下动脉第 3 段的前下方;向内经膈神经和前斜角肌下端的前面,达胸膜顶前方;在前斜角肌内侧与颈内静脉汇合成头臂静脉,二者汇合处形成向外上开放的角,称为**静脉角** jugular angle。胸导管和右淋巴导管分别注入左、右静脉角(图 2-22)。

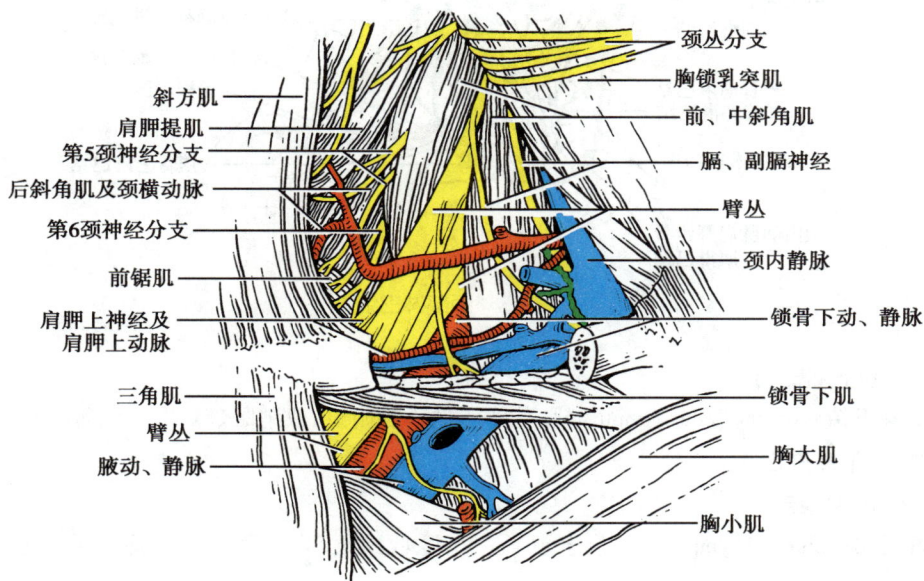

斜方肌
肩胛提肌
第5颈神经分支
后斜角肌及颈横动脉
第6颈神经分支
前锯肌
肩胛上神经及
肩胛上动脉
三角肌
臂丛
腋动、静脉

颈丛分支
胸锁乳突肌
前、中斜角肌
膈、副膈神经
臂丛
颈内静脉
锁骨下动、静脉
锁骨下肌
胸大肌
胸小肌

图 2-22　锁骨上三角内容

2. **锁骨下动脉** subclavian artery　经斜角肌间隙进入此三角,走向腋窝。位于三角内的是该动脉第 3 段,其下方为第 1 肋上面,后上方有臂丛,前下方为锁骨下静脉。在该三角内还可见该动脉的直接和间接的分支:肩胛背动脉、肩胛上动脉和颈横动脉,分别至斜方肌深面及肩胛区。

3. **臂丛** brachial plexus　由第 5～8 颈神经和第 1 胸神经前支的大部分组成臂丛的 5 个根,经斜角肌间隙进入此三角。臂丛在锁骨下动脉后上方合成 3 个干,各干再分为前、后两股。根、干、股组成臂丛锁骨上部,在锁骨中点上方,为锁骨上臂丛神经阻滞麻醉处。在三角内,臂丛发出肩胛背神经、肩胛上神经及胸长神经等。臂丛与锁骨下动脉均由椎前筋膜形成的筋膜鞘包绕,续于腋鞘(图 2-22)。

第六节　颈部淋巴引流

颈部淋巴结数目较多,除收纳头、颈部淋巴之外,还收集胸部及上肢的部分淋巴。

一、颈上部淋巴结

颈上部淋巴结沿头、颈交界处排列,位置表浅,分为 5 组(图 2-23)。

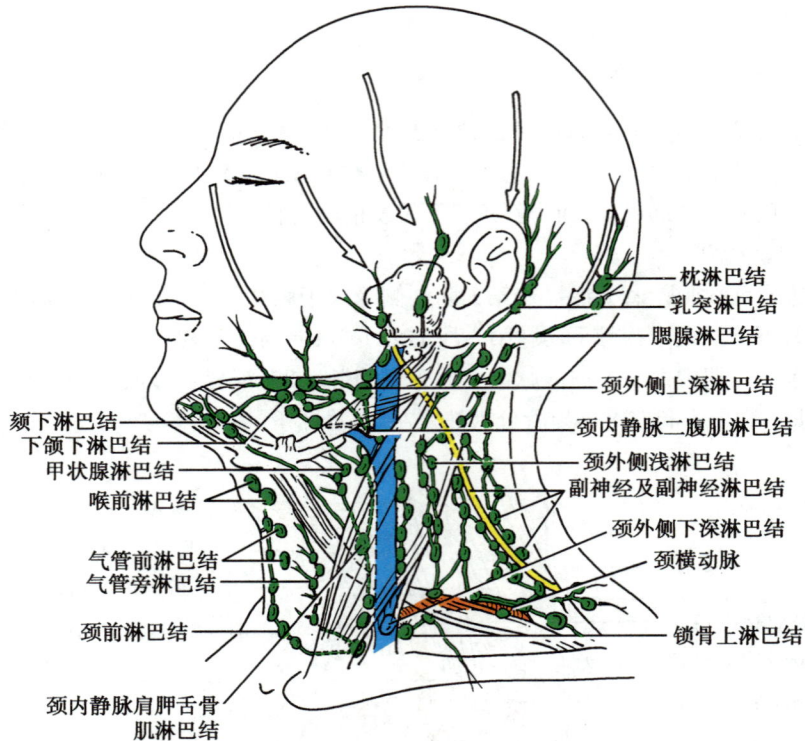

图 2-23   颈部淋巴结

（一）下颌下淋巴结

下颌下淋巴结 submandibular lymph node 位于下颌下腺附近，收纳眼、鼻、唇、牙、舌及口底的淋巴，汇入颈外侧上、下深淋巴结。

（二）颏下淋巴结

颏下淋巴结 submental lymph node 位于颏下三角内，收纳颏部、下唇中部、口底及舌尖等处的淋巴，注入下颌下淋巴结及颈内静脉二腹肌淋巴结。

（三）枕淋巴结

枕淋巴结 occipital lymph node 位于枕部皮下，斜方肌起点的浅面，收纳项部和枕部的淋巴，注入颈外侧浅、深淋巴结。

（四）乳突淋巴结

乳突淋巴结 mastoid lymph node 位于耳后，胸锁乳突肌上端浅面，收纳颞、顶、乳突区及耳郭的淋巴，注入颈外侧浅、深淋巴结。

（五）腮腺淋巴结

腮腺淋巴结 parotid lymph node 位于腮腺表面及实质内，收纳面部、耳郭、外耳道等处的淋巴，注入颈外侧浅淋巴结及颈深上淋巴结。

二、颈前区淋巴结

颈前区的淋巴结又称**颈前淋巴结** anterior cervical lymph node 位于颈前正中部，舌骨下方，两侧胸锁乳突肌和颈动脉鞘之间，分为颈前浅淋巴结及颈前深淋巴结。

（一）颈前浅淋巴结

颈前浅淋巴结 superficial anterior cervical lymph node 沿颈前静脉排列，收纳舌骨下区的浅淋巴，其输出管注入颈外侧下深淋巴结或锁骨上淋巴结。

（二）颈前深淋巴结

颈前深淋巴结deep anterior cervical lymph node 分布于喉、甲状腺和气管颈部的前方及两侧,包括喉前淋巴结、甲状腺淋巴结、气管前淋巴结和气管旁淋巴结,收集甲状腺、喉、气管颈部、食管颈部等处淋巴,其输出管注入颈外侧上、下深淋巴结(图 2-23)。

三、颈外侧区淋巴结

颈外侧区的淋巴结即**颈外侧淋巴结**lateral cervical lymph node,以颈筋膜浅层为界,分为浅、深两组。

（一）颈外侧浅淋巴结

颈外侧浅淋巴结superficial lateral cervical lymph node 沿颈外静脉排列,收纳腮腺、枕部及耳后部的淋巴,其输出管主要注入颈外侧深淋巴结上群。

（二）颈外侧深淋巴结

颈外侧深淋巴结deep lateral cervical lymph node 主要沿颈内静脉排列,上至颅底,下至颈根部,通常以肩胛舌骨肌和颈内静脉交叉点为界,分为颈外侧上深淋巴结和颈外侧下深淋巴结。

1. **颈外侧上深淋巴结**superior deep lateral cervical lymph node　位于胸锁乳突肌深面,排列在颈内静脉周围,收纳颈外侧浅淋巴结、腮腺淋巴结、下颌下及颏下淋巴结的输出管,并收纳喉、气管、食管、腭扁桃体及舌的淋巴,其输出管注入颈外侧下深淋巴结。该组淋巴结中位于二腹肌后腹与颈内静脉交角处者,称为**颈内静脉二腹肌淋巴结**jugulodigastric lymph node,又称**角淋巴结**,收纳鼻咽部、腭扁桃体及舌根部的淋巴,是鼻咽部、腭扁桃体及舌根部的癌转移较早累及的淋巴结群。在枕三角内沿副神经周围分布者,称为**副神经淋巴结**,收纳耳后的淋巴,其输出管注入颈外侧下深淋巴结,或直接注入颈干。

2. **颈外侧下深淋巴结**inferior deep lateral cervical lymph node　位于肩胛舌骨肌中间腱下方,排列于颈内静脉和颈横血管周围。其中位于颈内静脉与肩胛舌骨肌中间腱交角处的淋巴结称为**颈内静脉肩胛舌骨肌淋巴结**juguloomohyoid lymph node,收纳舌尖部的淋巴,舌尖部的癌首先转移至该淋巴结。

另有淋巴结沿颈横血管排列称为**锁骨上淋巴结**supraclavicular lymph node,主要收纳颈外侧上深淋巴结的输出管及气管的淋巴,成为头、颈淋巴结的总集合处。其输出管集合成颈干,左侧注入胸导管,右侧注入右淋巴导管或直接注入静脉角。在左颈根部,斜角肌前方的淋巴结称为 Virchow 淋巴结,食管下部癌或胃癌转移时,常累及该淋巴结,可在胸锁乳突肌后缘和锁骨上缘的交角处触到此肿大的淋巴结。

第七节　颈部解剖操作

一、解剖颈前区和胸锁乳突肌区

（一）切口

1. **体位**　取仰卧位,垫高肩部,使头部尽量后仰。

2. **摸认体表标志**　下颌骨下缘、下颌角、乳突、舌骨、甲状软骨和喉结(男性)、颈静脉切迹、锁骨和肩峰。

3. **切口（见图0-7）**

（1）从颏下中点向下做正中切口,至颈静脉切迹。

（2）自正中切口的上端向左、右沿下颌骨下缘切至乳突。

（3）从颈部正中切口的下端向左、右沿锁骨切至肩峰。

4. **皮片**　从正中切口的上端或下端提起皮片,逐渐向外侧翻起,显露颈阔肌。

（二）层次解剖

1. 颈部浅层

（1）解剖颈阔肌：观察颈阔肌的起止点和肌纤维走向后，横断该肌中部，并将断端向上、下翻起。此肌深面有颈丛皮支、面神经的颈支和下颌缘支、颈部的浅静脉和浅淋巴结，注意勿损伤这些结构。

（2）解剖颈前静脉：在颈部正中线两侧浅筋膜内寻找颈前静脉，向下追至其穿入深筋膜处。沿途可见颈前淋巴结，观察后清除之。

（3）解剖颈外静脉及颈丛皮支：在下颌角的后下方，从胸锁乳突肌表面分离出颈外静脉。此静脉下端在锁骨上方穿入深筋膜。沿该静脉向下可见颈外侧浅淋巴结，观察后清除。从胸锁乳突肌后缘中点处找出并修整从胸锁乳突肌表面上行的耳大神经；从该肌后缘深面行向后上的枕小神经；从胸锁乳突肌中份表面前行的颈横神经；向下跨越锁骨内侧端、中份和外侧的锁骨上神经的 3 个分支。

2. 舌骨上区

（1）解剖颏下三角：清除颏下深筋膜浅层及颏下淋巴结，辨认颏下三角的境界（左、右两侧二腹肌的前腹与舌骨体）及深面的下颌舌骨肌。

（2）解剖下颌下三角：修整二腹肌腹，确认下颌下三角的境界（二腹肌前、后腹和下颌骨下缘），切开深筋膜浅层形成的下颌下腺鞘，清除邻近的下颌下淋巴结，观察下颌下腺。

1）解剖面动脉：在下颌下腺与下颌骨之间找出面动脉，追踪至面部。在下颌下腺表面找出面静脉。

2）解剖下颌舌骨肌及神经：将下颌下腺翻向上，修整二腹肌后腹和茎突舌骨肌，紧贴下颌骨切断二腹肌的前腹，向后翻开。修整下颌舌骨肌，在该肌表面找出下颌舌骨肌神经。

3）解剖舌骨舌肌浅面的结构：紧贴舌骨切断下颌舌骨肌，翻向前方，显露并修整深面的舌骨舌肌。下颌下腺深部的前缘及舌骨舌肌表面找出下颌下腺管和舌神经。舌神经先位于下颌下腺管后上方，后向前经该管的外侧，勾绕该管至其内侧，分布于舌。沿二腹肌后腹下缘找出舌下神经，向后上追踪，寻找出颈袢上根。在舌骨大角上方与舌下神经之间，寻认舌动脉及其伴行的静脉。

3. 解剖舌骨下区和胸锁乳突肌区　清除舌骨下区浅筋膜，修整舌骨下肌群和胸锁乳突肌（保留颈部浅静脉和颈丛皮支）。

（1）解剖封套筋膜及颈静脉弓：清除浅筋膜，观察封套筋膜（颈深筋膜浅层），它环绕颈部，并形成胸锁乳突肌鞘、斜方肌鞘和下颌下腺鞘。在胸骨柄上方的胸骨上间隙内寻找连接左、右颈前静脉的颈静脉弓。

（2）解剖胸锁乳突肌：切断该肌的胸骨及锁骨上起点，翻向上。找出进入此肌的副神经和颈外动脉的分支，这些神经血管在此肌上份的深面进入该肌。副神经继续行向后下，进入颈外侧区，暂不进行解剖。

（3）解剖气管前筋膜及颈袢：修整舌骨下肌群，在各肌外侧缘筋膜中，剖出颈袢至各肌的分支。沿分支向上追踪颈袢至颈动脉鞘。平胸骨柄上缘切断胸骨舌骨肌，翻向上方。修整深层的胸骨甲状肌和甲状舌骨肌。切断胸骨甲状肌的下端并翻起，暴露甲状腺、喉和气管。观察气管前筋膜（颈深筋膜中层），它紧贴舌骨下肌群后面，覆于气管前方，并包裹甲状腺形成甲状腺鞘，即甲状腺假被膜。在颈动脉鞘前方找出颈袢的上、下二根。观察上根（来自颈 1 神经的前支）与舌下神经和下根（来自颈 2、3 神经的前支）的关系。

（4）解剖颈动脉鞘：纵向切开颈动脉鞘，辨认颈总动脉、颈内动脉、颈内静脉和迷走神经，注意观察它们的位置关系。解剖颈内静脉，仔细清理并观察该静脉下部的毗邻关系。观察颈内静脉与锁骨下静脉形成的静脉角，尽量寻认颈内静脉的各属支（面静脉、舌静脉、甲状腺上静脉、甲状腺中静脉），若影响对其他结构的观察，可解剖清除。在颈总动脉、颈内动脉和颈内静脉的后面寻找迷走神经。在喉的两侧查找喉上神经，追至迷走神经。

（5）解剖颈外侧深淋巴结：沿颈动脉鞘寻找颈深淋巴结群。该淋巴结群以肩胛舌骨肌中间腱为界,分为上、下两组。

(6)解剖颈动脉三角:清除舌骨下区深筋膜浅层,查看颈动脉三角的境界(胸锁乳突肌上份的前缘、肩胛舌骨肌上腹和二腹肌后腹)。

1)观察颈总动脉的分支:颈总动脉分为颈内动脉和颈外动脉,观察二者的位置关系。用手指触摸辨认颈总动脉末端和颈内动脉起始处的颈动脉窦。在颈内、外动脉分叉处的后方,尝试寻认颈动脉小球以及进入小球的神经(颈动脉窦支),向上修整颈内和颈外动脉。

2)解剖颈外动脉的分支及邻近的神经:从颈外动脉的起始部,向上依次寻找出甲状腺上动脉、舌动脉和面动脉。甲状腺上动脉走向前下,分布于喉和甲状腺;舌动脉在舌骨大角上方向前上,潜入口腔底部;面动脉通过二腹肌后腹与茎突舌骨肌深面入下颌下三角。在二腹肌后腹下方、颈外动脉和颈内动脉的浅面再次确认舌下神经,向前上经二腹肌后腹深面追至下颌下三角。

(7)解剖肌三角:辨认肌三角的境界(颈前正中线,胸锁乳突肌的前缘和肩胛舌骨肌的上腹)。

1)解剖甲状腺:清除颈深筋膜中层的筋膜,暴露出甲状腺。观察甲状腺侧叶、峡部和锥状叶。

2)解剖甲状腺中静脉及甲状腺上静脉:在甲状腺中部的两侧剖出甲状腺中静脉;在甲状腺上极附近剖出甲状腺上静脉。

3)解剖甲状腺侧叶上极的血管及神经:在甲状腺上极附近,剖出甲状腺上动脉及伴行的喉上神经喉外支。

4)解剖甲状腺下动脉及喉返神经:将甲状腺侧叶从后向前翻起,在甲状腺下极处寻认甲状腺下动脉,追至甲状颈干。在气管食管旁沟内找寻喉返神经,注意观察该神经与甲状腺下动脉的交叉关系。

5)解剖甲状腺被膜:在暴露甲状腺和邻近器官时,观察颈深筋膜中层包裹甲状腺形成的甲状腺鞘,即甲状腺假被膜。切开假被膜进入囊鞘间隙,再切开甲状腺的外膜(甲状腺真被膜或称纤维囊),即可暴露甲状腺实质。

6)观察甲状旁腺:在甲状腺侧叶后面上、下部的腺实质或结缔组织中,寻认上、下甲状旁腺。

二、解剖颈根部

(一)解剖椎动脉三角

用解剖刀离断胸锁关节,在锁骨中、外1/3交界处用锯锯断锁骨。紧贴其后分离锁骨下肌,取下断离的锁骨。清除颈外侧区深筋膜,观察椎动脉三角的境界(颈长肌外侧缘、前斜角肌内侧缘、锁骨下动脉第1段),确认三角内的结构:椎动脉、椎静脉和甲状腺下动脉。

(二)层次解剖

1. **解剖胸导管末端** 在左静脉角或颈内静脉末端仔细寻认胸导管。它横过颈动脉鞘后方,再转向前下,跨越左锁骨下动脉前方注入静脉角。其外形类似小静脉,壁薄呈串珠状外观,直径为1~5mm。经颈动脉鞘后方向内下追踪胸导管至胸廓上口。在右静脉角处仔细寻认右淋巴导管,其长度1.0~1.5cm,有时可缺如。寻找两导管时,注意辨认同侧的颈干、锁骨下干和支气管纵隔干。

2. **解剖迷走神经及右喉返神经** 右迷走神经经颈内静脉后方和锁骨下动脉第1段前方进入胸腔,发出右喉返神经勾绕锁骨下动脉走向后上,进入气管食管旁沟。左迷走神经经左颈总动脉和左锁骨下动脉之间进入胸腔。

3. **解剖锁骨上淋巴结及膈神经** 解剖位于锁骨上大窝内的锁骨上淋巴结。这些淋巴结沿颈内静脉和颈横血管排列,其输出管集合成颈干,左侧注入胸导管,右侧注入右淋巴导管或直接注入静脉角。位于左颈根部静脉角处的淋巴结称为Virchow淋巴结。追踪膈神经,可见其在锁骨下静脉后方、前斜角肌表面下行进入胸腔。

4. **解剖甲状颈干** 修整锁骨下动脉第1段,再次确认甲状颈干。找出甲状颈干分出的甲状腺下动脉、颈横动脉及肩胛上动脉。

5. 解剖椎动脉　在锁骨下动脉第 1 段甲状颈干内侧,确认椎动脉。它上行穿 6 个颈椎横突孔入颅。

6. 解剖胸廓内动脉　在锁骨下动脉第 1 段下壁与椎动脉起点相对处,找到胸廓内动脉,可见其下行进入胸腔。

7. 观察锁骨下动脉的行径与毗邻　在前斜角肌内侧,修整锁骨下动脉第 1 段。该段动脉的前方,右侧有右迷走神经,左侧有左膈神经;前下方有锁骨下静脉与其伴行;后方为胸膜顶。清理被前斜角肌覆盖的锁骨下动脉第 2 段。在前斜角肌的外侧修整锁骨下动脉第 3 段,臂丛的下干位于该段动脉的后方。在锁骨下动脉后方探查胸膜顶。

8. 解剖颈交感干　在颈动脉鞘的后方、迷走神经内侧寻找颈交感干。沿颈交感干向上、下清理,可剖出颈上和颈中神经节。颈上神经节呈梭形,较大易辨认;颈中神经节不明显。沿颈交感干向下追踪至胸膜顶后方,寻认颈下(星状)神经节。

三、解剖颈外侧区

(一)颈外侧区的境界

将胸锁乳突肌复位,观察由胸锁乳突肌后缘、斜方肌前缘和锁骨中 1/3 上缘围成的颈外侧区,该区被肩胛舌骨肌下腹分为枕三角和锁骨上三角。

(二)层次解剖

1. 解剖浅层结构　清除颈外侧区浅筋膜,在枕三角内清除封套筋膜,注意不要伤及其深面的副神经。

2. 解剖深层结构

(1)解剖副神经:副神经由胸锁乳突肌后缘上、中 1/3 交界处(一般在颈丛皮支穿出点上方)行向外下,至斜方肌前缘中、下 1/3 交界处进入斜方肌深面。修整副神经,并找出沿副神经分布的淋巴结。另外,在副神经下方约一指处有第 3、4 颈神经前支的分支与副神经并行,进入斜方肌深面,不需进行深入解剖。

(2)解剖颈丛:将颈内静脉和颈总动脉拉向内侧,清出颈丛的各神经根,再次确认其分支,即耳大神经、枕小神经、颈横神经、锁骨上神经。颈丛深面为肩胛提肌和中斜角肌,颈丛下方为前斜角肌。在前斜角肌表面找出膈神经,可见该神经从前斜角肌上份的外侧缘向内下沿该肌表面下进入胸腔。

(3)解剖臂丛及其分支:先确认颈 5 ～胸 1 神经的前支,即 5 个根,其中颈 5、颈 6 神经的前支合并形成上干,颈 7 神经的前支延续为中干,颈 8 神经的前支与胸 1 神经前支的一部分合并形成下干。各干向外下斜经锁骨上三角深部和锁骨后方进入腋窝。如腋窝内结构已完成解剖,则可沿各干向腋窝方向追寻,并辨认臂丛的完整形态。沿臂丛的上干或上干的后股找出肩胛上神经,沿第 5 颈神经根追寻肩胛背神经,以上两神经因向后分布至肩背部,故待肩背部解剖时再继续追寻。此外,在臂丛和中斜角肌之间寻找由第 5、6、7 颈神经根的分支形成的胸长神经,此神经在第 1 肋外侧缘跨越前锯肌上缘进入腋窝。

(4)解剖锁骨下静脉:清理锁骨下动脉前方的锁骨下静脉。该静脉沿前斜角肌前方向内侧与颈内静脉汇合成静脉角,末端收集颈外静脉。

(5)解剖锁骨下动脉:在前斜角肌内侧,清理锁骨下动脉第 1 段及其分支。在该段动脉的上壁,找出内侧的椎动脉和外侧的甲状颈干;在锁骨下动脉的下壁与椎动脉起点相对处找出胸廓内动脉;在锁骨下动脉后壁找出肋颈干;在斜角肌间隙内清理被前斜角肌覆盖的锁骨下动脉第 2 段;在前斜角肌的外侧,修整锁骨下动脉的第 3 段,此段可发出颈横动脉或肩胛上动脉。

(张卫光)

第八节　临床病例分析

病例 2-1

患者,女,58 岁。因颈部前方有一肿块,声音嘶哑,时常感觉呼吸困难、吞咽困难入院。体检显示甲状腺左侧有一个坚硬的肿块,随吞咽上下移动。B 超检查显示:甲状腺左叶有一结节。穿刺活检发现甲状腺癌细胞。治疗行甲状腺肿瘤切除术,术后患者出现说话声音嘶哑。

临床解剖学问题:

(1) 为什么甲状腺结节肿块随吞咽上下移动?

(2) 为何会影响呼吸、吞咽和发音?

(3) 甲状腺切除术中应注意避免损伤哪些结构? 为什么?

(4) 基于甲状腺淋巴回流,癌细胞可能转移到哪些淋巴结?

病例 2-2

患儿,女,4 岁。头总是歪向一侧。体格检查发现她的头歪向右侧,面略朝向左侧;胸锁乳突肌下部有可触及的一个肿块。

诊断:先天性肌性斜颈。

临床解剖学问题:

(1) 什么原因导致患者的歪头体征?

(2) 引起该肌异常的原因是什么?

(3) 如果这种肌性斜颈得不到治疗矫正,进而可能会导致什么结构异常?

病例 2-3

患者,男,58 岁。数月来吞咽困难,起初只是吞咽较硬食物时困难,但最近吞咽柔软的食物和液体也感到困难,近 2 个月体重明显减轻。体检发现颈部在其胸锁乳突肌前缘的深面有一个较大而固定的坚硬的肿块。肿块活检显示为食管颈部的恶性肿瘤,而且已经向食管周围组织转移。

临床解剖学问题:

(1) 吞咽困难的原因可能是什么?

(2) 食管颈部的淋巴引流方向是什么?

(3) 癌细胞可能浸润到食管周围的哪些组织? 会出现哪些症状?

病例 2-4

患者,男,52 岁。右侧颈部恶性肿瘤切除,同时行右侧颈部枕三角内的淋巴结根治术后。患者难以提右肩,脸转向左侧困难。

临床解剖学问题:

(1) 手术切除了什么淋巴结?

(2) 这些淋巴结的癌细胞继而会转移到什么淋巴结?

(3) 在手术切除淋巴结时可能损伤了什么神经?

病例 2-5

患者,男,25 岁。因晚餐吃鱼时突然咳嗽、呼吸急促,感觉鱼刺嵌顿在咽喉急诊入院。喉镜检查未发现鱼刺;内镜检查喉咽,医生找到了鱼刺并取出。

临床解剖学问题:

（1）鱼刺可能嵌顿在何处？

（2）如果鱼刺刺破黏膜可能损伤什么结构？损伤该结构的可能后果是什么？

病例 2-6

患者,男,27 岁。因右颈后外侧中间部割裂伤急诊入院。体格检查:伤口达斜方肌中部的前缘,患者感觉同侧颈前部皮肤麻木,头向左侧倾斜,用右手梳头困难。

临床解剖学问题:

（1）哪根血管可能受到了损伤？

（2）可能损伤了什么神经？这些神经的走行如何？

（3）为什么患者梳头困难及头向左侧倾斜？

病例 2-7

患者,男,66 岁。因其他原因造成气管严重水肿急诊入院,医生经检查认为需要紧急行气管切开术,以确保气道通畅。

临床解剖学问题:

（1）颈前部什么结构最可能被损伤进而引起呼吸困难？

（2）在何处做气管切开？

（3）解释气管切开术的切口层次。

（4）基于气管的位置、毗邻关系,气管切开术可能损伤什么结构？如何避免？

（夏蓉 李文生）

第三章　胸　　部

第一节　概　　述

胸部thorax 位于颈部与腹部之间,其上部两侧与上肢相连。胸部由胸壁、胸腔和胸腔内器官组成。胸廓和软组织构成胸壁,胸壁和膈围成胸腔。胸腔正中被纵隔占据,纵隔的两侧有肺及其表面的胸膜和胸膜腔。胸壁参与呼吸运动,胸腔内有呼吸系统和循环系统的主要器官。胸腔向上经胸廓上口与颈部相通,向下借膈与腹腔分隔。

一、境界与分区

（一）境界

胸部上界以颈静脉切迹、胸锁关节、锁骨上缘、肩峰和第 7 颈椎棘突的连线与颈部分界,下界以剑突、肋弓、第 11 肋前端、第 12 肋下缘和第 12 胸椎棘突的连线与腹部分界,两侧上部以三角肌前后缘与上肢分界。由于膈呈穹窿状,故胸部表面的界线比胸腔的真正范围要大。肝、脾和肾等腹腔器官位于胸壁下部的深面,故胸壁外伤时可累及这些器官。胸膜顶、肺尖和小儿胸腺向上突入颈根部,故在颈根部手术、臂丛麻醉时应注意保护这些结构和器官。

（二）分区

1. **胸壁**　每侧胸壁分为胸前区、胸外侧区和胸背区。胸前区位于前正中线和腋前线之间,胸外侧区位于腋前线和腋后线之间,胸背区位于腋后线和后正中线之间。胸背区的层次结构见第六章。

2. **胸腔**　分为中部和左、右部。中部被纵隔占据,左、右部容纳肺、胸膜和胸膜腔等。

二、表面解剖

（一）体表标志

1. **颈静脉切迹**jugular notch　随着个体的发育,胸骨的高度逐渐下降。成人男性的颈静脉切迹平第 2 胸椎体下缘,女性平第 3 胸椎体上缘。

2. **胸骨角**sternal angle　胸骨角两侧连第 2 肋软骨,是计数肋和肋间隙的标志。经胸骨角的横断面与主动脉弓和升、降主动脉的分界处、气管杈、左主支气管和食管交叉处以及第 4 胸椎体下缘的横断面一致。

3. **剑突**xiphoid process　剑突的形状变化较大。剑突尖约平第 10 胸椎体下缘。

4. **锁骨**clavicle　锁骨的全长可触及。**锁骨下窝**infraclavicular fossa 位于锁骨中、外 1/3 交界处的下方,其深方有腋血管和臂丛通过。在锁骨下窝的稍外侧和锁骨下方一横指处可摸到**喙突**coracoid process。

5. **肋**rib 和**肋间隙**intercostal space　第 1 肋的大部分位于锁骨的后方,故难以触及。肋和肋间隙是胸部和腹部上区器官的定位标志。

6. **肋弓**costal arch　肋弓是肝、胆囊和脾的触诊标志。两侧肋弓和剑胸结合构成**胸骨下角**infrasternal angle,为 70°～110°。剑突与肋弓构成**剑肋角**xiphocostal angle,左侧剑肋角是心包穿刺常用的进针部位。

7. **乳头**nipple　男性乳头位于锁骨中线与第 4 肋间隙相交处,女性乳头的位置变化较大。

（二）标志线

胸部标志线如图 3-1 所示。

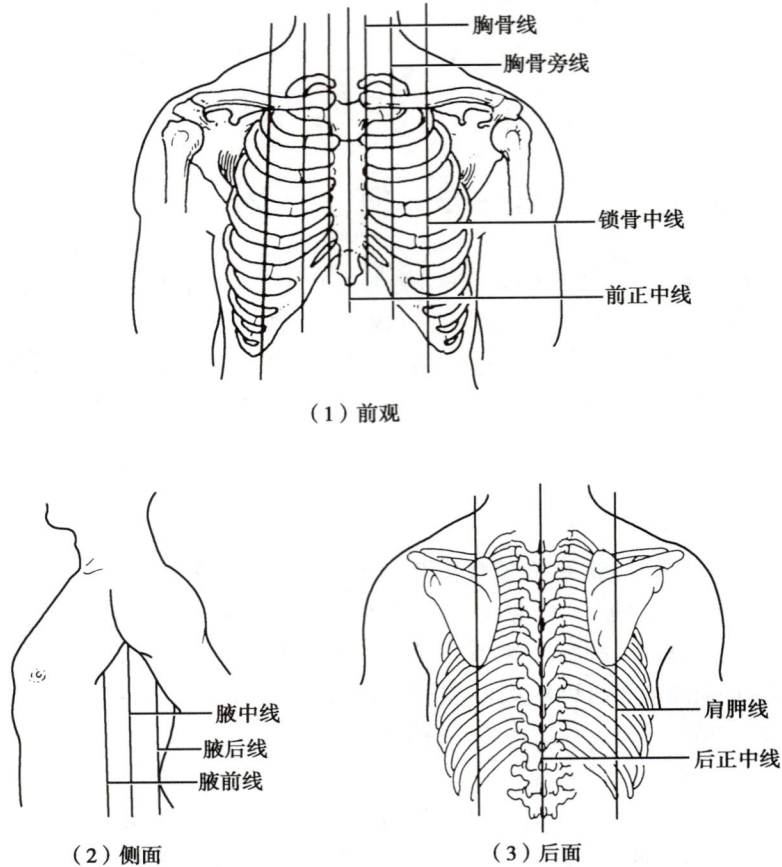

胸骨线

胸骨旁线

锁骨中线

前正中线

（1）前观

腋中线
腋后线
腋前线

（2）侧面

肩胛线

后正中线

（3）后面

图 3-1   胸部标志线

1. 前正中线 anterior median line   经胸骨正中所作的垂直线。
2. 胸骨线 sternal line   经胸骨外侧缘最宽处所作的垂直线。
3. 锁骨中线 midclavicular line   经锁骨中点所作的垂直线。
4. 胸骨旁线 parasternal line   经胸骨线和锁骨中线之间的中点所作的垂直线。
5. 腋前线 anterior axillary line   经腋前襞与胸壁相交处所作的垂直线。
6. 腋后线 posterior axillary line   经腋后襞与胸壁相交处所作的垂直线。
7. 腋中线 midaxillary line   经腋前线和腋后线之间的中点所作的垂直线。
8. 肩胛线 scapular line   两臂下垂时经肩胛下角所作的垂直线。
9. 后正中线 posterior median line   沿胸椎棘突尖所作的垂直线。

第二节 胸   壁

胸壁由皮肤、浅筋膜、深筋膜、胸廓外肌层、胸廓和肋间肌以及胸内筋膜等构成。胸膜腔的手术入路须切开皮肤、浅筋膜、深筋膜、胸廓外肌层、肋间肌、分离或切断肋骨、切开胸内筋膜和壁胸膜。

一、浅层结构

（一）皮肤

胸前区和胸外侧区的皮肤较薄,尤其是胸骨前面和乳头的皮肤。除胸骨前面的皮肤外,胸部其余部位的皮肤有较大的活动性。

（二）浅筋膜

胸部的浅筋膜与颈部、腹部和上肢的浅筋膜相续,胸骨前面较薄,其余部分较厚。浅筋膜内含浅血管、淋巴管、皮神经和乳腺。

1. 浅血管（图 3-2）

（1）动脉:胸廓内动脉的穿支在距胸骨外侧缘约 1cm 处穿出,分布于胸前区内侧部。肋间后动脉的外侧穿支与肋间神经的外侧皮支伴行分布。胸肩峰动脉和胸外侧动脉的分支也分布于胸壁。在女性,胸廓内动脉的第 2~6 穿支和第 3~7 肋间后动脉的穿支还分布于乳房。

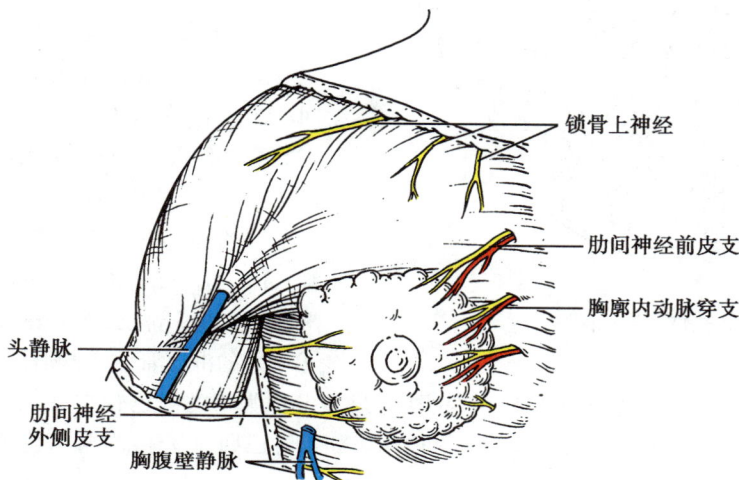

图 3-2　胸前、外侧区的浅血管和皮神经

（2）静脉:**胸腹壁静脉** thoracoepigastric vein 起自脐周静脉网,行向外上方,在胸外侧区上部汇合成**胸外侧静脉** lateral thoracic vein,收集腹壁上部和胸壁浅层结构的静脉血,注入腋静脉。与胸廓内动脉和肋间后动脉的穿支伴行的静脉分别注入胸廓内静脉和肋间后静脉。

2. 皮神经（图 3-2）　胸前、外侧区的皮神经来自颈丛和肋间神经。

（1）**锁骨上神经** supraclavicular nerve:来源于颈丛,有 2~4 支,分内侧、中间、外侧支,分布于胸前区上部的皮肤。

（2）肋间神经的外侧皮支和前皮支:肋间神经在腋前线附近发出外侧皮支,分布于胸外侧区和胸前区外侧部的皮肤。近胸骨外侧缘处肋间神经发出前皮支,分布于胸前区内侧部的皮肤。第 4~6 肋间神经的外侧皮支和第 2~4 肋间神经的前皮支还分布于女性乳房。肋间神经的皮支呈节段性分布:第 2 肋间神经的皮支分布于胸骨角平面,第 4 肋间神经分布于男性乳头平面,第 6 肋间神经分布于剑突平面,第 8 肋间神经分布于肋弓平面,第 10 肋间神经分布于脐平面,肋下神经分布于髂前上棘平面。临床上根据肋间神经皮支的分布特点,测定麻醉平面和诊断脊髓损伤的节段。

（三）乳房

1. 位置　**乳房** breast 是皮肤特殊分化的器官。小儿和男性的乳房不发达。女性乳房位于胸肌筋膜前面,胸骨旁线与腋中线之间,平第 2~6 肋。乳房与胸肌筋膜之间的间隙称**乳房后间隙** retromammary space,内有疏松结缔组织和淋巴管(图 3-3),因此乳房可轻度移动。乳腺癌时,常因瘤组织向深层浸润,致乳房后间隙消失,乳房的活动度也随着减小或消失。

2. 形态结构　乳房由皮肤、纤维组织、脂肪组织和乳腺构成(图 3-3)。女性乳房的大小和形态变化较大。乳房表面中央有乳头,乳头周围色泽较深的环行区称**乳晕** areola of breast。**乳腺** mammary gland 被结缔组织分隔为 15~20 个乳腺叶,每个乳腺叶又分为若干个乳腺小叶。每个乳腺叶有一输

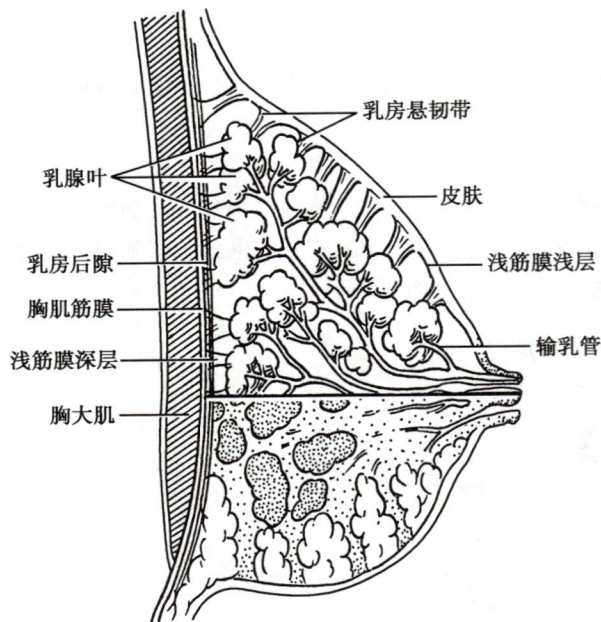

图 3-3　女性乳房（矢状面）

乳管,末端开口于乳头。乳腺叶和输乳管以乳头为中心呈放射状排列,故乳房脓肿切开引流时应作放射状切口,以免损伤输乳管。乳房结缔组织中有许多纤维束,两端分别附着于皮肤和胸肌筋膜,称**乳房悬韧带** suspensory ligament of breast 或 Cooper 韧带。乳腺癌时,淋巴回流受阻引起乳房水肿,同时乳腺癌局部的纤维组织增生,乳房悬韧带相对变短,使皮肤形成许多小凹陷,临床上称"橘皮样变"。

3. **淋巴引流**　乳房的淋巴管丰富,分为浅、深两组,两组之间存在吻合或交通。淋巴回流主要注入腋淋巴结。引流方向主要有:①乳房外侧部和中央部的淋巴管注入胸肌间淋巴结,这是乳房淋巴回流的主要途径;②乳房上部的淋巴管注入尖淋巴结和锁骨上淋巴结;③乳房内侧部的一部分淋巴管注入胸骨旁淋巴结,另一部分与对侧乳房淋巴管吻合;④深部的淋巴管注入胸肌淋巴结或尖淋巴结;⑤乳房内下部的淋巴管注入膈上淋巴结前组,并通过腹壁和膈下的淋巴管与肝淋巴管交通。乳腺癌发生淋巴转移时,可侵犯腋淋巴结和胸骨旁淋巴结。如果淋巴回流受阻,肿瘤细胞可转移至对侧乳房或肝(图3-4)。

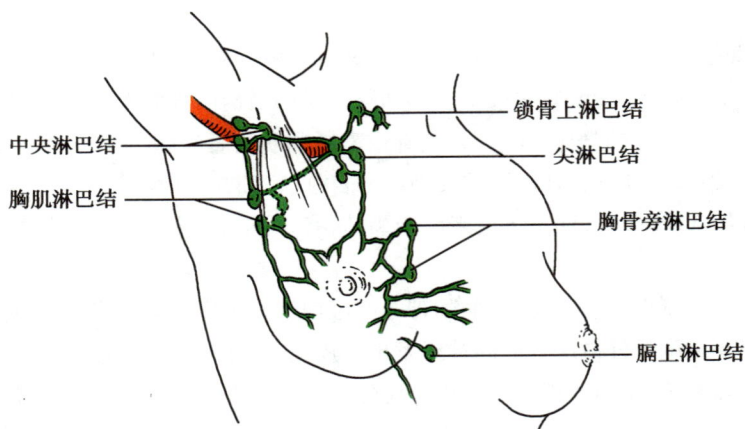

图 3-4　乳房的淋巴引流

二、深层结构

（一）深筋膜

胸壁深筋膜分为浅、深两层(图3-5)。

1. **浅层**　浅层较薄弱,覆盖于胸大肌和前锯肌表面,向上附着于锁骨,向下接腹外斜肌表面的筋膜,内侧附着于胸骨,向后与胸背区的深筋膜相续。

2. **深层**　深层位于胸大肌深面,向上附着于锁骨,包绕锁骨下肌和胸小肌,在胸小肌下缘与浅层汇合,并与腋筋膜相续。位于喙突、锁骨下肌和胸小肌之间的筋膜称**锁胸筋膜** clavipectoral fascia。胸肩峰动脉的分支和胸外侧神经穿出该筋膜,分布于胸大、小肌。头静脉和淋巴管穿该筋膜分别注入腋

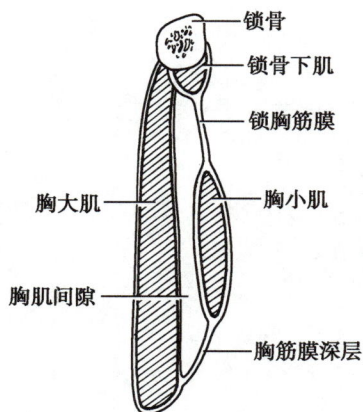

图 3-5　胸前区深筋膜

静脉和腋淋巴结。手术切开锁胸筋膜时应注意保护胸外侧神经和头静脉。

（二）胸廓外肌层

胸廓外肌层包括胸上肢肌和部分腹肌。浅层有**胸大肌** pectoralis major、腹直肌和腹外斜肌的上部，深层有**锁骨下肌** subclavius、**胸小肌** pectoralis minor 和**前锯肌** serratus anterior。胸大肌和胸小肌之间的间隙称**胸肌间隙** interpectoral space，内含疏松结缔组织和 2～3 个**胸肌间淋巴结** interpectoral lymph node。胸肌间淋巴结接受胸大、小肌和乳腺深部的淋巴管，其输出淋巴管注入尖淋巴结。胸大肌较宽大，且位置表浅，故常用胸大肌填充胸部残腔或修补胸壁缺损。

（三）胸廓和肋间隙

胸廓 thoracic cage 除保护和支持胸腹腔器官外，主要参与呼吸运动。胸廓的形状有明显的个体差异，与年龄、性别和健康情况等因素有关。在严重肺气肿的患者，胸廓前后径显著增大而形成桶状胸。佝偻病儿童因缺钙致骨易变形，胸廓前后径增大，胸骨明显突出，形成"鸡胸"。

肋间隙内有肋间肌、肋间血管、神经和结缔组织等。

肋间外肌 intercostales externi 起自上位肋骨下缘，肌束斜向前下，止于下位肋骨的上缘，在肋骨前端处向前续为**肋间外膜** external intercostal membrane。

肋间内肌 intercostales interni 位于肋间外肌的深面，起自下位肋骨的上缘，肌束自后下斜向前上，止于上位肋骨下缘。在肋角处向后续为**肋间内膜** internal intercostal membrane。

肋间最内肌 intercostales intimi 位于肋间隙的中份，肌束方向与肋间内肌相同。肋间内肌和肋间最内肌之间有肋间血管、神经通过。

肋间后动脉 posterior intercostal artery 和**肋间后静脉** posterior intercostal vein 与**肋间神经** intercostal nerve 伴行（图 3-6，图 3-7）。肋颈干发出的最上肋间动脉分布于第 1、2 肋间隙，肋间后动脉分布于第 3～11 肋间隙。肋间神经共 11 对。第 2 肋间神经外侧皮支的后支较粗大，称**肋间臂神经** intercostobrachial nerve，该神经斜穿腋窝底至臂上部内侧，分布于腋窝底和臂上部内侧的皮肤。下 5 对肋间神经和肋下神经自胸壁进入腹壁，分布于腹肌的前外侧群和腹壁皮肤，故在肋弓附近手术时应注意保护这些神经。

肋间后动脉和肋间神经的主干和在肋角处发出的下支分别沿肋沟和下位肋上缘前行。在肋沟

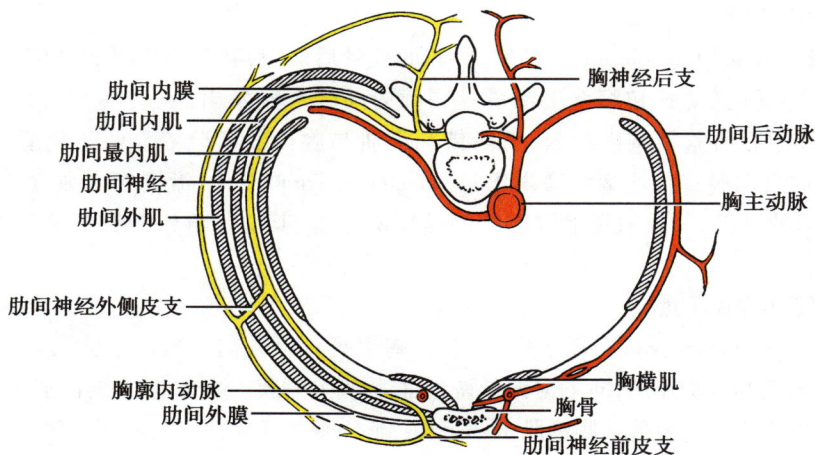

图 3-6　肋间后动脉和肋间神经

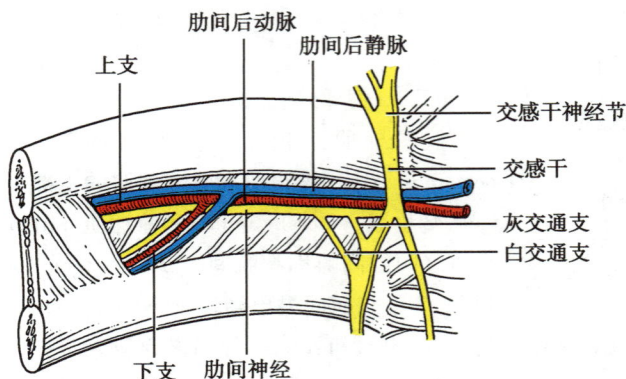

图 3-7　肋间后血管、肋间神经和胸交感干

处,血管神经的排列顺序自上而下为静脉、动脉和神经。根据肋间血管神经的行程,常在肩胛线或腋后线第 7、8 肋间隙,下一肋上缘偏中部作胸膜腔穿刺,以免损伤肋间血管神经(图 3-8)。位于肋角内侧的**肋间淋巴结** intercostal lymph node 后组较恒定,其输出淋巴管注入胸导管。

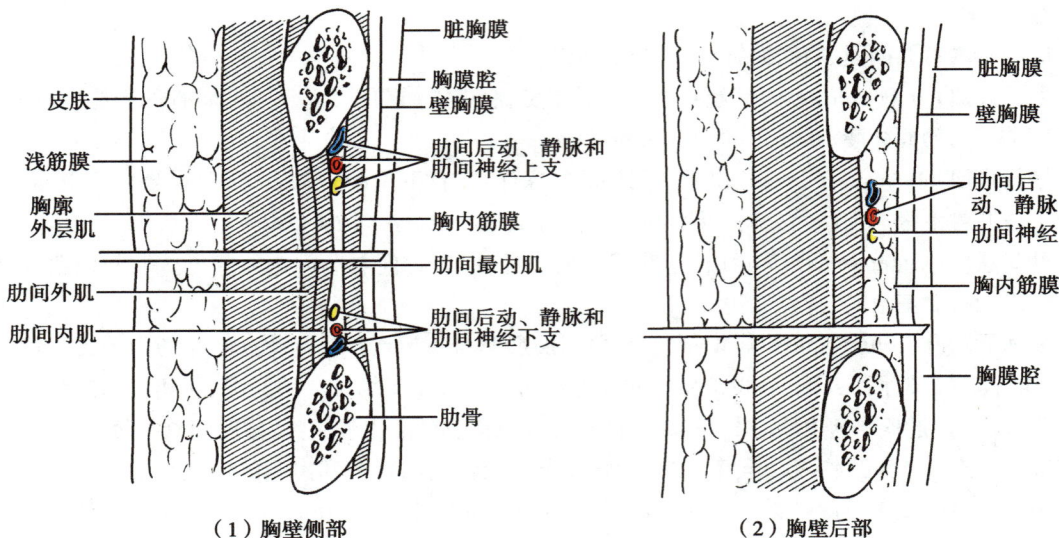

（1）胸壁侧部　　　　　　（2）胸壁后部

图 3-8　胸壁层次及胸膜腔穿刺部位

（四）胸廓内血管

胸廓内动脉 internal thoracic artery 贴第 1~6 肋软骨后面,沿胸骨外侧缘的外侧约 1.5cm 下行,至第 6 肋间隙分为肌膈动脉和腹壁上动脉。胸廓内动脉上段发出的心包膈动脉与膈神经伴行。胸廓内动脉上段的后面紧贴胸内筋膜,下段借胸横肌与胸内筋膜分隔。两条胸廓内静脉 internal thoracic vein 与同名动脉伴行。**胸骨旁淋巴结** parasternal lymph node 沿胸廓内血管排列,引流腹前壁和乳房内侧部的淋巴,并收纳膈上淋巴结的输出淋巴管,其输出淋巴管参与合成支气管纵隔干(图 3-9)。

（五）胸横肌和胸内筋膜

胸内筋膜 endothoracic fascia 衬托于胸廓(包括胸横肌)内面,向上覆盖于胸膜顶上面,称胸膜上膜,对胸膜顶有固定和保护作用;向下覆盖于膈上面,称膈上筋膜。胸骨、肋和肋间肌内面的胸内筋膜较厚,脊柱两侧的胸内筋膜较薄。**胸横肌** transversus thoracis 位于胸前壁的内面。起自胸骨下部,纤维向上外,止于第 2~6 肋的内面,主要是降肋助呼气作用。

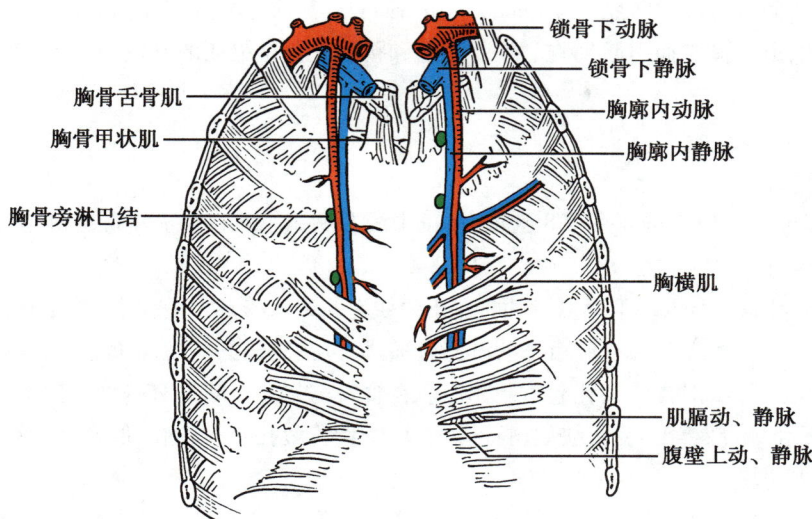

图 3-9 胸廓内血管和胸骨旁淋巴结

第三节 膈

一、位置和分部

（一）位置

膈 diaphragm（图 3-10）呈穹窿状，位于胸、腹腔之间，封闭胸廓下口。中央部较平坦，两侧隆凸。右侧隆凸比左侧高，最高点达第 5 肋间隙。膈的位置因年龄、体位、呼吸和腹腔器官充盈状态的不同而有所变化。小儿膈的位置较高，老人较低。坐立时膈的位置较低，仰卧时腹腔器官推向胸腔，膈的位置升高。膈的上面与胸膜腔、肺和心包腔相邻，下面与肝、胃和脾相邻。

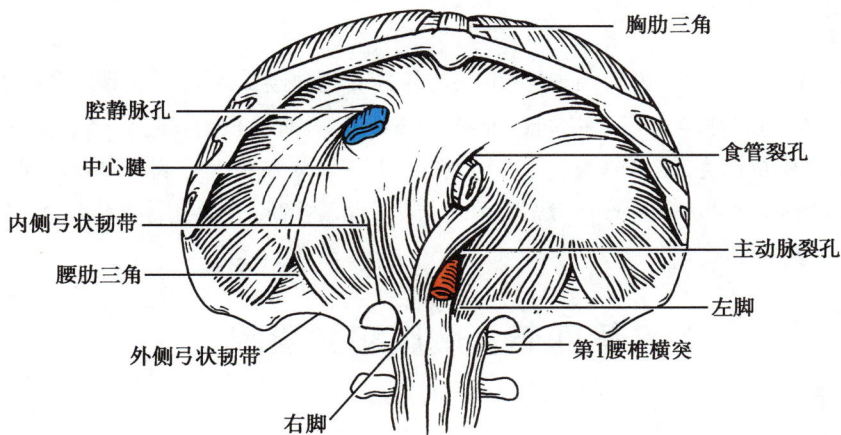

图 3-10 膈

（二）分部

膈的中央为腱膜部分，称**中心腱** central tendon，呈三叶状；周围为肌性部分，分为胸骨部、肋部和腰部；胸骨部起自剑突后面，肋部起自下 6 肋，腰部的内侧肌束以**左脚** left crus 和**右脚** right crus 起自上 2～3 个腰椎体，外侧肌束起自内侧弓状韧带和外侧弓状韧带。各部肌束止于中心腱。肌性部分的各部相邻处缺乏肌纤维，上面覆以膈上筋膜和膈胸膜，下面覆以膈下筋膜和腹膜，形成膈的薄弱区，如位于胸骨部和肋部之间的**胸肋三角** sternocostal triangle，有腹壁上血管以及来自腹壁和肝上面的淋巴管通过;位于腰部和肋部之间的**腰肋三角**lumbocostal triangle,其前方与肾相邻,后方有肋膈隐窝,故肾手术时应特别注意,以免撕破而引起气胸。胸肋三角和腰肋三角是膈疝的好发部位。

二、裂孔

（一）腔静脉孔

腔静脉孔vena caval foramen 平第8胸椎,在正中线右侧2~3cm处,有下腔静脉通过。

（二）食管裂孔

食管裂孔esophageal hiatus 平第10胸椎,在正中线左侧2~3cm处,有食管、迷走神经前干、迷走神经后干、胃左血管的食管支和来自肝后部的淋巴管通过,也是膈疝的好发部位之一。膈右脚的部分肌纤维围绕食管形成肌环,对食管裂孔起钳制作用。在食管与裂孔之间连有膈食管韧带,有固定食管的作用。若该肌环和韧带发育不良或缺如,腹部器官可经食管裂孔突入胸腔,形成食管裂孔疝。

（三）主动脉裂孔

主动脉裂孔aortic hiatus 在膈左、右脚和脊柱之间,平第12胸椎,正中线稍偏左侧,有主动脉、胸导管和来自胸壁的淋巴管通过。奇静脉和半奇静脉也可通过主动脉裂孔。

三、膈的血管、淋巴引流和神经

（一）血管

膈的血液供应来自心包膈动脉、肌膈动脉、膈上动脉、下位肋间后动脉的分支和膈下动脉。伴行静脉注入胸廓内静脉、肋间后静脉和下腔静脉等。

（二）淋巴引流

膈的淋巴管注入膈上、下淋巴结。**膈上淋巴结**superior phrenic lymph node 分为前、中、后群,分别位于剑突后方、膈神经入膈处和主动脉裂孔附近,引流膈、壁胸膜、心包和肝上面的淋巴,其输出淋巴管注入胸骨旁淋巴结和纵隔前、后淋巴结。**膈下淋巴结**inferior phrenic lymph node 沿膈下动脉排列,引流膈下面后部的淋巴,其输出淋巴管注入腰淋巴结。

（三）神经

膈的中央部分由颈部肌节发育而来,故由颈丛的分支膈神经支配。其余部分由胸下部肌节发育而来,受下6~7对肋间神经支配。**膈神经**phrenic nerve(C$_{3-5}$前支)起自颈丛,经锁骨下动、静脉之间进入胸腔,继而经肺根前方,于纵隔胸膜与心包之间下行至膈。膈神经受刺激时可出现呃逆。

副膈神经accessory phrenic nerve 在膈神经的外侧下行,达胸腔上部与膈神经汇合。国人副膈神经的出现率为48%左右。

第四节　胸膜和胸膜腔

一、胸膜

胸膜pleura 分为脏胸膜和壁胸膜。**脏胸膜**visceral pleura 被覆于肺的表面,与肺紧密结合。**壁胸膜**parietal pleura 贴附于胸内筋膜内面、膈上面和纵隔侧面,故根据附着部位的不同将其分为**肋胸膜**costal pleura、**膈胸膜**diaphragmatic pleura、**纵隔胸膜**mediastinal pleura 和**胸膜顶**cupula of pleura 四部分。胸膜顶高出锁骨内侧1/3上方2~3cm。其上面的胸内筋膜对胸膜顶起固定作用。壁胸膜与胸内筋膜之间有疏松结缔组织,脊柱两旁较发达,两层膜易于分离。行肺切除术时,若脏胸膜与壁胸膜粘连,可将壁胸膜与胸内筋膜分离,将肺连同壁胸膜一起切除。

脏胸膜和壁胸膜在肺根下方相互移行的双层胸膜构成**肺韧带**pulmonary ligament。肺韧带连于肺与纵隔之间,呈额状位,有固定肺的作用。

二、胸膜腔

脏胸膜与壁胸膜之间形成的潜在性间隙,称**胸膜腔**pleural cavity。胸膜腔左右各一,为负压,含有少量浆液。当气胸、胸膜腔积液或胸膜粘连时,会影响呼吸功能。

在某些部位,壁胸膜互相反折形成的胸膜腔称**胸膜隐窝**pleural recess,其特点是即使深吸气,肺也不能深入其间。肋胸膜与膈胸膜转折形成半环形的**肋膈隐窝**costodiaphragmatic recess,在平静呼吸时的深度约为5cm,是胸膜腔的最低部位,胸膜腔积液首先积聚于此。在肺前缘的前方,肋胸膜与纵隔胸膜转折形成**肋纵隔隐窝**costomediastinal recess。由于左肺心切迹的存在,故左侧肋纵隔隐窝较右侧大。

三、胸膜反折线的体表投影

肋胸膜与膈胸膜的反折线为胸膜下界,与纵隔胸膜前缘和后缘的反折线分别为胸膜前界和胸膜后界(图3-11)。胸膜前界和胸膜下界有较重要的临床意义,心包穿刺、胸骨劈开、前纵隔手术和肾手术时,应注意不要损伤胸膜。

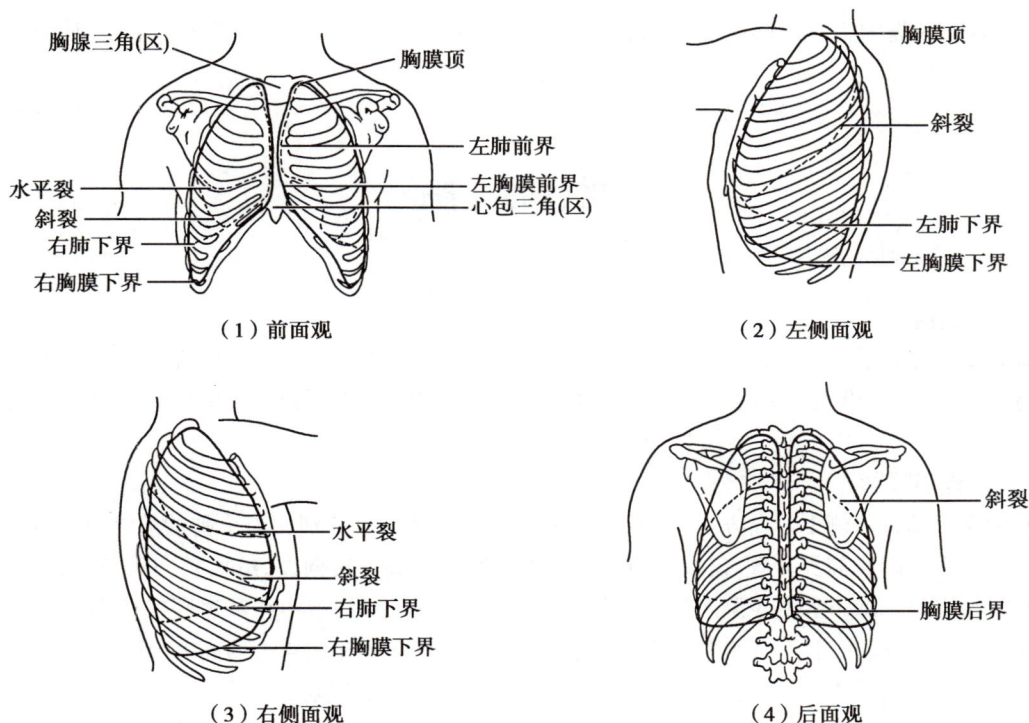

图3-11 胸膜和肺的体表投影

(一)胸膜前界

两侧胸膜前界自锁骨内侧1/3上方2~3cm处向内下方经胸锁关节后面,至第2胸肋关节高度两侧靠拢,继而于正中线偏外侧垂直向下。左侧至第4胸肋关节高度斜向外下,沿胸骨外侧2~2.5cm下行,达第6肋软骨中点处移行为下界。右侧至第6胸肋关节高度移行为下界,跨过右剑肋角者约占1/3,故心包穿刺部位以左剑肋角处较为安全。两侧胸膜前界在第2~4胸肋关节高度靠拢,上段和下段彼此分开,形成上、下两个三角形无胸膜覆盖区。上区称胸腺区,内有胸腺,但成人的胸腺已经被结缔组织代替;下区称心包区,内有心包和心。两侧胸膜前界可相互重叠,出现率约为26%,老年人可达39.5%。开胸手术时应注意这种情况,以免引起两侧气胸。

(二)胸膜下界

左侧起自第6肋软骨中点处,右侧起自第6胸肋关节后方,斜向外下方。左右侧在锁骨中线、腋中线和肩胛线分别与第 8、10 和 11 肋相交,在后正中线两侧平第 12 胸椎棘突。右侧胸膜下界比左侧略高。

四、胸膜的血管、淋巴引流和神经

(一) 血管

脏胸膜的血液供应主要来自支气管动脉的分支,壁胸膜的血液供应主要来自肋间后动脉、胸廓内动脉和心包膈动脉的分支。静脉与动脉伴行,最终注入上腔静脉和肺静脉。

(二) 淋巴引流

脏胸膜的淋巴管与肺的淋巴管吻合,注入支气管肺淋巴结。壁胸膜的淋巴管注入胸骨旁淋巴结、肋间淋巴结、腋淋巴结、膈上淋巴结和纵隔淋巴结。

(三) 神经

脏胸膜由肺丛的内脏感觉神经分布,对触摸和冷热等刺激不敏感,但对牵拉刺激敏感。壁胸膜由脊神经的躯体感觉神经分布,对机械性刺激敏感,外伤或炎症时可引起剧烈疼痛。肋间神经分布于肋胸膜和膈胸膜周围部,该处胸膜受刺激时疼痛沿肋间神经向胸壁和腹壁放射。膈神经分布于胸膜顶、纵隔胸膜和膈胸膜中央部,该处胸膜受刺激时引起的颈肩部牵涉性疼痛对于疾病的诊断有重要意义。

(李文生)

第五节 肺

一、位置和体表投影

(一) 位置

肺 lung 位于胸腔内、纵隔两侧,借肺根和肺韧带与纵隔相连,左右各一。肺的肋面、膈面和纵隔面分别对向胸壁、膈和纵隔。**肺尖** apex of lung 上方覆以胸膜顶,突入颈根部。**肺底** base of lung 隔膈与腹腔器官相邻。

(二) 体表投影

肺尖高出锁骨内侧 1/3 上方 2~3cm。肺的前界、后界和下界分别相当于肺的前缘、后缘和下缘。肺的前界几乎与胸膜前界一致,仅左肺前界在第 4 胸肋关节高度转向左,继而转向下,至第 6 肋软骨中点移行为下界。肺下界高于胸膜下界;平静呼吸时,在锁骨中线、腋中线和肩胛线分别与第 6、8、10 肋相交,在后正中线平对第 10 胸椎棘突(见图 3-11);小儿肺下界比成年人约高 1 个肋。

肺根前方平对第 2~4 肋间隙前端,后方平第 4~6 胸椎棘突高度。

二、结构

(一) 肺叶

左肺被**斜裂** oblique fissure 分为上、下两叶,右肺被斜裂和**水平裂** horizontal fissure 分为上、中、下三叶(图 3-12)。有个体的肺裂不完全,也可出现额外的肺裂和肺叶。

(二) 肺门和肺根

肺门 hilum of lung 位于肺纵隔面的中部,为主支气管、肺动脉、肺静脉、支气管动脉、支气管静脉、淋巴管和神经出入的部位,又称第一肺门。各肺叶的叶支气管和肺血管的分支或属支等结构出入肺叶的部位,称第二肺门。**支气管肺门淋巴结** bronchopulmonary lymph node 位于肺门处,一般呈黑色。肺结核或肿瘤引起支气管肺门淋巴结肿大时,可压迫支气管,严重时引起肺不张。

肺根 root of lung 为出入肺门的结构被胸膜包绕而形成。肺根内结构的排列自前向后为上肺静脉、肺动脉、主支气管和下肺静脉。自上而下,左肺根内结构的排列为左肺动脉、左主支气管、左上肺

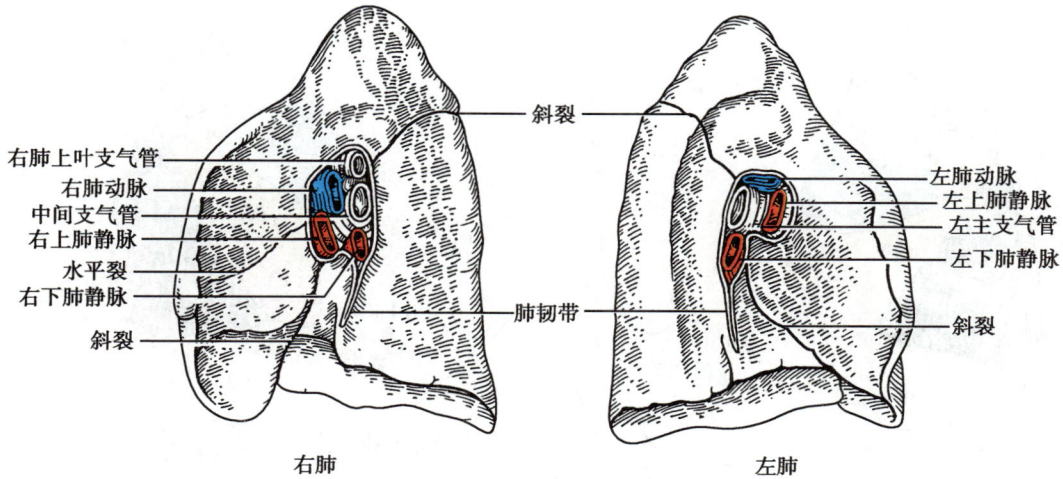

图 3-12　肺根结构

静脉和左下肺静脉；右肺根为右肺上叶支气管、右肺动脉、中间支气管和右下肺静脉(图 3-12)。两肺根的前方有膈神经和心包膈血管，后方有迷走神经，下方为肺韧带。右肺根后上方有奇静脉弓勾绕，前方有上腔静脉、部分心包和右心房；左肺根上方有主动脉弓跨过，后方为胸主动脉。肺手术处理肺根时应注意保护肺根的毗邻结构，尤以肺静脉的位置最低，手术切断肺韧带时要注意保护肺静脉。

(三) 支气管肺段

每一**肺段支气管** segmental bronchus 及其分支分布的肺组织称**支气管肺段** bronchopulmonary segment，简称肺段。肺段呈圆锥形，底位于肺表面，尖朝向肺门。肺段之间含有少量结缔组织和段间静脉，是肺段切除的标志(图 3-13)。右肺有 10 个肺段：上叶 3 段、中叶 2 段、下叶 5 段。左肺由于尖段支气管与后段支气管、内侧底段支气管与前底段支气管常出现共干，相应出现尖后段和内侧前底段，故只有 8 个肺段(图 3-14)。

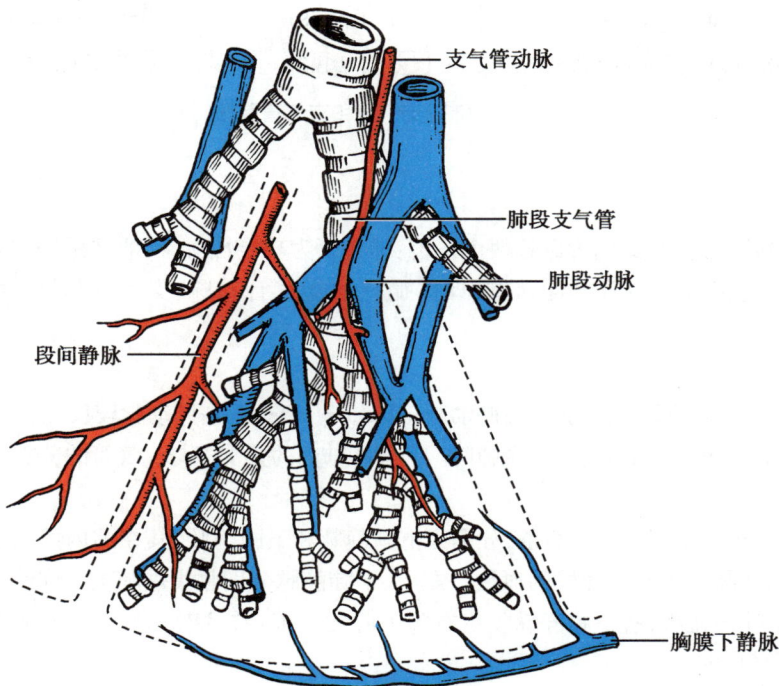

图 3-13　肺段内结构和肺段间静脉

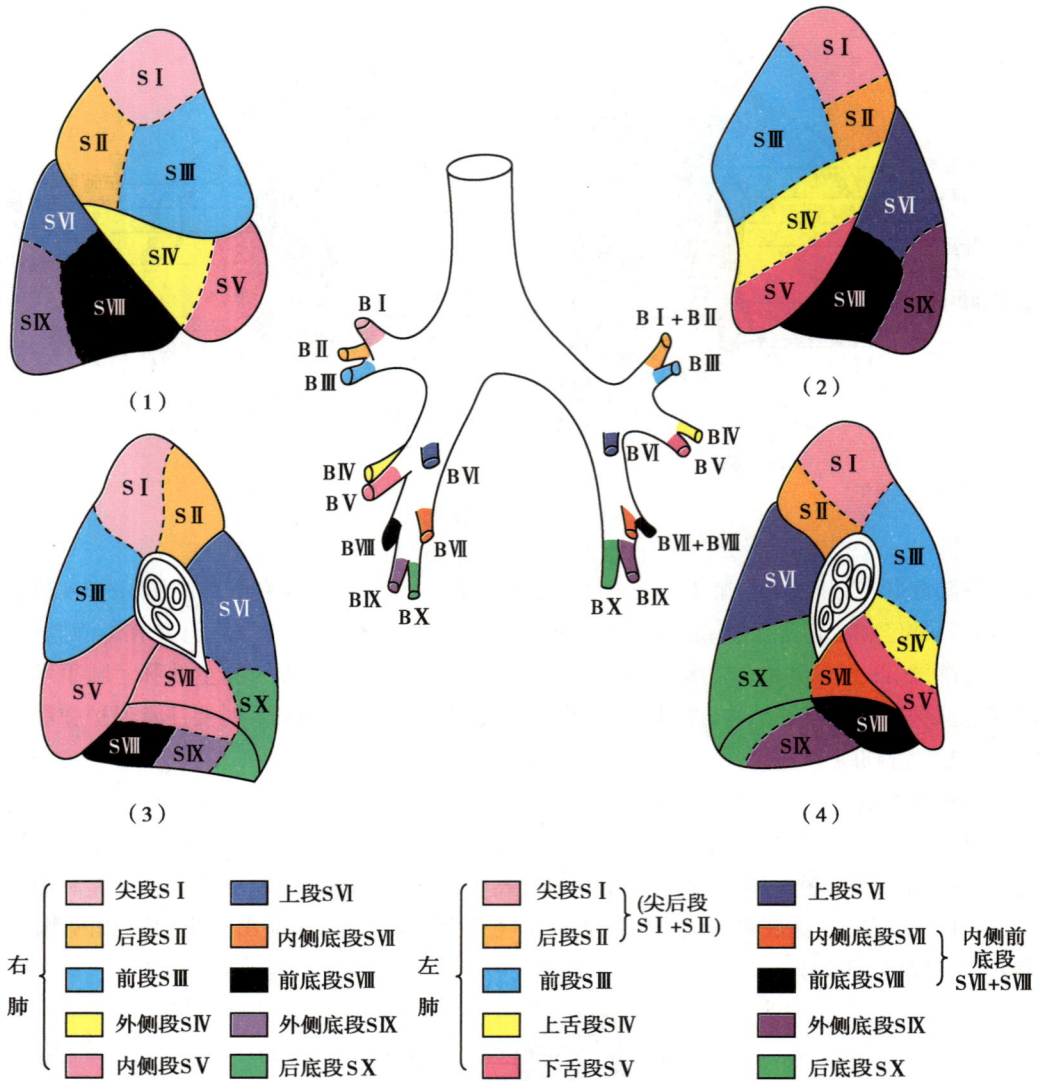

图 3-14 肺段支气管和支气管肺段

三、血管

肺的血管包括肺血管和支气管血管两个系统:肺血管为功能性血管,即肺循环的肺动脉、肺静脉,参与气体交换;支气管血管为营养性血管,即体循环的支气管动脉、支气管静脉,供给氧气和营养物质。

(一)肺动脉

平第 4 胸椎高度,肺动脉干分为左、右**肺动脉** pulmonary artery。右肺动脉较长,经奇静脉弓下方入右肺门;左肺动脉较短,经胸主动脉前方入左肺门。两者在肺内的分支多与支气管的分支伴行(图 3-15)。

(二)肺静脉

肺静脉 pulmonary vein 左、右各两条,分别为上肺静脉和下肺静脉,其在肺内的属支分为段内静脉和段间静脉,段间静脉收集相邻肺段的血液。左上、下肺静脉分别收集左肺上、下叶的血液;右上肺静脉收集右肺上、中叶的血液,右下肺静脉收集右肺下叶的血液(图 3-15)。上、下肺静脉分别平第 3、4 肋软骨高度注入左心房。

(三)支气管动脉

支气管动脉 bronchial artery 又称为支气管支,有 1~3 支,起自胸主动脉或右肋间后动脉,与支气

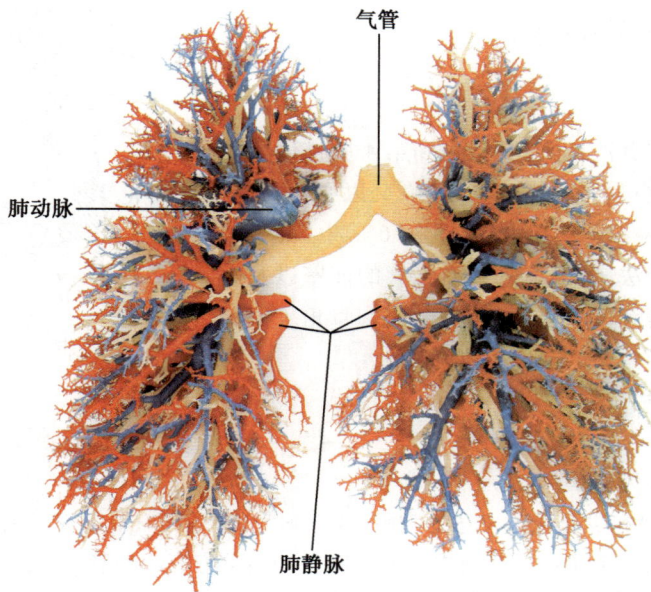

气管

肺动脉

肺静脉

图 3-15　肺管道铸型（后面观）

管的分支伴行入肺,分布于各级支气管、肺动脉、肺静脉、肺淋巴结、肺实质和脏胸膜等。

（四）支气管静脉

肺中的静脉一部分汇集成**支气管静脉**bronchial vein,出肺门,左侧注入半奇静脉,右侧注入奇静脉或上腔静脉。另一部分则汇入肺静脉的属支。

肺动脉和支气管动脉的终末支之间存在吻合,共同分布于肺泡壁,使体循环和肺循环互相交通。肺动脉狭窄或栓塞时,吻合支可扩大,支气管动脉则会代偿肺动脉,参与气体交换。在慢性肺疾病,压力较高的支气管动脉血液可经毛细血管前吻合分流至肺动脉,以代偿供应通气差或膨胀不全的肺区,但可加重肺动脉高压。

四、淋巴引流

肺有浅、深两组淋巴管:浅组位于脏胸膜深面,深组位于各级支气管周围。肺泡壁无淋巴管。浅、深两组淋巴管主要在肺门处相互吻合,回流入支气管肺门淋巴结。肺的淋巴结包括支气管肺门淋巴结和位于肺内支气管周围的肺淋巴结。

五、神经

肺由内脏神经支配,包括迷走神经和交感神经的分支,两者在肺根前、后方形成肺丛,其分支经肺根分布于肺。副交感神经兴奋引起支气管平滑肌收缩、血管扩张和腺体分泌,交感神经兴奋的作用则相反。因此,在哮喘时,可用拟交感神经性药物以解除支气管平滑肌痉挛。

内脏感觉纤维分布于各级支气管黏膜、肺泡和脏胸膜,随迷走神经传导至脑。

第六节　纵　　隔

一、概述

（一）位置与境界

纵隔mediastinum 是左、右纵隔胸膜之间所有器官、结构和组织的总称。纵隔呈矢状位,位于胸腔正中偏左,上窄下宽,前短后长。纵隔的前界为胸骨,后界为脊柱,两侧为纵隔胸膜,上为胸廓上口,下为膈。纵隔分隔左、右胸膜腔,正常情况下,纵隔的位置固定;病理情况下,如发生气胸时,两侧胸膜腔内压力不等,纵隔可向对侧移位。

（二）分区

解剖学通常采用四分法,即以胸骨角和第 4 胸椎体下缘的平面,将纵隔分为上纵隔和下纵隔,下纵隔又以心包的前、后壁为界分为前纵隔、中纵隔和后纵隔（图 3-16）。

临床上多采用三分法,即以气管和支气管的前壁以及心包后壁为界分为前纵隔和后纵隔,前纵隔又以胸骨角平面分为上纵隔和下纵隔。

以下按四分法描述。

（三）整体观

纵隔内的器官大多为单个,且左右不对称。

1. **前面观** 上纵隔在少儿可见发达的胸腺,成人则为胸腺剩件;下纵隔可见部分心包。

2. **左侧面观** 纵隔左侧面的中部有左肺根。肺根的前下方有心包隆凸。左膈神经和心包膈血管经主动脉弓的左前方和肺根的前方下行,再沿心包侧壁下行至膈。左迷走神经于主动脉弓的左前方和肺根的后方下行,在主动脉弓左前方发出左喉返神经。肺根后方有胸主动脉、左交感干及内脏大神经等,上方有主动脉弓及其发出的左颈总动脉和左锁骨下动脉。左锁骨下动脉、脊柱和主动脉弓围成食管上三角,内有胸导管和食管胸部上段。心包、胸主动脉和膈围成食管下三角,内有食管胸部下段（图 3-17）。

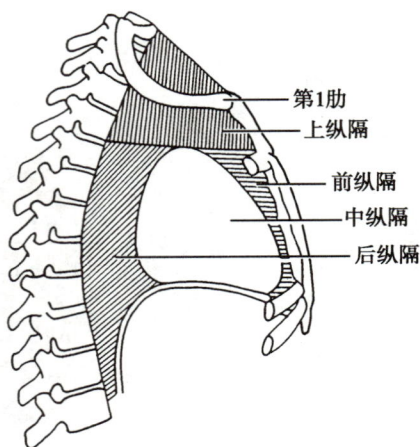

图 3-16 纵隔的分区

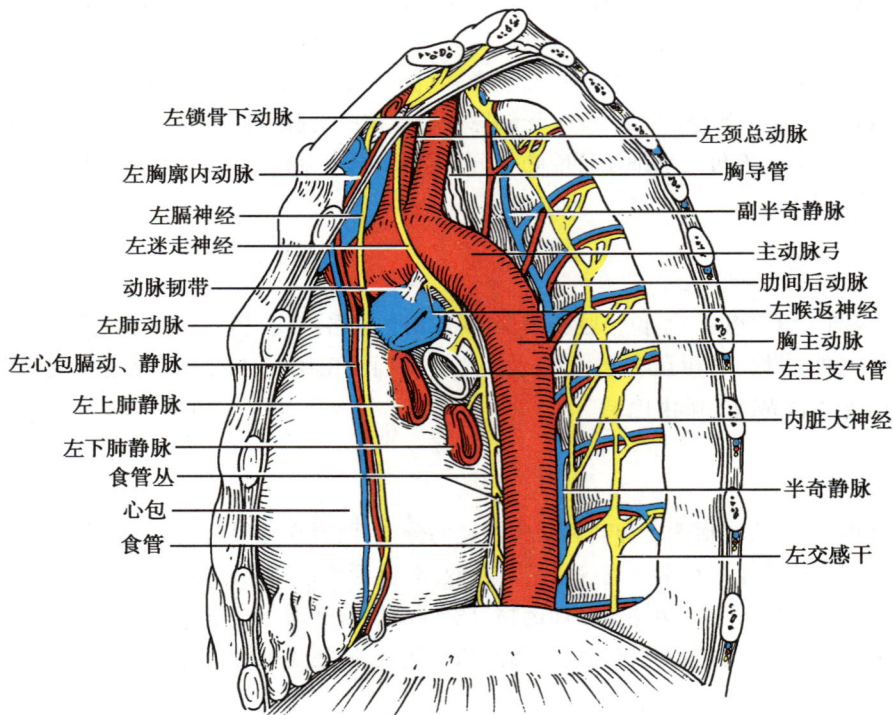

图 3-17 纵隔左侧面观

3. **右侧面观** 纵隔右侧面的中部有右肺根。肺根前下方有心包隆凸。右膈神经和心包膈血管经上腔静脉右侧和肺根的前方下行,再贴心包侧壁下行至膈。右迷走神经在右锁骨下动脉前方发出右喉返神经后,于气管右侧和肺根的后方下行。肺根后方有食管、奇静脉、右交感干及内脏大神经等,上方有右头臂静脉、奇静脉弓、上腔静脉、气管和食管,下方有下腔静脉（图 3-18）。

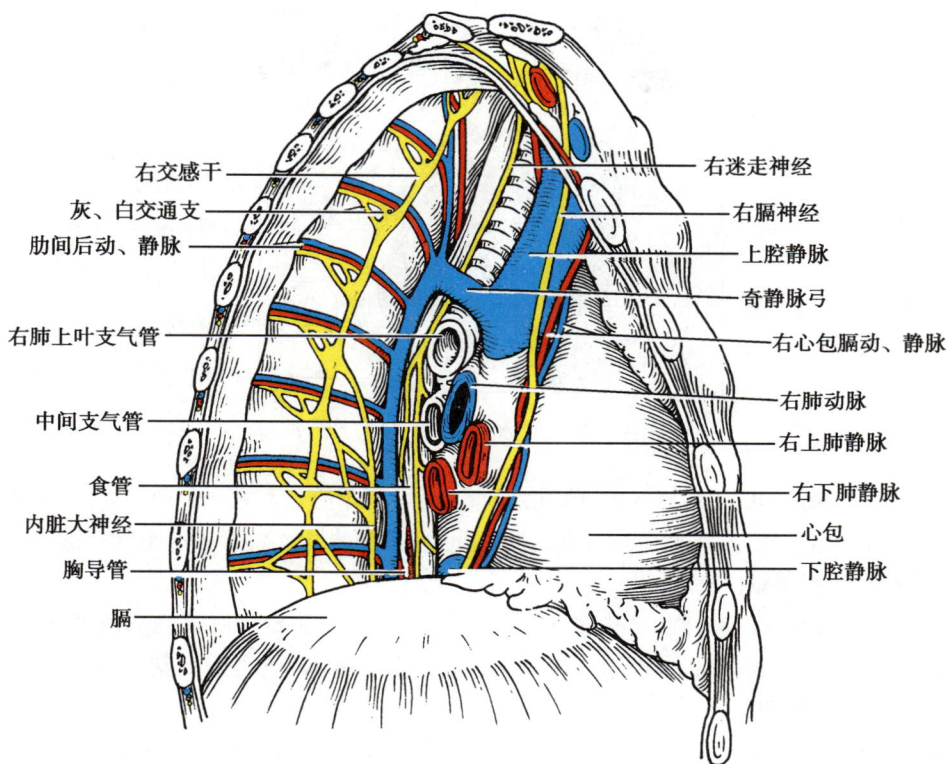

图 3-18　纵隔右侧面观

二、上纵隔

上纵隔 superior mediastinum 的器官和结构由前向后大致可分为三层:前层有胸腺、头臂静脉和上腔静脉,为胸腺-静脉层;中层有主动脉弓及其分支、膈神经和迷走神经为动脉层;后层有气管、食管、胸导管和左喉返神经等(图 3-19,图 3-20)。

(一)胸腺

胸腺 thymus 由左、右两叶构成,之间借结缔组织相连。胸腺是淋巴器官,在机体免疫中起重要作用,并兼具内分泌功能。青春期后随着年龄增长,胸腺内淋巴组织减少,逐渐被脂肪组织代替,成为胸

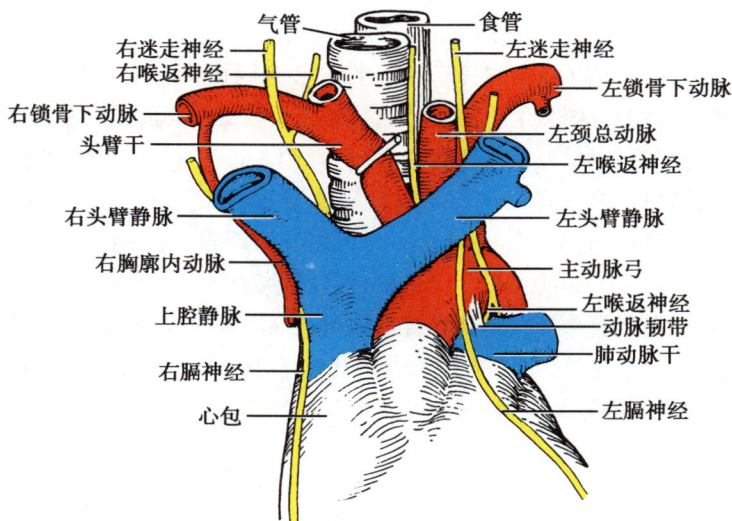

图 3-19　上纵隔

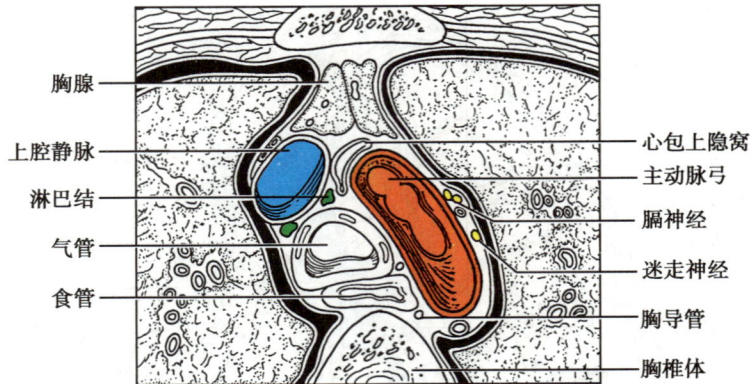

图3-20   经主动脉弓的横断面（下面观）

腺剩件。胸腺位于胸膜围成的胸腺区内,前方为胸骨,后面附于心包和大血管前面,上达胸廓上口,下至前纵隔(图3-17,图3-18)。胸腺可达颈部,尤其是小儿。胸腺肿大时可压迫头臂静脉、主动脉弓和气管,出现发绀和呼吸困难。

胸腺的动脉来自胸廓内动脉和甲状腺下动脉,伴行静脉注入头臂静脉或胸廓内静脉。胸腺的淋巴管注入纵隔前淋巴结或胸骨旁淋巴结。神经来自颈交感干和迷走神经的分支。

（二）上腔静脉及其属支

上腔静脉superior vena cava 由左、右头臂静脉在右侧第1胸肋结合处汇合而成,下行至第2胸肋关节后方穿纤维心包,平第3胸肋关节下缘注入右心房(图3-18,图3-19)。在穿纤维心包前,有奇静脉弓注入。上腔静脉前方有胸膜和肺,后方有气管和迷走神经,左侧有升主动脉和主动脉弓,右侧有右膈神经和心包膈血管。

头臂静脉brachiocephalic vein 由颈内静脉和锁骨下静脉在胸锁关节后方汇合而成(图3-18)。左头臂静脉长6~7cm,向右下斜越左锁骨下动脉、左颈总动脉和头臂干的前面。左头臂静脉有时位于颈部气管的前方,尤以儿童多见,故气管切开术或针刺时应注意这种可能性。

（三）主动脉弓及其分支

1. 位置   **主动脉弓**aortic arch 平右侧第2胸肋关节高度续升主动脉,弓形弯向左后方,跨左肺根,至第4胸椎体下缘左侧移行为胸主动脉。主动脉弓凹侧发出支气管动脉,凸侧发出**头臂干**brachiocephalic trunk、**左颈总动脉**left common carotid artery 和**左锁骨下动脉**left subclavian artery(图3-19)。小儿的主动脉弓位置较高,可达胸骨柄上缘。

2. 毗邻   主动脉弓左前方有胸膜、左肺、左膈神经、心包膈血管和左迷走神经等,右后方有气管、食管、左喉返神经、胸导管和心深丛,上方有主动脉弓的三大分支及其前面的左头臂静脉和胸腺,下方有肺动脉、动脉韧带、左喉返神经、左主支气管和心浅丛(图3-17)。主动脉瘤压迫气管时可出现呼吸困难,累及左喉返神经时可影响发音。

3. 动脉韧带   **动脉韧带**arterial ligament 为一纤维结缔组织索,连于主动脉弓下缘和左肺动脉的起始部,长0.5~2.3cm,直径0.2~0.6cm。动脉韧带是胚胎时期动脉导管的遗迹,若在出生后1年内尚未闭锁,则为先天性动脉导管未闭。**动脉导管三角**triangle of ductus arteriosus 由左膈神经、左迷走神经和左肺动脉围成,内有动脉导管(韧带)、左喉返神经和心浅丛(图3-17,图3-19),是手术中寻找动脉导管的标志。在施行动脉导管结扎术时,注意勿伤及左喉返神经。

（四）气管胸部和支气管

1. 位置   **气管胸部**thoracic part of trachea 位于上纵隔中央,上端平胸骨的颈静脉切迹与颈部相续,下端平胸骨角分为左、右主支气管,分杈处称**气管杈**bifurcation of trachea。在气管杈内面有一凸向上的半月形**气管隆嵴**carina of trachea,是支气管镜检查时辨认左、右主支气管起点的标志。肺癌转移至气管支气管下淋巴结,可使左、右主支气管的角度增大,隆嵴变钝或有偏位扭转等现象。

气管的长度和横径因年龄和性别而不同,男性成人活体的全长约为13.6cm,女性约为12.11cm。**左主支气管**left principal bronchus 细长而倾斜,长4.5~4.8cm,下缘与气管中线的交角为37.5°,平第5胸椎进入左肺门。**右主支气管**right principal bronchus 粗短而陡直,长1.9~2.1cm,下缘与气管中线的交角为23°,平第6胸椎进入右肺门(图3-21)。由于右主支气管较粗、短、直,且气管隆嵴偏左,因此,气管内异物容易进入右主支气管,支气管镜检查或支气管插管时也易置入右主支气管。

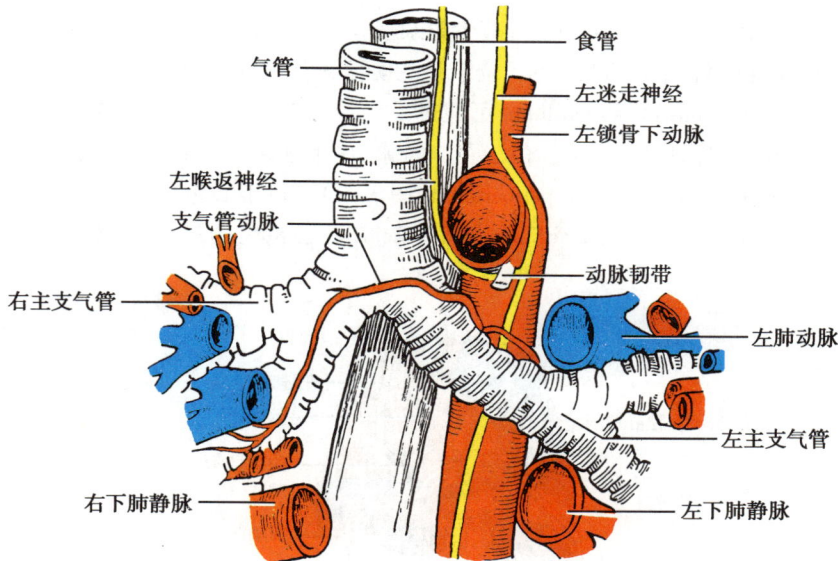

图3-21　气管和支气管

2. **毗邻**　气管胸部前方有胸骨柄、胸腺、左头臂静脉、主动脉弓、头臂干、左颈总动脉和心深丛,后方有食管,左后方有左喉返神经,左侧有左迷走神经和左锁骨下动脉,右侧有奇静脉弓和右迷走神经,右前方有右头臂静脉和上腔静脉(图3-18)。左主支气管前方有左肺动脉,后方有胸主动脉,中段上方有主动脉弓跨过。右主支气管前方有升主动脉、右肺动脉和上腔静脉,上方有奇静脉弓。

3. **血管、淋巴和神经**　气管和主支气管的动脉主要来自甲状腺下动脉、支气管动脉、肋间动脉和胸廓内动脉,静脉注入甲状腺下静脉、头臂静脉和奇静脉。主支气管淋巴管注入**气管支气管淋巴结**tracheobronchial lymph node,气管淋巴管注入气管支气管淋巴结和**气管旁淋巴结**paratracheal lymph node,最终汇入支气管纵隔干。由于支气管肺淋巴结、气管支气管淋巴结和气管旁淋巴结引流肺、气管和支气管的淋巴,在成年人可呈黑色。迷走神经和交感神经的分支分布于气管和主支气管的黏膜和平滑肌。

食管胸部、胸导管和交感干位于上纵隔后部和后纵隔,在后纵隔描述。

三、下纵隔

下纵隔inferior mediastinum 分为前纵隔、中纵隔和后纵隔3部。

（一）前纵隔

前纵隔anterior mediastinum 内有胸腺(或胸腺剩件)下部、纵隔前淋巴结和疏松结缔组织。由于两侧胸膜接近,故前纵隔较狭窄。

（二）中纵隔

中纵隔middle mediastinum 内有心包、心、出入心的大血管根部、膈神经和心包膈血管等。

1. **心包**　心包pericardium 分为**纤维心包**fibrous pericardium 和**浆膜心包**serous pericardium。浆膜

心包的壁层衬于纤维心包的内面,并与纤维心包愈着,脏层紧贴于心和出入心的大血管根部的表面。浆膜心包的脏、壁两层在大血管根部反折移行,围成心包腔。

(1)位置和毗邻:心包占据中纵隔。心包前壁隔胸膜和肺与胸骨及第 2~6 肋软骨相对,在胸膜围成的心包区直接与胸骨体下半部和左侧第 4~6 肋软骨相邻,因此常在左剑肋角做心包穿刺,以免损伤胸膜和肺。心包后方有主支气管、食管、胸主动脉、奇静脉和半奇静脉等;两侧为纵隔胸膜,膈神经和心包膈血管下行于心包与纵隔胸膜之间;上方有上腔静脉、主动脉弓和肺动脉。心包下壁与膈中心腱愈着。

(2)心包腔:**心包腔**pericardial cavity 含有少量浆液,心包积液时可压迫心。浆膜心包的壁、脏两层反折处的间隙称**心包窦**pericardial sinus。位于升主动脉、肺动脉与上腔静脉、左心房前壁之间的间隙称**心包横窦**transverse sinus of pericardium,可通过一手指。心和大血管手术时,可在心包横窦处钳夹升主动脉和肺动脉,以暂时阻断血流。位于左肺静脉、右肺静脉、下腔静脉、左心房后壁和心包后壁之间的间隙称**心包斜窦**oblique sinus of pericardium(图 3-22)。位于心包前壁与下壁反折处的间隙称**心包前下窦**anteroinferior sinus of pericardium,深 1~2cm,是心包腔的最低部位,心包积液首先积聚于此。

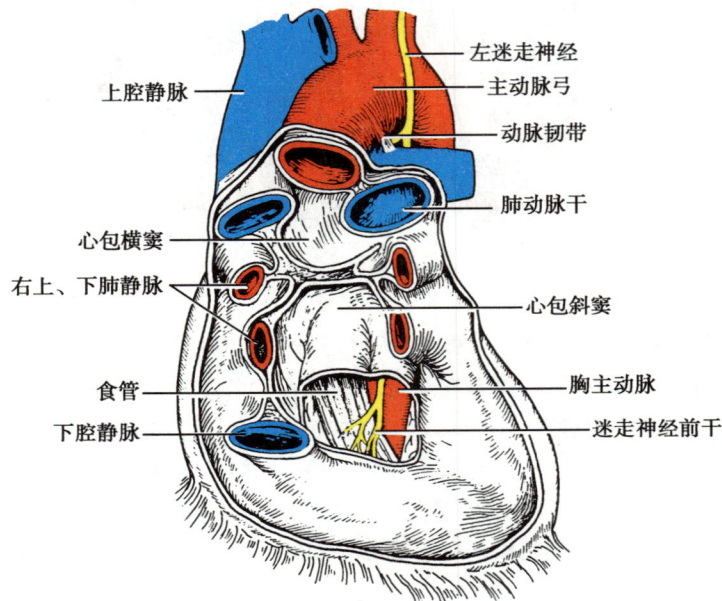

图 3-22 心包和心包窦

(3)血管、淋巴引流和神经:心包的动脉来自心包膈动脉、肌膈动脉和食管动脉等;静脉与动脉伴行,注入胸廓内静脉、奇静脉和半奇静脉等。心包的淋巴管注入纵隔前淋巴结、纵隔后淋巴结和膈上淋巴结。神经来自膈神经、肋间神经、左喉返神经、心丛、肺丛和食管丛等。

2. 心   呈倒置圆锥形,前后略扁。**心底**cardiac base 朝向右后上方,与上腔静脉、下腔静脉和左、右肺静脉相连。**心尖**cardiac apex 朝向左前下方,圆钝游离,体表投影位于左侧第 5 肋间隙锁骨中线内侧 1~2cm。心表面借**冠状沟** coronary groove、**前室间沟** anterior interventricular groove、**后室间沟** posterior interventricular groove、**房间沟** interatrial groove 分为**左心房** left atrium、**右心房** right atrium、**左心室** left ventricle 和**右心室** right ventricle。

(1)位置和毗邻:心周围裹以心包,前方对向胸骨体和第 2~6 肋软骨,后方平第 5~8 胸椎。约 2/3 位于身体正中矢状面的左侧,1/3 位于右侧。心脏的位置常受呼吸、体型和姿势等因素的影响而改变。心的毗邻关系大致与心包相同。临床上常在胸骨左缘第 4 肋间隙作心内注射,以免损伤胸膜和肺。

　　心的体表投影用四点的连线表示：左上点在左第 2 肋软骨下缘距胸骨侧缘约 1.2cm，右上点在右第 3 肋软骨下缘距胸骨侧缘 1cm，左下点在左侧第 5 肋间隙距前正中线 7～9cm，右下点在右第 6 胸肋关节处。左、右上点的连线为心上界，左、右下点的连线为心下界，左上、左下点间向左微凸的弧形线为心左界，右上、右下点间向右微凸的弧形线为心右界。心瓣膜的体表投影和心脏听诊部位不同（图 3-23）。

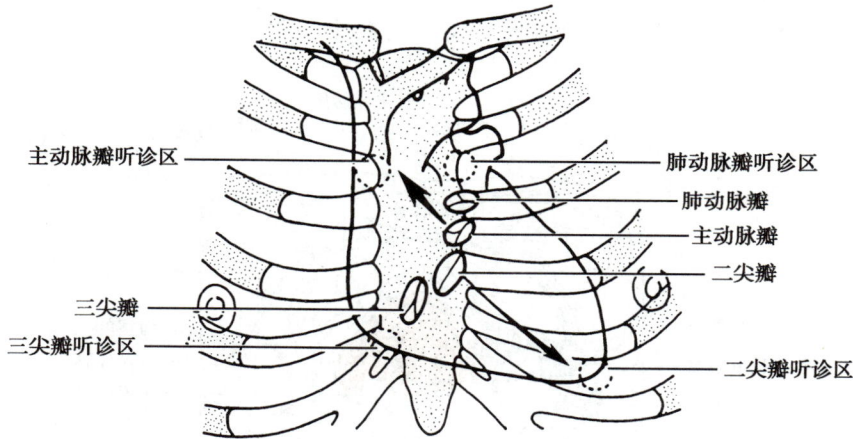

图 3-23　心的体表投影

　　（2）血管：心的血液供应来自左、右冠状动脉。**左冠状动脉** left coronary artery 起自主动脉左窦，分为前室间支和旋支。**前室间支** anterior interventricular branch 沿前室间沟下行，分布于左心室前壁、部分右心室前壁和室间隔前 2/3 部。**旋支** circumflex branch 沿冠状沟左行，分布于左心房、左心室左侧面和膈面。**右冠状动脉** right coronary artery 起自主动脉右窦，沿冠状沟行至房室交点处分为后室间支和左室后支。**后室间支** posterior interventricular branch 分布于右心房、右心室和室间隔后 1/3 部，**左室后支** posterior branch of left ventricle 分布于左心室下壁。心的静脉主要注入**冠状窦** coronary sinus，冠状窦开口于右心房。有些小静脉直接注入右心房。

　　（3）淋巴：心的淋巴管注入气管支气管淋巴结和纵隔前淋巴结。

　　（4）神经：心的神经来自心浅丛和心深丛，分布于心肌、传导系和冠状动脉。交感神经兴奋使心跳加快、心收缩力增强和冠状动脉扩张；副交感神经的作用则相反。

　　（三）后纵隔

　　后纵隔 posterior mediastinum 内有食管、迷走神经、胸主动脉、奇静脉、半奇静脉、副半奇静脉、胸导管、交感干胸部和纵隔后淋巴结等。

　　1. 食管胸部　**食管胸部** thoracic part of esophagus 位于上纵隔后部和后纵隔，向上经胸廓上口与食管颈部相接，向下穿膈的食管裂孔续为食管腹部。食管与胸主动脉交叉，上部位于胸主动脉右侧，下部位于胸主动脉的前方（图 3-24）。

　　（1）毗邻：食管前方有气管、气管杈、左主支气管、

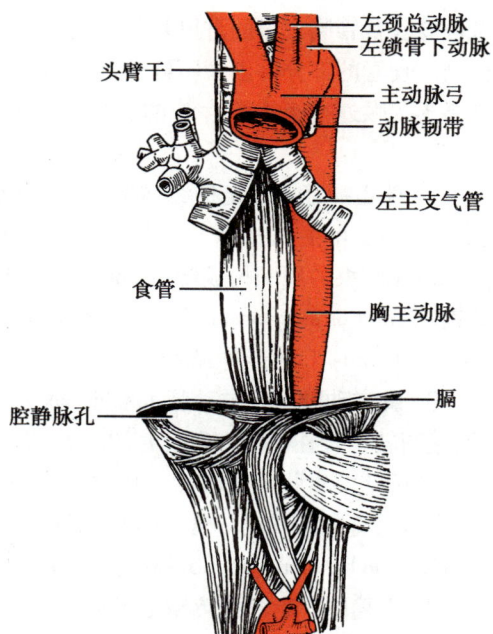

图 3-24　食管和主动脉

左喉返神经、右肺动脉、迷走神经的食管前丛、心包、左心房和膈;后方有迷走神经的食管后丛、胸主动脉、胸导管、奇静脉、半奇静脉、副半奇静脉和右肋间后动脉;左侧有左颈总动脉、左锁骨下动脉、主动脉弓、胸主动脉、胸导管上段;右侧有奇静脉弓。左主支气管平第 4~5 胸椎水平跨越食管的前方,该处食管较狭窄,是异物滞留和食管癌的好发部位。左心房扩大可压迫食管,食管钡餐造影时出现明显的压迹。

食管左侧只有在食管上、下三角处与纵隔胸膜相贴,右侧除奇静脉弓处外全部与纵隔胸膜相贴。右侧纵隔胸膜在肺根以下常突入食管与奇静脉和胸导管之间,形成**食管后隐窝** retroesophageal recess,故经胸作食管下段手术时可能破入右侧胸膜腔,导致气胸(图 3-25)。

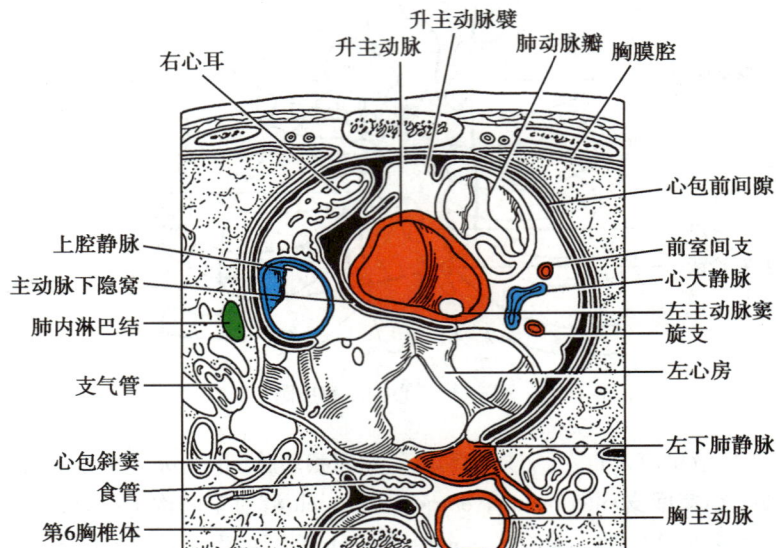

图 3-25   下纵隔横断面(平第 6 胸椎体)

(2)血管、淋巴引流和神经:食管胸上段的动脉来自肋间后动脉和支气管动脉,胸下段的动脉来自胸主动脉发出的**食管动脉** esophageal artery。**食管静脉** esophageal vein 注入奇静脉、半奇静脉和副半奇静脉。食管胸上段的淋巴管注入气管支气管淋巴结,胸下段的淋巴管注入纵隔后淋巴结和胃左淋巴结。食管的部分淋巴管不经淋巴结,直接注入胸导管。食管胸部的神经来自喉返神经、迷走神经和交感干。喉返神经支配食管的骨骼肌,交感神经和副交感神经支配平滑肌,内脏感觉神经分布于黏膜。

2. 迷走神经   迷走神经 vagus nerve 经肺根的后方下行。迷走神经和交感干的分支分别在主动脉弓前下方及主动脉弓与气管杈之间构成**心浅丛** superficial cardiac plexus 和**心深丛** deep cardiac plexus;在肺根的周围构成**肺丛** pulmonary plexus。左、右迷走神经的分支在食管的前面和后面构成**食管前丛** anterior esophageal plexus 和**食管后丛** posterior esophageal plexus,向下汇合成**迷走神经前干** anterior vagal trunk 和**迷走神经后干** posterior vagal trunk,经食管裂孔入腹腔。

3. 胸主动脉   胸主动脉 thoracic aorta 平第 4 胸椎体下缘续接主动脉弓,沿脊柱和食管的左侧下行,逐渐转至脊柱的前方和食管的后方,平第 12 胸椎穿膈主动脉裂孔后续为腹主动脉(图 3-23)。胸主动脉后壁发出肋间后动脉。胸主动脉的前方有左肺根、心包和食管,后方有半奇静脉和副半奇静脉,右侧有奇静脉和胸导管,左侧与纵隔胸膜相贴。在胸主动脉和食管胸段的周围有**纵隔后淋巴结** posterior mediastinal lymph node,较小,引流食管胸部、膈和肝的淋巴,其输出淋巴管注入胸导管。

4. 奇静脉、半奇静脉和副半奇静脉   奇静脉 azygos vein 在右膈脚处起自右腰升静脉,沿食管后方和胸主动脉右侧上行,至第 4 胸椎体高度向前勾绕右肺根,注入上腔静脉。奇静脉收集右侧肋间静脉、食管静脉、支气管静脉和半奇静脉的血液。奇静脉上连上腔静脉,下借右腰升静脉连下腔静脉,故是沟通上腔静脉系和下腔静脉系的重要通道之一。当上腔静脉或下腔静脉阻塞时,该通道可成为重要的侧副循环途径。**半奇静脉**hemiazygos vein 在左膈脚处起自左腰升静脉,沿胸椎体左侧上行,达第8胸椎体高度经胸主动脉和食管后方向右跨越脊柱,注入奇静脉。半奇静脉收集左侧下部肋间后静脉、食管静脉和副半奇静脉的血液。**副半奇静脉**accessory hemiazygos vein 沿胸椎体左侧下行,注入半奇静脉或奇静脉(图3-26)。副半奇静脉收集左侧上部的肋间后静脉的血液。

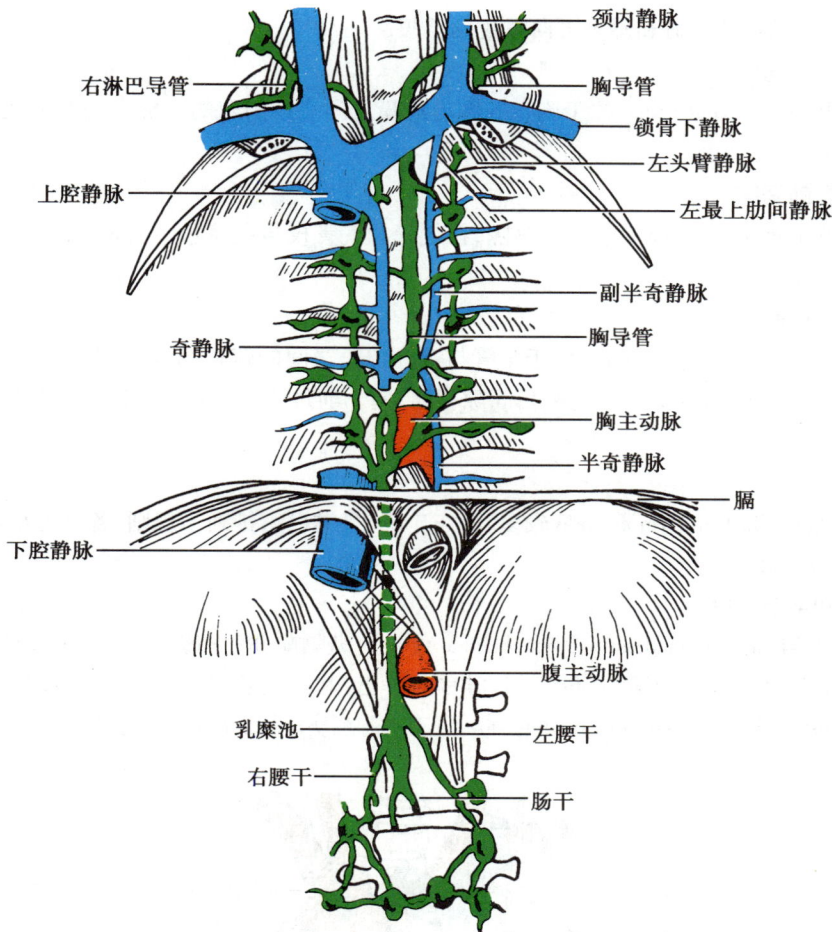

图3-26 奇静脉及其属支和胸导管

5. **胸导管** 胸导管thoracic duct 平第12胸椎下缘高度起自**乳糜池**cisterna chyli,经主动脉裂孔进入胸腔,于胸主动脉与奇静脉之间上行,至第5胸椎高度经食管与脊柱之间向左侧斜行,后经食管与左侧纵隔胸膜之间上行至颈部,注入左静脉角(图3-26)。胸导管上段和下段与纵隔胸膜相贴,当胸导管上段或下段损伤并伴有纵隔胸膜破损时,可引起左侧或右侧乳糜胸。

胸导管的类型:单干型占84.6%;双干型,以两干起始后在纵隔内上行合为一干,占10.6%;分叉型,以单干起始入纵隔后分为两支,分别注入左、右静脉角,占3.3%;右位型,胸导管始终位于胸主动脉右侧,注入右静脉角,占0.9%;左位型,胸导管始终位于胸主动脉左侧,注入左静脉角,占0.3%。

6. **胸交感干** 胸交感干thoracic sympathetic trunk 位于脊柱两侧,奇静脉和半奇静脉的后外方,肋头和肋间血管的前方。胸交感干借**白交通支**white communicant ramus 和**灰交通支**grey communicant ramus 与肋间神经相连(见图3-17,图3-18)。每侧交感干上有10~12个**胸神经节**thoracic ganglia。上5对胸神经节发出的节后纤维参与构成心丛、肺丛和食管丛。**内脏大神经**greater splanchnic nerve 由第6~9胸神经节穿出的节前纤维构成,沿脊柱前面倾斜下降,穿膈脚终于腹腔神经节。**内脏小神经**

lesser splanchnic nerve 由第 10～12 胸神经节穿出的节前纤维构成,穿膈脚止于主动脉肾节。

四、纵隔间隙

纵隔各器官和结构之间含有丰富的疏松结缔组织,并在某些部位构成间隙,这有利于器官运动和胸腔容积的变化,如大血管搏动、呼吸时气管运动和食管蠕动等。后纵隔内的疏松结缔组织特别丰富。纵隔间隙与颈部和腹部的间隙相通,故颈部的渗血和感染可向下蔓延至纵隔,纵隔气肿的气体可向上扩散至颈部,纵隔的渗血和感染可向下蔓延至腹部。

(一)胸骨后间隙

胸骨后间隙 retrosternal space 位于胸骨和胸内筋膜之间。该间隙的炎症可向膈蔓延,甚至穿膈扩散至腹部。

(二)气管前间隙

气管前间隙 pretracheal space 位于上纵隔,在气管和气管杈与主动脉弓之间,向上与颈部的气管前间隙相通。

(三)食管后间隙

食管后间隙 retroesophageal space 位于食管与脊柱胸段之间的疏松结缔组织,内有奇静脉、副半奇静脉和胸导管等。食管后间隙向上与咽后间隙相通,向下通过膈的潜在性裂隙与腹膜后隙相通。

五、纵隔淋巴结

纵隔淋巴结 mediastinal lymph node 较多,分布广泛,且淋巴结排列不规则,各淋巴结群间也无明显界线。主要有以下几群。

(一)纵隔前淋巴结

纵隔前淋巴结 anterior mediastinal lymph node 位于上纵隔前部和前纵隔内,在大血管、动脉韧带和心包的前方(图 3-27),收纳胸腺、心包、心等器官的淋巴,其输出管参与组成支气管纵隔干。**纵隔前上淋巴结** anterosuperior mediastinum lymph node 位于胸腺后方,大血管附近,可分为左、右两群。

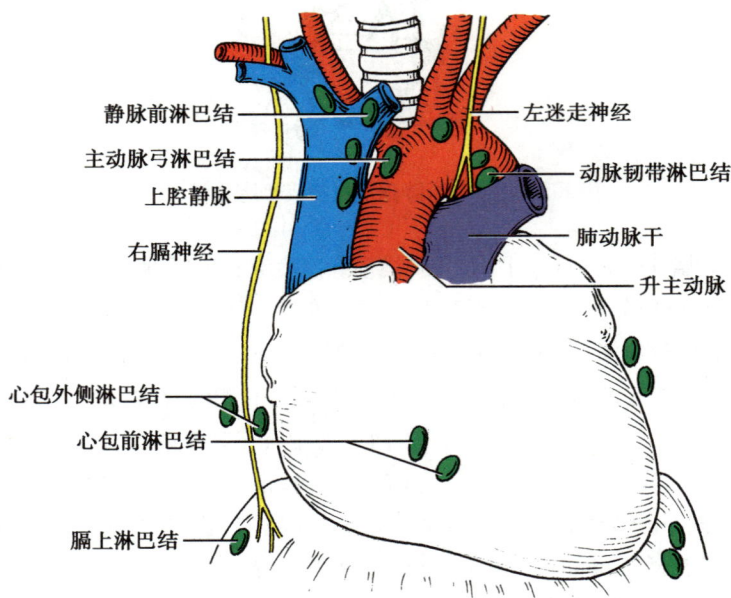

图 3-27　纵隔前淋巴结

左群一般为 3～6 个淋巴结,但可多达 10 个。排列于主动脉弓前上壁和左颈总动脉及左锁骨下动脉起始部前面的,称**主动脉弓淋巴结** lymph node of aorta arch;位于动脉韧带左侧者称**动脉韧带淋巴**

结lymph node of arterial ligament。它们收纳左肺上叶、气管及主支气管、心包和心右半的淋巴管,其输出管注入**左支气管纵隔干**left bronchomediastinal trunk,一部分淋巴管注入**颈外侧下深淋巴结**inferior deep lateral cervical lymph node。由于主动脉弓淋巴结与左迷走神经、左膈神经以及左喉返神经紧邻,故该淋巴结肿大时可压迫这些神经而引起膈活动异常及声音嘶哑等症状。因左肺上叶肿瘤常可转移到主动脉弓淋巴结,左肺上叶手术时应将其切除。

右群通常有2~10个淋巴结。位于上腔静脉和左、右头臂静脉汇合处的前面,主要收纳气管和主支气管、心包和心右半的淋巴管,其输出管注入右支气管纵隔干。

心包前部淋巴管主要注入纵隔下淋巴结(心包前淋巴结),前下部淋巴尚注入胸骨淋巴结。心包侧部淋巴管主要注入心包外侧淋巴结,部分淋巴直接回流到纵隔前上淋巴结。心包后部淋巴回流到气管权淋巴结及纵隔后淋巴结。心包膈部淋巴管注入气管权淋巴结及纵隔前下淋巴结。

(二) 纵隔后淋巴结

广义的**纵隔后淋巴结**posterior mediastinal lymph node指上纵隔后部和后纵隔内的淋巴结,包括食管旁淋巴结、支气管肺淋巴结、气管支气管淋巴结和气管旁淋巴结等。位于心包后面,沿食管胸段、气管和胸主动脉两侧排列(图3-28)。接受食管胸段、胸主动脉、心包和膈的淋巴管,输出管多直接注入胸导管。

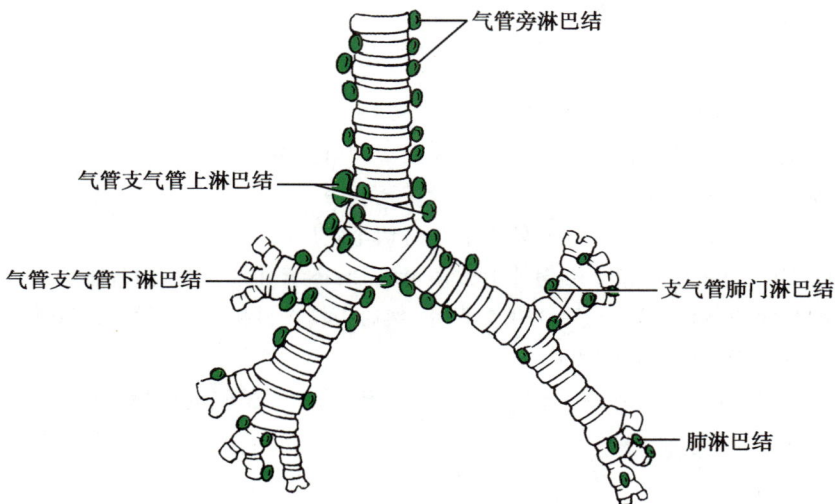

图3-28 纵隔后淋巴结

1. **食管旁淋巴结paraesopharus node** 沿食管胸部的两侧排列,其左侧部位于食管胸部与胸主动脉之间,通常所谓的纵隔后淋巴结即指此群淋巴结。有8~12个,收纳食管胸部、心包、膈后部及肝左叶的淋巴液。其输出管沿途注入胸导管,其余部分注入气管支气管淋巴结。

2. **支气管肺淋巴结(肺门淋巴结)bronchopulmonary node** 位于肺门,3~5个。收纳肺的浅、深淋巴管,其输出淋巴管注入气管支气管上、下淋巴结。

3. **气管支气管下淋巴结(气管权淋巴结)inferior tracheobronchial lymph node** 2~5个,位于气管权下方,左、右主支气管起始部之间。收纳右肺中、下叶和左肺上叶下部以及食管、心左半的一部分淋巴管,其输出管注入气管支气管上淋巴结。气管支气管下淋巴结是左、右肺淋巴管交汇的部位。

4. **气管支气管上淋巴结 superior tracheobronchial node** 位于气管下部和左、右支气管的外侧。两侧各有3~5个淋巴结,收纳左、右支气管肺淋巴结和气管支气管下淋巴结的淋巴管,并直接接受右肺上叶和中叶的淋巴管。气管支气管上淋巴结输出管汇入两侧气管旁淋巴结。

5. **气管旁淋巴结paratracheal lymph node** 位于气管胸段两侧,左、右各有3~5个淋巴结,它们收纳气管支气管上、下淋巴结的输出管,并接受来自食管、咽喉、甲状腺等处的淋巴。气管旁淋巴结输出管沿气管两侧上行,参与组成支气管纵隔干。在气管前面尚有一些小淋巴结称气管前淋巴结,与气管周围的其他淋巴结相交通。

6. **肺淋巴结**　沿肺内支气管和肺动脉分支排列,输出管注入肺门处的支气管肺淋巴结。

支气管、气管及肺的淋巴结数目多,其淋巴引流的方向为:肺的淋巴管→肺淋巴结→支气管肺淋巴结→气管支气管上、下淋巴结→气管旁淋巴结→左、右支气管纵隔干→胸导管和右淋巴导管。

纵隔淋巴结大小变异很大,CT 对于淋巴结病的诊断是形态诊断,不是病理诊断。淋巴结的大小与其所在部位有一定的关系。测量时,如果位于气管旁、肺门、隆嵴下、食管旁、主动脉弓下区域的淋巴结短径为 1cm 时,一般认为淋巴结肿大。

关于淋巴结的分组,所采用的命名体系不尽一致,习惯于根据淋巴结所在部位与周围重要器官的解剖关系来称呼。2009 年,国际肺癌研究协会(International Association for the Study of Lung Cancer,IASLC)对以往的淋巴结分区法作了改进,推荐了新的分区方法。

（汪华侨）

第七节　胸部解剖操作

一、解剖胸壁、胸膜和肺

（一）切口

人体标本仰位,做如下切口(见图 0-7):

1. **胸前正中切口**　自胸骨柄上缘沿前正中线向下切至剑突。

2. **胸上界切口**　自正中切口上端向外沿锁骨切至肩峰。

3. **胸下界切口**　自正中切口下端向外下沿肋弓切至腋后线。

4. **胸部斜切口**　自正中切口下端向外上方切至乳晕,环绕乳晕,继续向外上方切至腋前襞上部,在此折转沿臂内侧面向下切至臂上、中 1/3 交界处,然后折转向外侧,环切臂部皮肤至臂外侧缘。

以上切口同时用于上肢的解剖操作。

将上内、下外两块皮瓣翻向外侧,上内侧皮片翻至臂外侧,下外侧皮片翻至腋后襞。

（二）解剖胸壁

1. **解剖肋间肌**　①在胸骨的稍外侧,透过肋间外膜可见肋间内肌。用剪刀沿第 3 或第 4 肋软骨下缘剪断肋间外膜,切口长 3～5cm,将其翻向下方,暴露深面的肋间内肌;②在腋前线附近,用剪刀沿第 4 或第 5 肋下缘先后剪断肋间外肌和肋间内肌,剪口长度 3～5cm,翻开;③找出并用剪刀修洁沿肋骨下缘行走的肋间后血管和肋间神经,用无齿镊辅助观察肋间肌的纤维方向以及肋间后血管和肋间神经的排列关系(见图 3-6～图 3-8)。

2. **开胸**

（1）离断胸锁关节:(颈部解剖时若还没切除锁骨)用解剖刀离断胸锁关节,注意保护深部结构。

（2）翻开胸大肌和胸小肌:解剖上肢时,此二肌已被翻起。若尚未翻开,在肌的起点处用解剖刀弧形切断该二肌,向外侧翻开。

（3）剥除前锯肌:用解剖刀将前锯肌在各肋骨上的起点一一剥离。

（4）剪断肋:在第 1 肋间隙剪开肋间组织,经开口处插入肋骨剪。在第 1 肋的肋骨与肋软骨连接处,剪断第 1 肋,再向外下剪断第 2 肋骨。然后,沿腋前线向下剪断第 3～8 肋骨。

（5）翻开胸前壁:①用一只手自胸骨柄轻轻提起胸前壁,找到胸廓内血管,用解剖刀将其切断;②另一只手将胸骨深面的结构压向后,并向两侧将肋胸膜与胸前壁钝性分离,一边上提胸前壁,一边分离胸膜,并随时用解剖刀或剪刀逐一切断相应的肋间肌;③将胸前壁完全向下翻开,置于腹前壁的前面。翻开胸壁时,注意不要被肋骨的断端刺伤手指;不要用力过猛,以免折断胸骨或肋软骨。

3. **观察胸横肌**　在胸前壁后面的下部,透过胸内筋膜可见附着于胸骨和肋软骨的胸横肌。

4. **解剖胸廓内动、静脉和胸骨旁淋巴结**　胸廓内血管的上段位于胸内筋膜的前面,下段位于胸横肌的前面。用剪刀纵行剪开胸横肌,暴露胸廓内血管,找出其肌膈动脉与腹壁上动脉两个终支。用镊子在胸廓内血管周围的脂肪内寻找胸骨旁淋巴结(见图3-9)。

5. **解剖肋间后血管和肋间神经**　待切除肺后,在胸后壁透过肋胸膜和胸内筋膜可见肋间后血管和肋间神经。在第4或第5肋间隙,用剪刀剪开肋胸膜和胸内筋膜,分离肋间后血管和肋间神经及其在肋角处发出的分支,用镊子观察血管神经在肋沟处的排列顺序。

（三）**探查胸膜腔**

1. **探查胸膜配布**　触摸和观察脏胸膜和壁胸膜的各部,即肋胸膜、膈胸膜和纵隔胸膜。将锁骨放回原位,两手分别放在胸膜顶的上、下面,以锁骨为标志观察胸膜顶和肺尖在颈部的位置及体表投影。如果探查胸膜顶困难,可在取肺后进行。

2. **探查胸膜前界**　将两手分别伸入左、右胸膜腔探查,可见两侧胸膜前界在第2~4胸肋关节处相互靠拢甚至重叠。此处以上和以下两侧胸膜前反折线向外分开,两者间形成无胸膜覆盖的胸腺区和心包区,分别被胸腺和心包占据。将胸前壁复位,标出胸膜前界的体表投影。

3. **探查胸膜下界**　将手指插入肋胸膜与膈胸膜之间,沿膈的周边探查胸膜的下界,了解其体表投影。

4. **探查胸膜隐窝**　将手插入肋胸膜与膈胸膜反折处以及左肋胸膜与左纵隔胸膜前缘下部反折处的胸膜腔,探查肋膈隐窝和左肋纵隔隐窝。由于肺塌陷,胸膜隐窝较深。探查肋膈隐窝时,注意勿被肋骨断端刺伤。

5. **触摸肺韧带**　将肺下部拉向外,可见肺韧带位于肺根下方,连于肺与纵隔之间。将手伸至肺韧带下缘处,用拇指和示指捏取肺韧带。

（四）**取肺**

1. **解剖左肺根的结构**　左肺根前方有左膈神经和心包膈血管,后方有左迷走神经。用解剖刀切开肺根处的胸膜,用止血钳分离肺根内结构,观察支气管和肺血管的排列关系(见图3-12)。

2. **取左肺**　尽量将肺与纵隔分开,避开肺根周围的血管神经,用解剖刀垂直切断肺根和肺韧带,取出左肺。观察左肺的形态、分叶和肺韧带的附着部位。在肺门处,观察支气管、肺动脉、肺静脉、支气管动脉和支气管肺门淋巴结。

3. **解剖右肺根的结构**　右肺根前方有右膈神经和右心包膈血管,后方有右迷走神经,上方有奇静脉弓。用解剖刀切开肺根处的胸膜,分离肺根内结构并观察排列次序,并与左肺根比较(见图3-12)。

4. **取右肺**　切断肺根和肺韧带,取出右肺。观察内容与左肺相同。比较左、右肺的形态差异。

（五）**解剖肺**

左、右两肺分别解剖,然后对照观察。

1. **观察支气管动、静脉**　支气管动脉较细小,发自胸主动脉或右肋间后动脉等,其数目不定,一般以每侧各两支者为多见。支气管动脉于肺门后方,沿支气管穿壁入肺,在肺内分支分布于支气管壁、血管壁及脏胸膜等。静脉血经汇集成支气管静脉,经奇静脉和副半奇静脉回流入右心房。

2. **解剖肺内支气管和支气管肺段**　左、右主支气管进入肺门后即按肺叶布局分为肺叶支气管。观察左肺的上、下叶支气管;右肺的上、中、下叶支气管,及第二肺门的位置、结构。试着解剖1~2条肺叶支气管入肺叶后所分出的数支肺段支气管。观察肺段的外形,其尖朝向肺门,底位于肺表面。观察相邻肺段间的段间静脉。辨认并划分左、右肺的肺段的名称、位置和数量(见图3-14)。左肺两相邻的肺段支气管有无发生共干融合现象。

二、解剖纵隔

（一）纵隔侧面观

1. **左侧面观**   纵隔左侧面的中部有左肺根。肺根的前下方有心包。左膈神经与左心包膈血管经肺根前方下行，左迷走神经左肺根后方下行。左喉返神经勾绕主动脉弓或动脉韧带上行。肺根后方尚有胸主动脉、左交感干及内脏大、小神经，上方有主动脉弓及左颈总动脉和左锁骨下动脉（见图3-17）。

2. **右侧面观**   纵隔右侧面的中部有右肺根断端。肺根前下方为心包。右膈神经与右心包膈血管经右肺根前方下行，右迷走神经右肺根后方下行。右喉返神经绕右锁骨下动脉上行。肺根后方尚有食管、奇静脉、右交感干及内脏大、小神经，上方有奇静脉弓、右头臂静脉、上腔静脉、气管和食管，下方有食管后隐窝（见图3-18），将左右两手的手指分别从心包两侧伸入心包和食管下端的后方，体会位于右侧的食管后隐窝。

（二）解剖上纵隔

1. **解剖胸腺**   成人的胸腺大部分被脂肪组织代替。观察胸腺的毗邻。从下端沿心包和左头臂静脉的前面向上翻起胸腺。

2. **解剖头臂静脉和上腔静脉**   用止血钳分离头臂静脉和上腔静脉及其属支。比较左、右头臂静脉毗邻的不同。在左头臂静脉注入上腔静脉处的稍左侧，用剪刀剪断左头臂静脉，将其翻向左侧。

3. **解剖主动脉弓及其分支**   用止血钳清理主动脉弓发出的左锁骨下动脉、左颈总动脉和头臂干，观察主动脉弓及其分支的毗邻。清理动脉导管三角内的动脉韧带、左喉返神经和心浅丛，注意观察左喉返神经的走向和与动脉韧带的毗邻关系。

4. **解剖气管和左右主支气管**   在左颈总动脉与头臂干起点间用剪刀剪断主动脉弓，将其翻向两侧。清理气管、气管支气管淋巴结和气管旁淋巴结，游离位于气管杈前方的心深丛。清理气管杈，比较左、右主支气管的形态特点。

（三）解剖中纵隔

1. **解剖膈神经和心包膈血管**   膈神经和心包膈血管伴行，经肺根前方向下，紧贴心包侧壁下行至膈。用剪刀纵行剪开纵隔胸膜，分离膈神经和心包膈血管。

2. **解剖观察心包**   用解剖刀于膈神经和心包膈血管的前方和膈上1.5cm处作U形剪口切开心包前壁，向上翻开，观察心包内的心脏。将胸前壁复位，了解心的体表投影。

3. **探查心包窦**   触摸浆膜性心包脏、壁两层的反折部位，观察与心相连的大血管。用示指伸入升主动脉和肺动脉的后面与上腔静脉和左心房的前面之间，探查心包横窦。将手伸入左心房后壁与心包后壁之间，探查心包斜窦。向前托起心脏，观察心包斜窦境界。在心包前壁与下壁的反折处，用手指探查心包前下窦（见图3-22）。

4. **取心**   在心包内用解剖刀切断大血管，将心取出。观察心的外形、冠状动脉及其分支、冠状窦及其属支。

（四）解剖后纵隔

1. **解剖迷走神经**   用解剖刀切开纵隔胸膜，用止血钳分离出迷走神经的上段和喉返神经。左喉返神经绕主动脉弓或动脉韧带上部，沿气管与食管之间的沟上行至颈部。右喉返神经绕右锁骨下动脉上行至颈部。清理肺丛、食管前丛和食管后丛。

2. **解剖食管**   再次探查食管后隐窝。用解剖刀切开纵隔胸膜，清理食管，注意观察食管与左主支气管、左心房和食管后隐窝的毗邻关系。

3. **解剖胸主动脉**   用解剖刀切开左侧纵隔胸膜，观察胸主动脉的毗邻和分支。

4. **解剖奇静脉、半奇静脉和副半奇静脉**   用止血钳在胸后壁、脊柱的前方寻找并观察这些静脉的位置和属支。

5. 解剖胸导管 将食管推向左侧,在胸主动脉和奇静脉之间的结缔组织中分离找出胸导管下段。中段位于食管与脊柱之间。在食管上三角内,剖开左侧纵隔胸膜,沿食管左侧壁寻找胸导管上段。

6. 解剖胸交感干及内脏大、小神经 用解剖刀切开胸后壁的胸膜,观察胸交感干。用止血钳分离胸神经节与肋间神经相连的灰交通支和白交通支。将膈推向下,在胸后壁胸膜下面分离修洁内脏大、小神经。

(汪华侨)

第八节 临床病例分析

病例 3-1

患者,女,46 岁。因左乳房有一质硬而无痛的肿块入院检查。医生查体发现其左乳外上象限有一包块,该区皮肤增厚且表面呈橘皮样改变,左侧乳头位置明显高于右侧。腋窝触诊发现淋巴结增大、质硬。乳房钼靶斜位片显示:左乳外上象限可见边缘模糊的肿块,并可见多发性不规则钙化,邻近腺体分布较僵硬。乳房 MRI 增强后扫描显示:左乳外上象限可见边界清楚的分叶状肿块,边缘呈毛刺样改变,病灶呈不规则强化表现。

诊断:乳腺癌。

临床解剖学问题:

(1)左侧乳房外上象限的乳腺癌细胞最易经淋巴回流向何处转移?

(2)癌细胞通过淋巴扩散可能还会转移至何处的淋巴结?

(3)病变区皮肤的"橘皮样变"及乳头位置升高是如何形成的?

病例 3-2

患者,女,45 岁。因在打网球时来回奔跑,突感胸部疼痛并向左臂内侧放射入院检查。

临床解剖学问题:

(1)患者胸部及左臂疼痛可能由什么原因引起?

(2)为何会感觉到沿左臂内侧的疼痛?

病例 3-3

患者,女,13 岁。体格检查:听诊时医生发觉其左胸第 2 肋间近胸骨角处有机械样杂音,收缩期末最响,触诊发现相同部位有连续震颤。患者自述既往体育活动时,运动耐力较其他女孩低。胸部增强 CT 扫描、MPR 重建后显示:肺动脉干与主动脉弓之间有一相互连通的细管状结构。

诊断:动脉导管未闭(从左至右的血液分流),左、右心血液互通。

临床解剖学问题:

(1)动脉导管的位置与功能是什么?胚胎学起源及出生后应发生什么变化?

(2)特征性"机械样"杂音是如何形成的?

(3)临床上哪些情况会导致经动脉导管的血液从右至左的分流?

(4)手术中如何寻找动脉导管?

病例 3-4

患者,男,22 岁。因从建筑工地的脚手架上掉下,被钢筋刺伤急诊入院。体格检查:伤口位于左侧第 4 肋间近胸骨处。患者头颈部静脉淤血怒张。

临床解剖学问题:

(1)可能伤及哪些重要结构?

（2）什么原因导致头颈部静脉淤血？

（3）左侧第 4 肋间近胸骨处的刺伤是否会造成开放性气胸？

病例 3-5

患儿，男，16 个月。因突然窒息，其母为其拍背后略有缓解，但不久又开始咳嗽并有呼吸困难急诊入院。医生询问小儿咳嗽、呼吸困难前是否吃过什么东西，其母认为可能是误食了花生。

体格检查：小儿有咳嗽、呼吸困难等呼吸道刺激症状，右胸运动受限。右肺呼吸音减弱。右侧胸中、下部叩诊为浊音。

胸部 CT 扫描显示：右肺中、下叶支气管开口处有异物堵塞；右侧支气管未见异物，左侧支气管显示良好。

支气管镜检查：麻醉后行支气管镜检查支气管，于 CT 提示的右肺中、下叶支气管处发现异物。经支气管镜将异物钳出，为一颗花生粒。

诊断：右肺中、下叶支气管异物阻塞。

临床解剖学问题：

（1）异物为何易进入右主支气管？

（2）异物阻塞右肺中叶和下叶的解剖学基础是什么？

（3）如异物不能移除，右肺中叶和下叶将萎缩。请解释肺萎缩的原因。

（4）右肺叶膨胀不全（萎缩）的影像学表现如何？

（5）肺膨胀不全（萎缩）时对心脏、纵隔结构的位置及膈肌运动有何影响？

病例 3-6

患者，男，45 岁。吸烟 29 年，因近段时间说话声音有变，体重明显下降，伴持续性咳嗽并有血痰入院。气管镜检查显示气管隆嵴扭曲变形，胸部放射检查为左肺上叶占位型病变，术后肺组织病理检查诊断为左肺上叶支气管癌。

临床解剖学问题：

（1）鉴于患者的症状及体征，哪些部位可能有肺癌细胞转移？

（2）患者为什么会有声音改变？

（3）为何会造成气管隆嵴的扭曲变形？

（夏蓉　李文生）

第四章 腹 部

第一节 概 述

腹部 abdomen 是躯干部的一部分,居于胸部和盆部之间,由腹壁、腹腔及腹腔内容物等组成。腹壁除后方以脊柱为支架外,其余部分由肌和筋膜等软组织组成。腹壁所围成的内腔即**腹腔** abdominal cavity,其上界是向上膨隆的膈,下界为骨盆上口,向下通盆腔。由于膈穹窿高达第 4、5 肋间隙水平,小肠等腹腔脏器也经常低达盆腔,所以腹腔的实际范围远超过腹部的体表境界。腹腔内有脏器、血管、神经、淋巴管、淋巴结及腹膜等结构。

一、境界与分区

（一）境界

腹部的上界为剑突(或剑胸结合处)和两侧肋弓下缘,经第 11、12 肋游离缘直至第 12 胸椎棘突的连线;下界为耻骨联合上缘、两侧的耻骨嵴、耻骨结节、腹股沟韧带、髂前上棘、髂嵴和髂后上棘至第 5 腰椎棘突的连线。

（二）分区

腹壁以两侧腋后线的延长线为界,分为前方的腹前外侧壁和后方的腹后壁。为了描述和确定腹腔脏器的位置,临床上常用两条水平线和两条垂直线将腹部分为九个区,即九分法(图 4-1):上水平线为经过两侧肋弓最低点(相当于第 10 肋)的连线,下水平线为经过两侧髂前上棘或髂结节的连线;两条垂直线分别通过左、右半月线(腹直肌外侧缘)或腹股沟中点。九个区是:上部的**腹上区** epigastric region 和左、右**季肋区** hypochondriac region,中部的**脐区** umbilical region 和左、右**腰区** lumbar region(外

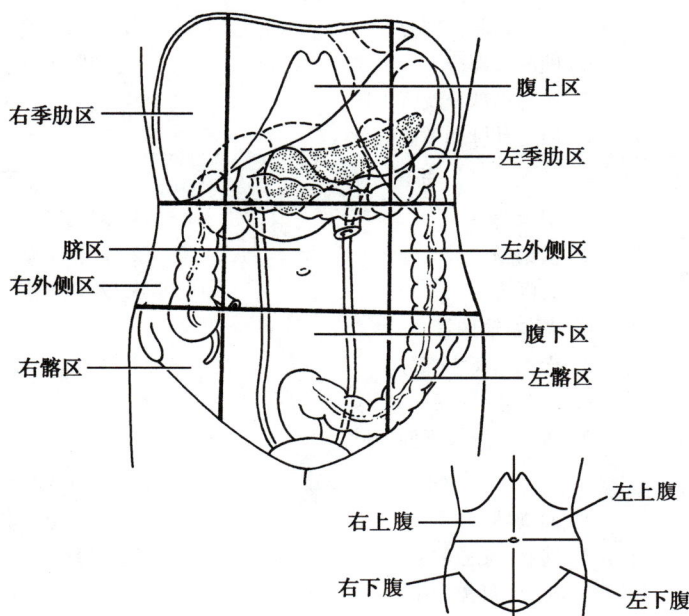

图 4-1　腹部的分区及腹腔主要脏器的体表投影

侧区),下部的**腹下区**hypogastric region 和左、右**腹股沟区**inguinal region(或髂区)。

此外,还有较为简单的"四分法",即通过脐的纵横两条线将腹部分为左、右上腹部和左、右下腹部四个区(图4-1)。

二、表面解剖

(一)体表标志

1. **耻骨联合**pubic symphysis　为左、右髋骨在前方的连结处,由纤维软骨构成。耻骨联合上缘是小骨盆上口的标志之一。成人的膀胱在空虚状态时位于耻骨联合上缘平面以下。

2. **耻骨结节**pubic tubercle　位于耻骨联合外侧2～3cm处,系腹股沟韧带内侧端的附着点。耻骨结节外上方1～2cm处即腹股沟管皮下环的位置。

3. **髂嵴**iliac crest　为髂骨翼的上缘,位于皮下,全长均可触及。髂嵴的前端为**髂前上棘**anterior superior iliac spine,有腹股沟韧带附着,是重要的骨性标志。髂嵴的后端为**髂后上棘**posterior superior iliac spine。髂嵴骨质肥厚,临床上常于此做骨髓穿刺。两侧髂嵴最高点的连线平第4腰椎棘突,是腰穿的重要标志。

4. **脐**umbilicus　脐平面通过第3、4腰椎之间。脐平面上方约2.5cm平对肠系膜下动脉起始处。

5. **半月线**linea semilunaris　又称腹直肌线或Spiegel线,为沿腹直肌外侧缘的弧形线。右侧半月线与肋弓相交处为胆囊底的体表投影,又称Murphy点。

(二)体表投影

腹腔内脏器的位置因年龄、体形、体位、呼吸运动及内脏充盈程度而异。一般情况下,成人腹腔内主要器官在腹前壁的投影见图4-1和表4-1。

表4-1　腹腔主要器官在腹前壁的投影

右季肋区	腹上区	左季肋区
1. 右半肝大部分	1. 右半肝小部分及左半肝大部分	1. 左半肝小部分
2. 部分胆囊	2. 胆囊	2. 胃贲门、胃底及部分胃体
3. 结肠右曲	3. 胃幽门部及部分胃体	3. 脾
4. 右肾上部	4. 胆总管、肝固有动脉和门静脉	4. 胰尾
	5. 十二指肠大部分	5. 结肠左曲
	6. 胰的大部分	6. 左肾上部
	7. 两肾一部分及肾上腺	
	8. 腹主动脉和下腔静脉	
右腰区	**脐区**	**左腰区**
1. 升结肠	1. 胃大弯	1. 降结肠
2. 部分回肠	2. 横结肠	2. 部分空肠
3. 右肾下部	3. 大网膜	3. 左肾下部
	4. 左、右输尿管	
	5. 十二指肠小部分	
	6. 部分空、回肠	
	7. 腹主动脉及下腔静脉	
右腹股沟区	**腹下区**	**左腹股沟区**
1. 盲肠	1. 回肠袢	1. 大部分乙状结肠
2. 阑尾	2. 膀胱(充盈时)	2. 回肠袢
3. 回肠末端	3. 子宫(妊娠后期)	
	4. 部分乙状结肠	
	5. 左、右输尿管	

第二节　腹前外侧壁

腹前外侧壁的不同部位,其层次和结构有很大差异。外科手术时,在腹前外侧壁不同部位做手术切口,必须熟悉其不同的层次和结构(图4-2)。

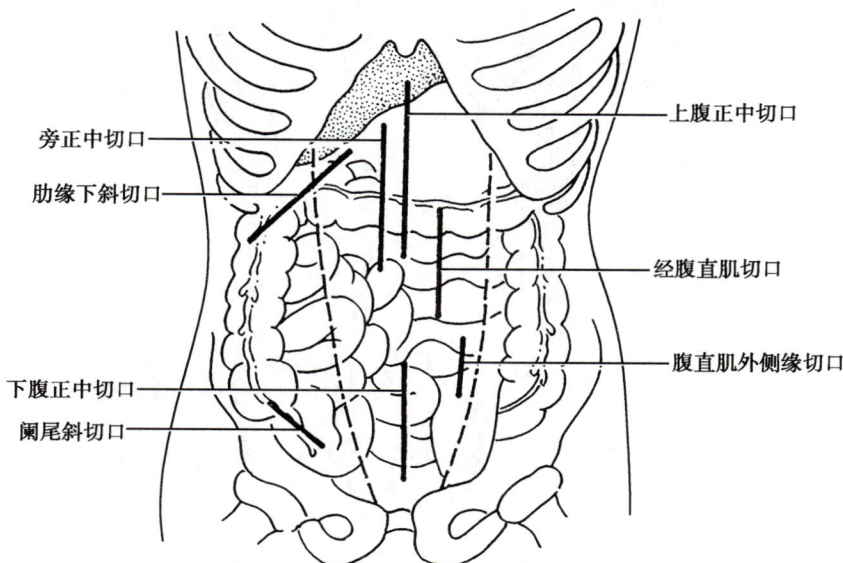

旁正中切口

肋缘下斜切口

下腹正中切口

阑尾斜切口

上腹正中切口

经腹直肌切口

腹直肌外侧缘切口

图4-2　腹前外侧壁常用手术切口

一、层次

(一) 皮肤

腹前外侧壁的皮肤薄而富于弹性。除脐部外,皮肤易与皮下组织分离。临床上常从腹部切取皮瓣进行整形手术。特别是腹股沟附近的皮肤,移动性小,可供吻合的皮血管丰富,常在该区切取皮片或皮瓣作移植。

腹前外侧壁皮肤的感觉神经分布虽有重叠现象,但仍具有明显的节段性:第6肋间神经分布于剑突平面,第8肋间神经分布于肋弓平面,第10肋间神经分布于脐平面,肋下神经分布于髂前上棘平面,第1腰神经分布于腹股沟平面(图4-3,见图4-9)。临床上常借皮肤感觉的缺失平面来初步估计脊髓或脊神经根的病变部位及外科手术所需的麻醉平面。

(二) 浅筋膜

腹前外侧壁的浅筋膜一般较厚,与身体其他部位的浅筋膜相互延续,由脂肪和疏松结缔组织构成。脐平面以下的浅筋膜分浅、深两层:浅层为含大量脂肪组织的Camper筋膜(又称脂肪层),向下与股前区的浅筋膜相续;深层为富含弹性纤维的膜性层即Scarpa筋膜,在中线处附于白线;向下在腹股沟韧带下方约一横指处与股前区阔筋膜愈合;向内下与阴囊肉膜和会阴浅筋膜(Colles筋膜)相续。因此,Scarpa筋膜与腹前外侧壁肌层之间的间隙和会阴浅隙相通。当前尿道损伤时,尿液可经会阴浅隙蔓延到同侧的腹前外侧壁,但不能越过中线到对侧腹前外侧壁。

浅筋膜内含有丰富的浅血管、淋巴管和皮神经。

1. **浅动脉**　腹前外侧壁的浅动脉来自肋间后动脉、肋下动脉和腰动脉的分支,都比较细小;腹正中线附近的浅动脉来自腹壁上、下动脉的分支;腹前外侧壁下半部的浅动脉:**腹壁浅动脉**superficial epigastric artery和**旋髂浅动脉**superficial iliac circumflex artery,均起自股动脉,前者越过腹股沟韧带中、内三分之一交界处向脐部上行;后者在浅筋膜浅、深两层之间行向髂前上棘。临床上,常取腹下部的

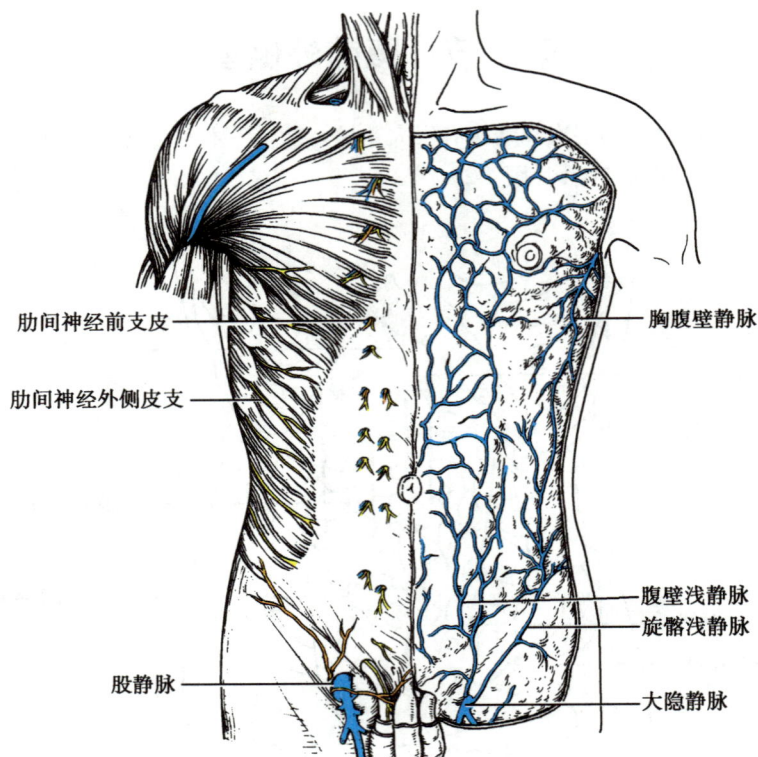

图 4-3   腹前外侧壁的皮神经和浅静脉

带蒂或游离皮瓣,用于修复前臂和手部的伤疤。

2. **浅静脉**   腹壁的浅静脉比较丰富。在脐区,浅静脉细小彼此吻合成脐周静脉网。在脐平面以上,浅静脉逐级汇合成一较大的**胸腹壁静脉** thoracoepigastric vein,并经胸外侧静脉注入腋静脉;在脐平面以下,浅静脉经腹壁浅静脉或旋髂浅静脉汇入大隐静脉,再回流入股静脉(图 4-3)。因此,腹壁的浅静脉构成了上、下腔静脉系统之间吻合。当上、下腔静脉之一有阻塞时,血液可经另一腔静脉途径回流,呈现"纵行"的腹壁浅静脉曲张。在脐区,浅静脉与深部的附脐静脉相吻合,并借之与肝门静脉沟通,从而构成肝门静脉系统与上、下腔静脉系统的吻合。肝门静脉高压时,肝门静脉的血液反流向脐周静脉网,呈现以脐为中心的放射状的静脉曲张,形成"海蛇头"征(图 4-3)。

3. **腹前外侧壁的浅淋巴管**   与浅血管伴行,浅筋膜中的淋巴管在脐平面以上注入腋淋巴结,脐平面以下注入腹股沟浅淋巴结上群,向深面亦可通过肝圆韧带内的淋巴管至肝门处的淋巴结。

(三) 肌层

腹前外侧壁的肌包括位于前正中线两侧的腹直肌和腹直肌外侧的腹外斜肌、腹内斜肌和腹横肌(图 4-4)。

1. **腹直肌** rectus abdominis   为上宽下窄的带形多腹肌。肌纤维被 3~5 个**腱划** tendinous intersections 分隔。腱划与腹直肌鞘前层紧密相连、剥离困难,与腹直肌鞘后层不相连。手术时,切开腹直肌鞘前层后可向外侧牵拉腹直肌,暴露腹直肌鞘后层。但尽量不要向内侧牵拉,以防损伤胸神经前支。腹直肌下端的前内方常有三角形的小扁肌——**锥状肌** pyramidalis。

2. **腹外斜肌** obliquus externus abdominis   为腹前外侧壁浅层的扁肌。肌纤维自外上向内下斜行,在腹直肌外侧缘、髂前上棘与脐连线以下移行为腱膜(图 4-4,图 4-5)。其中,连于髂前上棘至耻骨结节间的腱膜卷曲增厚,形成**腹股沟韧带** inguinal ligament。腹股沟韧带内侧端一小部分腱膜由耻骨结节向下后外侧转折并附于耻骨梳,其转折处形成三角形的**腔隙韧带** lacunar ligament(又称陷窝韧带);附着于耻骨梳的部分构成**耻骨梳韧带** pectineal ligament(Cooper 韧带)(图 4-6)。

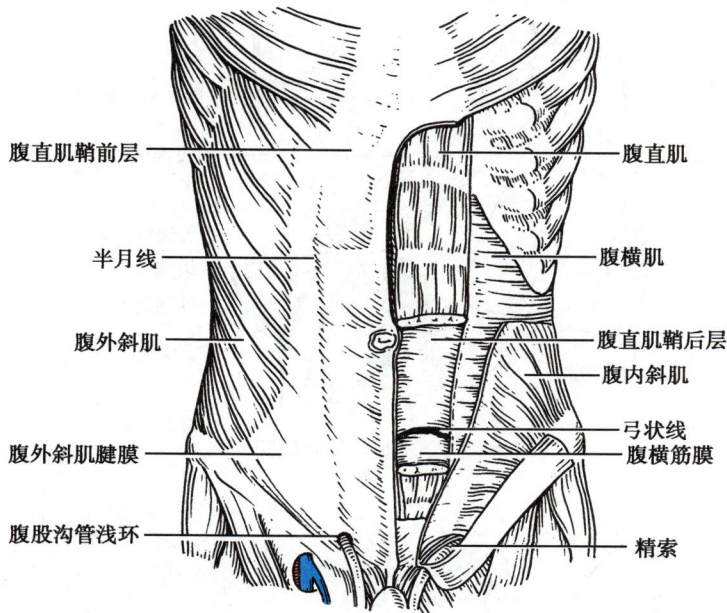

腹直肌鞘前层

半月线

腹外斜肌

腹外斜肌腱膜

腹股沟管浅环

腹直肌

腹横肌

腹直肌鞘后层

腹内斜肌

弓状线

腹横筋膜

精索

（1）腹前外侧壁浅层肌

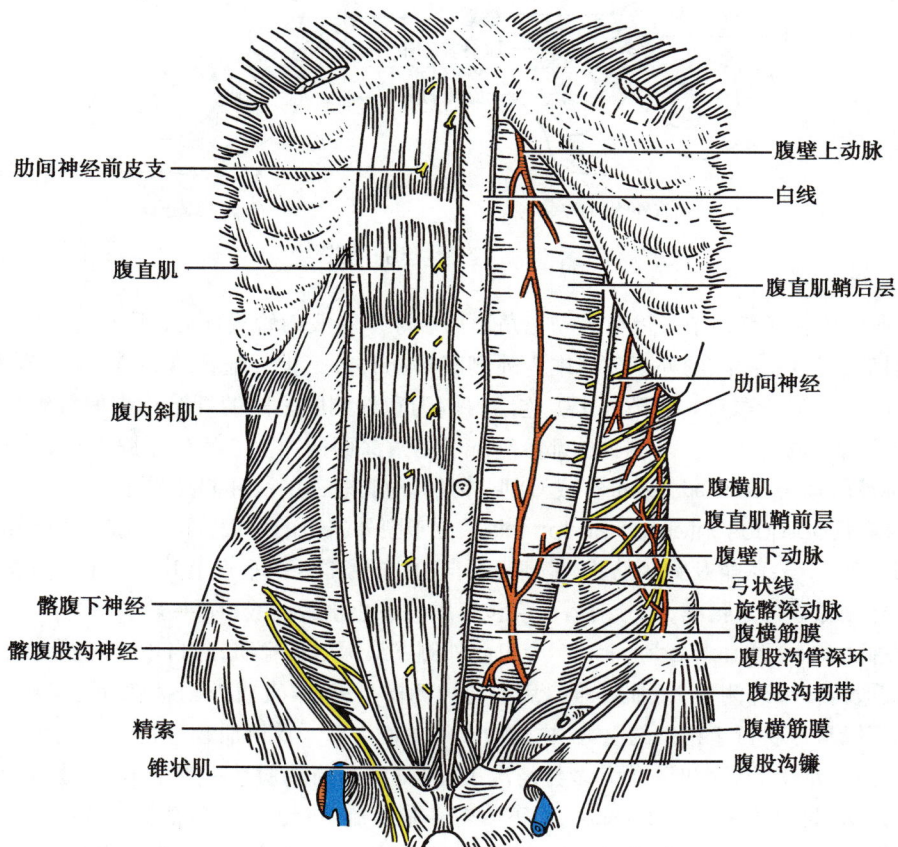

肋间神经前皮支

腹直肌

腹内斜肌

髂腹下神经

髂腹股沟神经

精索

锥状肌

腹壁上动脉

白线

腹直肌鞘后层

肋间神经

腹横肌

腹直肌鞘前层

腹壁下动脉

弓状线

旋髂深动脉

腹横筋膜

腹股沟管深环

腹股沟韧带

腹横筋膜

腹股沟镰

（2）腹前外侧壁深层肌与血管神经

图 4-4　腹前外侧壁肌、血管与神经

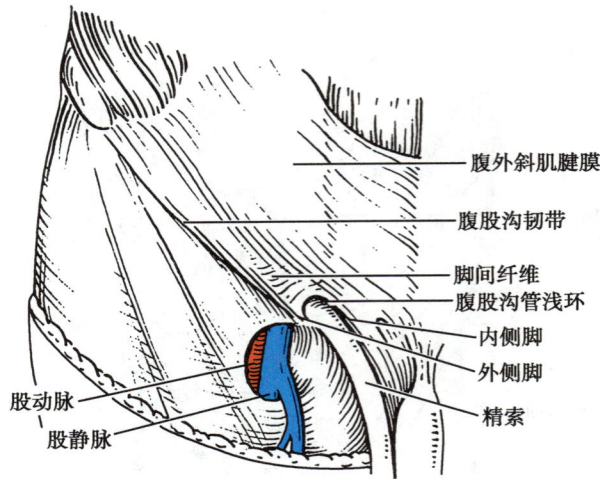

图 4-5   腹外斜肌腱膜

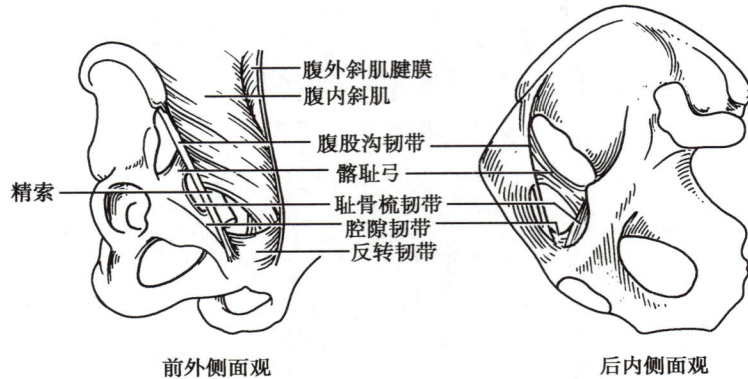

前外侧面观   后内侧面观

图 4-6   腹股沟区的韧带

　　腹外斜肌腱膜在耻骨结节外上方有一三角形的裂隙即腹股沟管浅环（皮下环）。男性有精索、女性有子宫圆韧带通过。裂隙的外下部纤维为**外侧脚** lateral crus，止于耻骨结节；其内上部纤维为**内侧脚** medial crus，止于耻骨联合。裂隙外上方连结内侧脚和外侧脚之间的纤维称**脚间纤维** intercrural fibers，有防止两脚分离的作用。外侧脚的部分纤维经精索深面向内上方反折至腹白线，并与对侧的纤维相愈合，称**反转韧带** reflected ligament 或 Colles 韧带，对其表面的浅环起加强作用。

　　3. **腹内斜肌** obliquus internus abdominis   位于腹外斜肌的深面，亦为扁肌。肌纤维起自腹股沟韧带外侧 1/2～2/3、髂嵴及胸腰筋膜，呈扇形斜向内上，后部纤维垂直上升止于下 3 对肋，其余肌纤维在腹直肌外侧缘移行为腱膜，并分前后两层包裹腹直肌止于腹白线（图 4-4）。

　　4. **腹横肌** transversus abdominis   为腹前外侧壁最深层的扁肌，起自下 6 对肋骨内面、胸腰筋膜、髂嵴及腹股沟韧带外侧 1/3。肌纤维自后向前内侧横行，至腹直肌外侧缘移行为腱膜。腹内斜肌与腹横肌的下缘呈弓状行于精索的上方，构成腹股沟管的上壁。此两肌越过精索后，继续向内侧行至腹直肌的外侧缘、精索的后方时，在大多数情况下，肌纤维移行为腱膜并结合在一起，形成**腹股沟镰** inguinal falx，亦称**联合腱** conjoined tendon，向下附着于耻骨梳韧带。在少数情况下两肌的肌纤维融合，此时称联合肌。腹横肌和腹内斜肌下缘的部分肌纤维沿精索下行延续为菲薄的**提睾肌** cremaster muscle，包裹精索和睾丸，有上提睾丸的作用（图 4-7）。

　　（四）腹横筋膜

　　腹横筋膜 transverse fascia 位于腹横肌及其腱膜的深面，为腹内筋膜的一部分。腹横筋膜与腹横肌结合较疏松，与腹直肌鞘后层紧密相连。腹横筋膜在腹上部较薄弱，接近腹股沟韧带和腹直肌外侧

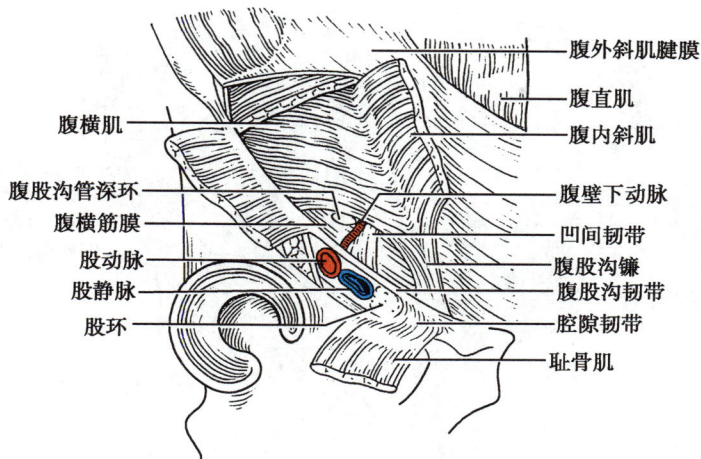

图 4-7 腹内斜肌、腹横肌与腹股沟镰

缘处较致密。在腹股沟韧带中点上方约 1.5cm 处呈漏斗状突出,其起始处呈卵圆形的孔称**腹股沟深环** profundal inguinal ring。从深环延续包裹在精索外面的腹横筋膜形成精索内筋膜。在深环内侧有时有一些纵行的纤维束加强腹横筋膜,这些纵行的纤维束称**凹间韧带** interfoveolar ligament(图 4-7)。

（五）腹膜外组织

腹膜外组织 extraperitoneal tissue 又称腹膜外脂肪,位于腹横筋膜与壁腹膜之间的疏松结缔组织,向后与腹膜后隙的疏松结缔组织相续。在下腹部尤其是在腹股沟区,含有较多的脂肪组织,其内有腹壁下血管和输精管等。临床泌尿外科和妇产科手术时,尽量避免进入腹膜腔,经腹膜外组织的入路进行。

（六）壁腹膜

腹膜外组织深面的一层浆膜即壁腹膜,向上移行为膈下腹膜,向下延续为盆腔的腹膜。在脐以下腹前壁形成 5 条皱襞:脐正中襞位于中线上,由脐至膀胱尖,内有脐尿管索,是胚胎期脐尿管闭锁形成的遗迹。如出生后仍未闭锁,常在脐部有蚯蚓状皮管突出,并与膀胱连通;位于脐正中襞外侧为一对脐内侧襞,内有脐动脉索通过,后者是胚胎期脐动脉闭锁后的遗迹,又称脐动脉襞;最外侧的一对脐外侧襞,内有腹壁下血管通过,又称腹膜下血管襞。

在腹股沟韧带上方,上述 5 条皱襞之间形成 3 对小凹,即膀胱上窝、腹股沟内侧窝和腹股沟外侧窝。腹股沟内侧窝正对腹股沟三角和腹股沟管浅环;腹股沟外侧窝正对腹股沟管深环。腹股沟内侧窝和外侧窝是腹前壁的薄弱区,腹腔内容物由此突出,可分别形成腹股沟直疝和斜疝(图 4-8)。

（七）腹前外侧壁深层的血管和神经

1. **血管** 腹前外侧壁深层的动脉有三组,即下 5 对肋间后动脉、肋下动脉及腹直肌深面的腹壁上动脉、腹壁下动脉和旋髂深动脉(见图 4-4)。

（1）**肋间后动脉** posterior intercostal artery、**肋下动脉** subcostal artery:起自胸主动脉的下 5 对肋间后动脉、肋下动脉,沿相应的肋间隙和第 12 肋下方逐渐向前下行于腹内斜肌和腹横肌之间,在腹直肌鞘的外侧缘穿入腹直肌鞘后层,行于腹直肌的后方。发出分支营养肋间肌及腹壁诸肌。

（2）**腹壁下动脉** inferior epigastric artery:在近腹股沟韧带中点稍内侧处发自髂外动脉,在腹股沟管深环内侧的腹膜外组织内斜向上内,穿腹横筋膜上行于腹直肌与腹直肌鞘后层之间,至脐平面附近与发自胸廓内动脉的**腹壁上动脉** superior epigastric artery 吻合,并与肋间后动脉和肋下动脉的终末支在腹直肌外侧缘吻合。腹壁下动脉的体表投影为腹股沟韧带中点稍内侧与脐的连线。临床上做腹腔穿刺时,应在此投影线的外上方进针,以免损伤该动脉。

（3）**旋髂深动脉** deep circumflex iliac artery:约与腹壁下动脉同一水平发自髂外动脉,在腹膜外组

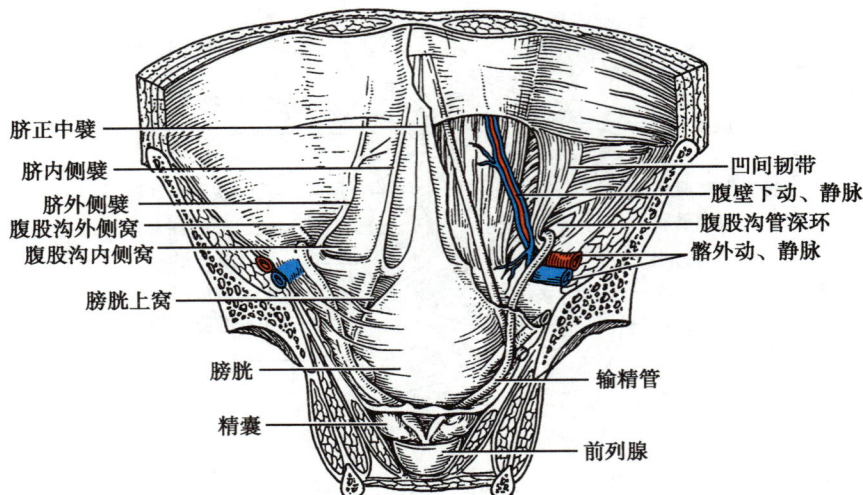

图4-8　腹前壁内面的皱襞及凹窝

织内斜向外上方达髂前上棘内侧,穿腹横肌分布于腹前外侧壁的三层扁肌及腰大肌、髂肌等,并分出数条营养动脉进入髂嵴内唇。临床上常取旋髂深动脉作为营养动脉的带血管蒂髂骨移植。行阑尾切除术时,如需向外侧延伸切口,需注意勿伤及旋髂深动脉。

腹前外侧壁的深静脉与同名动脉伴行。

2. 神经　腹前外侧壁的神经主要有第7~12胸神经前支、髂腹下神经、髂腹股沟神经和生殖股神经(见图4-4,图4-9)。

(1)**第7~12胸神经前支**:第7~11肋间神经和肋下神经与相应的动脉行程一致,向前下行于腹内斜肌与腹横肌之间,至腹直肌鞘外侧缘处穿入腹直肌鞘后层行于腹直肌后面,沿途发出肌支支配肋间肌和腹前外侧壁诸肌;在腋中线和前正中线附近分别发出外侧皮支和前皮支,分布于腹前外侧壁的皮肤。

(2)**髂腹下神经 iliohypogastric nerve**:起自腰大肌深面的腰丛,在腰大肌的外侧缘穿出后在腰方肌表面行向外下方行于腹横肌与腹内斜肌之间;在髂前上棘内侧2~3cm处穿腹内斜肌行于腹外斜肌腱膜深面;在腹股沟管浅环上方3~4cm处,穿腹外斜肌腱膜至浅筋膜延续为髂腹下神经前皮支,分布于耻骨联合以上的皮肤。髂腹下神经在行程中发出肌支支配腹壁诸肌[图4-11(1),(2)]。

(3)**髂腹股沟神经 ilioinguinal nerve**:起自腰丛,其行程与髂腹下神经相似并在其下方与之平行。但在腹外斜肌腱膜的深面,髂腹股沟神经向下进入腹股沟管并行于精索的内侧,从腹股沟管浅环穿出后,其终末支分布于阴囊或大阴唇皮肤。髂腹股沟神经发出肌支支配腹壁诸肌[图4-11(2)]。有时髂腹股沟神经与髂腹下神经合为一干,在腹股沟韧带上方的腹前壁才分开。

(4)**生殖股神经 genitofemoral nerve**:起自腰丛,从腰大肌前面穿出并在其表面下行,在腹股沟韧带

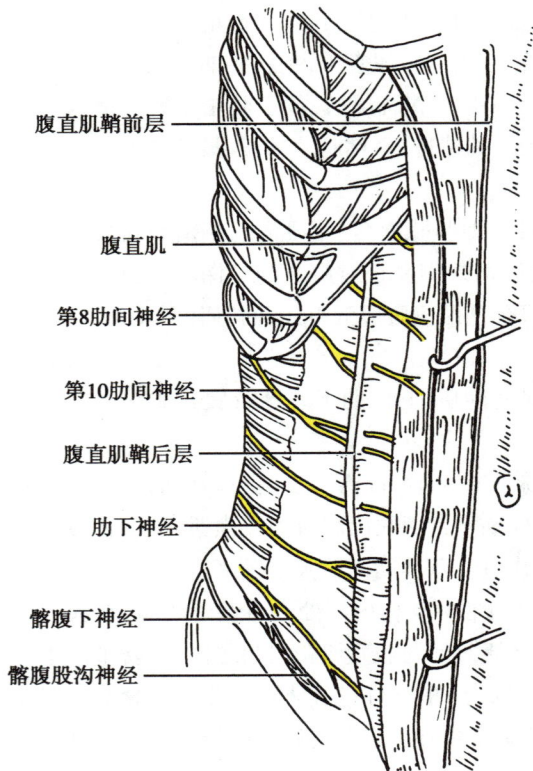

图4-9　腹前外侧壁的神经

上方分为股支和生殖支。股支经腹股沟韧带深面进入股前内侧区,分布于股三角的皮肤;生殖支又称精索外神经,由腹股沟管深环进入腹股沟管并沿精索外侧下行,从浅环穿出后,发出分支支配提睾肌及阴囊或大阴唇皮肤[图4-11(2)]。

生殖股神经的生殖支和髂腹股沟神经通过腹股沟管,并从浅环穿出。在手术显露腹股沟管或处理疝囊时,应尽量避免损伤这些神经。

二、局部结构

(一)腹直肌鞘

腹直肌鞘sheath of rectus abdominis 是包裹腹直肌和锥状肌的纤维结缔组织,由3块扁肌的腱膜组成(图4-4,图4-10)。前层由腹外斜肌腱膜和腹内斜肌腱膜的前层组成,后层由腹内斜肌腱膜的后层和腹横肌腱膜组成。但在脐下4~5cm处,腹内斜肌腱膜和腹横肌腱膜都行于腹直肌的前方参与构成腹直肌鞘前层。腹直肌鞘后层的下缘呈一凹向下的弓状游离缘,称**弓状线**arcuate line 或**半环线**linea semicircularis。弓状线以下腹直肌后面紧贴腹横筋膜。在腹直肌外侧缘,腹直肌鞘前、后层相愈合,在腹前外侧壁形成一凸向外侧的半月形弧形,称**半月线**linea semilunaris(见图4-4,图4-10)。

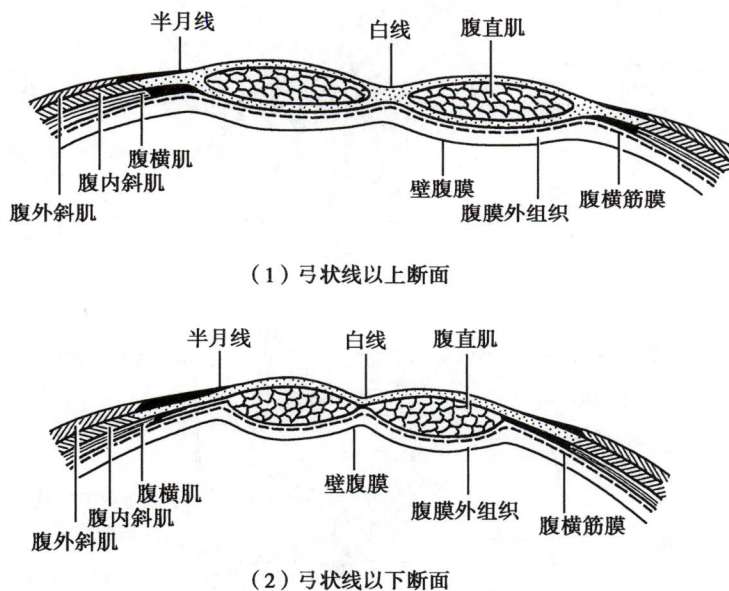

(1)弓状线以上断面

(2)弓状线以下断面

图4-10 腹直肌鞘

(二)腹白线和脐环

腹白线亦称**白线**linea alba,由腹前外侧壁3层扁肌的腱膜在腹前正中线上互相交织而成,上宽下窄。脐以上白线宽1~2cm,较坚韧而血管较少,因此更明显。在白线处(特别是脐以上),交错的腱膜纤维之间形成一些小孔或裂隙,如腹膜外组织甚至壁腹膜等由此突出,则形成白线疝(图4-10)。

腹白线的腱膜纤维在脐处环绕脐形成**脐环**umbilical ring。若此环薄弱、发育不良或残留有小裂隙,可形成脐疝。脐疝最常发生于25~40岁,女性多于男性,反复妊娠和肥胖是其最重要的诱因。

(三)腹股沟管

腹股沟管inguinal canal 是位于腹股沟韧带内侧半上方约1.5cm处的由肌与筋膜间形成的潜在性裂隙,长4~5cm,与腹股沟韧带平行。男性有精索、女性有子宫圆韧带通过。腹股沟管是腹前外侧壁的重要薄弱部位,有两口四壁(图4-11)。

腹股沟管内口又称深环或腹环,位于腹股沟韧带中点上方1.5cm处,是腹横筋膜斜向外下呈漏斗状的突出包裹在精索表面,其起始部分形成的卵圆形孔,称为腹股沟管内口或深环。腹横筋膜包裹在

腹外斜肌

腹外斜肌腱膜

腹股沟韧带

髂腹下神经前皮支

内侧脚

大隐静脉

腹外斜肌腱膜

腹内斜肌

白线

腹股沟管浅环

精索

生殖股神经生殖支

（1）浅层

腹外斜肌

腹内斜肌

髂腹下神经

髂腹股沟神经

腹股沟镰

反转韧带

大隐静脉

白线

腹直肌鞘前层

腹直肌

锥状肌

腹股沟管浅环

生殖股神经生殖支

（2）中层

腹外斜肌

腹内斜肌

腹横肌

提睾肌

睾丸动脉

精索内筋膜

蔓状静脉丛

腹外斜肌腱膜

白线

腹壁下动脉

腹股沟镰

腹股沟韧带

精索

（3）深层

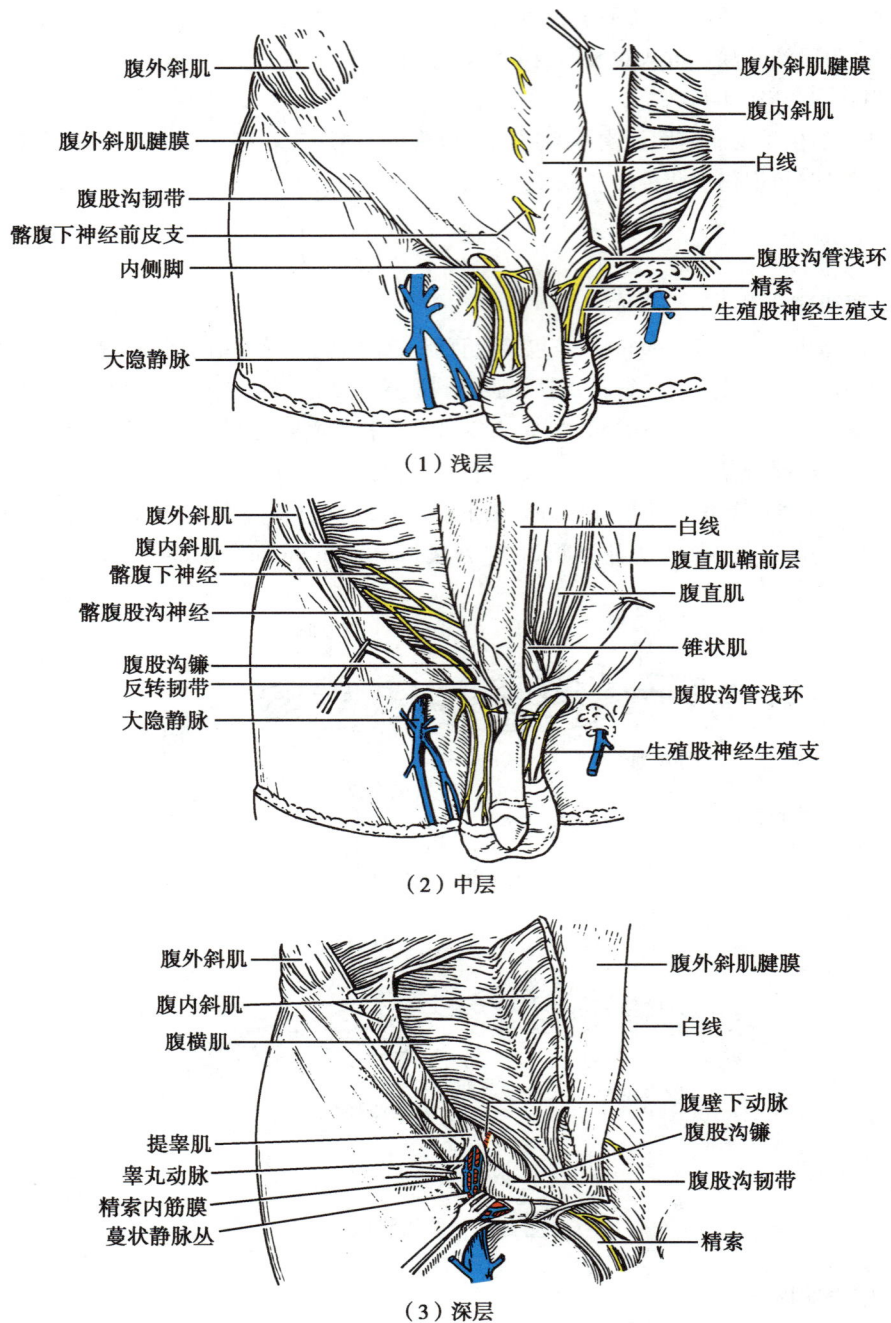

图4-11 腹股沟管

精索表面形成精索内筋膜。

　　腹股沟管外口又称**浅环**或**皮下环**superficial inguinal ring，为腹外斜肌腱膜在耻骨结节外上方的一个三角形裂隙，精索或子宫圆韧带由此穿出。在浅环，腹外斜肌腱膜变薄并延续向下包裹在精索的表面，形成精索外筋膜。

　　腹股沟管前壁由位于精索前面的腹外斜肌腱膜构成。管的外侧 1/3 处，在有起自腹股沟韧带的腹内斜肌行于精索前面，与腹外斜肌腱膜共同构成前壁。腹股沟管后壁由位于精索后面的腹横筋膜构成。在管的内侧 1/3 处，有发育程度不一的联合腱或联合肌行于精索后面，与腹横筋膜共同构成后壁。在接近外口处，尚有反转韧带参与构成腹股沟管的后壁。腹股沟管上壁位于精索的上方，由腹内斜肌和腹横肌的游离下缘（弓状下缘）构成。腹股沟管下壁由位于精索下方的腹股沟韧带构成。

腹股沟疝修补术时,根据情况可将腹内斜肌和腹横肌的弓状下缘及联合腱在精索之前缝合于腹股沟韧带(加强前壁的 Ferguson 法),亦可将它们在精索之后拉向下缝合于腹股沟韧带或耻骨梳韧带上(加强后壁的 Bassini 法)。

(四)腹股沟三角

腹股沟三角 inguinal triangle,又称 **Hesselbach 三角**,由腹直肌外侧缘、腹股沟韧带和腹壁下动脉围成(图 4-12)。三角区内无腹肌,腹横筋膜又较薄弱,加之腹股沟管浅环也位于此区,因此是腹前外侧壁的又一薄弱部位。

此区的腹壁层次由浅入深依次为:皮肤→浅筋膜→腹外斜肌腱膜及腹股沟管浅环→腹横筋膜→腹膜外组织→壁腹膜。

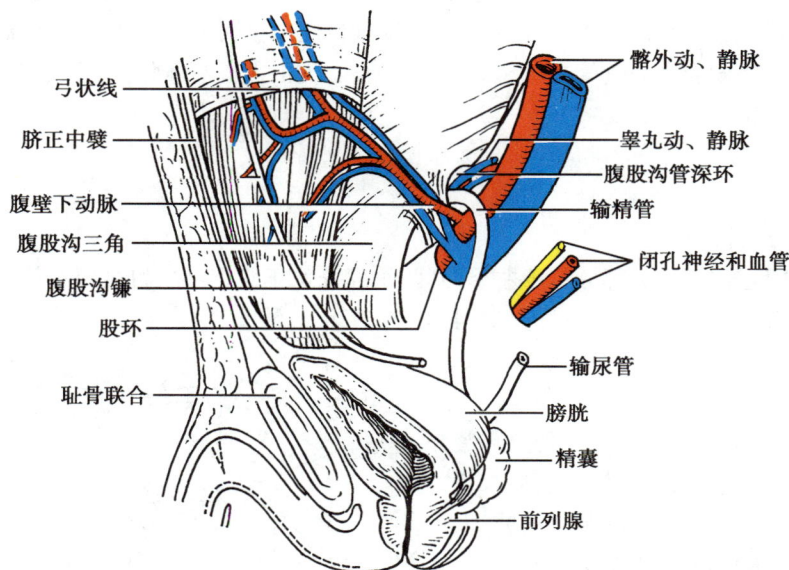

图 4-12　腹股沟三角(内面观)

(五)腹股沟疝

凡器官或结构由先天或后天形成的裂口或薄弱区,自其原来的生理位置脱出者称为疝。腹腔脏器从腹壁薄弱区——腹股沟韧带上方的腹壁脱出形成疝,称为腹股沟疝。腹股沟疝分斜疝与直疝,以斜疝为多见。斜疝是指腹腔脏器(通常为肠管)从腹股沟管深环脱出进入腹股沟管并可从浅环降入阴囊。直疝是指腹腔脏器从腹壁下动脉的内侧、腹股沟管的后壁顶出、经腹股沟三角的腹前壁突出,在腹股沟内侧部位出现半球形可复性肿块。

三、睾丸下降与腹股沟疝的关系

胚胎早期,睾丸位于脊柱两侧、腹后壁的腹膜后隙内。胚胎第 3 个月末,睾丸降至髂窝。第 7 个月达到腹股沟管内口,并同中肾管演化来的附睾和输精管等一起经腹股沟管降至皮下环。出生前后降入阴囊。随着睾丸下降,腹膜形成双层鞘状突起,称**腹膜鞘突** vaginalis processes of peritoneum,顶着腹前外侧壁随睾丸下降至阴囊。在正常情况下,睾丸降入阴囊后,鞘突包绕睾丸部分形成睾丸固有鞘膜壁层和脏层,壁、脏两层之间的腔隙为睾丸鞘膜腔,其余部分则完全闭锁形成鞘突剩件(鞘韧带)。如出生后睾丸仍未降入阴囊而停留在下降途径中的某部位(多在腹股沟管),称为隐睾。如出生时睾丸上方的腹膜鞘突仍未闭锁,睾丸鞘膜腔与腹膜腔相通,则形成先天性的交通性睾丸鞘膜积液,同时易并发先天性腹股沟斜疝。

(袁琼兰)

第三节　结　肠　上　区

结肠上区介于膈与横结肠及其系膜之间,主要有食管腹部、胃、肝、肝外胆道和脾等结构。十二指肠和胰的大部分位于腹膜后隙,但为了叙述方便,并入结肠上区介绍。

一、食管腹部

食管腹部 abdominal part of esophagus 在第 10 胸椎高度、正中矢状面左侧 2~3cm 处穿膈的食管裂孔进入腹腔,长 1~2cm,位于肝左叶的食管切迹处。食管进入腹腔后向左下连胃贲门,食管右缘与胃小弯之间无明显界限,而左缘与胃底之间借贲门切迹明显分界。食管腹部前面有迷走神经前干经过,后面有迷走神经后干,均由腹膜覆盖。食管腹部的动脉供应来自膈下动脉和胃左动脉的食管支;食管腹部的静脉在黏膜下吻合参与食管静脉丛的形成,经食管支汇入胃左静脉;食管腹部接受迷走神经和来自腹腔神经丛的交感神经分支。

二、胃

（一）位置与毗邻

胃 stomach 中度充盈时,大部分位于左季肋区,小部分位于腹上区。胃贲门在第 11 胸椎左侧,幽门在第 1 腰椎下缘右侧。活体胃的位置常因体位、呼吸、胃的充盈程度及肠管的状态而变化(图 4-13)。

胃前壁右侧份邻接左半肝,左侧份上部紧邻膈,下部接触腹前壁,此部移动性大,通常称为胃前壁的游离区。胃后壁隔网膜囊与胰、左肾上腺、左肾、脾、横结肠及其系膜相毗邻,这些器官共同形成胃床(图 4-14)。

（二）网膜与韧带

1. **大网膜** greater omentum　连接于胃大弯与横结肠之间,呈围裙状下垂,遮盖于横结肠和小肠的前面,其长度因人而异(图 4-15)。成人大网膜前两层和后两层通常愈合,

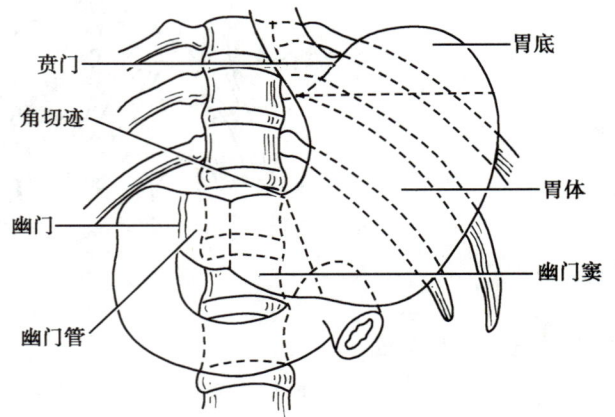

图 4-13　胃的位置

使前两层上部直接由胃大弯连至横结肠,形成**胃结肠韧带** gastrocolic ligament。大网膜具有很大的活

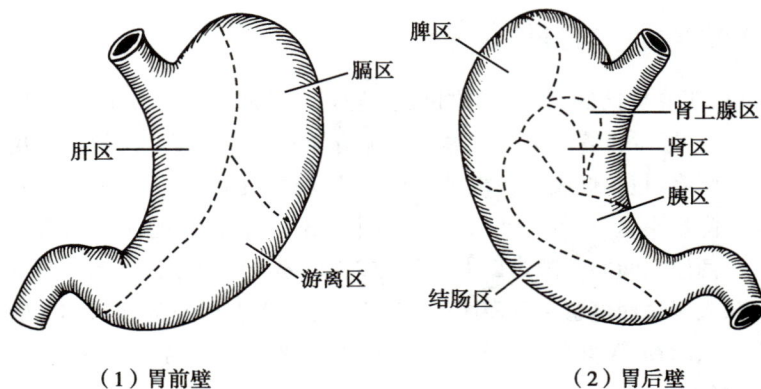

（1）胃前壁　　　　　　　　　　　　　　　（2）胃后壁

图 4-14　胃的毗邻

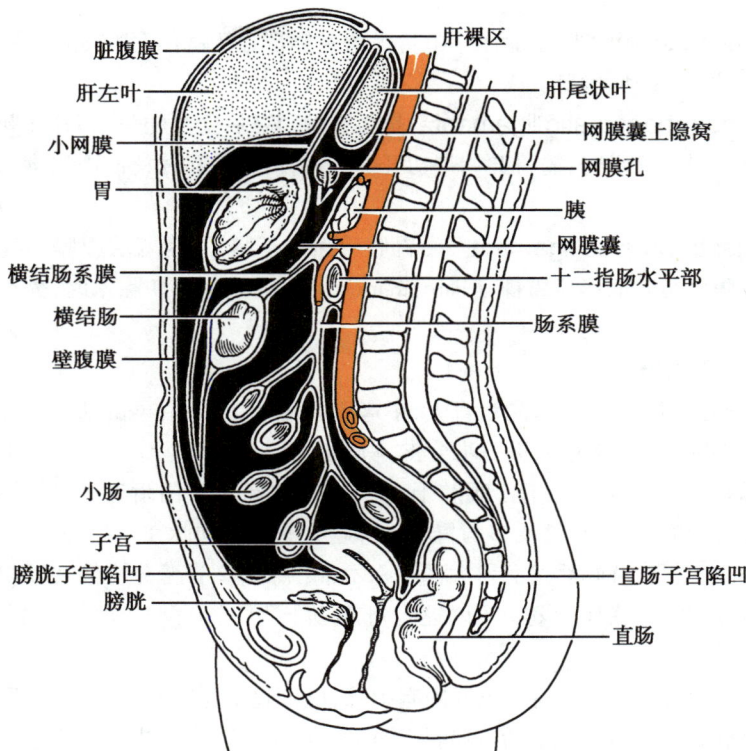

图 4-15　正中矢状面上腹膜及腹膜腔示意图

动性,当腹腔器官发生炎症(如阑尾炎)时,大网膜能迅速将其包绕以限制炎症的蔓延。

2. **小网膜 lesser omentum**　是连于膈、肝静脉韧带裂和肝门与胃小弯和十二指肠上部之间的双层腹膜(图 4-15,图 4-16)。其左侧部从肝门连于胃小弯,称**肝胃韧带** hepatogastric ligament;右侧部从肝门连至十二指肠上部,称**肝十二指肠韧带** hepatoduodenal ligament。小网膜右侧为游离缘,其后方

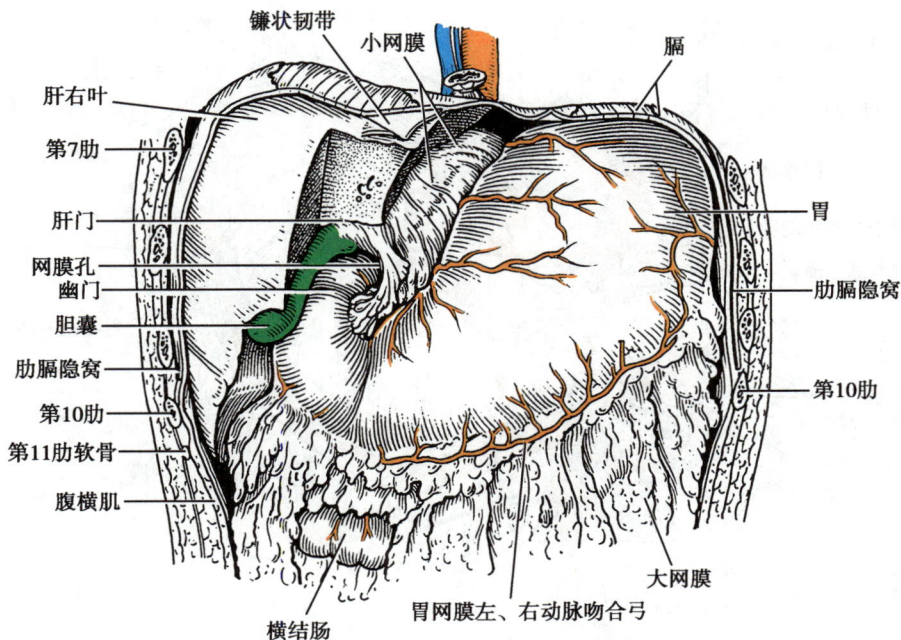

图 4-16　小网膜的附着

为网膜孔。

3. **胃脾韧带gastrosplenic ligament**　由胃大弯左侧部连于脾门,为双层腹膜结构,其上部内有胃短血管,下份有胃网膜左动、静脉。

4. **胃胰韧带gastropancreatic ligament**　是由胃幽门窦后壁至胰头、胰颈或胰颈与胰体的移行部的腹膜皱襞。施行胃切除术时,需将此韧带切开并进行钝性剥离,才能游离出幽门与十二指肠上部的近侧份。

5. **胃膈韧带gastrophrenic ligament**　由胃底后面连至膈下,为双层腹膜结构,两层相距较远,使部分胃后壁缺少腹膜覆盖而形成**胃裸区bare area of stomach**。全胃切除术时,先切断此韧带方可游离胃贲门部和食管。

(三) 血管与淋巴引流

1. **动脉**　来自腹腔干及其分支,先沿胃大、小弯形成两个动脉弓,再由动脉弓发出许多小支至胃前、后壁(图4-17,图4-18),在胃壁内进一步分支,吻合成网。

(1) **胃左动脉left gastric artery**:起于腹腔干,向左上方走行至贲门附近,然后转向前下,在肝胃韧带两层之间沿胃小弯向右下走行,终支多与胃右动脉吻合。胃左动脉在贲门处分出食管支营养食管;行经胃小弯时发5~6支至胃前、后壁。胃大部切除术常在第1、2胃壁分支间切断胃小弯。偶尔肝固有动脉左支或副肝左动脉(临床上称之为"迷走肝左动脉")起于胃左动脉,故胃手术时切忌盲目结扎。

(2) **胃右动脉right gastric artery**:起于肝固有动脉,也可起于肝固有动脉左支、肝总动脉或胃十二指肠动脉,下行至幽门上缘,转向左上,在肝胃韧带内沿胃小弯走行,终支多与胃左动脉吻合成胃小弯动脉弓,沿途分支至胃前、后壁。

(3) **胃网膜右动脉right gastroepiploic artery**:起于胃十二指肠动脉,在大网膜前两层腹膜间沿胃大弯左行,终支与胃网膜左动脉吻合,沿途分支营养胃前、后壁和大网膜。

(4) **胃网膜左动脉left gastroepiploic artery**:起于脾动脉末端或其脾支,经胃脾韧带入大网膜前两层腹膜间,沿胃大弯右行,终支多与胃网膜右动脉吻合,形成胃大弯动脉弓,行程中分支至胃前、后壁和大网膜。胃大部切除术常从其第1胃壁支与胃短动脉间在胃大弯侧切断胃壁。

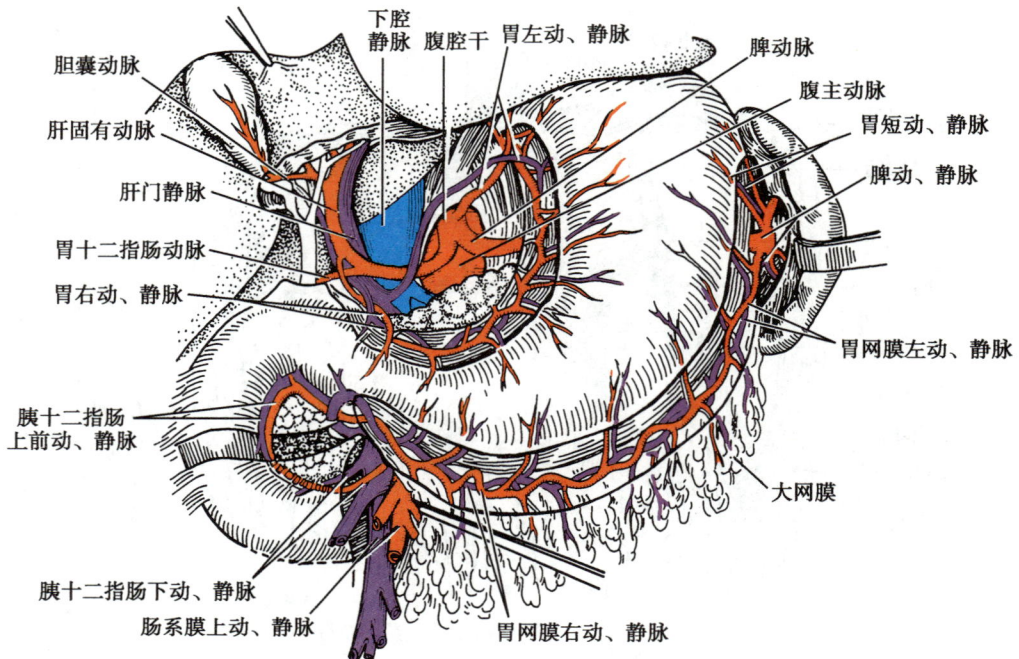

图 4-17　胃的血管（前面观）

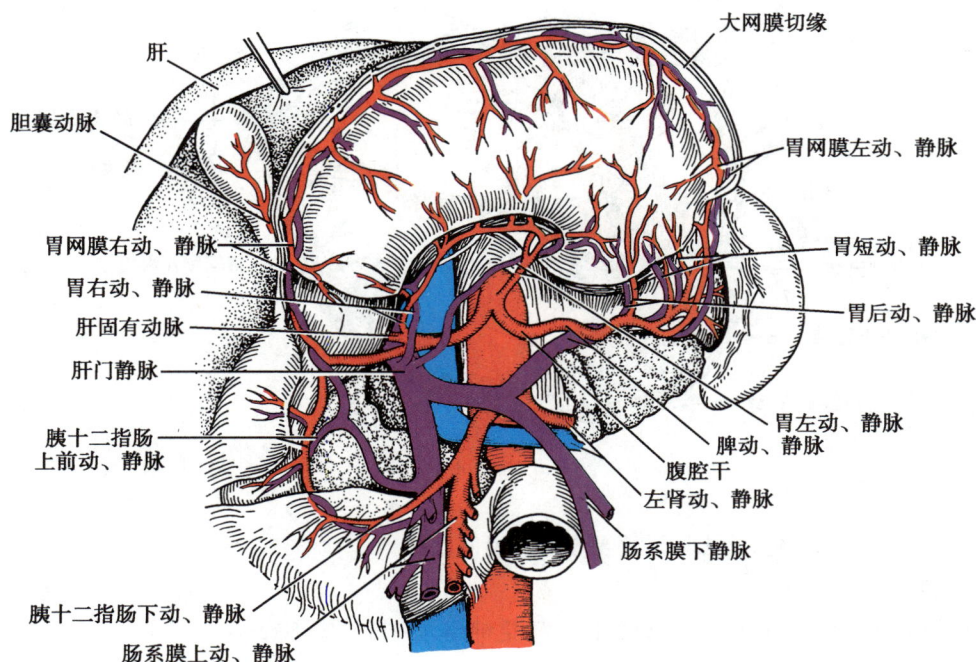

图 4-18　胃的血管（后面观）

（5）**胃短动脉** short gastric artery：起于脾动脉末端或其分支，一般 3~5 支，经胃脾韧带至胃底前、后壁。

（6）**胃后动脉** posterior gastric artery：出现率约 72%，大多 1~2 支，起于脾动脉或其上极支，上行于网膜囊后壁腹膜后方，经胃膈韧带至胃底后壁，分布于胃体后壁的上部。

此外，左膈下动脉也可发 1~2 小支分布于胃底上部和贲门。这些小支对胃大部切除术后保证残留胃的血供有一定意义。

2. **静脉**　胃的静脉多与同名动脉伴行，均汇入肝门静脉系统（图 4-17，图 4-18）。胃右静脉沿胃小弯右行，注入肝门静脉，途中收纳幽门前静脉，后者在幽门与十二指肠交界处前面上行，是辨认幽门的标志。胃左静脉又称胃冠状静脉，沿胃小弯左行，至贲门处转向右下，汇入肝门静脉或脾静脉。胃网膜右静脉沿胃大弯右行，注入肠系膜上静脉。胃网膜左静脉沿胃大弯左行，注入脾静脉。胃短静脉来自胃底，经胃脾韧带注入脾静脉。此外，多数人还有胃后静脉，由胃底后壁经胃膈韧带和网膜囊后壁腹膜后方，注入脾静脉。

3. **淋巴引流**　胃的淋巴管分区回流至胃大、小弯血管周围的淋巴结群，最后汇入腹腔淋巴结（图 4-19）。胃各部淋巴回流虽大致有一定方向，但因胃壁内淋巴管有广泛吻合，故几乎任何一处的胃癌皆可侵及胃其他部位相应的淋巴结。

（1）胃左、右淋巴结：沿同名血管排列，分别收纳胃小弯侧胃壁相应区域的淋巴，输出管注入腹腔淋巴结。

（2）胃网膜左、右淋巴结：沿同名血管排列，收纳胃大弯侧相应区域的淋巴。胃网膜左淋巴结输出管注入脾淋巴结，胃网膜右淋巴结输出管至幽门下淋巴结。

（3）贲门淋巴结：常归于胃左淋巴结。位于贲门周围，收集贲门附近的淋巴，注入腹腔淋巴结。

（4）幽门上、下淋巴结：在幽门上、下方，收集胃幽门部的淋巴。幽门下淋巴结还收集胃网膜右淋巴结以及十二指肠上部和胰头的淋巴。幽门上、下淋巴结的输出管汇入腹腔淋巴结。

（5）脾淋巴结：在脾门附近，收纳胃底部和胃网膜左淋巴结的淋巴，通过沿胰上缘脾动脉分布的胰上淋巴结汇入腹腔淋巴结。

（6）其他途径：胃的淋巴管与邻近器官亦有广泛联系，故胃癌细胞可向邻近器官转移。另外，还

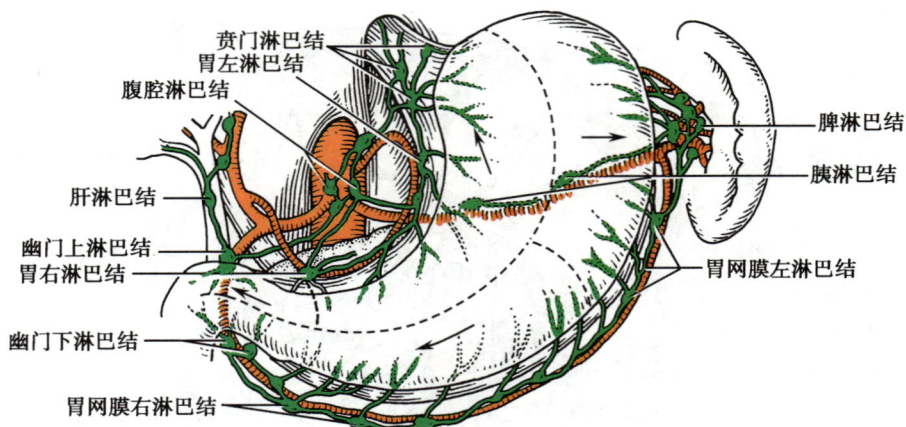

图 4-19   胃的淋巴引流

可通过食管的淋巴管和胸导管末段逆流至左锁骨上淋巴结。

（四）神经

胃的运动神经有交感神经和副交感神经,感觉神经为内脏感觉神经。

1. 交感神经   胃的交感神经节前纤维起于第 6 ~ 10 胸节段脊髓灰质侧角,经白交通支穿经交感干、经内脏大、小神经至腹腔神经丛内腹腔神经节,在节内交换神经元,发出节后纤维,随腹腔干的分支至胃壁。交感神经抑制胃的分泌和蠕动,增强幽门括约肌的张力,并使胃的血管收缩。

2. 副交感神经   胃的副交感神经节前纤维来自迷走神经背核。迷走神经前干下行于食管腹段前面,约在食管中线附近浆膜的深面。手术寻找前干时,需切开此处浆膜,方可显露。前干在胃贲门处分为肝支与胃前支。肝支有 1 ~ 3 条,于小网膜内右行参加肝丛。胃前支伴胃左动脉在小网膜内距胃小弯约 1cm 处右行,沿途发出 4 ~ 6 条小支与胃左动脉的胃壁支相伴行而分布至胃前壁,最后于胃角切迹附近以"鸦爪"形分支分布于幽门窦及幽门管前壁。迷走神经后干贴食管腹段右后方下行,至胃贲门处分为腹腔支和胃后支。腹腔支循胃左动脉起始段入腹腔丛;胃后支沿胃小弯深面右行,沿途分出小支伴随胃左动脉的胃壁支至胃后壁,最后也以"鸦爪"形分支分布于幽门窦及幽门管的后壁(图 4-20)。迷走神经

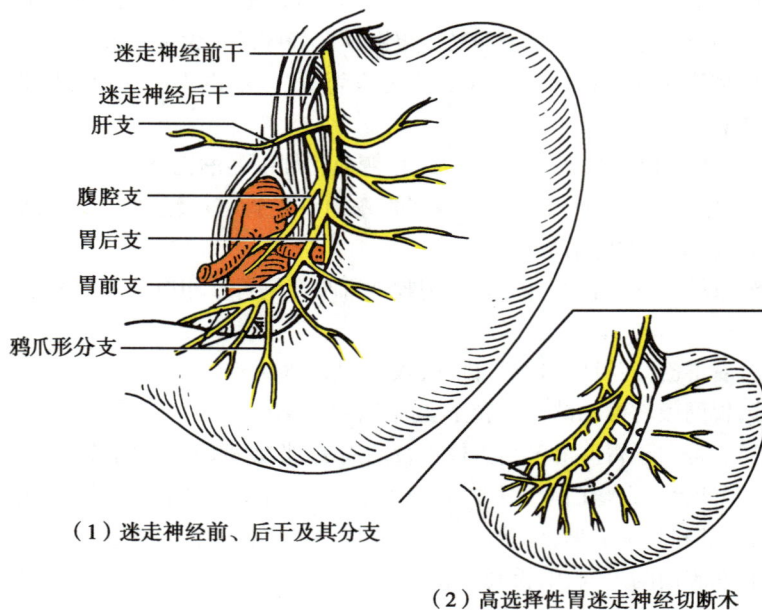

（1）迷走神经前、后干及其分支

（2）高选择性胃迷走神经切断术

图 4-20   胃的迷走神经

各胃支在胃壁神经丛内换元,发出节后纤维,支配胃腺与肌层,通常可促进胃酸和胃蛋白酶的分泌,并增强胃的运动。

高选择性迷走神经切断术是保留肝支、腹腔支和胃前、后支的"鸦爪"形分支,而切断胃前、后支的其他全部胃壁分支的手术(图4-20)。此法既可减少胃酸分泌,达到治疗溃疡的目的,又可保留胃的排空功能及避免肝、胆、胰、肠的功能障碍。

3. **内脏传入纤维**　胃的感觉神经纤维分别随交感神经进入脊髓、随副交感神经进入延髓。胃的痛觉冲动主要随交感神经通过腹腔丛和交感干传入脊髓第6~10胸节段。胃手术时,封闭腹腔丛可阻滞痛觉的传入。胃手术时,过度牵拉强烈刺激迷走神经,偶可引起心搏骤停,虽属罕见,但后果严重,值得重视。

三、十二指肠

十二指肠 duodenum 介于胃和空肠之间,是小肠上段的一部分,因总长约有12个手指的宽度(20~25cm)而得名。其上端始于胃的幽门,下端至十二指肠空肠曲接续空肠。整个十二指肠呈"C"形弯曲,包绕胰头。除始、末两端外,均在腹膜后隙,紧贴腹后壁第1~3腰椎的右前方。按其走向将十二指肠分为上部、降部、水平部和升部(图4-21)。

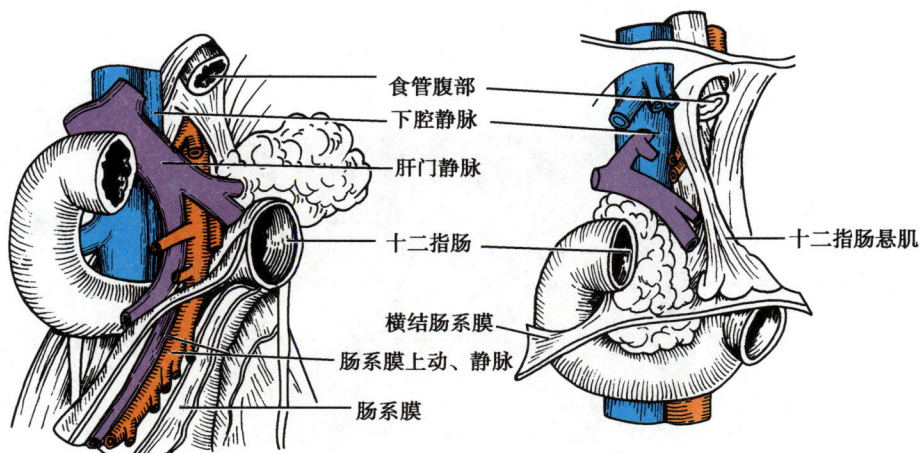

图4-21　十二指肠水平部的毗邻

(一) 分部及毗邻

1. **上部** superior part　长4~5cm。自幽门向右并稍向后上方走行,至肝门下方转而向下,形成十二指肠上曲,接续降部。上部起始处有大、小网膜附着,属于腹膜内位,故活动度较大;余部在腹膜外,几无活动性。上部通常平对第1腰椎,直立时可稍下降。上部的前上方与肝方叶和胆囊相邻,近幽门处小网膜右缘深侧为网膜孔;下方紧邻胰头和胰颈;后方有胆总管、胃十二指肠动脉、肝门静脉及下腔静脉走行。

十二指肠上部近侧段黏膜面平坦无皱襞,钡餐X线片下呈三角形阴影,称十二指肠球。此部前壁好发溃疡,穿孔时可累及结肠上区的器官与间隙;后壁溃疡穿孔则累及网膜囊,或溃入腹膜后隙。

2. **降部** descending part　长7~8cm。始于十二指肠上曲,沿脊柱右侧下降至第3腰椎,折转向左,形成十二指肠下曲,续于水平部。降部为腹膜外位,前方有横结肠及其系膜跨过,将此部分为上、下两段,分别与肝右前叶及小肠袢相邻;后方与右肾内侧部、右肾门、右肾血管及右输尿管相邻;内侧紧邻胰头、胰管及胆总管;外侧有结肠右曲。

十二指肠降部黏膜多为环状皱襞,其后内侧壁上有十二指肠纵襞。在纵襞下端,约相当于降部中、下 1/3 交界处可见**十二指肠大乳头** major duodenal papilla，为肝胰壶腹的开口处，一般距幽门 8 ~ 9cm；在其左上方约 1cm 处，常可见十二指肠小乳头，为副胰管的开口处（图 4-22，图 4-23）。

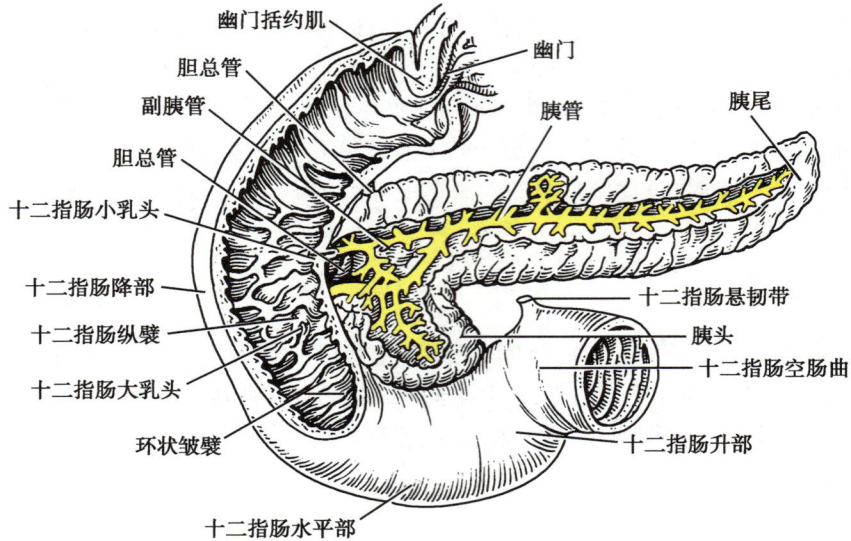

图 4-22   十二指肠大、小乳头

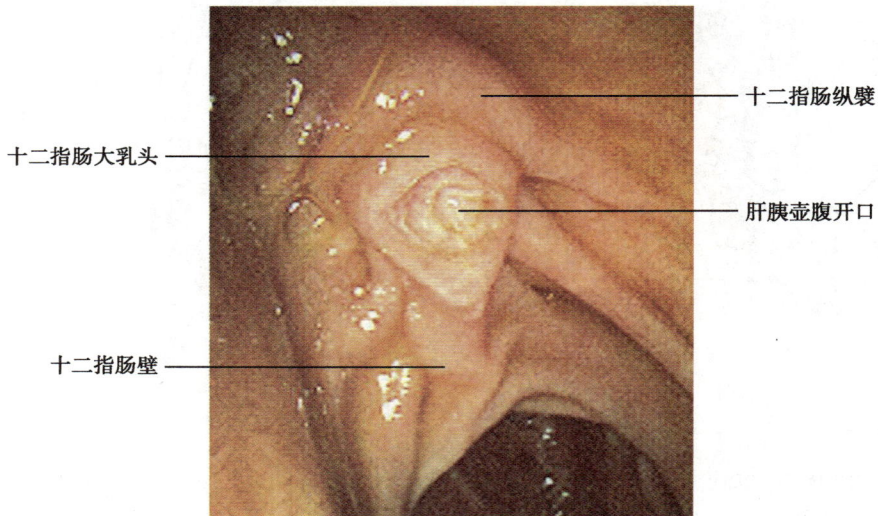

图 4-23   十二指肠大乳头（十二指肠镜观察图像）

3. **水平部** horizontal part   长 10 ~ 12cm。自十二指肠下曲水平向左，横过第 3 腰椎前方至其左侧，移行为升部。此部也是腹膜外位。上方邻胰头及其钩突；后方有右输尿管、下腔静脉和腹主动脉经过；前方右侧与小肠袢相邻，左侧有肠系膜根和其中的肠系膜上动、静脉跨过。由于此部介于肠系膜上动脉与腹主动脉的夹角处，故当肠系膜上动脉起点过低时，可能会压迫水平部而引起十二指肠腔淤积、扩大，甚至梗阻，称肠系膜上动脉压迫综合征（Wilkie 综合征）。

4. **升部** ascending part   长 2 ~ 3cm。由水平部向左上斜升，至第 2 腰椎左侧折向前下，形成**十二指肠空肠曲** duodenojejunal flexure，续为空肠。升部前面及左侧覆有腹膜；左侧与后腹壁移行处常形成 1 ~ 3 条腹膜皱襞与相应的隐窝。其中一条皱襞位于十二指肠空肠曲左侧、横结肠系膜根下方，称为**十二指肠上襞** superior duodenal fold 或十二指肠空肠襞（图 4-24），手术时常据此确认空肠起始部。

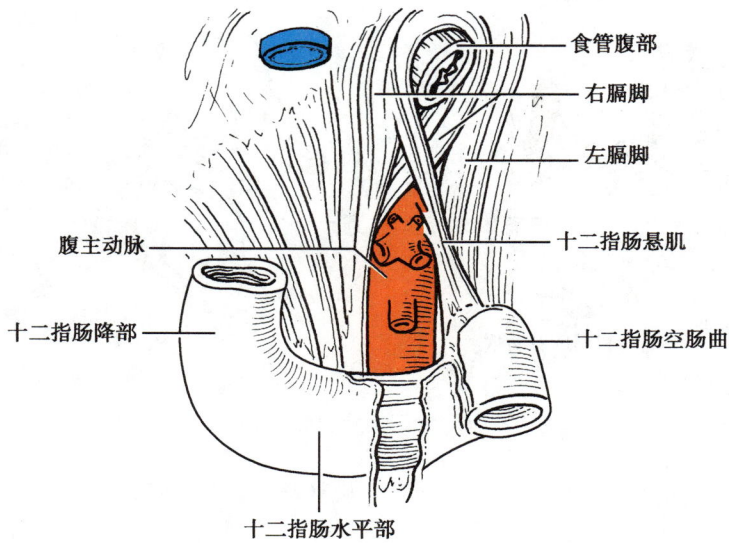

图 4-24　十二指肠悬肌

升部右侧毗邻胰头与腹主动脉。

（二）十二指肠悬肌

十二指肠悬肌 suspensory muscle of duodenum 由肌组织和纤维组织构成,将十二指肠空肠曲连于右膈脚（图 4-24）。十二指肠悬肌和包绕其表面的腹膜皱襞又称为十二指肠悬韧带或 Treitz 韧带,有悬吊和固定十二指肠空肠曲的作用。

（三）血管

1. 动脉　十二指肠血液供应主要来自:①**胰十二指肠上前、后动脉** anterior and posterior superior pancreaticoduodenal artery 均起于胃十二指肠动脉,分别沿胰头前、后方靠近十二指肠下行;②**胰十二指肠下动脉** inferior pancreaticoduodenal artery 起于肠系膜上动脉,分为前、后两支,分别上行与相应的胰十二指肠上前、后动脉相吻合,形成前、后动脉弓,从动脉弓上分支营养十二指肠与胰头。此外,十二指肠上部还有胃十二指肠动脉分出的十二指肠上动脉、十二指肠后动脉以及胃网膜右动脉的上行返支和胃右动脉的小支供应（图 4-25）。

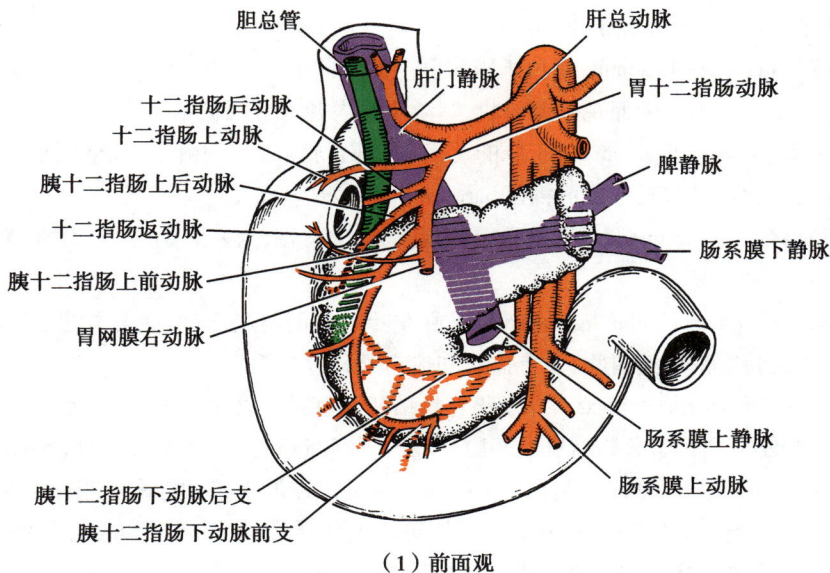

（1）前面观

图 4-25　十二指肠的动脉

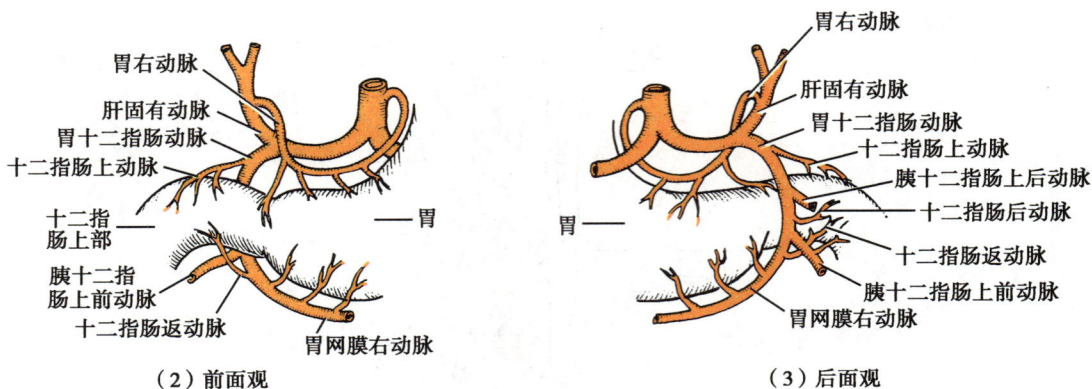

（2）前面观　　　　　　　　　　　　　（3）后面观

图 4-25　十二指肠的动脉（续）

2. **静脉**　多与相应动脉伴行,除胰十二指肠上后静脉直接汇入肝门静脉外,余均汇入肠系膜上静脉(图 4-26)。

四、肝

（一）位置、毗邻与体表投影

肝 liver 大部分位于右季肋区和腹上区,小部分位于左季肋区。肝膈面左、右肋弓间的部分与腹前壁相贴,右半部借膈与右肋膈隐窝和右肺底相邻,左半部借膈与心膈面为邻,后缘近左纵沟处与食管相接触。肝的脏面毗邻复杂,除胆囊窝容纳胆囊、下腔静脉肝后段行经腔静脉沟以外,还与右肾上腺、右肾、十二指肠上部、幽门、胃前面小弯侧及结肠右曲紧邻(图 4-27)。

肝的体表投影可用三点作标志:第一点为右锁骨中线与第 5 肋相交处;第二点位于右腋中线与第 10 肋下 1.5cm 的相交处;第三点为左第 6 肋软骨距前正中线左侧 5cm 处。第一点与第三点的连线为肝的上界。第一点与第二点的连线为肝的右缘。第二点与第三点的连线相当于肝下缘,该线的右份相当于右肋弓下缘,中份相当于右第 9 肋与左第 8 肋前端的连线,此线为临床触诊肝下缘的部位,约在剑突下 2～3cm。

（二）韧带与膈下间隙

1. **肝的韧带**　除前面已叙述的肝胃韧带和肝十二指肠韧带以外,由腹膜形成的肝的韧带还有镰状韧带、冠状韧带和左、右三角韧带(图 4-28)。

（1）**镰状韧带** falciform ligament:是位于膈与肝上面之间的双层腹膜结构,大致呈矢状位,自脐至肝的上面,居前正中线右侧。侧面观呈镰刀状,其游离缘内含有肝圆韧带。

（2）**冠状韧带** coronary ligament:位于肝的上面和后面与膈之间。由于上、下两层之间相距较远,故肝后面有一部分无腹膜覆盖,形成**肝裸区** bare area of liver。

（3）**右三角韧带** right triangular ligament:是冠状韧带的右端,为一短小的"V"字形腹膜皱襞,连于肝右叶的外后面与膈之间。

（4）**左三角韧带** left triangular ligament:位于肝左叶的上面与膈之间,变异较多,通常含有肝纤维附件,后者是新生儿特有的肝残留物,富有血管和迷走肝管等结构。

2. **膈下间隙** subphrenic space　介于膈与横结肠及其系膜之间,被肝分为肝上、下间隙。肝上间隙借镰状韧带和左三角韧带分为右肝上间隙、左肝上前间隙和左肝上后间隙;肝下间隙以肝圆韧带区分为右肝下间隙和左肝下间隙,后者又被小网膜和胃分成左肝下前间隙和左肝下后间隙(网膜囊)(图 4-28～图 4-30)。此外,还有左、右膈下腹膜外间隙,分别居膈与胃裸区和膈与肝裸区之间。上述任何一个间隙发生脓肿,均称膈下脓肿,其中以右肝上、下间隙脓肿较为多见。

（1）**右肝上间隙** right suprahepatic space:左界为镰状韧带,后方达冠状韧带上层,右侧向下与右结

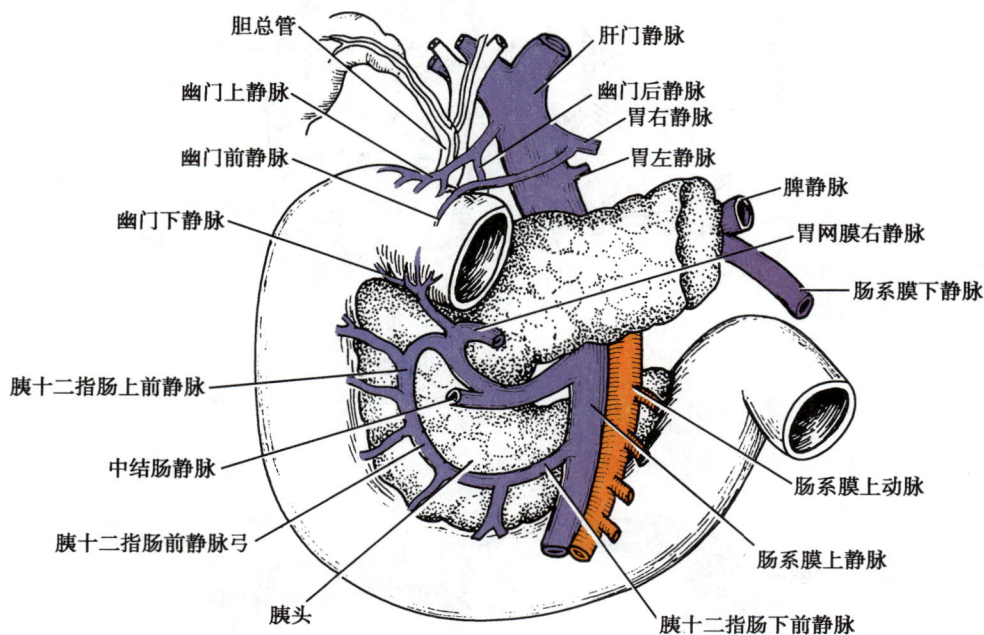

胆总管
幽门上静脉
幽门前静脉
幽门下静脉
胰十二指肠上前静脉
中结肠静脉
胰十二指肠前静脉弓
胰头

肝门静脉
幽门后静脉
胃右静脉
胃左静脉
脾静脉
胃网膜右静脉
肠系膜下静脉
肠系膜上动脉
肠系膜上静脉
胰十二指肠下前静脉

（1）前面观

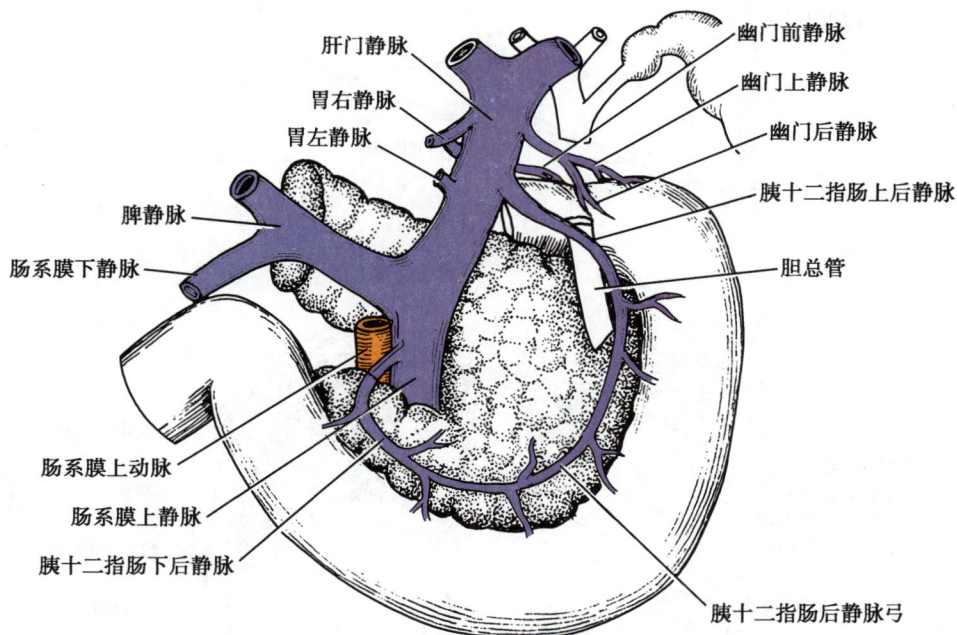

肝门静脉
胃右静脉
胃左静脉
脾静脉
肠系膜下静脉
肠系膜上动脉
肠系膜上静脉
胰十二指肠下后静脉

幽门前静脉
幽门上静脉
幽门后静脉
胰十二指肠上后静脉
胆总管
胰十二指肠后静脉弓

（2）后面观

图 4-26 十二指肠的静脉

NOTE

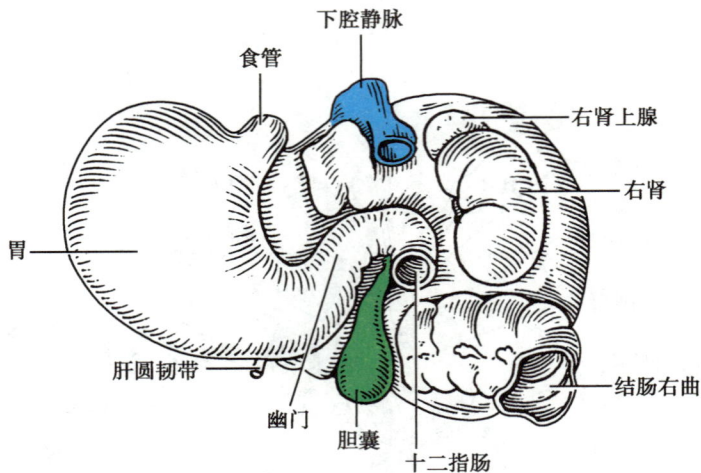

图 4-27 肝脏面的毗邻

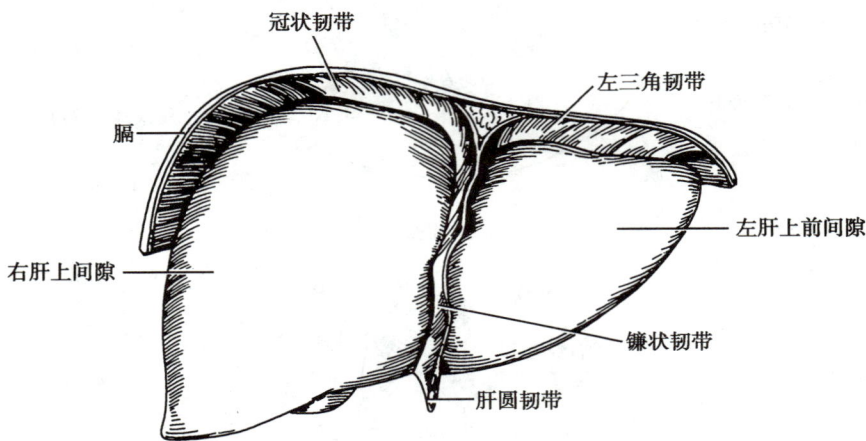

（1）前面观

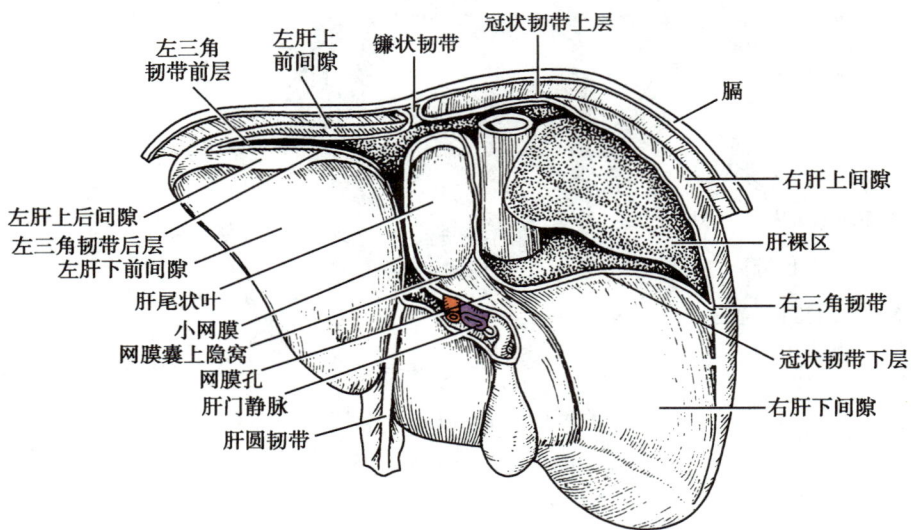

（2）后面观

图 4-28 肝的韧带

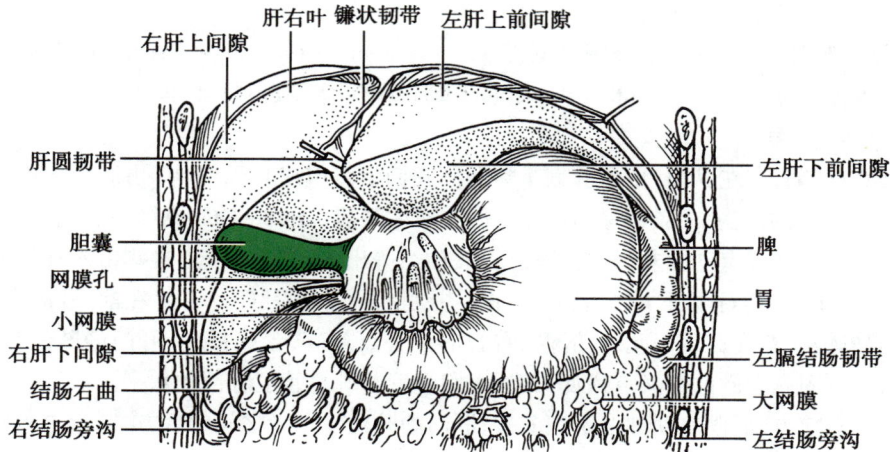

图 4-29 结肠上区

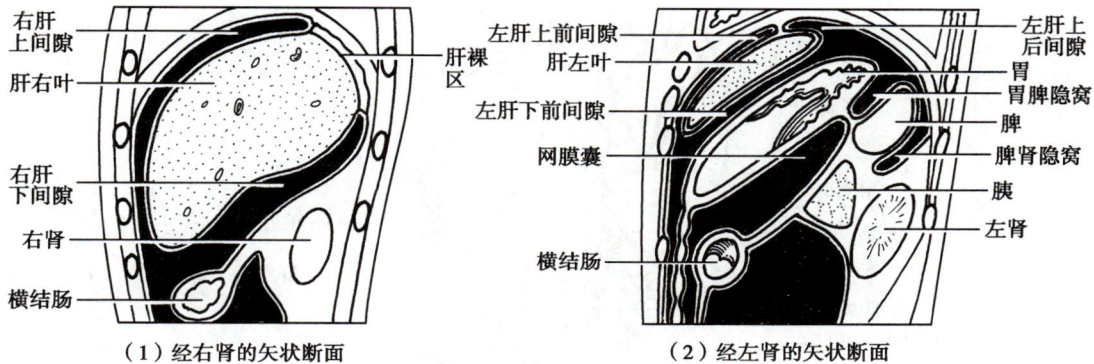

（1）经右肾的矢状断面　　　（2）经左肾的矢状断面

图 4-30 膈下间隙矢状面示意图

肠旁沟交通。

（2）**左肝上间隙** left suprahepatic space：被左三角韧带分成前、后两个间隙。**左肝上前间隙** anterior left suprahepatic space 的右界为镰状韧带，后方为左三角韧带前层；**左肝上后间隙** posterior left suprahepatic space 前方为左三角韧带后层，上方为膈，下方是肝左叶上面，二间隙在左三角韧带游离缘相交通。

（3）**右肝下间隙** right subhepatic space：左侧为肝圆韧带，上方为肝右叶脏面，下界为横结肠及其系膜。肝肾隐窝为其后上部，向上可达肝右叶后面与膈之间，向下通右结肠旁沟。

（4）**左肝下前间隙** anterior left subhepatic space：上为肝左叶脏面，下为横结肠及其系膜，右侧为肝圆韧带，后为胃和小网膜。

（5）**左肝下后间隙** posterior left subhepatic space：即网膜囊，位于小网膜和胃后方。网膜囊的前壁由上而下依次为小网膜、胃后壁腹膜和大网膜前两层；下壁为大网膜前两层与后两层返折处；后壁由下向上依次为大网膜后两层、横结肠及其系膜以及覆盖胰、左肾、左肾上腺等处的腹膜；上壁为衬覆于膈下面的腹膜，在此处肝尾状叶自右侧套入网膜囊内（见图 4-15）；左界为胃脾韧带、脾和脾肾韧带；右界是网膜孔（又称 Winslow 孔）（图 4-29）。网膜孔是网膜囊与腹膜腔其余部分相通的唯一孔道，其前方为肝十二指肠韧带，后方为覆盖下腔静脉的腹膜，上界为肝尾状叶，下界为十二指肠上部，一般可容纳 1～2 横指。

网膜囊在生理状态下能增加胃的活动度。如因囊内感染积脓，或胃后壁穿孔而积液，开始时往往局限于网膜囊内；随着脓液的增多可经网膜孔流入右肝下间隙（肝肾隐窝），向上可扩展到右肝上间隙，向下可沿右结肠旁沟至右髂窝，甚至到达盆腔的直肠膀胱陷凹或直肠子宫陷凹。由于网膜囊位置较深,常给早期诊断其疾病带来困难。

（6）膈下腹膜外间隙:**左膈下腹膜外间隙** left subphrenic extraperitoneal space 位于膈与胃裸区之间,**右膈下腹膜外间隙** right subphrenic extraperitoneal space 居膈与肝裸区之间。

（三）肝门与肝蒂

　　肝的脏面较凹陷,有左纵沟（由静脉韧带裂和肝圆韧带裂组成）、右纵沟（由腔静脉沟和胆囊窝组成）和介于两者之间的横沟,三条沟呈"H"形。横沟亦称**肝门** porta hepatis 或第一肝门,有肝左、右管、肝门静脉左、右支和肝固有动脉左、右支、淋巴管及神经等出入（图4-31）。这些出入肝门的结构总称为**肝蒂** hepatic pedicle,走行于肝十二指肠韧带内。在肝门处,一般肝左、右管在前,肝固有动脉左、右支居中,肝门静脉左、右支在后。此外,肝左、右管的汇合点最高,紧贴横沟;肝门静脉的分叉点稍低,距横沟稍远;而肝固有动脉的分叉点最低,相当于胆囊管与肝总管汇合部的水平。在肝十二指肠韧带内,胆总管位于右前方,肝固有动脉位于左前方,肝门静脉位于二者之间的后方,肝十二指肠韧带内这三大结构的排列关系具有重要的外科意义。

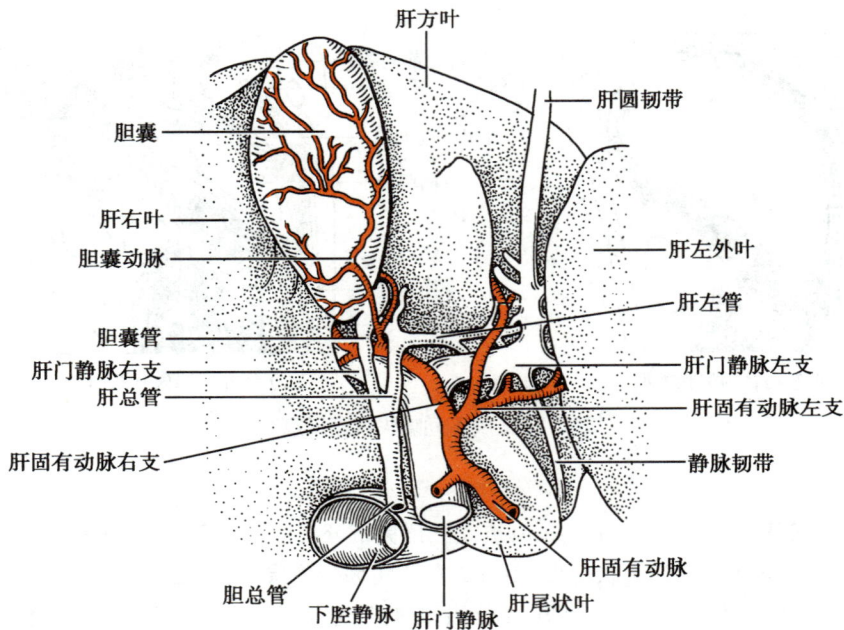

图 4-31　肝门及肝蒂

　　在膈面腔静脉沟的上部,肝左、中间、右静脉出肝处称第二肝门,被冠状韧带的上层所遮盖。它的肝外标志是沿镰状韧带向上后方的延长线,此线正对着肝左静脉或肝左、中间静脉合干后注入下腔静脉处。因此,手术暴露第二肝门时,可按此标志寻找（图4-32）。

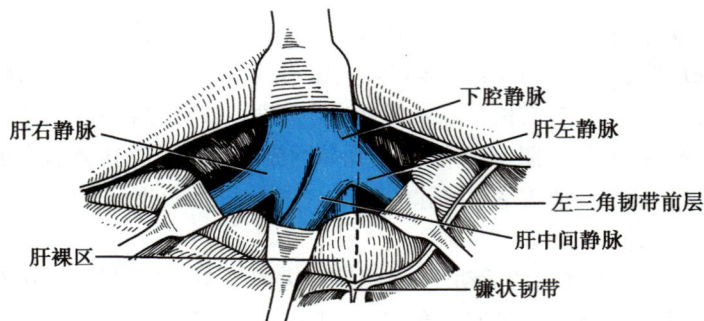

图 4-32　第二肝门及其结构（虚线示镰状韧带的延长线）

在腔静脉沟下部,肝右后下静脉和尾状叶静脉出肝处称第三肝门(图4-33)。

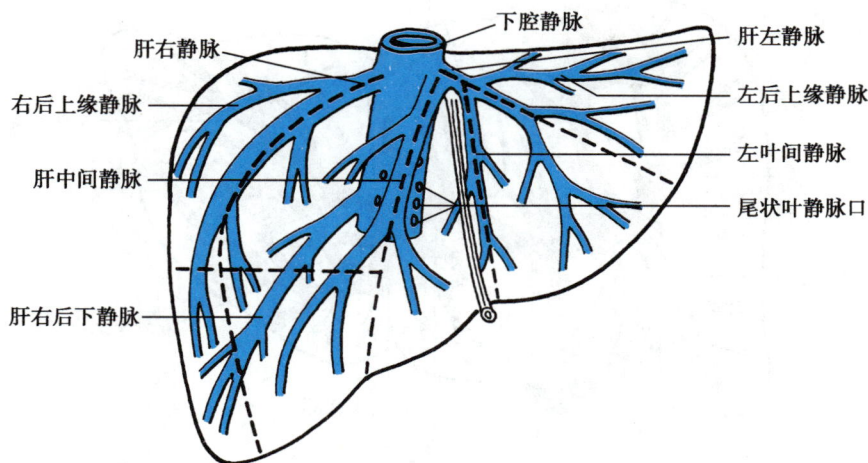

图4-33 肝静脉及第三肝门

(四)肝内管道

肝内的管道有两个系统,即 Glisson 系统(图4-34)和肝静脉系统(图4-33)。前者包括肝门静脉、肝动脉和肝管,三者在肝内的行径一致,均被共同的血管周围纤维囊(Glisson 囊)所包裹。Glisson 系统中以肝门静脉管径较粗,且较恒定,故以它作为肝分叶与分段的基础。

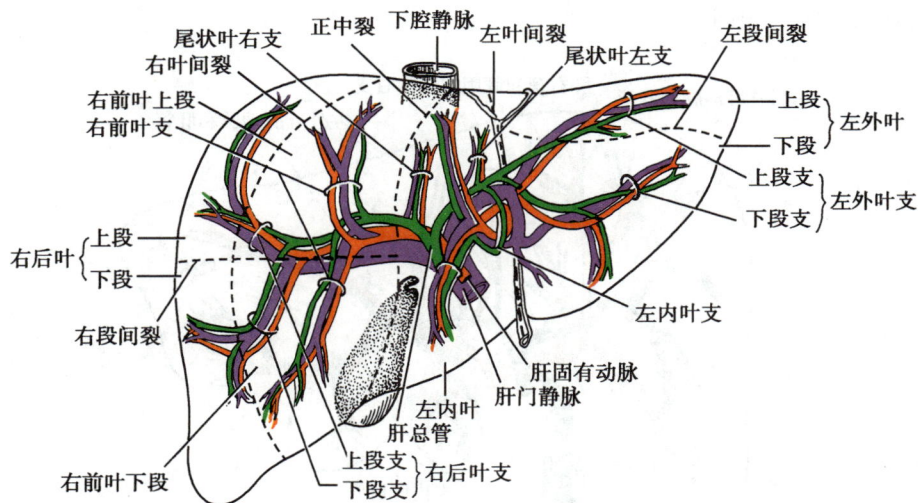

图4-34 Glisson 系统在肝内的分布

1. **肝门静脉 hepatic portal vein** 在肝横沟内稍偏右处,分为左支和右支(图4-34,图4-35)。

肝门静脉左支的分支相当恒定,一般分为横部、角部、矢状部和囊部四部分。横部走向左前上方,位于横沟内;在角部以90°~130°角向前转弯成为矢状部,行于肝圆韧带裂内;矢状部向前延为囊部,肝圆韧带连于此部。左支的主要分支有:①左外上支,起于角部,分布于左外上段;②左外下支,多起于囊部,分布于左外下段;③左内支,起于囊部右壁,由2~5支不等,分布于左内叶(图4-35)。

肝门静脉右支粗而短,沿横沟右行,分为右前支和右后支。右前支分出数支腹侧扇状支和背侧扇状支而分别进入右前上段和右前下段。右后支为右支主干的延续,分为右后叶上、下段支而分别分布于右后上段和右后下段(图4-35)。

尾状叶接受肝门静脉左、右支的双重分布,以发自左支横部的为主,而尾状突主要接受肝门静脉

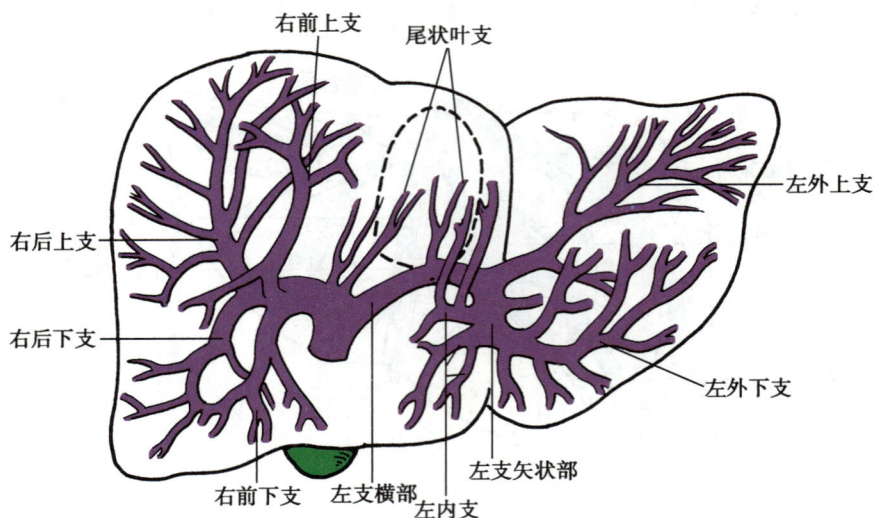

图 4-35　肝门静脉的分支

右后支的分布(图 4-35)。

2. **肝固有动脉** proper hepatic artery　在入肝之前即分出左支(肝左动脉)和右支(肝右动脉),分别至左、右半肝。

肝左动脉走向肝门左侧,分出左内、外叶动脉。左外叶动脉在肝门静脉左支角部凸侧的深或浅面分出左外上、下段动脉,与相应肝管相伴进入左外上、下段。左内叶动脉又称肝中动脉,多经肝门静脉左支横部浅面入左内叶(图 4-36)。

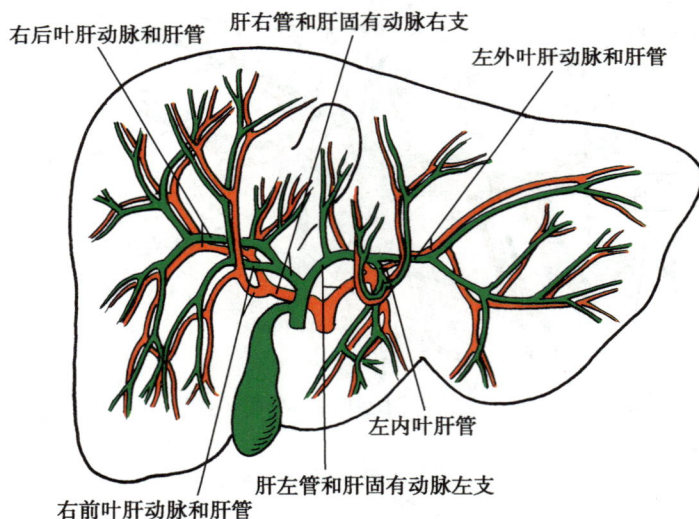

图 4-36　肝内肝动脉和肝管

肝右动脉走向肝门右侧,分出右前、后叶动脉。右前、后叶动脉均发出上、下段支,而分别进入右前上、下段和右后上、下段(图 4-36)。

尾状叶动脉可起于肝左动脉、肝右动脉、肝中动脉和右前叶动脉,但以起于肝左动脉者居多(69%)(图 4-36)。

起于肝固有动脉以外动脉的肝动脉,称**迷走肝动脉** aberrant hepatic artery。分布至左半肝的多起自胃左动脉(约 25%),分布至右半肝的多起自肠系膜上动脉(约 8.9%)。在肝门区手术时,应注意迷走肝动脉的存在。

3. 肝管 hepatic duct　左外叶所产生的胆汁由左外上、下段肝管引流。49%的左外下段肝管经肝门静脉左支矢状部左份深面上行至角部深面,与左外上段肝管汇合成左外叶肝管。左外叶肝管经肝门静脉左支角部凹侧或深面同左内叶肝管合成肝左管。81%的左内叶肝管沿肝门静脉左支矢状部右侧上升,而肝左管一般沿肝门静脉左支横部方叶侧缘或右前上方往右行(图4-36)。肝左管主要引流左半肝的胆汁。

右前叶肝管由右前上、下段肝管汇合而成,大部分行经肝门静脉右前支根部左侧(62%)或深面(25%)。右后叶肝管由右后上、下段肝管汇合而成,大部分位于肝门静脉右后支上方,越肝门静脉右支分叉处或肝门静脉右前支起始部深面,至肝门静脉右支的前上方与右前叶肝管合成肝右管(图4-36)。肝右管主要引流右半肝的胆汁。

尾状叶肝管可汇入肝左、右管及肝左、右管汇合处,但以汇入肝左管为主(47%)。尾状叶胆汁的这种混合性引流特点,致使肝门区胆管癌常侵及尾状叶,故该区胆管癌的根治应常规切除尾状叶。

迷走肝管aberrant hepatic duct是指肝门区和胆囊窝部位以外的肝外肝管,常位于肝纤维膜下,或肝周腹膜韧带中,以左三角韧带中多见。迷走肝管细小,不引流某一特定的肝区域,但它和肝内肝管是连续的,如手术中不慎切断,将有胆汁渗漏,导致胆汁性腹膜炎。

4. 肝静脉 hepatic vein　肝静脉包括肝左静脉、肝中间静脉、肝右静脉、肝右后静脉和尾状叶静脉,均经腔静脉沟出肝而注入下腔静脉(图4-37)。肝静脉系统的特点是无静脉瓣,壁薄,且因被固定

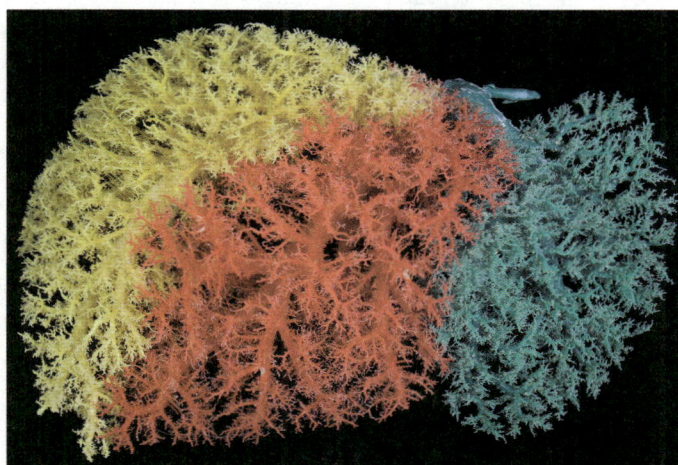

(1)前面观

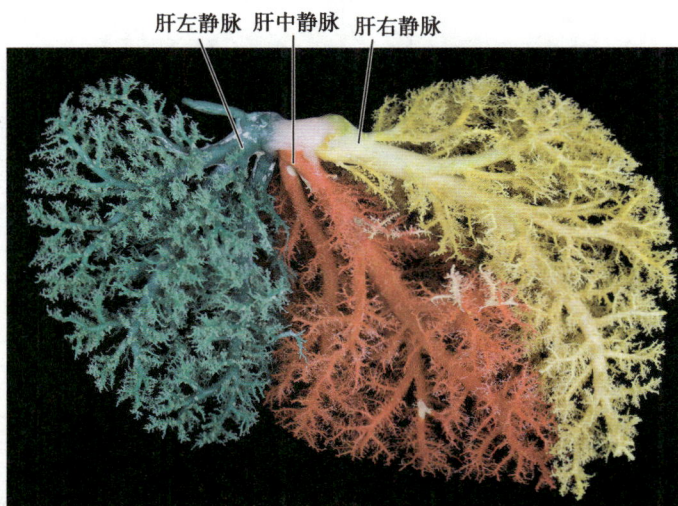

(2)后面观

图4-37　肝静脉铸型

于肝实质内,管径不易收缩,故不仅在肝切面上或肝破裂时出血较多,而且也容易造成空气栓塞;其另一特点是变异较多,致使肝段的大小亦多有变化。肝静脉的变异是肝非规则性切除的解剖学基础。

（1）**肝左静脉** left hepatic vein：收集左外叶全部及左内叶小部分的静脉血,主干位于左段间裂内。典型的肝左静脉由上、下两根合成,多与肝中间静脉合干后汇入下腔静脉。上、下根分别引流段Ⅱ和段Ⅲ的静脉血（见图 4-33）。

（2）**肝中间静脉** intermediate hepatic vein：收集左内叶大部分和右前叶左半的静脉血。由左、右两根合成,其汇合点多在正中裂中 1/3 偏下份。肝中间静脉的前壁及两侧壁均有数条属支注入,主要来自左内叶和右前上段（见图 4-33）。

（3）**肝右静脉** right hepatic vein：收集右前叶右半和右后叶大部分静脉血,前、后两根在右叶间裂中 1/3 偏上处合成,注入下腔静脉右壁。其主要的属支有右后上缘静脉,出现率 48.8%（见图 4-33）。

（4）**肝右后静脉** right posterior hepatic vein：位于肝右叶后部,常较表浅。可分为上、中、下三组。其中肝右后下静脉经第三肝门注入下腔静脉（见图 4-33）,由于其口径较粗（平均约 6.6mm）,出现率较高（84%）,故临床意义较大。肝右静脉与肝右后下静脉有彼消此长关系。在需全切肝右静脉的病例中,常需全切肝右后叶。若有粗大的肝右后下静脉,可通过保留此粗大静脉来保存右后下段（段Ⅵ）。

（5）**尾状叶静脉** caudate hepatic vein：由尾状叶中部汇入下腔静脉的小静脉,引流尾状叶前上部的血液,称上尾状叶静脉;引流尾状叶后下部静脉血的小静脉,称下尾状叶静脉,经第三肝门从左侧汇入下腔静脉（见图 4-33）。

（五）分叶与分段

1. 肝段的概念　根据肝的外形将肝分为左、右、方、尾状四个叶,已不能满足肝内占位性病变定位诊断和手术治疗的需要,也不完全符合肝内管道的配布规律。肝段就是依 Glisson 系统的分支与分布和肝静脉的走行而划分,Glisson 系统分布于肝段内,肝静脉走行于肝段间（见图 4-34）。关于肝段的划分法,各家的研究结果和认识尚有差异,至今无统一的意见,但目前国际上多采用 Couinaud 肝段划分法,并认为它较为完整和具有实用价值。1954 年,Couinaud 根据 Glisson 系统的分支与分布和肝静脉的走行,把肝分为左、右半肝、五叶和八段（表4-2,图4-38）。肝外科依据这种分叶与分段的方式,施行半肝、肝叶或肝段切除术。如仅切除其中的一段,称肝段切除;同时切除 2 个或 2 个以上的肝段,称联合肝段切除;只切除一段肝的 1/2 ~ 2/3,则称次全或亚肝段切除。

表 4-2　Couinaud 肝段

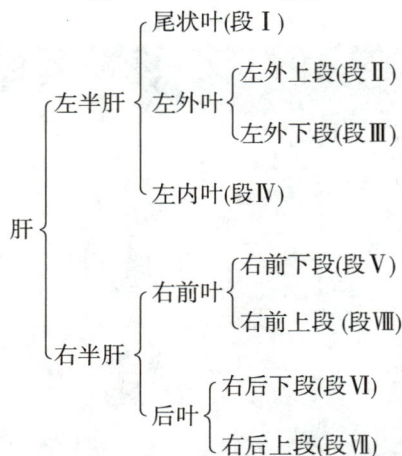

```
                          ┌ 尾状叶(段Ⅰ)
                          │
                          │           ┌ 左外上段(段Ⅱ)
                          │   ┌ 左外叶 ┤
          ┌ 左半肝 ───────┤   │        └ 左外下段(段Ⅲ)
          │               │   │
          │               │   └ 左内叶(段Ⅳ)
    肝 ───┤
          │               │           ┌ 右前下段(段Ⅴ)
          │               │   ┌ 右前叶 ┤
          └ 右半肝 ───────┤   │        └ 右前上段(段Ⅷ)
                          │   │
                          │   │        ┌ 右后下段(段Ⅵ)
                          │   └ 后叶  ┤
                                       └ 右后上段(段Ⅶ)
```

2. 肝叶和肝段的划分　在 Glisson 系统或肝门静脉系统腐蚀铸型中,可以看到在肝的叶间和段间存有缺少 Glisson 系统分布的裂隙,这些裂隙称为肝裂,是肝叶与肝叶之间和肝段与肝段之间的分界线（图 4-38,图 4-39）。

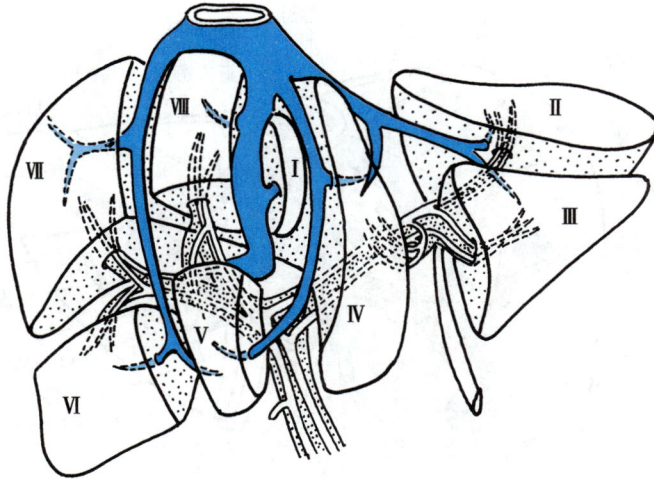

图 4-38 Couinaud 肝段

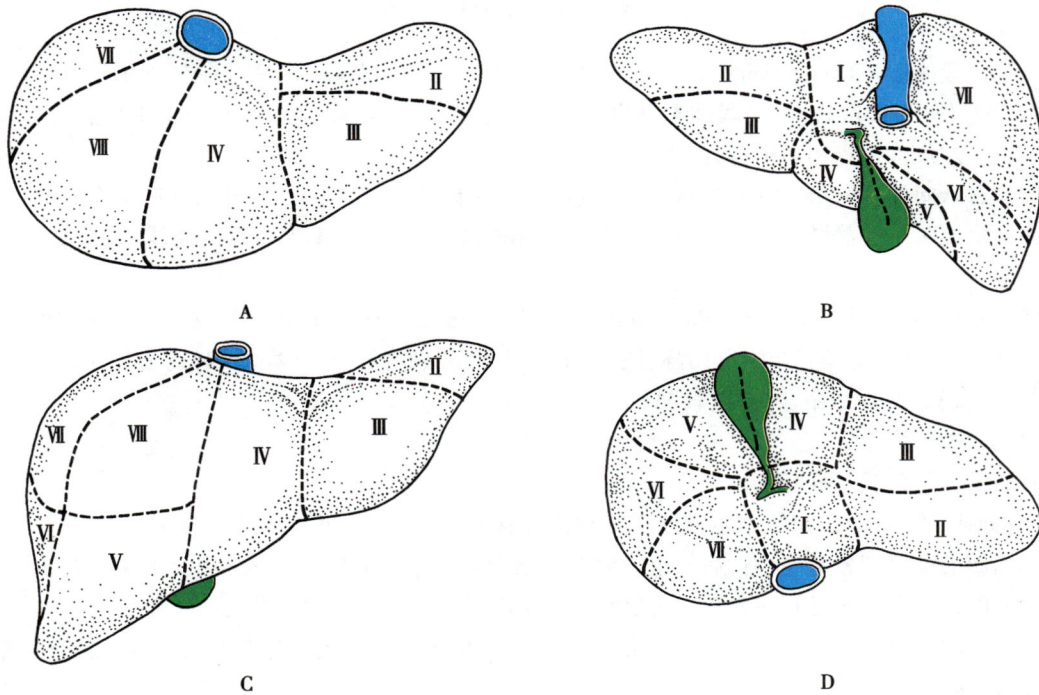

图 4-39 肝段划分法
A. 上面观;B. 后面观;C. 前面观;D. 下面观

（1）**正中裂** median fissure:又称主门裂或 **Cantlie 线**,内有肝中间静脉走行(图 4-40),分肝为左、右半肝,直接分开相邻的左内叶(段Ⅳ)与右前叶(段 Ⅴ 和段Ⅷ)。正中裂在肝膈面为下腔静脉左壁至胆囊切迹中点的连线;在肝脏面,经胆囊窝中份,越横沟入腔静脉沟。

（2）**背裂** dorsal fissure:位于尾状叶前方,将尾状叶与左内叶和右前叶分开。它上起肝左静脉、肝中间静脉、肝右静脉出肝处(第二肝门),下至第一肝门,在肝上极形成一弧形线。

（3）**左叶间裂** left interlobar fissure:又称脐裂,内有左叶间静脉和肝门静脉左支矢状部走行,分开左内叶(段Ⅳ)和左外叶(段 Ⅱ 和段 Ⅲ)。左叶间裂在肝膈面为肝镰状韧带附着线左侧 1cm 范围内与下腔静脉左壁的连线;于脏面,为肝圆韧带裂和静脉韧带裂。

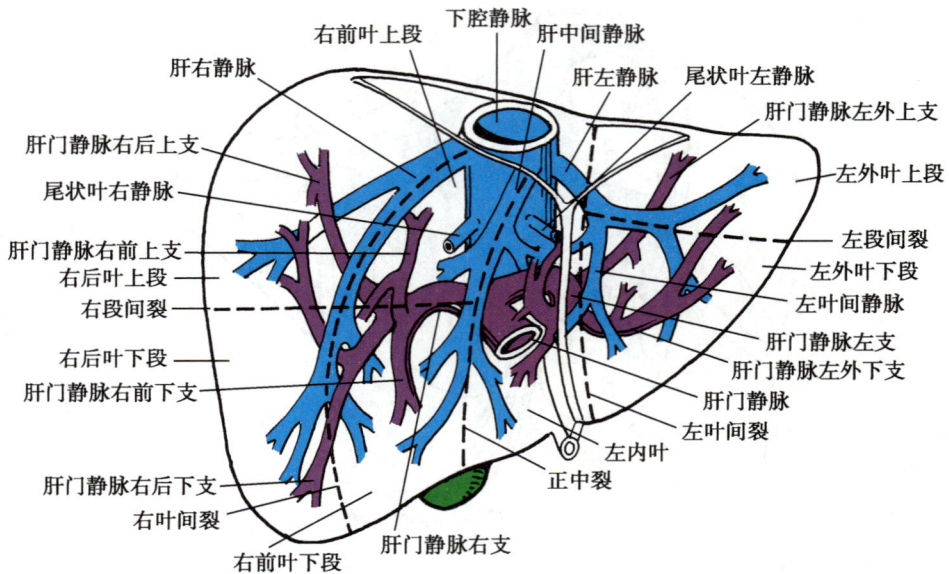

图 4-40   肝内管道与肝裂的关系

（4）**左段间裂** left intersegmental fissure：又称左门裂，内有肝左静脉走行，将左外叶分为左外上段（段Ⅱ）和左外下段（段Ⅲ）。左段间裂在肝膈面为下腔静脉左壁至肝左缘上、中 1/3 交点的连线，转至脏面止于左纵沟中点稍后上方处。

（5）**右叶间裂** right interlobar fissure：又称右门裂，内有肝右静脉走行，分开右前叶与右后叶。右叶间裂在肝膈面为下腔静脉右壁至胆囊切迹中点右侧的肝下缘外、中 1/3 交点的连线，转至脏面，连于肝门右端。

（6）**右段间裂** right intersegmental fissure：又称横裂，在脏面为肝门右端至肝右缘中点的连线，转至膈面，连于正中裂。此裂相当于肝门静脉右支主干平面，分别将右前上段（段Ⅷ）与右前下段（段Ⅴ）、右后上段（段Ⅶ）与右后下段分开（段Ⅵ）。

（六）淋巴引流

肝的淋巴管分浅、深两组。

1. **浅组** 位于肝实质表面的浆膜下，形成淋巴管网。可分为膈面与脏面两部分。

肝膈面的淋巴管分为左、右、后三组。后组淋巴管经膈的腔静脉孔进入胸腔，注入膈上淋巴结及纵隔后淋巴结。左组淋巴管注入胃右淋巴结。右组淋巴管注入主动脉前淋巴结。

肝脏面的淋巴管多走向肝门注入肝淋巴结，仅右半肝的后部及尾状叶的淋巴管与下腔静脉并行，经膈注入纵隔后淋巴结。

2. **深组** 在肝内形成升、降两干。升干随肝静脉出第二肝门，沿下腔静脉经膈注入纵隔后淋巴结。降干伴肝门静脉分支由肝门穿出，注入肝淋巴结。

由此可见，肝淋巴回流，无论浅、深组淋巴管，均有注入纵隔后淋巴结者。因此，肝炎症或膈下感染常可引起纵隔炎症或脓胸。

（七）神经

肝的神经来自左、右迷走神经、腹腔神经丛和右膈神经。前两者的纤维围绕肝固有动脉和肝门静脉，形成肝丛，与肝的血管伴行，经肝门入肝，分布于肝小叶间结缔组织及肝细胞之间。肝血管只由交感神经支配，而胆管和胆囊则由交感神经和副交感神经（迷走神经）所支配。

右膈神经为肝的传入神经，其纤维一部分分布于肝纤维囊内，另一部分向前下，经肝前缘与肝丛结合，随其分布至肝内以及胆囊和胆管。肝传入纤维的作用还不十分清楚，但肝疾患所引起的右肩放射性疼痛，相信是经右膈神经传入的。肝的疼痛往往与肝大相伴随，而切开、烧灼、穿刺并不产生疼痛。肝的被膜由低位肋间神经的细小分支支配,这些分支亦分布到壁腹膜,特别是肝裸区以及肝上面;肝被膜的扩张或破裂会引起定位清晰的锐痛。

五、肝外胆道

肝外胆道由肝左管、肝右管、肝总管、胆囊和胆总管组成。

(一) 胆囊

胆囊 gallbladder 是呈梨形的囊状器官,长 10～15cm,宽 3～5cm,容量为 40～60ml,可储存和浓缩胆汁。它借疏松结缔组织附着于肝脏面的胆囊窝内,其下面覆以腹膜。故可与肝一起随呼吸上下移动,特别在胆囊病态增大时,这种现象在查体时容易发现。

胆囊上方为肝,下后方为十二指肠及横结肠,左侧为幽门,右侧为结肠右曲,前方为腹前壁。

胆囊分底、体、颈、管四部(图4-41)。底稍突出于肝下缘,其体表投影相当于右锁骨中线或右腹直肌外缘与右肋弓的交点处。体部位于底与颈之间,伸缩性较大。颈部弯曲且细,位置较深,其起始部膨大,形成 Hartmann 囊,胆囊结石多停留于此囊中。

胆囊管 cystic duct 长 2.5～4cm,一端连于胆囊颈,另一端呈锐角与肝总管汇合为胆总管。胆囊管近胆囊的一端,有螺旋状黏膜皱襞称 Heister 瓣,近胆总管的一段则内壁光滑。由于有 Heister 瓣的存在,可使胆囊管不致过度膨大或缩小,有利于胆汁的进入与排出;当胆道炎症而致此瓣水肿或有结石嵌顿时,常可导致胆囊积液。

胆囊的动脉称**胆囊动脉** cystic artery,常于胆囊三角(Calot 三角)内起自肝右动脉。胆囊三角由胆囊管、肝总管和肝下面三者组成(图4-42)。胆囊动脉常有变异,可起自肝固有动脉或其左支、胃十二指肠动脉或具有双胆囊动脉等。变异的动脉常行经肝总管或胆总管的前方,胆囊或胆总管手术时应

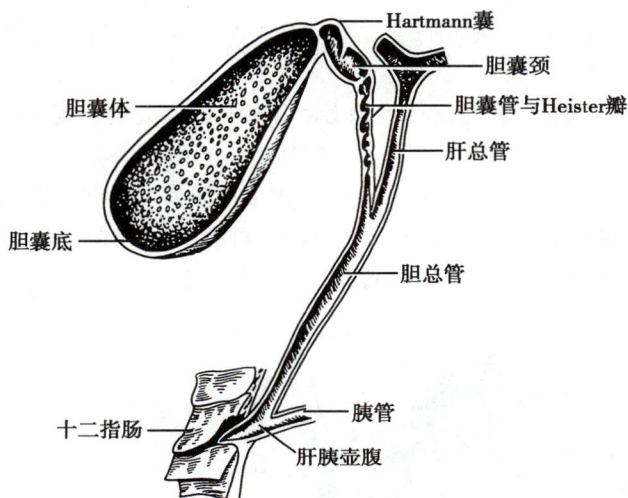

图 4-41　胆囊与肝外胆道

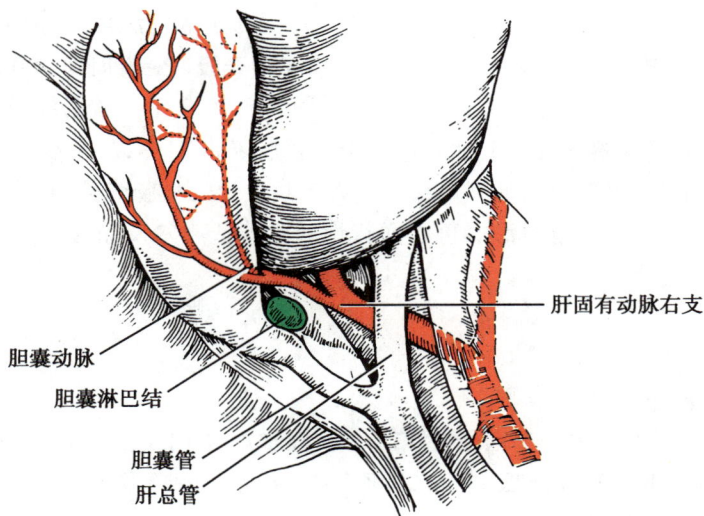

图 4-42　胆囊三角

予以注意。

胆囊的静脉比较分散,胆囊与肝之间有数条小静脉相通。胆囊的小静脉汇成 1~2 条静脉经胆囊颈部汇入肝内门静脉分支。有的胆囊静脉注入肝门静脉主干或肝门静脉右支。也有的形成一条较大的静脉与胆总管平行,汇入肠系膜上静脉。在胆总管手术时,应注意此静脉。

（二）肝管、肝总管及胆总管

1. 肝管 hepatic duct   肝左、右管在肝门处汇合成肝总管。肝右管起自肝门的后上方,较为短粗,长 0.8~1cm,与肝总管之间的角度较大。肝左管横部位置较浅,横行于肝门左半,长 2.5~4cm,与肝总管之间的角度较小。

2. 肝总管 common hepatic duct   长约 3cm,直径 0.4~0.6cm。其上端由肝左、右管合成,下端与胆囊管汇合成胆总管。肝总管前方有时有肝右动脉或胆囊动脉越过,在肝和胆道手术中应予以注意。

3. 胆总管 common bile duct   胆总管的长度取决于胆囊管汇入肝总管部位的高低,长 7~8cm,直径 0.6~0.8cm。若其直径超过 1cm 时,可视为病理状态(胆总管下端梗阻等)。由于胆总管壁具有大量弹性纤维组织,故结石或蛔虫梗阻时可扩张到相当粗的程度(有时可达肠管粗细)而不破裂,仅在胆结石压迫引起管壁坏死时才可能穿孔。

胆总管的分段与毗邻关系(图 4-43):

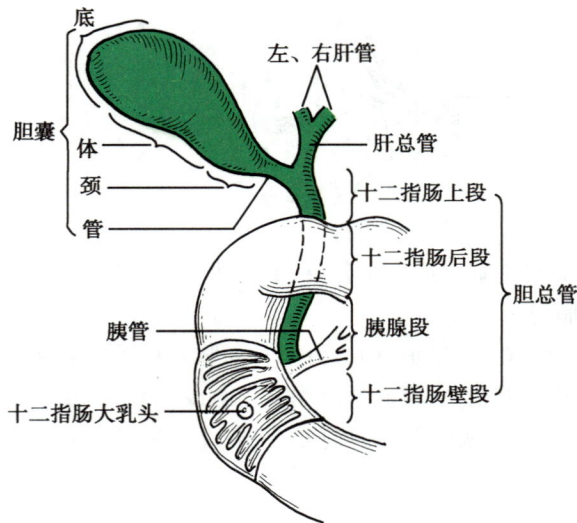

图 4-43   胆总管的分段

（1）十二指肠上段(第一段):在肝十二指肠韧带内,自胆总管起始部至十二指肠上部上缘。此段沿肝十二指肠韧带右缘走行,胆总管切开探查引流术即在此段进行。

（2）十二指肠后段(第二段):位于十二指肠上部的后面,向下内方行于下腔静脉的前方,肝门静脉的右侧。

（3）胰腺段(第三段):弯向下外方,此段上部多从胰头后方经过;下部多被一薄层胰组织所覆盖,位于胆总管沟内。胰头癌或慢性胰腺炎时,此段胆总管常受累而出现梗阻性黄疸。

（4）十二指肠壁段(第四段):斜穿十二指肠降部中段的后内侧壁,与胰管汇合后略呈膨大,形成**肝胰壶腹 hepatopancreatic ampulla**,又称 **Vater 壶腹**。壶腹周围及其附近有括约肌并向肠腔突出,使十二指肠黏膜隆起形成十二指肠

大乳头。据统计,胆总管和胰管两者汇合后进入十二指肠者占 81% 以上,少数的未与胰管汇合而单独开口于十二指肠腔。肝胰壶腹的开口部位绝大多数在十二指肠降部中、下 1/3 交界处的后内侧壁、十二指肠纵襞的下端。依此标志,可在逆行性胰胆管造影术及壶腹切开术时寻找十二指肠大乳头。

六、胰

（一）位置、分部与毗邻

胰 pancreas 位于腹上区和左季肋区,横过第 1、2 腰椎前方,居网膜囊后面,形成胃床的大部分。除胰尾外均属腹膜外位。其右侧端较低,被十二指肠环绕;左侧端较高,靠近脾门。

通常将胰分为头、颈、体、尾四部分,其间并无明显的界限(图 4-44)。

1. 胰头 head of pancreas   位于第 2 腰椎的右侧,是胰最宽大的部分,被十二指肠从上方、右侧

第四章 腹 部 127

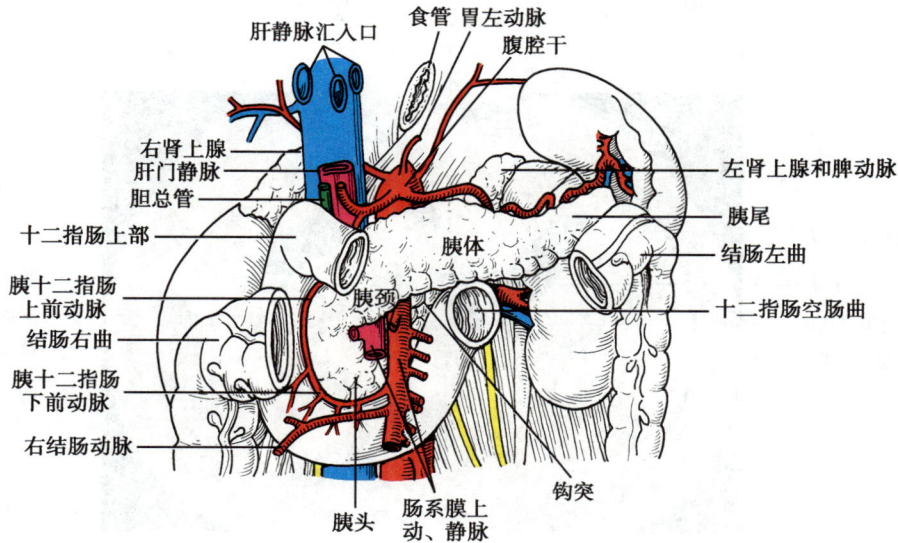

图 4-44 胰的分部和毗邻

和下方"C"形环绕。因其紧贴十二指肠壁,故胰头部肿瘤可压迫十二指肠引起梗阻。胰头下部向左突出而绕至肠系膜上动、静脉后方的部分称钩突 uncinate process。胰头的前面有横结肠系膜根越过,并与空肠相毗邻;后面有下腔静脉、右肾静脉及胆总管下行。

2. **胰颈 neck of pancreas** 是胰头与胰体之间较狭窄的部分,宽 2～2.5cm。它位于胃幽门部的后下方,其后面有肠系膜上静脉通过,并与脾静脉在胰颈后汇合成肝门静脉(图 4-45)。

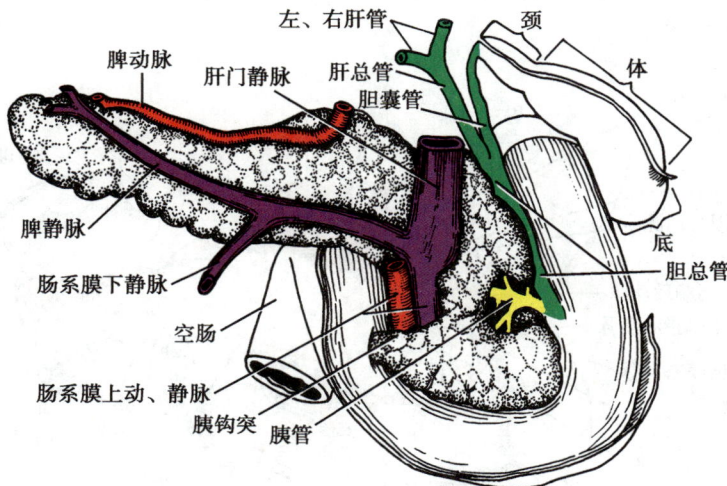

图 4-45 胰的后面观

3. **胰体 body of pancreas** 较长,位于第 1 腰椎平面,脊柱前方,并稍向前凸起。胰体的前面隔网膜囊与胃后壁为邻;后面有腹主动脉、左肾上腺、左肾及脾静脉。胰体后面借疏松结缔组织和脂肪附着于腹后壁,上缘与腹腔干和腹腔神经丛相邻,脾动脉沿此缘向左走行(图 4-46)。

4. **胰尾 tail of pancreas** 是胰左端的狭细部分,末端达脾门,故脾切除时应注意不要伤及胰尾,以免术后形成胰瘘。由于胰尾行经脾肾韧带的两层腹膜之间,故有一定的移动性。

(二)胰管与副胰管

胰管 pancreatic duct 位于胰实质内,起自胰尾,横贯胰腺全长,并收纳各小叶导管,到达胰头右缘时通常与胆总管汇合形成肝胰壶腹,经十二指肠大乳头开口于十二指肠腔。偶尔可单独开口于十二

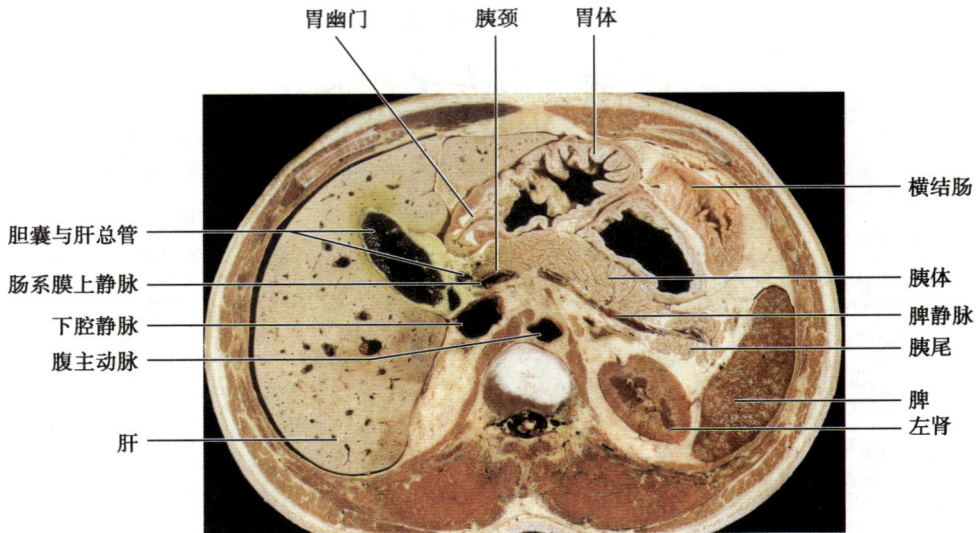

图 4-46　经胰的横断面

指肠腔（见图 4-22）。

副胰管 accessory pancreatic duct 位于胰头上部，主要引流胰头前上部的胰液，开口于十二指肠小乳头。起始端通常与胰管相连，胰管末端发生梗阻时，胰液可经副胰管进入十二指肠腔（见图 4-22）。

（三）血管及淋巴引流

胰的动脉主要有胰十二指肠上前、后动脉，胰十二指肠下动脉，胰背动脉，胰下（即胰横）动脉，脾动脉胰支及胰尾动脉（图 4-47）。

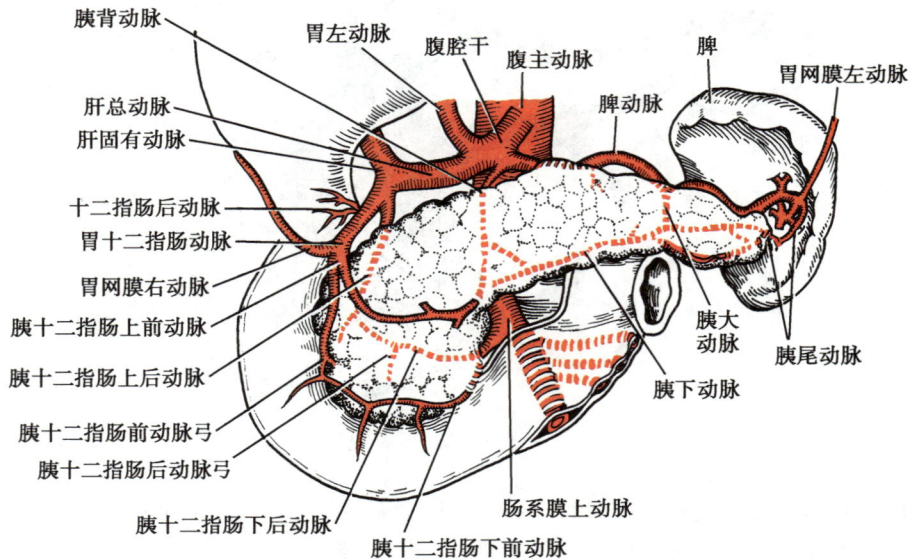

图 4-47　胰的动脉

胰头部的血液供应丰富，有胰十二指肠上前、后动脉（均起自胃十二指肠动脉）及胰十二指肠下动脉（起自肠系膜上动脉）分出的前、后支，在胰头前、后面相互吻合，形成动脉弓，由动脉弓发出分支供应胰头前、后部及十二指肠。

胰背动脉多由脾动脉根部发出，向下达胰颈或胰体背面分为左、右 2 支，左支沿胰下缘背面左行，称胰下动脉。胰体部的血供还来自脾动脉胰支,一般为 4~6 支,其中最大的一支为胰大动脉,分布至胰尾部的动脉称胰尾动脉。

胰的静脉多与同名动脉伴行,汇入肝门静脉系统。胰头及胰颈的静脉汇入胰十二指肠上、下静脉及肠系膜上静脉,胰体及胰尾的静脉以多个小支在胰后上部汇入脾静脉。

胰的淋巴起自腺泡周围的毛细淋巴管,在小叶间形成较大的淋巴管,沿血管达胰表面,注入胰上、下淋巴结及脾淋巴结,然后注入腹腔淋巴结(图 4-48)。

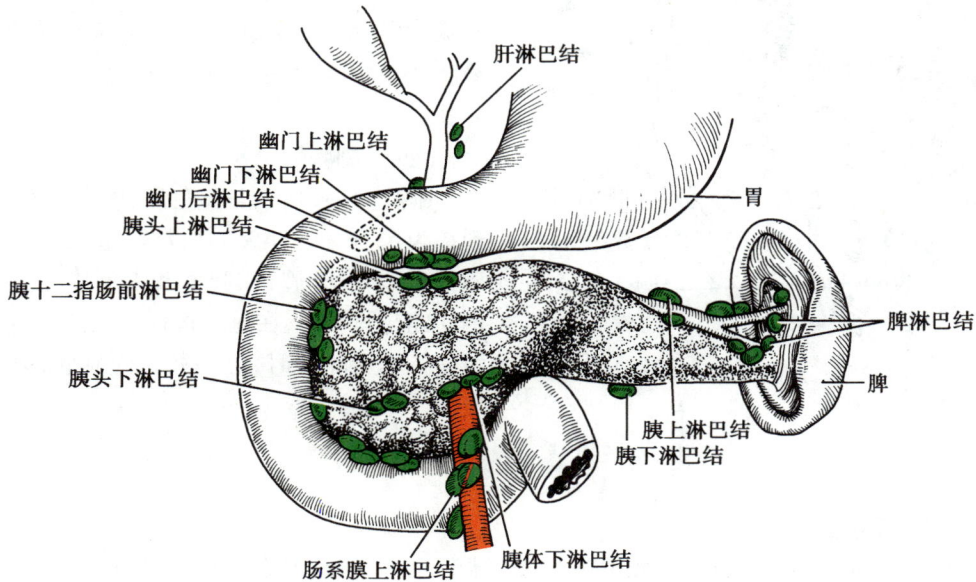

图 4-48　胰的淋巴结

七、脾

(一) 位置与毗邻

脾 spleen 位于左季肋区的肋弓深处。其体表投影是:脾的后端平左侧第 9 肋的上缘,距后正中线 4~5cm;脾的前端平左侧第 11 肋,达腋中线;脾的长轴与左第 10 肋平行(图 4-49)。脾与膈相贴,故脾的位置可随呼吸和体位的不同而变化。

脾的膈面与膈、膈结肠韧带接触,脏面前上份与胃底相贴,后下部与左肾、左肾上腺为邻;脾门邻近胰尾。

(二) 韧带

脾有 4 条韧带与邻近器官相连。

(1)胃脾韧带:如前述。

(2)**脾肾韧带** lienorenal ligament:是从脾门至左肾前面的双层腹膜结构,内含有胰尾及脾血管、淋巴结和神经丛等。脾切除术时需剪开此韧带的后层才能使脾游离。

(3)**膈脾韧带** phrenicosplenic ligament:由脾肾韧带向上延伸至膈,此韧带很短,有的不明显(图 4-50)。

(4)**脾结肠韧带** lienocolic ligament:位于脾前端和结肠左曲之间,此韧带较短,可固定结肠左曲并从下方承托脾。脾切除术切断此韧带时,注意勿损伤结肠。

(三) 血管

1.脾动脉 splenic artery　起自腹腔干,沿胰背侧面的上缘左行,其远

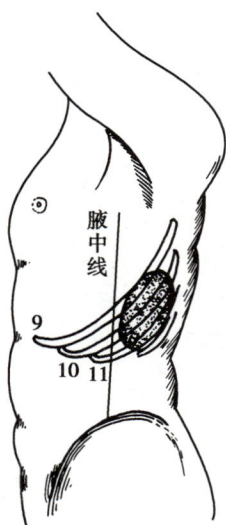

图 4-49　脾的位置

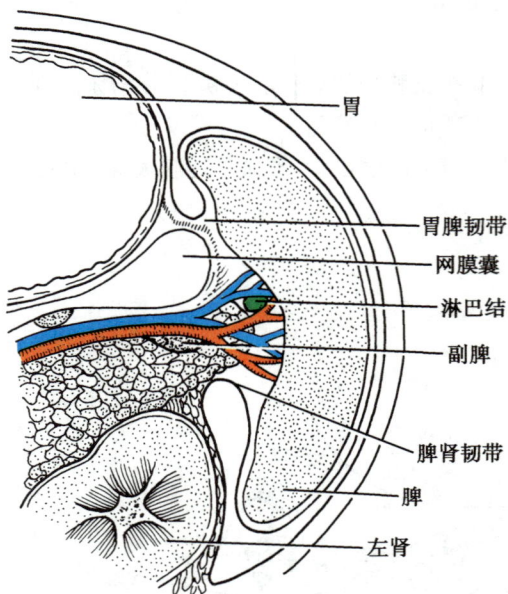

图 4-50　脾的血管和韧带

侧段入脾肾韧带内,并在韧带内发出各级分支,终末支经脾门入脾内。

2. **脾静脉** splenic vein　由脾门处的 2~6 条(常见 3 条)属支组成,其管径比脾动脉大一倍,走行较直,与脾动脉的弯曲形成鲜明对照。脾静脉的行程较恒定,位于脾动脉的后下方,走在胰后面的横沟中。脾静脉沿途收纳胃短静脉、胃网膜左静脉、胃后静脉、肠系膜下静脉及来自胰的一些小静脉,向右达胰颈处与肠系膜上静脉汇合成肝门静脉。

(四) 副脾

副脾 accessory spleen 色泽、硬度与脾一致,出现率为 5.76%~35%,其位置、数目和大小等均不恒定,多位于脾门、脾蒂和大网膜等处。副脾的功能与脾相同,在血小板减少性紫癜或溶血性黄疸行脾切除术时,应一并切除副脾,以免症状复发。

八、肝门静脉

(一) 组成和类型

肝门静脉 hepatic portal vein 为腹腔中较大的静脉干,长 6~8cm,管径 1.0~1.2cm。主要由脾静脉与肠系膜上静脉汇合而成,但由于肠系膜下静脉及胃左静脉汇入肝门静脉的部位不同,其组成可有多种类型(图 4-51,图 4-52)。肠系膜上静脉与脾静脉汇合的部位,一般在胰颈的后方,偶在胰颈与胰体交界处或胰头的后方。因此,胰的病变常可累及肝门静脉。

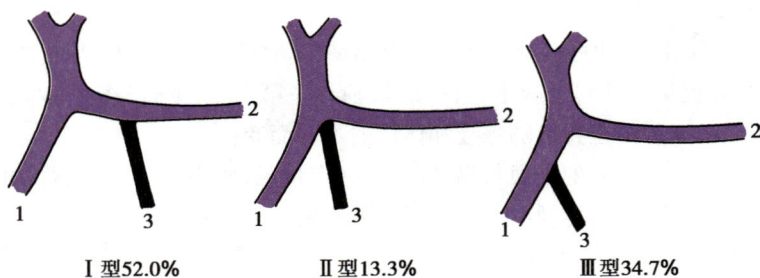

Ⅰ型52.0%　　Ⅱ型13.3%　　Ⅲ型34.7%

图 4-51　肠系膜下静脉汇入部位类型(519 例分析)
1. 肠系膜上静脉;2. 脾静脉;3. 肠系膜下静脉

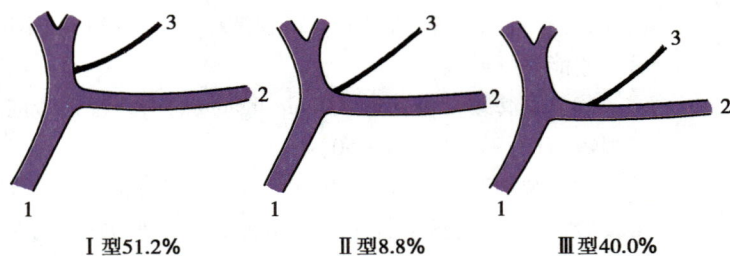

Ⅰ型51.2%　　Ⅱ型8.8%　　Ⅲ型40.0%

图 4-52　胃左静脉汇入部位类型(479 例分析)
1. 肠系膜上静脉;2. 脾静脉;3. 胃左下静脉

（二）位置

肝门静脉自胰颈的后方上行，通过十二指肠上部的深面进入肝十二指肠韧带，上行至第一肝门，分为左、右两支，然后分别进入左、右半肝。在肝十二指肠韧带内，肝门静脉的右前方为胆总管，左前方为肝固有动脉，后面隔网膜孔（Winslow 孔）与下腔静脉相邻。

（三）属支与收集范围

肝门静脉的属支主要有脾静脉、肠系膜上静脉、肠系膜下静脉、胃左静脉、胃右静脉、胆囊静脉和附脐静脉（图 4-53）。除胆囊静脉和附脐静脉为数条细小静脉外，其他属支与各自的同名动脉伴行。肝门静脉主要收集食管腹段、胃、小肠、大肠（至直肠上部）、胰、胆囊和脾等处的血液。在正常情况下，肝门静脉血液占入肝血液总量的 70%。

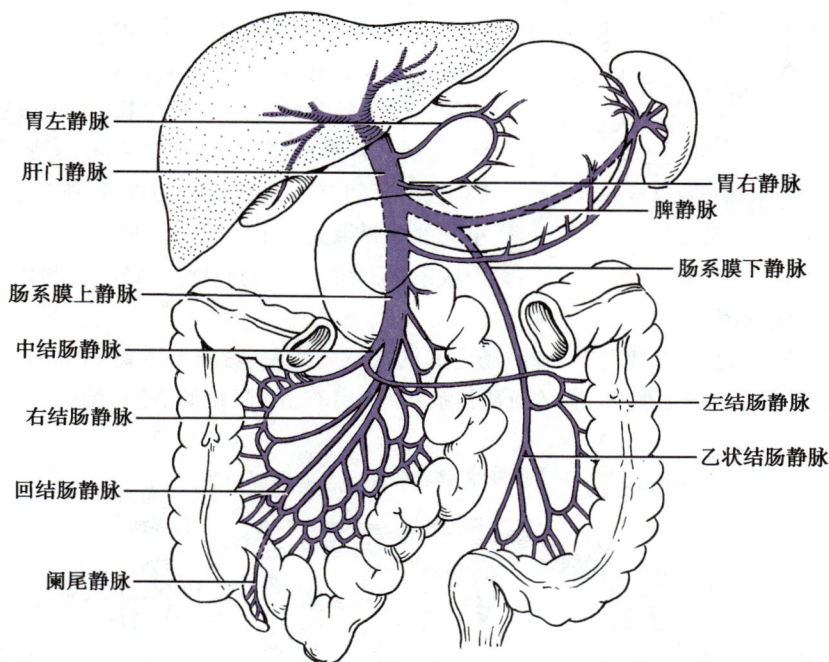

图 4-53　肝门静脉系统

（李振中）

第四节　结　肠　下　区

结肠下区位于横结肠及其系膜与小骨盆上口之间。此区内有空肠、回肠、盲肠、阑尾及结肠等脏器。

一、空肠和回肠

（一）位置与形态结构

空肠 jejunum 及**回肠** ileum 占据结肠下区的大部分，两者间无明显分界，近侧的 2/5 为空肠，盘曲于结肠下区的左上部；远侧的 3/5 为回肠，位于结肠下区的右下部。人体直立时，回肠袢可垂入盆腔。空、回肠均属腹膜内位器官，借肠系膜附着于腹后壁，总称系膜小肠。

X 线检查时，通常将小肠袢按部位分为六组。第一组为十二指肠，位于腹上区；第二组为空肠上段肠袢，居左腹外侧区；第三组为空肠下段，在左髂区；第四组为回肠上段，盘于脐区；第五组为回肠中段，占据右腹外侧区；第六组为回肠下段，处于右髂区、腹下区和盆腔（图 4-54）。

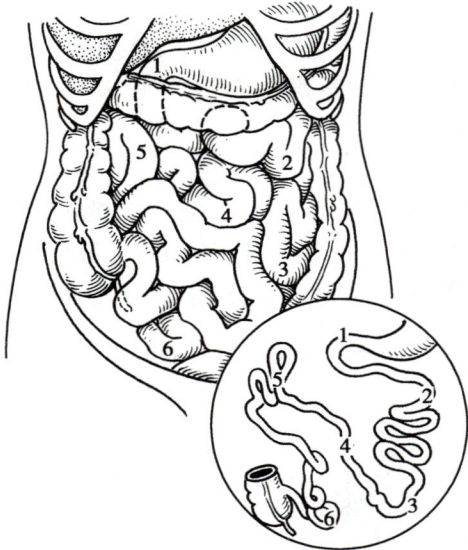

图 4-54　小肠的 X 线分区
（图内数字表示小肠的分组）

空肠管径一般约 4cm，肠壁较厚，由于动脉供应丰富，颜色较红，黏膜环状皱襞多又高，黏膜内散在孤立淋巴滤泡，系膜内血管弓的级数和脂肪均较少；回肠管径一般约 3.5cm，肠壁较空肠略薄，血管较少而颜色稍白，黏膜环状皱襞少又低，黏膜内除有孤立淋巴滤泡外，还有集合淋巴滤泡，系膜内血管弓级数较多，脂肪较丰富。

（二）肠系膜

将空、回肠悬附于腹后壁，其在腹后壁附着处称**肠系膜根** radix of mesentery。肠系膜根从第 2 腰椎左侧斜向右下，止于右骶髂关节前方（图 4-55），长约 15cm。**肠系膜** mesentery 的肠缘连于空、回肠的系膜缘，与空、回肠全长相等。由于肠系膜根短而肠缘长，因此肠系膜整体呈扇状，并随肠袢形成许多皱褶（图 4-56）。肠系膜由两层腹膜组成，其间有分布到肠袢的血管、神经和淋巴，它们在小肠的系膜缘处进出肠壁。系膜缘处的肠壁与两层腹膜围成系膜三角，此处的肠壁无浆膜，小肠切除吻合术时应妥善缝合，以免形成肠瘘。

肠系膜根将横结肠及其系膜与升、降结肠之间的区域分为**左、右肠系膜窦** left and right mesenteric sinuses。左肠系膜窦介于肠系膜根、横结肠及其系膜的左 1/3 部、降结肠、乙状结肠及其系膜之间，略

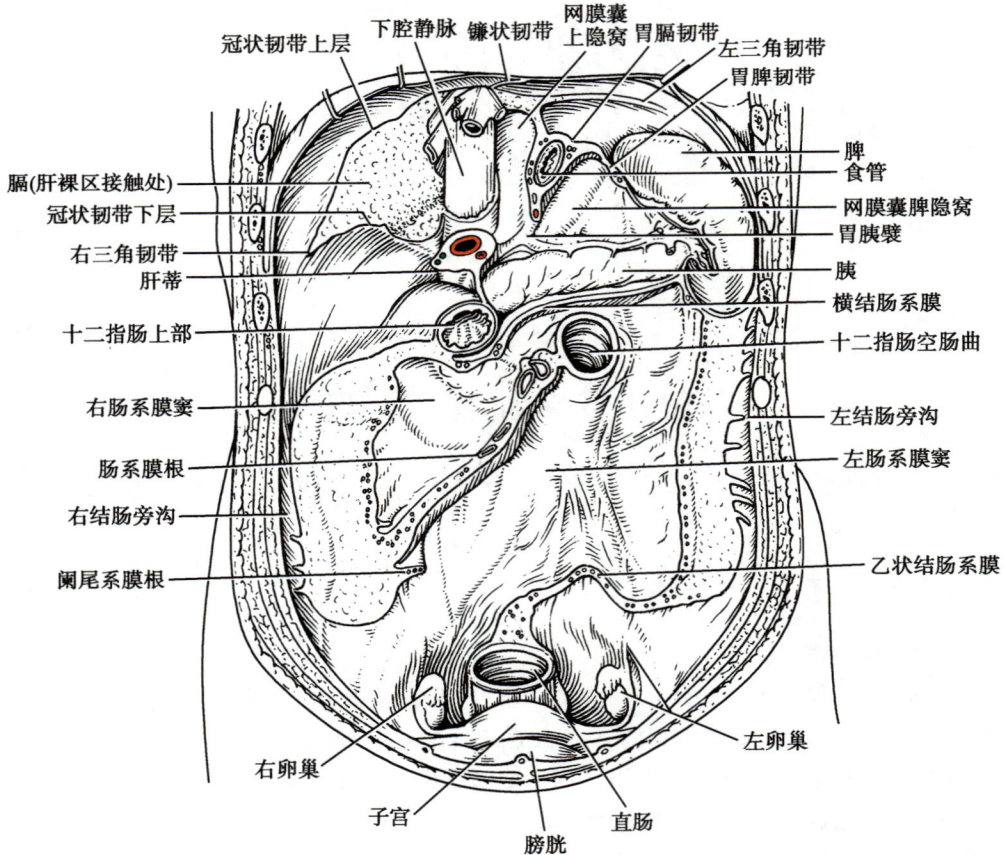

图 4-55　腹后壁腹膜配布

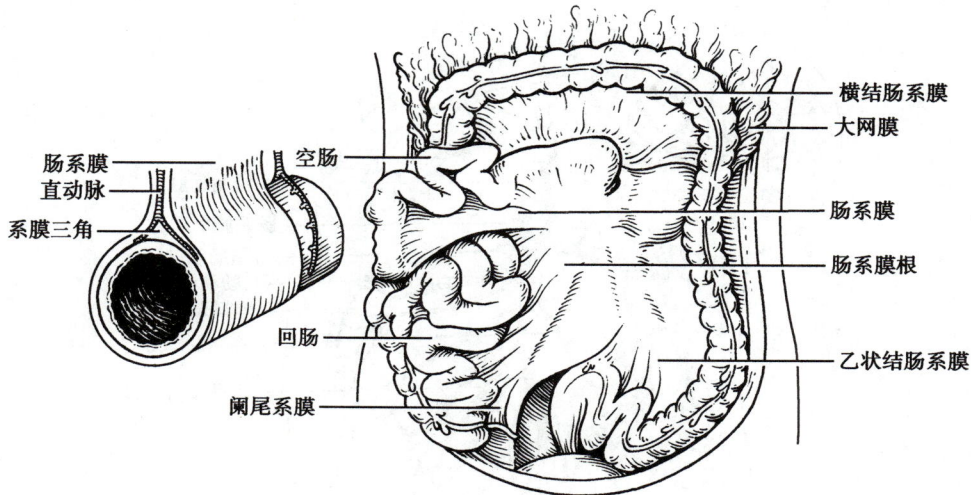

图 4-56 肠系膜

呈向下开口的斜方形,窦内感染时易蔓延入盆腔;右肠系膜窦位于肠系膜根、升结肠、横结肠及其系膜的右 2/3 部之间,呈三角形,周围近乎封闭,窦内感染积脓时不易扩散(图 4-57)。

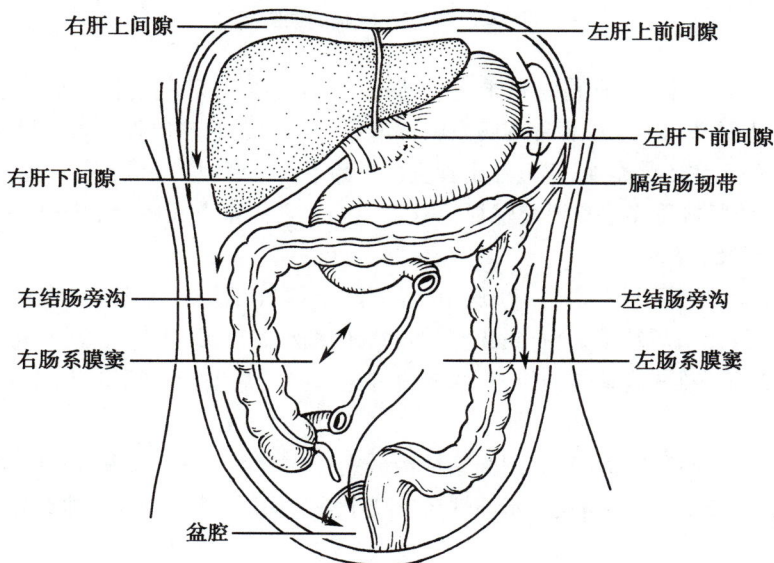

图 4-57 腹膜腔的交通

(三)血管、淋巴引流及神经

1. **动脉** 空、回肠的动脉来自**肠系膜上动脉** superior mesenteric artery(图 4-58)。肠系膜上动脉在第 1 腰椎水平起于腹主动脉前壁,向前下由胰颈下缘左侧穿出,跨十二指肠水平部前方,入肠系膜走向右下。此动脉向右发出胰十二指肠下动脉、中结肠动脉、右结肠动脉和回结肠动脉;向左发出 12 ~ 18 条空、回肠动脉。空、回肠动脉在肠系膜内呈放射状走向肠壁,途中分支吻合,形成动脉弓。小肠近侧段一般为 1 ~ 2 级动脉弓;远侧段弓数增多,可达 3 ~ 4 级,回肠最末段又成单弓。末级血管弓发出直动脉分布于肠壁,直动脉间缺少吻合。肠切除吻合术时肠系膜应作扇形切除,对系膜缘侧的肠壁应稍多切除一些,以保证吻合后对系膜缘侧有充分血供,避免术后缺血坏死或愈合不良形成肠瘘。

2. **静脉** 空、回肠静脉与动脉伴行,引流小肠的血液汇入肠系膜上静脉。肠系膜上静脉在肠系膜上动脉右侧上行,越过右输尿管、下腔静脉等结构,在胰颈后方与脾静脉汇合成肝门静脉。

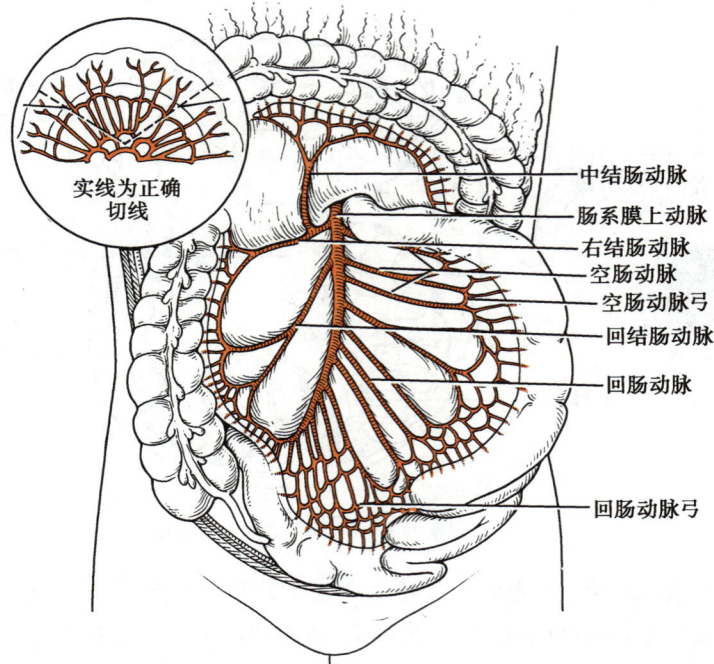

图 4-58   空、回肠的动脉

3. 淋巴引流   小肠淋巴管伴血管行走,注入肠系膜淋巴结。肠系膜淋巴结可达百余个,沿血管分布,其输出管注入肠系膜上动脉根部的肠系膜上淋巴结。后者的输出管注入腹腔干周围的腹腔淋巴结,最后汇合成肠干注入乳糜池,部分输出管直接经肠干入乳糜池。

4. 神经   空、回肠接受交感和副交感神经双重支配。它们来自腹腔丛和肠系膜上丛,沿肠系膜上动脉的分支分布到肠壁。

交感神经节前纤维起于脊髓第 9 ~ 11 胸节,经交感干和内脏大、小神经,在腹腔神经节和肠系膜上神经节内换元后发出节后纤维,分布到肠壁,抑制肠的蠕动和分泌,使其血管收缩。

副交感神经节前纤维来自迷走神经,至肠壁内神经节换元后发出节后纤维,支配肌层和肠腺,促进肠的蠕动和分泌。

空、回肠的内脏感觉纤维随交感和副交感神经分别传入脊髓第 9 ~ 12 胸节和延髓。痛觉冲动主要经交感神经传入脊髓,故小肠病变时牵涉性痛出现于脐的周围(第 9 ~ 11 胸神经分布区)。

二、盲肠和阑尾

(一) 盲肠

盲肠 cecum 为大肠的起始部,居右髂窝,直立时可垂入盆腔。小儿盲肠位置较高。盲肠粗而短,长 6 ~ 7cm。盲肠左侧接回肠末端,后内侧壁有阑尾附着(三者合称为回盲部),向上续于升结肠,右侧为右结肠旁沟,后面为髂腰肌,前面邻腹前壁,并常被大网膜覆盖。盲肠通常为腹膜内位,没有系膜。偶尔连同升结肠有系膜,活动度较大,称为移动性盲肠。盲肠壁的三条结肠带汇聚于阑尾根部,是手术时寻找阑尾根部的标志。回肠末端连通盲肠,开口处黏膜有上、下两个半月形的黏膜皱襞,称为**回盲瓣** ileocecal valve。由于回肠管径小于盲肠,二者衔接处又接近直角,因此回盲部肠套叠较多见。

(二) 阑尾

阑尾 vermiform appendix 是一蚓状盲管,一般长 5 ~ 7cm,直径 0.5 ~ 0.6cm。阑尾腔开口于盲肠内面回盲瓣下方 2 ~ 3cm 处。其一般位于右髂窝内,位置多变。阑尾根部附于盲肠后内侧壁、三条结肠带的会合点。其体表投影在脐至右髂前上棘连线的中外 1/3 交界处,称 McBurney 点;也可用左、右髂前上棘连线的中右 1/3 交界处 Lanz 点作为投影点,阑尾炎时投影点常有明显压痛。阑尾属腹膜内位器官,有三角形的阑尾系膜悬附于肠系膜下端,因此阑尾位置可变,炎症时产生的症状和体征也不相同。据统计,国人阑尾常见的位置顺序如下(图 4-59):①回肠前位:约占 28%,在回肠末部前方,尖向左上,炎症时右下腹压痛明显。②盆位:约占 26%,跨腰大肌前面入盆腔,尖端可触及闭孔内肌或盆腔脏器,炎症时可刺激腰大肌(伸髋时疼痛)或闭孔内肌(屈髋内旋时疼痛),也可出现膀胱或直肠等刺激症状。③盲肠后位:约占 24%,在盲肠后方,髂肌

图 4-59　阑尾的常见位置

前面,尖端向上,一般仍有系膜,少数在壁腹膜外与髂肌相贴。盲肠后位阑尾炎时腹壁体征不明显,但常刺激髂肌,影响伸髋,甚至形成腹膜后隙脓肿。④回肠后位:约占 8%,在回肠末段后方,尖向左上,炎症时腹壁体征出现较晚,容易引起弥漫性腹膜炎。⑤盲肠下位:约占 6%,在盲肠后下,尖指向右下方。此外,少数尚有高位阑尾(在右肝下方)、盲肠壁浆膜下阑尾以及左下腹位阑尾等。

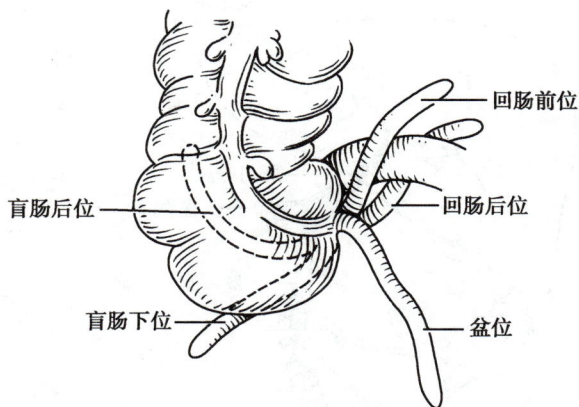

阑尾管腔较小,成年后内腔变窄,可部分或完全闭塞。阑尾腔被粪石梗阻可引起炎症;阑尾壁富含淋巴组织,肌层薄,因此,发炎时易穿孔。小儿的阑尾壁肌层较成人薄,且不完整,炎症早期即可穿孔。

阑尾动脉 appendicular artery 起于回结肠动脉或其分支盲肠前、后动脉(图 4-60),多数为 1 支,少数为 2 支,在回肠末段后方入阑尾系膜内,沿其游离缘走行,分支分布于阑尾。

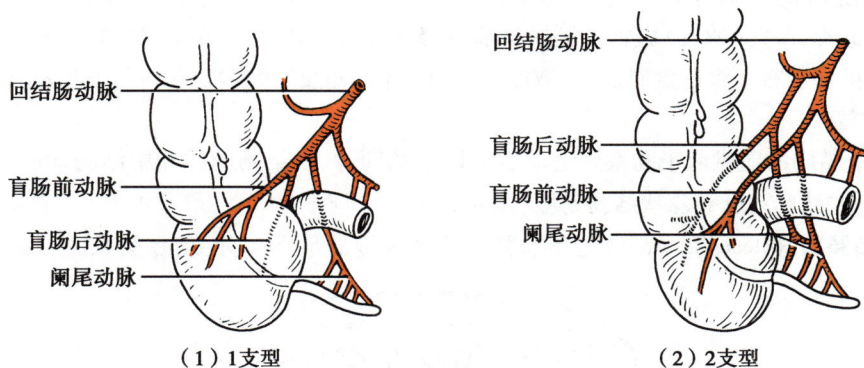

(1)1支型

(2)2支型

图 4-60　阑尾的动脉

阑尾静脉与动脉伴行,经回结肠静脉、肠系膜上静脉汇入肝门静脉(图 4-61)。化脓性阑尾炎时细菌栓子可随静脉血流入肝,引起肝脓肿。

三、结肠

(一)分部、位置及毗邻

结肠按其行程和部位分为升结肠、横结肠、降结肠和乙状结肠四部分。

1. **升结肠** ascending colon　是盲肠的延续,沿腹腔右外侧区上行,至肝右叶下方转向左前下方移行为横结肠,所形成的弯曲称结肠右曲,又称肝曲。升结肠长 12～20cm,较盲肠狭窄,一般为腹膜间位,其后面借疏松结缔组织与腹后壁相贴,因此,有时升结肠病变可累及腹膜后隙。少数人升结肠为腹膜内位,有系膜,活动度较大。升结肠的内侧为右肠系膜窦及回肠襻,外侧与腹壁间形成右结肠

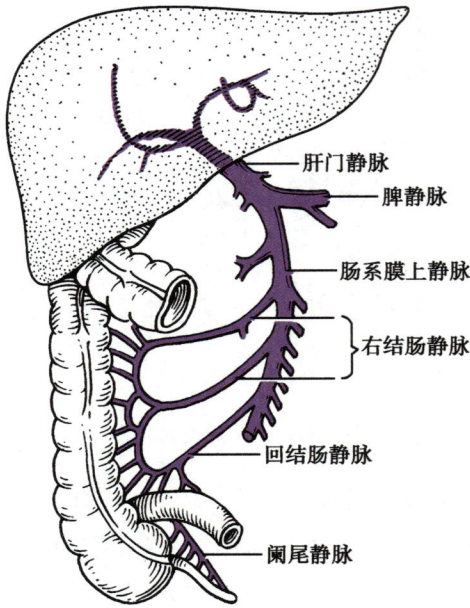

图 4-61　阑尾的静脉

旁沟。此沟上通肝肾隐窝,下通右髂窝和盆腔,故膈下脓肿可经此沟流入右髂窝和盆腔,阑尾化脓时可向上蔓延至肝下(见图 4-57)。

结肠右曲后邻右肾,内侧稍上方与十二指肠相邻,前上方有肝右叶与胆囊。

2. 横结肠 transverse colon　自结肠右曲开始,向左呈下垂的弓形,横过腹腔中部,至脾前端折转下行续于降结肠,折转处称结肠左曲又称脾曲。横结肠长 40～50cm,几乎完全被腹膜包裹,形成横结肠系膜,横结肠系膜根附着于十二指肠降部、胰与左肾的前面。横结肠左、右两端的系膜较短,位置较固定,中间部因系膜长故活动度较大。横结肠上方与肝、胃相邻,下方与空、回肠相邻。因此,横结肠常随肠、胃的充盈变化而升降。胃充盈或直立时,横结肠中部大多降至脐下,甚至垂入盆腔。

结肠左曲较右曲高,相当于第 10～11 肋水平,其侧方借膈结肠韧带附于膈下,后方贴靠胰尾与左肾,前方通过胃结肠韧带附着于胃大弯并为肋弓所掩盖。因此,结肠左曲肿瘤不易被扪及。

3. 降结肠 descending colon　始于结肠左曲,沿腹腔左外侧贴腹后壁向下,至左髂嵴处续于乙状结肠。降结肠长 25～30cm,内侧为左肠系膜窦及空肠袢,外侧为左结肠旁沟。由于左膈结肠韧带发育良好,故左结肠旁沟内的积液只能向下流入盆腔(见图 4-57)。

4. 乙状结肠 sigmoid colon　自左髂嵴起自降结肠至第 3 骶椎续于直肠,呈乙状弯曲,横过左侧髂腰肌、髂外血管、睾丸(卵巢)血管及输尿管前方降入盆腔。乙状结肠有较长的系膜,活动度较大,可入盆腔,也可移至右下腹遮盖回盲部,增加阑尾切除术的难度。系膜过长时可发生乙状结肠扭转。

(二) 血管

1. 动脉　结肠的血供起于肠系膜上动脉的回结肠动脉、右结肠动脉和中结肠动脉,还有肠系膜下动脉发出的左结肠动脉和乙状结肠动脉(图 4-62)。

(1) **回结肠动脉** ileocolic artery:是肠系膜上动脉右侧的最下一分支,在肠系膜根内向右下方走

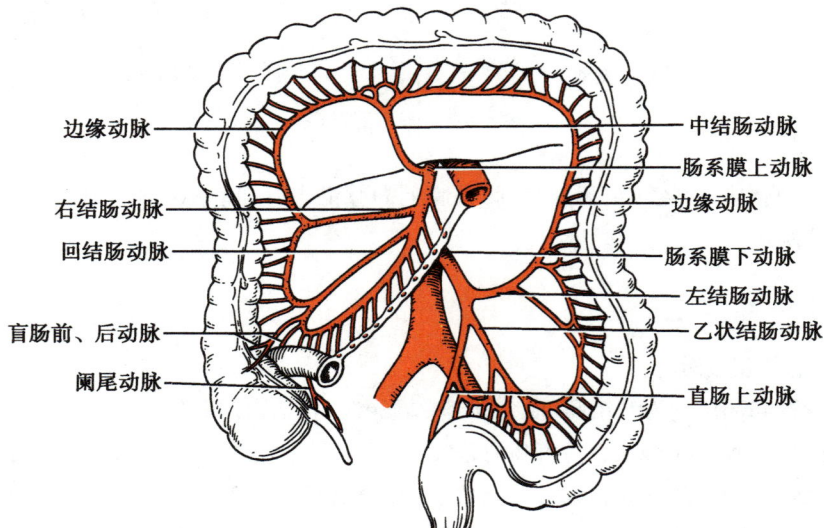

图 4-62　结肠的动脉

行,近回盲部分为盲肠前动脉、盲肠后动脉、阑尾动脉、回肠支与升结肠支,分别供应盲肠、阑尾、回肠末段与升结肠的下 1/3(见图 4-60)。

（2）**右结肠动脉** right colic artery:在回结肠动脉上方发自肠系膜上动脉,行于壁腹膜后方,跨过右睾丸(卵巢)动、静脉和右输尿管后,在近升结肠内侧缘发出升、降两支,分别与中结肠动脉及回结肠动脉的分支吻合。升、降支再分支供应升结肠的上 2/3 和结肠右曲。

（3）**中结肠动脉** middle colic artery:在胰颈下缘起自肠系膜上动脉,进入横结肠系膜,在系膜偏右侧向右下行,近结肠右曲分为左、右两支,供应横结肠,并分别与左、右结肠动脉吻合。

（4）**左结肠动脉** left colic artery:是肠系膜下动脉的最上分支,起于肠系膜下动脉距根部 2～3cm 处,在壁腹膜深面行向左,分为升、降两支,营养结肠左曲及降结肠,并分别与中结肠动脉和乙状结肠动脉的分支吻合。

升、降结肠的动脉均从内侧走向肠管,故升、降结肠手术应从肠管外侧切开腹膜,游离肠管,以免损伤血管。

（5）**乙状结肠动脉** sigmoid artery:起于肠系膜下动脉,有 1～3 支,大多为 2 支(53%)。在乙状结肠系膜内呈扇形分布,供应乙状结肠,其分支之间及与左结肠动脉的降支间相互有吻合。

肠系膜上、下动脉的各结肠支均相互吻合,在近结肠边缘形成动脉弓,称为**边缘动脉** colic marginal artery。边缘动脉发出许多直动脉,后者又分长支和短支,短支多起自长支,在系膜带处穿入肠壁;长支在浆膜下环绕肠管,至另外两条结肠带附近分支入肠脂垂后,穿入肠壁。结肠动脉的长、短支在穿入肠壁前很少吻合,因此,结肠手术分离和切除肠脂垂时,不可牵拉,以免切断长支,影响肠壁供血(图 4-63)。

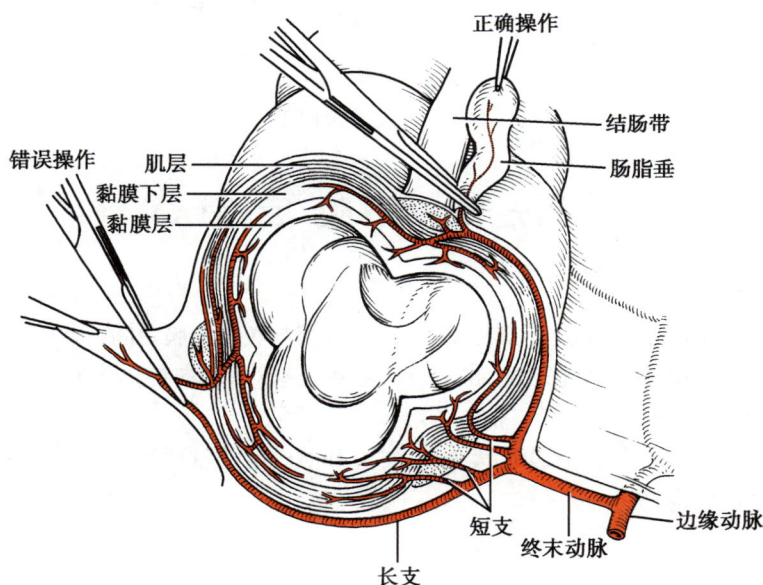

图 4-63　结肠边缘动脉的分支分布

中结肠动脉左支与左结肠动脉升支之间的边缘动脉往往吻合较差,甚至中断。所以,如中结肠动脉左支受损,可能引起横结肠左侧部缺血坏死。另外,乙状结肠动脉最下方的分支与直肠上动脉分支间也往往缺少吻合,如血管受损,可能引起乙状结肠下部供血障碍,肠壁缺血坏死。但近年有人证明上述部位仍存在恒定吻合,可保证侧支循环血流通畅。

2. **静脉**　结肠的静脉基本与动脉伴行。结肠左曲以上的静脉血分别经回结肠静脉、右结肠静脉和中结肠静脉汇入肠系膜上静脉,结肠左曲以下的静脉则经左结肠静脉、乙状结肠静脉汇入肠系膜下静脉。结肠的静脉最后均汇入肝门静脉。

（三）淋巴引流

结肠的淋巴管穿出肠壁后沿血管行走,行程中有四组淋巴结(图 4-64):①结肠壁上淋巴结:位于肠壁浆膜深面,数量少。②结肠旁淋巴结:沿边缘动脉排列。③中间淋巴结:沿各结肠动脉排列。④肠系膜上、下淋巴结:分别位于肠系膜上、下动脉的根部。右半结肠的淋巴大部分汇入肠系膜上淋巴结,左半结肠的淋巴大部分汇入肠系膜下淋巴结。肠系膜上、下淋巴结的输出管直接或经腹腔干根部的腹腔淋巴结汇入肠干。

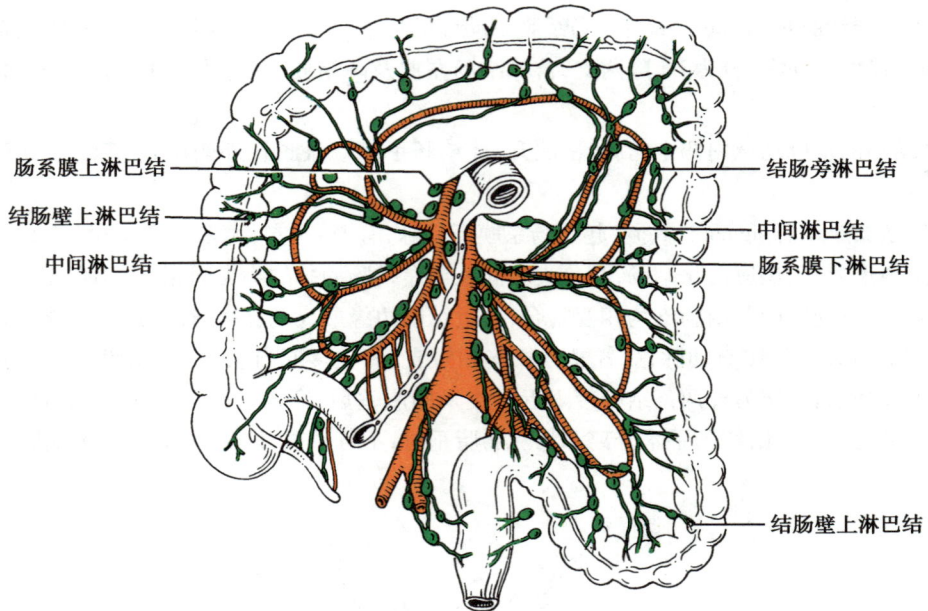

图 4-64 结肠的淋巴引流

第五节 腹 膜 后 隙

一、概述

腹膜后隙 retroperitoneal space 位于腹后壁,介于壁腹膜与腹内筋膜之间。此间隙上至膈并经腰肋三角与后纵隔相通;向下在骶岬平面与盆腔腹膜后隙相延续;两侧向前连于腹前外侧壁的腹膜外组织。因此,腹膜后隙的感染可向上、下扩散。

腹膜后隙有肾、肾上腺、输尿管、腹部大血管、神经和淋巴结等重要结构(图 4-65),并有大量疏松结缔组织填充在上述结构之间。

二、肾

（一）位置与毗邻

1. **位置**   肾 kidney 位于脊柱的两侧,贴附于腹后壁。由于肝的存在,右肾低于左肾 1~2cm(约半个椎体)。右肾上端平第 12 胸椎体上缘,下端平第 3 腰椎体上缘;左肾上端平第 11 胸椎体下缘,下端平第 2 腰椎体下缘。左侧第 12 肋斜过左肾后面的中部,右侧第 12 肋斜过右肾后面的上部。肾的长轴斜向下外,两肾肾门相对,上极相距稍近。肾门的体表投影:在腹前壁位于第 9 肋前端;在腹后壁位于第 12 肋下缘与竖脊肌外缘的交角处,称**脊肋角** vertebrocostal angle 或**肾角** renal angle(图 4-66)。肾病变时,此处常有压痛或叩击痛。

肾的体表投影:在后正中线两侧 2.5cm 和 7.5~8.5cm 处各作两条垂线,通过第 11 胸椎和第 3 腰椎棘突各作一水平线,两肾即位于此纵、横标志线所组成的两个四边形内。当肾发生病变时,多在此

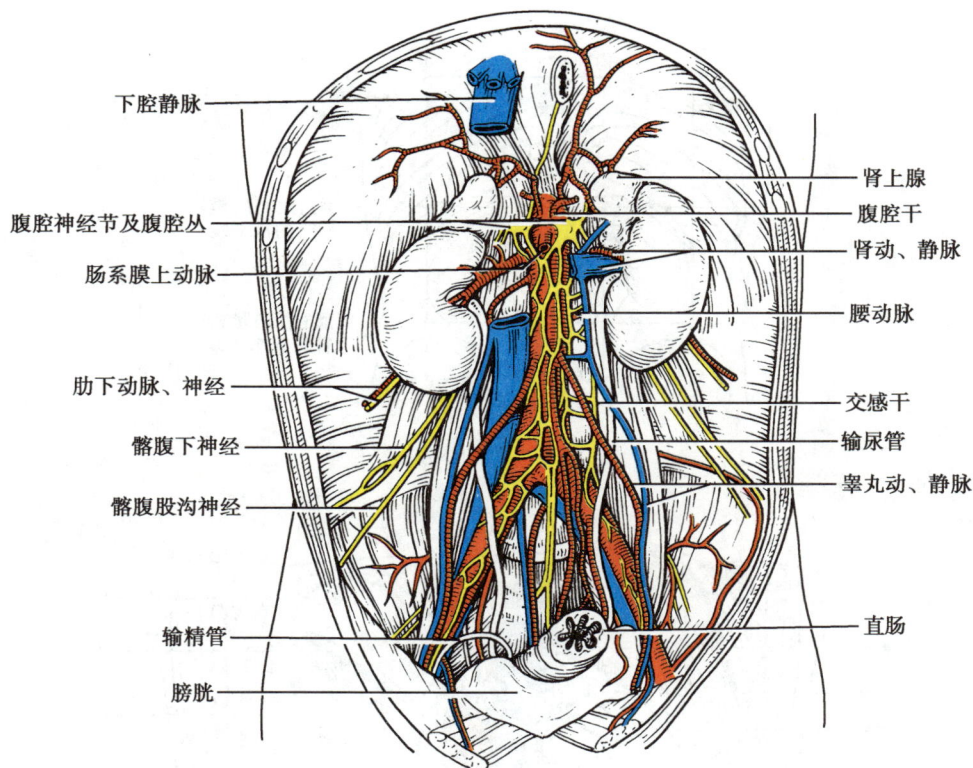

图 4-65　腹膜后隙内的结构

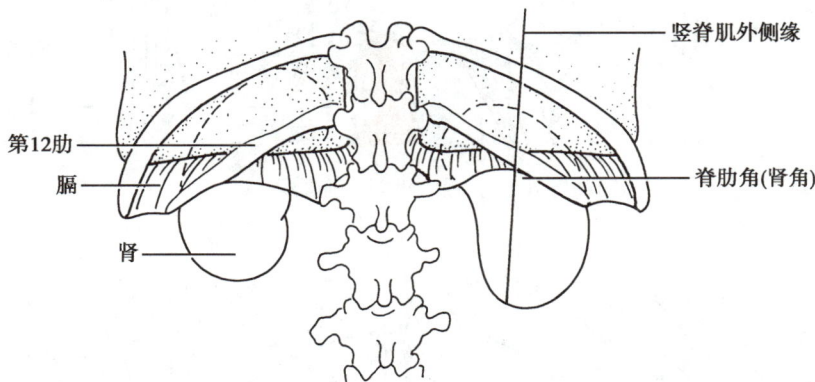

图 4-66　脊肋角

四边形内有疼痛或肿块等异常表现(图 4-67)。

2. **毗邻**　肾的上方隔疏松结缔组织与肾上腺相邻。两肾的内下方为肾盂和输尿管。左肾的内侧为腹主动脉,右肾的内侧为下腔静脉,两肾的内后方分别有左、右腰交感干。由于右肾邻近下腔静脉,故右肾肿瘤或炎症常侵及下腔静脉。右肾切除术时,需注意保护下腔静脉,以免造成难以控制的大出血。

左、右肾前方的毗邻不同。左肾的前面上部为胃,中部有胰横过,下部为空肠袢及结肠左曲;右肾的上部前方为肝右叶,下部为结肠右曲,内侧部为十二指肠降部(图 4-68)。行左肾切除术时,应注意勿伤及胰体和胰尾;右肾手术时,要注意防止损伤十二指肠降部。

肾后面在第 12 肋以上部分与膈和胸膜腔相邻。当肾手术需切除第 12 肋时,要注意保护胸膜,以免损伤而导致气胸;在第 12 肋以下部分,除有肋下血管和神经外,自内侧向外侧为腰大肌及其前方的生殖股神经、腰方肌及其前方的髂腹下神经和髂腹股沟神经等(图 4-69)。肾周炎或脓肿时,腰大肌受到刺激可发生痉挛,引起患侧下肢屈曲。

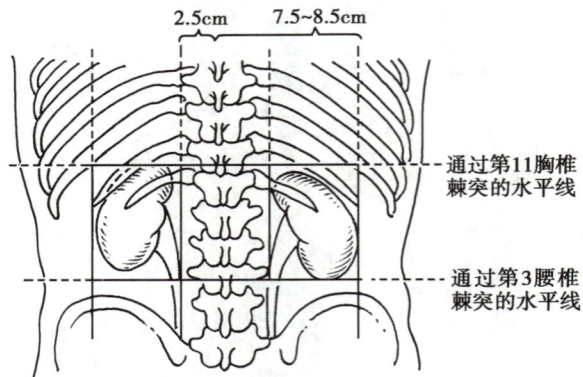

图 4-67 肾的体表投影

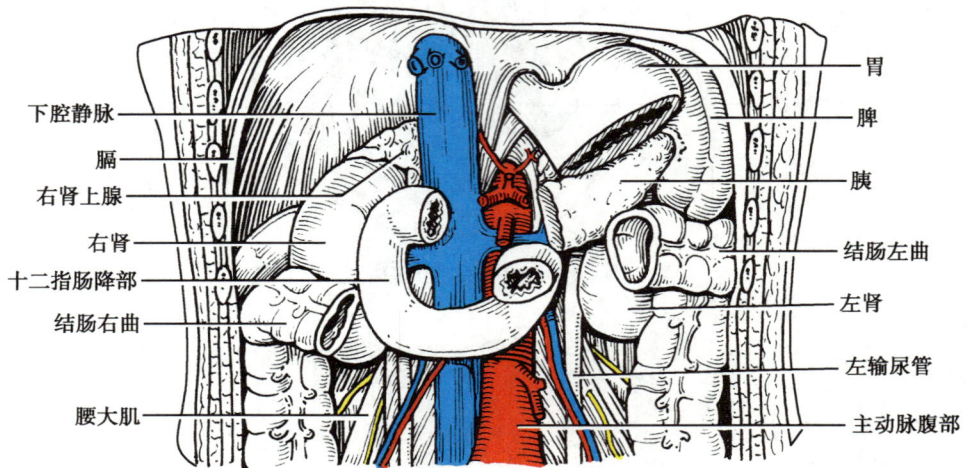

图 4-68 肾的毗邻（前面观）

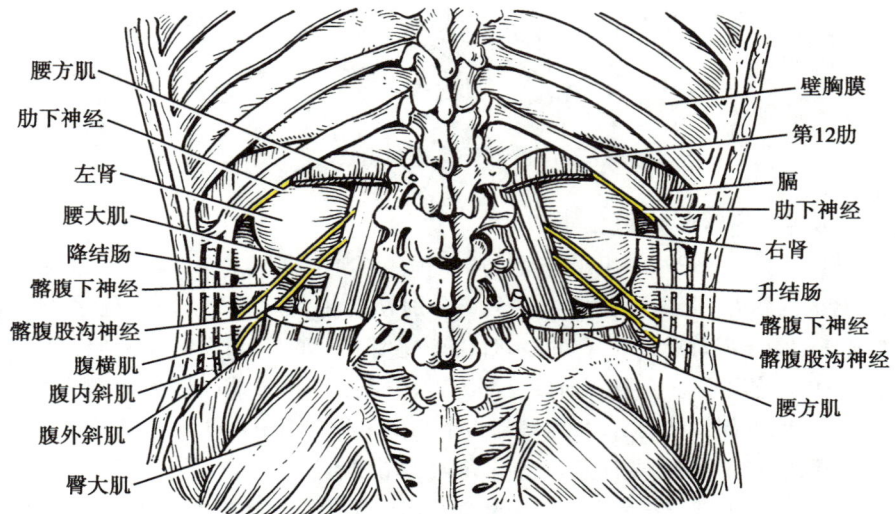

图 4-69 肾的毗邻（后面观）

（二）被膜

肾的被膜有三层,由浅向深依次为肾筋膜、脂肪囊和纤维囊(图4-70,图4-71)。

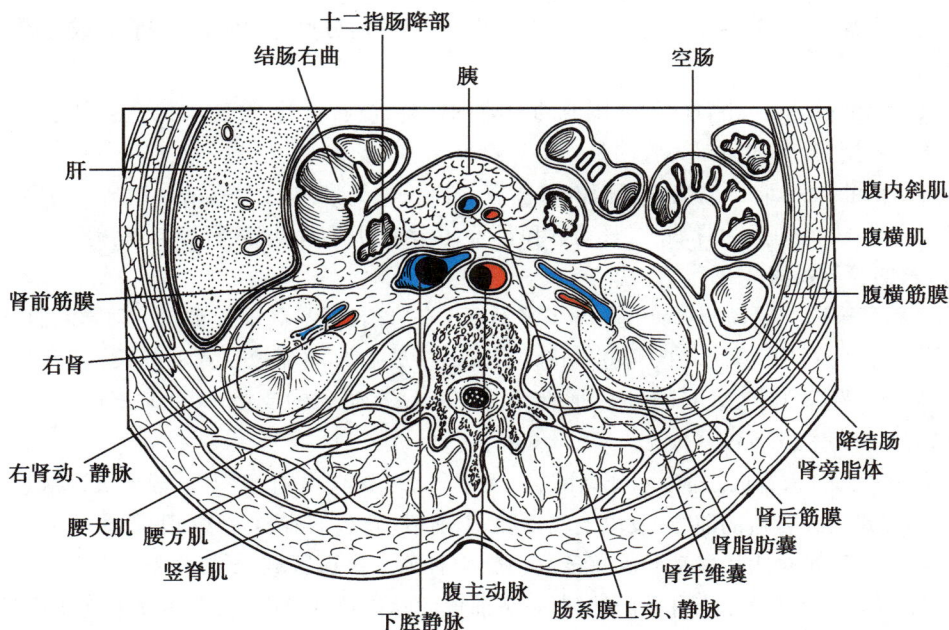

图 4-70　肾的被膜（横断面）

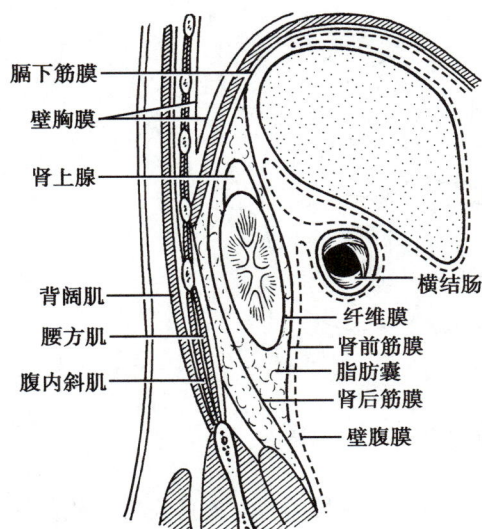

图 4-71　肾的被膜（矢状断面）

1. **肾筋膜 renal fascia**　是一层致密的纤维结缔组织鞘,分为前、后两层包绕肾和肾上腺(前层为肾前筋膜,后层为肾后筋膜)。在肾的外侧缘,前、后两层筋膜相互融合,并与腹横筋膜相连接;在肾的内侧,肾前筋膜越过腹主动脉和下腔静脉的前方,与对侧的肾前筋膜相续。肾后筋膜与腰方肌和腰大肌筋膜汇合后,在内侧附于椎体和椎间盘。在肾的上方,两层肾筋膜在肾上腺的上方相融合,并与膈下筋膜相延续;在肾的下方,肾前筋膜向下消失于腹膜外筋膜中,肾后筋膜向下至髂嵴与髂筋膜愈着。由于肾前、后筋膜在肾下方互不融合,并向下与直肠后隙相通,因此可在骶骨前方作腹膜后注气造影。

肾筋膜发出许多纤维束,穿过脂肪囊与纤维囊相连,对肾有一定的固定作用。由于肾筋膜的下端完全开放,当腹壁肌薄弱、肾周围脂肪减少或有内脏下垂时,肾可向下移动,形成肾下垂或称游走肾。如果发生肾积脓或有肾周围炎时,脓液可沿肾筋膜向下蔓延。

2. **脂肪囊 adipose capsule**　又称肾床,为脂肪组织层,在肾的后面和边缘较为发达,成人可达2cm厚,并从肾门延续到肾窦。脂肪囊有支持和保护肾的作用。肾囊封闭时药液即注入此脂肪囊内。由于该层为脂肪组织,易透过X线,在X线片可见肾的轮廓,对肾疾病的诊断有帮助。

3. **纤维囊 fibrous capsule**　又称**纤维膜**,为肾的固有膜,由丰富的胶原纤维、弹性纤维及平滑肌构成,质薄而坚韧,被覆于肾表面,有保护肾的作用。正常情况下,活体时纤维膜易从肾表面剥离,利用此特点,可将肾固定于第12肋或腰大肌上,治疗肾下垂。肾部分切除或肾外伤时,应缝合纤维膜,以防肾实质撕裂。肾病时纤维膜可与肾粘连。

（三）肾门、肾窦和肾蒂

1. **肾门 renal hilum**   肾内侧缘中部凹陷处称为肾门，有肾血管、肾盂以及神经和淋巴管等出入。肾门的边缘称为肾唇，有前唇和后唇，具有一定的弹性，手术需分离肾门时，牵开前唇或后唇可扩大肾门，显露肾窦。

2. **肾窦 renal sinus**   由肾实质所围成的腔隙称肾窦，被肾血管、肾盂、肾大盏、肾小盏、神经、淋巴管和脂肪等占据，肾窦的出口为肾门。

3. **肾蒂 renal pedicle**   由出入肾门的肾血管、肾盂、神经和淋巴管等结构组成。肾蒂内主要结构的排列规律是：由前向后为肾静脉、肾动脉和肾盂；由上向下为肾动脉、肾静脉和肾盂。

（四）肾血管与肾段

1. **肾动脉和肾段**   肾动脉 renal artery 多平对第 1～2 腰椎间盘高度起自腹主动脉侧面，于肾静脉后上方横行向外，经肾门入肾。由于腹主动脉位置偏左，故右肾动脉较左肾动脉长，并经下腔静脉的后面右行入肾。肾动脉起始部的外径平均为 0.77cm；肾动脉的支数多为 1 支（85.8%）和 2 支（12.57%），3～5 支者（1.63%）少见。

肾动脉（一级支）入肾门之前，多分为前、后两干（二级支），由前、后干再分出段动脉（三级支）。在肾窦内，前干走行在肾盂的前方，发出上段动脉、上前段动脉、下前段动脉和下段动脉。后干走行在肾盂的后方，入肾后延续为后段动脉。每条段动脉均有独立供血区域：上段动脉供给肾上端；上前段动脉供给肾前面中、上部及相应肾后面外侧份；下前段动脉供给肾前面中、下部及相应肾后面外侧份；下段动脉供给肾下端；后段动脉供给肾后面的中间部分。每一段动脉所供给的肾实质区域称为**肾段 renal segment**。因此，肾段共有 5 个，即上段、上前段、下前段、下段和后段（图4-72）。

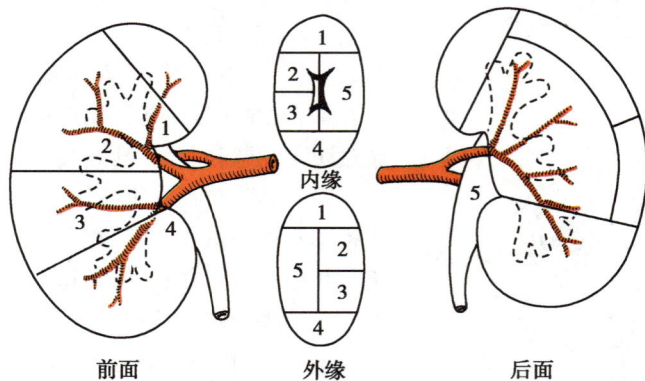

图4-72 肾段动脉与肾段

各肾段动脉之间无吻合，如某一动脉阻塞，血流受阻时，相应供血区域的肾实质可发生坏死。肾段的存在为肾局限性病变的定位及肾段或肾部分切除术提供了解剖学基础。

肾动脉的变异比较常见。不经肾门而在肾上端入肾的上段动脉称为**上极动脉 upper polar artery**，经肾下端入肾的下段动脉称为**下极动脉 lower polar artery**。据统计，上、下极动脉的出现率约为 28.7%，上极动脉比下极动脉多见。上、下极动脉可起自肾动脉（63%）、腹主动脉（30.6%）或腹主动脉与肾动脉起始部的交角处。

2. **肾静脉 renal vein**   肾内的静脉与肾内动脉不同，有广泛吻合，无节段性，结扎一支不影响血液回流。肾内静脉在肾窦内汇成 2～3 支，出肾门后则合为一干，行于肾动脉的前方，几乎呈直角汇入下腔静脉。肾静脉多为 1 支，少数有 2 支或 3 支，多见于右侧。由于下腔静脉位于脊柱右侧，左肾静脉的长度约为右肾静脉的 3 倍，分别为 6.47cm 和 2.75cm。

两侧肾静脉的属支不同。右肾静脉通常无肾外属支；而左肾静脉收纳左肾上腺静脉和左睾丸（卵

巢）静脉的血液,其属支与周围静脉有吻合(图
4-73)。肝门静脉高压症时,利用此解剖特点行
大网膜包肾术,可建立门-腔静脉间的侧支循
环,降低门静脉压力。约有半数以上的左肾静
脉与左腰升静脉相连,经腰静脉与椎静脉丛和
颅内静脉相通,因此左肾和睾丸的恶性肿瘤可
经此途径向颅内转移。

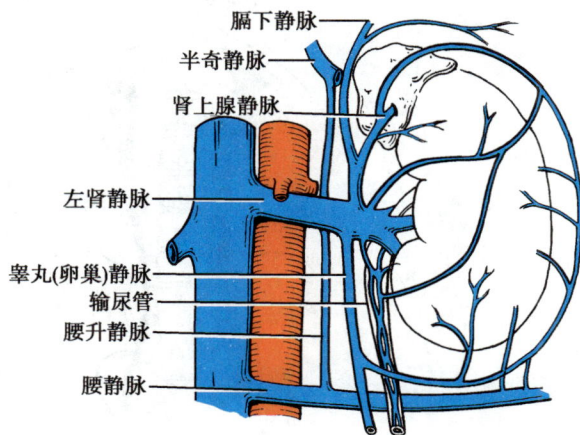

图 4-73　肾静脉的属支及其与周围静脉的吻合

(五) 淋巴引流及神经

1. 淋巴引流　肾内淋巴管分浅、深两组。
浅组位于肾纤维膜深面,引流肾被膜及肾脂肪
囊内的淋巴;深组位于肾内血管周围,引流肾实
质内的淋巴。浅、深两组淋巴管相互吻合,在肾
蒂处汇合成较粗的淋巴管,最后汇入腰淋巴结。
其中右肾前部的集合淋巴管注入腔静脉前淋巴结、主动脉腔静脉间淋巴结及主动脉前淋巴结;右肾后
部的集合淋巴管注入腔静脉后淋巴结。左肾前部的集合淋巴管注入主动脉前淋巴结及左肾动脉起始
处的主动脉外侧淋巴结;左肾后部的集合淋巴管注入主动脉外侧淋巴结。肾癌时上述淋巴结可被
累及。

2. 神经　肾接受交感神经和副交感神经双重支配,同时有内脏感觉神经。交感神经和副交感神
经皆来源于肾丛(位于肾动脉上方及其周围)。一般认为分布于肾内的神经主要是交感神经,副交感
神经可能终止于肾盂平滑肌。

感觉神经随交感神经和副交感神经分支走行,由于经过肾丛,所以切除或封闭肾丛可消除肾疾患
引起的疼痛。

三、输尿管腹部

输尿管ureter 左、右各一,位于腹膜后隙,脊柱两侧,是细长且富有弹性的肌性管道。输尿管上端
起自肾盂,下端终于膀胱,全长 25～30cm。根据行程,输尿管可分为三部:①腹部(腰段),从肾盂与输
尿管交界处至跨越髂血管处;②盆部(盆段),从跨越髂血管处至膀胱壁;③壁内部(膀胱壁段),斜穿
膀胱壁,终于膀胱黏膜的输尿管口。

输尿管腹部长 13～14cm,紧贴腰大肌前面向下内侧斜行,在腰大肌中点的稍下方有睾丸(卵巢)
血管斜过其前方。输尿管腹部的体表投影在腹前壁与半月线相当;在腰部约在腰椎横突尖端的连
线上。

输尿管腹部的上、下端分别是输尿管的第 1、2 狭窄部。肾盂与输尿管连接处的直径约 0.2cm;跨
越髂血管处直径约 0.3cm;两者中间部分较粗,直径约 0.6cm。输尿管的狭窄部是结石易嵌顿的部位。
肾盂与输尿管连接处的狭窄性病变,是导致肾盂积水的重要病因之一。

右输尿管腹部的前面为十二指肠降部、睾丸(卵巢)血管、右结肠血管、回结肠血管和回肠末段,
因此,回肠后位阑尾炎常可刺激右输尿管,尿中可出现红细胞及脓细胞;左输尿管腹部的前面有十二
指肠空肠曲、睾丸(卵巢)血管和左结肠血管。两侧输尿管到小骨盆上口时,右侧者跨越髂外血管前
方、左侧者跨越髂总血管前方进入盆腔。输尿管腹部前面的大部分有升、降结肠的血管跨过,故施行
左或右半结肠切除术时,应注意勿损伤输尿管。

输尿管变异比较少见。下腔静脉后输尿管容易导致输尿管梗阻,必要时需手术将其移至正常位
置。双肾盂、双输尿管畸形时,输尿管的行程及开口可有变异,如双输尿管开口于膀胱,可不引起生理
功能障碍,但若其中一条输尿管开口于膀胱之外(如在女性可开口于尿道外口附近或阴道内),因无
括约肌控制,可致持续性尿漏(图 4-74)。

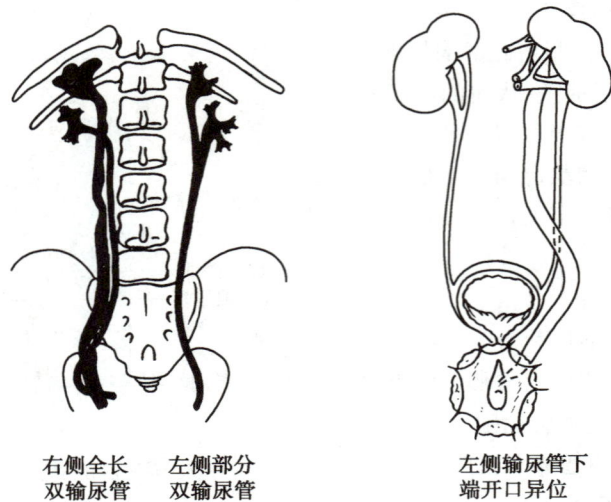

图 4-74 两侧重肾及双输尿管

输尿管腹部的血液供应是多源性的:其上部由肾动脉和肾下极动脉的分支供应;下部由腹主动脉、睾丸(卵巢)动脉、第 1 腰动脉、髂总动脉和髂内动脉等分支供应(图 4-75)。各条输尿管动脉到达输尿管内侧 0.2 ~ 0.3cm 处时,均分为升、降两支进入管壁。上下相邻的分支相互吻合,在输尿管的外膜层形成动脉网,并有小分支穿过肌层,在输尿管黏膜层形成毛细血管丛。由于输尿管腹部的不同部位血液来源不同和不恒定,且少数输尿管动脉的吻合支细小,故手术游离输尿管范围过大时,可影响输尿管的血供,发生局部缺血坏死。由于动脉多来自输尿管腹部的内侧,故手术时应在输尿管的外侧游离。

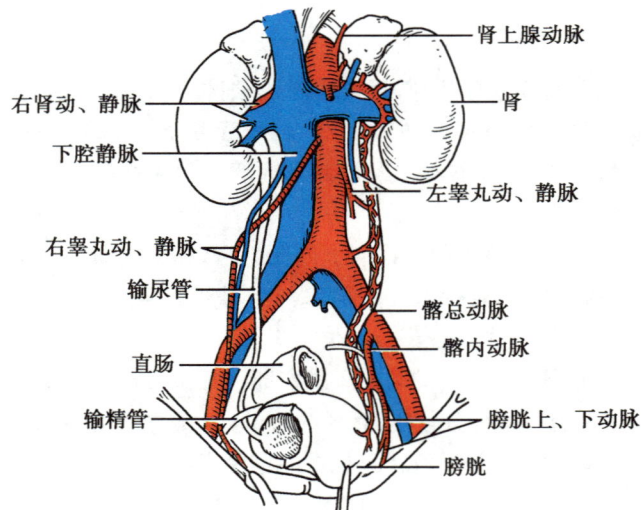

图 4-75 输尿管的动脉

输尿管腹部的静脉与动脉伴行,分别经肾静脉、睾丸(卵巢)静脉和髂总静脉等回流入下腔静脉。

四、肾上腺

肾上腺 suprarenal gland 为成对的内分泌器官,位于脊柱的两侧,平第 11 胸椎高度,紧贴肾的上端,与肾共同包在肾筋膜内。左侧肾上腺为半月形,右侧者为三角形,高约 5cm,宽约 3cm,厚为 0.5 ~

1cm,重 5 ~ 7g。

左、右侧肾上腺的毗邻不同:左肾上腺前面的上部借网膜囊与胃相邻,下部与胰尾和脾血管相邻,内侧缘接近腹主动脉;右肾上腺的前面为肝,前面的外上部无腹膜覆盖,直接与肝的裸区相邻,内侧缘紧邻下腔静脉。左、右肾上腺的后面均为膈。两侧肾上腺之间为腹腔丛。

肾上腺的动脉有上、中、下三支,分布于肾上腺的上、中、下三部(图4-76)。**肾上腺上动脉**发自膈下动脉;**肾上腺中动脉**发自腹主动脉;**肾上腺下动脉**发自肾动脉。这些动脉进入肾上腺后,在肾上腺被膜内形成丰富的吻合,并发出细小分支进入皮质和髓质。一部分在皮质和髓质内形成血窦,另一部分在细胞索间吻合成网。皮质和髓质的血窦集合成中央静脉,穿出肾上腺即为肾上腺静脉。

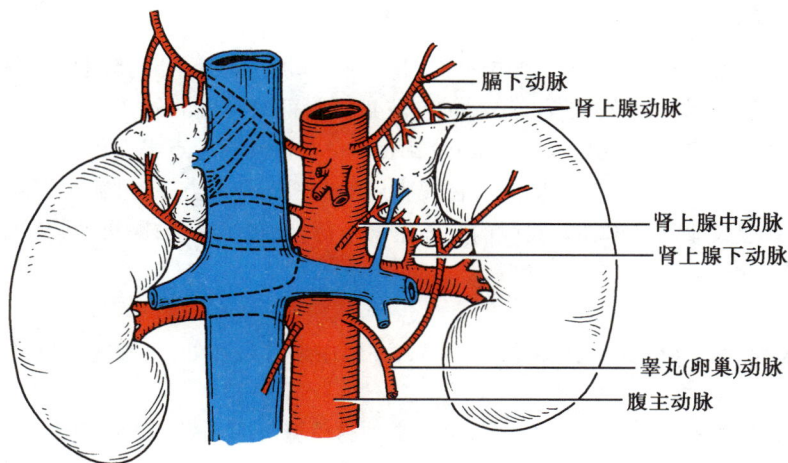

图 4-76 肾上腺的动脉

左肾上腺静脉通常为 1 支,少数为 2 支,汇入左肾静脉;右肾上腺静脉通常只有 1 支,汇入下腔静脉,少数汇入右膈下静脉、右肾静脉或副肝右静脉,个别可汇入肝右静脉。由于右肾上腺静脉很短,且多汇入下腔静脉的右后壁,故在右肾上腺切除术结扎肾上腺静脉时,应注意保护下腔静脉。

五、腹主动脉

腹主动脉 abdominal aorta 又称**主动脉腹部**,在第 12 胸椎下缘前方略偏左侧,经膈的主动脉裂孔进入腹膜后隙,沿脊柱的左前方下行,至第 4 腰椎下缘水平分为左、右髂总动脉。腹主动脉全长 14 ~ 15cm,周径 2.9 ~ 3.0cm。腹主动脉在腹前壁的体表投影:从胸骨的颈静脉切迹至耻骨联合上缘连线的中点以上 2.5cm 处开始,向下至脐左下方 2.0cm 处,一条宽约 2.0cm 的带状区。腹主动脉下端在腹前壁的体表投影为两侧髂嵴最高点连线的中点。

腹主动脉的前面为胰、十二指肠水平部及肠系膜根等;后面为第 1 ~ 4 腰椎及椎间盘;右侧为下腔静脉;左侧为左交感干腰部。腹主动脉周围还有腰淋巴结、腹腔淋巴结和神经丛等。

腹主动脉的分支分为脏支和壁支,脏支又分为不成对和成对两种(图4-77)。

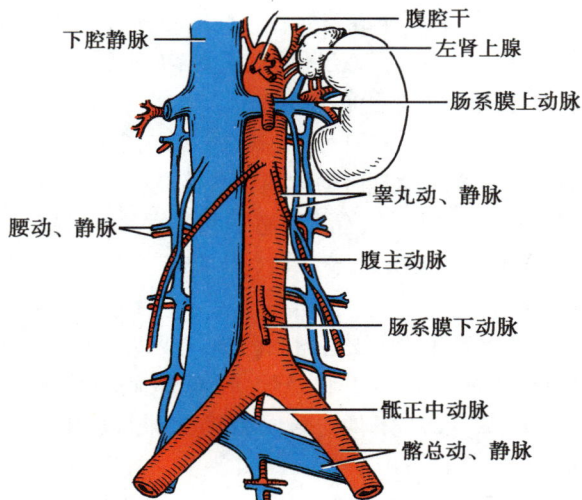

图 4-77 腹膜后隙的血管

（一）不成对的脏支

1. **腹腔干** celiac trunk   为一短干,平均长 2.45cm,在膈的主动脉裂孔稍下方发自腹主动脉前壁,起点多在第 1 腰椎水平,少数在第 1 腰椎以上。其分支有变异,但以分出肝总动脉、脾动脉和胃左动脉为多。

2. **肠系膜上动脉** superior mesenteric artery   在腹腔干的稍下方发自腹主动脉前壁,起点多在第 1 腰椎水平。经胰颈与十二指肠水平部之间进入肠系膜根,呈弓状行至右髂窝。

3. **肠系膜下动脉** inferior mesenteric artery   在第 3 腰椎水平发自腹主动脉前壁,在腹后壁腹膜深面行向左下方,经乙状结肠系膜进入盆腔,最后移行为直肠上动脉。

（二）成对的脏支

1. **肾上腺中动脉** middle suprarenal artery   在肾动脉上方平第 1 腰椎高度起自腹主动脉侧壁,向外侧经膈的内侧脚至肾上腺中部。

2. **肾动脉** renal artery   多在第 2 腰椎平面、肠系膜上动脉起点稍下方发自腹主动脉的侧壁。左肾动脉较右肾动脉短,平均长度分别为 2.62cm 和 3.49cm。两肾动脉的外径平均为 0.77cm。

3. **睾丸（卵巢）动脉** testicular（ovarian）artery   在肾动脉起点平面稍下方,起自腹主动脉的前外侧壁,下行一段距离后与同名静脉伴行,在腹膜后隙内斜向外下方,越过输尿管前方,在腰大肌前面下行。睾丸动脉经腹股沟管深环入腹股沟管随精索下行,分布至睾丸;卵巢动脉在小骨盆上缘处经卵巢悬韧带,分布于卵巢。

（三）壁支

1. **膈下动脉** inferior phrenic artery   为 1 对,在膈主动脉裂孔处,由腹主动脉的起始处发出,行向上分布于膈。

2. **腰动脉** lumbar artery   通常为 4 对,由腹主动脉后壁的两侧发出,向外侧横行,分别经第 1～4 腰椎体中部的前面或侧面,与腰静脉伴行。在腰大肌的内侧缘发出背侧支和腹侧支。背侧支分布到背部的诸肌和皮肤以及脊柱;腹侧支分布至腹壁,与腹前外侧壁其他的血管吻合。

3. **骶正中动脉** median sacral artery   为 1 支,多起自腹主动脉分叉处的后上方 0.2～0.3cm 处,经第 4～5 腰椎、骶骨及尾骨的前面下行,并向两侧发出腰最下动脉（又称第 5 腰动脉）,贴第 5 腰椎体走向外侧,供血到邻近组织。

六、下腔静脉

下腔静脉 inferior vena cava 由左、右髂总静脉汇合而成,汇合部位多平第 5 腰椎（68.2%）,少数平第 4 腰椎（31.8%）。下腔静脉收集下肢、盆部和腹部的静脉血。下腔静脉在脊柱的右前方,沿腹主动脉的右侧上行,经肝的腔静脉沟,穿膈的腔静脉孔,最后开口于右心房。

下腔静脉的前面为肝、胰头、十二指肠水平部以及右睾丸(卵巢)动脉和肠系膜根;后面为右膈脚、第 1～4 腰椎、右腰交感干和腹主动脉的壁支;右侧与腰大肌、右肾和右肾上腺相邻;左侧为腹主动脉。

下腔静脉的属支有髂总静脉、右睾丸(卵巢)静脉、肾静脉、右肾上腺静脉、肝静脉、膈下静脉和腰静脉,大部分属支与同名动脉伴行(图 4-78)。

膈下静脉与同名动脉伴行,收集膈和肾上腺的静脉血液。

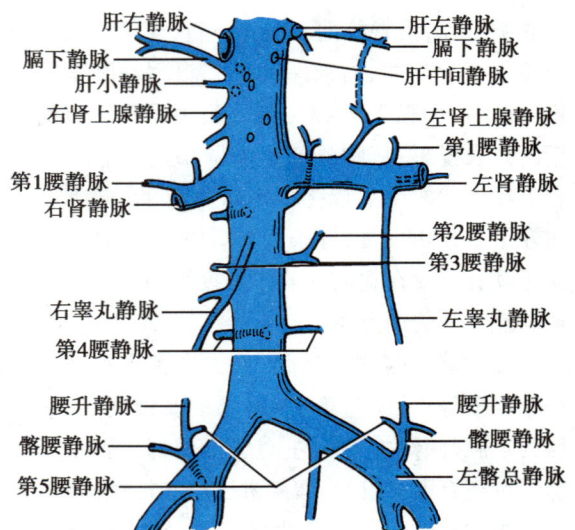

图 4-78 下腔静脉及其属支

睾丸(卵巢)静脉起自蔓状静脉丛,穿腹股沟管深环,在腹后壁壁腹膜深面上行,与同名动脉伴行,多为2支。它们经腰大肌和输尿管的腹侧后合为1支,右侧者斜行汇入下腔静脉,左侧者几乎垂直上升汇入左肾静脉。两侧卵巢静脉自盆侧壁上行,越过髂外血管后的行程及汇入部位与睾丸静脉相同。

左侧睾丸静脉曲张较右侧常见。因为,左侧睾丸静脉垂直汇入左肾静脉,经左肾静脉再注入下腔静脉,流程较长,回流阻力较大;上行过程中有乙状结肠跨过,易受其压迫;左肾静脉经肠系膜上动脉根部与腹主动脉所形成的夹角处汇入下腔静脉,左肾静脉回流受阻亦可累及左睾丸静脉。

腰静脉 lumbar vein 共4对,收集腰部组织的静脉血,汇入下腔静脉。左侧腰静脉走行于腹主动脉的后方。腰静脉与椎外静脉丛有吻合,并借之与椎内静脉丛相通。各腰静脉之间纵行的交通支称为**腰升静脉** ascending lumbar vein。两侧的腰升静脉向下与髂腰静脉、髂总静脉及髂内静脉相连,向上与肾静脉和肋下静脉相通。两侧的腰升静脉分别经左、右膈脚入后纵隔,左侧者移行为半奇静脉,右侧者移行为奇静脉,最后汇入上腔静脉。因此,腰升静脉也是沟通上、下腔静脉系统间的侧支循环途径之一。

下腔静脉的变异类型包括双下腔静脉(图4-79)、左下腔静脉和下腔静脉肝后段缺如等。由于变异的下腔静脉起点、行程、汇入部位及与周围器官的毗邻关系等与正常不同,故在行腹膜后隙手术时,应注意防止其损伤。当肾切除术处理肾蒂时,应注意有无下腔静脉变异,切勿损伤左侧下腔静脉。

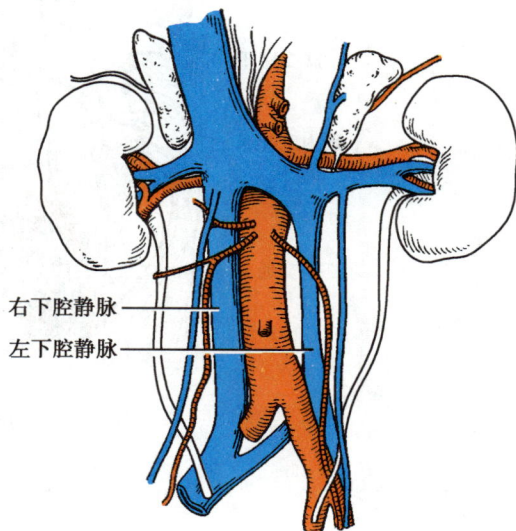

右下腔静脉
左下腔静脉

图4-79 双下腔静脉

七、乳糜池

乳糜池 cisterna chyli 位于第1腰椎体前方,腹主动脉的右后方,有时在腹主动脉与下腔静脉之间,其上端延续为胸导管,向上经膈的主动脉裂孔进入胸腔。肠干和左、右腰干汇入乳糜池。约有14%的人无明显的乳糜池,而由互相吻合的淋巴管所替代。

八、腰交感干

腰交感干 lumbar sympathetic trunk 由3或4个神经节和节间支构成,位于脊柱与两侧腰大肌之间,表面被深筋膜覆盖,上方连于胸交感干,下方延续为骶交感干。左、右腰交感干之间有横向的交通支(图4-80)。行腰神经节切除术时,不仅应切除交感干神经节,还需同时切除交通支,以达到理想治疗效果。

左腰交感干与腹主动脉左缘相距1cm左右。右腰交感干的前面除有下腔静脉覆盖外,有时有1支或2支腰静脉越过。两侧腰交感干的下段分别位于左、右髂总静脉的后方。左、右腰交感干的外侧有生殖股神经,附近还有小的淋巴结,行腰神经节切除术时均应注意鉴别。

腰神经节 lumbar ganglion 在第12胸椎体下半至腰骶椎间盘的范围内。数目常有变异,主要是由于神经节的融合或缺如。第1、2、5腰神经节位于相应椎体的平面,第3、4腰神经节的位置多高于相应的椎体。第3腰神经节多位于第2~3腰椎间盘平面,第4腰神经节多位于第3~4腰椎间盘平面。当行腰交感干神经节切除术寻找神经节时,可参考以上标志。

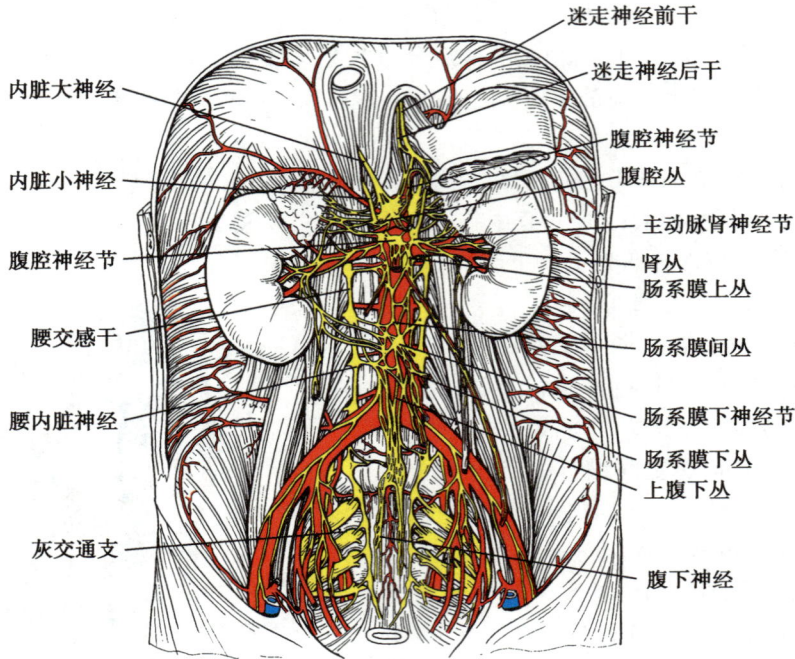

图 4-80　腹膜后隙的神经、血管

九、腰丛

腰丛 lumbar plexus 位于腰大肌深面、腰椎横突的前面,由第 12 胸神经前支和第 1～4 腰神经前支构成(图 4-81)。主要分支有髂腹下神经、髂腹股沟神经、生殖股神经、股外侧皮神经、股神经和闭孔神经,分布于髂腰肌、腰方肌、腹前壁下部、大腿前内侧部的肌和皮肤、大腿外侧的皮肤、外生殖器,以及小腿与足内侧的皮肤。

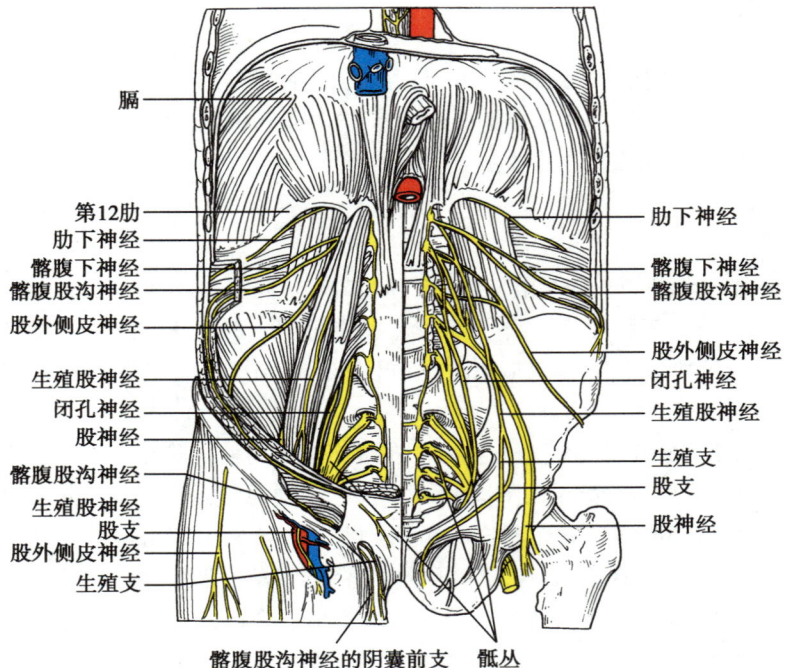

图 4-81　腰骶丛

（欧阳钧）

第六节 腹部解剖操作

一、解剖腹前外侧壁

（一）切口

人体标本仰卧，做如下皮肤切口及剥离皮肤（见图0-7）：

1. 自剑突沿正中线向下经脐的外侧至耻骨联合上缘。
2. 自剑突沿肋弓向外下至腋中线（胸部解剖时，此切口已做）。
3. 自耻骨联合上缘沿腹股沟向外上切至髂前上棘。
4. 从前正中线向两侧剥离皮肤。

（二）解剖浅筋膜及浅血管和皮神经

1. **寻找浅血管** 于髂前上棘与耻骨结节连线中点内侧1.5cm附近，在下腹部浅筋膜的浅、深两层之间，找出旋髂浅动脉和腹壁浅动脉及其伴行静脉。在脐周围观察脐周静脉网，并由此向上沿胸腹外侧壁寻找胸腹壁静脉；由此向下寻找注入大隐静脉的腹壁浅静脉。

2. **辨认Camper筋膜和Scarpa筋膜** 于髂前上棘平面用解剖刀水平切开浅筋膜，切口深至腹外斜肌腱膜。用刀柄钝性分离浅筋膜的浅、深两层：浅层富含脂肪为Camper筋膜；深层为富含弹性纤维的膜性组织为Scarpa筋膜。将手指伸入Scarpa筋膜与腹外斜肌腱膜之间，向内侧、向下探查Scarpa筋膜的附着点。在Scarpa筋膜深面，手指指尖向中线推进可见左右两侧的Scarpa筋膜附着于白线；手指指尖向下于腹股沟韧带下方约1.5cm处受阻。于男性标本，手指向内下可进入阴囊肉膜深面。

3. **寻认肋间神经皮支** 去除浅筋膜，在前正中线两侧用镊子仔细分离寻找2~3支肋间神经的前皮支，并在腋中线附近解剖出2~3支肋间神经的外侧皮支。在耻骨联合的外上方找出髂腹下神经的皮支。

4. 清除浅筋膜，暴露腹外斜肌及其腱膜。

（三）解剖腹股沟区

1. **观察腹外斜肌及其腱膜** 用解剖刀沿腹外斜肌及其腱膜方向，清除其表面薄弱的深筋膜，暴露腹外斜肌肌纤维及其腱膜，并仔细观察腹外斜肌的起始、纤维方向及其腱膜。查看腱膜形成的腹股沟韧带。在耻骨结节外上方用镊子提起精索（或子宫圆韧带），找到三角形的腹股沟管皮下环。在皮下环与精索之间有一层连续的腱膜，即腹外斜肌腱膜延续向下包裹在精索表面的精索外筋膜。在精索（或子宫圆韧带）的内上方和外下方，观察腹股沟管浅环的内、外侧脚，内侧脚附于耻骨联合，外侧脚附于耻骨结节。在浅环的外上方，内侧脚和外侧脚之间有发育程度不一的横行纤维称脚间纤维。提起精索，观察其后方的反转韧带。

2. **解剖腹股沟管前壁** 用解剖刀在髂前上棘至腹直肌外侧缘作一水平切口切开腹外斜肌腱膜，再沿腹直肌鞘外侧缘向下经浅环的内侧切开腹外斜肌腱膜，将腹外斜肌腱膜翻向外下方（注意不要破坏浅环），打开腹股沟管前壁，暴露出管内的精索（或子宫圆韧带）。仔细观察可见腹内斜肌纤维起始于腹股沟韧带的外侧1/2处，其部分肌纤维经过精索外侧部的前面，因此腹股沟管前壁的外侧部为腹外斜肌腱膜和深面的腹内斜肌。

3. **解剖腹股沟管上壁** 在精索上方可见腹内斜肌和腹横肌的弓形下缘，即腹股沟管上壁。此二肌分出一些肌束随精索下行形成提睾肌，仔细辨认提睾肌。于精索稍上方腹内斜肌的表面找到髂腹下神经和髂腹股沟神经，追踪髂腹下神经到其穿腹外斜肌腱膜；观察髂腹股沟神经沿精索前内侧下行，伴精索出浅环。

4. **解剖腹股沟管下壁和后壁** 用平镊提起精索，可见精索的下方为腹股沟韧带，即腹股沟管的下壁；精索的后方为腹横筋膜，即腹股沟管的后壁。精索内侧部的后方在腹横筋膜的前面还有腹股沟镰或联合肌和反转韧带，它们共同构成腹沟管内侧部的后壁。

5. 探查腹股沟管深环   提起精索,向外上方牵拉腹内斜肌下缘,在腹股沟韧带中点上方约一横指处可见腹横筋膜包裹在精索表面延续为精索内筋膜。腹横筋膜围绕精索的起始部分形成的杯口,即腹股沟管深环。

6. 辨认腹股沟三角   找到腹壁下动脉,该动脉与腹直肌外侧缘和腹股沟韧带内侧半围成的三角形区域,为腹股沟三角。此三角区的浅层结构为腹外斜肌腱膜,深层结构为腹股沟镰和腹横筋膜。

（四）解剖腹前外侧壁的肌和血管、神经

1. 解剖腹外斜肌和腹内斜肌   用解剖刀自腹直肌外侧缘与肋弓的交点沿肋弓向外侧切开腹外斜肌至腋中线,在腹直肌外侧缘纵行切开腹外斜肌并翻向外侧,暴露其深面的腹内斜肌。去除深筋膜,观察腹内斜肌的纤维走行及移行为腱膜的位置。

2. 解剖腹横肌和神经血管   沿上述腹外斜肌切口的方向切开腹内斜肌,并由髂前上棘至腹直肌外侧缘作一水平切口,仔细用手指钝性分离腹内斜肌与腹横肌(注意因两者之间的深筋膜少、肌纤维融合而不易分离),将腹内斜肌翻向外侧。在腹内斜肌与腹横肌之间寻找第 7~11 肋间神经、肋下神经及其伴行的血管,观察其走向和节段性分布的情况。观察腹横肌其纤维走向及移行为腱膜的部位。

（五）解剖腹直肌鞘及腹直肌

1. 解剖腹直肌鞘   在腹直肌鞘前层的上端和下端各做一水平切口,并在腹直肌鞘前层的中线上做一纵行切口,向两侧分离腹直肌鞘前层,暴露腹直肌。因鞘的前层与腹直肌腱划结合紧密,分离时仔细用刀尖游离。

2. 探查腹直肌及血管、神经   钝性分离腹直肌,用手指从肌的外侧缘伸到其后方和内侧,并向上、下分离。在腹直肌外侧缘可见第 7~11 肋间神经、肋下神经及伴行血管穿腹直肌鞘后层行于腹直肌的深面。在脐平面用剪刀横断腹直肌并翻向上、下方,在其后面寻找腹壁上、下动脉,观察其吻合。

3. 观察弓状线   在脐下 4~5cm 处,腹直肌鞘后层下缘呈弓形游离即弓状线。此线以下可见腹横筋膜。

二、解剖腹膜与腹膜腔

（一）打开腹膜腔

自剑突沿前正中线至耻骨联合,用剪刀剪开腹壁的各层暴露其深面的壁腹膜。在脐上方中线处先将壁腹膜切一小口,手指由此切口伸进腹膜腔推开大网膜及小肠等,并用手指提起腹前外侧壁,向上、下切开壁腹膜使之与腹壁切口等长。再平脐水平切开腹前外侧壁各层,直至腋中线附近。将切开的腹壁翻向四周,暴露出腹腔脏器。

（二）观察肝的位置与毗邻

首先观察肝下缘与肋弓及剑突的关系,再从右向左观察肝脏面的毗邻,然后以墨汁画出肝的体表投影,以了解肝的上界和其上方的毗邻。如果胸腔已打开,由胸腔侧从右向左观察肝上方的毗邻。

（三）观察理解腹膜腔与腹腔的概念及境界

打开腹膜腔后,可见肝左叶、胃前壁及覆盖于肠袢表面的大网膜。在探查腹膜腔之前,先按腹部的分区,观察腹腔脏器的配布和位置。用手探查腹膜及腹膜腔时,动作要轻柔,不要撕破腹膜。观察完毕后将内脏恢复原位。

将手伸于肝与膈之间,向上可触及膈穹窿,为腹腔及腹膜腔的上界。把大网膜及小肠袢翻向上方,可见骨盆上口,为腹腔的下界,但腹膜腔经骨盆上口入盆腔。将腹腔、腹膜腔的境界与腹壁的境界作一比较。

（四）观察腹膜形成的结构

1. 观察网膜   用手将肝的前缘向右上方牵拉,观察位于肝门与胃小弯和十二指肠上部的小网膜(肝胃韧带和肝十二指肠韧带)。提起大网膜的下缘,观察大网膜两侧缘及下缘的位置、上缘的附着点。提起大网膜的上部,用手触摸胃大弯与横结肠之间是否有胃结肠韧带。若无胃结肠韧带,用手伸入大网膜的前两层和后两层之间、并向下用手指触摸前两层与后两层的转折处,即网膜囊的下界。

2. 观察肝的韧带　上提右侧肋弓并将肝拉向下方,从右侧观察矢状位的镰状韧带。将手伸入肝右叶与膈之间,手指向右可触及呈前后方向的镰状韧带。用左手在镰状韧带的游离缘捻捏,可触摸到肝圆韧带。将右手在肝右叶与膈之间向后上方探查,指尖触及的结构为冠状韧带上层。将手移至肝左叶边缘与膈之间,向后上探查,指尖可触及左三角韧带。

3. 探查胃与脾的韧带　用手将胃底推向右侧,可见连于胃底与脾之间的胃脾韧带。将右手伸入脾和膈之间,手掌向脾、绕脾的后外侧,可抵达脾与左肾之间,指尖触及的结构为脾肾韧带。在脾的下端探查连于结肠的脾结肠韧带。

4. 辨认十二指肠空肠襞　用手将横结肠翻向上,在十二指肠空肠曲左缘、横结肠系膜根下方、脊柱左侧的腹膜皱襞,即十二指肠空肠襞。

5. 观察系膜　将大网膜、横结肠及其系膜翻向上方,把小肠拉向左下,将肠系膜舒展平整,观察肠系膜的形态,扪认肠系膜根的附着部位。将回肠末段推向左侧,在盲肠下端找出阑尾,将阑尾游离端提起,观察阑尾系膜的形态、位置。将横结肠、乙状结肠分别提起,观察其系膜,扪认系膜根的附着部位。

（五）探查膈下间隙

1. 右肝上间隙　将手伸入肝右叶与膈之间,探查右肝上间隙。

2. 左肝上间隙　在左肋弓下方将手伸入肝左叶与膈之间和指尖触及左三角韧带之间的间隙即左肝上前间隙。在肝左叶的后缘将手伸入肝与膈之间、指尖触及左三角韧带,手指所探查的空间即为左肝上后间隙。

3. 右肝下间隙　将肝右叶拉向右上方,暴露出肝右叶脏面与横结肠及其系膜之间的间隙为右肝下间隙。左、右肝下间隙以肝圆韧带为分界标志。在镰状韧带的游离缘内找到肝圆韧带。

4. 左肝下间隙和网膜孔　用手将肝左叶拉向上方,探查肝左叶与胃和小网膜前方之间的间隙即左肝下前间隙。小网膜和胃后方的间隙为左肝下后间隙,即网膜囊。在胃大弯下方一横指处用剪刀剪开胃结肠韧带或大网膜的前两层,注意勿损伤沿胃大弯走行的胃网膜左、右动脉。将右手由切口伸入胃和小网膜的后方间隙即网膜囊,探查网膜囊的周界。将左手示指伸入肝十二指肠韧带后方的网膜孔,使左右手汇合,观察网膜囊的出口即网膜孔,探查网膜孔的周界。将左手沿胰体表面向左直抵脾门,再将右手中指放入脾和左肾之间、示指放入脾和胃之间,左手与右中指间即为较厚的脾肾韧带,左手与右示指间则为胃脾韧带。胃脾韧带与脾肾韧带构成网膜囊的左界。

（六）观察结肠下区的间隙

翻动小肠袢和肠系膜根,观察左、右肠系膜窦,肠系膜根左下方的间隙为左肠系膜窦,向下通盆腔;肠系膜根右上方的间隙为右肠系膜窦,其下界有横位的回肠末段,形成相对独立的间隙。在升、降结肠的外侧,分别为左、右结肠旁沟,两者向下通盆腔。右结肠旁沟向上与膈下间隙相通。

（七）观察腹前壁下份的腹膜皱襞和窝

腹前壁下部内面,可见纵行的腹膜皱襞,自正中向外依次为脐正中襞、脐内侧襞和脐外侧襞;脐正中襞与脐内侧襞之间的腹膜凹陷为膀胱上窝;脐外侧襞两侧的凹陷分别为腹股沟内、外侧窝。去除壁腹膜,解剖腹膜皱襞内的结构。

三、解剖结肠上区

（一）解剖胃的血管、淋巴结及神经

1. 解剖胃左动脉和胃冠状静脉　在镰状韧带左侧切除肝左叶,尽量将肝右叶向上牵拉,暴露小网膜,用无齿镊于胃小弯的中份撕开小网膜前层并清除脂肪组织即可找到胃左动脉及伴行的胃冠状静脉。尽量将胃小弯向下牵拉,自贲门处解剖胃左动脉至网膜囊后壁,找出其起始处的腹腔干,注意观察沿胃左动脉分布的淋巴结和腹腔干周围的腹腔淋巴结。追踪胃冠状静脉,直至其最终汇入肝门静脉。

2. 解剖胃右动脉 沿胃小弯向右清理找出胃右动、静脉及沿两者排列的胃右淋巴结。在幽门上缘、肝十二指肠韧带内向上追踪胃右动脉到其起始处。

3. 解剖迷走神经 用镊子仔细剥离食管腹部、胃贲门周围的浆膜,在食管腹部、胃贲门的前面分离出迷走神经前干,找出由其发出的肝支和沿胃小弯走行的胃前支。在食管腹部、贲门后方的浆膜下,分离出迷走神经后干,并找出其发出的腹腔支与沿胃小弯走行的胃后支。

4. 解剖胃网膜左、右动脉 在距胃大弯中份下方约 1cm 处,用镊子横行撕开大网膜的前两层,找出胃网膜左、右动脉。在大网膜内,向右清理胃网膜右动脉直至幽门下方,证实它发自胃十二指肠动脉。在大网膜内,向左清理胃网膜左动脉至其发自脾动脉处。解剖出胃网膜左、右动脉发出的网膜支和胃壁支。在脾门的胃脾韧带内解剖由脾动脉分出的胃短动脉,一般有 2～4 支,行向胃底。观察胃网膜左、右动脉吻合形成的胃大弯动脉弓及沿胃网膜左、右动脉排列的淋巴结。

(二) 解剖肝

1. 取肝 按以下步骤将肝取出:①平网膜孔处切断肝蒂;②将肝和肋弓上提,分别在腔静脉孔平面和尾状叶平面,从上、下方离断下腔静脉;③紧贴腹前壁和膈下面,将肝圆韧带和镰状韧带剪断,使韧带连于肝上;④将肝下拉,在肝上面与膈之间分别将冠状韧带及左、右三角韧带切断,然后剥离肝裸区结缔组织,切断冠状韧带下层,将肝完整取出。

2. 观察肝的外形 在肝的膈面,仔细观察镰状韧带、冠状韧带和左、右三角韧带,观察它们的位置及相互间的延续关系。在肝的脏面,观察"H"形沟及肝各叶。提起胆囊,检查胆囊窝,看是否存在从肝直接进入胆囊的细小胆管(胆囊下肝管)。仔细辨认肝脏面的食管压迹、胃压迹、十二指肠压迹、肾上腺压迹、肾压迹和结肠压迹。

3. 解剖并观察肝裂 以墨汁画出各肝裂(正中裂,左、右叶间裂,左、右段间裂)在肝表面的标志线,以理解肝的分叶、分段方法。用剪刀沿各肝裂的标志线向肝深面剥离,查看走行于肝裂内的结构。剥离动作宜缓慢,不得大块地剥离肝组织。剥离过程中遇到的肝内管道均应一一保留,以待后面观察。

4. 解剖并观察第一肝门 解剖第一肝门(横沟),追踪观察肝门静脉至其分叉处。在肝门静脉右前方,向上追溯胆总管,可见它由胆囊管和肝总管合成。向上追查胆囊管至胆囊颈,清理肝总管至肝门,证实它由肝左、右管汇合而成。注意寻找有无副肝管(多发自肝右叶)汇入肝管或肝总管。于肝门静脉左前方,向上追踪肝固有动脉,至其分叉处。在肝门处,一般肝左、右管在前,肝固有动脉左、右支居中,肝门静脉左、右支在后。此外,还应注意观察肝左、右管汇合点、肝门静脉分叉点与肝固有动脉分叉点之间与肝门的远近关系。

5. 解剖并观察下腔静脉肝后段 观察腔静脉沟的形状,呈沟状、半管状还是管状。沿其后正中线,剪开下腔静脉肝后段后壁,以流水洗净其内的血凝块,观察位于其前壁及侧壁上的肝静脉汇入口。肝左、中间和右静脉的汇入口位于下腔静脉肝后段的上份,肝右后下静脉和尾状叶静脉的汇入口一般位于其下份。

6. 解剖并观察肝内管道 于第一肝门处沿 Glisson 囊解剖、剥离肝内管道。首先剥离肝门静脉左支,追踪其分支至肝内,观察其分布范围。再解剖肝门静脉右支,察看有无肝门静脉右支主干。肝门静脉右支粗而短,沿横沟右行,分为右前支和右后支。追踪观察右前支向腹侧和背侧分出的扇状分支,右后支继续分为右后叶上、下段支,追踪上述分支的分布范围。肝固有动脉及肝管在肝内的分支与分布,基本上和肝门静脉的相一致,应注意观察三者之间的位置关系。沿肝裂解剖、剥离肝静脉,注意观察其属支及其引流范围。循其在下腔静脉肝后段的汇入口,解剖、剥离肝右后静脉和尾状叶静脉,注意其引流范围。

所有肝内管道解剖后,应总结本例肝内管道的情况,并注意观察肝内门静脉与肝静脉之间的空间位置关系。

（三）解剖胰、十二指肠上半部和脾血管

1. 解剖脾动脉　将胃向上翻起,在胰的上缘找出脾动脉,并向右追踪至腹腔干;向左追至脾门。观察其沿途分出到胰的胰支和进入脾门前分出的胃网膜左动脉和胃短动脉;注意寻找由脾动脉分出的胃后动脉并追踪到胃底的后壁。

2. 解剖脾静脉　用镊子撕开并去除胰腺表面的壁腹膜,将胰腺从腹后壁游离,在胰的后面找到脾静脉,并向右追踪至胰颈的后方,可见脾静脉与肠系膜上静脉汇合形成肝门静脉。若胃左静脉未汇入肝门静脉,在清理脾静脉时,则应注意观察它是否注入脾静脉。沿脾静脉的行程,寻找是否有汇入脾静脉的肠系膜下静脉。

3. 解剖胃十二指肠动脉　在肝十二指肠韧带内找到肝总动脉,仔细辨认由其发出的胃十二指肠动脉。追踪该动脉于十二指肠上部后方及幽门的下缘,可见其发出胃网膜右动脉及胰十二指肠上动脉两分支。在胰头和十二指肠降部之间的前方和后方的沟内解剖胰十二指肠上动脉的分支即胰十二指肠上动脉前、后两支。

（四）解剖肝十二指肠韧带内的结构和胆囊

1. 解剖肝十二指肠韧带　用镊子纵行撕开肝十二指肠韧带直至肝门的腹膜,用剪刀分离并去除结缔组织,可见右侧的胆总管和左侧的肝固有动脉,两者的后方有粗大的肝门静脉。

2. 解剖肝固有动脉　从肝总动脉开始向上分离修洁肝固有动脉及其左右支直至肝门,注意其起源是否有变异。在胆囊三角内找出胆囊动脉,并追查其发出的部位。

3. 解剖肝外胆道与胆囊　沿胆总管向上追踪,可见肝总管和胆囊管汇合处。沿肝总管向上追踪,可见其起始处即肝右管和肝左管汇合形成肝总管,解剖肝左、右管直至肝门。沿胆囊管追至胆囊,辨认观察胆囊的形态与分部。观察由胆囊管、肝总管及肝脏面围成的胆囊三角,并观察其内的胆囊动脉。

4. 解剖肝门静脉　在肝总管和肝固有动脉的后方确认肝门静脉,并向上追踪至肝门处,证实它分为左、右支进入肝门。

四、解剖结肠下区

（一）辨认各段肠管

1. 辨认十二指肠的各部分　从胃的幽门用手向右触摸到十二指肠起始部,沿肠管向右至肝门下方,可见其转折向下形成十二指肠上曲。将横结肠翻向下方,用手触摸到十二指肠向下探查,可见其在第3腰椎处转向左并一直到脊柱的左侧,其转折处为十二指肠下曲。从脊柱左侧贴腹后壁上升到第2腰椎的这一部分为十二指肠的升部。

2. 区分空肠和回肠　以位置、管壁的厚度、管径的大小等区分空肠和回肠。

3. 区分结肠　寻找结肠带、结肠袋和肠脂垂,确认结肠和盲肠,以此与小肠区别。根据位置辨认升结肠、横结肠、降结肠和乙状结肠。

4. 寻找阑尾　以盲肠的前结肠带为标志,向下追踪可找到阑尾根部。由此观察阑尾的形态、位置及阑尾系膜。

5. 寻找十二指肠空肠曲　将横结肠向上翻起,沿十二指肠水平部向左直至空肠的起始处,可见其由后向前的折叠弯曲即为十二指肠空肠曲。将其向下牵拉,其上方与脊柱间的腹膜皱襞为十二指肠悬韧带。

（二）解剖肠系膜上血管

1. 解剖肠系膜上动脉和静脉　将大网膜、横结肠及其系膜翻向上方,将全部系膜小肠翻向左侧,暴露肠系膜根,用镊子撕开并清除肠系膜根的前层腹膜,找到肠系膜上动脉的主干及其伴行的肠系膜上静脉。沿肠系膜上静脉向上解剖至与脾静脉汇合形成肝门静脉处;沿肠系膜上动脉向上解剖直至其起始处,并可见肠系膜上动脉跨过十二指肠水平部的前方。

2. **解剖空、回肠动脉**　在肠系膜根部的左侧缘,用镊子撕开肠系膜的前层腹膜(注意不要破坏后层腹膜,保持后层腹膜完整),显露从肠系膜上动脉左侧发出的空、回肠动脉,并追踪其分支直到肠管,观察空肠、回肠动脉弓的差异。

3. **解剖肠系膜上动脉右缘的分支**　从肠系膜根部向右剥离肠系膜的前层腹膜,切勿损伤腹膜外任何结构。沿肠系膜上动脉右缘,自上而下,解剖出中结肠动脉、右结肠动脉及回结肠动脉,分别追查至横结肠、升结肠与回盲部。在阑尾系膜里找到阑尾动脉,并向上追踪其起点处。

4. **解剖胰十二指肠下前、下后动脉**　从十二指肠水平部的上缘,寻找从肠系膜上动脉发出细小的胰十二指肠下动脉,后者再分为前、后两支,沿胰头与十二指肠降部的前面和后面上行,并与胰十二指肠上动脉的分支吻合形成动脉弓。

（三）解剖肠系膜下血管

1. **解剖肠系膜下动脉**　将空、回肠及肠系膜翻向右侧,暴露腹后壁左侧的腹膜,在第3腰椎前方可见一斜向左下的腹膜皱襞,去除腹膜皱襞显露其深面的肠系膜下动脉。并向上追踪其发自腹主动脉起始处,向下解剖其分支,左结肠动脉、乙状结肠动脉和直肠上动脉。

2. **解剖肠系膜下静脉**　在乙状结肠动脉附近找出肠系膜下静脉,并向上追踪查看其汇入处。

（四）解剖十二指肠及其周围结构

1. **解剖十二指肠相邻结构**　游离十二指肠降部、从右侧向左翻起,将十二指肠上部和降部和胰头从腹后壁游离,解剖十二指肠上部后方的肝门静脉、胆总管、胃十二指肠动脉、下腔静脉以及位于胰头后方的胆总管。

2. **解剖胰管**　将胰头游离,从其后面剥离去除胰腺组织寻找主胰管,并向右解剖至十二指肠降部与胰头间,观察其与胆总管汇合形成肝胰壶腹。观察肝胰壶腹的形态、位置及与十二指肠降部肠壁的关系。检查胰管的上方有无副胰管。

3. **解剖十二指肠内部结构**　用解剖刀或剪刀纵行切开十二指肠降部的外侧壁,并在纵行切口的上端与下端做一水平切口,暴露出十二指肠的后内侧壁,观察十二指肠降部的黏膜结构特点,寻找十二指肠纵襞、十二指肠大乳头和小乳头。用探针插入十二指肠大乳头,用手触摸斜穿肠壁的肝胰壶腹。

五、解剖腹膜后隙

（一）一般观察

清除腹后壁残存的腹膜,观察腹膜后隙的境界、交通、内容及各结构间的排列关系。

（二）解剖腹后壁的血管和淋巴结

1. **解剖肾前筋膜**　清除壁腹膜,暴露出肾前筋膜。用镊子提起肾前筋膜,在中线处纵行切开肾前筋膜,用刀柄插入切口,使肾前筋膜与深面组织分离,直至左、右两肾的外侧。

2. **解剖腹主动脉和下腔静脉**　去除肾前筋膜及其深面的疏松结缔组织,显露腹主动脉的前壁,并向下解剖游离至其分为左右髂总动脉处,向上解剖游离到胰的后面,去除腹主动脉周围的结缔组织、修洁腹主动脉。解剖围绕腹主动脉周围的神经丛。在腹主动脉的右侧,分离出下腔静脉,向上、下追踪、解剖其属支。

3. **解剖肾动脉和肾上腺中动脉**　将肠系膜翻向右上方,在肠系膜上动脉根部下方,平第2腰椎高度找出肾动脉,追至肾门。寻找其发出的肾上腺下动脉。肾动脉的变异较多,注意观察。在肾动脉的稍上方,找出由腹主动脉分出的肾上腺中动脉。

4. **解剖生殖腺血管**　在腰大肌前面找出睾丸(卵巢)动、静脉。向上追查动脉的发起处及静脉的注入处,向下追至腹股沟管深环,如为女性则追至入小骨盆上口为止。生殖腺的血管细长、脆弱,须仔细解剖。

5. **解剖膈下动脉与肾上腺上动脉**　在腹主动脉的起始处,寻找膈下动脉并追踪到膈的后部。其伴行的膈下静脉常呈蓝色,可凭此辨认。找出膈下动脉的分支——肾上腺上动脉。

6. **解剖淋巴结** 在下腔静脉和腹主动脉周围寻找腰淋巴结。于腹腔干和肠系膜上、下动脉根部周围清理同名的淋巴结。

7. **解剖髂总动脉夹角内的结构** 将乙状结肠及其系膜翻向右侧,可见腹主动脉终支——左、右髂总动脉,清理血管周围的淋巴结和内脏神经纤维。在左、右髂总动脉的夹角内,可见线样的神经纤维交织成丛,并越过骶岬入盆腔,这些神经丛即上腹下丛。将神经丛推向一侧,在腹主动脉分叉处找出骶正中动脉。

8. **解剖髂总动脉及其分支** 分离髂总动脉直至其末端分为髂内、髂外动脉,观察其伴行的髂总静脉和沿血管排列的淋巴结。在近腹股沟韧带处,寻找髂外动脉的分支——腹壁下动脉和旋髂深动脉,解剖旋髂深动脉直到髂前上棘附近,并观察其分支分布;解剖腹壁下动脉直到腹直肌后面,观察其分支分布。髂内动脉暂不追溯,将随盆腔一起解剖。

（三） 解剖肾及其周围结构

1. **原位观察肾** 肾前筋膜已经打开,再次确认。肾前筋膜的深面是肾脂肪囊。脂肪量差别较大,因人而异。清除脂肪,暴露肾,原位观察肾的形态、位置。复位肾周围的器官,观察肾的毗邻。

2. **解剖肾内部结构** 切断肾血管、在右肾下端切断右输尿管,取出右肾。肾表面有光滑的肾纤维囊。在肾纤维囊上作一"「"形切口,沿切口剥离一小块肾纤维囊,观察其与肾实质的黏附关系。经肾门将肾切成前、后两部分,在肾的冠状切面上观察肾实质的内部结构;去除肾窦内的脂肪,观察肾窦及其内的结构。

3. **解剖肾上腺** 在肾上端确认肾上腺。有时肾上腺的颜色、质地与结缔组织相似,需注意区别。观察左、右肾上腺的形态、毗邻。再次清理肾上腺的三条动脉,于肾上腺前面找出肾上腺静脉,沿此追踪至其注入下腔静脉或左肾静脉处。

4. **解剖肾蒂及输尿管** 清除左肾蒂内的结缔组织,分离肾蒂结构,观察肾静脉、肾动脉与肾盂三者的排列关系。肾盂向下延续为输尿管,自上而下分离输尿管至小骨盆上口,观察其行程中的毗邻关系。

（四） 解剖腹腔神经丛、腰交感干和腰丛、腰淋巴干

1. **解剖腹腔神经丛** 在已经解剖的胸后壁,寻找到已经解剖出的内脏大神经和内脏小神经。内脏大神经与腹腔神经节相连,沿内脏大神经向下穿膈脚到腹腔干根部的周围,轻轻牵拉内脏大神经,腹腔神经节可随之活动,该节形状不规则、质地坚硬。内脏小神经与主动脉肾节相连,轻轻牵拉内脏小神经,在肾动脉的起始处可以找到主动脉肾节。在胃后壁再次确认迷走神经后干及其发出的腹腔支和胃后支。

2. **解剖腰交感干** 在脊柱与腰大肌之间找到腰交感干,向上、下探查其延续。左腰交感干与腹主动脉左缘相邻,下端位于左髂总静脉的后面。右腰交感干的前面为下腔静脉,其下端位于右髂总静脉的后方。

3. **解剖乳糜池及其输入淋巴干** 在已经解剖的胸后壁,寻找到已经解剖出的胸导管向下并剪断膈脚,解剖到第一腰椎体、腹主动脉的右侧,可见囊状膨大的乳糜池,并可见其由左、右腰干和单一肠干汇合而成。

4. **腰丛** 并用手指钝性分离腰大肌的深面。在腰大肌中部,横切腰大肌并向上、下分离,寻找腰大肌深面的 L_{1-5} 的腰神经前支以及构成的腰丛。在腰大肌的外侧缘,清理出髂腹下、髂腹股沟和股外侧皮神经;在腰大肌表面寻找由此穿出的生殖股神经;腰大肌的内侧缘找出闭孔神经。

（袁琼兰）

第七节 临床病例分析

病例 4-1

某医学院的附属医院,一组学生在普外科见习,有1例疑似胃溃疡穿孔的患者行紧急剖腹探查手

术。带教老师问学生,什么样的腹部切口比较适合该手术。学生回答可做腹直肌切口。

临床解剖学问题:

(1)腹前外侧壁的常用手术切口有哪些?

(2)腹直肌切口所经过的层次有哪些? 为什么选择此切口?

病例 4-2

患者,男,14 岁。因在体育课举重时突然感到右侧腹股沟区疼痛,并在疼痛处摸到块状物,躺下后块状物消失,打喷嚏时块状物再次突出而入院就诊。

体格检查:在患者右侧睾丸上部的阴囊处沿精索找到腹股沟浅环,未感觉异常。之后医生要求患者咳嗽,此时感到指尖可以触到物体,并有冲击感。患者用力或站立时,右腹股沟韧带上方就会出现一个核桃大小的肿物。

临床诊断:腹股沟斜疝。

临床解剖学问题:

(1)简述腹股沟管、腹股沟三角的解剖学构造。

(2)简述腹股沟斜疝与直疝的鉴别诊断。

(3)简述腹股沟斜疝形成的解剖学基础。

(4)腹股沟斜疝的疝囊外有几层结构包绕?

(5)斜疝修补术中,应注意避免损伤哪些结构?

病例 4-3

患者,男,54 岁。因严重的上腹痛及呕血入院。患者曾发生过呕血、便血、大便呈黑色等情况。有长期大量饮酒史。

体格检查:患者血压低,心率快。皮肤、结膜微黄。眼球略凹。颈、胸、肩、上肢可见蜘蛛痣。腹部肿大、下垂。腹部触诊发现肝、脾大,叩诊有移动性浊音。脐周静脉曲张。直肠检查见出血。呕吐物中的血呈鲜红色。

临床诊断:酒精性肝硬化,并发上消化道出血。

临床解剖学问题:

(1)为何患者会呕血、便血和脐周静脉曲张? 其解剖学基础是什么?

(2)患者腹水和脾大可能的原因是什么?

病例 4-4

患者,女,49 岁。进食油腻食物后经常出现右上腹疼痛,最近一次疼痛发作持续很长时间,且疼痛还延伸到右肩和右臂部。

临床解剖学问题:

(1)右上腹部有哪些脏器?

(2)进食油腻食物后引起的右上腹部疼痛,可能是什么脏器的病变?

(3)牵涉痛发生的原因是什么?

病例 4-5

患者,男,23 岁。因剧烈腹痛和高热入院。患者开始为全腹痛,之后转移至上腹部,以脐周为剧烈,以后逐渐发展为右下腹痛。

体格检查:右下腹腹肌紧张、压痛和反跳痛。

临床诊断:急性阑尾炎。

临床处理：阑尾切除手术。

临床解剖学问题：

（1）右下腹的疼痛可能是什么脏器的病变？

（2）解释此病例中腹部疼痛位置变化的原因。

（3）为何会出现反跳痛？

（4）如果做腹部阑尾切除手术，需要保护什么神经？

（5）如何寻找这些神经？该神经损伤的可能后果是什么？

病例 4-6

患者，女，43岁。因体重减轻、上腹部痛和饱胀不适，同时还出现腰背部疼痛求医。胃镜检查未见异常；腹部CT扫描显示：胰尾部增大，局部密度不均；增强CT扫描显示：正常胰腺呈明显强化，胰尾部可见一边界不清略低密度影，病灶与正常胰腺组织分界不清，周围脂肪间隙模糊。

临床诊断：胰腺癌。

临床解剖学问题：

（1）胰腺的位置、毗邻及临床意义是什么？

（2）胰腺肿瘤常见于什么部位？

（3）胰腺癌细胞可向哪些部位转移？

（夏蓉　李文生）

第五章　盆部与会阴

第一节　概　　述

盆部 pelvis 与**会阴** perineum 位于躯干部的下部。盆部由骨盆、盆壁、盆膈及盆腔脏器等组成,会阴指盆膈以下封闭骨盆下口的全部软组织。

一、境界与分区

耻骨联合上缘、耻骨结节、耻骨嵴、耻骨梳、弓状线、骶翼前缘和骶骨岬连成的环形界线为**骨盆上口** superior pelvic aperture,是盆部的上界。尾骨尖、耻骨联合下缘和两侧的骶结节韧带、坐骨结节、坐骨支、耻骨下支围成**骨盆下口** inferior pelvic aperture,是盆部的下界。骨盆上口向上开放,腹腔与盆腔相通,小肠常降入盆腔。骨盆下口由盆膈封闭,盆膈以下的所有软组织为会阴,围成骨盆下口的结构为会阴的周界。若在两侧坐骨结节之间做一假想连线,可将会阴分为后方的肛区和前方的尿生殖区(图 5-1)。

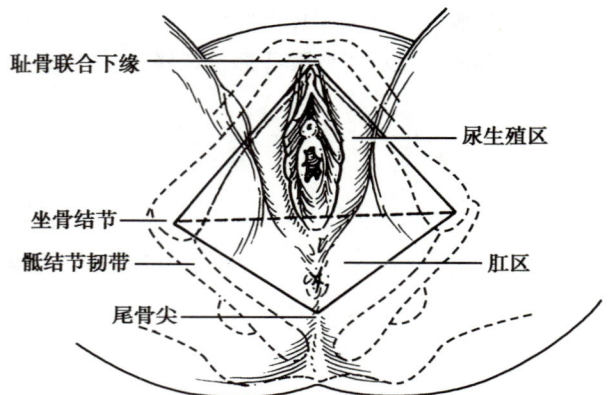

图 5-1　女性会阴分区

二、表面解剖

（一）体表标志

耻骨联合上缘、耻骨嵴和耻骨结节参与骨盆上口的围成,耻骨弓、坐骨结节及尾骨尖参与骨盆下口的围成,它们是临床常用的骨性标志。

（二）体表投影

髂总动脉及髂外动脉的体表投影:从髂前上棘与耻骨联合连线的中点至脐下 2cm 处,此线之上 1/3 段为髂总动脉的投影;下 2/3 为髂外动脉的投影;上、中 1/3 交界点为髂内动脉起点。

第二节　盆　　部

一、骨盆整体观

骨盆由两侧的髋骨、后方的骶骨和尾骨,借助骨连结围成。骶骨岬、弓状线、耻骨梳、耻骨结节、耻骨嵴和耻骨联合上缘共同连成一环状的**界线** terminal line,又称骨盆上口。它将骨盆分为前上方的大骨盆 greater pelvis 和后下方的**小骨盆** lesser pelvis。大骨盆又称假骨盆,属腹部。小骨盆又称真骨盆,其下界为骨盆下口,即会阴的菱形周界。骨盆的前壁为耻骨、耻骨支和耻骨联合,后壁为凹陷的骶、尾骨的前面,两侧壁为髂骨、坐骨、骶结节韧带及骶棘韧带。后两条韧带与坐骨大、小切迹围成坐骨大、小孔。骨盆的前外侧有闭孔,其周缘附着一层结缔组织膜,仅前上方留有一管状裂隙,称闭膜管。

骨盆有明显的性别差异。女性骨盆宽而短,上口近似圆形,下口较宽大;而男性骨盆窄而长,上口为心形,下口窄小。

二、盆壁肌

覆盖骨性盆壁内面的肌有闭孔内肌和梨状肌(图 5-2)。闭孔内肌位于盆侧壁的前份,肌束汇集成腱,出坐骨小孔至臀区。梨状肌位于盆侧壁的后份,穿经坐骨大孔至臀区。它将坐骨大孔分隔为梨状肌上孔和梨状肌下孔,孔内有神经血管进出盆腔。

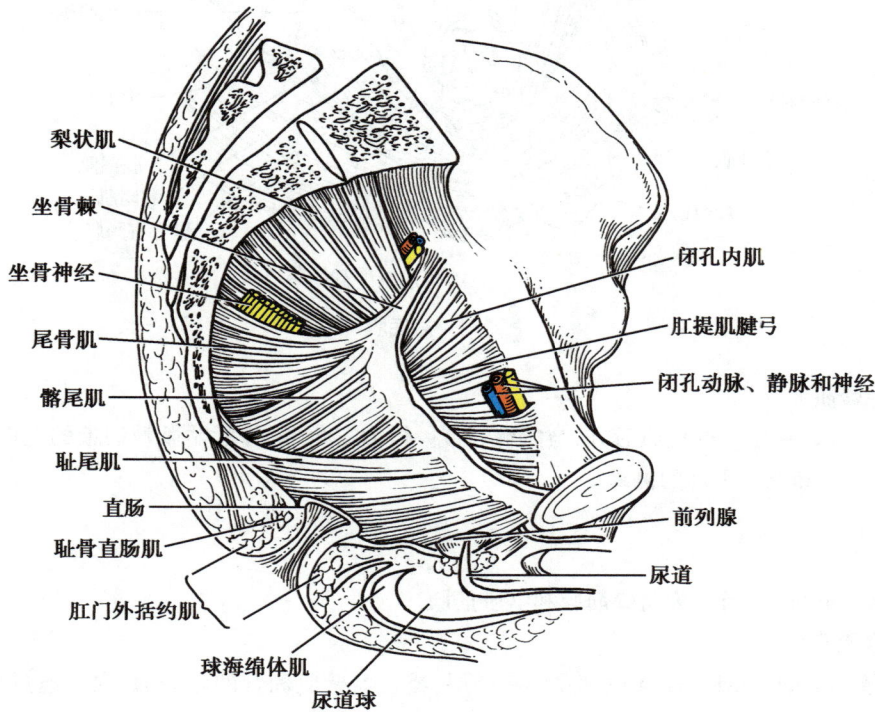

梨状肌
坐骨棘
坐骨神经
尾骨肌
髂尾肌
耻尾肌
直肠
耻骨直肠肌
肛门外括约肌
球海绵体肌
尿道球

闭孔内肌
肛提肌腱弓
闭孔动脉、静脉和神经
前列腺
尿道

图 5-2　盆壁肌

三、盆膈

盆膈 pelvic diaphragm 又称盆底,它由肛提肌和尾骨肌(图 5-3)及覆盖其上、下面的筋膜构成。上表面的筋膜称为**盆膈上筋膜** superior fascia of pelvic diaphragm,下表面的筋膜称为**盆膈下筋膜** inferior fascia of pelvic diaphragm。盆膈封闭骨盆下口的大部分,仅在其前方两侧肛提肌的前内侧缘之间留有一狭窄裂隙,称盆膈裂孔,由下方的尿生殖膈封闭。盆膈有支持和固定盆内脏器的作用,并可与腹肌和膈协同增加腹内压。

(一) 肛提肌

肛提肌 levator ani 为一对四边形薄扁肌,起于耻骨后面与坐骨棘之间的**肛提肌腱弓** tendinous arch of levator ani,纤维行向内下,止于会阴中心腱、直肠壁、尾骨和肛尾韧带,左右联合成漏斗状。

按其纤维起止及排列,肛提肌可分为四部分:①**前列腺提肌** levator prostatae,前部肌束夹持前列腺尖两侧(男);**耻骨阴道肌** pubovaginalis(女),夹持尿道及阴道两侧;②**耻骨直肠肌** puborectalis,起自耻骨盆面的肌束,后行绕过直肠肛管交界处两侧和后方,与对侧肌纤维连接,构成 U 形袢,它可拉直肠肛管交界处向前,有肛门括约肌的作用;③**耻尾肌** pubococcygeus;④**髂尾肌** iliococcygeus,止于尾骨侧缘及肛尾韧带,有固定直肠的作用。

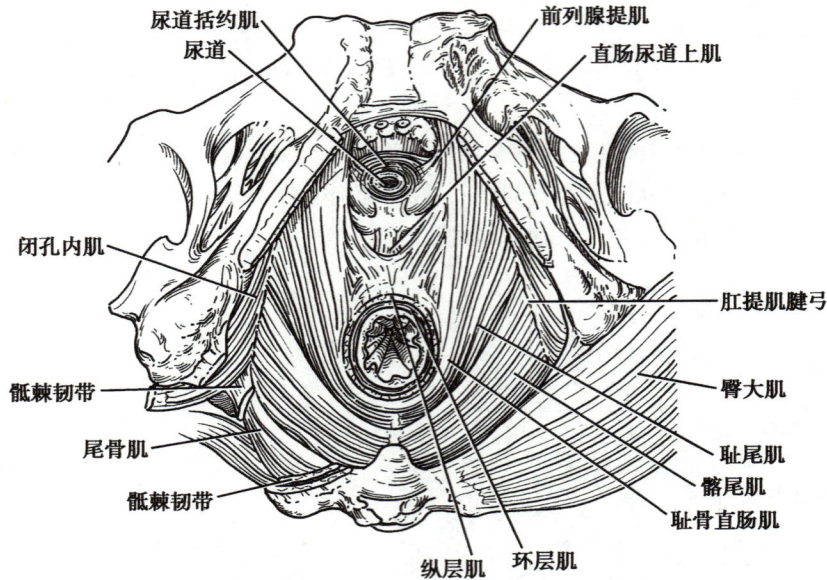

图 5-3　盆底肌

（二）尾骨肌

尾骨肌 coccygeus 位于肛提肌后方,与骶棘韧带一样为三角形,并紧贴骶棘韧带的上面,起自坐骨棘盆面,止于尾骨和骶骨下部的侧缘。

四、盆筋膜

盆筋膜 pelvic fascia 可分为盆壁筋膜和盆脏筋膜。

（一）盆壁筋膜

盆壁筋膜 parietal pelvic fascia 也称盆筋膜壁层,覆盖盆壁肌和骨的内表面,向上越过界线与腹内筋膜相延续。位于梨状肌内表面的部分为梨状肌筋膜,覆盖闭孔内肌内表面的部分为闭孔筋膜。从耻骨体盆腔面到坐骨棘,闭孔筋膜呈线形增厚,称肛提肌腱弓,为肛提肌和盆膈上、下筋膜提供起点和附着处。盆膈上筋膜覆盖肛提肌和尾骨肌的上表面,前方和两侧附着于肛提肌腱弓。盆膈下筋膜贴于肛提肌和尾骨肌的下表面,前端附着于肛提肌腱弓,后端与肛门外括约肌的筋膜融合,构成坐骨直肠窝的内侧壁。男性耻骨体后面的**耻骨前列腺韧带** puboprostatic ligament 张于耻骨体与前列腺鞘和膀胱颈之间;女性耻骨体后面的**耻骨膀胱韧带** pubovesical ligament 张于耻骨体与膀胱颈和尿道之间,是维持膀胱、前列腺和尿道位置的重要结构。

位于骶骨前方的部分为**骶前筋膜** presacral fascia(又称 Waldeyer 筋膜)(图 5-4),较为致密,是一在MRI 图像上可看见的结构。向上越过骶岬后与腹膜后组织相延续;向下延伸到直肠穿盆膈处,与盆膈上筋膜相延续;两侧与梨状肌、肛提肌上表面的筋膜相延续。左右腹下神经和下腹下丛位于它的表面。骶前筋膜与骶骨之间有骶正中动脉、骶外侧静脉和骶静脉丛。由于部分静脉外膜与筋膜融合,外科手术在骶前筋膜后方做解剖分离可能伤及这些静脉,引起出血。

（二）盆脏筋膜

盆脏筋膜 visceral pelvic fascia 也称为盆筋膜脏层,在盆腔脏器穿过盆膈或尿生殖膈时,由盆壁筋膜向上反折,呈鞘状包裹脏器形成(图 5-4)。盆脏筋膜紧靠盆部器官,在肛提肌上表面与肛提肌筋膜相延续,在后上方与梨状肌筋膜相延续。在盆壁筋膜与盆脏筋膜相交处,筋膜较为致密,被称为**盆内筋膜** endopelvic fascia。包裹前列腺的部分称为**前列腺鞘** fascial sheath of prostate,鞘的前份和两侧部内含有前列腺静脉丛。前列腺鞘向上延续包裹膀胱,形成膀胱筋膜,比较薄弱,紧贴膀胱外表面。

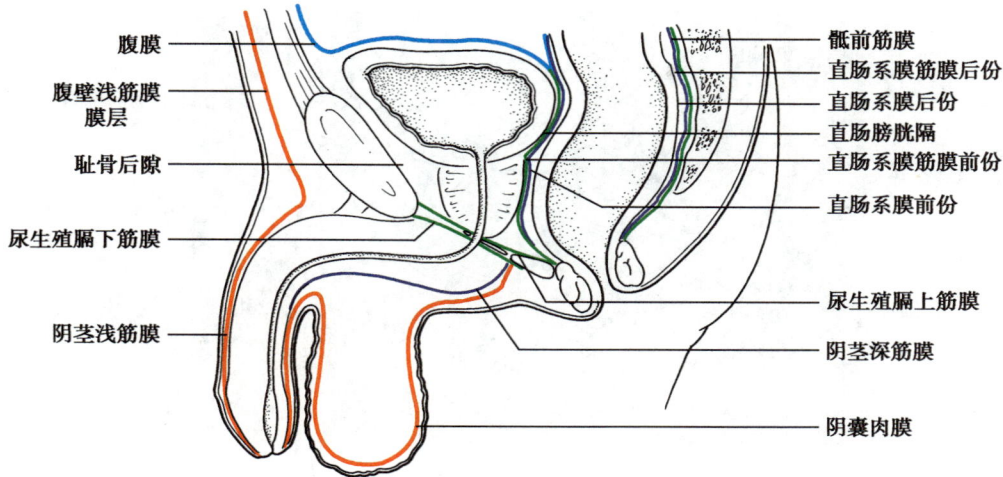

图 5-4　男性盆部筋膜和筋膜间隙示意图

男性直肠与膀胱、前列腺、精囊及输精管壶腹之间（女性在直肠与阴道之间），有一冠状位的结缔组织隔，称**直肠膀胱隔** rectovesical septum（女性为**直肠阴道隔** rectovaginal septum）（图 5-4）。上起自直肠膀胱陷凹（女性为直肠子宫陷凹），下伸达盆底，两侧附着于盆侧壁筋膜，并与前方的前列腺鞘（男性）或子宫、阴道上端两侧的筋膜（女性）连接，后方与直肠系膜筋膜相延续。女性子宫颈和阴道上部的前方与膀胱底之间，还有膀胱阴道隔。

盆脏筋膜也包括一些韧带，它们由血管、神经及周围结缔组织形成，如子宫主韧带和子宫骶韧带等，有维持脏器位置的作用。

五、盆筋膜间隙

盆壁筋膜、盆脏筋膜与覆盖盆腔的腹膜之间的疏松结缔组织，构成潜在的盆筋膜间隙。这些筋膜间隙有利于手术时分离脏器，脓血和渗液等也易在间隙内聚集。

（一）耻骨后隙

耻骨后隙 retropubic space 也称膀胱前隙（图 5-4），前界为耻骨联合、耻骨上支及闭孔内肌筋膜；后界在男性为膀胱和前列腺，女性为膀胱；两侧界为脐内侧韧带；上界为壁腹膜至膀胱上面的反折部；下界在男性为盆膈和耻骨前列腺韧带（连结前列腺至耻骨联合下缘），在女性为盆膈和耻骨膀胱韧带（连结膀胱颈至耻骨联合下缘）。隙内为疏松结缔组织和静脉丛等。耻骨骨折引起的血肿和膀胱前壁损伤的尿外渗常潴留此间隙内。耻骨上腹膜外引流、膀胱以及子宫下部等手术，均通过此间隙进行，此时应避免伤及腹膜。

（二）直肠系膜

直肠没有借由两层腹膜形成的系膜悬挂在骶骨上，而是紧贴骶骨前面，属腹膜间位和外位器官。直肠的周围存在大量的疏松结缔组织、脂肪、血管神经、淋巴管和淋巴结，这些包裹直肠的组织和结构被临床外科称为**直肠系膜** mesorectum（图 5-5，图 5-6）。直肠系膜呈圆柱状，上达直肠与乙状结肠交界处，下达盆膈上表面。以直肠与骶骨之间的量最大，直肠两侧的次之，直肠前方的量最小。直肠系膜内有直肠上动脉及其分支、直肠上静脉及其属支、沿直肠上动脉行走和排列的淋巴管和淋巴结。直肠系膜外有一层无血管、呈网眼状的组织包裹直肠系膜，属直肠的脏筋膜，被称为**直肠系膜筋膜** mesorectal fascia。直肠后方的直肠系膜筋膜明显，与骶前筋膜相邻；直肠两侧的直肠系膜筋膜外表面有下腹下丛（盆丛）；而在直肠前方，直肠系膜筋膜与直肠膀胱隔（男性）或直肠阴道隔（女性）相延续。向上，直肠系膜筋膜与乙状结肠浆膜下的结缔组织相延续；向下，与盆膈表面的盆壁筋膜相延续。发自下腹下丛的内脏神经和细小的直肠中血管横行穿过直肠系膜筋膜、直肠系膜到达直肠，被称为**直肠侧韧带** lateral rectal ligament。

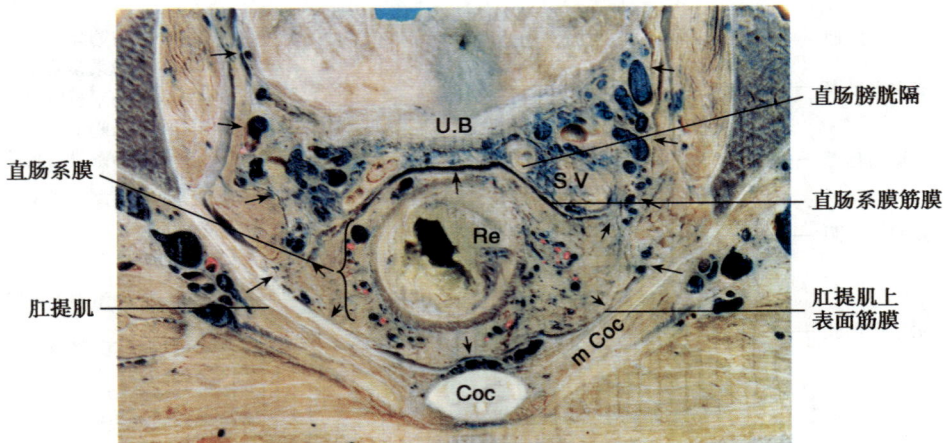

图5-5   直肠系膜（男性盆部横断面照片）
U.B:膀胱；S.V:精囊腺；Coc:尾骨

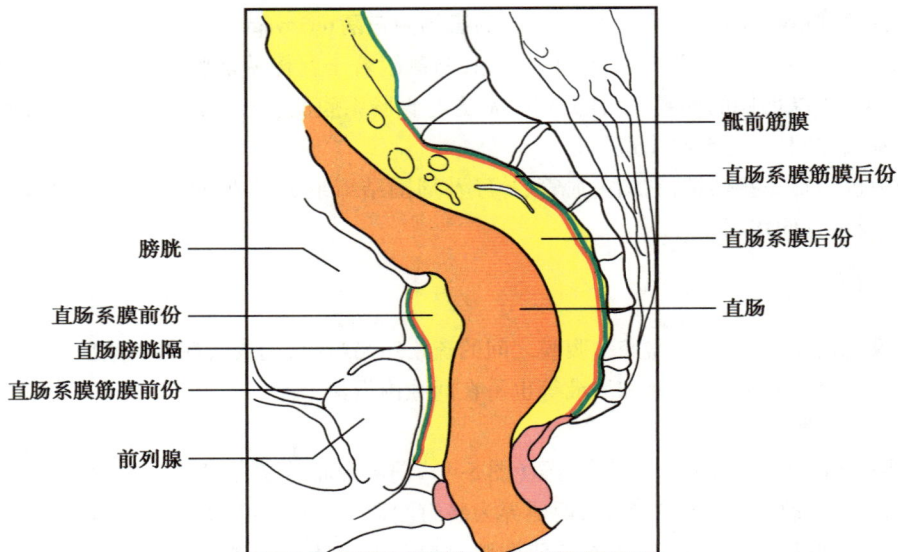

图5-6   直肠系膜示意图（男性正中矢状面）

    直肠癌外科手术力求将整个直肠系膜（包括其中的直肠）一起切除，直肠系膜筋膜即为完整分离直肠系膜提供了切割平面。如直肠癌已经波及直肠系膜筋膜，外科手术切除治疗的可能性不大。

六、盆部的血管、淋巴引流和神经

（一）动脉

    1. **髂总动脉** common iliac artery   腹主动脉在第4腰椎水平分为左、右髂总动脉，循腰大肌内侧行向外下，至骶髂关节前方分为髂内、外动脉。

    2. **髂外动脉** external iliac artery   沿腰大肌内侧缘下行，经腹股沟韧带中点深面至股前部，移行为股动脉。右侧输尿管跨过髂外血管起始部的前方入骨盆腔；睾丸血管及生殖股神经行于其外侧；输精管则在绕过腹壁下血管后，越髂外血管末端的前方入盆腔。在女性，卵巢血管和子宫圆韧带跨过其前方。髂外动脉在靠近腹股沟韧带处，发出旋髂深动脉和腹壁下动脉（图5-7）。

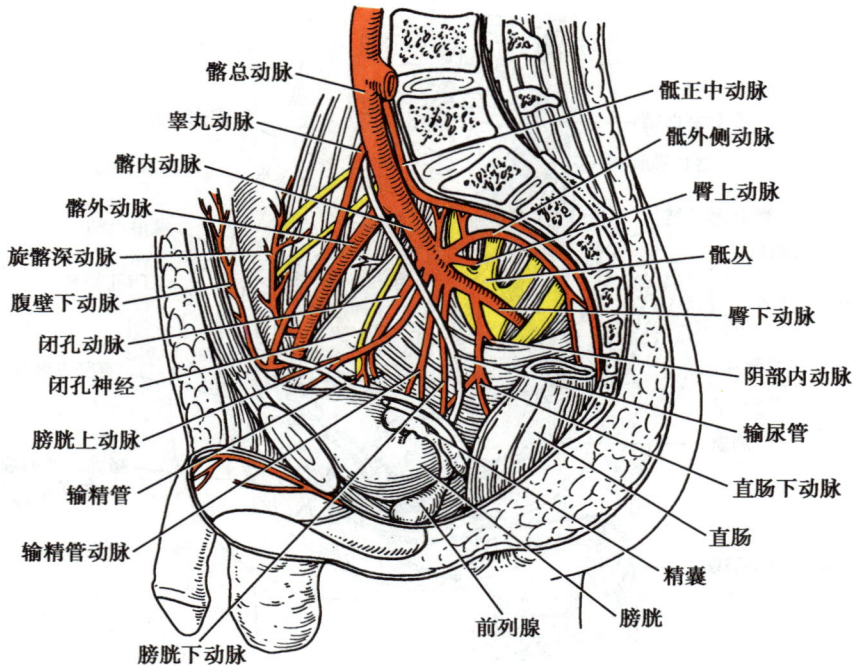

图 5-7　盆部的动脉

3. **髂内动脉** internal iliac artery　长约 4cm,向下越过骨盆上口入盆腔,沿盆后外侧壁下行,至梨状肌上缘处分成前、后两干,前干分为壁支和脏支,后干则全属壁支。

（1）髂内动脉前干的壁支有:①**闭孔动脉** obturator artery:沿盆侧壁行向前下,穿闭膜管至股部,有同名静脉、神经和淋巴管伴行。闭孔动脉的耻骨支常与腹壁下动脉的耻骨支吻合,有时吻合支很粗,而闭孔动脉则很细,有时闭孔动脉缺如,由该吻合支取代。此时,闭孔动脉则发自腹壁下动脉,这种异常的闭孔动脉恰位于腔隙(陷窝)韧带的深面,当嵌顿性股疝时,如切开腔隙韧带,应警惕存在异常闭孔动脉,切勿伤及。②**臀下动脉** inferior gluteal artery:经梨状肌下孔出盆腔至臀部。前干脏支有:**脐动脉** umbilical artery:出生后其远侧段闭锁,形成脐内侧韧带,近侧段仍然畅通,自此段发出**膀胱上动脉** superior vesical artery,有时可有数支。**膀胱下动脉** inferior vesical artery:可有 1~2 支,或缺如。还有**子宫动脉** uterine artery 和**直肠下动脉** inferior rectal artery(详见各器官的血管)。**阴部内动脉** internal pudendal artery 穿梨状肌下孔,出盆腔进入臀部,再经坐骨小孔入会阴(图 5-7)。

（2）髂内动脉后干的分支有**髂腰动脉** iliolumbar artery、**骶外侧动脉** lateral sacral artery 和**臀上动脉** superior gluteal artery,其中臀上动脉经梨状肌上孔出盆腔至臀部。

4. **骶正中动脉** median sacral artery　在腹主动脉分杈处后壁发起,跨第 4、5 腰椎体前面下行入盆腔,在骶骨前面的骶前筋膜后下行,分支与骶外侧动脉吻合,并常发支至直肠壁。

（二）静脉

髂内静脉 internal iliac vein 由盆腔内静脉会聚而成,在骶髂关节前方与髂外静脉汇合成髂总静脉(图 5-8)。髂内静脉的属支分为脏支和壁支。壁支与同名动脉伴行,收集动脉分布区的静脉血;脏支起自盆内脏器周围的静脉丛。男性的前列腺静脉丛包埋于前列腺鞘的前份和两侧,膀胱静脉丛位于膀胱下部周围;女性的子宫静脉丛和阴道静脉丛位于子宫和阴道的两侧,它们各自汇合成干注入髂内静脉。卵巢静脉丛位于卵巢周围和输卵管附近的子宫阔韧带内,该丛汇集为卵巢静脉,伴随同名动脉上行,左、右侧分别注入左肾静脉和下腔静脉。

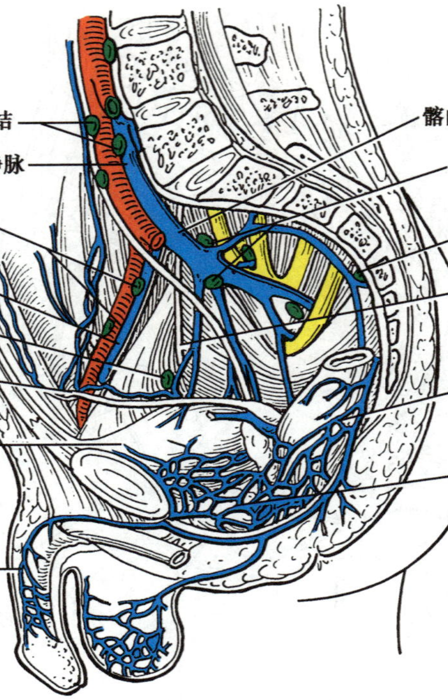

图5-8   盆部的静脉与淋巴结

直肠静脉<u>丛</u>可分为内、外两部分:内静脉<u>丛</u>位于黏膜上皮的外面;外静脉<u>丛</u>位于肌层的外面。直肠静脉丛的上部主要汇入直肠上静脉,经肠系膜下静脉注入肝门静脉;直肠静脉丛的下部主要经直肠下静脉和肛静脉回流入髂内静脉。内、外静脉丛之间有广泛的吻合,为肝门静脉系和腔静脉系之间的交通之一。

骶前静脉丛位于骶骨前方与骶前筋膜之间,属椎外静脉丛的最低部分,收纳骶骨血液,两侧连接与骶外侧动脉伴行的骶外侧静脉,血液经骶外侧静脉回流至髂内静脉。手术中一旦损伤(如直肠手术)出血严重,难以控制。

盆腔内静脉丛的腔内无瓣膜,各丛之间的吻合丰富,有利于血液的回流。骶静脉丛可经椎内外静脉丛与颅内静脉交通。某<u>些</u>盆腔的肿瘤(如前列腺癌、卵巢癌)可经此路径,而不经肺循环扩散至颅内。

（三）淋巴引流

盆部主要的淋巴结群有(图5-8):

1. **髂外淋巴结**external iliac lymph node   沿髂外动脉排列,经腹股沟浅、深淋巴结的输出管,收纳下肢和脐以下腹前壁的淋巴,还直接接受膀胱、前列腺和子宫的淋巴。

2. **髂内淋巴结**internal iliac lymph node   沿髂内动脉及其分支排列,收纳盆内所有脏器、会阴深部结构、臀部和股后部的淋巴。

3. **骶淋巴结**sacral lymph node   沿骶正中动脉和骶外侧动脉排列,收纳盆后壁、直肠、子宫颈和前列腺的淋巴。

上述三组淋巴结的输出管注入**髂总淋巴结**common iliac lymph node。此群淋巴结沿髂总动脉排列,其输出管注入左、右腰淋巴结。

（四）神经

行经盆部的闭孔神经沿盆侧壁经闭膜管至股部。腰骶干和第 1 ~ 4 骶神经前支组成**骶丛** sacral

plexus，位于梨状肌前面，其分支经梨状肌上、下孔出盆，分布于臀部、会阴及下肢；第4、5骶神经前支和尾神经合成**尾丛**coccygeal plexus，位于尾骨肌的上面，主要发出肛尾神经，穿骶结节韧带后，分布于邻近的皮肤（图5-9）。

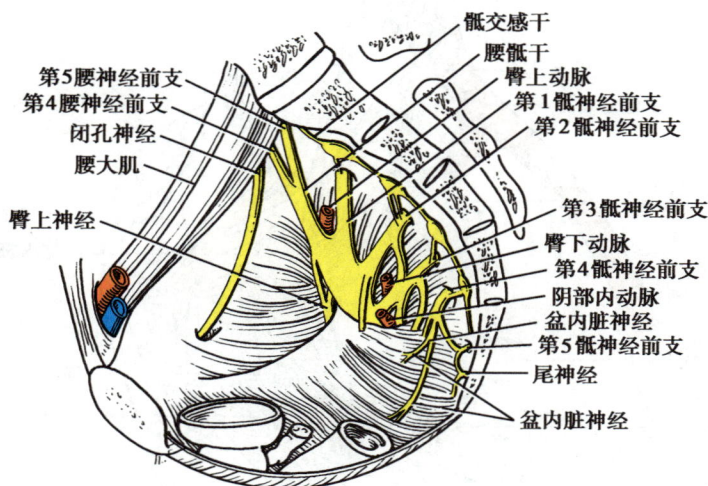

图5-9　骶丛和尾丛

盆部的内脏神经有：①由腰交感干延续而来的**骶交感干**sacral sympathetic trunk，沿骶前孔内侧下降，在尾骨前方，两侧骶交感干连接于单一的**奇神经节**ganglion impar，其节后纤维加入盆丛或随骶尾神经分布于下肢及会阴部的血管、汗腺和竖毛肌；②**盆内脏神经**pelvic splanchnic nerve（又称盆神经）有3支，由第2～4骶神经前支中的副交感神经节前纤维组成，节后纤维加入盆丛；③腹主动脉丛向下延续的**上腹下丛**superior hypogastric plexus（又称骶前神经），向下发出左、右腹下神经，行至第3骶椎高度，与盆内脏神经和骶神经节的节后纤维共同组成左、右**下腹下丛**inferior hypogastric plexus（又称**盆丛**pelvic plexus）（图5-10，图5-11）。盆丛位于直肠、精囊和前列腺（女性为子宫颈和阴道穹）的两侧，其纤维随髂内动脉的分支到达盆内脏器。

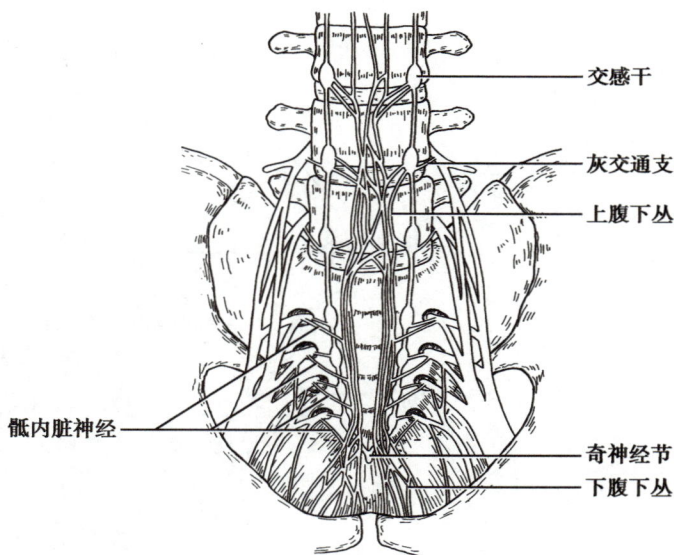

图5-10　盆部的内脏神经分支

七、盆腔内的腹膜配布

（一）男性盆腔内的腹膜与腹膜腔陷凹

盆腔内的腹膜是腹部腹膜的延续。腹前壁的腹膜向下到达耻骨联合上缘，然后折向后下，覆盖于膀胱体的上面、膀胱底的上部及部分精囊和输精管壶腹，继而反折向后上方，覆盖直肠中段的前面、直肠上段的前面和两侧，再向上即延续于乙状结肠系膜和腹后壁的腹膜（图5-12）。在膀胱、直肠的两侧，腹膜覆盖盆腔侧壁，向上亦延续于腹部腹膜。根据腹膜覆盖盆部器官的状态，可把膀胱、直肠上部归为腹膜间位器官；直肠中部、输尿管、输精管、前列腺和精囊归为腹膜外位器官。腹膜在盆腔器官间、器官与盆壁间延续，并转折形成陷凹，具有的重要临床意义。

1. **直肠膀胱陷凹**rectovesical pouch　位于直肠与膀胱之间的腹膜转折处,是男性腹膜腔最低的部位,腹膜腔积液(如腹水、出血),多集存于此。

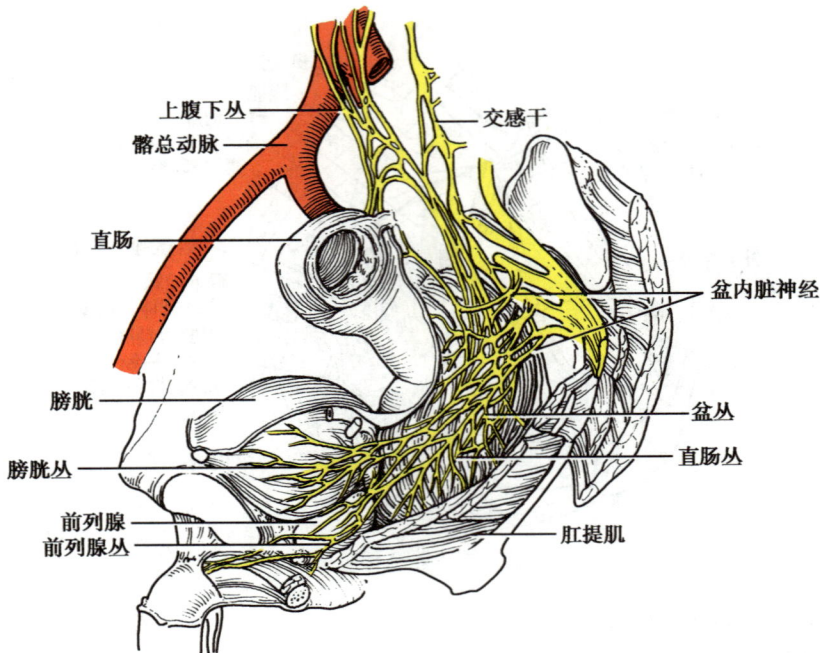

图 5-11　盆部的内脏神经丛

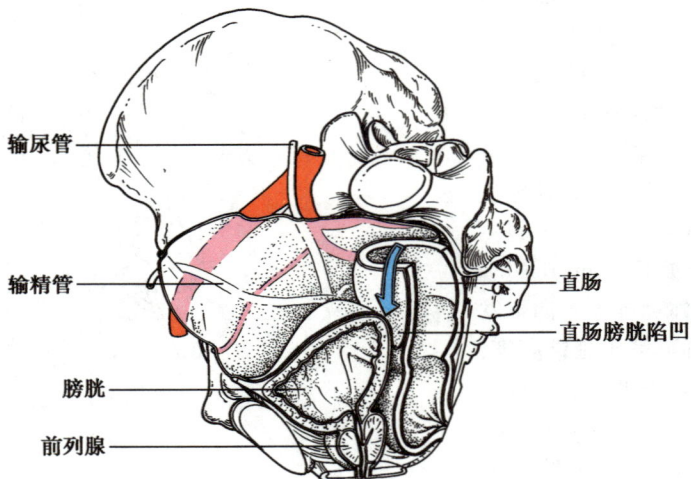

图 5-12　男性盆腔脏器与腹膜

2. **膀胱旁窝**paravesical fossa　位于膀胱与盆侧壁之间的腹膜延续处,其大小、深浅随膀胱充盈程度而变化。

（二）女性盆腔内的腹膜配布、形成的结构与腹膜腔陷凹

腹膜自腹前壁向下,覆盖膀胱体的上面及其两侧。膀胱体上面的腹膜向后在子宫颈阴道上部转折向上,覆盖子宫体前面、子宫底、子宫体后面、子宫颈阴道上部,并向下达阴道上端(阴道后穹)后壁,再向上转折被覆于直肠中部的前面、直肠上部的前面和两侧,继而向上包绕乙状结肠并形成乙状结肠系膜。覆盖子宫前、后面的腹膜在子宫的两侧向两外侧相互靠近,向外延续,包绕输卵管和卵巢、卵巢子宫韧带、子宫圆韧带等(形成子宫阔韧带),输卵管即位于前后两层腹膜转折处形成向上的游离缘内(即子宫阔韧带上缘内),此双层腹膜向外、向下延续于盆侧壁和盆底的腹膜。根据女性腹膜

被覆盆内器官的状态,把膀胱、子宫和直肠上部归为腹膜间位器官,输卵管、卵巢归为腹膜内位器官,而阴道、直肠中部则为腹膜外位器官(图5-13)。

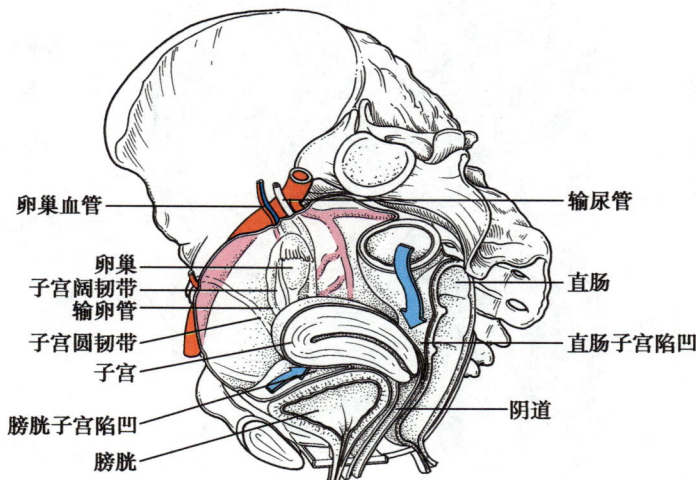

图5-13　女性盆腔脏器与腹膜

盆部器官间、器官与盆壁间腹膜延续而形成的凹窝和韧带,重要的有:

1. **直肠子宫陷凹 rectouterine pouch**　临床上称 Douglas 腔,位于直肠与子宫之间的腹膜转折处,凹底与阴道后穹之间仅隔以阴道壁。该陷凹是女性腹膜腔最低处,腹膜腔内的积液积血,常聚集于此,可经阴道后穹穿刺抽取液体。

2. **膀胱子宫陷凹 vesicouterine pouch**　膀胱与子宫之间的腹膜反折处,也是女性腹膜腔较低的位置。

3. **膀胱旁窝**　位置同男性,女性此窝腹膜深面常有较多脂肪积聚。

4. **子宫阔韧带 broad ligament of uterus**　子宫体前、后面和子宫底的腹膜从子宫侧缘向两侧延伸,形成双层的腹膜襞,称子宫阔韧带,它向外、向下延续于盆侧壁和盆底壁腹膜。子宫阔韧带上缘游离,内含输卵管;子宫阔韧带后层包绕卵巢,卵巢向后突出于子宫阔韧带后面,由此可把子宫阔韧带分为三部分:①卵巢系膜 mesovarium:是卵巢前缘至子宫阔韧带后层较窄的双层腹膜襞,内有至卵巢的血管。②输卵管系膜 mesosalpinx:是输卵管与卵巢系膜之间的部分,内有输卵管的血管,有时含卵巢冠和卵巢旁体。③子宫系膜 mesometrium:是子宫阔韧带的其余部分,内有子宫动、静脉等。

5. **直肠子宫襞 rectouterine fold**　是直肠子宫陷凹侧壁上部的一个呈半月形腹膜皱襞,此襞个体差异很大。襞内为结缔组织纤维束并混有平滑肌纤维构成**骶子宫韧带** uterosacral ligament,也称**直肠子宫肌** rectouterine muscle,该韧带的后端附于第2、3骶骨前面的筋膜,前端连于子宫颈上端的两侧。

6. **卵巢悬韧带 suspensory ligament of ovary**　临床上称为**骨盆漏斗韧带** infundibulopelvic ligament,是腹膜包绕卵巢动、静脉等形成的隆起皱襞,起自骨盆上口上方髂外动脉前面,向下达卵巢上端续于子宫阔韧带。卵巢悬韧带是寻找卵巢血管的标志。

八、盆腔脏器

盆腔脏器包括泌尿器、生殖器及消化管的盆内部分。它们的配布关系是:前方为膀胱及尿道,后方是直肠,中间为生殖器。在男性,膀胱、尿道与直肠之间为输精管、精囊及前列腺(图5-14);在女性,为卵巢、输卵管、子宫及阴道(图5-15)。输尿管盆部沿盆腔侧壁由后向前下行至膀胱底。输精管盆部在骨盆侧壁自腹股沟管内口向后下行。

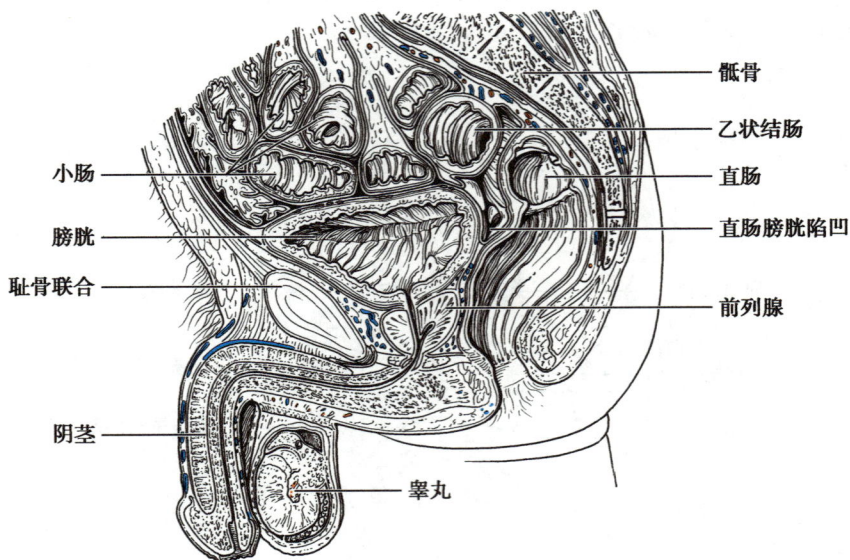

图 5-14　男性盆部正中矢状面

甑骨
乙状结肠
直肠
直肠膀胱陷凹
前列腺
小肠
膀胱
耻骨联合
阴茎
睾丸

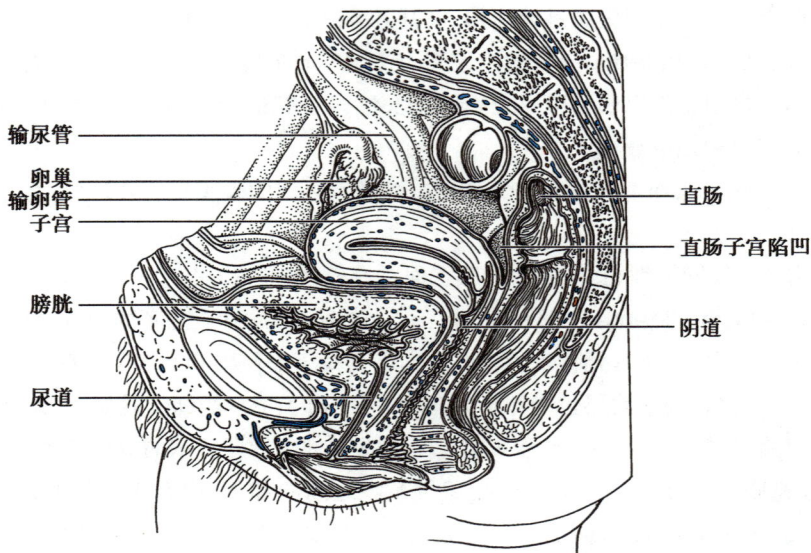

图 5-15　女性盆部正中矢状面

输尿管
卵巢
输卵管
子宫
膀胱
尿道
直肠
直肠子宫陷凹
阴道

（一）直肠

1. 位置和形态　直肠 rectum 位于甑骨前方,在第 3 甑椎高度,上续乙状结肠,向下穿过盆膈续为肛管,全长约 12cm。直肠从上向下,由腹膜间位逐渐移行为外位。在直肠上部,两侧及前方均有腹膜包裹;下行至第 4~5 甑椎高度,腹膜仅包被直肠的前面,在男性移行于膀胱的后面,覆盖精囊的上部,构成直肠膀胱陷凹;在女性反折至阴道穹后部,形成直肠子宫陷凹。腹膜反折高度男女有差异,女性比男性低 1.5~2cm。直肠子宫陷凹距肛门 5.5~6cm;直肠膀胱陷凹距肛门 7.5~8cm。

2. 毗邻　直肠后借疏松结缔组织与甑、尾骨和梨状肌相邻,其间有直肠上血管、甑丛和盆内脏神经及盆交感干等结构。直肠两侧借直肠侧韧带连于盆侧壁,韧带内有直肠下血管和盆内脏神经等结构;韧带后方有盆丛及髂内血管的分支。男性直肠前面隔着直肠膀胱陷凹与膀胱底上部、精囊和输精管壶腹毗邻,凹中有回肠和大网膜等脏器,凹底腹膜反折线以下则有膀胱底下部、精囊、输精管壶腹、前列腺和输尿管盆段,它们与直肠之间隔以直肠膀胱隔(见图5-4)。女性直肠前面隔着直肠子宫陷凹与子宫和阴道穹后部相邻,凹内有腹腔脏器,凹底腹膜反折线以下,直肠前面与阴道之间有直肠阴道隔分隔(图5-15)。

临床上常用直肠镜检和乙状结肠镜检分别观察直肠或乙状结肠内面和取活检标本。当将内镜插进直肠时,应顺直肠会阴曲、直肠骶曲及直肠与乙状结肠连接处的弯曲推进,以免产生不适感觉或损伤肠壁甚至造成肠穿孔。

3. 血液供应、淋巴引流和神经支配

(1)动脉:直肠由直肠上动脉、直肠下动脉及骶正中动脉分布(图5-16)。直肠上动脉为肠系膜下动脉的终支,在乙状结肠系膜内下行至第3骶椎高度,分为左、右支,自直肠侧壁进入直肠。直肠下动脉来自髂内动脉,较为细小,其分支至直肠下部和肛管上部。骶正中动脉发出分支经直肠背面分布于直肠后壁。

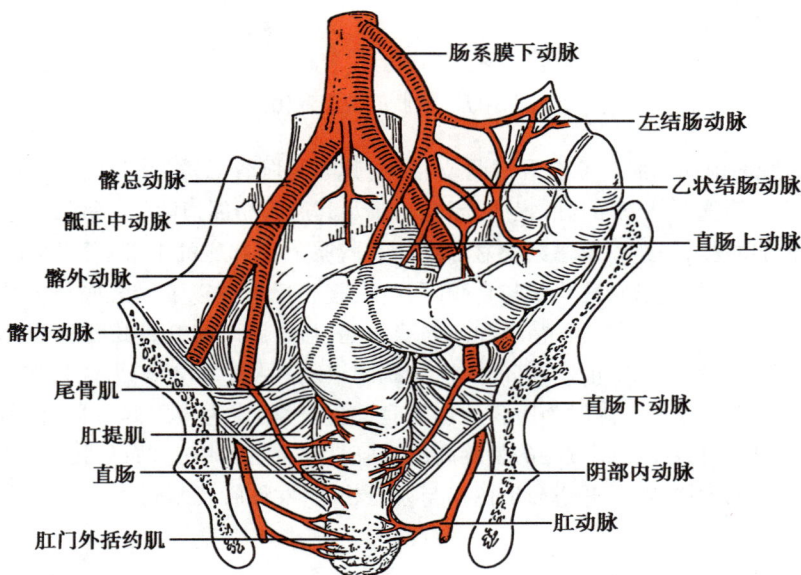

图 5-16　直肠和肛管的动脉

(2)静脉:上述动脉都有同名静脉伴行,这些静脉都来自直肠肛管静脉丛(见图5-8),此丛可分为黏膜下及肛管皮下的直肠肛管内丛和位于腹膜反折线以下、肌层表面的直肠肛管外丛。直肠肛管内丛以齿状线为界,分为直肠肛管上丛和直肠肛管下丛。直肠肛管内丛静脉曲张形成痔,齿状线以下为外痔,齿状线以上为内痔。

(3)淋巴引流:直肠的淋巴引流主要朝上。黏膜层的淋巴滤泡引流至紧贴直肠外表面的直肠上淋巴结和直肠旁的直肠旁淋巴结,然后沿直肠上血管到达肠系膜下动脉起始处的主动脉前淋巴结。直肠下份的淋巴管可沿直肠下动脉和肛动脉到达髂内淋巴结。直肠癌侵入肠壁愈深,环绕肠管周径愈广,淋巴转移发生率愈高,以向上转移为主。

(4)神经支配:直肠和肛管齿状线以上由交感神经和副交感神经支配。交感神经来自上腹下丛和盆丛,副交感神经是直肠功能的主要调节神经,纤维来自盆内脏神经,通过直肠侧韧带分布于直肠和肛管。与排便反射相关的传入纤维也经盆内脏神经传入。

(二)膀胱

膀胱 urinary bladder 是储尿的囊状器官,其位置、形状和大小因其盈虚而异。正常成人的膀胱容量为300~500ml,但随年龄和性别而有变化。

1. 位置与形态　膀胱空虚时位于小骨盆腔内,耻骨联合及耻骨支的后方,故耻骨骨折易损伤膀胱。充盈时则上升至耻骨联合上缘以上(图 5-17)。儿童膀胱空虚时也达耻骨联合上缘以上。膀胱空虚时呈锥体状,可分为尖、体、底、颈四部,各部之间无明显界线。膀胱颈为膀胱的最低点,有尿道内口与尿道相通。膀胱外面可分为上面、后面(即膀胱底)和两个下外侧面。

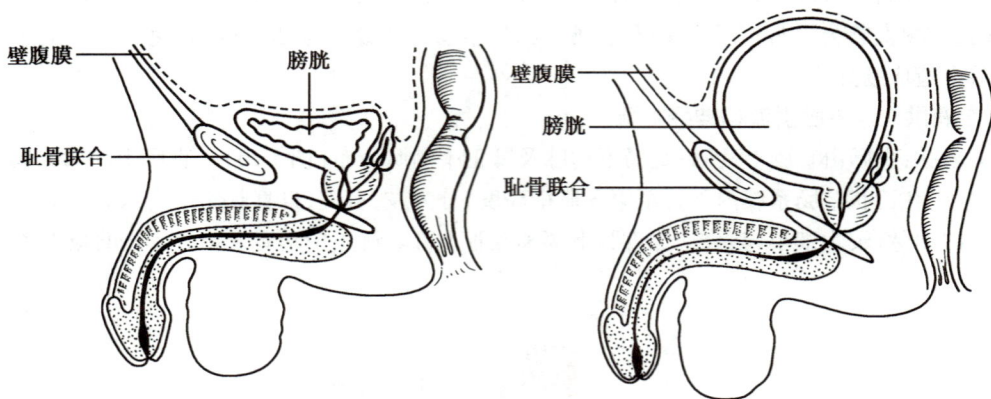

图 5-17   膀胱的位置变化

2. 毗邻   膀胱的前面与耻骨联合和耻骨支接触,其间为耻骨后隙,间隙内充填疏松结缔组织及脂肪,并有静脉丛。膀胱下外侧面与肛提肌、闭孔内肌及其筋膜相邻,其间充满结缔组织,称膀胱旁组织,其中有至膀胱的动脉、神经以及输尿管盆部穿行。膀胱上面和底的上部有腹膜覆盖,在男性膀胱底上部借腹膜反折形成的直肠膀胱陷凹与直肠隔开;在腹膜反折线以下膀胱底与输精管壶腹和精囊相邻。膀胱底下部,连同输精管壶腹、精囊和前列腺一起,与直肠之间有直肠膀胱隔(见图 5-12)。在女性膀胱底后面有子宫颈及阴道前壁,其间隔以膀胱阴道隔(见图 5-12)。男性膀胱上面与小肠袢相邻;女性则与子宫为邻。膀胱空虚时为腹膜外位器官,充盈时则成为腹膜间位器官,盖于其上面的腹膜反折线也随之上移,以致无腹膜覆盖的膀胱高出于耻骨联合上缘以上,而与腹前外侧壁相贴(图 5-17)。男性膀胱颈与前列腺相邻,并借尿道内口与尿道相通;女性膀胱颈则直接与尿生殖膈接触,故尿道内口较男性者低。

膀胱膨胀时,腹前外侧壁与膀胱之间的腹膜反折线移至耻骨联合以上,故沿耻骨上缘穿刺膀胱可不经腹膜腔。进行膀胱肿瘤切除或膀胱切开取石时,如先用无菌生理盐水充盈膀胱,在腹膜外进行耻骨联合上膀胱造口术,可不污染腹膜腔。经尿道插入膀胱镜至膀胱内进行镜检,可观察膀胱黏膜(特别是膀胱三角)的情况,也可通过膀胱镜取活检组织或结石。

3. 血液供应、淋巴引流和神经支配

(1)动脉:①膀胱上动脉发自脐动脉近侧段,分布于膀胱上、中部;②膀胱下动脉发自髂内动脉,分布于膀胱底、精囊及输尿管盆部下份等处(见图 5-7)。

(2)静脉:膀胱的静脉在膀胱和前列腺两侧形成膀胱静脉丛,汇入膀胱静脉,注入髂内静脉(见图 5-8)。

(3)淋巴引流:膀胱前部的淋巴注入髂内淋巴结;膀胱三角和膀胱后部的淋巴大部分注入髂外淋巴结,少数沿膀胱血管注入髂内淋巴结(见图 5-8)。

(4)神经支配:膀胱的交感神经来自脊髓第 11、12 胸节和第 1、2 腰节,经盆丛至膀胱。副交感神经来自脊髓第 2~4 骶节的盆内脏神经,支配膀胱逼尿肌,抑制尿道内括约肌,与排尿有关。与意识性控制排尿有关的尿道括约肌(女性为尿道阴道括约肌),则由阴部神经(属于躯体神经)支配。膀胱排尿反射通过盆内脏神经传入;膀胱的痛觉随盆丛中交感神经纤维传入,而膀胱三角部位的痛觉则随盆内脏神经传入脊髓。

(三)输尿管盆部和壁内部

1. 输尿管盆部   在骨盆上口处,左侧输尿管越过左髂总动脉末段的前方,右侧输尿管越过右髂外动脉起始部的前方,入盆腔,沿盆侧壁,经髂内血管、腰骶干和骶髂关节前方,在脐动脉起始段和闭孔血管、神经的内侧,至坐骨棘附近,转向前内,走向膀胱底。

男性输尿管经输精管后外方,输精管壶腹和精囊之间达膀胱底。女性输尿管由后外向前内,经子宫阔韧带基部至子宫颈外侧约2cm处(恰在阴道穹侧部的上外方),子宫动脉从外侧向内侧横越其前上方。子宫切除术中结扎子宫动脉时,切勿损伤输尿管(图5-18)。

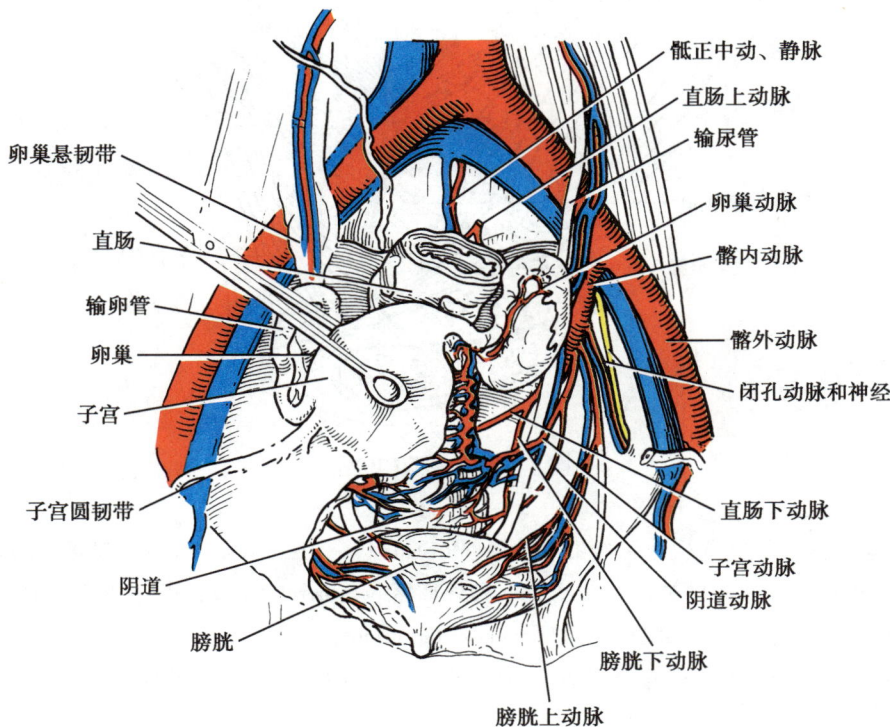

左侧标注(自上而下):
卵巢悬韧带
直肠
输卵管
卵巢
子宫
子宫圆韧带
阴道
膀胱

右侧标注(自上而下):
骶正中动、静脉
直肠上动脉
输尿管
卵巢动脉
髂内动脉
髂外动脉
闭孔动脉和神经
直肠下动脉
子宫动脉
阴道动脉
膀胱下动脉

膀胱上动脉

图 5-18　女性输尿管盆部与子宫动脉的关系

2. 输尿管壁内部　输尿管到达膀胱底后外侧角处,向内下斜穿膀胱壁,开口于膀胱。输尿管壁内部长约1.5cm,是输尿管最狭窄处,是常见的结石滞留部位。膀胱充盈时,压迫输尿管壁内部,可阻止尿液自膀胱向输尿管逆流。

输尿管盆部的血液供应来源不同,接近膀胱处来自膀胱下动脉的分支,在女性也有来自子宫动脉的分支。

(四)前列腺

1. 形态与毗邻　前列腺 prostate 形如栗,质坚实。上部为前列腺底,与膀胱颈邻接,前部有尿道穿入,后部则有双侧射精管向前下穿入,下端尖细,为前列腺尖,与尿生殖膈上面接触,两侧有前列腺提肌绕过,尿道从尖穿出。尖与底之间为前列腺体。前列腺有前面、后面和两外侧面。前面有**耻骨前列腺韧带** puboprostatic ligament 使前列腺筋膜(鞘)与耻骨后面相连。后面平坦,正中有一纵行的**前列腺沟** prostatic sulcus,借直肠膀胱隔与直肠壶腹相隔(图5-19)。直肠指检时,向前可扪及前列腺的大小、形态、硬度及前列腺沟。

老年男性前列腺良性肥大是引起尿道阻塞的常见原因。肿大的腺体凸向膀胱,抬高尿道内口,并使尿道前列腺部变长和变形而妨碍排尿。前列腺肥大或肿瘤需要切除时,有四条手术入路:①耻骨上入路:切开膀胱进行腺体摘除。②耻骨后入路:经耻骨后隙,不切开膀胱行腺体摘除。③会阴入路:经会阴尿生殖膈进入前列腺区。④尿道内入路:通过膀胱镜插入电切刀,做前列腺部分切除。

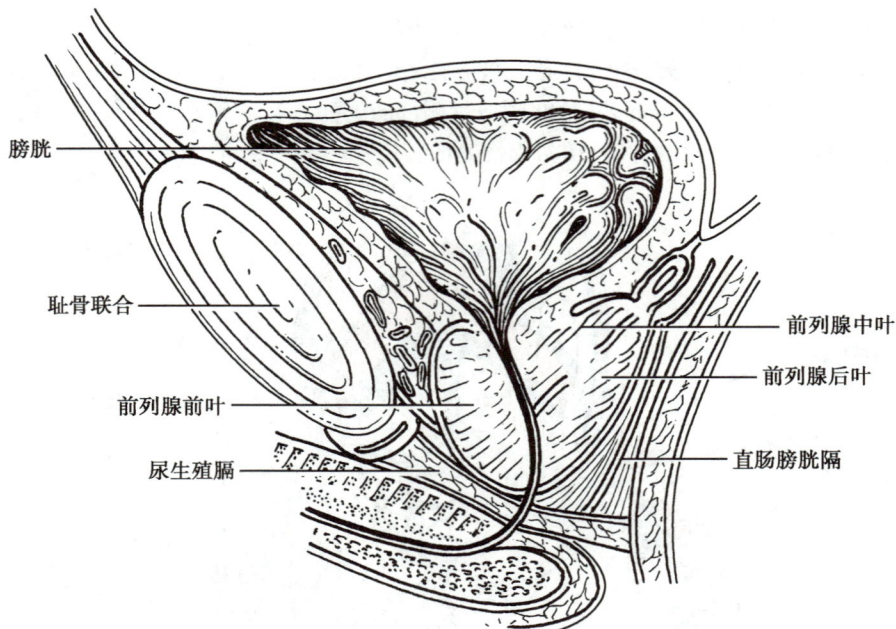

图 5-19　前列腺的位置

2. **组织学分区**　根据前列腺切片染色结果,McNeal(1968 年)提出可将前列腺腺体部分分为 3 个区,即**移行区** transition zone、**中央区** central zone 和**外周区** peripheral zone,各占腺体实质的 5%、25% 和70%;还有一非腺性组织的**纤维肌性基质** fibromuscular stroma。

(1)移行区:围绕尿道前列腺部近侧段(精阜以上尿道)的两侧,左右对称,是良性前列腺增生的好发部位。

(2)中央区:位于尿道前列腺部近侧段的后方,近似锥状形,其尖表面为精阜,有两射精管穿过,很少发生良性和恶性病变,当前列腺增生时该区萎缩。

(3)外周区:位于前列腺的后方、左右两侧及尖部,呈蛋卷状包绕移行区、中央区和尿道前列腺部的远段(精阜以下尿道),为前列腺癌的好发部位。

(4)纤维肌性基质:呈盾形薄板状,位于腺体及尿道的前面。肌性成分有上方来自膀胱壁的平滑肌纤维和下方来自位于会阴深隙尿道括约肌的骨骼肌纤维,原发性病变较少见。临床上可经此区手术入路,进行前列腺增生的摘除术(图 5-20)。

3. **血液供应**　前列腺的血液供应主要来自膀胱下动脉、输精管动脉、直肠下动脉、髂内动脉的前干以及脐动脉等。这些血管沿腺体后外侧膀胱前列腺沟进入。前列腺筋膜鞘的前份和外侧份有前列腺静脉丛。前列腺血供十分丰富,在行前列腺摘除时,彻底止血尤为重要。

(五)输精管盆部、射精管及精囊

输精管 ductus deferens 盆部自腹股沟深环处接腹股沟管部,从外侧绕腹壁下动脉的起始部,急转向内下方,越过髂外动、静脉前方进入盆腔。沿盆侧壁行向后下,跨过膀胱上血管和闭孔血管,从前内侧与输尿管交叉,继而转至膀胱底。在精囊上端平面以下,输精管膨大为壶腹,其末端逐渐变细,与对侧者靠近,并与精囊管以锐角的形式汇合成**射精管** ejaculatory duct。射精管长约 2cm,向前下穿前列腺底后部,开口于尿道前列腺部。

精囊 seminal vesicle 为一对长椭圆形的囊状腺体,位于前列腺底的后上方,输精管壶腹的后外侧,前贴膀胱,后邻直肠。

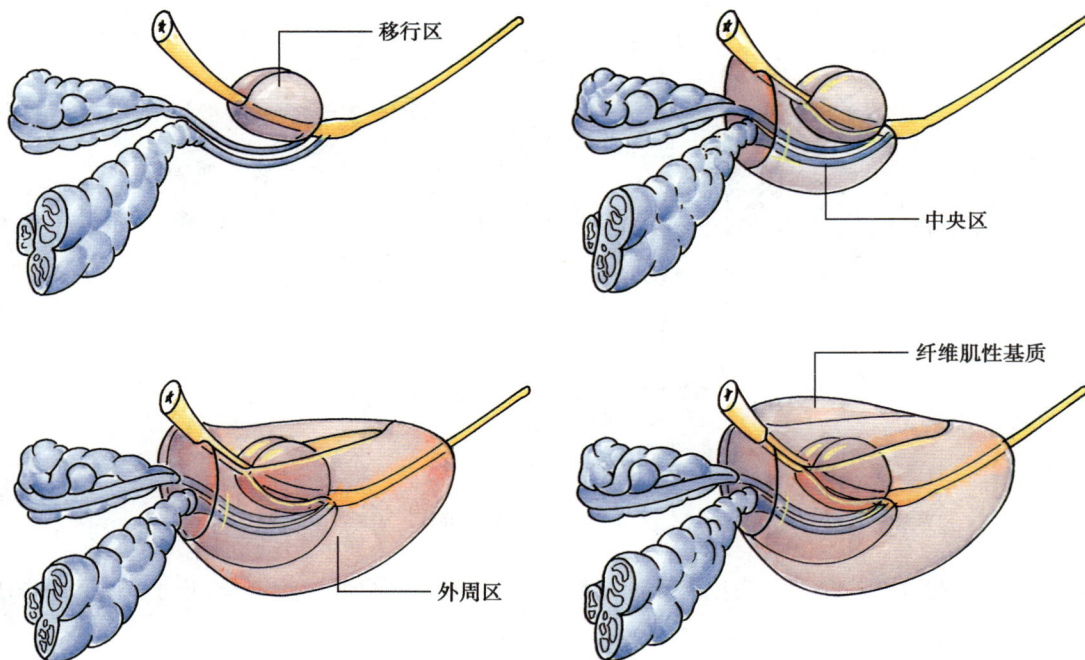

图 5-20　前列腺组织学分区

（六）子宫

子宫 uterus 是中空的肌性器官,壁厚腔小,形似倒置的梨形,有前面、后面及两侧缘。子宫分为底、体、峡、颈 4 部。

1. 位置与毗邻　子宫位于膀胱与直肠之间(见图 5-15)。其位置随直肠和膀胱的充盈状态和体位的不同而变化。正常子宫位置为前倾前屈位。前倾:为子宫主轴与阴道主轴相交而呈向前开放的角,大约为 90°;前屈:为子宫体与子宫颈之间向前开放的钝角,大约为 170°。人体直立时,子宫底伏于膀胱上,约平小骨盆上口平面,子宫体几乎与地面平行,子宫颈则在坐骨棘平面以上。子宫前面隔膀胱子宫陷凹与膀胱上面为邻。子宫颈阴道上部的前面借膀胱阴道隔与膀胱底相邻。子宫后面为直肠子宫陷凹,子宫颈和阴道穹后部隔此陷凹与直肠相邻。陷凹底正对阴道穹后部,故直肠指检可触到子宫颈和子宫体下部。子宫两侧有输卵管、子宫阔韧带和卵巢固有韧带;子宫颈外侧,在阴道穹侧部上方有子宫主韧带。子宫阔韧带基部有子宫血管。子宫颈阴道部由阴道穹后部和直肠子宫陷凹与直肠前壁分隔,在分娩期间,当胎儿头抵达子宫颈管外口时,通过直肠指检,就可以比较精确地测定子宫口扩张的程度。

2. 子宫的韧带

（1）**子宫阔韧带** broad ligament of uterus:位于子宫两侧(图 5-21),呈冠状位的双层腹膜皱襞,其上缘为游离缘,内含输卵管;下缘附着于盆底;外侧缘附着于盆侧壁;内侧缘与子宫前、后面的腹膜相续,子宫动脉沿此缘迂曲上行。阔韧带基部的前、后层分别与膀胱子宫陷凹和直肠子宫陷凹处的腹膜移行,在子宫颈两侧的结缔组织中有输尿管和子宫血管经过。

（2）**子宫主韧带** cardinal ligament of uterus:在子宫颈两侧,由子宫阔韧带基部反折处的纤维结缔组织和平滑肌纤维构成,沿阴道穹侧部向后外延伸至盆侧壁,下方与盆膈上筋膜相续,是维持子宫颈正常位置,使其不向坐骨棘平面以下脱垂的主要结构之一。

（3）**子宫圆韧带** round ligament of uterus:位于子宫阔韧带内,由纤维结缔组织和平滑肌纤维构成,呈圆索状,长 12～14cm,有牵引子宫上份向前的作用。它起自子宫角、输卵管子宫口的前下方,沿盆

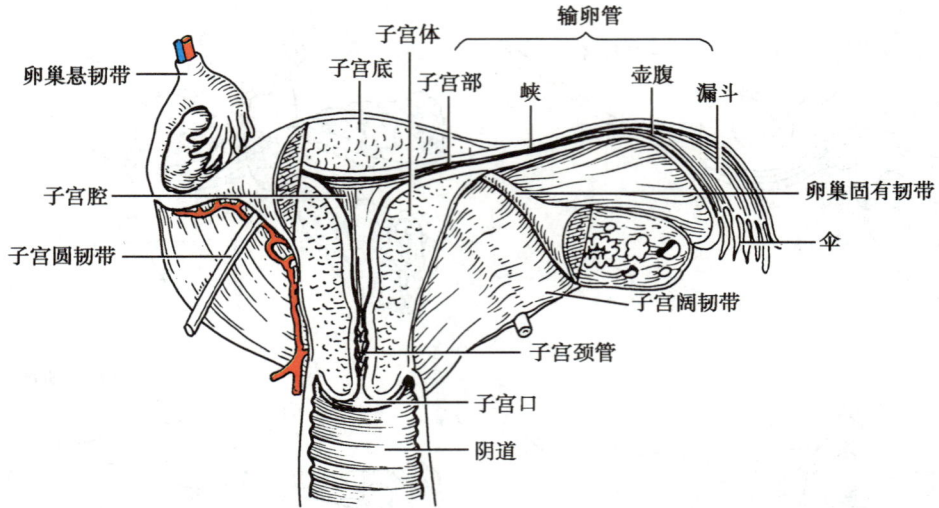

图 5-21　子宫阔韧带

侧壁向前外行,越过髂外血管及腹壁下动脉,经腹股沟管深环穿腹股沟管全长,止于阴阜和大阴唇皮下。

（4）**骶子宫韧带** uterosacral ligament:起自子宫颈上部的后面,向后绕过直肠侧面,止于骶骨前面,表面由腹膜覆盖而形成直肠子宫襞,有牵引子宫颈向后上的作用。

子宫脱垂是指子宫位置沿阴道向下移动,使子宫颈低于坐骨棘水平,严重时全部子宫可脱出阴道口外。由于难产等原因损伤了子宫的固定装置和支持结构,如子宫的韧带、盆膈、尿生殖膈和会阴中心腱,可引起子宫脱垂。老年性结缔组织松弛和子宫后倾等,也易使子宫脱垂。

3. 血液供应、淋巴引流和神经支配

（1）子宫动脉:发自髂内动脉,沿盆侧壁向前内下行至阔韧带基部,在此韧带两层腹膜间向内行,在距子宫颈外侧约2cm处,越过输尿管的前上方,继而在阴道穹侧部上方行向子宫颈,沿子宫侧缘迂曲上行,沿途发支至子宫壁,当行至子宫角处,分为输卵管支和卵巢支,分布于输卵管和卵巢,子宫动脉也分布于子宫颈和阴道(图5-22)。

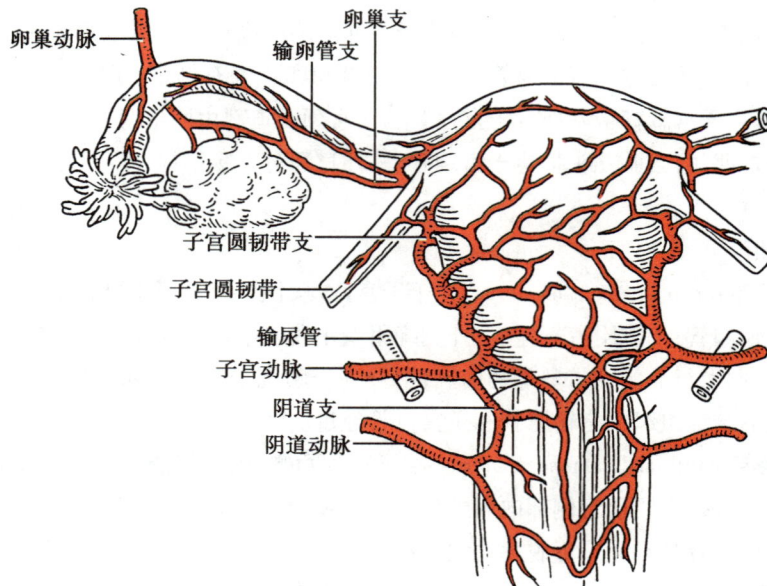

图 5-22　女性内生殖器的动脉

（2）子宫静脉：起自子宫阴道静脉丛，在平子宫口高度汇合成子宫静脉，汇入髂内静脉。

（3）淋巴引流：子宫底和子宫体上部的淋巴管主要沿卵巢血管注入位于腹后壁的腰淋巴结；子宫角附近的淋巴管沿子宫圆韧带注入腹股沟浅淋巴结；子宫体下部和子宫颈的淋巴管在阔韧带下部两侧，一部分注入髂内淋巴结，另一部分在骨盆边缘处注入髂外淋巴结，还有一小部分向后注入骶淋巴结或髂总淋巴结（图5-23）。

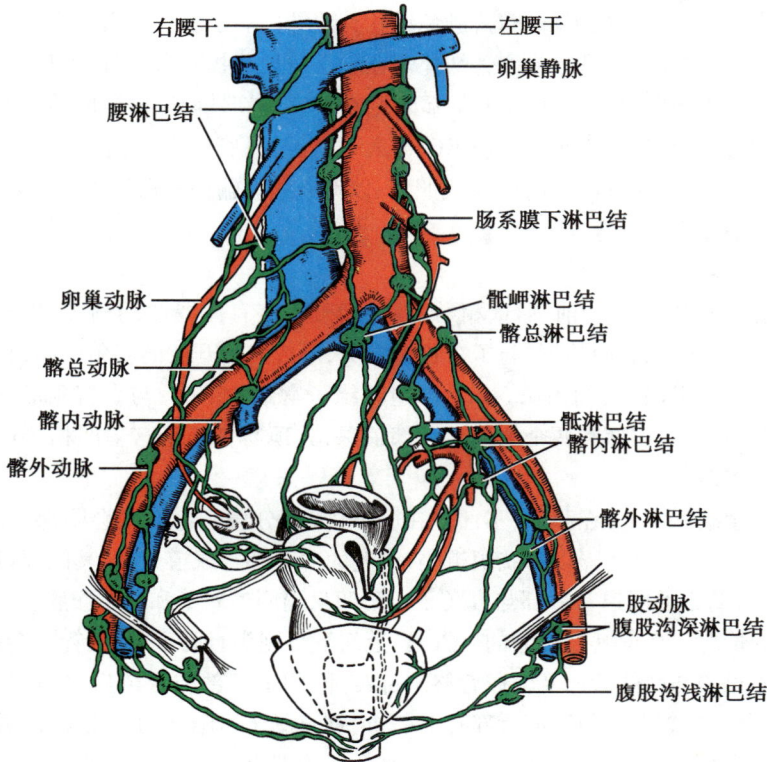

图 5-23　女性生殖器的淋巴引流

（4）神经支配：主要发自盆丛中的子宫阴道丛。此丛位于子宫颈阴道上部外侧的阔韧带基部内。交感、副交感神经纤维皆通过此丛，从丛内发出的纤维分布于子宫和阴道上部。

（七）卵巢

卵巢 ovary 为腹膜内位器官（见图5-15），左、右各一，呈扁椭圆形，其大小、形状和位置随年龄、发育及是否妊娠而异。卵巢分上、下两端，前、后两缘和内、外两面。上端被输卵管围绕，称输卵管端；下端以卵巢固有韧带连于子宫角，故名子宫端。前缘借卵巢系膜连于子宫阔韧带腹膜后层，称系膜缘。前缘中份因有血管、淋巴管、神经出入，称卵巢门。后缘称游离缘。卵巢位于盆侧壁的卵巢窝内，此窝在髂内、外动脉起始部之间，前界为脐内侧韧带，后界为髂内动脉和输尿管。卵巢由卵巢悬韧带连至盆侧壁。卵巢动脉下行至骨盆上口处，跨越髂总血管，向前下经卵巢悬韧带进入阔韧带，分支经卵巢系膜入卵巢。卵巢静脉在骨盆腔内与同名动脉伴行，左侧注入左肾静脉，右侧注入下腔静脉。卵巢的固定装置即卵巢悬韧带和卵巢固有韧带以及卵巢系膜。

（八）输卵管

输卵管 uterine tube 位于阔韧带上缘内，长 8～12cm。输卵管由内向外分为：①输卵管子宫部；②输卵管峡；③输卵管壶腹；④输卵管漏斗四部（见图5-15）。

输卵管漏斗和壶腹由卵巢动脉分支供应，输卵管峡和子宫部由子宫动脉的分支供应。输卵管的静脉向外侧汇入卵巢静脉，向内侧汇入子宫静脉。

女性生殖管道(阴道、子宫、输卵管)通过输卵管腹腔口与腹膜腔通连,卵巢排出的卵经此口进入输卵管,受精部位通常在输卵管壶腹处。双侧输卵管炎可致管腔阻塞,常引起女性不育。如输卵管腔狭窄,并未完全阻塞,精子可通过狭窄处使卵受精,但受精卵不能通过狭窄处进入子宫腔而在输卵管植入。很少的情况下,精子可通过输卵管腹腔口在腹膜腔内使卵受精,导致腹膜腔植入或卵巢植入。以上各种情况统称异位妊娠,以输卵管壶腹部妊娠的发生率最高,输卵管妊娠常引起输卵管破裂大出血而危及孕妇的生命。

输卵管结扎术中要迅速地找到输卵管,避免错扎其他结构。手术者可沿子宫角向外寻找,必须看到输卵管伞后,再在输卵管峡部进行输卵管结扎。在子宫角处寻找输卵管时,须与卵巢固有韧带和子宫圆韧带区别。前者连于卵巢与子宫之间,而后者则在子宫阔韧带前层内走向前外方。

为了确定输卵管是否畅通,临床上常将 CO_2 导入子宫腔,进行输卵管通气,看气体是否进入腹膜腔,或将造影剂注入子宫腔和输卵管内行 X 线照相,以助诊断。输卵管通气也可用来扩张输卵管的狭窄部,使其通畅,以治疗女性不育。

(九) 阴道

阴道 vagina 位于子宫下方,为前、后壁相贴的肌性管道,富有伸展性,上端包绕子宫颈阴道部,下端开口于阴道前庭。其长轴斜向前下,与子宫长轴相交,形成向前开放的直角。阴道前、后壁不等长,前壁较短,长约 6cm;后壁较长,约为 7.5cm。阴道环绕子宫颈的部分,与子宫颈形成**阴道穹 fornix of vagina**,按其部位分为前部、后部和两个侧部。后部最深,其顶与直肠子宫陷凹相接近,临床上可经后部穿刺引流腹膜腔积液。

阴道穿过尿生殖膈,大部分在膈上,小部分在膈下,因此分属于盆部和会阴部。阴道前壁上部与膀胱底和膀胱颈相邻,两者之间隔以膀胱阴道隔;前壁的中下部与尿道为邻,其间隔以尿道阴道隔(见图 5-15)。后壁上份前方的阴道穹后部与直肠子宫陷凹只隔阴道后壁和一层腹膜,可经阴道穹后部触诊而获知此陷凹的情况。后壁其余部分的后方,自上而下分别为直肠壶腹、肛管和会阴中心腱。阴道上部前方以膀胱阴道隔与膀胱后面及输尿管终末部相邻,阴道下部与尿道后壁间有尿道阴道隔紧密相贴,并与耻骨联合后方邻近。阴道穹后部有 1~2cm 被直肠子宫陷凹的腹膜覆盖,并与小肠袢为邻,阴道后壁下部则以直肠阴道隔与直肠壶腹前壁及会阴中心腱相邻。难产和滞产时,阴道前壁对耻骨弓有一定的压力,长时间受压的膀胱后壁或尿道后壁可能发生压迫性缺血、坏死而导致瘘道产生。根据发生部位不同,有膀胱阴道瘘和尿道阴道瘘之分。一般情况下,子宫颈癌蔓延至阴道,并穿通直肠阴道隔进入直肠时,也会产生瘘道,即直肠阴道瘘。难产时也可因破坏直肠阴道隔而导致瘘道发生。

可用阴道窥器或手指伸入阴道的内面和子宫颈阴道部触检腹、盆腔脏器的某些疾病。有时可经阴道穹后部插入腹腔镜,经陷凹至腹膜腔或盆腔内。进行上述操作时,应谨防损伤血管和脏器,避免感染。

第三节　会　　阴

会阴 perineum 是指两股内侧之间,盆膈以下封闭骨盆下口的全部软组织。境界略呈菱形,前为耻骨联合下缘及耻骨弓状韧带,两侧角为耻骨弓、坐骨结节和骶结节韧带,后为尾骨尖。两侧坐骨结节之间的连线将会阴分为前后两个三角区,前方为**尿生殖区 urogenital region**,后方为**肛区 anal region**(见图 5-1)。

狭义的会阴在男性是指阴囊根部与肛门之间的软组织,在女性是指阴道前庭后端与肛门之间的软组织,又称为产科会阴。

一、肛区

肛区又称为肛门三角,其表面皮肤下有肛管和坐骨肛门窝。

（一）肛管

肛管anal canal 长约4cm,上续直肠,向后下绕尾骨尖终于肛门。肛门 anus 位于尾骨尖下约4cm处,会阴中心体的稍后方,肛门周围皮肤形成辐射状皱襞。

肛门括约肌可分为两部分:

1. **肛门内括约肌**sphincter ani internus　为肛管壁内环行肌层增厚形成,属不随意肌,有协助排便的作用。

2. **肛门外括约肌**sphincter ani externus　为环绕肛门内括约肌周围的横纹肌。按其纤维的位置又可分为:①皮下部,位于肛管下端的皮下,肌束呈环行;②浅部,在皮下部之上,肌束围绕肛门内括约肌下部;③深部,肌束呈厚的环行带,围绕肛门内括约肌上部(图5-24)。

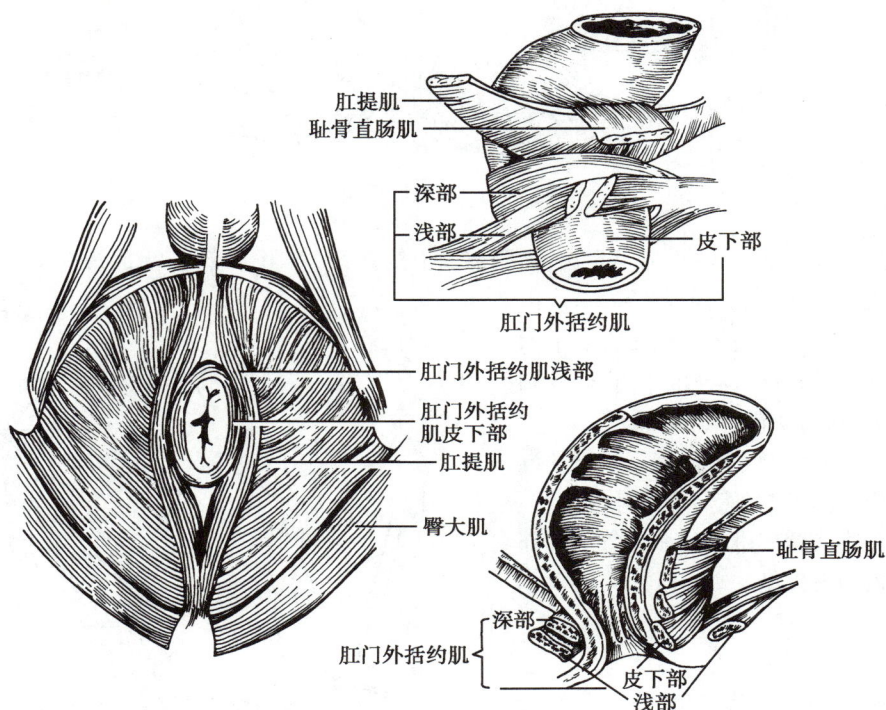

图 5-24　肛门括约肌

（二）坐骨肛门窝

1. **境界**　**坐骨肛门窝**ischioanal fossa(也被称为**坐骨直肠窝**ischiorectal fossa)位于肛管两侧,为尖朝上、底朝下的锥形间隙(图5-25)。其内侧壁的下部为肛门外括约肌,上部为肛提肌、尾骨肌及覆盖它们的盆膈下筋膜;外侧壁的下部为坐骨结节内侧面,上部为闭孔内肌及其筋膜;前壁为会阴浅横肌及尿生殖膈;后壁为臀大肌下缘及其筋膜和深部的骶结节韧带。窝尖由盆膈下筋膜与闭孔筋膜汇合而成,窝底为肛门两侧的浅筋膜及皮肤。坐骨肛门窝向前延伸至肛提肌与尿生殖膈之间,形成前隐窝;向后延伸至臀大肌、骶结节韧带与尾骨肌之间,形成后隐窝。坐骨肛门窝内除有肛管、肛门括约肌、血管、淋巴管、淋巴结及神经外,尚有大量的脂肪组织,称坐骨肛门窝脂体,排便时利于肛管扩张,并具有弹性垫的作用。坐骨直肠窝内脂肪的血供欠佳,直肠和肛管感染时容易形成脓肿或瘘管。

2. **窝内的血管、神经和淋巴结**　**阴部内动脉**internal pudendal artery 为窝内主要动脉,起自髂内动脉前干,经梨状肌下孔出盆,绕过坐骨棘后面,穿坐骨小孔至坐骨直肠窝。主干沿此窝外侧壁上的**阴部管**pudendal canal(为阴部内血管和阴部神经穿经闭孔筋膜的裂隙,又称 Alcock 管)前行。在管内,阴部内动脉发出 2～3 支肛动脉,分布于肛管以及肛门周围的肌和皮肤。行至阴部管前端时,阴部内动脉分为会阴动脉和阴茎动脉(女性为阴蒂动脉)进入尿生殖区。**阴部内静脉** internal pudendal vein 及其属支均与同名动脉伴行。

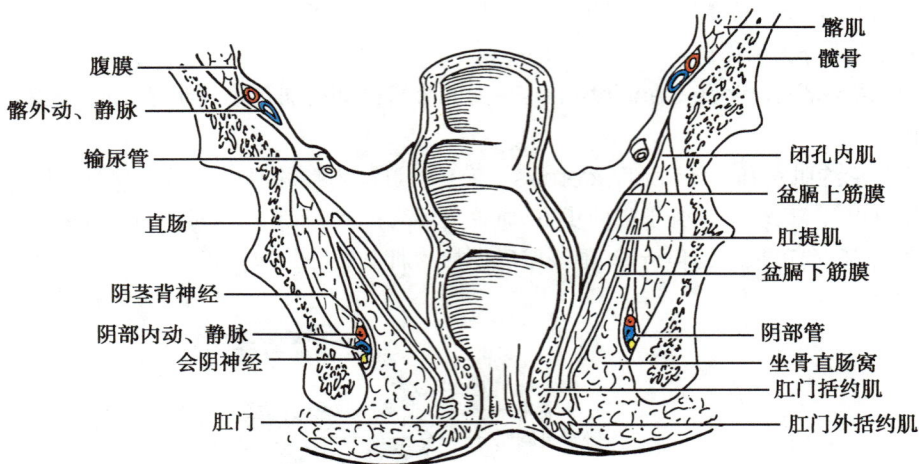

图 5-25   坐骨肛门窝

阴部神经 pudendal nerve 由骶丛发出,与阴部内血管伴行,在阴部管内、阴部管前端的行程、分支和分布皆与阴部内血管相同(图 5-26)。由于阴部神经在行程中绕坐骨棘,故会阴手术时,常在坐骨结节与肛门连线的中点,经皮刺向坐骨棘下方,进行阴部神经阻滞。

肛管、肛门外括约肌、肛门周围皮下的淋巴汇入腹股沟浅淋巴结,然后至髂外淋巴结。也有部分坐骨直肠窝的淋巴沿肛血管和阴部内血管汇入髂内淋巴结。

二、尿生殖区

尿生殖区又称尿生殖三角,分为男性尿生殖区和女性尿生殖区,在男性此区的层次结构特点明显,具有临床意义。

(一)男性尿生殖区

1. 层次结构

(1)浅层结构:皮肤有阴毛,富含汗腺和皮脂腺。此区浅筋膜脂肪很少,呈膜状,称**会阴浅筋膜** superficial fascia of perineum 或

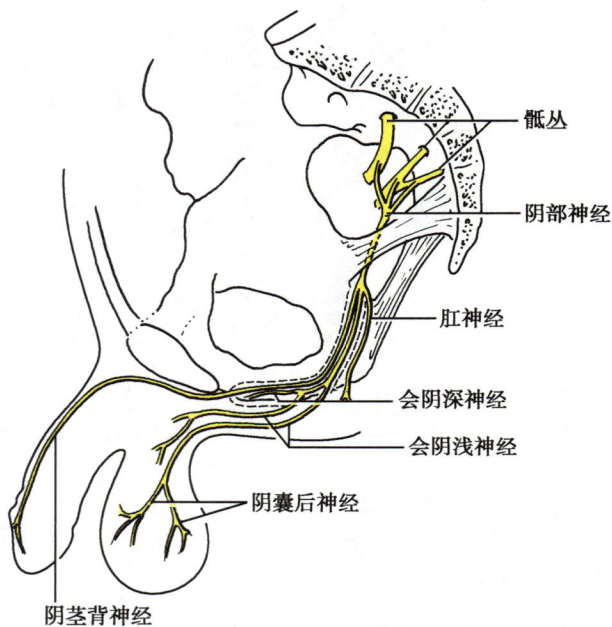

图 5-26   阴部神经的行程和分支

Colles 筋膜。会阴浅筋膜前接阴囊肉膜、阴茎浅筋膜及腹前壁的浅筋膜深层(Scarpa 筋膜),两侧附着于耻骨弓和坐骨结节。此筋膜终止于坐骨结节的连线上,并与尿生殖膈下、上筋膜相互愈着,正中线上还与会阴中心腱相互愈着(图 5-27)。

(2)深层结构:包括深筋膜和会阴肌等。深筋膜可分为浅层的**尿生殖膈下筋膜** inferior fascia of urogenital diaphragm 和深层的**尿生殖膈上筋膜** superior fascia of urogenital diaphragm。尿生殖膈上筋膜略薄,而尿生殖膈下筋膜较为致密,常被称为**会阴膜** perineal membrane。两层筋膜皆为三角形,几乎呈水平位展开,两侧附着于耻骨弓。它们的后缘终于两侧坐骨结节的连线上,并与会阴浅筋膜三者相互愈着;它们的前缘在耻骨联合下相互愈着,并增厚形成**会阴横韧带** transverse perineal ligament。会阴横韧带与耻骨弓状韧带之间有一裂隙,有阴茎(或阴蒂)背深静脉穿过。

腹壁浅筋膜膜性层

会阴浅筋膜

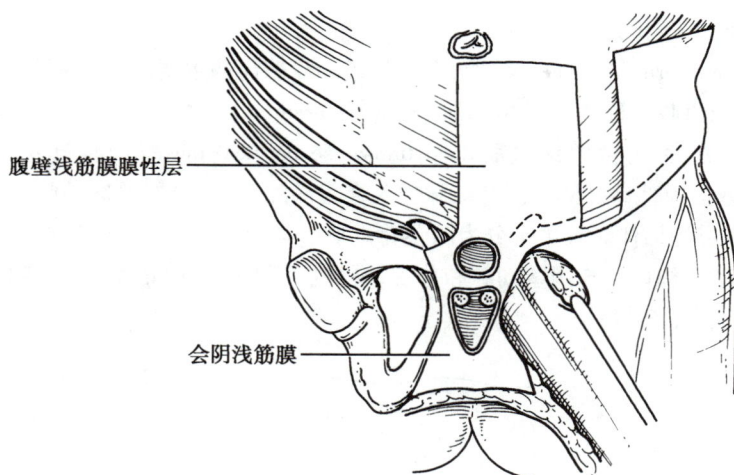

图 5-27　男性会阴浅筋膜

会阴浅筋膜与会阴膜之间为会阴浅隙,尿生殖膈下、上筋膜之间为会阴深隙。

1)**会阴浅隙** superficial perineal space:又称为会阴浅袋。在浅隙内,两侧坐骨支和耻骨下支的边缘上有阴茎海绵体左、右脚附着,脚表面覆盖一对坐骨海绵体肌。尿道海绵体后端(尿道球)在正中线上,贴附于尿生殖膈下筋膜的下表面。尿道球的下表面有球海绵体肌覆盖。一对狭细的**会阴浅横肌** superficial transverse perineal muscle 位于浅隙的后份,起自坐骨结节的内前份,横行向内止于会阴中心腱。浅隙内还有**会阴动脉** perineal artery 的两条分支:会阴横动脉和阴囊后动脉。会阴横动脉细小,在会阴浅横肌表面向内侧行走。阴囊后动脉一般为两支,分布于阴囊的皮肤和肉膜。

会阴神经 perineal nerve 伴行会阴动脉进入浅隙,发出阴囊后神经与阴囊后动脉伴行。它的肌支除支配浅隙内会阴浅横肌、球海绵体肌和坐骨海绵体肌之外,还支配深隙内的会阴深横肌、尿道括约肌、肛门外括约肌和肛提肌(图 5-28)。

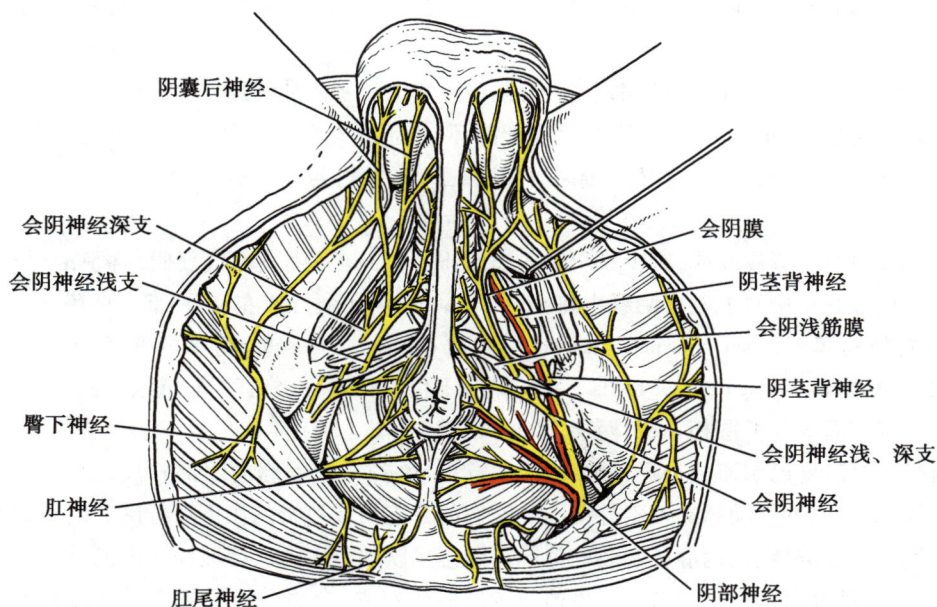

阴囊后神经

会阴神经深支

会阴神经浅支

臀下神经

肛神经

肛尾神经

会阴膜

阴茎背神经

会阴浅筋膜

阴茎背神经

会阴神经浅、深支

会阴神经

阴部神经

图 5-28　男性会阴浅隙的结构

NOTE

由于会阴浅筋膜与阴囊肉膜、阴茎浅筋膜、腹前壁浅筋膜深层相延续,会阴浅隙向前上开放,与阴囊、阴茎和腹壁相通。

2)**会阴深隙** deep perineal space:又称为会阴深袋。深隙内的主要结构为一层扁肌,张于耻骨弓。前面的大部分围绕尿道膜部称为尿道括约肌 sphincter urethrae,后面的纤维起自坐骨支内侧面,行向内附着于会阴中心腱,称为**会阴深横肌** deep transverse perineal muscle。深隙内的尿道球腺 bulbourethral gland 位于尿道膜部后外侧。阴茎动脉进入会阴深隙后,发出尿道球动脉和尿道动脉,穿尿生殖膈下筋膜,进入尿道海绵体。其主干分为阴茎背动脉和阴茎深动脉,从深隙进入浅隙,分别行至阴茎的背面和穿入阴茎海绵体。与阴茎动脉和分支伴行的有阴茎静脉和属支,阴茎背神经也与阴茎背动脉伴行至阴茎背面(图 5-29)。

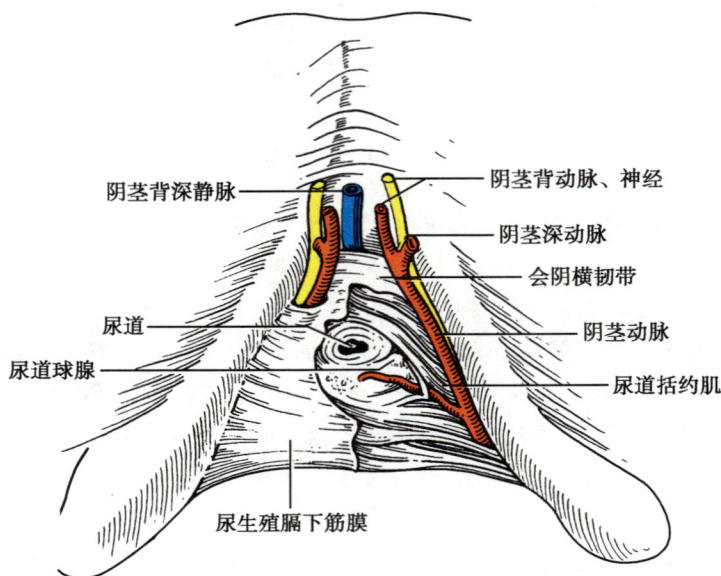

图 5-29   男性会阴深隙的结构

尿道括约肌和会阴深横肌与覆盖它们上、下面的尿生殖膈上、下筋膜共同构成**尿生殖膈** urogenital diaphragm。

因尿生殖膈下、上筋膜在前后端都愈着,会阴深隙实为一密闭的间隙。

2. **阴囊**   精索 spermatic cord 始于腹股沟管深环,止于睾丸后缘。其上部位于腹股沟管内,下部位于阴囊内。**阴囊** scrotum 是容纳睾丸、附睾和精索下部的囊,悬于耻骨联合下方,两侧大腿前内侧之间。

(1)层次结构:阴囊皮肤薄,有少量阴毛。**肉膜** dartos coat 是阴囊的浅筋膜,含平滑肌纤维,与皮肤组成阴囊壁,并在正中线上发出**阴囊中隔** scrotal septum,将阴囊分成左、右两部。肉膜深面由外向内依次为:**精索外筋膜** external spermatic fascia、**提睾肌** cremaster muscle、**精索内筋膜** internal spermatic fascia 和**睾丸鞘膜** tunica vaginalis of testis。睾丸鞘膜不包裹精索,可分脏层和壁层,脏层贴于睾丸和附睾的表面,在附睾后缘与壁层相移行,两层之间为鞘膜腔(图 5-30)。

(2)血液供应、淋巴引流和神经支配:供应阴囊的动脉有:股动脉的阴部外浅、深动脉,阴部内动脉的阴囊后动脉和腹壁下动脉的精索外动脉。它们的分支组成致密的皮下血管网。阴囊的静脉与动脉伴行,分别汇入股静脉、髂内静脉和髂外静脉。阴囊皮肤的淋巴注入腹股沟浅淋巴结。

到达阴囊的神经有:髂腹股沟神经、生殖股神经的生殖支、会阴神经的阴囊后神经和股后皮神经的会阴支。前两支神经主要来自第 1 腰脊髓节段,支配阴囊的前 2/3;而后两支主要来自第 3 骶脊髓节段,支配阴囊的后 1/3。因此,阴囊的脊髓麻醉必须在高于第 1 腰段进行。

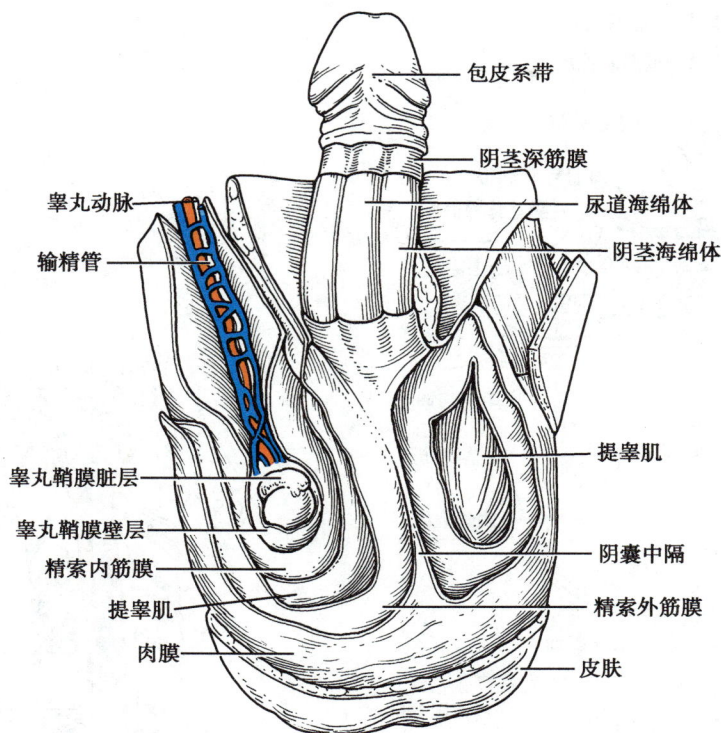

图 5-30 阴囊的层次结构

包皮系带
阴茎深筋膜
尿道海绵体
阴茎海绵体
睾丸动脉
输精管
提睾肌
睾丸鞘膜脏层
睾丸鞘膜壁层
精索内筋膜
提睾肌
肉膜
阴囊中隔
精索外筋膜
皮肤

3. **阴茎 penis** 阴茎根固定在会阴浅隙内,阴茎体和头游离,呈圆柱状。阴茎体上面叫阴茎背,下面叫尿道面。尿道面正中有阴茎缝,与阴囊缝相接。

(1)层次结构:阴茎由外到内依次为:

1)皮肤:薄而有伸缩性。

2)**阴茎浅筋膜 superficial fascia of penis**:疏松无脂肪,内有阴茎背浅静脉及淋巴管。该筋膜四周分别移行于阴囊肉膜、会阴浅筋膜及腹前外侧壁的浅筋膜膜层。

3)**阴茎深筋膜 deep fascia of penis**:又称 Buck 筋膜,包裹阴茎的三条海绵体,前端始于冠状沟,后续于腹白线,在耻骨联合前面有弹性纤维参加形成阴茎悬韧带。此筋膜深面与白膜之间有阴茎背深静脉和阴茎背动脉和阴茎背神经(两侧)。故作包皮切除术或阴茎手术时,可在阴茎根背面两侧施行阴茎背神经阻滞麻醉。

4)**白膜 albuginea**:分别包裹三条海绵体,阴茎海绵体部略厚,尿道海绵体部较薄,左、右阴茎海绵体之间形成阴茎中隔(图 5-31)。

(2)血液供应和淋巴引流:阴茎的血供主要来自阴茎背动脉和阴茎深动脉。阴茎背动脉穿行于阴茎深筋膜与白膜之间,阴茎深动脉则经阴茎脚进入阴茎海绵体。

阴茎有阴茎背浅静脉和阴茎背深静脉,前者收集阴茎包皮及皮下的小静脉,经阴部外浅静脉汇入大隐静脉;后者收集阴茎海绵体和阴茎头的静脉血,向后穿过耻骨弓状韧带与会阴横韧带之间进入盆腔,分左、右支汇入前列腺静脉丛(图 5-32)。

阴茎皮肤的淋巴管注入两侧的腹股沟浅淋巴结,深层的淋巴注入腹股沟深淋巴结或直接注入髂内、外淋巴结。

4. **男性尿道 male urethra** 分为前列腺部、膜部和海绵体部,分别穿过前列腺、尿生殖膈和尿道海绵体。临床上将海绵体部称为前尿道,膜部和前列腺部称为后尿道。

腹壁浅筋膜脂肪层
腹壁浅筋膜膜性层
阴茎悬韧带
耻骨弓状韧带
阴茎背深静脉
尿生殖膈
阴茎深筋膜
阴茎浅筋膜
阴囊肉膜

（1）矢状断面

皮肤
阴茎背浅静脉
阴茎背深静脉
阴茎背神经
阴茎背动脉
阴茎海绵体白膜
阴茎深筋膜
阴茎中隔
阴茎深动脉
阴茎浅筋膜
阴茎海绵体
尿道
尿道海绵体白膜
尿道海绵体

（2）横断面

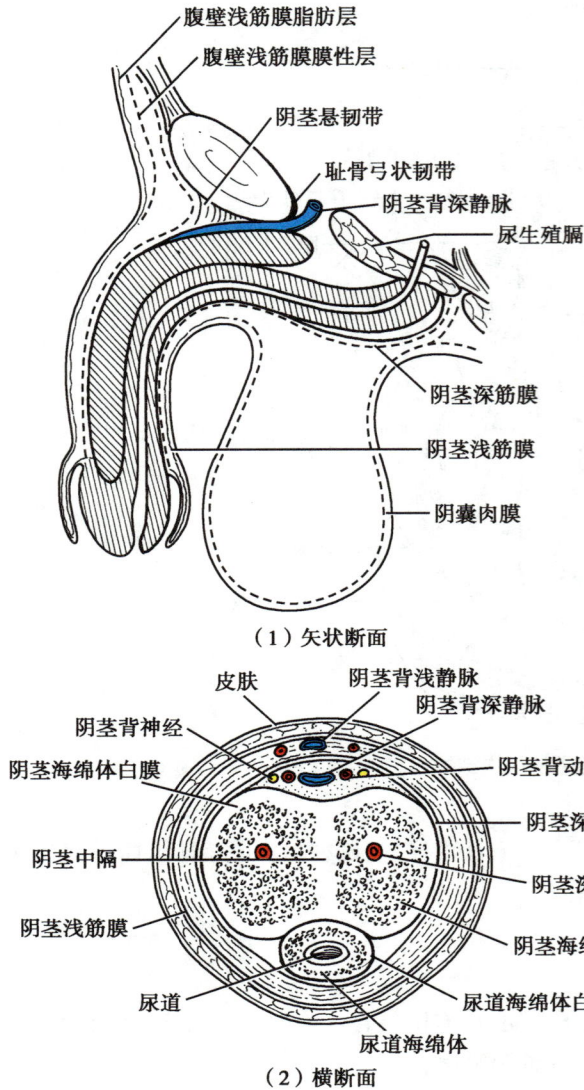

图 5-31　阴茎的层次

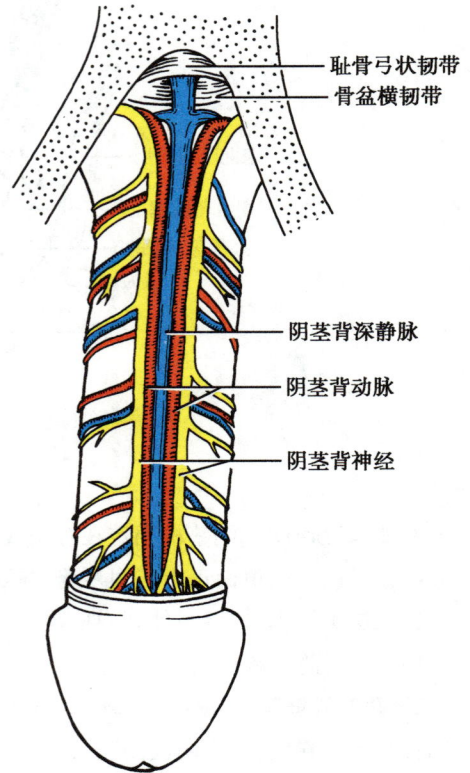

耻骨弓状韧带
骨盆横韧带
阴茎背深静脉
阴茎背动脉
阴茎背神经

图 5-32　阴茎背血管和神经（正中）

男性尿道损伤因破裂的部位不同,尿外渗的范围也不同。如仅尿道海绵体部有破裂,阴茎深筋膜完好,渗出尿液可被局限在阴茎范围。如阴茎深筋膜也破裂,尿液则可随阴茎浅筋膜蔓延到阴囊和腹前壁。如尿生殖膈下筋膜与尿道球连接的薄弱处破裂,尿液可渗入会阴浅隙,再进入阴囊、阴茎,并越过耻骨联合扩散到腹前壁。如尿道破裂在尿生殖膈以上,尿液将渗于盆腔的腹膜外间隙内(图 5-33)。

（二）女性尿生殖区

1. **尿生殖三角**　女性尿生殖三角的层次结构基本与男性相似,有会阴浅筋膜,尿生殖膈下、上筋膜,浅、深层会阴肌,并形成浅、深两个间隙。女性的两个间隙因尿道和阴道通过,被不完全分隔开,故没有男性尿外渗那样的临床意义。前庭球和球海绵体肌也被尿道和阴道不完全分开,但前庭大腺位于会阴浅隙内。

女性尿生殖三角内血管神经的来源、行程和分布,也基本与男性一致,仅阴茎和阴囊的血管神经变为阴蒂和阴唇的血管神经。

2. **女性尿道 female urethra**　短而直,向前下方穿过尿生殖膈,开口于阴道前庭。尿道后面为阴道,两者的壁紧贴在一起。分娩时如胎头在阴道内滞留时间过长嵌压在耻骨联合下,软产道组织因长时间受压,可发生缺血性坏死,导致产后尿瘘,尿液自阴道流出。

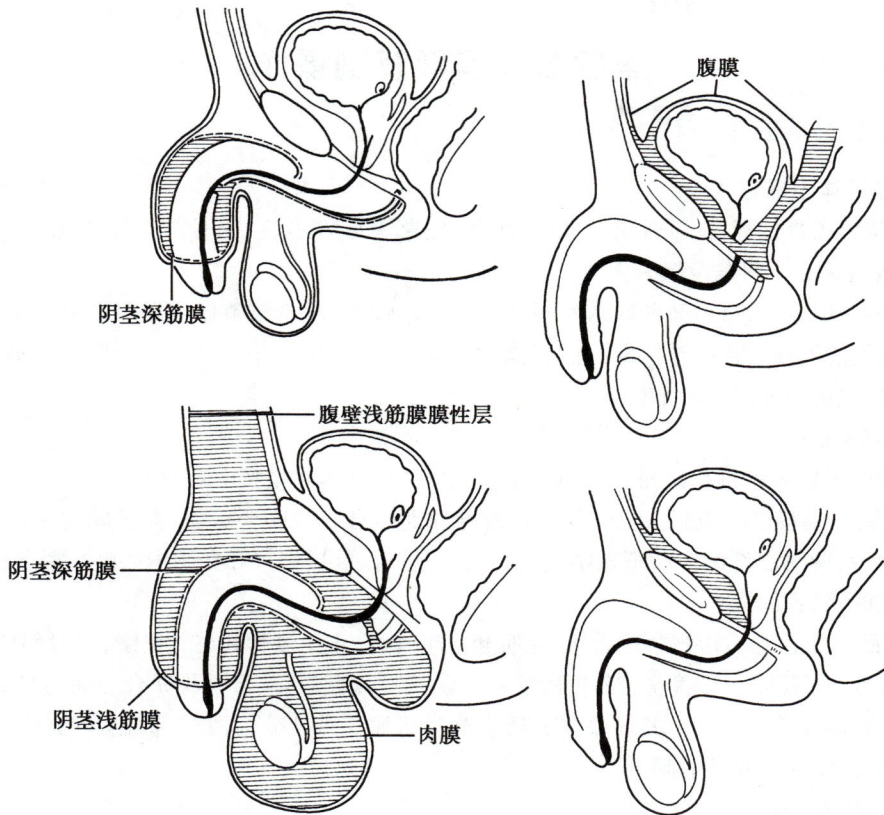

图 5-33　男性尿道损伤与尿外渗

3. 女性外生殖器　又称**女阴** female pudendum（图 5-34）。耻骨联合前面的皮肤隆起为阴阜 mons pubis，青春期生出阴毛，皮下富有脂肪。阴阜向两侧后外延伸为**大阴唇** greater lip of pudendum。位于大阴唇内侧的皮肤皱襞，光滑无毛，为**小阴唇** lesser lip of pudendum。两侧小阴唇后端借阴唇系带连接，前端在阴蒂旁分叉，上层行于阴蒂上方，与对侧相连形成阴蒂包皮，下层在阴蒂下方与对侧连接形成阴蒂系带。**阴蒂** clitoris 的游离端为阴蒂头，为圆形小结节。左右小阴唇之间为**阴道前庭** vaginal vestibule，前庭中央有阴道口，口周围有处女膜或处女膜痕。阴道口后外侧左右各有一前庭大腺的开口，后方与阴唇后连合之间有一陷窝，为**阴道前庭窝** vestibular fossa of vagina。尿道外口位于阴道口的前方，阴蒂后方 2cm 左右。

4. 会阴中心腱 perineal central tendon　又称**会阴体** perineal body。男性位于肛门与阴囊根

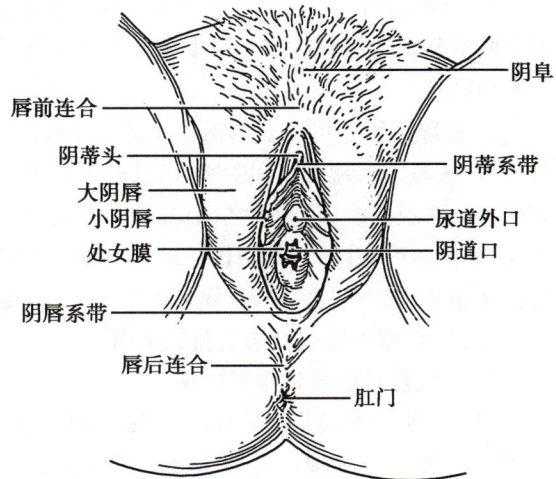

图 5-34　女性外生殖器

之间，女性位于肛门与阴道前庭后端之间。在矢状位上，呈楔形，尖朝上，底朝下，深 3～4cm。附着于此处的肌有：肛门外括约肌、球海绵体肌、会阴浅横肌、会阴深横肌、尿道阴道括约肌（男性为尿道括约肌）和肛提肌。会阴中心腱具有加固盆底承托盆内脏器的作用，分娩时此处受到很大的张力而易于破裂，所以要注意保护。

（黄　飞）

第四节   盆部解剖操作

一、观察辨认盆部结构

（一）盆部体表标志

触诊辨认体表骨性标志:耻骨结节、耻骨联合、耻骨下支、坐骨支、坐骨结节和尾骨尖。

（二）观察大、小骨盆及其分界

在离体骨盆标本上,自后向前确认骶岬、弓状线、耻骨梳、耻骨结节以及耻骨联合上缘的连线,即大、小骨盆之间的界线。再翻转标本,自下方观察由耻骨联合下缘、耻骨下支、坐骨支、坐骨结节、骶结节韧带和尾骨尖所围成的骨盆下口。

（三）观察盆膈

盆膈由肛提肌、尾骨肌和盆膈上、下筋膜共同组成(在标本或模型上观察)。

1. **肛提肌**   观察肛提肌起、止点,其左右两侧分别起自耻骨联合后面、盆筋膜腱弓(又称肛提肌腱弓)和坐骨棘,两侧肌纤维向后下在中线会合,止于尾骨、肛尾韧带和会阴中心腱。根据肌纤维起止及走行辨认肛提肌各部。

2. **尾骨肌**   于盆膈后份观察尾骨肌,此肌起自坐骨棘,止于骶骨和尾骨侧缘,上缘邻梨状肌。

3. **盆膈上、下筋膜**   覆盖盆腔各壁的筋膜即盆筋膜,观察其连于耻骨联合后面与坐骨棘之间的索状局部增厚,即盆筋膜腱弓。盆筋膜向下延续至盆筋膜腱弓处分为两层,覆盖盆膈的上面和下面,分别为盆膈上筋膜和盆膈下筋膜。

（四）观察盆壁肌

1. **闭孔内肌**   观察闭孔内肌起自闭孔盆面周围的骨面和闭孔膜,肌束向后集中成腱,出坐骨小孔,止于股骨的大转子(可用显示闭孔内肌的特制标本)。

2. **梨状肌**   观察梨状肌起自骶前孔外侧和骶结节韧带,肌束穿坐骨大孔,止于股骨大转子。

（五）观察盆筋膜间隙

1. **耻骨后隙**   可在盆腔正中矢状切面标本上观察,耻骨联合后面与膀胱之间的疏松结缔组织所占据的空间即为耻骨后隙。用手指伸入此间隙探查,上界为腹膜反折部,下界为尿生殖膈。其内有脂肪及静脉丛。

2. **直肠系膜**   可在盆部正中矢状断面、盆部横断面上观察到直肠的周围被疏松结缔组织和脂肪包裹,这些疏松结缔组织和脂肪,以及埋于其中的血管、淋巴管和淋巴结即为直肠系膜。注意直肠后方的直肠系膜量多,两侧次之,前方最少。试着寻找直肠系膜外的直肠系膜筋膜,它紧贴直肠系膜的外面,菲薄透明,其内含有网状纤维束。最后证实,直肠系膜筋膜的后份与骶前筋膜相贴,两侧的外表与盆丛相贴,前方与直肠膀胱隔(男性)或直肠阴道隔(女性)相连。

（六）观察盆腔脏器与腹膜的配布

1. 男性盆腔脏器和腹膜概观

（1）在男性盆腔带腹膜标本上观察:①腹前外侧壁腹膜进入骨盆后,覆盖膀胱的上面及底的上份、精囊和输精管壶腹的上部,继而向下后反折,覆盖直肠中部的前面及上部的两侧面和前面,再向上移行为乙状结肠系膜,并与盆后壁和腹后壁的壁腹膜相续;②膀胱上面的腹膜向两侧移行为盆侧壁腹膜;③探查直肠和膀胱之间的腹膜移行处,即直肠膀胱陷凹,其两侧各有一条腹膜皱襞起自膀胱后面,绕过直肠两侧,向后直达骶骨前面,称直肠膀胱襞,该襞深面为直肠膀胱韧带。

（2）在去腹膜的标本上观察:①膀胱位于盆腔前部,紧贴耻骨联合后面,膀胱尖向上延续为脐正中韧带,输尿管盆部自盆侧壁向下内行向膀胱底;②直肠位于盆腔后部,骶骨前面,上续乙状结肠,下接肛管;③输精管壶腹和精囊紧贴膀胱后面,输精管盆部则自脐外侧襞的外侧,与精索分离后由上方跨过髂血管,再经盆侧壁行向后下内方,跨越输尿管的上方,末端扩大成为输精管壶腹;④前列腺位于膀胱颈下方,腹膜完整时,自骨盆上口向下,看不见该腺。

2. **女性盆腔脏器和腹膜概观**

（1）在女性盆腔腹膜标本上观察:①盆部腹膜覆盖膀胱、直肠和乙状结肠的情况与男性相似,但腹膜不覆盖膀胱的后面,而是从膀胱底直接折转至子宫体前面,绕过子宫底至子宫体、子宫颈和阴道穹后部后面,反折至直肠;②探查腹膜由膀胱反折至子宫体处形成的膀胱子宫陷凹,及由子宫体、子宫颈向下经阴道穹后部后面反折至直肠处形成直肠子宫陷凹;③观察直肠子宫襞,即直肠子宫陷凹两侧界,其内为骶子宫韧带。于子宫两侧缘观察延至骨盆侧壁的双层腹膜皱襞,即子宫阔韧带。

（2）在去腹膜的标本上观察:①膀胱和尿道位于盆腔前部,直肠位于盆腔后部,两者之间有子宫和阴道,子宫两旁有输卵管和卵巢;②输尿管盆部位置与男性近似,但行经子宫颈外侧时,经子宫动脉后下方至膀胱底,要注意观察此处两者的交叉关系。

（七）**观察男性盆腔脏器及其毗邻关系**

1. **膀胱**　观察膀胱形态,注意位于耻骨后方的膀胱下外侧面和膀胱底有无腹膜覆盖,再次用手指探查耻骨后间隙。观察膀胱与前列腺、输精管壶腹和精囊的毗邻关系。在剖开的膀胱标本上于膀胱底内面找到输尿管间襞,沿此襞向两侧找输尿管内口,然后在膀胱颈处确认尿道内口,注意此处黏膜与膀胱其他部分黏膜的区别。

2. **直肠和肛管**　观察直肠和肛管的分界及直肠骶曲和直肠会阴曲。在直肠内面标本,观察直肠壶腹黏膜形成的3条直肠横襞,注意中直肠横襞的位置及其与盆内最低腹膜反折线平面的关系。在标本上,用中指插入直肠内,测定此襞与肛门的距离。

3. **前列腺**　观察前列腺形态,其底朝上,与膀胱颈邻接,尖向下止于尿生殖膈上面。在通过尿道的前列腺切面上,可见尿道从腺中穿过,为尿道前列腺部。

4. **精囊和输精管盆部**　在矢状切盆腔标本的膀胱底后面,观察呈不规则囊袋状的精囊及其内侧的输精管壶腹。由输精管壶腹逆行追踪至其与输尿管交叉处,观察其与输尿管及腹膜的位置关系。

（八）**观察女性盆腔脏器及其毗邻关系**

1. **膀胱**　观察膀胱底与子宫颈的关系,注意子宫俯伏于膀胱上面,其间由膀胱子宫陷凹分隔。

2. **直肠**　直肠借直肠子宫陷凹与子宫颈和阴道穹后部分开。在腹膜反折线以下,直肠前壁与阴道相隔于直肠阴道隔。

3. **子宫、输卵管和卵巢**

（1）在腹膜完整的盆腔标本上观察:①子宫的位置、形态和分部;②腹膜覆盖子宫的情况,注意子宫哪些部分没有腹膜覆盖,在子宫侧缘处,观察由子宫前、后面移行而来的腹膜,向外侧延伸至盆侧壁而构成的子宫阔韧带;③辨认输卵管,观察输卵管的子宫部、峡部、壶腹部和漏斗四部及其腹腔口和子宫口;④找到阔韧带后层腹膜所包裹的卵巢,在其上端找到连于盆侧壁的卵巢悬韧带,从中追踪卵巢血管至卵巢;⑤从阔韧带的腹膜前层处找到子宫圆韧带,追踪其经盆侧壁向前外行,至腹股沟管深环处为止。

（2）在剥去盆底腹膜的标本或模型上,于子宫颈两侧找到向后外侧延伸至盆侧壁的子宫主韧带。在直肠子宫陷凹两侧的直肠子宫襞深面,找到骶子宫韧带。在子宫颈外侧,子宫主韧带上方,找到跨越输尿管盆部上方的子宫动脉,观察其在子宫侧缘迂曲上行的情况。

4. **阴道**　阴道前、后壁相贴,上端围绕子宫颈阴道部,二者共同形成环形的阴道穹。试比较阴道穹前部、侧部和后部的深度,注意阴道前壁与膀胱底和尿道之间有膀胱（尿道）阴道隔;后壁则借直肠阴道隔与直肠分隔。

5. **输尿管盆部**　在髂血管前方找到输尿管,向下追至子宫外侧。在子宫颈外侧,有子宫动脉从上方跨过。

二、解剖盆部的主要血管

盆部的主要血管亦可在标本上观察。解剖盆部血管神经需先沿髂嵴最高点或第3、4腰椎之间椎间盘水平用锯子离断标本,再对离断部分作正中矢状切,对神经血管的解剖探查可在双侧同时进行。

（一）解剖直肠上血管

在左髂窝处将乙状结肠牵向左侧,沿乙状结肠系膜右侧用剪刀或镊子尖划开并剥离腹膜,找到肠系膜下动脉,修洁其终末的直肠上动脉,追踪其入盆腔。注意直肠上动脉和直肠上静脉行走在直肠后方的直肠系膜之中,将直肠牵向前,用镊子清除直肠后方的结缔组织和脂肪,才能修洁并观察到它们的行程和分支。试着在直肠系膜内,寻找直肠上血管旁的直肠淋巴结。

（二）解剖直肠下血管

在直肠的两侧继续清除直肠系膜达盆膈上表面,试着寻找来自两侧,横行穿过直肠系膜筋膜和直肠系膜的直肠下血管,从直肠两侧沿直肠下血管长轴,用镊子暴露追踪血管至盆壁处。

（三）解剖骶正中动脉

将直肠推向前,在正中线上用解剖刀切开骶前筋膜,将筋膜向两侧外翻,证实骶前筋膜与骶骨前表面之间有骶正中动脉、骶外侧静脉和骶静脉丛。

（四）解剖男性盆部

1. 用剪刀、镊子配合,沿睾丸动脉向下清理,追踪到腹股沟管深环处。

2. 在骶髂关节前方确认髂内动脉,辨认其前、后干。

3. 沿前、后干用镊子修洁、追踪主要脏支及壁支,其中脐动脉远侧段闭塞,近侧段分支为膀胱上动脉,其余脏支有膀胱下动脉、直肠下动脉和阴部内动脉等,壁支有闭孔动脉、臀下动脉、髂腰动脉、骶外侧动脉和臀上动脉。修洁脏支时应一直追踪至所分布的脏器,可一并清除其伴行静脉。清理血管时,注意观察随血管分布的淋巴结。

（五）解剖女性盆部

1. 在子宫阔韧带后层腹膜处确认卵巢悬韧带,沿腹部已剖出的卵巢动脉,用镊子向下追溯直至卵巢悬韧带和卵巢。

2. 沿腹部已剖出的输尿管向下用镊子游离、追踪至膀胱。

3. 用解剖刀在子宫颈外侧切开子宫阔韧带,找出子宫动脉,观察该动脉与输尿管的交叉关系,用镊子修洁子宫动脉至其发起处,并追踪子宫动脉在子宫侧缘的分支。

女性盆部其他动脉,参考男性盆部的解剖内容。

三、解剖盆部神经

（一）解剖骶丛

沿腰大肌内侧深面的腰骶干向下追踪,于梨状肌深面用尖颞清理骶丛,观察其组成,可见骶神经前支从骶前孔穿出,交织形成骶丛。

（二）解剖骶交感干和盆神经丛

1. 用镊子清理骶前筋膜,于骶前孔内侧暴露骶交感干,追踪两侧骶交感干至尾骨前方,观察奇神经节。

2. 在第5腰椎体前面,再次确认上腹下丛,用镊子向下追踪至骶岬附近,观察其分为左、右腹下神经,将直肠牵拉向一侧,约于第3骶椎水平用镊子清理直肠侧疏松结缔组织,显示盆内脏神经及盆丛。

（三）解剖闭孔神经

由腰大肌内侧缘近闭孔神经起始处,用解剖剪、镊去除深筋膜,向下追踪闭孔神经至闭膜管,注意观察其毗邻关系:闭孔神经经髂总动脉后方进入盆腔,沿盆侧壁行于输尿管外侧,居同名血管上方,向前穿闭膜管至股部。

第五节　会阴解剖操作

一、标本体位与切口

（一）标本体位

仰卧,屈髋、屈膝,悬吊下肢使之分向两边。也可利用已经解剖完下肢和臀部的标本,取俯卧位,垫高耻骨联合部,进行会阴部解剖和观察。

（二）皮肤切口

1. 自尾骨尖沿会阴缝,环行绕过肛门和阴囊（小阴唇）至耻骨联合下缘,用解剖刀做中央纵行切口。

2. 再自尾骨尖经左、右坐骨结节折向耻骨联合前缘,做"<"形切口。

3. 将会阴皮肤翻向耻骨联合前面。

二、解剖尿生殖区（尿生殖三角）

（一）解剖阴囊

1. 用解剖刀从阴囊缝纵行切开阴囊皮肤,观察深层的肉膜。

2. **探查会阴浅隙**　沿阴囊根部向坐骨结节方向切开会阴浅筋膜,将肉膜和会阴浅筋膜翻向外侧。用手指伸入会阴浅隙,摸清会阴浅筋膜和阴囊肉膜向后越过会阴浅横肌与尿生殖膈下筋膜后缘的相连状态,以及在两侧附着于耻骨弓的情况。用刀柄向腹前外侧壁的方向探查,可顺利地越过耻骨联合前面,伸到 Scarpa 筋膜的深面,故会阴浅隙向前开放,通向腹前外侧壁、阴茎和阴囊。

（二）解剖会阴浅隙

1. 用镊子和解剖刀剥去 Colles 筋膜,暴露会阴浅隙。

2. **解剖阴部神经的分支**　在坐骨结节内侧的前方,找出阴部神经分出的会阴神经皮支（阴囊或阴唇后神经）,以及与其伴行的会阴动脉的分支。

3. **解剖会阴浅隙内的 3 对小肌**　①会阴浅横肌,位于尿生殖三角后缘处,其肌束由坐骨结节行向会阴中心腱（会阴体）;②球海绵体肌,肌纤维呈羽毛状,包绕尿道球和尿道海绵体后部,其最前份的纤维终止于阴茎背面;在女性,该肌围绕阴道前庭两侧,并覆盖在前庭球和前庭大腺表面,又名阴道括约肌;③坐骨海绵体肌,位于尿生殖三角的两侧,附着于耻骨下支和坐骨支,并覆盖在阴茎（蒂）脚上。追踪会阴神经发出至上述 3 肌的肌支。

4. **解剖尿道球或前庭球**　用解剖刀从中线切开球海绵体肌和坐骨海绵体肌,翻向外侧,显露其深面的尿道球（或前庭球）和尿道海绵体以及阴茎（蒂）脚。在女性,由前庭球的后端,解剖显露前庭大腺,腺管开口于小阴唇和处女膜间的浅沟内。

5. 用解剖刀切断尿道膜部,将尿道球（在女性可移除前庭球和前庭大腺）与尿生殖膈下筋膜分离,显露会阴膜。先观察会阴膜的形态、质地和附着,后追踪阴茎（蒂）背神经和动脉穿此筋膜前缘处,至阴茎（蒂）背部。用手将阴茎（蒂）脚从耻骨弓下剥离,显示阴茎（蒂）深动脉在阴茎（蒂）脚深面进入阴茎（蒂）海绵体内。

（三）解剖会阴深隙

1. 用解剖刀沿两侧缘和后缘切开尿生殖膈下筋膜,将其翻向前,暴露会阴深隙。

2. **用解剖镊精细剖查会阴深隙结构**　会阴深横肌位于会阴浅横肌的深面,它们之间有尿生殖膈下筋膜隔开,并有支配阴茎（蒂）的动脉和神经经过。在男性,找出围绕尿道膜部周围的尿道外括约肌和阴部内动脉至阴茎的动脉。找到尿道球动脉,沿此动脉找出埋藏于深横肌内的尿道球腺。该腺约豌豆大小,被尿道括约肌覆盖,常难以确认。清理与阴茎背神经伴行的阴茎背动脉,并在其外侧确认穿尿生殖膈下筋膜而来的阴茎（蒂）深动脉。在女性,会阴深隙内有会阴深横肌和尿道阴道括约肌等结构,男女两性相似。

三、解剖肛区（肛三角）

（一）此区解剖在臀区解剖完毕后进行

首先清除此区残留的皮肤,以及附着于骶结节韧带上的臀大肌,证实肛区的周界。

（二）解剖观察坐骨肛门窝

用剪刀和镊子钝性分离清除坐骨结节内侧(即坐骨肛门窝内)的脂肪组织,注意不要伤及横过此窝的肛血管和肛神经。

（三）解剖肛门外括约肌

用剪刀和镊子钝性分离肛管外周脂肪组织,暴露肛门外括约肌,辨认肛门外括约肌的皮下部、浅部和深部。肛门外括约肌的皮下部与皮肤紧密相连。

（四）解剖阴部内血管和阴部神经

1. 在坐骨结节内侧 3~4cm 处,坐骨肛门窝的外侧壁,由前向后用解剖刀纵行切开阴部管,显露其中的阴部内血管和阴部神经。

2. 切断骶结节韧带下端,向上翻起,用解剖镊修洁、追踪阴部内血管和阴部神经至坐骨小孔处,观察它们经坐骨小孔进入坐骨肛门窝的情况。解剖暴露其主要分支:肛血管、肛神经、会阴神经和会阴血管。

（五）显露坐骨肛门窝各壁

用剪刀和镊子钝性修洁坐骨肛门窝内、外侧壁,注意观察覆盖于肛提肌和闭孔内肌的筋膜,注意保留窝前界会阴浅横肌及会阴深横肌后面的筋膜。最后再检查坐骨肛门窝的形态,用刀柄探查其前隐窝伸向尿生殖膈上方,后隐窝伸向臀大肌的深面,直至骶结节韧带。

（周鸿鹰）

第六节　临床病例分析

病例 5-1

患者,男,35 岁。醉酒驾车遭遇车祸,诉盆部和下腹部疼痛,遂送入院。患者自入院后不曾小便,试插导尿管及膀胱穿刺均导出红色尿液。查体骨盆挤压分离阳性,结合腹、盆部 X 线结果,诊断为右侧耻骨上、下支骨折。

临床解剖学问题:

（1）该患者什么结构损伤导致血尿?

（2）骨盆骨折时,还可能会损伤哪些脏器、血管和神经? 导致什么后果?

病例 5-2

患者,男,40 岁。诉肛门右侧发热且疼痛,排便和坐下时疼痛加重。患者曾有痔疮病史。医生在检查患者肛周和直肠时发现,当患者用力排便时有内痔脱出;对肛管和直肠进行指诊后发现,患者肛门右侧 5 点处有一突起物(约 2cm×3cm 大小),压痛明显。诊断:内痔脱出合并坐骨肛门窝脓肿。

临床解剖学问题:

（1）什么是痔? 内痔和外痔的不同点有哪些?

（2）请描述坐骨肛门窝的位置及构成;何为坐骨肛门窝脓肿?

（3）在外科治疗坐骨肛门窝脓肿时,哪些神经易受损伤? 如该神经被切断,会影响哪些结构?

病例 5-3

患者,女,30 岁。初次怀孕足月临产。产前 B 超检查显示为臀位。分娩过程中产妇述说疼痛加剧明显,分娩持续 15 小时后,从阴道口可见胎儿头顶。为避免会阴撕裂,医生决定注射麻醉剂麻醉会阴,施行阴道侧切术,以扩大产道下口。

临床解剖学问题:

(1)根据会阴的结构特点,说明如果会阴撕裂,哪些结构可能会受损?

(2)施行阴道侧切术主要保护什么结构?

(3)会阴部有哪些神经支配?基于对该神经解剖学知识,你认为医生会将麻醉剂注射在什么位置来进行阴部神经阻滞?

病例 5-4

患者,男,70 岁。因不能排尿、下腹部饱胀伴胀痛 7 小时,急诊入院。患者有前列腺病史。查体发现患者呈痛苦状,小腹膨胀;患者有膀胱尿潴留,插入导尿管导尿,但插管失败。医生从耻骨上方向膀胱置入导管排尿。导尿后直肠指检可触及肿大的前列腺,前列腺沟已消失。前列腺 B 超显示,前列腺大小 5.5cm×6.0cm×5.1cm。

诊断:前列腺良性增生合并急性尿潴留。

临床解剖学问题:

(1)前列腺增生引起排尿困难及尿潴留的原因是什么?

(2)直肠指诊能诊断前列腺良性增生吗?

(3)经耻骨上方膀胱置入导管需经过哪些层次结构?导尿管是否须经腹膜腔进入膀胱?

病例 5-5

患者,男,31 岁。建筑工人,从脚手架上摔下,骑跨于钢架上,顿感会阴部剧烈疼痛,急送医院救治。检查发现阴囊肿胀变色,触痛明显,小便量少,仅有几滴血尿。

诊断:尿道挫伤。

临床解剖学问题:

(1)患者尿道损伤的可能部位?

(2)男性尿道不同部位损伤的临床表现差异及解剖学基础。

(3)从解剖学角度分析,如果本患者有尿液外溢,尿液会外溢至何处?

病例 5-6

患者,女,30 岁。因突然出现下腹痛,伴恶心、呕吐、肛门下坠等不适,反复发作 3 小时就诊。患者已婚 5 年,曾有 3 次人流术史,本次停经 8 周。体格检查:患者面色苍白,出冷汗,四肢发冷,阴道有少量出血,阴道后穹饱满,穿刺见血液。下腹有压痛,无反跳痛,腹肌强直不明显。

诊断:宫外孕(输卵管妊娠)破裂。

临床解剖学问题:

(1)宫外孕(输卵管妊娠)发生的机制是什么?

(2)如何与急性阑尾炎鉴别?

(3)手术治疗应作何切口,须经哪些层次暴露输卵管,术中如何找输卵管?

病例 5-7

患者,男,55 岁。诉左下腹隐痛、大便带血且经常不能排空直肠 3 年。近期因腹痛加重,并向大腿后部放射,大腿后部肌无力而就诊。体格检查:肛门和直肠下部指诊发现直肠后壁有一个肿瘤。

诊断:直肠肿瘤转移

临床解剖学问题:

（1）直肠肿瘤压迫什么结构可导致大腿后部的疼痛？

（2）试述直肠的淋巴回流和直肠癌转移的可能途径。

病例 5-8

患者,女,45 岁。近日感觉下腹部有下坠感及月经量增多而入院就诊。查体发现患者下腹部扪及包块。B 超及子宫镜检确诊为子宫黏膜下肌瘤。

临床解剖学问题：

（1）此患者需行全子宫切除术,请问需切除哪些子宫的韧带？

（2）结扎子宫动脉时应注意什么？

（贺桂琼　侯志勇）

第六章 脊 柱 区

脊柱区由脊柱及其背部和两侧的软组织组成,自上而下分为项区、胸背区、腰区和骶尾区。软组织由浅入深为皮肤、浅筋膜、深筋膜和肌层,肌间形成重要的三角有枕下三角、听诊三角、腰上三角和腰下三角。各区浅层有许多皮神经分布和浅血管供给;深层有重要的动脉如枕动脉、肩胛背动脉、椎动脉和胸背动脉及伴行的静脉,神经主要来自31对脊神经后支、副神经、胸背神经和肩胛背神经。脊柱的连结特别强调钩椎关节、椎间盘、黄韧带及椎间孔,椎管的毗邻及形态特点。椎管内有脊髓及其表面的三层被膜、与脊髓相连的脊神经根、脊髓的血管和脊神经脊膜支、椎静脉丛及结缔组织等。

第一节 概 述

一、境界与分区

脊柱区 vertebral region 也称**背区** back,是指脊柱及其后方和两侧软组织所共同组成的区域,包括项区、胸背区、腰区和骶尾区四部分。

1. **境界** 上达枕外隆凸和上项线,下至尾骨尖。两侧自上而下为斜方肌前缘、三角肌后缘上份、腋后襞、腋后线、髂嵴后份、髂后上棘和尾骨尖的连线。

2. **分区** 脊柱区自上而下又可分为:①**项区** nuchal region:上界为脊柱区的上界,下界为第 7 颈椎棘突至两侧肩峰的连线。②**胸背区** thoracodorsal region:上界为项区的下界,下界为第 12 胸椎棘突、第 12 肋下缘至第 11 肋前份的连线。③**腰区** lumbar region:上界为胸背区下界,下界为两髂嵴后份和两髂后上棘的连线。④**骶尾区** sacral coccyx region:是两髂后上棘与尾骨尖三点间所围成的三角区。

二、表面解剖

1. **肩胛骨** scapula 肩胛骨背面高耸的骨嵴为**肩胛冈** spine of scapula。两侧肩胛冈内侧端的连线,平第 3 胸椎棘突。外侧端为肩峰,是肩部的最高点。上肢下垂时易于触及**肩胛骨下角** inferior angle of scapula,两侧肩胛骨下角的连线平对第 7 胸椎棘突(图 6-1)。

2. **棘突** spinous process 在后正中线上可摸到大部分椎骨的棘突。第 7 颈椎棘突较长,末端不分叉,在皮下形成一个隆起,常作为辨认椎骨序数的标志。胸椎棘突斜向后下,呈叠瓦状。腰椎棘突呈水平位,第 4 腰椎棘突平两侧髂嵴的最高点。骶椎棘突融合成骶正中嵴。

3. **骶骨** sacrum 骶正中嵴下端,第 4、5 骶椎背面的切迹与尾骨围成**骶管裂孔** sacral hiatus,是椎管的下口。骶管裂孔两侧向下的突起为**骶角** sacral cornu,体表易触及,常作为骶管麻醉的进针定位标志。骶正中嵴外侧的隆嵴为骶外侧嵴,是经骶后孔作骶神经阻滞麻醉的标志。

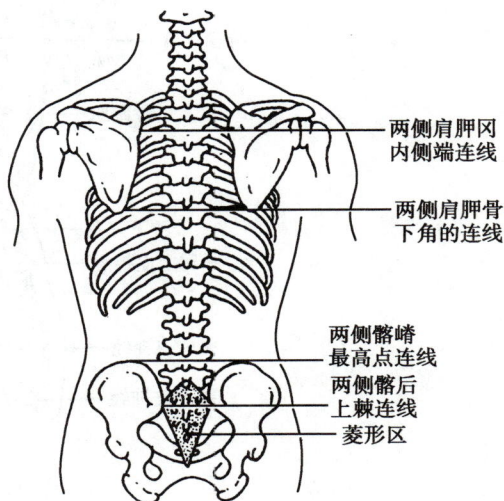

图 6-1 背部体表标志及菱形区

- 两侧肩胛冈内侧端连线
- 两侧肩胛骨下角的连线
- 两侧髂嵴最高点连线
- 两侧髂后上棘连线
- 菱形区

4. **尾骨 coccyx**　尾骨尖可在肛门后方 2.5cm 处臀沟内扪及。

5. **髂嵴 iliac crest 和髂后上棘 posterior superior iliac spine**　髂嵴为髂骨翼的上缘,髂嵴后端的突起为髂后上棘,两侧髂后上棘的连线平第 2 骶椎棘突,两侧髂嵴最高点的连线平对第 4 腰椎棘突。

左、右髂后上棘与第 5 腰椎棘突和尾骨尖的连线,构成一菱形区(图 6-1)。当腰椎或骶、尾椎骨折或骨盆畸形时,菱形区会变形。

6. **第 12 肋**　竖脊肌外侧可触及此肋,但有时甚短,易将第 11 肋误认为第 12 肋,以致腰部的切口过高,有损伤胸膜的可能。

7. **脊肋角 vertebrocostal angle**　为竖脊肌外侧缘与第 12 肋的交角,肾位于该角深部。肾发生疾患时,该处常有叩击痛或压痛,也是肾囊封闭常用的进针部位。

第二节　层 次 结 构

脊柱区由浅入深有皮肤、浅筋膜、深筋膜、肌层、血管神经等软组织和脊柱、椎管及其内容物等结构。

一、浅层结构

(一)皮肤
厚而致密,移动性小,有较丰富的毛囊和皮脂腺。

(二)浅筋膜
致密而厚实,含有较多脂肪,并有许多结缔组织纤维束与深筋膜相连。项区上部的浅筋膜含纤维较多,故特别坚韧,腰区的浅筋膜含脂肪较多。

(三)皮神经
均来自脊神经后支(图 6-2)。

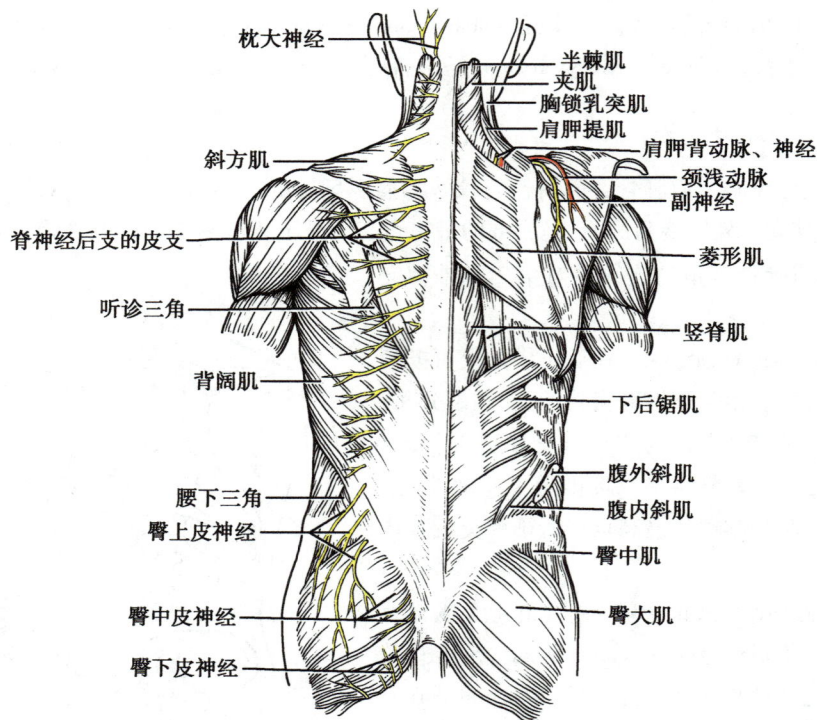

图 6-2　背肌及皮神经

1. **项区**　颈神经后支较为粗大的皮支有枕大神经和第 3 枕神经。**枕大神经** greater occipital nerve 是第 2 颈神经后支的分支,在上项线下方、斜方肌的起点处浅出,伴枕动脉的分支上行,分布至枕部皮肤。枕大神经与枕小神经在名称上看似相关,但枕小神经是颈神经前支所构成的颈丛的分支。**第 3 枕神经** third occipital nerve 是第 3 颈神经后支的分支,穿斜方肌浅出,分布于项区上部的皮肤。

2. **胸背区和腰区**　胸、腰神经后支的皮支在棘突两侧浅出,上部皮神经几乎呈水平位向外侧走行;下部分支斜向外下,分布至胸背区和腰区的皮肤。第 12 胸神经后支的分支可分布至臀区。第 1~3 腰神经后支的外侧支组成**臀上皮神经** superior clunial nerve,行经腰区,穿胸腰筋膜浅出,越过髂嵴,分布至臀区上部。臀上皮神经在髂嵴上方浅出处比较集中,此部位在竖脊肌外侧缘附近。腰部急剧扭转时,该神经易受损伤,是导致腰腿痛的常见原因之一。

3. **骶尾区**　骶、尾神经后支的皮神经在髂后上棘至尾骨尖连线上的不同高度,分别穿臀大肌起始部浅出,分布至骶尾区的皮肤。其中第 1~3 骶神经后支的皮支组成臀中皮神经。

（四）浅血管

项区的浅动脉主要来自枕动脉、颈浅动脉和肩胛背动脉等的分支;胸背区来自肋间后动脉、肩胛背动脉和胸背动脉等的分支;腰区来自腰动脉的分支;骶尾区来自臀上、下动脉等的分支。各动脉均有伴行的静脉。

二、深筋膜

项区和胸背区的深筋膜较薄弱,骶尾区的深筋膜与骶骨背面的骨膜相愈着。第 12 肋与髂嵴之间的深筋膜增厚,并分为前、中、后三层(图 6-3),被称为**胸腰筋膜** thoracolumbar fascia。

胸腰筋膜后层覆于竖脊肌的后面,与背阔肌和下后锯肌腱膜相愈着,向下附于髂嵴,内侧附于腰椎棘突和棘上韧带,外侧在竖脊肌外侧缘与中层愈着,形成竖脊肌鞘。胸腰筋膜中层位于竖脊肌与腰方肌之间,内侧附于腰椎横突尖和横突间韧带,外侧在腰方肌外侧缘与前层愈着,形成腰方肌鞘,并作为腹横肌起始部的腱膜,向上附于第 12 肋下缘,向下附于髂嵴。中层上部张于第 12 肋与第 1 腰椎横突之间的部分,增厚形成**腰肋韧带** lumbocostal ligament。肾手术时,切断此韧带可加大第 12 肋的活动度,便于显露肾。胸腰筋膜前层位于腰方肌前面,又称腰方肌筋膜,内侧附于腰椎横突尖,向下附于髂腰韧带和髂嵴后份,上部增厚形成内、外侧弓状韧带(图 6-3)。

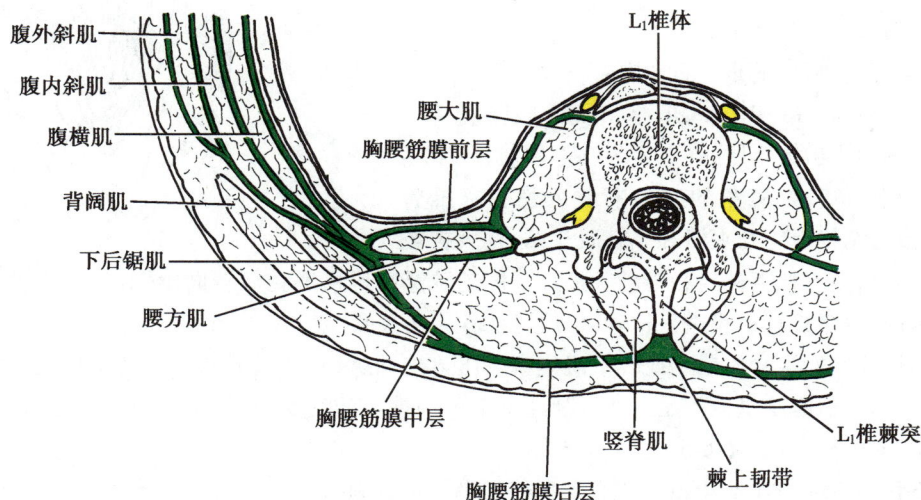

图 6-3　胸腰筋膜

三、肌层

脊柱区的肌可分为浅层肌、中层肌和深层肌。

（一）浅层肌

包括**斜方肌**trapezius、**背阔肌**latissimus dorsi 和腹外斜肌后部。斜方肌位于项区和胸背区上部宽大的扁肌，由副神经支配。肌的血供丰富，主要来自颈浅动脉和肩胛背动脉，其次来自枕动脉和节段性的肋间后动脉。该肌可供肌瓣或者肌皮瓣作移植。

背阔肌是位于胸背区下部和腰区浅层较宽大的扁肌，由胸背神经支配。血液供应主要来自胸背动脉和节段性的肋间后动脉以及腰动脉的分支，以肩胛线为界，其外侧由胸背动脉分支供血，内侧由节段性动脉供血。在临床上，该肌可以胸背动脉为蒂，做成转移或游离肌瓣或者肌皮瓣。

（二）中层肌

中层肌有肩胛提肌、菱形肌、上后锯肌和下后锯肌（图6-2）。上、下后锯肌参与呼吸运动。

（三）深层肌

常被称为脊柱固有肌，由一群相互分离、长短不一、相互重叠的肌组成，位于椎骨棘突两侧，具有广泛的起点和止点，从骶骨延伸到颅底，均接受脊神经后支的支配，总的作用是使脊柱伸直、回旋和侧屈。

夹肌splenius 位于颈部的后外侧份，覆盖竖脊肌的颈部。

竖脊肌erector spinae 位于上后锯肌、下后锯肌和脊柱区深筋膜的深面，是背深肌中最长、最粗大的肌，以腰部和下胸部最为明显。依照肌纤维的位置和起止点，竖脊肌可分为外侧的髂肋肌，中间的最长肌和内侧的棘肌（图6-4）。竖脊肌由脊神经后支呈节段性支配。

横突棘肌transversospinales 位于椎骨棘突与横突之间的沟槽内，位置最深，紧靠椎骨。由浅至深依次又分为半棘肌、多裂肌和回旋肌。

半棘肌颈部的深面为头后大直肌、头后小直肌、头上斜肌和头下斜肌组成的枕下肌。

由脊柱区的肌形成的重要三角有：

枕下三角suboccipital triangle 是由枕下肌围成的三角。其内上界为头后大直肌，外上界为头上斜肌，外下界为头下斜肌（图6-5）。三角的底为寰枕后膜和寰椎后弓，浅面借致密结缔组织与夹肌和半棘肌相贴，枕大神经行于其间。三角内有枕下神经和椎动脉经过。椎动脉穿寰椎横突孔后转向内侧，行于寰椎后弓上面的椎动脉沟内，再穿寰枕后膜进入椎管，最后经枕骨大孔入颅。

颈椎的椎体钩发生骨质增生或枕下肌痉挛可压迫椎动脉，头部过分向后旋转也可延长椎动脉在枕下三角的行程，引起脑供血不足。枕下神经是第1颈神经的后支，在椎动脉与寰椎后弓间穿出，行经枕下三角，支配枕下肌（图6-5）。

听诊三角triangle of auscultation 也称**肩胛旁三角**triangle of parascapula，位于斜方肌的外下方，肩胛骨下角内侧的肌间隙。其内上界为斜方肌外下缘，外侧界为肩胛骨脊柱缘，下界为背阔肌上缘（图6-2）。三角的底为薄层脂肪组织、深筋膜和第6肋间隙，表面覆以皮肤和浅筋膜，是背部听诊呼吸音最清晰的部位。为方便听诊，可将肩胛骨牵向前外，使三角的范围扩大。

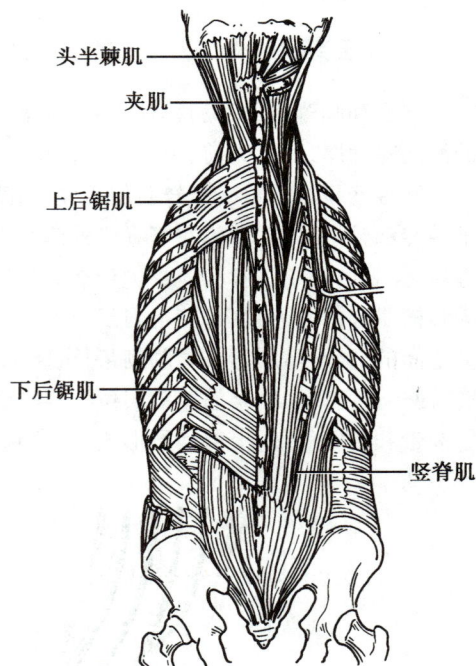

头半棘肌
夹肌
上后锯肌
下后锯肌
竖脊肌

图6-4 夹肌及竖脊肌

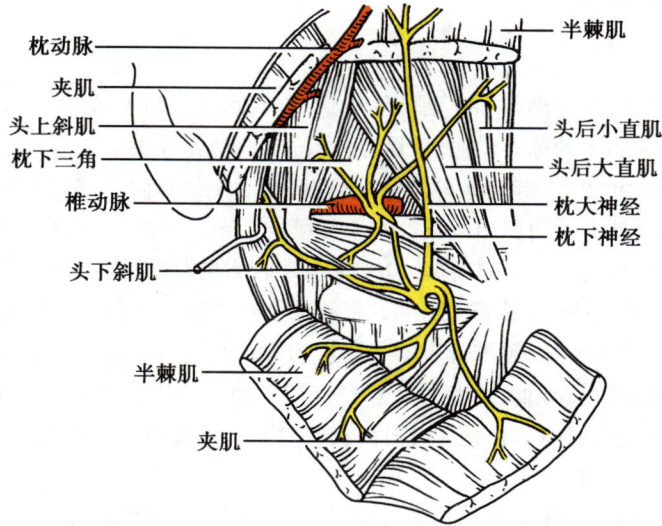

图 6-5　枕下三角

　　腰上三角 superior lumbar triangle 位于背阔肌深面,第 12 肋下方。其内侧界为竖脊肌外侧缘,外下界为腹内斜肌后缘,上界为第 12 肋。有时由于下后锯肌在第 12 肋的附着处与腹内斜肌后缘相距较近,则下后锯肌也参与构成一个边,共同围成一个四边形的间隙。三角的底为腹横肌起始部的腱膜,腱膜深面有 3 条与第 12 肋平行排列的神经。自上而下为**肋下神经** subcostal nerve、**髂腹下神经** iliohypogastric nerve 和**髂腹股沟神经** ilioinguinal nerve（图 6-6）。腱膜的前方有肾和腰方肌。肾手术的腹膜外入路必经此三角。当切开腱膜时,应注意保护上述 3 条神经。第 12 肋前方与胸膜腔相邻,为扩大手术野,常需切断腰肋韧带,将第 12 肋上提。此时,应注意保护好胸膜,以免损伤造成气胸。腰上三角是腹后壁的薄弱区之一,腹腔器官若经此三角向后突出,则形成腰疝。

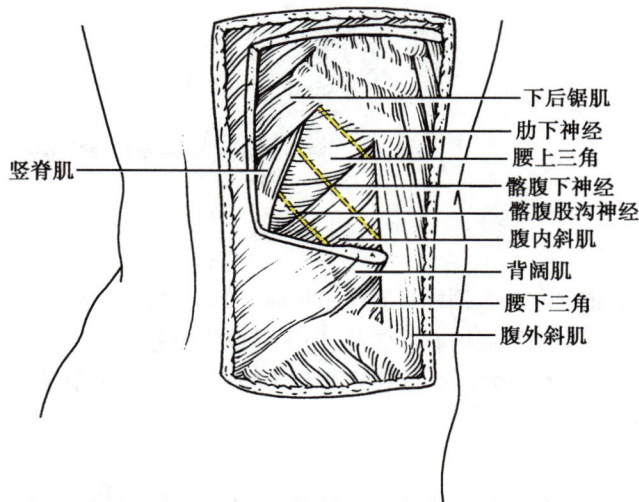

图 6-6　腰上三角和腰下三角

　　腰下三角 inferior lumbar triangle 由髂嵴、腹外斜肌后缘和背阔肌前下缘围成（图 6-6）。三角的底为腹内斜肌,表面仅覆以皮肤和浅筋膜。此三角为腹后壁的又一薄弱区,也会发生腰疝。在右侧,三角前方与阑尾和盲肠相对应,故盲肠后位阑尾炎时,此三角区有明显压痛。

四、深部血管和神经

（一）动脉

项区主要由枕动脉、肩胛背动脉和椎动脉等供血；胸背区由肋间后动脉、胸背动脉和肩胛背动脉等供血；腰区由腰动脉和肋下动脉等供血；骶尾区由臀上、下动脉等供血。

1. 枕动脉 occipital artery   起自颈外动脉的后壁，向后上经颞骨乳突内面进入项区，在夹肌深面和半棘肌外侧缘处，越过枕下三角分出数支。本干继续向上至上项线高度，在斜方肌与胸锁乳突肌止点之间浅出，与枕大神经伴行，分布至枕部。分支中有一较大的降支，向下分布至项区诸肌，并与椎动脉和肩胛背动脉等分支相互吻合，形成动脉网。将枕动脉在半棘肌外侧缘处切断，与枕下三角内的椎动脉第三段作端侧吻合，可治疗因颈椎骨质增生所致的椎动脉受压引起的脑供血不足。

2. 肩胛背动脉 dorsal scapular artery   起自锁骨下动脉或甲状颈干，向外侧穿过或越过臂丛，经中斜角肌前方至肩胛提肌深面，与同名神经伴行转向内下，在菱形肌深面下行，分布至项、背肌和肩带肌，并参与形成肩胛动脉网。

有时肩胛背动脉与颈浅动脉共干起自甲状颈干，该共干称**颈横动脉 transverse cervical artery**。

3. 椎动脉 vertebral artery   起自锁骨下动脉第 1 段，沿前斜角肌内侧上行，穿第 6~1 颈椎横突孔，继经枕下三角入颅。按其行程可分为 4 段：第 1 段自起始处至入第 6 颈椎横突孔以前；第 2 段穿经第 6~1 颈椎横突孔；第 3 段经枕下三角的椎动脉沟和枕骨大孔入颅；第 4 段为颅内段（图 6-7）。

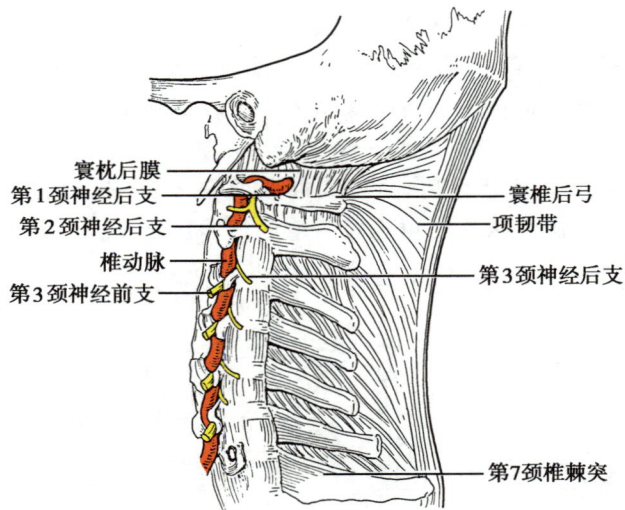

图 6-7   椎动脉

椎动脉旁有丰富的交感神经丛。颈椎骨质增生可导致第 2 段椎动脉受压迫，引起颅内供血不足，即所谓的椎动脉型颈椎病。椎动脉周围有静脉丛，向下汇成椎静脉。

4. 胸背动脉 thoracodorsal artery   是肩胛下动脉的终支之一，肩胛骨外侧缘在背阔肌和前锯肌之间下行，支配邻近的肌。

（二）静脉

脊柱区深部静脉与动脉伴行。项区静脉汇入椎静脉、颈内静脉或锁骨下静脉；胸背区静脉经肋间后静脉汇入奇静脉，部分汇入锁骨下静脉或腋静脉；腰区静脉经腰静脉汇入下腔静脉；骶尾区静脉经臀区静脉汇入髂内静脉。

脊柱区深静脉可通过椎静脉丛，广泛的与椎管内外、颅内以及盆部等处的深静脉相交通。

（三）神经

脊柱区神经主要来自 31 对脊神经后支、副神经、胸背神经和肩胛背神经。

1. **脊神经后支**posterior ramus of spinal nerve　　自椎间孔处由脊神经分出后,进一步分为后内侧支和后外侧支,支配脊柱区皮肤和深层肌(图6-8)。脊神经后支分布的节段性明显,故手术中横断背深层肌时,不会引起肌瘫痪。

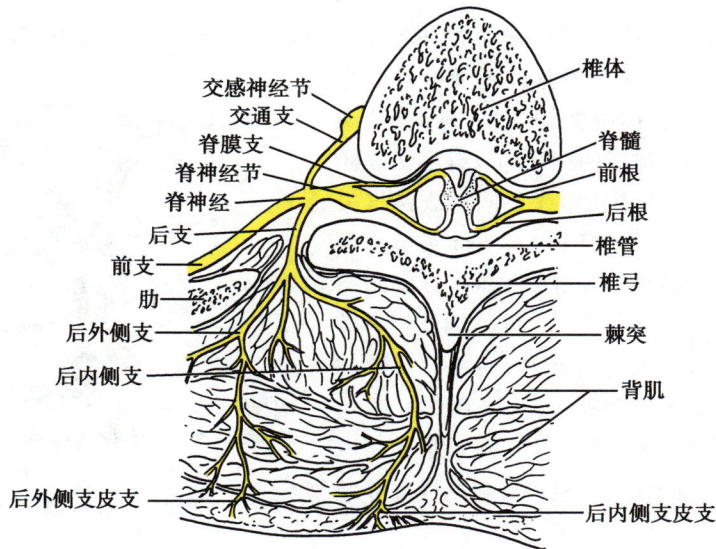

图6-8　胸部脊神经后支

腰神经后支向后行,绕下位椎骨上关节突外侧,经腰神经后支骨纤维孔至横突间肌内侧缘,分为后内侧支和后外侧支。后内侧支在下位椎骨上关节突根部的外侧斜向后下,经腰神经后内侧支骨纤维管至椎弓板后面转向下行,分布至背深肌和脊柱的关节突关节等。第5腰神经后内侧支经第5腰椎下关节突的下方,向内下行;后外侧支在下位横突背面进入竖脊肌;然后两支在肌的不同部位穿胸腰筋膜浅出,斜向外下行。第1~3腰神经的后外侧支参与组成臀上皮神经,跨越髂嵴后部达臀区上部。

从上述可见,腰神经后支及其后内侧支和后外侧支分别经过骨纤维孔、骨纤维管或穿胸腰筋膜裂隙。正常情况下,这些孔、管或裂隙有保护血管和神经的作用;在病理情况下,这些孔道会变形和变窄,压迫血管和神经,是腰腿痛常见的椎管外病因之一。

(1)腰神经后支骨纤维孔:位于椎间孔的后外方,开口向后,与椎间孔的方向垂直。其上外侧界为横突间韧带的内侧缘,下界为下位椎骨横突的上缘,内侧界为下位椎骨上关节突的外侧缘。骨纤维孔的体表投影相当于同序数腰椎棘突外侧下述两点的连线上:上位点在第1腰椎平面后正中线外侧2.3cm,下位点在第5腰椎平面后正中线外侧3.2cm。

(2)腰神经后内侧支骨纤维管:位于腰椎乳突与副突间的骨沟处,自外上斜向内下,由前、后、上、下四壁构成。前壁为乳突副突间沟,后壁为上关节突副突韧带,上壁为乳突,下壁为副突。管的前、上、下壁为骨质,后壁为韧带,故称为骨纤维管。但有时后壁韧带骨化,则形成完全的骨管。骨纤维管的体表投影在同序数腰椎棘突下外方的两点连线上:上位点在第1腰椎平面后正中线外侧约2.1cm,下位点在第5腰椎平面后正中线外侧约2.5cm。

2. **副神经**accessory nerve　　来自胸锁乳突肌后缘中、上1/3交点处斜向外下,经枕三角至斜方肌前缘中、下1/3交点处,伴$C_{3,4}$前支经斜方肌深面进入该肌。

3. **胸背神经**thoracodorsal nerve　　起自臂丛后束,与同名动脉伴行,沿肩胛骨外侧缘下行,支配背阔肌。

4. **肩胛背神经**dorsal scapular nerve　　起自臂丛锁骨上部,穿中斜角肌向外下至肩胛提肌深面,继续沿肩胛骨内侧缘下行,与肩胛背动脉伴行,支配肩胛提肌和菱形肌。

五、脊柱

(一) 椎骨及其连结

各部椎骨和骨连结的特点已在《系统解剖学》中有比较详细的介绍,这里突出以下几方面。

1. **钩椎关节**   第 3~7 颈椎椎体上面的外侧缘有明显向上的嵴样突起,称**椎体钩** uncus of vertebral body 或钩突;椎体下面外侧缘的相应部位有呈斜坡样的唇缘。相邻颈椎的椎体钩和唇缘共同组成**钩椎关节** uncovertebral joint(图 6-9),又称 Luschka 关节。椎体钩限制上一椎体向两侧移位,增加颈椎椎体间的稳定性,并防止椎间盘向外后方脱出。椎体钩外侧为横突孔内的椎动、静脉及其交感神经丛,后方有脊髓颈段,后外侧部参与构成颈椎间孔的前壁(图 6-9,图 6-10)。故椎体钩不同方向的骨质增生会压迫上述相应结构,引起椎动脉型、脊髓型、神经根型和混合型等颈椎病的不同表现。

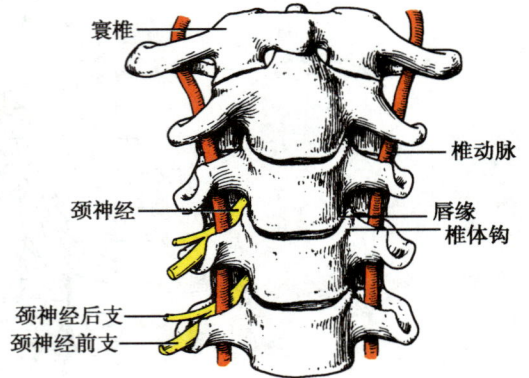

图 6-9   颈部钩椎关节及其毗邻

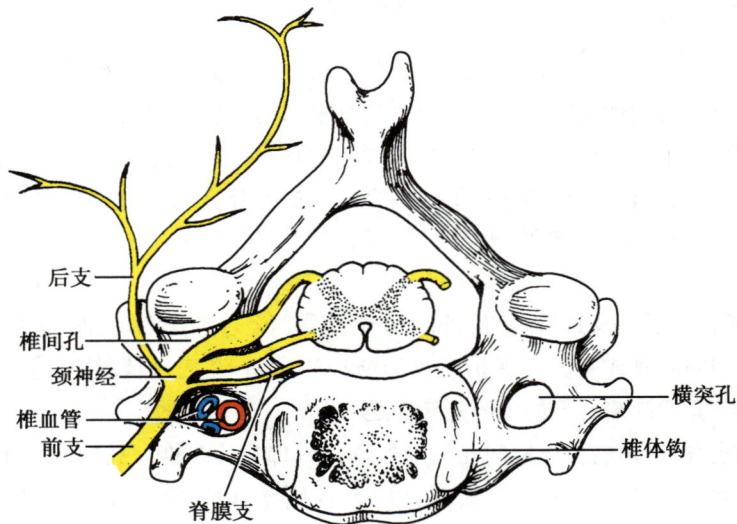

图 6-10   颈椎间孔及脊神经分支

2. **椎间盘** intervertebral disc   椎间盘是运动节段的纤维软骨连接,占脊柱全长的 1/4,出现在 C_2~C_3 到 L_5~S_1 共 23 个,可以压缩,拉伸和旋转运动。目前证明仅纤维环表面有细小血管供应及窦椎神经支配,为体内最大的无血管组织,其营养来自终板的扩散,扩散障碍导致椎间盘退变。

随年龄增长易发生退行性变,过度负重或用力不当会导致纤维环破裂,髓核脱出,以第 4~5 腰椎间者最为多见。由于椎间盘前方有宽的前纵韧带,后方中部有窄的后纵韧带加强,后外侧薄弱并对向椎间孔,故髓核常向后外侧脱出,压迫脊神经或脊髓。颈椎间盘的后外方有椎体钩加固,胸段脊柱活动幅度小,故颈、胸段的椎间盘突出症较腰段少见。

3. **黄韧带** ligamenta flava   是连于相邻两椎弓板之间的弹性结缔组织,其厚度和宽度在脊柱的不同部位有所差异:颈段薄而宽,胸段窄而稍厚,腰段最厚。腰穿或硬膜外麻醉,需穿经此韧带方达椎管。两侧黄韧带间在中线处有一窄隙,有小静脉穿过。随年龄增长,黄韧带可出现退变、增生和肥厚,以腰段为多见。

（二）椎间孔

椎间孔 intervertebral foramen 的上界为相邻上位椎骨椎弓根的下切迹,下界为相邻下位椎骨椎弓根的上切迹,前方有椎间盘和相邻椎骨椎体的后面,后方为下关节突、上关节突、关节突关节的关节囊和黄韧带的外侧缘(图6-11)。以上、下椎弓根的内侧缘连线和外侧缘连线为界限,将椎间孔分为三个区,由内向外分别为入口区、中央区和出口区,神经根由内向外分别穿过各区。

椎间孔是骨纤维性通道,连于腰部椎间盘纤维环与椎间关节之间的纤维隔将椎间管分为上、下两孔:上孔位于椎体与关节突之间,较宽,内有腰神经根、腰动脉椎管内支和椎间静脉上支通过;下孔较窄,内有椎间静脉下支通过。任何骨性或纤维性病变都可造成椎间孔的狭窄,压迫脊神经。

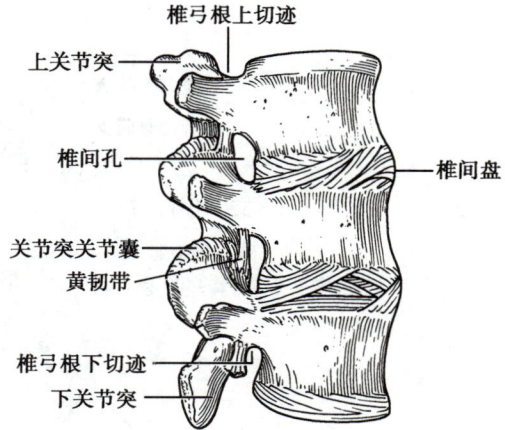

图6-11　椎间孔（脊柱腰段）

（三）椎管

椎管 vertebral canal 是椎骨的椎孔和骶骨的骶管借骨连结形成的骨纤维性管道,上通过枕骨大孔与颅腔相通,下达骶管裂孔(图6-12,图6-13)。椎管的前壁由椎体后面、椎间盘后缘和后纵韧带构成;后壁为椎弓板、黄韧带和关节突关节;两侧壁为椎弓根和椎间孔。椎管骶段由融合的骶椎椎孔连成,所以完全是骨性管道。

椎管的形状和椎管内容物的配布是相关的,一般将椎管分为中央椎管和神经根管。中央椎管是指脊髓及其被膜所占位置;神经根管是指椎管外侧部脊神经根所占部位,临床上又称侧隐窝。其前壁是椎体和椎间盘后外侧,后壁为上关节突、黄韧带,外侧壁为椎弓根和椎间孔。侧隐窝正常前后径为3~5mm,<3mm 为侧隐窝狭窄,>5mm 侧隐窝肯定不狭窄。

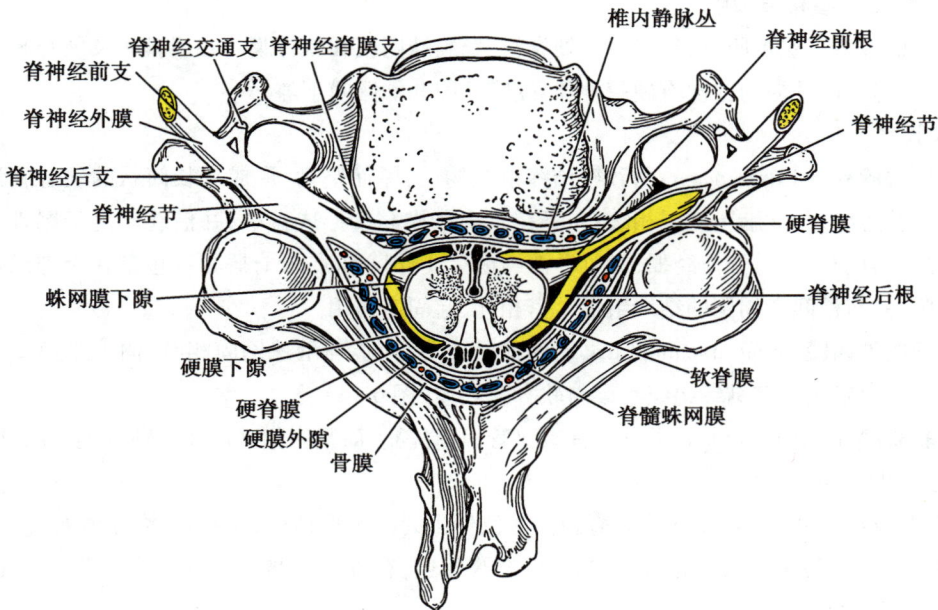

图6-12　椎管及椎管内容物经第5颈椎平面（上面观）

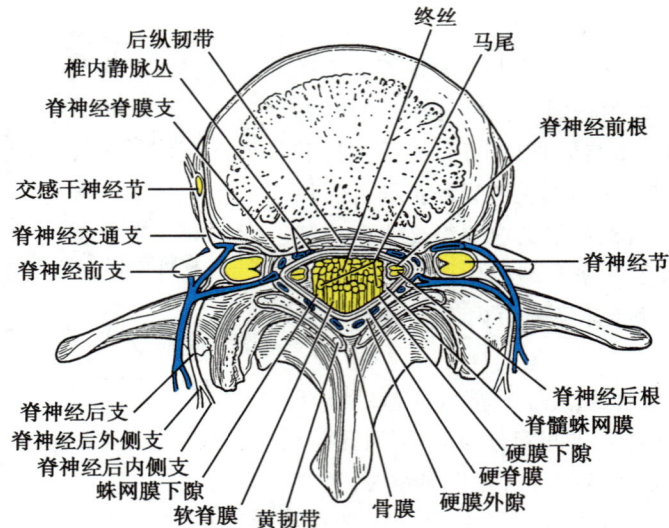

图 6-13   椎管及椎管内容物经第 3 腰椎平面（上面观）

在横断面上,各段椎管腔的形态和大小不完全相同。颈段上部近枕骨大孔处近似圆形,往下逐渐演变为三角形,矢径短,横径长;胸段大致呈椭圆形;腰段上、中部由椭圆形逐渐演变为三角形;腰段下部椎管的外侧部逐渐出现侧隐窝,使椎管呈三叶草形;骶段呈扁三角形。

构成椎管壁的任何结构发生病变,如椎体骨质增生、椎间盘突出、黄韧带肥厚、后纵韧带骨化或肥厚等,均可使椎管腔变形或变窄,压迫其内容物而引起一系列症状。

六、椎管内容物

椎管内有脊髓及其表面的三层被膜、与脊髓相连的脊神经根、椎静脉丛及结缔组织等。

(一) 脊髓被膜和脊膜腔

脊髓表面被覆三层被膜,由外向内为硬脊膜、脊髓蛛网膜和软脊膜。各层膜间及硬脊膜与椎管骨膜间均存在腔隙,由外向内依次有硬膜外隙、硬膜下隙和蛛网膜下隙。

1. 被膜

(1) **硬脊膜** spinal dura mater:由致密结缔组织构成,厚而坚韧,形成一长筒状的硬脊膜囊。上方附于枕骨大孔边缘,与硬脑膜内层相续;向下在第 2 骶椎高度形成盲端,并借终丝附于尾骨。硬脊膜囊内有脊髓、马尾和 31 对脊神经根,每对脊神经根穿硬脊膜囊时,硬脊膜延续包裹在脊神经根表面形成神经外膜,并与椎间孔周围的结缔组织紧密相连,起固定作用。

(2) **脊髓蛛网膜** spinal arachnoid mater:薄而半透明,向上与脑蛛网膜相续,向下平第 2 骶椎高度成一盲端。此膜发出许多结缔组织小梁与软脊膜相连(图 6-14)。

(3) **软脊膜** spinal pia mater:柔软并富有血管,与脊髓表面紧密相贴。在脊髓两侧,软脊膜增厚并向外突,形成齿状韧带。

齿状韧带 denticulate ligament 为软脊膜向两侧伸出的三角形结构,额状位,介于脊神经前、后根之间(图 6-15)。其外侧缘形成三角形齿尖,与硬脊膜相连,有维持脊髓正常位置的作用。据统计,齿状韧带每侧有 15～22 个。

2. 脊膜腔

(1) **硬膜外隙** epidural space:是位于椎管骨膜与硬脊膜之间的窄隙,其内填有脂肪、椎内静脉丛、脊神经脊膜支和淋巴管等,并有脊神经根及其伴行血管通过,正常时呈负压(图 6-12,图 6-13)。此隙

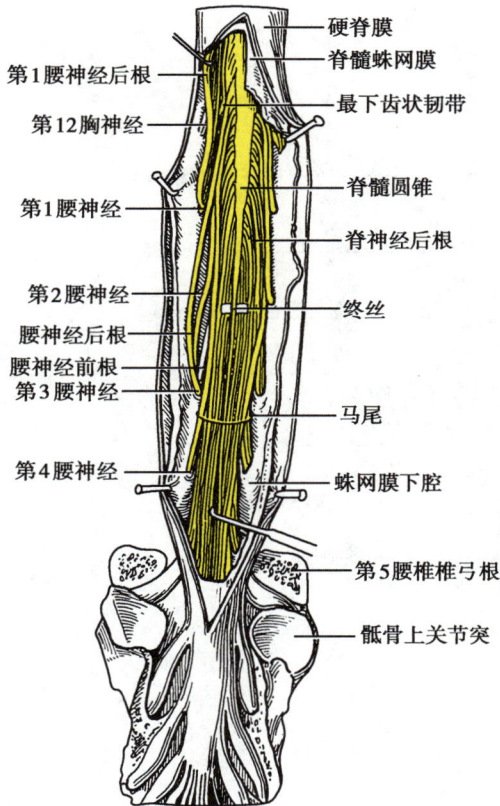

图 6-14　硬脊膜和脊髓蛛网膜下端

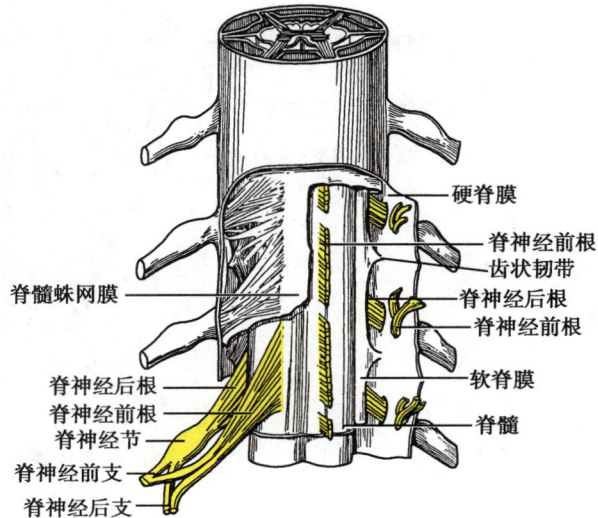

图 6-15　软脊膜与齿状韧带（前面观）

上端起自枕骨大孔,下端终于骶管裂孔。由于硬脊膜紧密附着于枕骨大孔边缘,故此隙与颅内腔隙并不交通。临床硬膜外麻醉即将药物注入此隙,以阻滞硬膜外隙内的脊神经根。针穿入硬膜外隙后,因存在负压,会有抽空感,这与穿入蛛网膜下隙时有脑脊液流出并呈正压的情况不同。

硬膜外隙被脊神经根分为前、后两隙。前隙窄小,后隙较大,内有脂肪、静脉丛和脊神经根等结构。在中线上,前隙有疏松结缔组织连于硬脊膜与后纵韧带之间,后隙有纤维隔连于椎弓板与硬脊膜后面。这些纤维结构在颈段和上胸段出现率较高,且有时较致密,可能是导致硬膜外麻醉会出现单侧麻醉或麻醉不全的解剖学因素。

骶段硬膜外隙上大下小,前宽后窄,硬脊膜紧靠骶管后壁,间距仅为 0.10～0.15cm,故骶管麻醉时应注意入针的角度。硬脊膜囊平第 2 骶椎高度变细,裹以终丝,其前、后有结缔组织纤维索把它连于骶管前、后壁,且结合较紧,似有中隔作用,而且隙内充满脂肪,这可能是骶管麻醉有时也会出现单侧麻醉的解剖学原因。

在骶管内,骶神经(根)列于硬膜外隙内,包被由硬脊膜延伸而成的神经鞘(图 6-16)。第 1～3 骶神经鞘较厚,周围脂肪较多,可能是骶神经麻醉不全的解剖因素。骶管裂孔至终池下端的距离平均为 5.7cm。

（2）**硬膜下隙** subdural space:是位于硬脊膜与脊髓蛛网膜之间的潜在腔隙,内有少量液体,与脊神经周围的淋巴隙相通。

（3）**蛛网膜下隙** subarachnoid space:位于脊髓蛛网膜与软脊膜之间。在活体,蛛网膜下隙内充满脑脊液,向上经枕骨大孔与颅内蛛网膜腔相通,向下达第 2 骶椎高度。脊髓蛛网膜向两侧包裹脊神经根形成含有脑脊液的脊神经周围隙。蛛网膜下隙在第 1 腰椎至第 2 骶椎高度扩大,形成**终池** terminal cistern,池内有腰、骶神经根构成的**马尾** cauda equina 和软脊膜向下延伸形成的**终丝** filum terminale。

由于成人脊髓下端大约平第 1 腰椎下缘,而马尾浸泡在终池的脑脊液中,故在第 3～4 或 4～5 腰椎间进行腰椎穿刺或麻醉,将针穿至终池,一般不会损伤脊髓和马尾(图 6-17)。

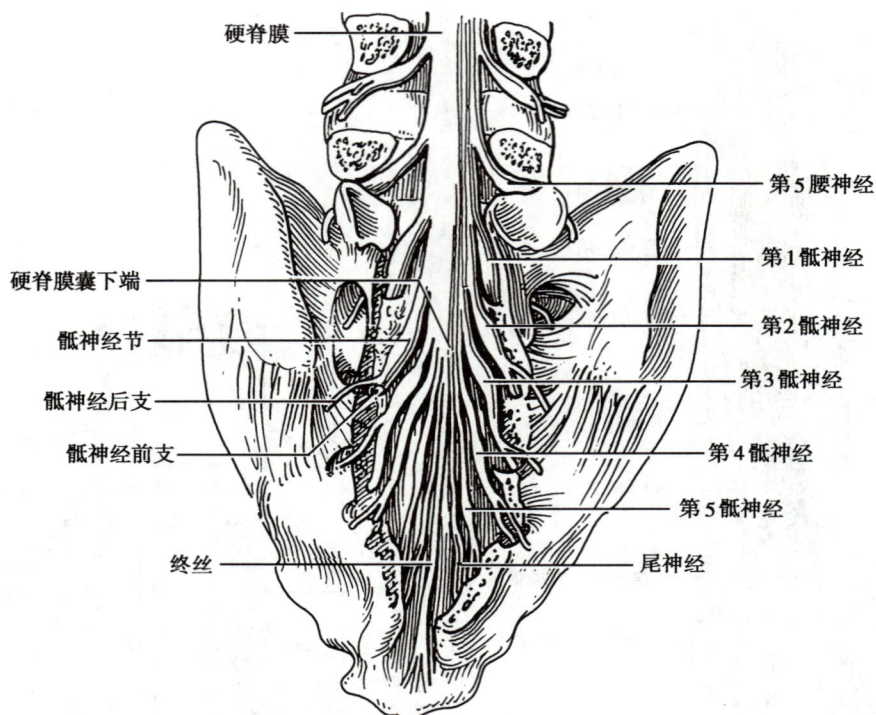

图 6-16   骶管及其内容物

硬脊膜

第5腰神经

硬脊膜囊下端

第1骶神经

骶神经节

第2骶神经

骶神经后支

第3骶神经

骶神经前支

第4骶神经

第5骶神经

终丝

尾神经

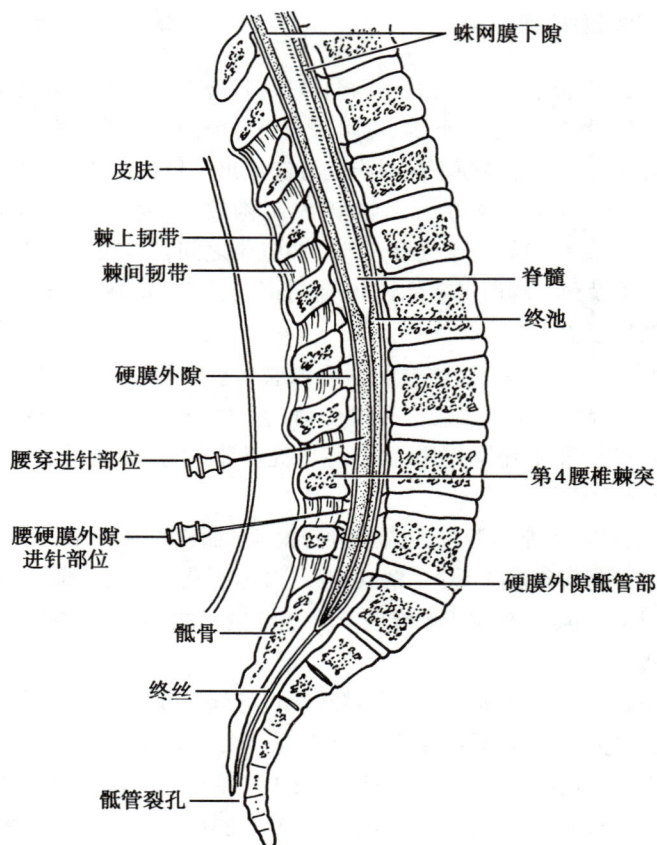

图 6-17   腰穿部位

蛛网膜下隙

皮肤

棘上韧带

棘间韧带

脊髓

终池

硬膜外隙

腰穿进针部位

第4腰椎棘突

腰硬膜外隙
进针部位

硬膜外隙骶管部

骶骨

终丝

骶管裂孔

小脑延髓池 cerebellomedullary cistern 属颅内的蛛网膜下隙。临床进行穿刺是在项部后正中线上，从枕骨下方或第 2 颈椎棘突上方进针，经皮肤、浅筋膜、深筋膜、项韧带、寰枕后膜、硬脊膜和蛛网膜而到达该池。成人由皮肤至寰枕后膜的距离为 4～5cm。穿刺针穿经寰枕后膜时有阻挡感，当阻力消失，有脑脊液流出时，表明针已进入小脑延髓池。穿刺时应注意进针的深度，以免损伤延髓。

（二）脊神经根

1. **行程和分段**　脊神经根丝离开脊髓后，即横行或斜行于蛛网膜下腔，汇成脊神经前根和后根，穿蛛网膜囊和硬脊膜囊，行于硬膜外隙中。脊神经根在硬脊膜囊以内的一段，为蛛网膜下隙段；穿出硬脊膜囊的一段，为硬膜外段。

2. **与脊髓被膜的关系**　脊神经根离开脊髓时被覆以软脊膜，当穿脊髓蛛网膜和硬脊膜时，便带出此二膜，形成蛛网膜鞘和硬脊膜鞘。此三层被膜向外达椎间孔处，逐渐与脊神经外膜、神经束膜和神经内膜相延续。蛛网膜下腔可在神经根周围向外侧延伸，至脊神经节近端附近，一般即逐步封闭消失。有时可继续沿神经根延伸，如果此时进行脊柱旁注射，药液就可能由此进入蛛网膜下腔的脑脊液内。

3. **与椎间孔和椎间盘的关系**　脊神经根的硬膜外段较短，借硬脊膜鞘紧密连于椎间孔周围，以固定硬脊膜囊和保护鞘内的神经根不受牵拉。此段在椎间孔处最易受压（图 6-18）。下腰部的脊神经根先在椎管的侧隐窝内斜向下方行走一段距离后，才紧贴椎间孔的上半出孔。椎间盘向后外侧突出、黄韧带肥厚、椎体边缘及关节突骨质增生是造成椎间管或神经根管狭窄，压迫脊神经根的最常见原因，临床手术减压主要针对这些因素。

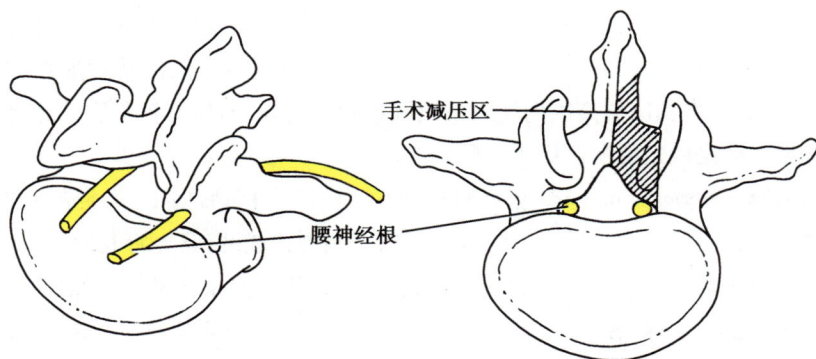

图 6-18　腰椎管侧隐窝狭窄使神经根受压

椎间盘突出时，为了减轻受压脊神经根的刺激，患者常常处于强迫的脊柱侧弯体位。此时，脊柱侧弯的方向，取决于椎间盘突出的部位与受压脊神经根的关系。当椎间盘突出从内侧压迫脊神经根时，脊柱将弯向患侧；如果椎间盘突出从外侧压迫脊神经根时，脊柱将弯向健侧。有时，椎间盘突出患者会出现左右交替性脊柱侧弯现象，其原因可能是突出椎间盘组织的顶点正巧压迫脊神经根。对于这样的患者，无论脊柱侧弯弯向何方，均可暂时缓解突出椎间盘对脊神经根的压迫（图 6-19）。

（三）脊髓的血管和脊神经脊膜支

1. **动脉**　有两个来源，即起自椎动脉的脊髓前、后动脉和起自节段性动脉（如肋间后动脉等）的根动脉（图 6-20）。

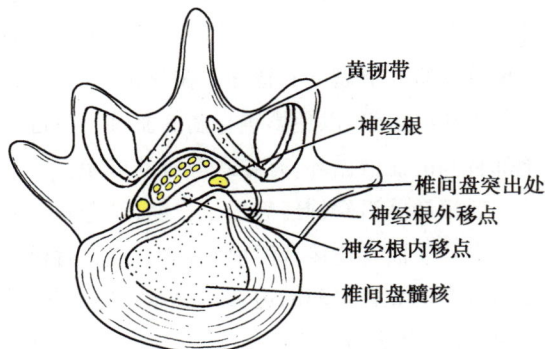

图 6-19　椎间盘突出与交替性脊柱侧弯

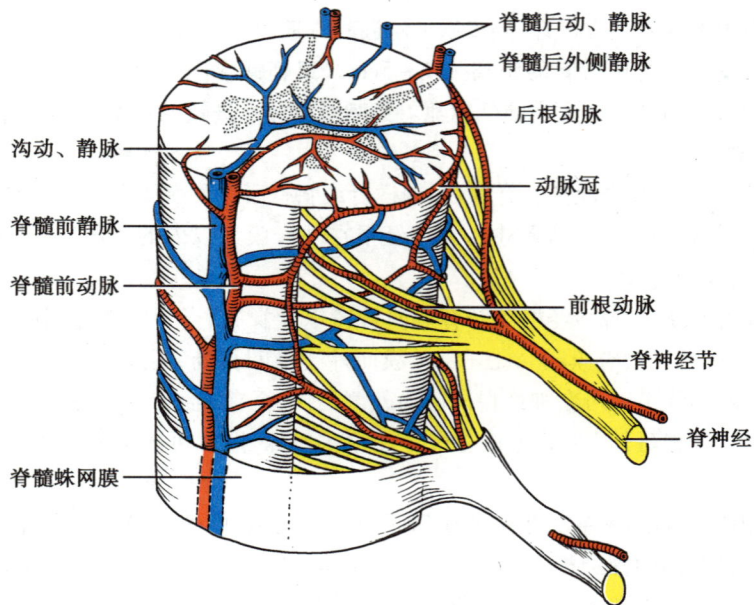

图 6-20　脊髓的血管

（1）**脊髓前动脉** anterior spinal artery：起自椎动脉颅内段，向内下行一小段距离即合为一干，沿脊髓前正中裂下行至脊髓下端，沿途发出分支营养脊髓灰质（后角后部除外）和侧、前索的深部。行程中常有狭窄甚至中断，其供应范围主要是颈 1~4 节，颈 5 以下则由节段性动脉加强和营养。脊髓前动脉在脊髓下端变细，于脊髓圆锥高度向侧方发出圆锥吻合动脉，向后与脊髓后动脉吻合。圆锥吻合动脉在脊髓动脉造影时是确定脊髓圆锥平面的标志之一。

（2）**脊髓后动脉** posterior spinal artery：起自椎动脉颅内段，斜向后内下，沿脊髓后外侧沟下行，有时在下行中两动脉合为一干行走一段，沿途发出分支，互相吻合成网，营养脊髓后角的后部和后索。

（3）**根动脉** radicular artery：起自节段性动脉的脊支。颈段主要来自椎动脉颈段和颈升动脉等；胸段来自肋间后动脉和肋下动脉；腰段来自腰动脉；骶、尾段来自骶外侧动脉。根动脉随脊神经穿椎间孔入椎管，分为前、后根动脉和脊膜支。

前根动脉沿脊神经前根至脊髓，发出分支与脊髓前动脉吻合，并分出升、降支与相邻的前根动脉相连。前根动脉主要供应下颈节以下脊髓的腹侧 2/3 区域，其数量不等，少于后根动脉，较多出现在下颈节、上胸节、下胸节和上腰节，其中有两支较粗大：一支出现在颈 5~8 和胸 1~6 节，称颈膨大动脉，供应颈 5~胸 6 节的脊髓；另一支出现在胸 8~12 和腰 1 节，以胸 11 节为多见，称腰骶膨大动脉，主要营养胸 7 节以下的脊髓。在暴露肾动脉以上的降主动脉或行肋间后动脉起始部的手术时，应注意保护这些血管，以免影响脊髓的血供。在行主动脉造影时，如造影剂进入腰骶膨大动脉，可能阻断该部脊髓的血液循环，有导致截瘫的可能。

后根动脉沿脊神经后根至脊髓，与脊髓后动脉吻合，分支营养脊髓侧索的后部（图 6-20）。

脊髓表面有连接脊髓前、后动脉，前、后根动脉和两条脊髓后动脉的环状动脉血管，称动脉冠，可发出分支营养脊髓的周边部。营养脊髓的动脉吻合，在胸 4 和腰 1 节常较缺乏，故此 2 段脊髓为乏血区，易发生血液循环障碍。

2. **静脉**　脊髓表面有 6 条纵行静脉，行于前正中裂、后正中沟和前、后外侧沟内。纵行静脉之间有许多交通支互相吻合，并穿硬脊膜与椎内静脉丛相交通。

3. **脊神经脊膜支** meningeal branch of spinal nerve　也被称为**窦椎神经** sinuvertebral nerve 或

Luschka 神经。窦椎神经由脊根（起自脊神经或脊神经节）和交感根（起自后交通支或脊神经节）组成，其纤维成分有感觉纤维（传导痛觉和本体感觉）和交感纤维。经椎间孔返回椎管，向上围绕椎弓根基底，行向椎管前面中线。发出分支至后纵韧带、骨膜、硬膜外间隙的血管及硬脊膜，并发分支至椎间盘。脊膜支受刺激可引起腰部及股后肌群反射性痉挛及腰腿痛。切断脊膜支可使椎间盘、后纵韧带、硬脊膜的本体感觉丧失（见图 6-12，图 6-13）。

（四）椎静脉丛

分为**椎外静脉丛** external vertebral plexus 和**椎内静脉丛** internal vertebral plexus（图 6-21）。

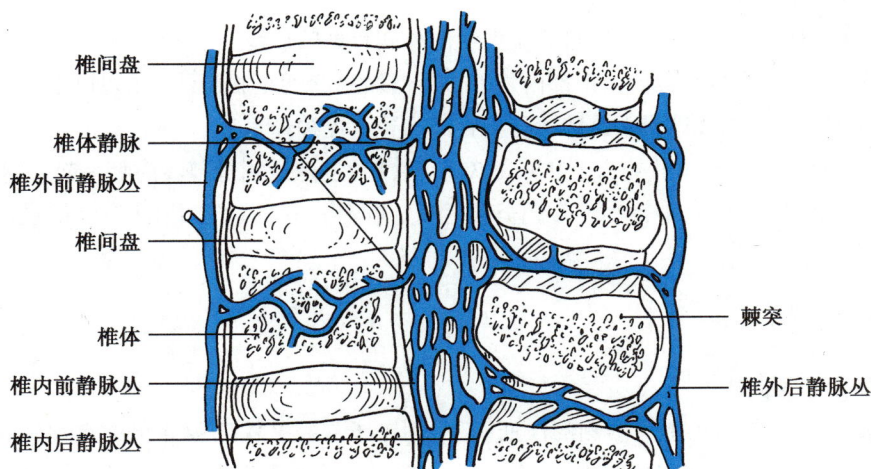

图 6-21 椎静脉丛

椎外静脉丛位于椎管之外，前组在椎体的前方，后组在椎骨的后方。前组在椎体后方和后纵韧带的两侧，大致为两条纵行的静脉丛，收集来自椎体的静脉；后组位于椎弓和黄韧带的深面。两侧之间有吻合支相连。椎外静脉丛收集椎体和邻近肌的静脉，注入颈深静脉丛、肋间静脉、腰静脉和骶外侧静脉。这些静脉及交通支多无静脉瓣，可容许血液反流。

椎内静脉丛位于椎管内，分布于椎骨骨膜与硬脊膜之间。椎内静脉丛收集脊髓、椎骨和韧带的静脉血，向上与颅内的枕窦、乙状窦、基底丛等有吻合，并与椎外静脉丛有广泛的交通。由于椎静脉丛不仅沟通上、下腔静脉系，而且与颅内有直接交通，故某些盆腔、腹腔或胸腔的感染、肿瘤或寄生虫卵等，可不经肺循环而直接通过椎静脉丛侵入颅内。当咳嗽或呕吐时，腹内压突然增高，迫使下腔静脉不能正常受纳腹腔和盆腔的静脉血流，瞬间血流可经骶外侧静脉、腰静脉和肋间静脉反流，再经椎外静脉丛注入上腔静脉。由于椎内静脉丛位于椎管内，环境恒定，因而不受腹压变化的影响。

（潘爱华）

第三节 脊柱区解剖操作

一、切口

1. 人体标本取俯卧位，颈下垫高，使项部呈前屈位。

2. 用手触摸枕外隆凸、上项线、乳突、第 7 颈椎棘突、肩胛冈、肩峰、肩胛骨下角、第 12 肋、胸腰椎棘突、骶正中嵴、髂嵴、髂后上棘、骶角等骨性标志。

3. **在人体标本上模拟腰椎穿刺** 将穿刺针从第 4 与第 5 腰椎棘突之间刺入，进针缓慢，体会进针感。穿刺针依次穿过皮肤、浅筋膜、深筋膜、棘上韧带、棘间韧带、黄韧带，进入椎管，再穿通硬脊膜和蛛网膜,进入蛛网膜下腔。当穿通黄韧带和硬脊膜时,有明显的突破感。活体穿刺时,穿刺针进入蛛网膜下腔,会有脑脊液流出。

4. 切开皮肤前,先用镊子尖或彩色笔在切口上画线,再用解剖刀沿线做如下5条皮肤切口(见图0-7)。

(1)背部中线切口:自枕外隆凸沿正中线向下直到骶骨后面中部。

(2)枕部横切口:自枕外隆凸沿上项线向外侧直到乳突。

(3)肩部横切口:自第7颈椎棘突向外侧直到肩峰,再垂直向下切至肱骨中段三角肌止点,然后向内侧环切上臂后面皮肤。

(4)背部横切口:平肩胛骨下角,自后正中线向外侧直到腋后线。

(5)髂嵴弓形切口:自骶骨后面中部向外上方沿髂嵴弓状切至腋后线(此切口不可太深,以免损伤由竖脊肌外侧缘浅出在浅筋膜中跨髂嵴行于臀部的臀上皮神经)。

5条切口将背部两侧的皮肤分为上、中、下3片,将3片皮肤连同背部浅筋膜一起分别自内侧翻向外侧。上片翻至斜方肌前缘,中片和下片翻至腋后线。在翻皮片的过程中,注意背部皮肤的厚薄、质地和活动度。

二、层次解剖

(一) 解剖浅层结构

解剖皮神经　在背部正中线两侧的浅筋膜中,用镊子寻找从深筋膜穿出的脊神经后支的皮支。在背上部,胸神经后支靠近棘突处穿出;在下部,胸神经后支在近肋角处穿出。第1~3腰神经后支从竖脊肌外侧缘浅出,越髂嵴至臀部,形成臀上皮神经(见图6-2)。第2胸神经后支的皮支最长,可平肩胛冈寻找和辨认。在枕外隆凸外侧2~3cm处斜方肌的枕骨起始部,用剪刀小心分离刚穿出的枕大神经,它上行至枕部(见图6-2,图6-5)。

(二) 解剖深层结构

1. **解剖斜方肌和背阔肌**　用剪刀清除斜方肌和背阔肌表面的筋膜,并修洁这两块肌。在项部,清理到斜方肌外侧缘时不能再向前外剥离,以免损伤副神经和颈丛的分支。在修洁背阔肌下份时,注意背阔肌的腱膜与胸腰筋膜融合在一起。在腰部外侧,背阔肌的前方,修出腹外斜肌的后缘。

2. **观察浅层肌之间的三角**　在斜方肌的外下缘、背阔肌的上缘和肩胛冈的脊柱缘之间,找到听诊三角(见图6-2)。在背阔肌的外下缘、髂嵴和腹外斜肌的后缘之间,找到腰下三角,证实其深面是腹内斜肌(见图6-6)。

3. **翻起斜方肌和背阔肌**

(1)从斜方肌的外下缘紧贴肌深面插入刀柄,钝性分离至胸椎棘突的起始部。沿正中线外侧1cm处由下往上纵行切开斜方肌至枕外隆凸,再沿上项线转向外侧至乳突。斜方肌的所有起点被切断后,将其向外侧翻起,直至肩胛冈的止点。注意:将其深面的肌、枕大神经、副神经及其伴行血管保持在原位,用剪刀清除周围的结缔组织。

(2)从背阔肌的外下缘紧贴其深面插入刀柄,向内上方钝性分离。再沿背阔肌的肌性部与腱膜部的移行线外侧1cm处纵行切开背阔肌,翻向外侧。注意:观察并切断背阔肌在下位3~4肋和肩胛骨下角背面的起点。接近腋区可见胸背神经、动脉和静脉进入背阔肌深面,清理并观察。

4. **解剖中间肌和腰上三角**

(1)在肩胛骨上方和内侧用剪刀修洁肩胛提肌和菱形肌,沿后正中线外侧1cm处,切断菱形肌,向外下位翻开,显露位于棘突和第 2~5 肋之间的上后锯肌。注意:在肩胛提肌和菱形肌深面解剖寻找肩胛背神经和血管。

沿后正中线外侧 1cm 处切断上后锯肌,翻向外侧。在胸背部和腰部移行处修洁很薄的下后锯肌。沿背阔肌的切断线切开下后锯肌,翻向外侧。

(2)观察腰上三角由下后锯肌的下缘、竖脊肌的外侧缘和腹内斜肌的后缘共同围成(见图 6-6)。有时第 12 肋也参与围成,则成四边形区域。

5. 解剖背筋膜深层

(1)用剪刀修洁夹肌、竖脊肌表面的筋膜。注意:此层筋膜在颈部和胸部比较薄弱,并与斜方肌深面的筋膜融合。清除颈、胸部的筋膜即可观察夹肌的起止点。注意:此层筋膜在腰区特别增厚,被称为胸腰筋膜后层。

(2)解剖并观察胸腰筋膜:沿竖脊肌的中线,用解剖刀纵行切开胸腰筋膜后层,翻向两侧,显露竖脊肌;将竖脊肌牵拉向内侧,观察深面的胸腰筋膜中层,体会竖脊肌鞘的组成(见图 6-3)。在胸腰筋膜中层的深面,还有腰方肌和胸腰筋膜的前层,暂时不要解剖。

6. 解剖竖脊肌和横突棘肌　竖脊肌纵列于脊柱的两侧,是背部深层的长肌,下方起自骶骨的背面和髂嵴的后部,向上分为 3 列:①外侧列是髂肋肌,止于各肋;②中间列为最长肌,止于椎骨的横突,上端止于乳突;③内侧列为棘肌,止于椎骨的棘突,小心钝性分离竖脊肌的三列纤维;④将竖脊肌的各部肌束,由棘突、横突和肋角的骨剥离,翻向下,观察位于椎骨横突与棘突之间的横突棘肌。

7. 解剖枕下三角　在项部与胸背部的移行处沿中线外侧切断夹肌的起点,翻向外上方;再将其深面的半棘肌从枕骨附着部切断,翻向下方。清理枕下三角,注意观察:其内上界是头后大直肌;外上界是头上斜肌,外下界为头下斜肌。枕下三角内有由外侧向内侧横行的枕动脉,其下缘有枕下神经穿出,支配枕下肌(见图 6-5)。

8. 解剖椎管

(1)用咬骨钳咬断椎板,打开椎管:使标本的头部下垂,垫高腹部。清除各椎骨和骶骨背面所有附着的肌,保存一些脊神经的后支,留以后观察其与脊髓和脊神经的联系。在各椎骨的关节突内侧和骶骨的骶中间嵴内侧纵行锯断椎弓板,再从上、下两端横行凿断椎管的后壁,掀起椎管后壁,观察其内面椎弓板之间的黄韧带。

(2)观察椎管内内容物(见图 6-12,图 6-13,图 6-16):椎管壁与硬脊膜之间是硬膜外隙,用剪刀小心清除隙内的脂肪和椎内静脉丛,注意观察有无纤维隔存在;沿中线纵行剪开硬脊膜,注意观察和体会硬脊膜与其深面菲薄透明的蛛网膜之间存在潜在的硬膜下隙。提起并小心剪开蛛网膜,打开蛛网膜下隙及其下端的终池。认真观察脊髓、脊髓圆锥、终丝和马尾等的结构特征。紧贴脊髓表面有软脊膜,含有丰富的血管。寻找并观察在脊髓的两侧由软脊膜形成的齿状韧带,体会其作用和临床意义。

最后,用咬骨钳咬除几个椎间孔后壁的骨质,认真分辨椎间盘、后纵韧带、脊神经节、脊神经根、脊神经、脊神经前支和后支等重要解剖结构,体会可能造成压迫脊神经的因素。

(潘爱华)

第四节　临床病例分析

病例 6-1

患者,男,21 岁。在车祸中头部被撞。患者诉下肢感觉和随意运动消失,上肢运动功能也受影响,手部尤为严重,被送入医院救治。脊柱 X 线摄片显示:第 6 和第 7 颈椎发生了严重的脱位。诊断:第 6、7 颈椎脱位。

手术治疗:实施了脊柱切开复位术,将第 6 和第 7 颈椎椎体复位钢板固定在一起,使之恢复正常解剖位置。术后通过佩戴项圈固定颈部保持疗效,患者约在手术后 1 天开始活动上肢和坐立。

临床解剖学问题:

(1)该患者颈椎的哪些部位发生了脱位? 损伤及治疗过程可能影响哪些固定椎骨的韧带?

(2)患者截瘫最可能的原因是什么?

(3)还有哪些生理功能可能不再受意识支配?

病例 6-2

患者,女,30 岁。近半年来感觉双手虚弱无力,先是右手乏力,然后左手软弱无力。在感觉无力之前,右手小指曾被熨斗烫伤和刀片划伤,但两次均无痛觉。查体发现双手肌肉萎缩,掌骨明显突出,患者手不能做手指收展运动和拇指内收运动。双手尺侧痛觉缺失,痛觉缺失区向上延至前臂尺侧半,臂内侧 1/3 痛觉缺失。右侧上睑轻度下垂,右侧瞳孔缩小,右侧面部潮红。诊断为脊髓空洞症。

临床解剖学问题:

(1)脊髓空洞症的解剖学基础是什么?

(2)为什么会出现双手感觉障碍和手肌萎缩? 如何解释渐进性发展的感觉和运动障碍?

(3)出现右侧上睑垂和瞳孔缩小的原因是什么?

病例 6-3

患者,女,5 岁。因发热、咳嗽、呕吐入院。询问病史,患儿数日前开始有低烧、咳嗽、喉咙痛。现症状加重,并出现剧烈头痛,急送就医。查体发现患儿精神萎靡,体温 39.8℃;颈僵直。血常规显示白细胞总数与中性粒细胞比例增加。疑为流行性脑膜炎。拟行腰椎穿刺抽取脑脊液化验,以明确诊断。

临床解剖学问题:

(1)行腰椎穿刺时髂骨重要的骨性标志有哪些?

(2)腰椎穿刺应在哪里进行? 行腰穿时,为什么要求患者尽可能屈背?

(3)腰椎穿刺需经过哪些层次结构? 与硬膜外麻醉的进针有何不同?

病例 6-4

患者,男,50 岁。1 周前患者举重箱子之时,突发下腰背部和臀部疼痛,第二天加重。1 周来疼痛在活动时加重,卧床休息后减轻。患者无腿部疼痛和感觉异常,无大小便功能改变、发热。查体结果显示:急性腰肌劳损。

临床解剖学问题:

(1)导致该患者腰背部疼痛最可能的原因是什么?

(2)腰肌劳损中哪些腰部肌肉易累及? 患者可能会出现哪些症状和体征?

病例 6-5

患者,男,30 岁。患者背部被刺伤致两下肢运动丧失。数日后左腿运动障碍略有恢复,1 月后左腿运动基本恢复,但右下肢完全瘫痪。体格检查:左侧躯干剑突水平以下和左下肢痛、温觉丧失,但右侧痛、温觉完好;右下肢位置觉、运动觉、振动觉以及精细触觉(如两点辨别觉和纹理觉)丧失,但左下肢正常;右下肢无随意运动,腱反射亢进,Babinski 征阳性。

诊断:胸髓右侧半横断。

临床解剖学问题:

(1)脊髓损伤可能发生在哪个节段?请解释出现上述症状的解剖学基础。

(2)胸椎刺伤可能位于什么位置?

（贺桂琼　侯志勇）

第七章 上 肢

第一节 概 述

上肢 upper limb 与动物前肢同源,连于胸廓外上部。上肢既是劳动的工具,也是劳动的产物,与下肢相比,构造上有如下特点:骨骼轻巧,关节囊薄而松弛,无坚韧的侧副韧带,肌数目多且细长,运动更为灵活。

一、境界与分区

上肢通过肩部与颈、胸和背部相接。其中,与颈部的界线是锁骨上缘外 1/3 和肩峰至第 7 颈椎棘突的连线。与胸、背部的分界分别为三角肌前、后缘上端与腋前、后襞下缘中点的连线。

上肢分为肩、臂、肘、前臂、腕和手 6 部。进而,肩再分为腋区、三角肌区和肩胛区;手再分为手掌、手背和手指三区;其余各部再分为前、后两区。

二、表面解剖

(一) 体表标志

1. 肩部　肩峰 acromion 为上肢最高点的骨性标志,位于肩关节的上方。沿肩峰向后内,可摸及肩胛冈 spine of scapula,向前内可触及锁骨 clavicle。喙突 coracoid process 位于锁骨中、外 1/3 交界处下方的锁骨下窝内,于此窝深部可扪及。肱骨大结节 great tubercle of humerus 可于肩峰的前下外侧摸到。腋前襞 anterior axillary fold 主要由胸大肌下缘构成,形成腋窝底的前界;腋后襞 posterior axillary fold 的深部主要是大圆肌和背阔肌的下缘,构成腋窝底的后界。

2. 臂部　肱二头肌 biceps brachii 肌腹形成纵行隆起,两侧为肱二头肌内、外侧沟 medial and lateral groove of biceps brachii。肱骨三角肌粗隆 deltoid tuberosity 位于臂中部的外侧。

3. 肘部　肱骨内、外上髁 medial and lateral epicondyle of humerus 是肘部两侧最突出的骨点,容易触及。外上髁的下方可扪及桡骨头 head of radius。屈肘时,肘前区看见明显的皮肤折沟——肘前横纹,在横纹中点可触及肱二头肌腱 tendon of biceps brachii,尤以半屈肘时明显;后区最显著的隆起为尺骨鹰嘴 olecranon of ulna。

4. 腕部和手部

(1) 骨性标志:桡骨茎突 styloid process of radius 和尺骨茎突 styloid process of ulna 为位于腕桡侧和尺侧的突起,尺骨茎突偏于后内侧,明显突出。

(2) 腕横纹:腕前区皮肤有三条横纹。腕近侧纹 proximal crease of wrist 约平尺骨头,腕中纹 middle crease of wrist 不恒定,腕远侧纹 distal crease of wrist 平对屈肌支持带近侧缘。

(3) 腱隆起:握拳时,腕前区有三条纵行的肌腱隆起:掌长肌腱 tendon of palmaris longus 居中;外侧为桡侧腕屈肌腱 tendon of flexor carpi radialis,桡动脉位于该腱的外侧;内侧为尺侧腕屈肌腱 tendon of flexor carpi ulnaris。伸腕、伸指时,在手背皮下可见指伸肌腱 tendon of extensor digitorum。

(4) 手掌:有三条掌横纹:鱼际纹斜行于鱼际尺侧,近侧与腕远侧纹中点相交,深面有正中神经通过;掌中纹略斜行于掌中部,桡侧端与鱼际纹重叠;掌远纹横行,适对第 3 ~ 5 掌指关节,其桡侧端弯向第 2 指蹼处。手掌两侧有梭形肌性隆起:内侧称**小鱼际**hypothenar;外侧称**鱼际**thenar。手掌中央凹陷称**掌心**center of palmar。

（5）解剖学**"鼻烟窝"**anatomical snuffbox:为位于手背外侧部的浅凹,拇指充分外展并后伸时尤为明显。其桡侧界为**拇长展肌腱**tendon of abductor pollicis longus 和**拇短伸肌腱**tendon of extensor pollicis brevis;尺侧界为**拇长伸肌腱**tendon of extensor pollicis longus;近侧界为桡骨茎突。窝底为手舟骨和大多角骨。窝内有桡动脉通过,可扪及其搏动。

（二）对比关系

肩峰、肱骨大结节和喙突三者形成一等腰三角形;尺骨鹰嘴与肱骨内、外上髁,伸肘时处于同一水平线,屈肘时,三者构成等腰三角形。当肩、肘关节脱位时,上述关系发生变化。

（三）上肢的轴线与提携角

穿经肱骨头中心——肱骨小头——尺骨头的直线为**上肢轴线**。肱骨的纵轴线称**臂轴**,尺骨的长轴线称**前臂轴**。臂轴与前臂轴在肘部相交,构成一向外开放的钝角,称**提携角**（图 7-1）。正常为 165°～170°,女性的提携角小于男性。提携角的内错角为 10°～15°,若此角大于 15°称肘外翻,0°～10°称直肘,小于 0°称肘内翻。

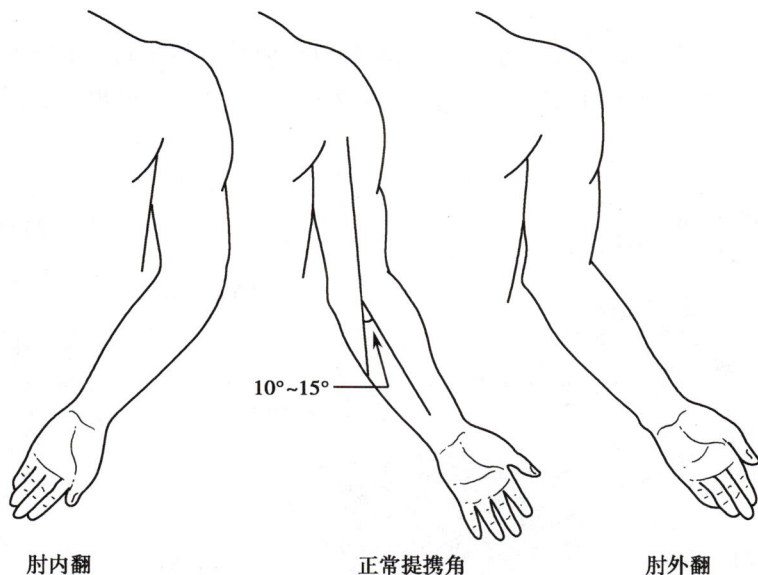

图 7-1　提携角

（四）体表投影

1. 上肢动脉干的投影　上肢外展 90°,掌心向上,从锁骨中点至肘前横纹中点远侧 2cm 处的连线,为腋动脉和肱动脉的体表投影（图 7-2）。两者以大圆肌下缘为界,大圆肌下缘以上为腋动脉,以下为肱动脉。从肘前横纹中点远侧 2cm 处,至桡骨茎突前方和豌豆骨桡侧的连线,分别为桡、尺动脉的投影。

2. 上肢神经干的投影（图 7-2）

（1）正中神经:在臂部与肱动脉一致,位于肱二头肌内侧沟内;在前臂为从肱骨内上髁与肱二头肌腱连线的中点至腕远侧纹中点稍外侧的连线。

（2）尺神经:自腋窝顶,经肱骨内上髁与尺骨鹰嘴间的尺神经沟,至豌豆骨桡侧缘的连线。

（3）桡神经:从腋后襞下缘外端与臂交点处起,向下斜过肱骨后方,至肱骨外上髁的连线。

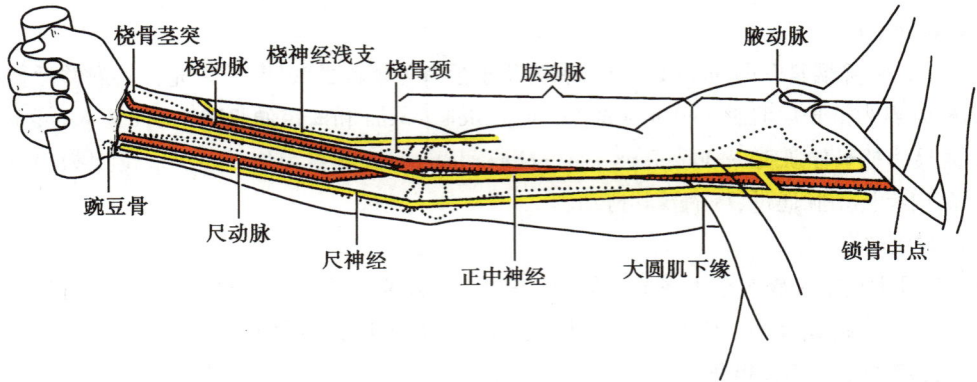

图 7-2   上肢动脉干和神经干的体表投影

第二节   肩   部

一、腋区

腋区 axillary region 位于肩关节下方、臂上段与胸前外侧壁上部之间。上肢外展时,此区出现穹窿状皮肤凹陷,皮肤深面为四棱锥形的腔隙,称**腋窝** axillary fossa,由顶、底和四壁构成(图 7-3)。

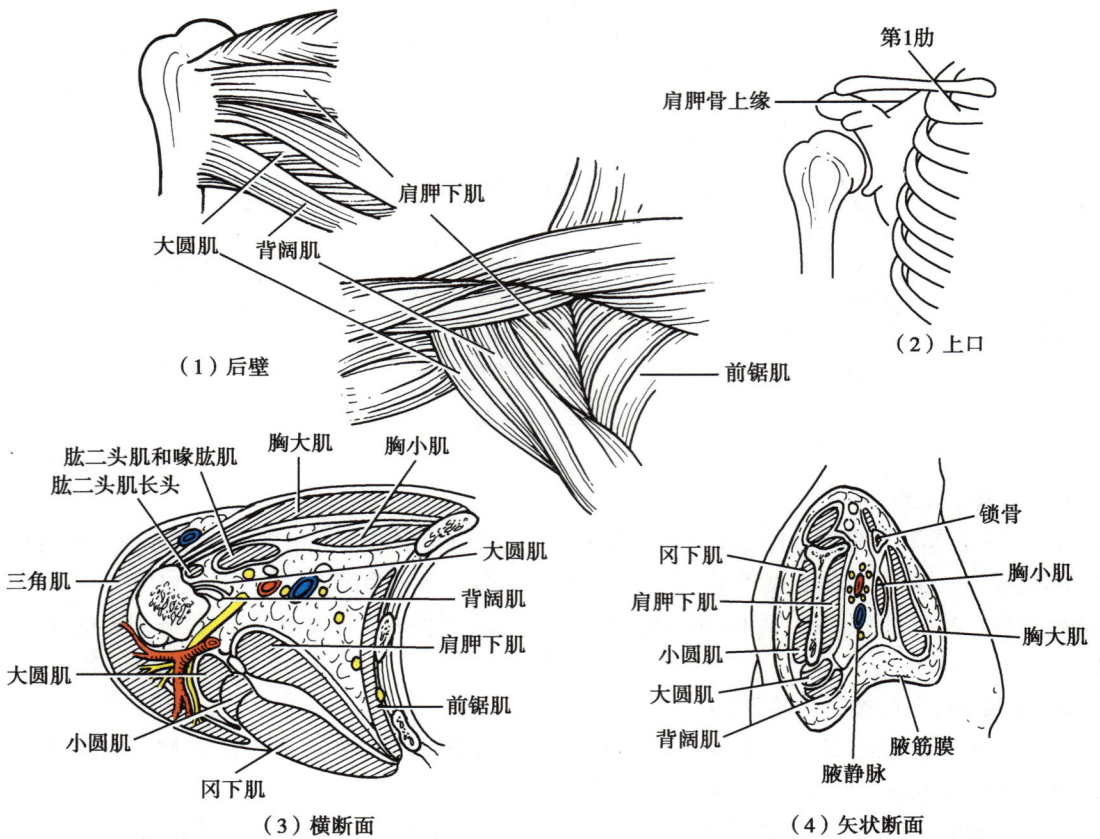

图 7-3   腋窝的构成

（一）腋窝的构成

1. **顶**　即腋窝的上口,向上内通颈根部,由锁骨中份、第 1 肋外缘和肩胛骨上缘围成。内有臂丛和血管通过,锁骨下血管于第 1 肋外缘移行为腋血管。

2. **底**　由皮肤、浅筋膜和腋筋膜构成。皮肤借纤维隔与腋筋膜相连,腋筋膜中央部因有皮神经、浅血管和浅淋巴管穿过而呈筛状,故又称筛状筋膜。

3. **四壁**　包括前、后壁和内、外侧壁。

（1）前壁:由**胸大肌**pectoralis major、**胸小肌**pectoralis minor、**锁骨下肌**subclavius 和**锁胸筋膜**clavi-pectoral fascia 构成。锁胸筋膜是位于锁骨下肌、胸小肌和喙突之间的胸部深筋膜,有**头静脉**cephalic vein、**胸肩峰血管**thoracoacromial vessel 和**胸外侧神经**lateral pectoral nerve 穿过(图 7-4)。

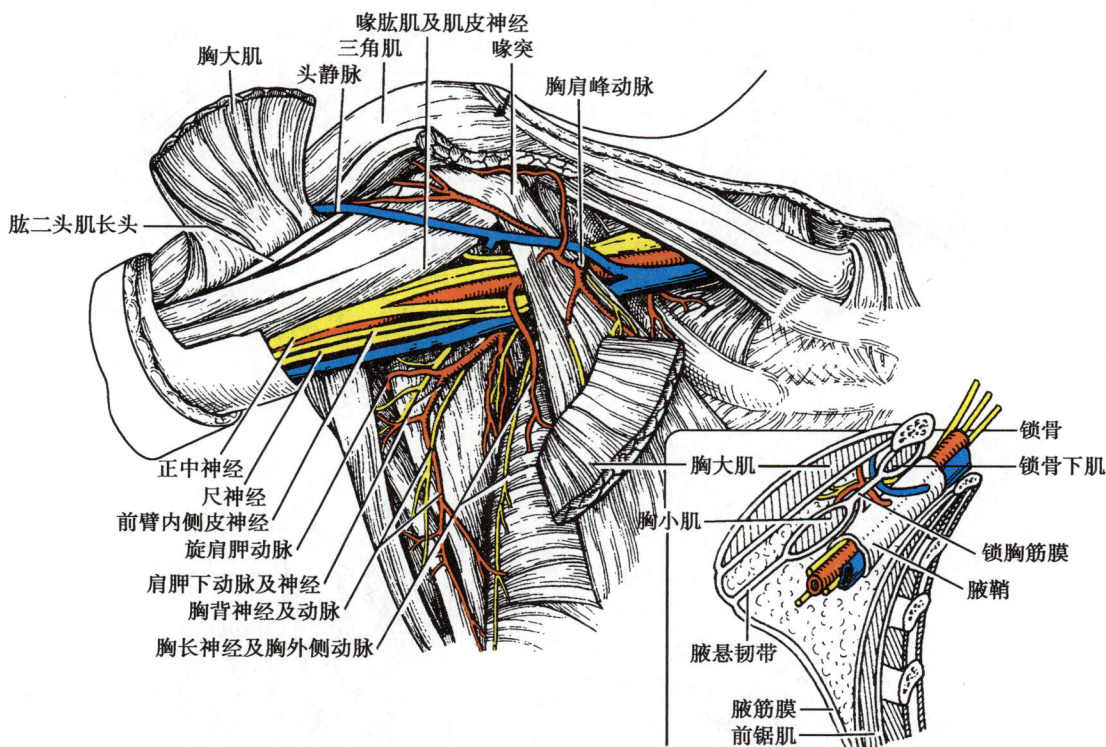

图 7-4　腋窝前壁的层次及内容

（2）后壁:由**背阔肌**latissimus dorsi、**大圆肌**teres major、**肩胛下肌**subscapularis 和**肩胛骨**scapula 构成。后壁有**三边孔**trilateral foramen 和**四边孔**quadrilateral foramen。三边孔和四边孔有共同的上界和下界,上界为**小圆肌**teres minor 和肩胛下肌,下界为大圆肌和背阔肌;**肱三头肌长头**long head of triceps brachii 构成三边孔的外侧界、四边孔的内侧界;四边孔的外侧界为**肱骨外科颈**surgical neck of humerus。三边孔内有**旋肩胛血管**circumflex scapular vessel 通过,四边孔内有**腋神经**axillary nerve 和**旋肱后血管**posterior humeral circumflex vessel 通过(图 7-5)。

（3）内侧壁:由**前锯肌**serratus anterior、**上位 4 条肋骨**rib 及**肋间肌**intercostal muscle 构成。

（4）外侧壁:由**喙肱肌**coracobrachialis,**肱二头肌长**、**短头**two heads of biceps brachii 和**肱骨结节间沟**intertubercular sulcus of the humerus 构成。

（二）腋窝的内容

主要有臂丛的锁骨下部及其分支、腋动脉及其分支、腋静脉及其属支、腋淋巴结和疏松结缔组织等(图 7-6)。

1. **腋动脉 axillary artery**　在第 1 肋外侧缘续接锁骨下动脉,至大圆肌下缘移行于肱动脉,以胸小肌为标志分为三段,共发出 6 个分支,即,第 1 段 1 个分支;第 2 段 2 个分支;第 3 段 3 个分支(图 7-4,图 7-6,图 7-7)。

（1）第 1 段:位于第 1 肋外缘与胸小肌上缘之间。前方邻胸大肌及其筋膜、锁骨下肌、锁胸筋膜及穿过该筋膜的结构;后方邻臂丛内侧束、胸长神经、前锯肌和第 1 肋间隙等;外侧邻臂丛后束和外侧束;内侧有腋静脉、胸上动脉及其伴行静脉和腋淋巴结尖群。该段分出一个分支:**胸上动脉** superior thoracic artery,细小,分支分布于第 1、2 肋间隙前部。

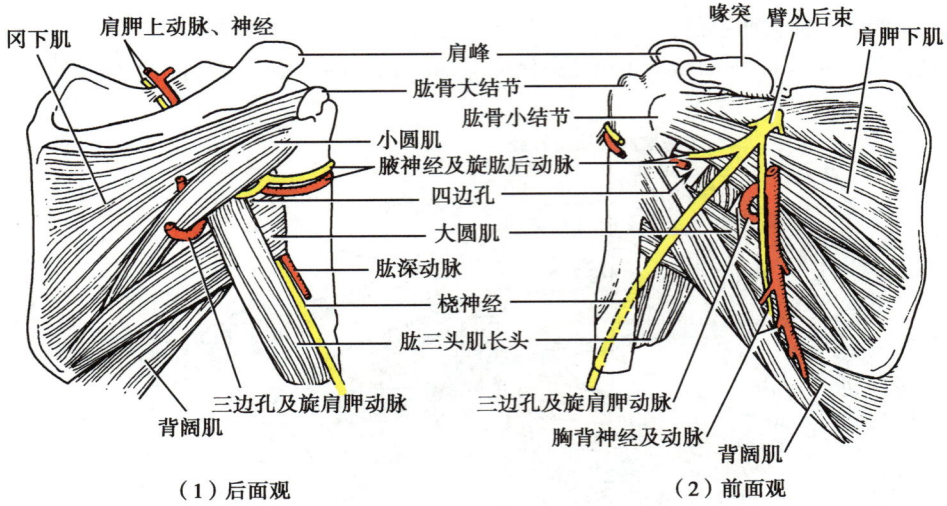

（1）后面观　　　　　（2）前面观

图 7-5　三边孔和四边孔

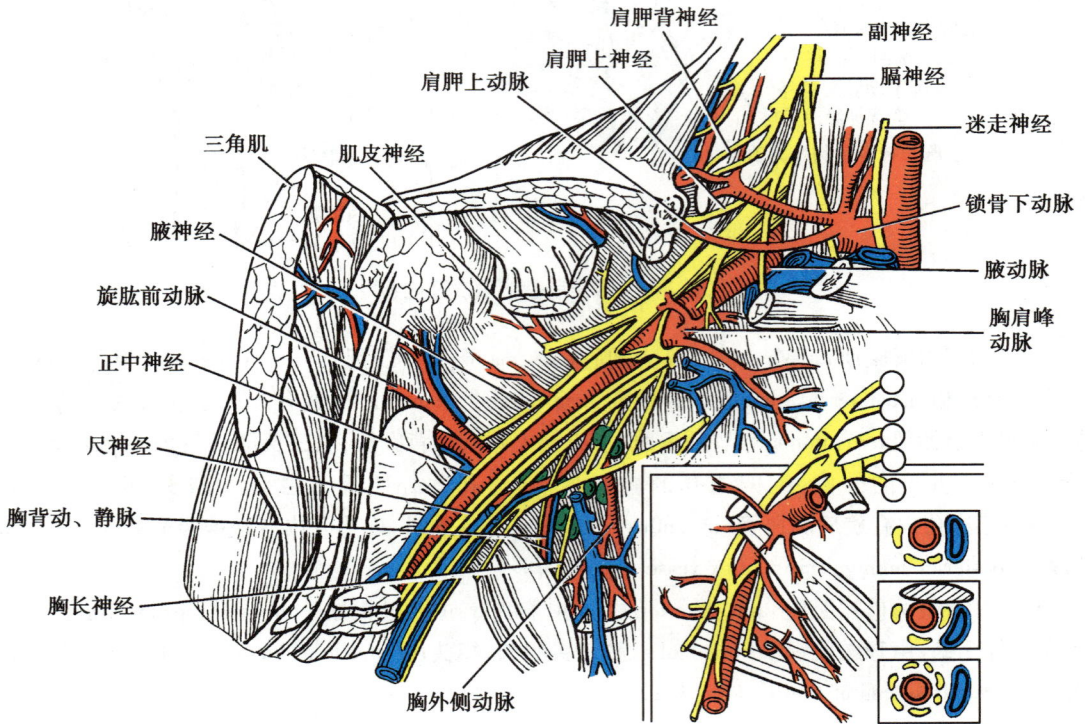

图 7-6　腋窝内容

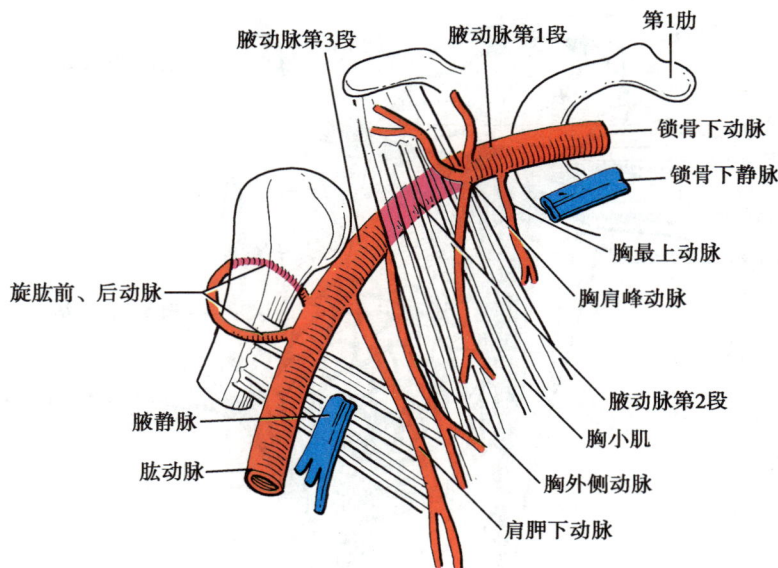

图 7-7　腋动脉的分段与分支

（2）第 2 段：位于胸小肌后方。前有胸大肌、胸小肌及其筋膜；后邻臂丛后束和肩胛下肌；外侧为臂丛外侧束，内侧是臂丛内侧束和腋静脉。此段发出 2 个分支：①胸肩峰动脉 thoracoacromial artery，为一短干，穿锁胸筋膜后，立即分为数支，分别营养胸大肌、胸小肌，三角肌和肩峰等；②胸外侧动脉 lateral thoracic artery，于腋中线稍前方，沿前锯肌表面下行，分布于前锯肌，胸大肌和胸小肌。在女性，还分布至乳房。

（3）第 3 段：位于胸小肌下缘至大圆肌下缘之间。前方有胸大肌，且与正中神经内侧根及旋肱前血管紧密相邻；后邻桡神经、腋神经、大圆肌肌腱、背阔肌和旋肱后血管等；外侧有正中神经外侧根、肌皮神经、肱二头肌短头和喙肱肌；内侧为尺神经、前臂内侧皮神经和腋静脉及其周围淋巴结。

第 3 段发出 3 个分支：①肩胛下动脉 subscapular artery 沿肩胛下肌下缘向后下方走行，分为旋肩胛动脉和胸背动脉，前者穿三边孔至冈下窝，后者与胸背神经伴行进入背阔肌；②旋肱后动脉 posterior humeral circumflex artery 与腋神经伴行穿四边孔向后，分支分布于三角肌，于肱骨外科颈后方，有分支与旋肱前动脉吻合；③旋肱前动脉 anterior humeral circumflex artery 较细，绕过肱骨外科颈前方，与旋肱后动脉吻合。

2. 腋静脉 axillary vein　位于腋动脉的内侧，两者之间有臂丛内侧束、胸内侧神经、尺神经和前臂内侧皮神经；其内侧有臂内侧皮神经。腋静脉管壁愈着于腋鞘和锁胸筋膜，损伤后易呈开放状态，有吸入空气的潜在危险。

3. 臂丛 brachial plexus　在此为臂丛的锁骨下部，由三个束构成：内侧束是下干前股的延续；外侧束由上、中干的前股合成；后束由三个干的后股合成。各束先位于腋动脉第 1 段的后外侧，再从内侧、外侧和后方包绕腋动脉的第 2 段；臂丛各束的分支则位于腋动脉第 3 段周围。外侧束发出胸外侧神经和肌皮神经 musculocutaneous nerve，内侧束发出胸内侧神经 medial pectoral nerve、前臂内侧皮神经 medial antebrachial cutaneous nerve、臂内侧皮神经 medial brachial cutaneous nerve 和尺神经 ulnar nerve。内、外侧束还分别发出正中神经 median nerve 的内、外侧根。后束的分支有桡神经 radial nerve、腋神经 axillary nerve、肩胛下神经 subscapular nerve 和胸背神经 thoracodorsal nerve。此外，还有起自锁骨上部的胸长神经 long thoracic nerve，伴胸外侧动脉在前锯肌表面沿腋中线偏后下降，分布于该肌（图 7-6）。

4. 腋淋巴结 axillary lymph node　数量较多，位于腋静脉及其属支周围的疏松结缔组织中，可分 5 群，每群包括数个淋巴结，淋巴结之间由淋巴管相连（图 7-8）。

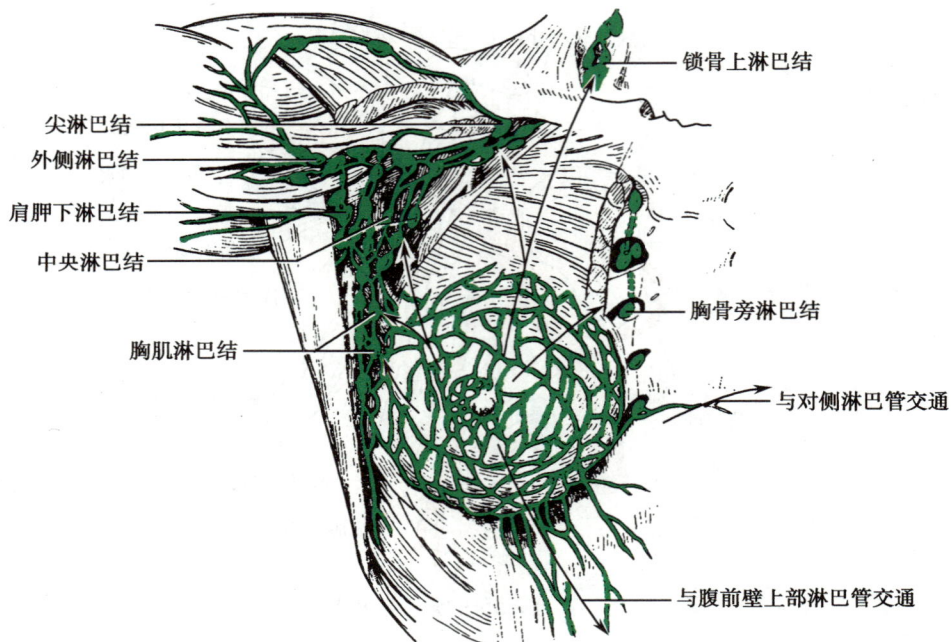

图7-8 腋淋巴结和乳房淋巴引流

（1）**胸肌淋巴结** pectoral lymph node：位于胸小肌下缘，沿胸外侧血管排列，收纳胸前外侧壁、脐以上腹壁、乳房外侧部和中央部的淋巴管。其输出淋巴管注入中央淋巴结或尖淋巴结。

（2）**肩胛下淋巴结** subscapular lymph node：位于腋窝后壁，沿肩胛下血管排列，收纳肩胛区、胸后壁和背部的淋巴管。其输出淋巴管注入中央淋巴结和尖淋巴结。

（3）**外侧淋巴结** lateral lymph node：沿腋静脉远侧段排列，收纳上肢的浅、深淋巴管。其输出淋巴管注入中央淋巴结和尖淋巴结，也可注入锁骨上淋巴结。

（4）**中央淋巴结** central lymph node：是最大一群腋淋巴结，位于腋窝内脂肪组织中，收纳上述3群淋巴结的输出淋巴管。其输出淋巴管注入尖淋巴结。

（5）**尖淋巴结** apical lymph node：位置最高，沿腋静脉近侧段排列，收纳上述腋窝各群淋巴结的输出淋巴管及乳房上部的淋巴管。其输出淋巴管的大多数汇合形成锁骨下干，少数注入锁骨上淋巴结。左锁骨下干注入胸导管。右锁骨下干注入右淋巴导管。

5. **腋鞘** axillary sheath   为颈深筋膜深层延续至腋窝，包裹腋动、静脉和臂丛所形成的筋膜鞘。临床上作臂丛锁骨下部麻醉时，将药液注入腋鞘内。

6. **腋窝蜂窝组织**   为腋鞘周围，尤其是其内侧的疏松结缔组织，随腋鞘及血管神经可达邻近各区。因此，腋窝内的感染向上可扩散至颈根部，向下能达臂前、后区，经三边孔和四边孔可到肩胛区和三角肌区，向前尚可至胸大、小肌之间的胸肌间隙（见图7-4）。

二、三角肌区及肩胛区

（一）三角肌区

三角肌区 deltoid region 即三角肌所在的区域。肩关节位于深面。

1. **浅层结构**   皮肤较厚，浅筋膜较致密，脂肪少，腋神经的皮支，即臂外侧上皮神经，从三角肌后缘浅出，分布于三角肌表面的皮肤。

2. **深层结构**   三角肌表面的深筋膜不发达。三角肌从前、后方和外侧包绕肩关节。腋神经穿四边孔后,在三角肌深面分前、后两支进入该肌。旋肱前、后动脉经肱骨外科颈前方和后方至其外侧,相互吻合,其分支与腋神经一起分布于三角肌、肱骨和肩关节等。

3. **三角肌**deltoid muscle 由多羽状肌构成呈倒三角形,从前、上和后方包绕着肩关节,形成圆隆的肩部外形。

4. **腋神经**axillary nerve 由臂丛后束发出后,与旋肱后血管一起穿四边孔,在三角肌深面分为前、后两支。前支的肌支支配三角肌的前中部,后支的肌支支配三角肌后部和小圆肌。其皮支分布于三角肌表面的皮肤。肱骨外科颈骨折时,可损伤腋神经,致三角肌瘫痪,肩不能外展,肌萎缩出现"方肩"(图7-9)。

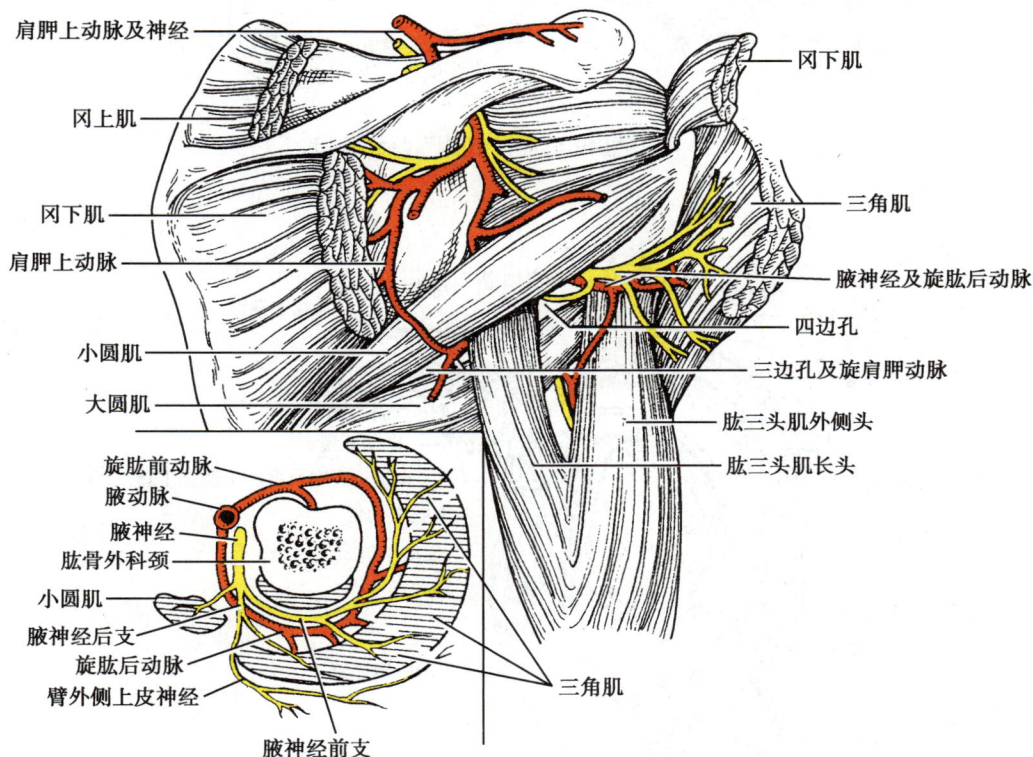

图 7-9 三角肌区及肩胛区的结构

(二)肩胛区

肩胛区scapular region 是指肩胛骨后面的区域。

1. **浅层结构** 皮肤较厚,浅筋膜致密,内有颈丛的锁骨上神经分布。

2. **深层结构** 冈下部深筋膜发达呈腱膜状,被浅层的斜方肌所覆盖。深筋膜的深面有冈上肌、冈下肌、小圆肌和大圆肌。肩胛骨上缘有肩胛切迹,切迹上方被肩胛上横韧带连结形成一孔,孔内有肩胛上神经通过,支配冈下肌;韧带以上有肩胛上血管进入肩胛区,分布于冈上肌和冈下肌(图7-10)。

(三)肌与肌腱袖

1. **肌** 包括冈上肌、冈下肌、小圆肌和大圆肌。冈上肌和冈下肌分别位于冈上窝和冈下窝内,小圆肌和大圆肌位于肩胛骨的外侧缘。其中冈上肌、冈下肌、小圆肌和肩胛下肌共同构成为肩袖肌群。

2. **肌腱袖**musculotendinous cuff 又称肩袖,是由肩袖肌群,即冈上肌、冈下肌、小圆肌和肩胛下肌的肌腱联合形成的腱膜结构,包绕肩关节的前、上、后三方,并与肩关节囊愈合。肩袖肌群及其肌腱袖,构成了肩关节的动态稳定装置。肩关节脱位或扭伤,常导致肌腱袖破裂,影响肩关节的稳定性(图7-11)。

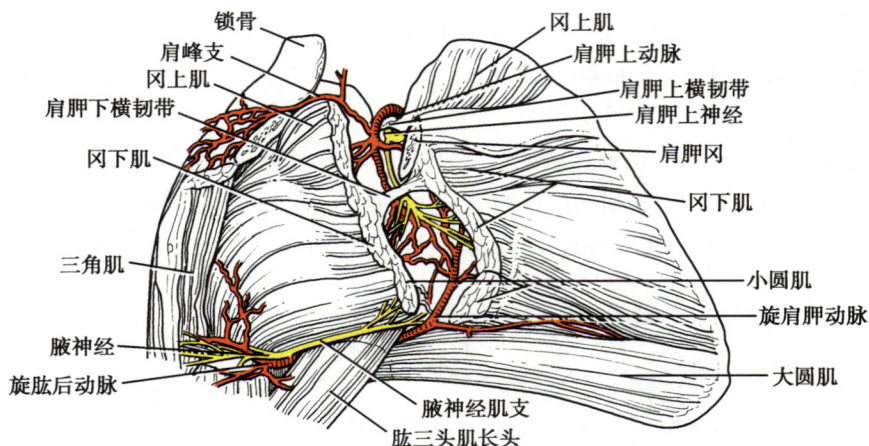

图 7-10 肩胛区的血管和神经（后面观）

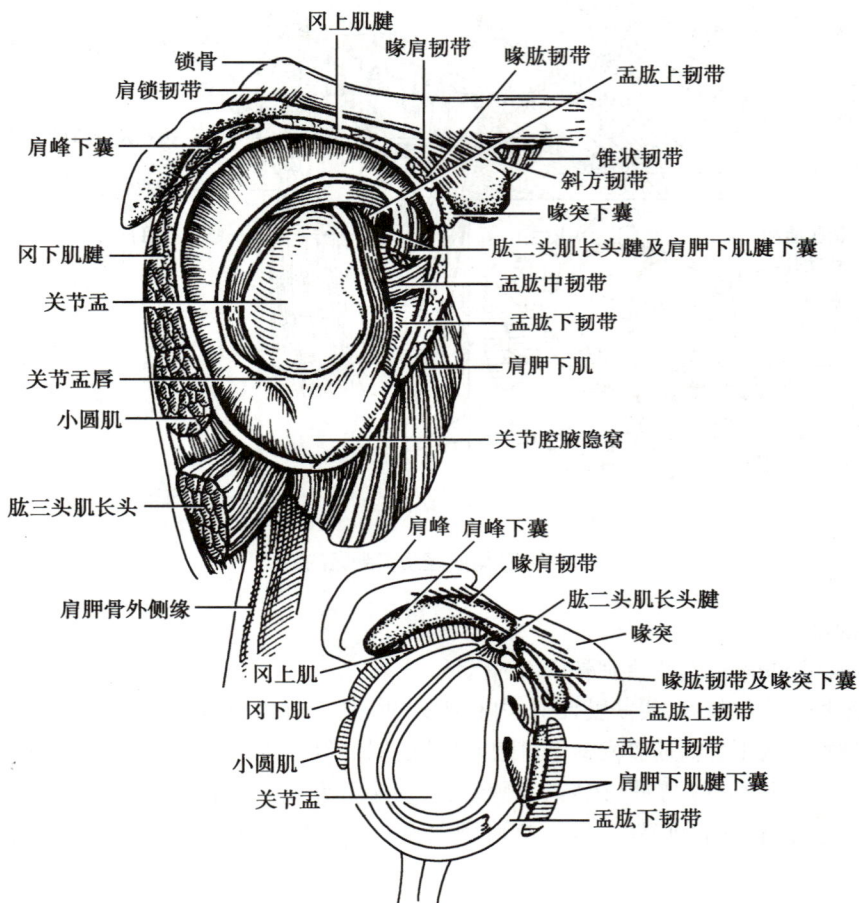

图 7-11 肌腱袖

（四）肩关节

肩关节由肱骨头和肩胛骨的关节盂组成,故也称肱盂关节。关节囊薄而松弛,其前、后壁和由肌腱袖加强,而前下部薄弱。因此,肩关节脱位时,肱骨头易从下壁脱出。囊内有肱二头肌长头腱通过。

三、肩胛动脉网

肩胛动脉网 scapular arterial network 位于肩胛骨的周围,是 3 条动脉的分支相互吻合形成的动脉网络。①**肩胛上动脉**发自锁骨下动脉,经肩胛上横韧带的上方进入冈上窝;②**旋肩胛动脉**经三边孔至冈下窝;③肩胛背动脉也发自锁骨下动脉,沿肩胛骨内侧缘下行,分支至冈下窝。该动脉网是肩部血液的重要侧支循环途径。当腋动脉血流受阻时,可维持上肢的血供(图 7-12)。

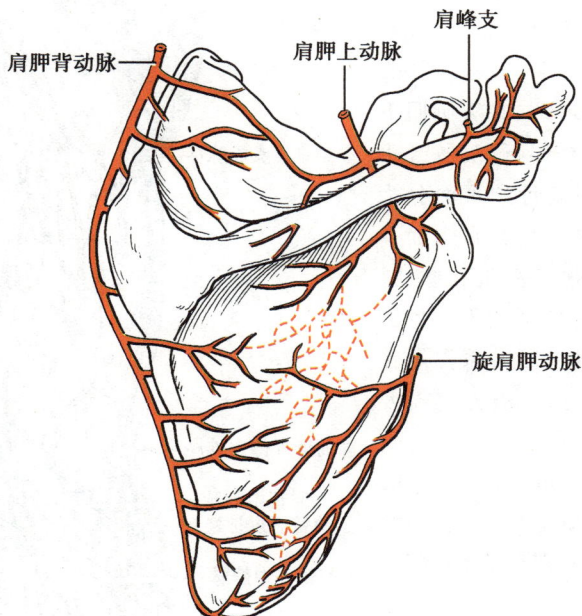

图 7-12　肩胛动脉网

第三节　臂　　　部

上续肩部,下连肘部,被臂内、外侧肌间隔分为臂前区和臂后区,肱骨居两区之间。

一、臂前区

(一) 浅层结构

1. **皮肤与浅筋膜**　臂前区 anterior brachial region 的皮肤薄、弹性好,浅筋膜薄而松弛。

2. **浅静脉**　主要为头静脉和贵要静脉(图 7-13)。

(1) **头静脉** cephalic vein:起自手背静脉网的桡侧,经前臂外侧至臂前区,行于肱二头肌外侧沟内,向上进入三角肌胸大肌间沟,穿锁胸筋膜注入腋静脉或锁骨下静脉,末端有时借吻合支连于颈外静脉。

(2) **贵要静脉** basilic vein:起自手背静脉网的尺侧,上行于肱二头肌下端的内侧,穿臂筋膜注入肱静脉或腋静脉。

3. **皮神经**　臂外侧上皮神经和臂外侧下皮神经(桡神经的分支)分别分布于臂外侧上部和下部皮肤。**肋间臂神经** intercostobrachial nerve 和**臂内侧皮神经**分布于臂内侧上、下部的皮肤,**前臂内侧皮神经**在臂下部与贵要静脉伴行至前臂内侧。

(二) 深层结构

1. **深筋膜与骨筋膜鞘**　臂部深筋膜称臂筋膜。臂前区的深筋膜较薄,向上移行于三角肌筋膜、胸肌筋膜和腋筋膜,向下续于肘前区筋膜。臂筋膜发出**臂内、外侧肌间隔**,伸入臂肌前、后群之间,附着于肱骨。臂前区深筋膜和臂内、外侧肌间隔及肱骨围成**臂前部骨筋膜鞘**(图7-11),其内有臂肌前群和行于臂前区的血管神经等(图7-14)。

2. **臂肌前群**   包括肱二头肌、喙肱肌和肱肌,共3块。

3. **血管**

(1) **肱动脉** brachial artery:在大圆肌下缘续接腋动脉,与正中神经伴行,沿肱二头肌内侧沟下行至肘窝,在桡骨颈平面分为桡动脉和尺动脉。肱动脉的后方自上而下依次邻喙肱肌、桡神经、肱三头肌和肱肌。肱动脉在臂部上、中、下份分别位于肱骨的内侧、前内方和前方,这种位置关系提示在臂部不同位置压迫止血时,压迫方向需要有所不同。肱动脉的分支有:

1) **肱深动脉** deep brachial artery:在大圆肌腱稍下方,起自肱动脉后内侧壁,与桡神经伴行,向下外进入肱骨肌管,分支营养肱三头肌和肱肌和肱骨。

2) **尺侧上副动脉**:在臂中份稍上方、肱肌起点附近起始,伴随尺神经穿臂内侧肌间隔,至臂后区,分支参入构成肘关节网(图7-15)。

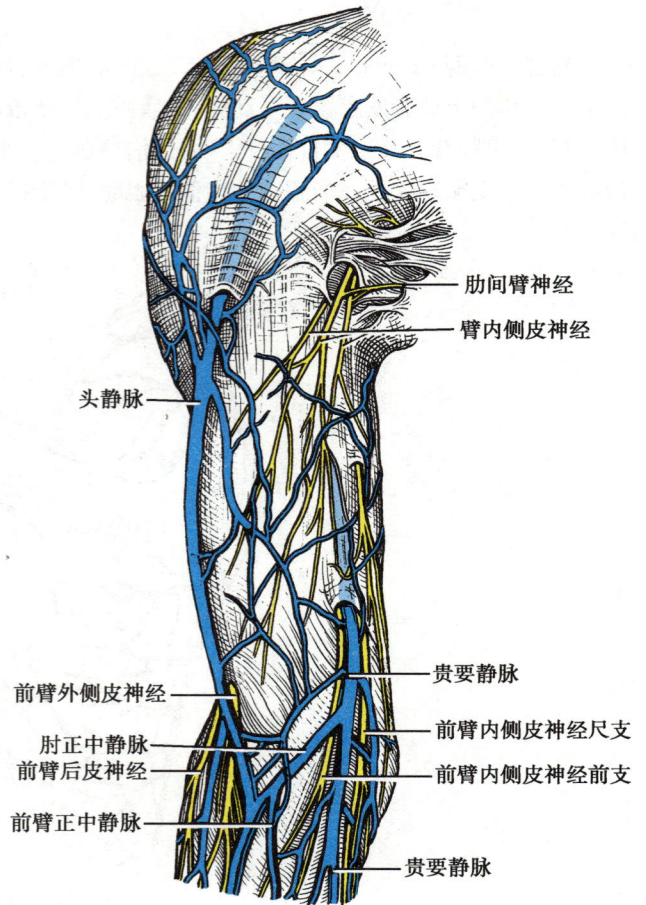

图 7-13   臂前区浅层结构

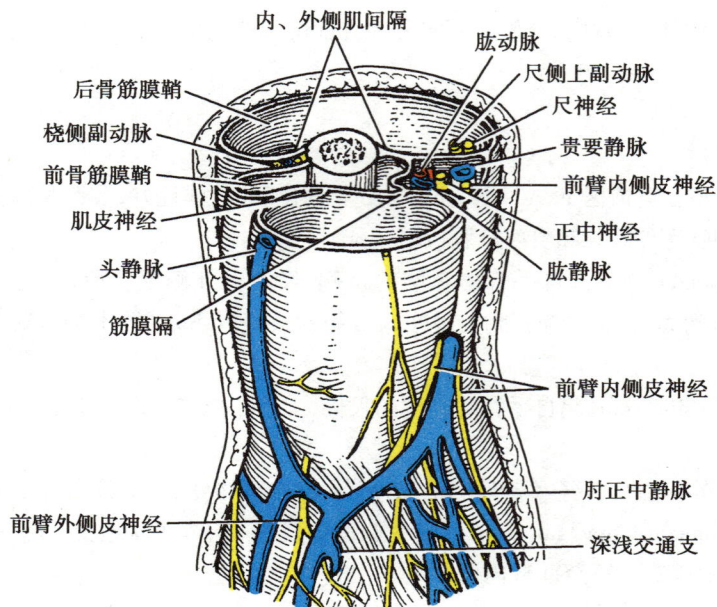

图 7-14   臂部骨筋膜鞘

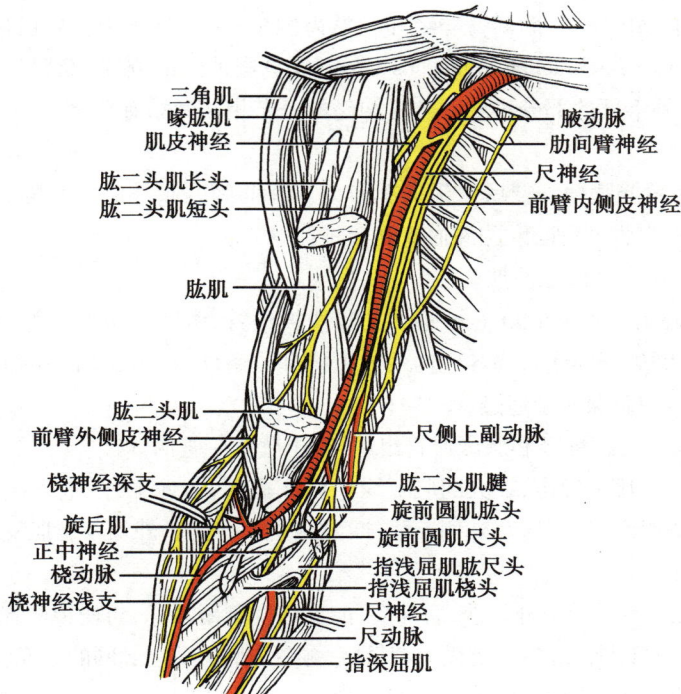

图 7-15　臂前区深层结构

3）**尺侧下副动脉**：约在肱骨内上髁上方 5cm 处起始，经肱肌前面行向内下方，至肘关节附近分前、后两支，至肘部。

（2）**肱静脉** brachial vein：有两条并行，伴行于肱动脉的两侧，两并行静脉间有交通支相连。贵要静脉在臂中点稍下方，穿经臂筋膜，注入单条的肱静脉，或沿肱动脉上行至大圆肌下缘处，注入肱静脉续接腋静脉处。

4. 神经

（1）**正中神经** median nerve：由臂丛的内、外侧二根汇成，伴肱动脉行于肱二头肌内侧沟。在臂上部，行于肱动脉外侧，在臂中部，斜过动脉前方至其内侧下行至肘窝。该神经在臂部无分支。

（2）**尺神经** ulnar nerve：发自臂丛内侧束，在臂上部位于肱动脉的内侧，在臂中部，尺神经与尺侧上副动脉伴行，穿臂内侧肌间隔，经肱骨内上髁后方的尺神经沟至臂后区。该神经在臂部无分支。

（3）**桡神经** radial nerve：发自臂丛后束，在臂上部位于肱动脉的后方，继而与肱深动脉伴行，进入肱骨肌管至臂后区。分支支配肱三头肌，末梢支为**臂外侧下皮神经**。

（4）**肌皮神经** musculocutaneous nerve：发自臂丛外侧束，穿过喙肱肌至肱二头肌与肱肌之间，行向外下，发出肌支支配喙肱肌、肱肌和肱二头肌。末梢支在肘窝外上方、肱二头肌与肱肌之间穿出，称为**前臂外侧皮神经**，分布至前臂的皮肤（图 7-15）。

二、臂后区

（一）浅层结构

1. 皮肤与浅筋膜　臂后区 posterior brachial region 皮肤较臂前区厚，浅筋膜致密。

2. 浅静脉　一般为较小，从臂内侧或外侧转向前，注入贵要静脉或头静脉。

3. 皮神经　①**臂外侧上皮神经**，来自腋神经，分布于三角肌区和臂外上部皮肤；②**臂外侧下皮神**

经,起自桡神经,分布于臂外下部的皮肤;③**臂后皮神经** posterior brachial cutaneous nerve,为桡神经的皮支,分布于臂后区中部皮肤;④**肋间臂神经**和⑤**臂内侧皮神经**,分布于臂后区内侧上、下部的皮肤;⑥**前臂后皮神经** posterior antebrachial cutaneous nerve,发自桡神经的皮支,经臂后区外下部穿出,发出小分支分布于臂后区外下部的部分皮肤。各皮神经的分布相互间略有重叠。

（二）深层结构

1. **深筋膜与臂后骨筋膜鞘**   臂后区深筋膜较厚。深筋膜、内、外侧肌间隔和肱骨共同围成臂后骨筋膜鞘,鞘内有肱三头肌、桡神经、肱深血管和尺神经等。

2. **臂肌后群**   只有一块肱三头肌。

3. **肱骨肌管** humeral muscular tunnel   又称桡神经管,由肱三头肌与肱骨桡神经沟围成。肱三头肌的外侧头和内侧头分别起自桡神经沟的外上缘和内下缘,后方由长头的肌腹封闭形成潜在性的斜管,管内有桡神经和肱深血管通过(图 7-16)。

4. **桡神经血管束**   由桡神经和肱深血管组成,行于肱骨肌管内。

（1）**桡神经**:自臂丛后束发出,在大圆肌下缘伴肱深血管,斜向下外,进入肱骨肌管,紧贴桡神经沟骨面走行,穿臂外侧肌间隔,至肘窝外侧。桡神经在肱骨肌管内、外均发出肌支支配肱三头肌(图 7-16,图 7-17)。

（2）**肱深动脉**:在肱骨肌管内分为前、后两支,前支称**桡侧副动脉**,与桡神经伴行穿外侧肌间隔,后支称**中副动脉**,在臂后区下行。二者发支供应臂后区,并参与肘关节动脉网的组成(图 7-16,图 7-18)。

（3）**肱深静脉**:有两条,伴行于肱深动脉的两侧。

5. **尺神经**   由臂丛内侧束发出,与尺侧上副动脉伴行,在臂中份以下沿臂内侧肌间隔后方、肱三头肌内侧头前面下行至尺神经沟。

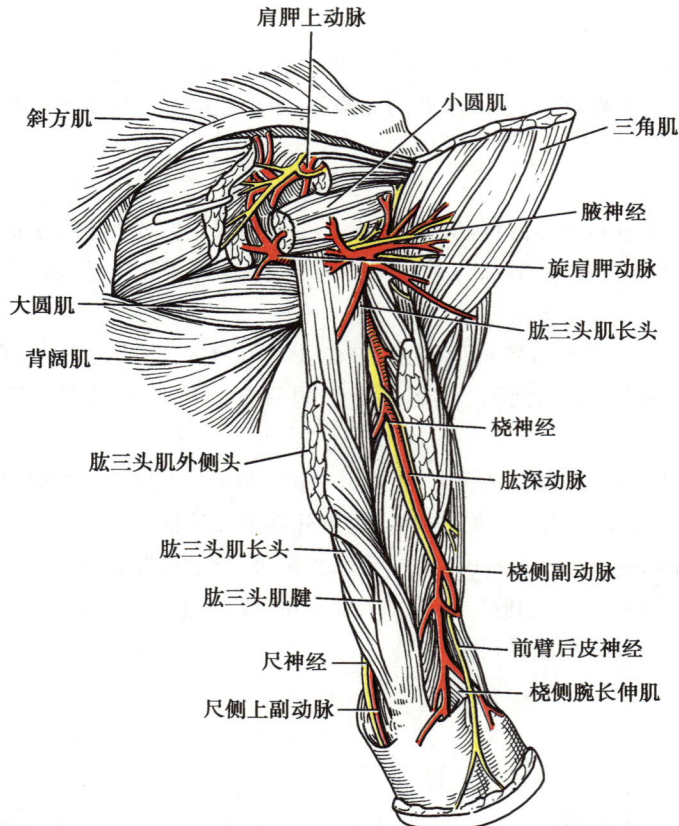

图 7-16   臂后区深层结构

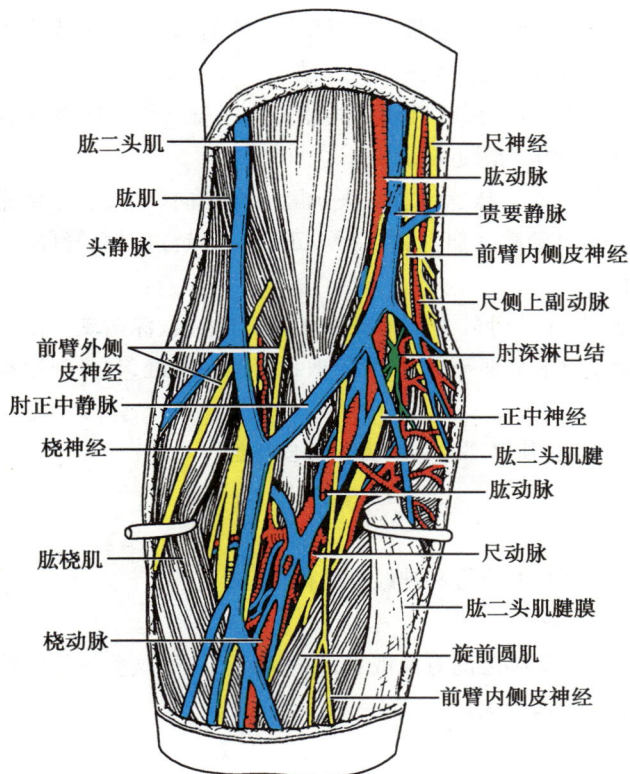

图 7-17　肘前区及前臂前区的浅层结构

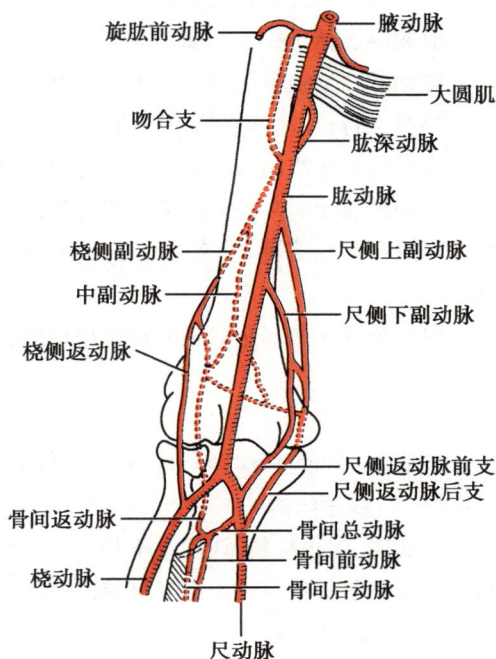

图 7-18　肘关节动脉网

第四节　肘　　部

肘部介于臂和前臂之间,肘关节位于其中。以肱骨内、外上髁之间的虚拟冠状面分为肘前区和肘后区。

一、肘前区

（一）浅层结构

1. **皮肤与浅筋膜**　肘前区 anterior cubital region 皮肤薄而柔软,浅筋膜疏松。

2. **浅静脉**　头静脉和贵要静脉分别行于肱二头肌腱的外侧和内侧。头静脉借**肘正中静脉** median cubital vein 斜向内上方与贵要静脉吻合;有时可见**前臂正中静脉**,常分两支,分别注入贵要静脉和头静脉(图 7-17)。肘前区的浅静脉,特别是肘正中静脉是临床静脉取血的常用静脉。

3. **皮神经**　前臂内侧皮神经与贵要静脉伴行,**前臂外侧皮神经**在肱二头肌腱的外侧穿出深筋膜,进入肘前区外侧,伴行于头静脉的后内侧。

4. **肘浅淋巴结**　位于肱骨内上髁上方,贵要静脉附近,又称滑车上淋巴结,收纳手和前臂尺侧半的浅淋巴管,其输出淋巴管伴行肱静脉,注入腋淋巴结。

（二）深层结构

1. **深筋膜**　肘前区深筋膜上接臂筋膜,下连前臂筋膜。肱二头肌腱的部分纤维向内下呈扇形发散,融入肘前区和前臂内侧的深筋膜,形成**肱二头肌腱膜** bicipital aponeurosis,具有使前臂自动旋后的功能。腱膜的深面有肱血管和正中神经通过。该腱膜与肱二头肌腱交接处的上缘,是触摸肱动脉搏动和测量血压的听诊部位。

2. **肘窝 cubital fossa**   为肘前区的三角形凹陷,其尖指向远侧,底边位于近侧。

(1)境界:上界为肱骨内、外上髁的连线,下外侧界为肱桡肌,下内侧界为旋前圆肌,顶由浅入深依次为皮肤、浅筋膜、深筋膜和肱二头肌腱膜,底是肱肌、旋后肌和肘关节囊。

(2)内容:由内向外,依次为正中神经、肱动脉及其两条伴行静脉、肱二头肌腱和桡神经及其分支。**肘深淋巴结** deep cubital lymph node 位于肱动脉末端附近(图7-17)。

肱动脉在平桡骨颈高度分为桡动脉和尺动脉。桡动脉越过肱二头肌腱表面斜向外下,沿肱桡肌内侧继续下行;尺动脉经旋前圆肌尺头深面,进入尺侧腕屈肌深方下行。**正中神经**越过尺血管前方,穿旋前圆肌两头之间,进入前臂指浅屈肌深面。

桡神经位于肘窝外侧缘的肱肌与肱桡肌之间,在肱骨外上髁前方或稍下,分为浅、深两支。浅支经肱桡肌深面至前臂,沿桡动脉的外侧下行;深支穿旋后肌至前臂后区,改称**骨间后神经**,与骨间后动脉伴行。

肌皮神经于肱二头肌腱外侧穿出深筋膜,经肘窝外侧部改称**前臂外侧皮神经**。

二、肘后区

肘后区 posterior cubital region 主要包括肱三头肌腱、血管和神经等结构。

(一)浅层结构

皮肤厚,但很松弛,浅筋膜不甚发达。在皮肤与鹰嘴之间有滑液囊,称鹰嘴皮下囊,这些结构的特点是适应于肘关节运动。有炎症或出血时滑液囊可能肿大。

(二)深层结构

1. **深筋膜**   肘后区的深筋膜中间部分覆盖肱三头肌腱,两侧与肱骨下端及尺骨上端的骨膜紧密结合。

2. **肱三头肌腱**   由肱三头肌的三个头汇合后形成,宽扁而坚韧,下端附着于尺骨鹰嘴。肌腱的外侧有起于外上髁的前臂伸肌群。

3. **肘肌**   位于肘关节后面外侧部皮下,呈三角形,起自肱骨外上髁和桡侧副韧带,止于尺骨上端背面和肘关节囊。肘肌收缩时可协助伸肘。

4. **尺神经**   位于肱骨内上髁后下方的尺神经沟内,外侧紧邻鹰嘴。尺神经与皮肤之间仅隔以薄层结缔组织,故尺神经在此处极易受损。

肘后三角 posterior cubital triangle   为屈肘成直角时,肱骨内、外上髁和尺骨鹰嘴3点构成的等腰三角形。肘关节伸直时,上述3点则成一条直线。肘关节脱位或肱骨内、外上髁骨折时,三角形关系发生改变。而单纯肱骨髁以上的骨折,则不会影响三角形和直线关系。肘部损伤时,常以这些特点,判断和区别是骨折还是脱位。

肘外侧三角 lateral cubital triangle   为屈肘90°时,肱骨外上髁、桡骨头与尺骨鹰嘴尖构成的等腰三角形。三角的中心点可作为肘关节穿刺的进针点。

肘后窝 posterior cubital fossa   为肘关节伸直时,在尺骨鹰嘴、桡骨头和肱骨小头之间形成的凹陷。窝的深方恰对肱桡关节,在窝底可触及桡骨头。可经此作肘关节穿刺。当肘关节积液时,此窝可因肿胀而消失。

三、肘关节动脉网

肘关节动脉网由肱动脉、桡动脉和尺动脉的数条分支吻合而成:①桡侧副动脉与桡侧返动脉吻合;②中副动脉与骨间返动脉吻合;③尺侧上副动脉、尺侧下副动脉后支与尺侧返动脉后支吻合;④尺侧下副动脉前支与尺侧返动脉前支吻合。在肱深动脉发出点以下结扎肱动脉时,肘关节动脉网可起到侧支循环的作用(见图7-18)。

第五节　前　臂　部

前臂部介于肘部与手部之间,分为前臂前区和前臂后区。尺骨和桡骨居前后区之间。

一、前臂前区

前臂前区anterior antebrachial region 位于尺、桡骨和前臂骨间膜以前,主要包括前臂肌前群和血管、神经等。

(一)浅层结构

前臂前区皮肤较薄,移动度大。浅筋膜中有较多浅静脉和皮神经。透过皮肤可见浅静脉,呈微青色。

1. **头静脉**　位于前臂桡侧,在前臂上半部转至前面。常有副头静脉由前臂背面转至前面注入头静脉。

2. **贵要静脉**　位于前臂尺侧,在肘窝下方由背面转向前面。其内侧可能出现副贵要静脉上行注入贵要静脉(见图 7-17)。

3. **前臂正中静脉**　行于前臂前面,其管径和支数不甚恒定,常注入肘正中静脉或贵要静脉。常被临床用作静脉点滴通路。

4. **前臂外侧皮神经**　沿前臂外侧下行,并分布于前臂外侧皮肤。

5. **前臂内侧皮神经**　在前臂分成前、后两支。前支分布于前臂前内侧部皮肤,后支分布于前臂后内侧部皮肤。

(二)深层结构

1. **深筋膜和前臂前骨筋膜鞘**　前臂前区的深筋膜薄,但柔韧。在前臂上内侧部有肱二头肌腱膜加强;在腕远侧纹的上部,深筋膜明显增厚,形成腕掌侧韧带,韧带的远侧深部,深筋膜进一步特化,形成厚而坚韧的屈肌支持带。前臂前区的深筋膜从尺、桡骨两侧深入,形成内、外侧肌间隔,将前、后肌群隔开。

(1)**前臂内侧肌间隔**medial antebrachial intermuscular septum:由深筋膜从前臂内侧缘伸入前、后肌群之间而形成,附于尺骨鹰嘴和尺骨后缘。

(2)**前臂外侧肌间隔**lateral antebrachial intermuscular septum:由深筋膜从前臂外侧缘伸入前、后肌群之间而形成,附着于桡骨外侧。

(3)**前臂前骨筋膜鞘**anterior antebrachial osseofascial sheath:由前臂前区的深筋膜,内、外侧肌间隔,尺骨和桡骨及前臂骨间膜共同围成。鞘内有前臂肌前群,桡、尺侧血管神经束,骨间前血管神经束和正中神经等(图 7-19)。

2. **前群肌**　共 9 块,分 4 层。第一层 5 块,从桡侧向尺侧,依次为肱桡肌、旋前圆肌、桡侧腕屈肌、掌长肌和尺侧腕屈肌;第二层 1 块,即指浅屈肌;第三层 2 块,桡侧为拇长屈肌,尺侧为指深屈肌;第四层 1 块,为旋前方肌。除肱桡肌和旋前方肌外,大多数肌起自肱骨内上髁和前臂深筋膜,深层的拇长屈肌和指深屈肌起自尺、桡骨及其骨间膜的前面,止点则以其功能的不同而不同。

旋前圆肌有两个头,浅头为肱头,起自肱骨内上髁;深头为尺头,起自尺骨冠突。两头之间有正中神经穿过。尺头深面有尺动脉通过。其肌纤维止于桡骨中段外侧。桡骨骨折时,骨折线在此肌止点上方或下方,骨折端移位的方向不同。

掌长肌肌腹短小,肌腱细长,辅助屈腕的功能。其肌腱可作为腱移植材料。

3. **血管神经束**　前臂前区有 4 个血管神经束(图 7-19)。

(1)桡血管神经束:由桡动、静脉和桡神经浅支组成。走行于肱桡肌内侧或深面。

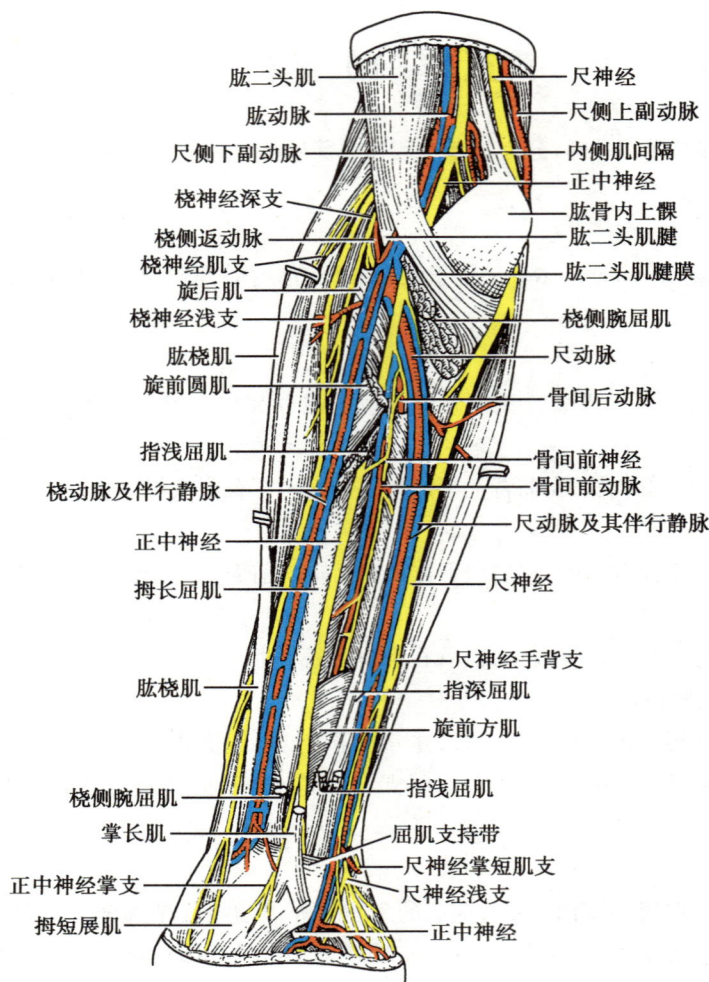

图 7-19　前臂前区深层结构

1）**桡动脉** radial artery：两侧有桡静脉伴行,行经肱桡肌内侧。在前臂上部,动脉位于肱桡肌与旋前圆肌之间；在前臂下部,位于肱桡肌腱和桡侧腕屈肌腱之间,此处位置表浅,仅覆以皮肤和浅、深筋膜,能摸到桡动脉的搏动,是中医诊脉的部位。桡动脉在近侧端分出桡侧返动脉。在腕前区发出掌浅支,经鱼际表面或穿鱼际至手掌,参与构成掌浅弓。

2）**桡静脉** radial vein：有 2 条,伴行于桡动脉两侧。

3）**桡神经浅支** superficial branch of radial nerve：为桡神经发出的皮支,在肱桡肌深面沿桡动脉外侧下行。在前臂上 1/3 段,该神经与桡动脉相距较远,中 1/3 段,两者紧密相伴,继而两者分离,桡神经浅支经肱桡肌腱深面转至前臂后区,下行分支分布至手背桡侧半和外侧两个半手指背部的皮肤。

（2）**尺侧血管神经束**：由尺动、静脉及尺神经组成。

1）**尺动脉** ulnar artery：经旋前圆肌深面,进入前臂前区。在前臂上 1/3 段,行于指浅屈肌深面,至下 2/3 段则位于尺侧腕屈肌与指浅屈肌之间。尺动脉起始部发出**骨间总动脉** common interosseous artery,粗而短,随即分为**骨间前动脉**和**骨间后动脉**。二者分别沿前臂骨间膜的前面和后面下行。

2）**尺静脉** ulnar vein：有两条,与尺动脉伴行。

3）**尺神经** ulnar nerve：经尺神经沟向下穿尺侧腕屈肌两头之间进入前臂前区,沿尺动、静脉的内侧下行。在前臂上部,位于指深屈肌与尺侧腕屈肌之间,与尺动、静脉相距较远。在前臂下部,位于尺侧腕屈肌外侧,并靠近尺动、静脉,随后与之紧密伴行。在腕前面,尺神经由腕尺侧管进入手掌。尺神经发肌支支配尺侧腕屈肌和指深屈肌尺侧半。在桡腕关节上方约 5cm 处发出手背支,经尺侧腕屈肌腱与尺骨之间转向背侧,下行至手背。

（3）正中血管神经束：由正中神经及其伴行血管组成。

1）**正中神经 median nerve**：从旋前圆肌的两头之间穿过,进入指浅屈肌深面。神经穿行肌处的肌腱膜形成腱弓,对正中神经有保护作用。在前臂中 1/3 段,正中神经位于指浅、深屈肌之间;至前臂下 1/3 段,位置表浅,位于桡侧腕屈肌腱和掌长肌腱之间,表面仅覆盖皮肤和浅、深筋膜。在前臂,正中神经发肌支支配旋前圆肌、桡侧腕屈肌、掌长肌、指浅屈肌。

2）**正中动脉 median artery**：细小常缺如,发自骨间前动脉与同名静脉伴行,随正中神经下降。

（4）骨间前血管神经束：由骨间前血管和神经组成。

1）**骨间前神经 anterior interosseous nerve**：在前臂上部正中神经穿旋前圆肌处发自正中神经干的背面。沿前臂骨间膜前方、拇长屈肌和指深屈肌之间下行,至旋前方肌深面进入并支配该肌,还发出分支支配拇长屈肌和指深屈肌桡侧半。

2）**骨间前动脉 anterior interosseous artery**：自骨间总动脉分出,有两条同名静脉伴行,在拇长屈肌和指深屈肌之间,沿骨间膜前面下行,行程中与骨间前神经紧密相关。

4. **前臂屈肌后间隙 posterior space of antebrachial flexor**　是位于前臂远侧 1/4 段的潜在性疏松结缔组织间隙,在指深屈肌和拇长屈肌腱的深面,旋前方肌的浅面,内侧界为尺侧腕屈肌和前臂筋膜,外侧界为桡侧腕屈肌和前臂筋膜。向远侧经腕管与掌中间隙相通。前臂远段或手掌间隙感染时,炎症可经此间隙互相蔓延(图 7-19)。

二、前臂后区

（一）浅层结构

前臂后区皮肤较前区稍厚,移动度小。浅静脉可见头静脉和贵要静脉的远侧段及其属支。有三条皮神经:①前臂后皮神经,分布于前臂后区中间部皮肤;②前臂内侧皮神经和③前臂外侧皮神经,分布于前臂后区内、外侧皮肤。各皮神经的分布区域有边缘重合。

（二）深层结构

1. **深筋膜**　前臂后区深筋膜厚而坚韧,近侧部因肱三头肌腱膜的纤维参与,尤为强韧,远侧部在腕背侧增厚,形成**腕背侧韧带**,又称伸肌支持带,与腕掌侧韧带相续,环绕前臂下端与腕部。前臂后骨筋膜鞘内有前臂肌后群肌和骨间后血管神经束等(图 7-20)。

2. **前臂肌后群**　共 11 块,分两层,每层各 5 块(肘肌未记),多起自肱骨外上髁。

（1）浅层:自外向内依次为**桡侧腕长伸肌、桡侧腕短伸肌、指伸肌、小指伸肌和尺侧腕伸肌**。

（2）深层:旋后肌位于上外部,其余 4 肌从桡侧向尺侧依次为**拇长展肌、拇短伸肌、拇长伸肌和示指伸肌**。

拇长展肌、拇短伸肌、拇长伸肌从深层浅出,越过桡侧腕长、短伸肌腱的表面至拇指,从而将浅层肌隔为两组:外侧组包括桡侧腕长伸肌、桡侧腕短伸肌,由桡神经主干末端的分支或桡神经的两个终支(深支和浅支)起始部的分支支配;内侧组包括指伸肌、小指伸肌和尺侧腕伸肌,连同深层数肌由骨间后神经支配。两组肌之间无神经,是前臂后区手术的安全入路。

3. **骨间后血管神经束**　由骨间后血管和神经组成,通常较细小。位于前臂后肌群(内侧组)的浅层和深层之间。

（1）**桡神经深支和骨间后神经**：二者为同一条神经。桡神经在穿过臂外侧肌间隔后,先发肌支支配肱桡肌和桡侧腕长伸肌。随后在肘窝外缘,肱骨外上髁前方分为深支和浅支两个终支。浅支已在前臂前区中叙述。**桡神经深支 deep branch of radial nerve** 先发肌支至桡侧腕短伸肌和旋后肌,然后穿入旋后肌,并在桡骨头下方 5~7cm 处穿出该肌,改称为**骨间后神经 posterior interosseous nerve**,下行于前臂后群(内侧组)的浅层和深层之间,分支至前臂肌后群除浅层外侧组(两块)以外诸肌。

（2）**骨间后动脉**：是骨间总动脉的分支,与同名静脉伴行,穿前臂骨间膜上缘,进入前臂后区。在前臂后区,骨间后动、静脉初居旋后肌深面,继而从该肌下缘与拇长展肌起始部上缘间穿出,行于前臂后群浅、深层肌之间,分支营养各肌(图 7-21)。

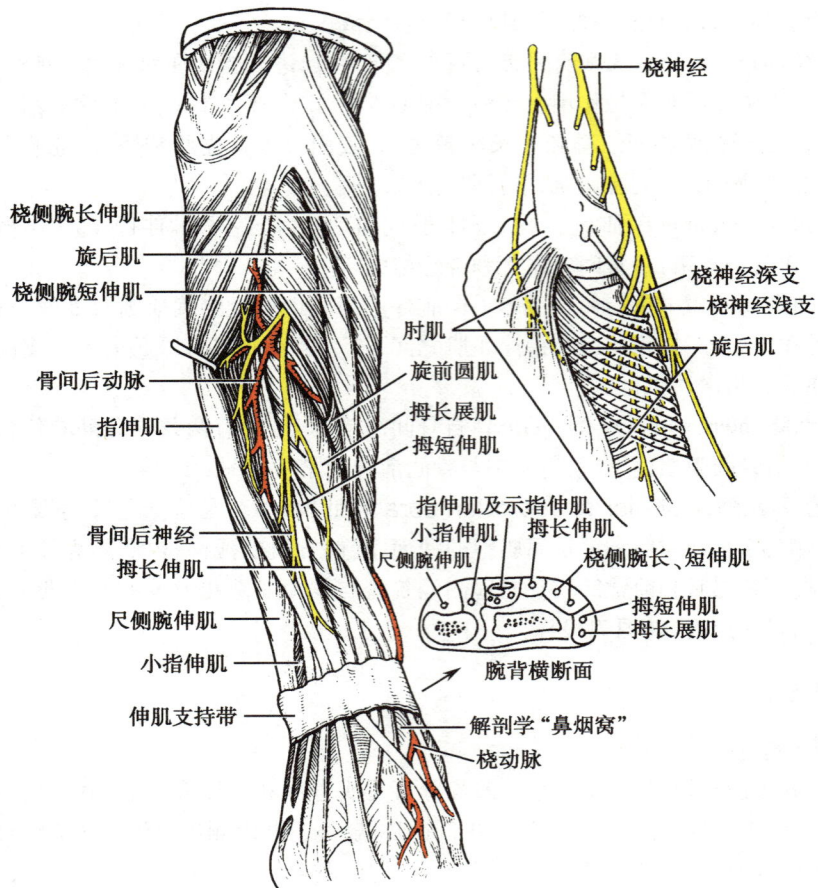

图 7-20　前臂后区深层结构

桡侧腕长伸肌
旋后肌
桡侧腕短伸肌
骨间后动脉
指伸肌
骨间后神经
拇长伸肌
尺侧腕伸肌
小指伸肌
伸肌支持带

桡神经
桡神经深支
桡神经浅支
旋后肌

肘肌
旋前圆肌
拇长展肌
拇短伸肌

指伸肌及示指伸肌　拇长伸肌
小指伸肌
尺侧腕伸肌
桡侧腕长、短伸肌
拇短伸肌
拇长展肌
腕背横断面
解剖学"鼻烟窝"
桡动脉

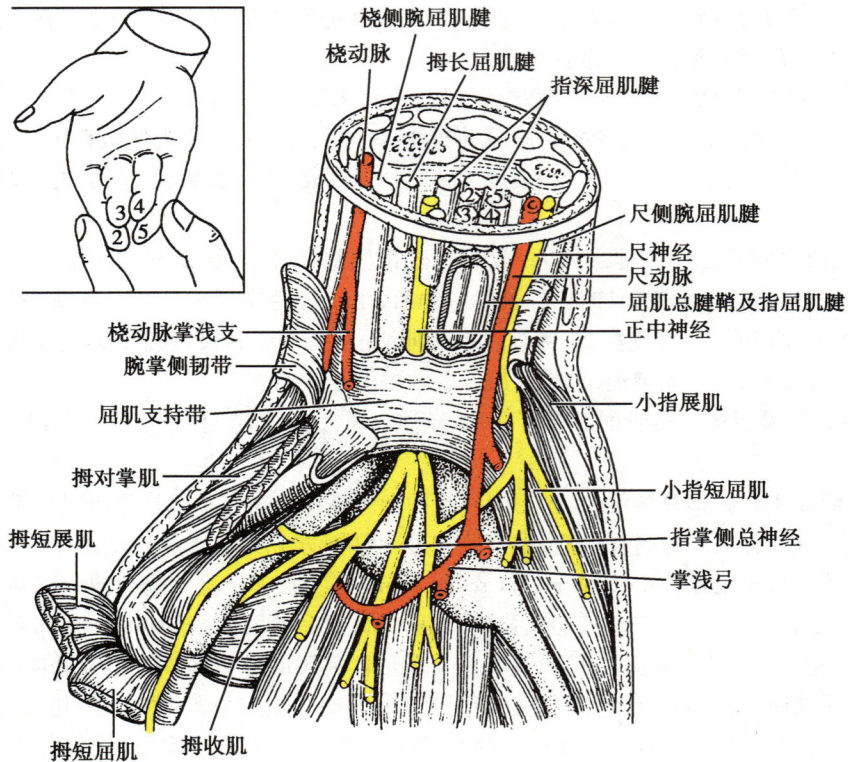

图 7-21　腕前区深层结构

桡侧腕屈肌腱
桡动脉　拇长屈肌腱
指深屈肌腱

尺侧腕屈肌腱
尺神经
尺动脉
屈肌总腱鞘及指屈肌腱
正中神经
小指展肌
小指短屈肌
指掌侧总神经
掌浅弓

桡动脉掌浅支
腕掌侧韧带
屈肌支持带
拇对掌肌
拇短展肌
拇短屈肌　拇收肌

第六节 腕 和 手

腕 wrist 介于前臂和手之间,上界为尺、桡骨茎突近侧基部的环线,下界相当于屈肌支持带的下缘水平,即拇指掌骨底平面。

手 hand 位于腕的远端,是整个上肢的末端结构。分为手掌、手背和手指 3 部分。

一、腕

腕是前臂的肌腱和血管、神经进入手的通路,分为腕前区与腕后区。

(一) 腕前区

1. **浅层结构** 皮肤薄而松弛,因腕的经常性屈伸,形成三条皮肤横纹。近侧纹约平尺骨头,腕中纹不恒定,远侧纹平对屈肌支持带上缘。浅筋膜疏松,内有前臂内、外侧皮神经的分支,有数条浅静脉和浅淋巴管上行进入前臂。

2. **深层结构**

(1) **腕掌侧韧带** palmar carpal ligament:前臂深筋膜的延续,在腕前区增厚,横行纤维增多,形成腕掌侧韧带,与腕背侧韧带,即伸肌支持带相续,环绕腕部,对前臂肌腱有固定、保护和支持作用。

(2) **屈肌支持带** flexor retinaculum:位于腕掌侧韧带的下缘深面,又名**腕横韧带** transverse carpal ligament,是厚而坚韧的纤维性结缔组织束,内侧端附着于豌豆骨和钩骨钩,桡侧端附于手舟骨和大多角骨结节,将腕骨沟封闭成腕管。

(3) **腕尺侧管** ulnar carpal canal:腕掌侧韧带内侧端与屈肌支持带之间的间隙,内有尺神经和尺动、静脉通过。尺神经在腕部位置表浅,易受损伤。

(4) **腕管** carpal canal:由屈肌支持带与腕骨沟共同围成。管内有**屈肌总腱鞘** common flexor sheath包裹的指浅、深屈肌腱及拇长屈肌腱及其腱鞘和正中神经。屈肌总腱鞘形成尺侧囊,拇长屈肌腱鞘形成桡侧囊。两腱鞘的长度均超出屈肌支持带上、下缘各约 2.5cm。屈肌总腱鞘常与小指指滑膜鞘相通。由于拇长屈肌腱鞘一直延续到拇指的末节,故拇长屈肌腱鞘与拇指的指滑膜鞘相连。正中神经在腕管内呈扁平状,紧贴屈肌支持带外侧端的深面,腕骨骨折时可压迫正中神经,导致腕管综合征(图7-21)。

(5) **腕桡侧管** radial carpal canal:屈肌支持带桡侧端分两层附着于舟骨结节和大多角骨结节,其间的间隙称为腕桡侧管,内有桡侧腕屈肌腱及其腱鞘通过(图 7-21)。

(6) **桡动脉及静脉:**在屈肌支持带的上方,位于肱桡肌与桡侧腕屈肌腱之间。桡动脉在平桡骨茎突水平发出掌浅支,经屈肌支持带浅面进入手掌,与尺动脉吻合形成掌浅弓。桡动脉本干绕过桡骨茎突的下方,经拇长展肌腱和拇短伸肌腱深方到达鼻烟窝,再经第 1、2 掌骨间隙之间进入手掌,与尺动脉的掌深支吻合形成掌深弓。

(7) **掌长肌腱:**细而表浅,在腕上部贴正中神经表面下行,至屈肌支持带上缘处,正中神经进入腕管,而掌长肌腱经屈肌支持带浅面进入手掌,并展开形成掌腱膜。

(二) 腕后区

1. **浅层结构** 皮肤比腕前区厚,浅筋膜薄,内有浅静脉及皮神经。

头静脉和贵要静脉分别起始于腕后区桡侧和尺侧的浅筋膜内。桡神经浅支伴头静脉,从腕背侧韧带(伸肌支持带)的浅面下行,在"鼻烟窝"附近分为 4~5 支**指背神经**分布至桡侧三个半指指背及其所对应的手背皮肤。**尺神经手背支** dorsal branch of ulnar nerve 在腕关节上方由尺神经分出,经尺侧腕屈肌腱和尺骨之间转入腕后区,分支至手背皮肤,并发出数条指背神经,分布至尺侧一个半或两个半指指背及其所对应的手背皮肤。在腕后区正中部有前臂后皮神经的终末支分布。

2. 深层结构

（1）**伸肌支持带** extensor retinaculum：由腕后区深筋膜增厚而成，又名腕背侧韧带 dorsal carpal ligament。其内侧附于尺骨茎突和三角骨，外侧附于桡骨远端外侧缘。伸肌支持带向深方发出 5 个纤维隔，附于尺、桡骨的背面，形成 6 个骨纤维性管道，9 块前臂后群肌的肌腱及腱鞘在管内通过。

（2）**腕伸肌腱及腱鞘**：从外向内，通过各骨纤维管的肌腱及腱鞘为：①拇长展肌和拇短伸肌腱及腱鞘；②桡侧腕长与腕短伸肌腱及腱鞘；③拇长伸肌腱及腱鞘；④指伸肌腱与示指伸肌腱及腱鞘；⑤小指伸肌腱及腱鞘；⑥尺侧腕伸肌腱及腱鞘（图 7-22）。

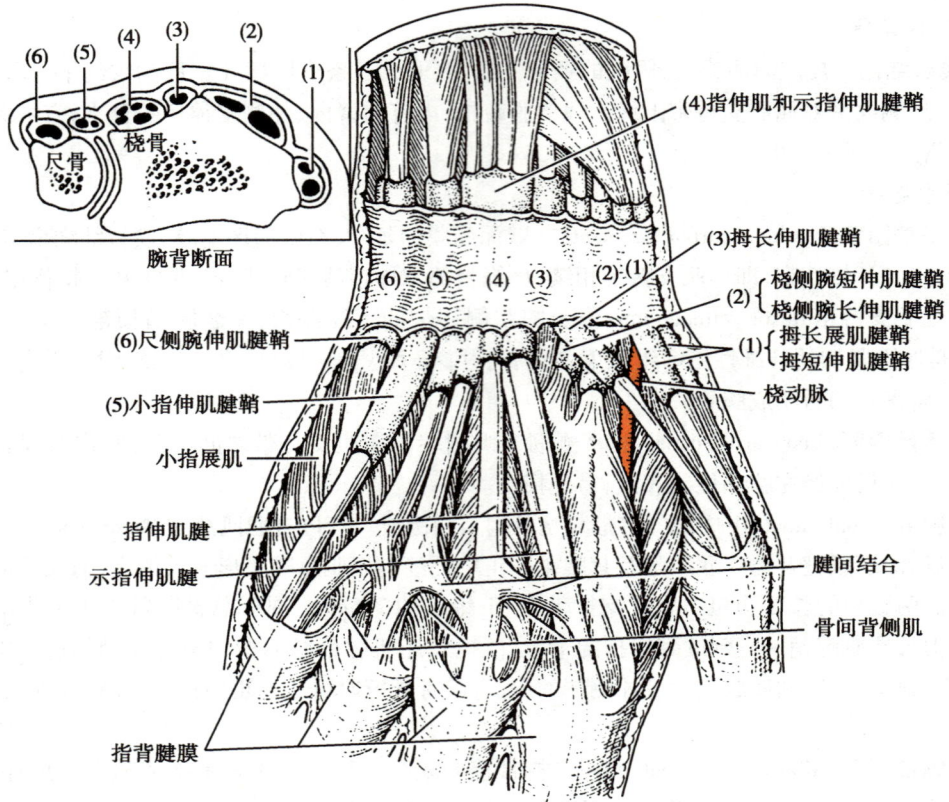

图 7-22　腕后区及手背深层结构

二、手掌

手掌 palm of hand 是腕和手指的过渡区，略呈四边形，中央微凹。手掌对应手背，因第 2 至 4 指根部由指蹼相连，面积略大于手背。

（一）浅层结构

皮肤厚而坚韧，弹性低，无毛与毛囊、无皮脂腺，但有丰富的汗腺。手掌皮肤可见三条明显的掌横纹。浅筋膜在鱼际处较疏松，在掌心部非常致密，有许多纤维将皮肤与深面的掌腱膜紧密连接，并将浅筋膜分隔成无数小格。浅血管、淋巴管及皮神经行于其内。

1. **尺神经掌支**　是尺神经的细小皮支，经腕掌侧韧带浅面降至手掌，分布于小鱼际皮肤。

2. **正中神经掌支**　发自正中神经的细小皮支，在腕掌侧韧带上缘穿出深筋膜，经掌腱膜表面进入手掌，分布于手掌中部及鱼际的皮肤（图 7-23）。

3. **掌短肌**　属于退化的皮肌，多为薄弱的肌束，但个别的可较发达，形成小型片状肌。位于小鱼

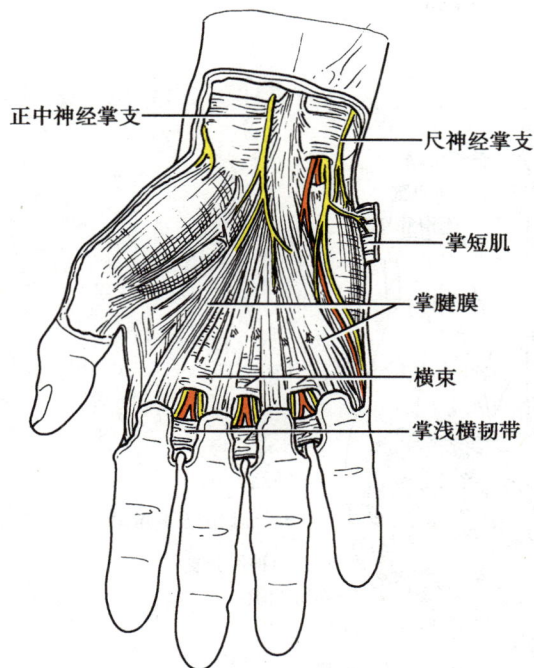

图 7-23　掌腱膜及指蹼间隙

际近侧部的浅筋膜内,收缩时对浅筋膜有固定作用,并可保护其深面的尺神经和尺血管。

（二）深层结构

1. **深筋膜**　分为浅、深两层。

（1）浅层:为覆盖于鱼际肌、小鱼际肌和指屈肌腱浅面的致密结缔组织膜。依其被覆部位,可分为掌腱膜、鱼际筋膜和小鱼际筋膜 3 部。

1）**掌腱膜** palmar aponeurosis:由掌长肌腱散开的腱纤维与手掌中部的深筋膜浅层融合而成,使该部深筋膜增厚成为坚韧而具光泽的腱膜性纤维组织膜。整个掌腱膜呈尖向近侧的三角形。其远侧分成 4 束纵行纤维,行向第 2~5 指末节指骨底。掌长肌收缩时,掌腱膜使掌心皮肤紧张,利于牢固地抓握。

在掌骨头处,掌腱膜深层的横行纤维与其向远端发出的 4 束纵行纤维之间,围成 3 个纤维间隙,称指蹼间隙。内含大量脂肪、指血管、神经和蚓状肌腱,是手掌、手背及手指掌、背侧之间的通道（图 7-23）。

2）**鱼际筋膜** thenar fascia:被覆于鱼际肌表面,较薄弱。

3）**小鱼际筋膜** hypothenar fascia:被覆于小鱼际肌表面,较薄弱。

（2）深层:手掌深筋膜的深层包括骨间掌侧筋膜和拇收肌筋膜,较浅层薄弱。

1）**骨间掌侧筋膜** palmar interosseous fascia:覆盖于骨间掌侧肌和掌骨的表面,位于指深屈肌腱的深方。

2）**拇收肌筋膜**:骨间掌侧筋膜在第 3 掌骨前面向桡侧分出一部分,覆盖在拇收肌表面,称拇收肌筋膜。

2. **骨筋膜鞘**　掌腱膜的外侧缘发出一纤维隔,经鱼际肌和示指屈肌腱之间向深层伸入,附于第 1 掌骨,称为**掌外侧肌间隔** lateral intermuscular septum of palm。同样,从掌腱膜内侧缘发出**掌内侧肌间隔** medial intermuscular septum of palm,经小鱼际和小指屈肌腱之间伸入,附于第 5 掌骨。这样,在手掌形成了 3 个骨筋膜鞘,即外侧骨筋膜鞘、中间骨筋膜鞘和内侧骨筋膜鞘:

（1）外侧骨筋膜鞘:又名鱼际鞘,由鱼际筋膜、掌外侧肌间隔和第 1 掌骨围成。内含拇短展肌、拇短屈肌、拇对掌肌、拇长屈肌腱及其腱鞘,以及至拇指的血管、神经等。

（2）中间骨筋膜鞘:又称掌中间鞘,由掌腱膜、掌内侧肌间隔、掌外侧肌间隔、骨间掌侧筋膜及拇收肌筋膜共同围成。其内有指浅、深屈肌腱及其屈肌总腱鞘、蚓状肌、掌浅弓、指血管和神经等。

（3）内侧骨筋膜鞘:又名小鱼际鞘,由小鱼际筋膜、掌内侧肌间隔和第 5 掌骨围成。其内有小指展肌、小指短屈肌、小指对掌肌和至小指的血管、神经等。

此外,在掌中间鞘的后方外侧半还有**拇收肌鞘** compartment of abductor pollicis,由拇收肌筋膜、骨间掌侧筋膜、第 1 掌骨和第 3 掌骨共同围成,该鞘包绕拇收肌。拇收肌与骨间掌侧筋膜之间的间隙,称**拇收肌后隙** posterior space of abductor pollicis（图 7-24）。

3. **筋膜间隙**　位于掌中间鞘深部,内有疏松结缔组织,包括外侧的鱼际间隙和内侧的掌中间隙（图 7-24,图 7-25）。两间隙被掌中隔分开。**掌中隔** midpalmar septum 是连结于掌腱膜外侧缘与骨间掌侧筋膜之间的纤维组织隔,包绕示指屈肌腱和第 1 蚓状肌后,附着于第 3 掌骨,将手掌筋膜间隙分隔为掌中间隙和鱼际间隙。

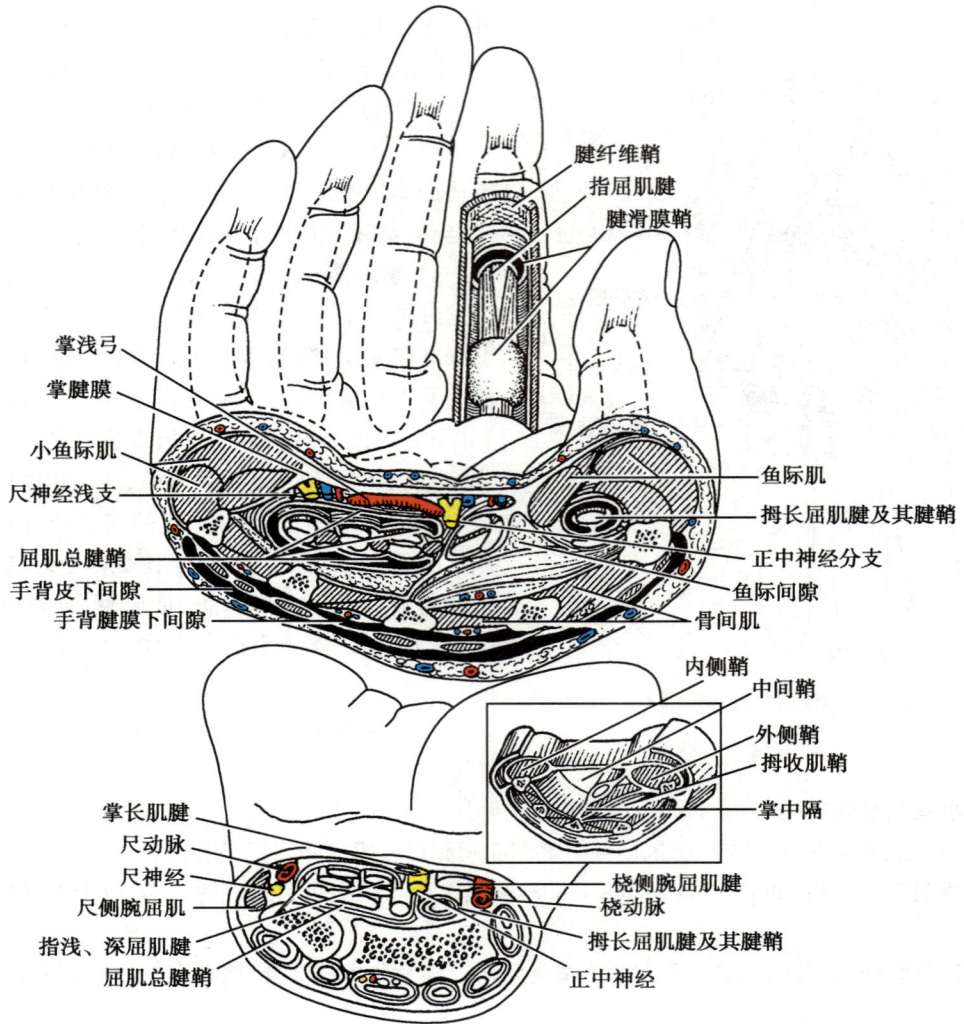

图 7-24　手部骨筋膜鞘及其内容

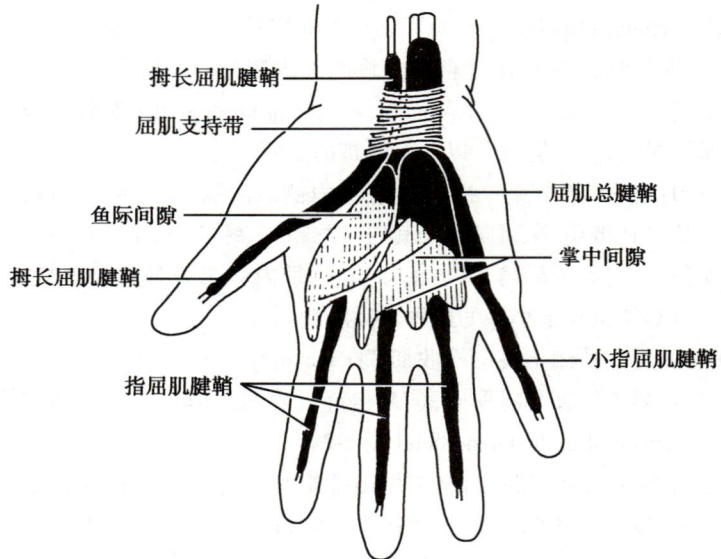

图 7-25　手掌腱鞘及筋膜间隙

（1）**掌中间隙**midpalmar space：位于掌中间鞘尺侧半的深方。前界自桡侧起，依次为 3～5 指屈肌腱、第 2～4 蚓状肌，后界为掌中隔后部，第 3、4 掌骨，骨间肌及其前面的骨间掌侧筋膜，内侧界为内侧肌间隔，外侧界为掌中隔。掌中间隙向远侧沿第 2～4 蚓状肌管与 2～4 指蹼间隙相通，进而可通向手背。掌中间隙的近侧达屈肌总腱鞘的深面，可经腕管与前臂屈肌后间隙相交通。此间隙感染时，可经上述渠道蔓延。

（2）**鱼际间隙**thenar space：位于掌中间鞘桡侧半深方。前界为掌中隔前部、示指屈肌腱、第 1 蚓状肌；后界为拇收肌筋膜；外侧界为外侧肌间隔；内侧界为掌中隔。该间隙向远端经第 1 蚓状肌管通向示指背侧，其近端为盲端。

4. **手肌** 有 3 群，外侧群包括拇短展肌、拇短屈肌、拇对掌肌和拇收肌。中间群包括蚓状肌、骨间掌侧肌和骨间背侧肌。内侧群包括小指展肌、小指短屈肌和小指对掌肌。

5. **血管** 手的血液供应来自桡动脉和尺动脉及其分支，各动脉彼此吻合成掌浅弓和掌深弓。

（1）**掌浅弓**superficial palmar arch：由尺动脉终支和桡动脉的掌浅支吻合而成。该弓紧贴掌腱膜深方，居指屈肌腱及屈肌总腱鞘、蚓状肌的浅面。掌浅弓凸向远端，发出指掌侧总动脉至手指。

1）**指掌侧总动脉**common palmar digital artery：共 3 条，由掌浅弓凸侧缘发出，分别沿第 2～4 蚓状肌浅面行向指蹼间隙，各分为两个**指掌侧固有动脉**proper palmar digital artery，分布于相邻两指的相对缘。指掌侧总动脉在掌指关节附近接受来自掌深弓的掌心动脉和来自掌背动脉的穿支（图 7-26）。

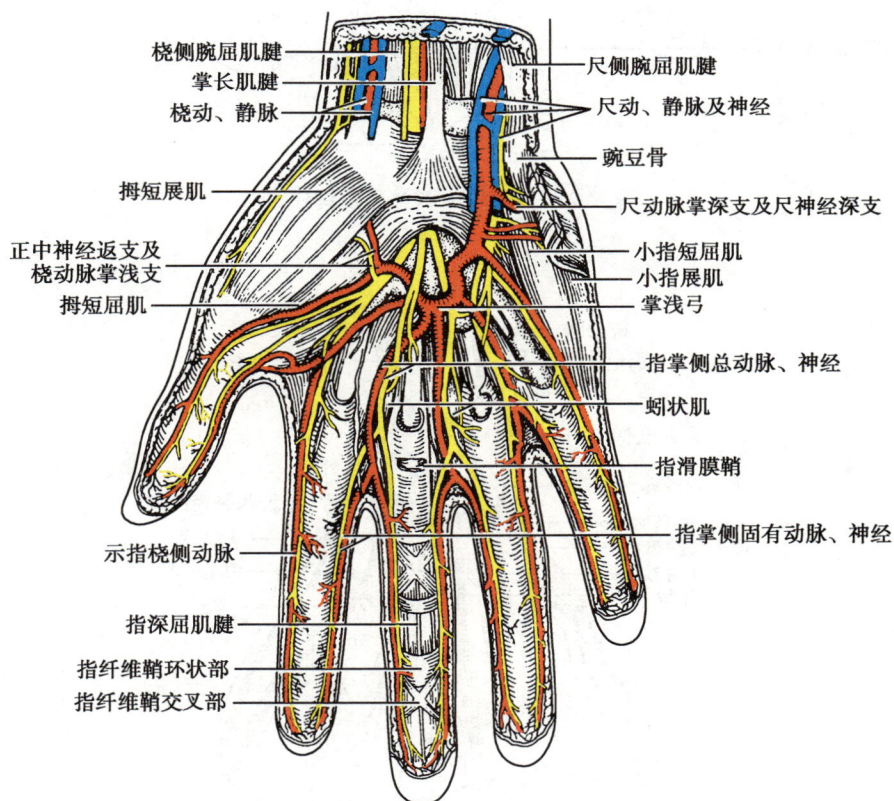

桡侧腕屈肌腱
掌长肌腱
桡动、静脉
拇短展肌
正中神经返支及桡动脉掌浅支
拇短屈肌
示指桡侧动脉
指深屈肌腱
指纤维鞘环状部
指纤维鞘交叉部

尺侧腕屈肌腱
尺动、静脉及神经
豌豆骨
尺动脉掌深支及尺神经深支
小指短屈肌
小指展肌
掌浅弓
指掌侧总动脉、神经
蚓状肌
指滑膜鞘
指掌侧固有动脉、神经

图 7-26 掌浅弓、正中神经及其分支

2）**小指尺掌侧动脉**ulnar palmar artery of digitus minimus：发自掌浅弓凸侧的尺侧缘，沿小鱼际肌表面下降，分布于小指尺侧缘（图 7-26）。

（2）**掌深弓**deep palmar arch：约 95％以上由桡动脉终支和尺动脉的掌深支吻合而成。掌深弓位于骨间掌侧肌与骨间掌侧筋膜之间，居掌浅弓平面以上 1～2cm，弓的凸侧发出 3 条**掌心动脉**palmar metacarpal artery,沿骨间掌侧肌前面下行,在掌指关节处与各自对应的指掌侧总动脉吻合(图7-27)。掌深弓及其分支与其同名静脉伴行。桡动脉从手背间隙穿第一掌骨间隙进入手掌后,先发出**拇主要动脉** princeps pollicis artery,拇主要动脉分成 3 支,分布于拇指两侧缘和示指桡侧缘(图7-28)。

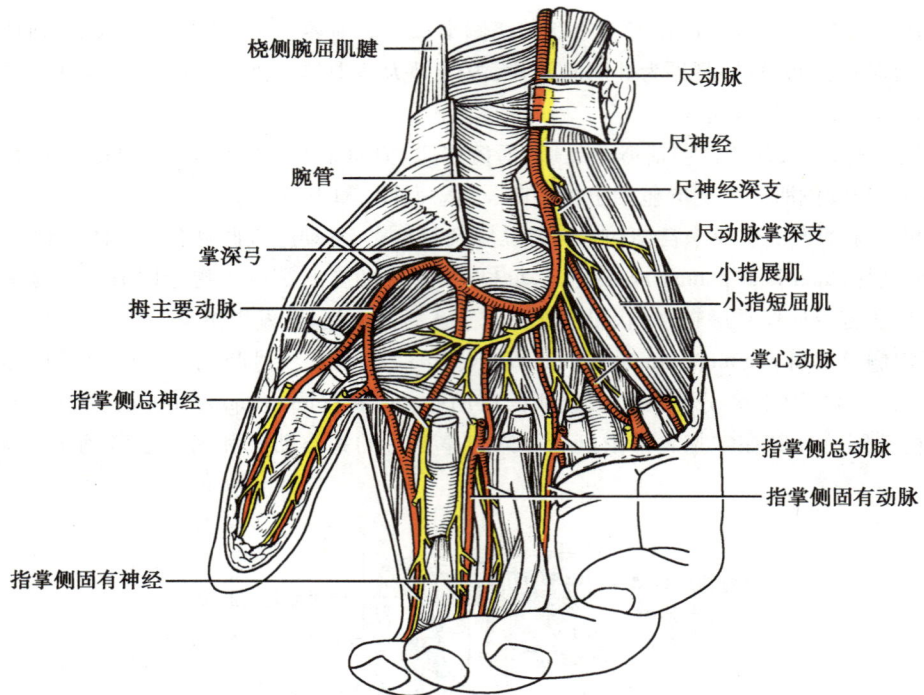

图 7-27 掌深弓、尺神经及其分支

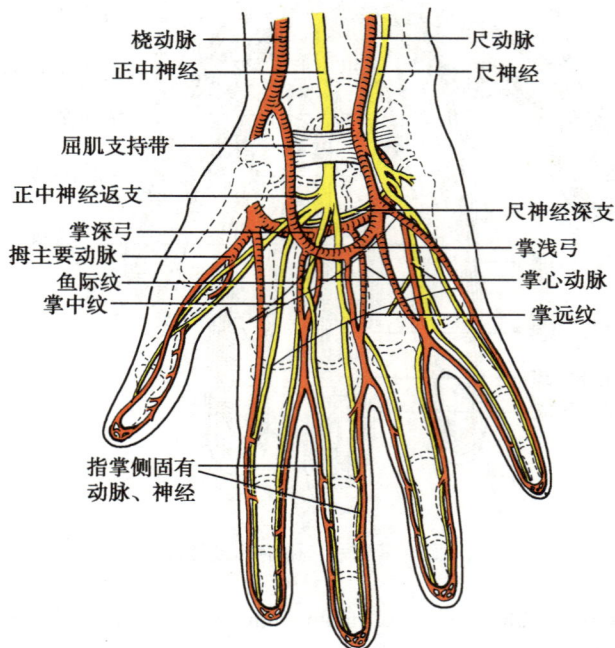

图 7-28 手部的血管神经投影

手是劳动器官,由于抓握,手掌内的血管容易受压。而指掌侧总动脉与掌浅弓、掌深弓的广泛吻合,保证了手掌和手指的血液供应。

6. **神经** 手掌有尺神经、正中神经及其分支分布。

(1) **尺神经** ulnar nerve:经屈肌支持带的浅面、腕掌侧韧带的深面、尺动脉的内侧进入手掌,至豌豆骨的下方分为浅、深 2 支。

1) **尺神经浅支** superficial branch of ulnar nerve:较深支为粗,主要含尺神经的感觉纤维。行于尺动脉内侧,发小支支配掌短肌后,分成一个**指掌侧固有神经** proper palmar digital nerve 分布于小指掌面尺侧缘;一个**指掌侧总神经** common palmar digital nerve,在指蹼间隙处,又分为两条**指掌侧固有神经**,分布于小指与环指相对缘的皮肤(图 7-26)。

2) **尺神经深支** deep branch of ulnar nerve:较浅支细小,含运动纤维。与尺动脉掌深支伴行,穿小鱼际各肌后,再与掌深弓伴行,发出分支支配小鱼际诸肌、7 块骨间肌、第 3、第 4 蚓状肌和拇收肌。深支位于豌豆骨与钩骨之间的一段,位置表浅易受损伤。损伤后,拇收肌、骨间肌和小指展肌瘫痪,使各手指不能内收和外展,手指不能并拢、掌指关节过伸,呈"爪形手"(图 7-27,图 7-28)。

(2) **正中神经** median nerve:经腕管进入手掌分为 2 支,与掌浅弓处于同一平面,居掌腱膜与屈肌腱之间。

1) 外侧支:较内侧支为小。在屈肌支持带下缘,外侧支的起始部发出一支,称**正中神经返支**,进入鱼际肌,继而分成 3 支**指掌侧固有神经**分别分布于拇指两侧、示指桡侧掌面皮肤。正中神经返支勾绕拇短屈肌后进入拇短展肌深面,分支支配拇短屈肌、拇短展肌和拇对掌肌。返支位置表浅,易受损伤而导致拇指功能障碍。

一般认为鱼际肌除拇收肌外全部由正中神经返支支配,但研究观察到尺神经有时也有分支支配鱼际肌。这种情况下,正中神经损伤时,鱼际肌不会完全瘫痪,临床诊断时需注意分析。

2) 内侧支:较外侧支粗大,分为 2 条**指掌侧总神经**。指掌侧总神经与同名血管伴行,至指蹼间隙处,分为两支**指掌侧固有神经**,分布于第 2~4 指相对缘皮肤。

3) 至蚓状肌的神经:共两条,由第 2 掌骨两侧的两条指掌侧总神经发出,支配第 1、2 蚓状肌(图 7-26)。

三、手背

手背 dorsum of hand 为掌骨与腕骨背面的部位,对应手掌,但面积略小于手掌。全部掌骨皆可触及,伸指肌腱形成明显的皮肤隆起。拇指内收时,第 1 骨间背侧肌形成纵行的隆起。桡动脉从该隆起的近端进入手掌,故在可此触及桡动脉的搏动。

(一)浅层结构

手背的皮肤薄而柔软,富有弹性,有毛发和皮脂腺。手背皮肤可见细腻横行张力线,增加了皮肤的弹性,握拳时皮肤虽紧张,但不绷紧;伸指时虽松弛,但不冗皱。皮肤手术切口按张力线方向切开,利于愈合。手背的浅筋膜薄而疏,有利于皮肤的移动,浅筋膜内含手背静脉网静脉、浅淋巴管和皮神经。

1. **手背静脉网** dorsal venous rete of hand 由浅静脉互相吻合形成。网的形态因人而异。静脉网桡侧半与拇指的静脉汇集形成头静脉;尺侧半与小指的静脉会合形成贵要静脉。手的静脉回流一般由掌侧流向背侧,从深层流向浅层。手背静脉网是临床静脉输液常用的静脉。

2. **浅淋巴管** 手背的淋巴回流方向与静脉相似。淋巴管也参与形成丰富的淋巴管网。手掌远端的浅淋巴管网在指蹼间隙处流向手背淋巴管网,因此,当手部有感染时,手背较手掌肿胀明显。

3. **桡神经浅支** 由前臂下部桡侧转至腕部,再进入手背分布于手背桡侧半皮肤,继而分为 5 条**指背神经** dorsal digital nerve,分布于拇指、示指和中指近节桡侧缘的皮肤。

4. **尺神经手背支** 由前臂下部尺侧转至腕部,再进入手背,分布于手背尺侧半皮肤,再分出指背神经分布于小指、环指和/或中指尺侧缘的皮肤(图 7-29)。

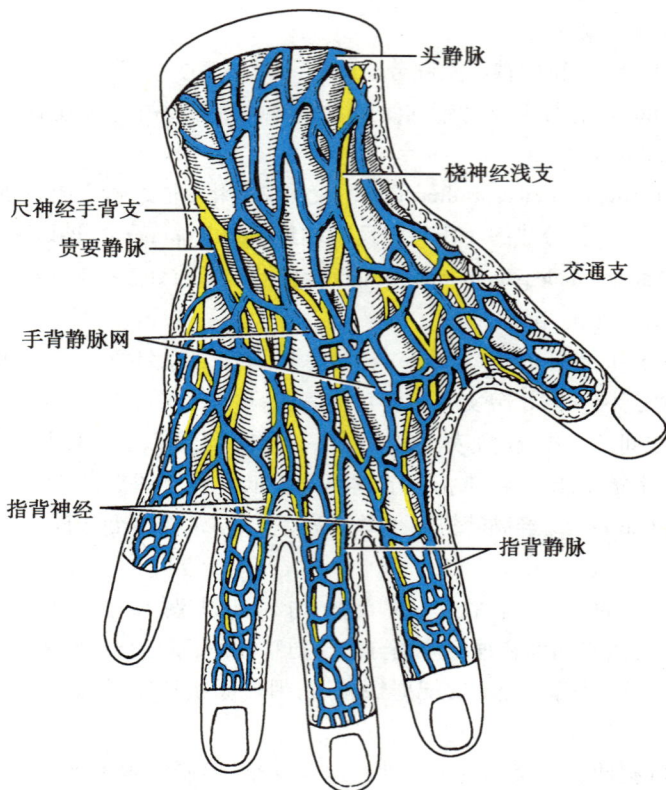

头静脉

桡神经浅支

尺神经手背支

贵要静脉

交通支

手背静脉网

指背神经

指背静脉

图 7-29   手背浅层结构

（二）深层结构

手背的深层结构主要为腱膜（浅深二层）、肌腱和间隙等。

1. **手背腱膜** dorsal aponeurosis of hand   由指伸肌腱与手背深筋膜的浅层结合而成。腱膜的两侧分别附于第 2 和第 5 掌骨。

2. **骨间背侧筋膜** dorsal interosseous fascia   为覆盖在第 2～5 掌骨和第 2～4 骨间背侧肌表面的手背筋膜深层。在各掌骨近端,骨间背侧筋膜以纤维隔与手背腱膜相连结,远端在指蹼处手背筋膜的两层相结合。

3. **筋膜间隙**   由于手背筋膜的浅深两层在掌骨的近、远端彼此结合,因此在浅筋膜、手背腱膜和骨间背侧筋膜之间形成 2 个筋膜间隙。

（1）**手背皮下间隙** dorsal subcutaneous space:为浅筋膜与手背腱膜之间的间隙,使手背皮肤的活动度加大。

（2）**腱膜下间隙** subaponeurotic space:为手背腱膜与骨间背侧筋膜之间的间隙,便于抓握时伸肌腱的滑动。

两个间隙相互交通,手背的局部感染,常整个手背肿胀明显（图 7-24）。

4. **指伸肌腱** tendon of extensor digitorum   有 4 条,分别走向第 2～5 指,在近节指骨底延展成指背腱膜。指伸肌腱扁而薄,在接近掌骨头处,各腱之间由斜行的腱纤维束连结,称为**腱间结合** intertendinous connection。伸指时各腱彼此牵扯,协同动作。

四、手指

手指以掌指关节与手掌相连,运动灵活。手指分掌侧和背侧,因指蹼的存在,手指的长度看上去背侧长于掌侧。拇指腕掌关节为鞍状关节,能完成拇指的对掌运动,活动范围较大,在手的握、持、捏、拿各种功能活动中,拇指的作用几乎是其余 4 指的总和。第 2～5 指的掌指关节可做屈伸和收展运动。

(一)浅层结构

1. 皮肤 指掌侧的皮肤厚于背侧,富有汗腺。

2. 浅筋膜 手指掌面的浅筋膜较厚,有大量纤维束将皮肤与指屈肌腱纤维鞘相连,纤维束之间的脂肪组织常聚积成球状。手指感染时,常导致腱鞘炎。

3. 指髓间隙 pulp space 又称**指髓** pulp of finger,是指位于各指远节指骨远侧 4/5 段掌侧骨膜与指腹皮肤之间的结缔组织。其两侧、掌面和末端为致密的皮肤,近侧有纤维隔连结了指纹的皮肤与指深屈肌腱的末端,将指髓完全封闭。诸多纤维隔连于远节指骨骨膜和指腹的皮肤之间,将指髓内的脂肪和疏松结缔组织分成若多小叶。由于指髓周边是封闭,且内有丰富的血管、淋巴管和神经末梢,指端感染时,肿胀明显,局部压力升高,刺激神经末梢引起剧烈疼痛;也可压迫滋养动脉,导致远节指骨远侧部坏死。此时,应及时行指端侧方切开引流术,并需切断纤维隔,方能引流通畅(图 7-30)。

4. 手指的血管和神经 各手指均有 2 条**指掌侧固有动脉**和两条**指背动脉**,分别与同名神经伴行于指掌侧面与背侧面交界线上的前后方。手指的浅静脉主要位于指背皮下。浅淋巴管与指腱鞘、指骨骨膜的淋巴管交通,感染时可相互蔓延。

(二)深层结构

1. 指浅、指深屈肌腱 第 2～4 指各有浅、深两条肌腱,行于指腱鞘内;拇指则只有一条屈肌腱。在近节指骨处,指浅屈肌腱位于指深屈肌腱的掌侧,逐渐从两侧包绕指深屈肌腱,继而向远侧分成两股,附于中节指骨的两侧缘,其间形成腱裂孔,容指深屈肌腱通过。指深屈肌腱穿出腱裂孔后,止于远节指骨底的前面。指浅屈肌主要屈近侧指间关节,而指深屈肌主要屈远、近侧指间关节(图 7-31)。两腱既可独立活动,又互相协同形成合力增强肌力。

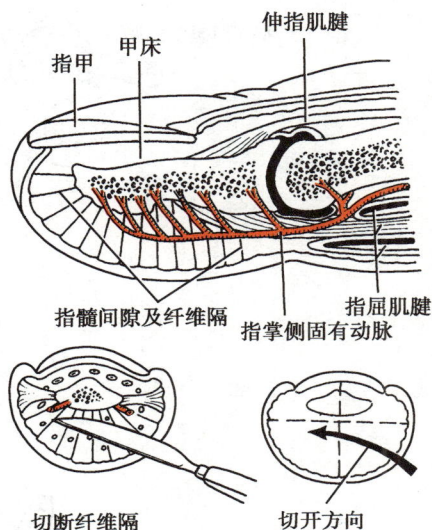

图 7-30 指端结构和切开引流术

2. 指腱鞘 tendinous sheath of finger 为包绕指浅、指深屈肌腱的鞘管,由腱纤维鞘和腱滑膜鞘两部分构成(图 7-31)。

(1)**腱纤维鞘** tendinous fibrous sheath:手指深筋膜增厚,附着于指骨及其关节囊的两侧,形成一骨纤维性管道,对肌腱起约束、支持和滑车作用。

(2)**腱滑膜鞘** tendinous synovial sheath:为滑膜所形成的囊管,位于腱纤维鞘内,分为脏、壁两层。脏层包绕肌腱表面,壁层贴附于腱纤维鞘的内面和骨面。脏、壁两部分滑膜,在骨面与肌腱之间相互移行,形成双层滑膜的过渡部,称为**腱系膜** mesotendon,内有出入肌腱的血管和神经。由于肌腱经常活动,腱系膜大部分消失,仅保留了血管出入处,称**腱纽** vincula tendinum。腱滑膜鞘的近、远两端封闭。拇指与小指的滑膜鞘分别与手掌的桡侧囊和尺侧囊相通,第 2～4 指的滑膜鞘从掌指关节处延伸至远节指骨底(图 7-31,图 7-32)。

3. 指伸肌腱 手背的指伸肌腱在掌骨头处向两侧扩展,包绕掌骨头和近节指骨背面,形成**指背腱膜** dorsal aponeurosis,又称**腱帽**。指背腱膜向远侧分成 3 束,中间束止于中节指骨底,两条侧束在中节指骨背面合并后,止于远节指骨底。指伸肌腱断裂,各指关节呈屈曲状态,中间束断裂近侧指关节不能伸直,侧束断裂,远侧指关节不能伸直。

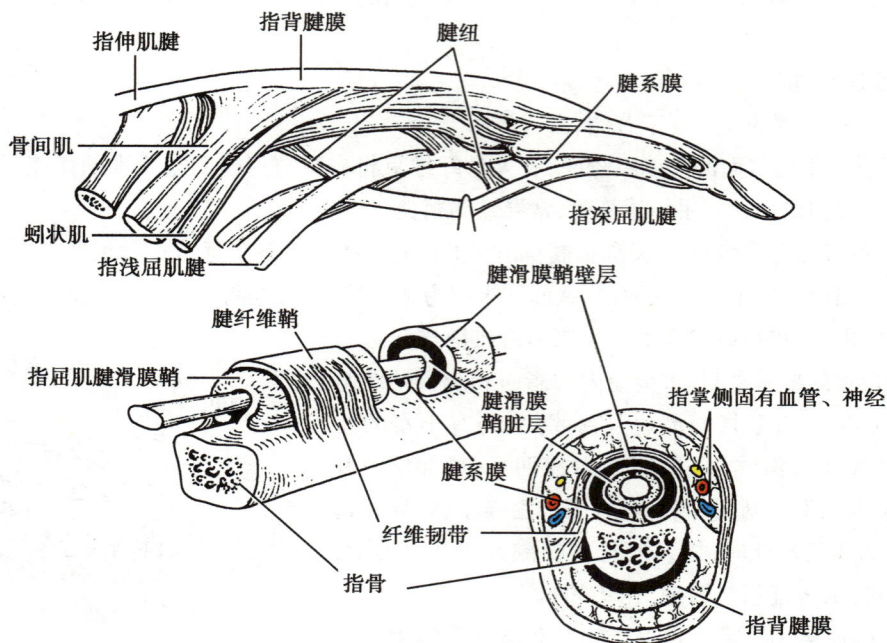

指伸肌腱   指背腱膜   腱纽   腱系膜

骨间肌

蚓状肌   指深屈肌腱

指浅屈肌腱

腱纤维鞘   腱滑膜鞘壁层

指屈肌腱滑膜鞘   腱滑膜鞘脏层   指掌侧固有血管、神经

腱系膜

纤维韧带

指骨   指背腱膜

图 7-31   手指屈肌腱及腱鞘

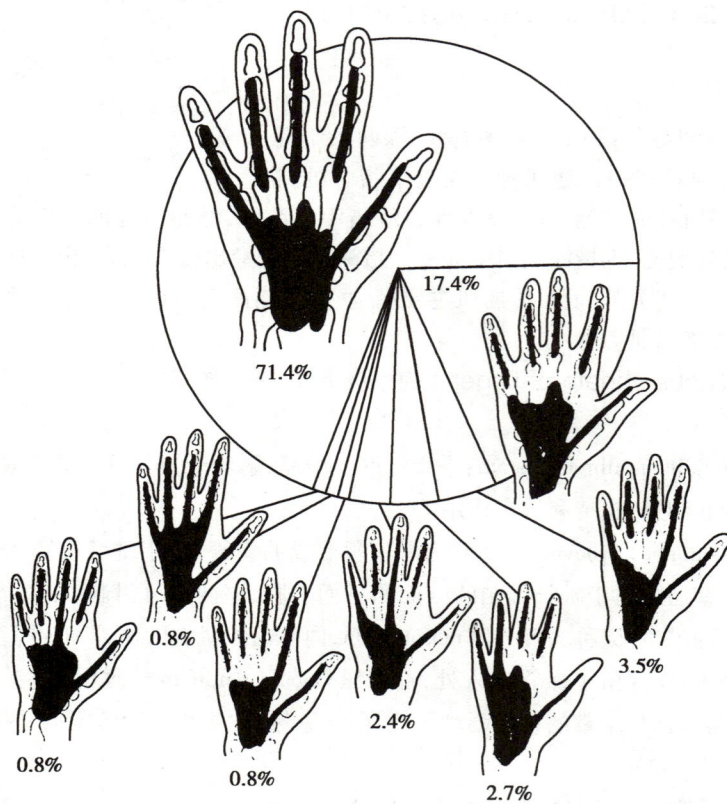

17.4%

71.4%

0.8%

0.8%   0.8%   2.4%   3.5%

2.7%

图 7-32   手部的腱滑膜鞘类型

（钱亦华）

第七节　上肢的解剖操作

一、解剖胸前区与腋窝

（一）切口与翻皮

人体标本仰位。先触摸骨性标记：胸骨剑突、胸骨角、颈静脉切迹、锁骨、肩峰。切开皮肤前,先用镊子尖或彩色笔在切口上画线,再用解剖刀沿线做如下皮肤切口(见图 0-5)。以恰好切透皮肤为度。

1. **胸前正中切口**　自胸骨柄上缘的颈静脉切迹沿前正中线向下切至剑突。此切口可深达胸骨,用以观察体会皮肤的厚度。

2. **胸上界切口**　自胸正中切口上端,向外沿锁骨切至肩峰。注意切口勿深。

3. **胸下界切口**　自胸正中切口下端,向外下沿肋弓切至腋后线。

4. **胸部斜切口**　自胸正中切口下端,向外上方切至乳晕,环绕乳晕,向外上方经腋前襞切至上臂前面正中,再沿臂前面正中向下,切至臂中部,然后向内侧折转横切至臂内侧缘。

从前正中切口的上端和下端,用有齿镊或止血钳提起皮片的角部,将上内和下外两块皮瓣向外侧翻开。上内侧皮片翻至上方,下外侧皮片翻至腋后襞。

（二）层次解剖

1. 解剖浅层结构

（1）解剖女性乳房:①自乳头根部向上做一垂直切口、向外侧做水平切口至乳房边缘,切口深度以切透脂肪层为度。用剪刀尖部刮除乳腺表面的脂肪组织,清理出乳腺叶的轮廓。用手提起并拉紧乳头,以乳头为中心,用镊子尖沿放射方向轻划,仔细理出输乳管,并追踪其至乳腺叶。观察输乳管,观察乳腺的形态、色泽,触摸乳腺的质感。②沿乳腺下缘,做一弧形切口,深至胸大肌筋膜。将手指插入,向上伸至乳腺深面与胸大肌筋膜之间。手指所在的空间即乳房后间隙。观察体会乳房与胸大肌的位置关系。③邀解剖男性标本的同学观察、扪触乳腺。最后,沿乳腺的周边,切开脂肪,取下乳腺。

（2）解剖肋间神经前皮支:①在胸骨角的下外侧,确认第二肋间隙,用剪刀在胸骨侧缘外侧 2 ~ 3cm 处分离浅筋膜,找出肋间神经的前皮支和胸廓内动脉的穿支;②依此向下在第 3 ~ 7 肋间隙内找出同样的神经和血管。时间关系,寻认 3 ~ 4 支也可。在脂肪少的标本,透过筋膜,隐约可见神经或胸廓内动脉穿支的伴行静脉(色暗蓝),是很好的寻找依据。

（3）解剖肋间神经外侧皮支:沿腋中线附近,纵行切开浅筋膜,向前剥离翻开浅筋膜。一边剥翻,一边注意找出第 2 ~ 7 肋间神经外侧皮支。该神经各自发出前、后两个分支。要特别注意,第 2 肋间神经外侧皮支的外侧支,称为肋间臂神经,走向外侧经腋窝皮下,到达臂内侧上部的皮肤。

2. 解剖深层结构

（1）观察胸前筋膜及腋筋膜:保留剖出的皮神经及浅动脉,用解剖刀除去浅筋膜,暴露深筋膜。

胸前外侧壁的深筋膜分浅、深两层。浅层包被胸大肌的前、后面,深层的筋膜包被胸小肌,在该肌下缘向下至腋窝底,形成腋悬韧带,续于腋筋膜;胸小肌上缘的深筋膜向上延伸,形成锁胸筋膜,继而包绕锁骨下肌,附着于锁骨下缘。

（2）找出头静脉:用剪刀沿三角肌胸大肌间沟分离深筋膜,找到头静脉,修洁该静脉至锁骨。注意观察,常见 2 ~ 3 个锁骨下淋巴结沿头静脉末端排列。

（3）解剖胸大肌:①用解剖刀清除胸大肌表面的深筋膜,暴露胸大肌的边界。观察其形态、分部、起止点和肌纤维方向。②在胸大肌锁骨部和胸肋部之间,用剪刀钝性分离肌纤维,将手指插入胸大肌锁骨部的深面,将肌与胸壁分离。分离时可摸到神经血管束,即胸肩峰动、静脉和胸外侧神经。沿锁骨下缘 1cm 处切断胸大肌锁骨部的肌纤维,用剪刀分离并翻向外。翻开时,可见胸肩峰动脉及其伴行静脉和胸外侧神经,这些结构从锁胸筋膜穿出,进入胸大肌。因此,此处为胸前壁的"关键窗"。③将手指分别从上、下方插入胸大肌胸肋部的深面,使之与胸壁分离,手指摸到的结构为胸内侧神经。

④沿胸肋部起点外侧约2cm处,切断胸大肌的起始部,向外侧翻开。此时,可见到胸内侧神经穿出胸小肌,进入胸大肌。⑤用剪刀分离并观察进入胸大肌的血管和神经,在神经血管入肌处,切除一小块肌组织保留于神经血管的末端,使之与胸大肌分离,将胸大肌充分翻向外侧直至其止点。

(4)观察锁胸筋膜:锁胸筋膜的上部附着于锁骨、喙突、包绕锁骨下肌;下方附着于胸小肌上缘;深面与腋鞘及腋静脉紧密结合。

(5)解剖穿锁胸筋膜的血管神经:①在胸小肌上缘,用刀分离去锁胸筋膜,找出胸肩峰动脉及其伴行静脉和胸外侧神经;②用剪刀向外上分离、追溯,分别追至腋静脉(V)、腋动脉(A)和臂丛的神经(N)。观察 VAN 结构的排列位置及其与锁骨的关系。

1)解剖胸肩峰动脉:用剪刀分离修洁胸肩峰动脉主干及其分支,去除动脉分支的伴行静脉。可见胸肩峰动脉是一短的动脉干,从腋动脉发出后,分为 3 ~ 4 支,分布至胸大肌、三角肌、肩峰和锁骨。

2)解剖胸外侧神经:修洁并追踪胸外侧神经。可见其发自臂丛的外侧束(故称胸外侧神经),经腋动脉前方,至锁胸筋膜深面,向前穿出锁胸筋膜进入胸大肌。

3)解剖头静脉和锁骨下淋巴结:在锁骨下方,头静脉末端附近,用剪刀分离,可见数个锁骨下淋巴结。修洁头静脉末端,直至腋静脉。

(6)解剖胸小肌表面及下缘的结构:用解剖刀剥除胸小肌表面的筋膜,观察胸小肌的形态、起止。在胸小肌表面,可见胸内侧神经从深方穿出,进入胸大肌(此时,胸内侧神经已切断、胸大肌已翻开)。将手指插入胸小肌深面将其与胸壁分离,在肌起点的稍外上方切断该肌,翻至喙突,将腋窝前壁完全打开。翻起胸小肌时,将穿越该肌的胸内侧神经及伴行血管充分游离,尽量保留。

1)解剖胸外侧动脉:用剪刀在前锯肌表面分离结缔组织,找到胸外侧动脉及伴行静脉,去除伴行静脉,向上修洁胸外侧动脉至腋动脉。

2)观察胸肌淋巴结:分离修洁胸外侧动脉时,可见沿静脉排列淋巴结。这些淋巴结属腋淋巴结的胸肌淋巴结群。观察其数目、大小、颜色,用手指捻捏其质地硬软。观察后可清除。

(7)解剖腋窝的血管神经

1)用剪刀和镊子配合,钝性分离、去除腋窝的疏松结缔组织以及残留的腋鞘与外侧淋巴结。

2)解剖腋窝底:将臂外展,清除腋筋膜及其深面的疏松结缔组织,注意避免伤及肋间臂神经。观察中央淋巴结,观察后清除。

3)用镊子配合手术刀,从喙突向下修洁肱二头肌短头和喙肱肌。

4)在喙肱肌内侧,用剪刀分离找出肌皮神经、正中神经外侧根和正中神经,顺肌皮神经向上辨认观察臂丛的外侧束。

5)循正中神经向内上,分离解剖出正中神经的内侧根,修洁位于二根之间的腋动脉,向上追至锁骨下动脉。在腋动脉的内侧查看臂丛内侧束。

6)分离找出由内侧束发出的尺神经。整体观察由肌皮神经、正中神经及其两根与尺神经共同构成的 M 状结构。

7)切除腋静脉的较小属支,保留腋静脉主干和较大属支。

8)在臂丛内侧束上分离解剖前臂内侧皮神经、臂内侧皮神经,前者较后者为粗。

9)将胸小肌复位,观察以胸小肌为界区分的腋动脉第 1、2、3 段,即腋动脉的胸小肌上段、后段和下段。用剪刀分离解剖出腋动脉的 6 个分支。简单的记忆方法是:第 1 段,一个分支(胸上动脉);第 2 段,两个分支(胸肩峰动脉、胸外侧动脉);第 3 段,三个分支(肩胛下动脉、旋肱前动脉、旋肱后动脉)。

10)在腋动脉后方,找出桡神经,沿桡神经向上追溯并观察臂丛的后束,向下追溯至臂上部。

(8)解剖三边孔和四边孔

1)解剖穿三边孔的血管:①用剪刀在肩胛下肌和大圆肌表面分离出肩胛下动脉,依此向下分离修洁其分支胸背动脉和旋肩胛动脉,去除其伴行静脉;②向下追踪旋肩胛动脉至三边孔。

2）解剖穿四边孔的结构：①用剪刀在腋动脉后方分离找出腋神经；②找出发自肱动脉的旋肱后动脉。追踪二者至四边孔。

3）辨认构成三边孔和四边孔的肌：两孔的共同上界为小圆肌和肩胛下肌；共同下界为大圆肌，肱三头肌长头形成三边孔的外侧界，和四边孔的内侧界。

（9）解剖胸背神经：用剪刀在胸背动脉附近分离找出其伴行的胸背神经，向下追踪至背阔肌。

（10）解剖肩胛下神经上支和下支：在腋窝后壁上部，用剪刀分离找出肩胛下神经上支，该支再分两支，分别支配肩胛下肌和小圆肌；分离找出肩胛下神经下支，向下追踪至大圆肌。

（11）解剖腋窝内侧壁的结构：①用剪刀分离找出胸外侧动脉，去除其伴行静脉；②在腋中线附近，用剪刀分离找出胸长神经，向上追溯至臂丛后方，向下追踪至前锯肌；③用镊子配合解剖刀清理前锯肌表面的深筋膜，显示前锯肌，观察其在肋骨上的起点（肌齿）。

二、解剖臂前区、肘前区及前臂前区

依次解剖臂前区、肘前区、前臂前区。

（一）切口与翻皮

上肢平置外展，手掌向上。切口如下（见图0-5）。上臂与前臂前面的皮肤较薄，切口不可过深。

1. 纵切口 自上臂中线（已有一段纵切口），通贯臂前区、肘前区、前臂前区直至腕前区。

2. 横切口 ①在肘前区，从肱骨内上髁切至外上髁；②在腕前区，自前臂的内侧缘切至外侧缘。从中线向两侧剥离皮肤，将皮片翻向上肢的两侧。

（二）层次解剖

1. 解剖浅层结构

（1）解剖头静脉及前臂外侧皮神经：①沿三角肌胸大肌间沟，用剪刀向下分离头静脉至腕部；②在肘部肱二头肌腱外侧，用剪刀分离找出前臂外侧皮神经，向下追踪至腕前区，观察该神经与头静脉的伴行关系；③保留剖出的浅层结构，用解剖刀除去臂前区外侧部的浅筋膜。

（2）解剖贵要静脉及前臂内侧皮神经：①在肱二头肌内侧沟下部，用剪刀分离找出贵要静脉，向上追踪至臂中段穿深筋膜处，向下追踪至腕前区；②在臂上部内侧，用镊子提起已解剖出的前臂内侧皮神经，用剪刀向下分离追踪。可见该神经在臂内侧中下部穿出深筋膜，继续向下修洁至腕前区。观察其与贵要静脉伴行状态。

（3）解剖臂内侧皮神经：找到沿已解剖出的臂内侧皮神经，向下修洁追踪，可见其在臂内侧上部穿出筋膜，分布于臂内侧皮肤。

（4）解剖肘正中静脉：在肘前区，用剪刀在浅筋膜内分离找出肘正中静脉。观察其与头静脉和贵要静脉的连接关系及连接类型。

（5）寻找肘淋巴结：在肱骨内上髁上方、贵要静脉附近寻找肘浅淋巴结。有时不易找到，不必刻意花时间去找。

2. 解剖臂部深筋膜

（1）用解剖刀清除臂前区浅筋膜，保留浅静脉和皮神经，显露深筋膜。

（2）从臂上部的深筋膜上，用剪刀横行剪开深筋膜，再沿臂前面正中纵行剪至肘前区，然后在肘前区作一横切口，用解剖刀将臂部包绕肱二头肌的深筋膜翻向两侧，此处是全身肌表面深筋膜最容易分离的部位。翻开深筋膜，可清晰地显示肱二头肌的光滑肌肤。

（3）在臂部两侧，观察深筋膜发出的臂内侧和臂外侧肌间隔，探查其位置和附着部位。

（4）修洁、分离和观察臂肌前群的三块肌肉（肱二头肌、喙肱肌和肱肌）。

3. 解剖肱二头肌内、外侧沟

（1）解剖正中神经：在肱二头肌内侧沟处分离正中神经。可从腋窝处用镊子夹住正中神经，用剪刀向下追踪至肘前区。正中神经在臂部无分支。观察其与肱动脉的位置关系。

（2）解剖肱动脉：在腋窝处，找到腋动脉，用镊子捏住，用剪刀向下修洁肱动脉及其两侧伴行静脉至肘窝。观察贵要静脉在肱静脉上的注入部位。

（3）解剖肱动脉的分支：①在臂上部，大圆肌腱稍下方，沿肱动脉，用剪刀分离找出肱深动脉，同时注意找到其伴行的桡神经，追踪二者进入肱骨肌管处；②在臂中部稍上方，喙肱肌止点平面，分离找出尺侧上副动脉。该动脉的特征是形如铅笔芯，直而长，与尺神经伴行，穿臂内侧肌间隔入臂后区；③在肱骨内上髁上方约 5cm 处，分离找出尺侧下副动脉，观察其走行；④寻认肱动脉分布至上臂前群三肌的肌支，观察其分布。

（4）解剖尺神经：在腋窝处，找到尺神经，用镊子捏住，用剪刀向下分离追踪至其穿内侧肌间隔处。观察尺神经与肱动脉、尺侧上副动脉的位置关系。尺神经在内上髁上方穿入臂内侧肌间隔之后的部分，不作追踪。

（5）解剖肱二头肌外侧沟：①再一次观察沿外侧沟上行的头静脉；②在外上髁上方，用剪刀将肱桡肌与肱肌分离，在两肌之间分离找出桡神经主干，向上略加追溯，寻认其肌支；③向下分离至肘窝，在外上髁前方分离找出桡神经的浅、深两个终支；④分离追踪浅支至肱桡肌深面，追踪深支至旋后肌。

4. **解剖前臂深筋膜、肱二头肌腱膜和腕掌侧韧带**   ①在保留浅静脉和皮神经的前提下，用剪刀清除肘窝、前臂前区及腕前区的浅筋膜，显露前臂深筋膜；②在肘前区和前臂上部，用解剖刀修洁肱二头肌腱膜，观察该腱膜与前部深筋膜的相融状态，用镊子夹起肱二头肌腱膜的上缘，沿肱二头肌肌腱的内侧，用剪刀剪断腱膜；③从前臂下端开始，用剪刀纵行向上剪开前臂深筋膜，用剪刀将其翻向两侧，探查前臂内、外侧肌间隔，探查其位置与附着部位；④观察腕前区深筋膜，可见该处的筋膜纤维为横行较厚，称腕掌侧韧带。用解剖刀纵行切开腕掌侧韧带，向两侧翻开，显露位于其深面的屈肌肌腱。腕掌侧韧带远侧的深面为极为坚韧的横行纤维——屈肌支持带。

5. 解剖肘前区——肘窝

（1）确认肘窝的边界：找到肱二头肌腱，在其内侧切断肱二头肌腱膜和肘窝内的深筋膜，修洁旋前圆肌和肱桡肌，观察肘窝的境界。

（2）解剖肘窝：①用剪刀分离找出肱二头肌腱，用解剖刀修洁肱二头肌腱，进而向内分离旋前圆肌，用解剖刀剥除旋前圆肌表面的深筋膜；②肱二头肌肌腱的内侧，用剪刀分离剖出肱动脉的末端，去除其伴行静脉，追溯至肱动脉分为桡、尺动脉分支处；③于肱动脉内侧，用镊子分离找出正中神经，向下追踪至旋前圆肌两头之间；④沿正中神经主干将止血钳向下插入旋前圆肌的深面，用解剖刀将旋前圆肌肱头切断，并向两侧分离翻开，即可显露深面的正中神经和旋前圆肌尺头；⑤在正中神经的背侧，用剪刀分离找出骨间前神经；⑥在旋前圆肌尺头的深面，用剪刀分离找到其深方通过的尺动脉及其发出的骨间总动脉。

6. 解剖前臂前区

（1）观察前臂前群浅层肌：①用解剖刀去除清理肱桡肌表面的筋膜，该肌是前臂前群唯一起自肱骨外上髁的肌；②清理起自肱骨内上髁的浅层各肌，即，旋前圆肌、桡侧腕屈肌、掌长肌和尺侧腕屈肌，观察和辨认各肌的名称、排列顺序、走行和终止部位；③从前臂下 1/3 将浅层的肌及其肌腱与指浅屈肌分离。

（2）解剖桡侧血管神经束：①从肘窝处向下，用剪刀将肱桡肌向外侧分离，找出位于肱桡肌和肱肌之间的桡神经，追溯找出其深支和浅支。浅支沿桡动脉外侧下降，深支穿旋后肌至前臂背面（肘窝解剖时已找出）。②在肘窝处，用剪刀分离找出桡动脉，去除其伴行静脉。桡动脉与桡神经浅支在前臂中部彼此靠近，不要将二者分离，保留其伴行关系。③在桡神经和桡动脉自然分开处（约为前臂中、下 1/3 交界处），用剪刀分离修洁桡神经浅支，该支经肱桡肌腱深面转向后，分布至手背。④分离修洁桡动脉，追踪至桡骨茎突下方，寻认桡动脉的分支。

（3）解剖尺侧血管神经束：①沿正中线切断旋前圆肌（通常，解剖肘窝时已切），翻向两侧，找出正中神经；用剪刀分离，将尺侧腕屈肌推向内侧。②从前臂上部向下，用解剖刀纵行切断指浅屈肌的桡骨头,注意勿损伤深面的正中神经,将指浅屈肌翻向内侧,找到尺血管神经束。确认尺动脉和尺神经去除伴行静脉,不要完全分离尺神经与尺动脉的伴行关系。③向上追溯尺神经至尺神经沟,向下追踪至腕前区,在前臂中、下1/3交界处,分离找出尺神经的掌背支。④在肘窝下部,用剪刀追溯尺动脉,找到其发出的骨间总动脉。观察尺神经和尺动脉的位置关系。

（4）解剖正中神经:在旋前圆肌两头之间再次确认正中神经,用剪刀向下追踪分离正中神经至腕前区。在前臂上段,用剪刀分离找出正中神经的分支——骨间前神经。

（5）解剖观察前臂前群深层肌:①将已切断的指浅屈肌充分翻向内侧,观察拇长屈肌和指深屈肌;②从腕上方,用剪刀沿拇长屈肌肌腱向上分开此二肌,观察深方的旋前方肌。

7. 解剖骨间总动脉和骨间前神经血管束　①在旋前圆肌尺头深面,在尺动脉的起始部,用剪刀分离找出骨间总动脉,向外下分离追踪此动脉至前臂骨间膜上缘处,找出其骨间前动脉和骨间后动脉两个终支;②在拇长屈肌与指深屈肌之间寻找由骨间前动脉和骨间前神经组成的神经血管束,向下追踪至旋前方肌;③分离骨间后动脉,观察其穿经前臂骨间膜上缘至前臂骨间膜后方。

8. 观察前臂屈肌后间隙　在腕上方,观察拇长屈肌、指深屈肌与旋前方肌之间的前臂屈肌后间隙。将刀柄向下插入腕管,理解腕管与手掌的交通关系。

三、解剖腕前区与手掌面

（一）切口与翻皮

1. **纵切口**　自腕前区中点切至中指末端。
2. **斜切口**　由腕前区中点至拇指末端。
3. **横切口**　在指蹼平面,由第2指外侧至第5指内侧。
4. **指前切口**　沿第2～5指前面的中线,做纵行切口。
用解剖刀,将手掌及各指的皮肤翻开。

（二）层次解剖

1. **解剖浅筋膜**　从前臂分别追踪前臂外侧皮神经、桡神经浅支、正中神经掌支、尺神经的掌支至手掌,将各神经的末梢游离。在小鱼际处,用解剖刀剥除浅筋膜,找出掌短肌。用解剖刀,轻轻刮除手掌部的浅筋膜,显露手掌深筋膜浅层和掌腱膜。

2. **解剖掌腱膜和骨筋膜鞘**

（1）解剖掌腱膜:从屈肌支持带上方提起掌长肌腱,用解剖刀从肌腱深面向远侧剥离掌腱膜,切断掌腱膜内、外侧缘发出的掌内、外侧肌间隔,在指蹼间隙处切断掌腱膜,向上翻起。勿损伤其深方的结构。

（2）观察三个骨筋膜鞘:①探查内、外侧鞘和中间鞘的范围:小鱼际筋膜深方为内侧鞘;鱼际筋膜深方为外侧鞘;掌腱膜深方为掌中间鞘。②用解剖刀清除小鱼际筋膜和鱼际筋膜,显露小鱼际和鱼际的肌。

3. **解剖尺神经、尺动脉及其分支**

（1）解剖尺动脉及其分支:①在豌豆骨外侧,用解剖刀切除腕掌侧韧带,打开腕尺侧管,修洁管内的尺动脉,去除尺静脉;②追踪尺动脉在管内找出尺动脉的掌深支,沿尺动脉主干继续追踪直至掌浅弓,观察掌浅弓由尺动脉末端与桡动脉掌浅支吻合的状态;③用剪刀在掌浅弓凸侧分离找出由弓发出的3条指掌侧总动脉,修洁至指蹼。

（2）解剖尺神经及其分支:①用剪刀在腕尺侧管内分离找出尺神经末端,进而在豌豆骨与钩骨之间分离找出尺神经浅支和深支;②向下分离追踪浅支,观察其分出的两个指掌侧总神经,深支随后解剖。

4. **解剖正中神经及其分支**

（1）解剖腕管:①用解剖刀修洁屈肌支持带,将其从中线纵行切开,并在切口两侧切除部分韧带,使屈肌支持带形成一缺口,暴露腕管;②用剪刀分离、观察腕管内的屈肌腱及其腱鞘和正中神经。

（2）解剖正中神经:①用剪刀在腕管内修洁正中神经,在屈肌支持带的下缘找出正中神经的返支,追踪至鱼际肌;②进而向下分离追踪正中神经的3条指掌侧总神经,直至指蹼。观察其与指掌侧总动脉的伴行情况。

5. 观察屈肌腱鞘　用剪刀在腕管内纵行剪开屈肌总腱鞘,向远侧探查它与指滑膜鞘的关系,观察指浅、深屈肌腱之间的位置关系。切开拇长屈肌腱鞘,观察其与拇指腱滑膜鞘的交通情况。

6. 解剖掌深层结构

（1）解剖鱼际:①用解剖刀修洁并观察鱼际浅层的拇短屈肌和拇短展肌;②在肌的中段切断拇短展肌,在其深面用剪刀分离找出桡动脉的掌浅支,再次确认正中神经返支,观察其对鱼际各肌的支配情况;③与拇短展肌的切口错开,切开深层的拇对掌肌和拇收肌,分离观察拇长屈肌腱。

（2）解剖小鱼际:①辨认浅层已剖出的掌短肌;②用解剖刀修洁小指展肌和小指短屈肌,从中部横断小指展肌,观察深面的小指对掌肌;③在小鱼际各肌的内侧,用剪刀分离寻找尺神经深支和尺动脉的掌深支,略作追踪。

（3）解剖蚓状肌:用剪刀分离指浅、指深屈肌腱,查看蚓状肌的起始与位置。

（4）解剖指蹼间隙:用剪刀分离去除各指蹼间隙的脂肪。①修洁各指掌侧总动脉和指掌侧总神经的末端,观察它们的分支和分布;②修洁蚓状肌腱,用探针探查指蹼间隙的交通。

（5）探查手掌的筋膜间隙:①将手指微屈,用镊子捏起第2指的屈肌腱和第1蚓状肌,观察其深面的鱼际间隙;②挑起第3、4、5指的屈肌腱及相应的蚓状肌,观察它们深方的掌中间隙;③用探针向近侧探查其交通。

（6）解剖观察掌深弓和尺神经深支:①向桡侧拉开各指屈肌腱及蚓状肌(或在腕管上部切断各腱);用剪刀分离除去屈肌腱深方的疏松结缔组织和骨间掌侧筋膜;循尺神经深支和尺动脉掌深支向桡侧追踪,分离找出尺动脉掌深支与桡动脉末端吻合成的掌深弓。②修洁掌深弓及其凸侧发出的3条掌心动脉。③修洁与掌深弓伴行的尺神经深支及其分支。

7. 解剖手指掌侧　①在中指两侧的指蹼间隙处,用剪刀分离找出指掌侧固有神经和指掌侧固有动脉,去除伴行静脉;②分离去除浅筋膜,显露手指掌侧腱纤维鞘;③纵行切开腱纤维鞘,观察指浅、深屈肌腱的位置及其交叉关系和肌腱止点。观察腱滑膜鞘的结构(可解剖2~3个指,做进一步比较观察)。

四、解剖三角肌区、肩胛区、臂后区、肘后区及前臂后区

人体标本俯卧,先触摸骨性标志:枕外隆凸、第6颈椎棘突至第5腰椎棘突、肩峰、肩胛冈和肩胛下角。自上而下,依次解剖肩胛区、臂后区、肘后区、前臂后区、腕背区和手背。

（一）切口与翻皮

因上肢肩胛区与背部相连,切口须从背部开始。上肢外展,做下列皮肤切口(见图0-5)。背部皮肤较厚,切口时,注意体会皮肤的厚度。

1. **背正中切口**　自枕外隆凸向下,沿后正中线垂直切至第5腰椎棘突。

2. **肩部横切口**　自第七颈椎棘突,向两侧肩峰作一水平切口。

3. **肩胛下角横切口**　在平肩胛骨下角高度,从正中线向两侧水平切至腋前线。

4. **上肢纵切口**　从肩部沿臂后中线向下切至腕背部(若经前面的切口已剥离了皮肤,可以不再做切口)。

5. **肘后横切口**　在肘后区作一横切口与肘前区横切口相接。

6. **腕部横切口**　在腕背作横切口与腕前区横切口相接。

用解剖刀剥离皮肤,把颈部的皮片尽量向上翻;肩胛骨后面的皮片翻向外侧;剥离上肢后面的皮肤,显露浅筋膜。注意比较背部皮肤与臂部皮肤的厚度。

（二）层次解剖

1. 浅筋膜及浅层结构　观察浅筋膜,可见肩胛部的浅筋膜较厚且致密,而从臂后区至前臂后区的浅筋膜逐渐变薄。

（1）解剖肩胛区的皮神经:①在肩胛冈平面,用剪刀分离找出第2脊神经后支的皮支;②尝试在其上、下方的肋间隙中分离找出第1、第3脊神经后支的皮神经。

（2）解剖上肢后面的皮神经:①在三角肌后缘中点下方,分离浅筋膜找出臂外侧皮神经(腋神经的皮支);②在臂后区中部分离找出臂后皮神经;③在臂后下外侧部找出前臂后皮神经(桡神经的皮支);④在前臂后区下部的内、外两侧部确认已剖出的贵要静脉、头静脉、前臂内侧皮神经和前臂外侧皮神经(肌皮神经的皮支);⑤在前臂后区中间部分离找出前臂后皮神经。

（3）保留皮神经,用解剖刀去除浅筋膜,显露深筋膜。

2. 解剖肩胛区与三角肌区

（1）解剖肩胛上动脉和肩胛上神经:①清除斜方肌表面的浅、深筋膜,沿肩胛冈切断斜方肌的附着点,将该肌翻向内侧;②用解剖刀分别切断冈上肌和冈下肌的中份,解剖寻找位于肌深面的肩胛上动脉和肩胛上神经。注意:肩胛上神经穿肩胛上孔,而肩胛上动脉则行于孔的上方。

（2）解剖四边孔中的腋神经和旋肱后动脉:①用解剖刀修洁小圆肌、大圆肌和肱三头肌长头的表面的深筋膜,观察三边孔和四边孔的境界。注意勿伤及由孔穿出的血管神经。②清除三角肌表面的深筋膜,将手指自三角肌后缘探入,从肌深部分离。用解剖刀沿三角肌的起点(留下约1cm)切断三角肌,翻向外侧。③用剪刀分离四边孔,找出腋神经和旋肱后动脉的主干,去除伴行静脉。观察这些结构从四边孔穿出后进入三角肌和小圆肌的情况。

（3）解剖旋肩胛动脉:用剪刀分离三边孔,清理结缔组织找出旋肩胛动脉,去除伴行静脉。观察其穿出三边孔后的分支分布。

3. 解剖臂后区与肘后区

（1）解剖肱骨肌管内的桡神经和肱深动脉:①修洁肱三头肌表面的深筋膜;②在肱三头肌长头和外侧头之间钝性分离,找到桡神经和肱深动脉,将镊子沿桡神经走行方向斜形插入肱骨肌管,切断该肌外侧头,打开肱骨肌管,暴露管内的桡神经和肱深血管。向上、下修洁神经和动脉,观察其分支分布。

（2）解剖尺神经:在上臂内侧确认已剖出的尺神经,向下略加追踪至肱骨的内上髁水平,但不要将尺神经从尺神经沟内分离。

4. 解剖前臂后区

（1）解剖筋膜及伸肌支持带:①用解剖刀去除前臂后面的浅筋膜,暴露前臂后面和腕后区的深筋膜;②观察腕背区由深筋膜横行纤维增厚形成的伸肌支持带;③在伸肌支持带上缘做横切口,保留伸肌支持带,用解剖刀剥除前臂后面下2/3的深筋膜,显露前臂后群肌。

（2）解剖前臂背侧深层结构:①从腕部肌腱开始,用剪刀向上分离浅层诸肌,根据肌腱的位置和形态(参考图谱参考文献6)辨认各肌的名称;②分离并向两侧拉开桡侧腕伸肌和指伸肌,在浅层肌深面,用剪刀分离清理和辨认深层的5块肌,根据肌腱的位置和形态(参考图谱参考文献6)辨认各肌的名称。

（3）解剖骨间后血管神经束:①用剪刀在旋后肌表面找到桡神经深支,可见该神经从旋后肌中部穿出进入臂后区,更名为骨间后神经,向下修洁该神经至旋后肌下缘;②在骨间后神经的稍外侧,用剪刀分离找出骨间后动脉,去除伴行静脉。观察神经血管的分支分布。

五、解剖腕背区与手背面

（一）切口与翻皮

1. 拇指背切口　自腕背部横切口,经拇指背面切至拇指甲根。

2. **掌背横切口**　在掌指关节平面,从第 2 指外侧切至第 5 指内侧。

3. **掌背纵切口**　自腕背部横切口中点,切至中指根部。

4. **指背纵切口**　从掌指关节横切口,分别沿第 2～5 指背面中线作纵切口,切至甲各指甲根。

翻开手背和指背面的皮肤。手背的皮肤薄,移动性大,注意勿伤及皮下结构。

（二）层次解剖

1. 解剖浅层结构

（1）观察手背浅筋膜:手背浅筋膜薄,组织疏松。剥除皮肤时勿损伤浅静脉和皮神经。

（2）解剖手背静脉网:①用剪刀分离手背浅筋膜,剖出手背静脉网;②在掌腕交界部的桡侧,分离浅筋膜找出头静脉的起始端;在尺侧剖出追贵要静脉的始端。

（3）解剖桡神经浅支和尺神经手背支:①在腕背部桡侧,用剪刀分离找出桡神经浅支;在尺侧找出尺神经手背支。②观察桡神经浅支和尺神经掌背支在手背的吻合;观察 5 条指背神经。

（4）解剖伸肌支持带及其 6 个骨纤维管:①用解剖刀清除腕背侧的浅筋膜,暴露伸肌支持带,观察其纤维方向及附着部位;②在伸肌支持带上、下缘各做一横行浅切口,切口间距约 2cm,保留两切口之间的伸肌支持带,用解剖刀剥除其余的支持带纤维;③观察由伸肌支持带发出的 5 个纤维隔及骨纤维管;参照图谱,自外向内依次观察第 1～第 6 骨纤维管内的肌腱及其腱鞘。

（5）解剖手背动脉:①在拇指根部,用剪刀分离三个肌腱,参照图谱确认其名词;观察三腱形成的解剖学"鼻烟窝"。②用剪刀分离除去鼻烟窝内的结缔组织,修洁窝内的桡动脉去除伴行静脉;向上追溯至前臂前区,向下追踪至其穿第 1 骨间背侧肌处。

2. 解剖掌背筋膜间隙　①保留剖出的神经血管,用解剖刀清除浅筋膜,一边观察体会浅筋膜深面的手背皮下间隙,该间隙使手背皮肤活动度增大。尽量去除浅筋膜,暴露手背腱膜。②用解剖刀剥除手背腱膜,显露深层骨间背侧筋膜,观察体会两者之间的手背腱膜下间隙。③观察伸指肌腱及其腱间结合。

3. 解剖指背追踪伸指肌腱至手指背面,观察指背腱膜。

（李瑞锡）

第八节　临床病例分析

病例 7-1

患者,女,50 岁。因患乳腺癌进行分期治疗,接受了右侧腋窝淋巴结清扫手术。回家数周后,在牵张训练中,当用双手推墙时,出现右侧肩胛骨内侧缘异常突出,呈"翼状肩";当梳头时,右胳膊难以举过头顶。在外科复诊时,医生说在淋巴结清扫术中某神经被意外损伤,从而导致上述体征。

临床解剖学问题:

（1）可能损伤了哪一条神经? 该神经损伤为何引起患者的肩胛骨"翼状突起"和手臂难以上举?

（2）如果此种肩胛骨异常发生在交通事故中,什么样的骨折可能导致该神经受损?

（3）在清扫腋窝淋巴结时,还有哪些神经易于受损并出现什么症状?

病例 7-2

患者,女,57 岁。右肩部疼痛 1 年半,逐渐加重,疼痛向上臂和颈部放射,有时肩部有弹响。上举手臂完成动作时疼痛加重。查体发现:肩锁关节区轻度压痛,肌肉萎缩不明显,肩峰下有摩擦音,与对侧有明显不同,"撞击"征阳性,外展、内旋时出现疼痛。双臂放于体侧,肘关节屈曲 90 度,双上肢外旋力量不平衡,患侧轻中度减低,但上臂过头活动不受限制。影像学检查提示肌腱袖断裂。

临床解剖学问题:

（1）什么是肌腱袖?

（2）引起肌腱袖损伤的常见原因有哪些？肌腱袖的哪部分结构最易撕裂？

（3）为什么在肌腱袖损伤时会出现肩关节功能障碍？

病例 7-3

患者,男,12 岁。从滑板上跌落,左肘撞在水泥路面上。因左肘疼痛剧烈、左手小指刺痛、发麻,家人遂带他到医院就诊。医生在体检时发现患者左手小指和手掌内侧缘对针刺无反应,左手手指无法夹住纸片。X 线正侧位片显示:左肱骨内上髁骨骺显著移位,伴有神经受压和牵拉。

临床解剖学问题:

（1）肱骨内上髁骨折可能损伤了什么神经？

（2）解释患儿左手小指麻木及手指不能夹住纸片的原因？此外,还可能出现哪些症状和体征？

（3）运用周围神经损伤和再生的知识,预测该患儿感觉和运动功能障碍可能恢复到哪种程度？

病例 7-4

患者,男,25 岁。骑摩托车时由于车速较快,至转弯处时摔倒,左胫腓骨粉碎骨折,手术复位金属板固定骨折部位。术后患肢不能完全承重,需使用拐杖约 3 个月。患者频繁地使用拐杖 8 周后,感觉左三角肌区疼痛、感觉异常,左上肢外展乏力。医生检查后告诉患者,上述症状的出现是由于长期使用拐杖不当所致。

临床解剖学问题:

（1）压迫什么神经可导致患者左三角肌区的感觉及运动障碍？

（2）医生认为患者的症状是因长期用拐杖不当所致的原因是什么？怎样消除神经的压迫？如果不消除神经压迫的因素,病情将如何进展？

病例 7-5

患者,女,19 岁。在排球运动中意外摔倒,倒地时手掌张开撑地。受伤,感到腕部疼痛剧烈,腕部X 线未发现骨折。2 周后疼痛仍未缓解,当医生用手指按压鼻烟窝时,该患者表示疼痛加重。再次腕部 X 线检查,观察到一块较大的腕骨出现裂纹骨折。

临床解剖学问题:

（1）腕部过伸后,鼻烟窝部位有明显的疼痛,提示哪一块骨骨折？

（2）为何此骨的骨折不易被检查到？

（3）如果此骨骨折未被查出,并且未对骨折进行固定,将会出现什么严重后果,为什么？

病例 7-6

患者,女,22 岁。因患抑郁症,用刀片割伤右腕后,出现右腕部喷血难以止住,被送入院救治。体检发现患者右腕两条表浅肌腱和一条神经被切断,患者右手拇指不能外展,对掌功能几乎丧失,右侧第二、三指精细运动缺失,手掌外侧三个半手指及对应的手掌皮肤感觉丧失。

临床解剖学问题:

（1）患者腕部哪些肌腱受损？被切断的是什么神经？哪条动脉可能被切开？

（2）患者的腕部屈曲是否受到影响,为什么？

病例 7-7

患者,男,35 岁。主诉在搬运货物时右手被锈铁钉刺伤 1 周,手掌肿胀,活动受限,发热 3 天入院就诊。体格检查:右手掌及手背肿胀,掌心凹陷消失,压痛明显。中、环、小指呈屈曲状,活动受限。体温 39.5℃,血常规显示白细胞总数及中性粒细胞比例明显增多,X 线未见明显手部骨质异常。

诊断:右手掌间隙感染。

临床解剖学问题:

(1)诊断为何是掌间隙感染,而非鱼际间隙感染?

(2)铁钉刺伤的是手掌,为何手背也肿胀? 如果掌间隙感染得不到控制,还可能向何处蔓延?

(3)治疗中若进行指蹼间隙切开引流,通常选择哪一个指蹼?

（贺桂琼　侯志勇）

第八章 下 肢

第一节 概 述

下肢lower limb 除具有行走和运动的功能外,还可使身体直立并支持体重。故下肢的骨骼比上肢粗大,骨连结的形式较上肢复杂,稳固性大于灵活性;下肢的肌亦较上肢发达。

一、境界与分区

下肢与躯干部直接相连。前方以腹股沟韧带与腹部分界;后方以髂嵴与腰、骶部分界。上端内侧为会阴部。下肢分为臀、股、膝、小腿、踝和足部。除臀部外,其余各部可分为若干区。

二、表面解剖

（一）体表标志

1. **臀部与股部** 在臀部的上界,可扪及**髂嵴**全长及前端的**髂前上棘**和后端的**髂后上棘**。在髂前上棘后上方约5cm处,可扪及**髂结节**。其下方约10cm处能触及**股骨大转子**。两侧髂嵴最高点连线经过第4腰椎棘突。髋关节屈曲时,在臀下部内侧可触及**坐骨结节**。在腹股沟内侧端的前内上方,可扪及**耻骨结节**,向内为**耻骨嵴**,两侧耻骨嵴连线中点稍下方为**耻骨联合**上缘。髂前上棘与耻骨结节之间为**腹股沟韧带**。

2. **膝部** 前方可扪及**髌骨**和其下方的**髌韧带**及髌韧带下端突出的**胫骨粗隆**。髌骨两侧可分别触及其上方的**股骨内、外侧髁**和下方的**胫骨内、外侧髁**。股骨内、外侧髁的突出部为**股骨内、外上髁**,股骨内上髁的上方可触及**收肌结节**。屈膝时,在膝部后方两侧可触及外侧的**股二头肌腱**和内侧的**半腱肌腱、半膜肌腱**。

3. **小腿部** 前面为纵行的**胫骨前嵴**。在胫骨粗隆后外方可触及**腓骨头**及下方的**腓骨颈**。

4. **踝与足** 踝部两侧可见**内踝**和**外踝**,后方可扪及**跟腱**,其下方为**跟骨结节**。足内侧缘中部稍后可触及**舟骨粗隆**,外侧缘中部可触及**第5跖骨粗隆**。

（二）对比关系

下肢骨折或关节脱位时,骨性标志间的正常位置关系可能发生变化,这些变化有助于对疾病进行临床诊断。常用的对比关系有 Nelaton 线和 Kaplan 点。

1. **Nelaton 线** 侧卧,髋关节屈90°～120°,自坐骨结节至髂前上棘的连线称 Nelaton 线。正常时该线恰通过股骨大转子尖。当髋关节脱位或股骨颈骨折时,大转子尖可向此线上方移位。

2. **Kaplan 点** 仰卧,两下肢并拢伸直,两侧髂前上棘处于同一水平面时,自两侧大转子尖经过同侧髂前上棘作延长线,正常时两侧延长线相交于脐或脐以上,相交点称 **Kaplan 点**。髋关节脱位或股骨颈骨折时,此点偏移至脐下并偏向健侧。

（三）颈干角和膝外翻角

股骨颈与股骨体长轴之间向内的夹角叫**颈干角**,正常成人125°～130°(平均为127°)。大于此范围为髋外翻,小于此范围为髋内翻(图8-1)。股骨体长轴线与胫骨长轴线在膝关节处相交形成向外的夹角,正常约170°,其补角称**膝外翻角**,男性略小于女性。若外侧夹角<170°为膝外翻("X"型腿),>170°为膝内翻,呈"O"型腿或"弓"形腿(图8-2)。

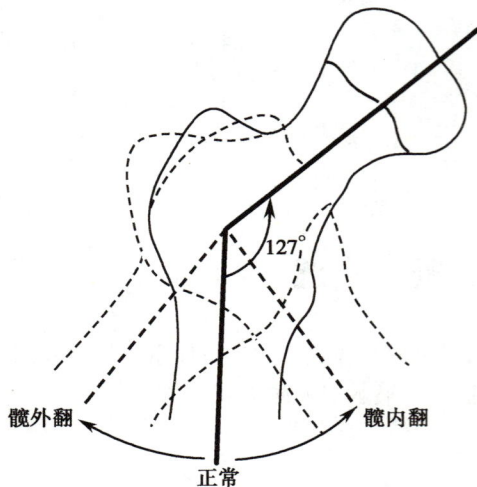

图 8-1   股骨颈干角

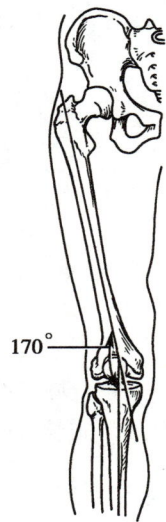

图 8-2   膝外翻角

（四）体表投影

1. **臀上动、静脉与神经**   经梨状肌上孔出入盆腔的投影点位于髂后上棘与股骨大转子尖连线的中、内 1/3 交点。

2. **臀下动、静脉与神经**   髂后上棘至坐骨结节连线的中点为其出入盆腔的投影点。

3. **坐骨神经**   其出盆腔的投影点在髂后上棘至坐骨结节连线中点外侧 2～3cm 处。坐骨神经干的体表投影位置为股骨大转子与坐骨结节连线的中、内 1/3 交点至股骨内、外侧髁之间中点（或腘窝上角）之连线。

4. **股动脉**   大腿微屈并外展、外旋时，由髂前上棘至耻骨联合连线的中点至收肌结节连线的上 2/3 即为股动脉的投影。

5. **腘动脉**   股后面中、下 1/3 交界线，与股后正中线交点内侧约 2.5cm 处至腘窝中点连线为腘动脉斜行段投影；自腘窝中点至下角连线为其垂直段投影。

6. **胫前动脉**   腓骨头至胫骨粗隆连线的中点与内、外踝前面连线中点之间的连线即为胫前动脉的投影。

7. **胫后动脉**   自腘窝下角至内踝至跟腱内缘之间中点的连线。

8. **足背动脉**   自内、外踝经足背连线的中点至第 1、2 跖骨底之间的连线。

第二节   臀   部

一、境界

上界为髂嵴，下界为臀沟，内侧界为骶、尾骨外侧缘，外侧界为髂前上棘至股骨大转子之连线。

二、浅层结构

臀部皮肤较厚，富含皮脂腺和汗腺。浅筋膜发达，女性尤为明显，形成致密的脂肪垫。脂肪垫于臀下部处较厚，但骶骨后面及髂后上棘附近很薄。故患者长期卧床时，骶骨后面及髂后上棘附近易受压形成褥疮。臀部皮神经包括臀上、下皮神经和臀内侧皮神经。**臀上皮神经** superior clunial nerve 由第 1～3 腰神经后支的外侧支组成；其在第 3、4 腰椎棘突平面穿出竖脊肌外缘，行于竖脊肌与髂嵴交点处的骨纤维管后至臀部皮下；该神经一般有 3 支，以中支最长，有时可达臀沟；腰部急性扭伤或神经在骨纤维管处受压时，可引起腰腿疼痛。**臀下皮神经** inferior cluneal nerve 起自股后皮神经，绕臀大肌下缘至臀下部皮肤。**臀内侧皮神经** medial cluneal nerve 为第 1~3 骶神经后支,较细小,在髂后上棘至尾骨尖连线的中段穿出,分布于骶骨表面和臀内侧皮肤。此外,臀部外上方尚有髂腹下神经的外侧皮支分布(见图 8-8)。

三、深层结构

(一)深筋膜

深筋膜又称**臀筋膜** gluteal fascia。上部与髂嵴骨膜愈着,在臀大肌上缘分两层包绕臀大肌,并向臀大肌肌束间发出许多纤维小隔分隔肌束。内侧部愈着于骶骨背面骨膜,外侧部移行为阔筋膜,并参与组成髂胫束。臀筋膜损伤是腰腿痛的病因之一。

(二)臀肌

为髋肌的后群,分为三层。浅层为**臀大肌** gluteus maximus 和**阔筋膜张肌** tensor fascia lata。臀大肌略呈方形,可维持人体直立和后伸髋关节。在臀大肌和坐骨结节间有臀大肌坐骨囊,臀大肌外下方的腱膜与大转子间还有臀大肌转子囊。中层自上而下为**臀中肌** gluteus medius、**梨状肌** piriformis、上孖肌、闭孔内肌腱、下孖肌和**股方肌** quadratus femoris。深层有**臀小肌** gluteus minimus 和闭孔外肌。

在臀肌之间,由于血管神经的穿行或疏松组织的填充,形成诸多间隙。这些间隙是感染蔓延的通道。其中臀大肌深面的间隙较广泛,并可沿梨状肌上、下孔通盆腔,借坐骨小孔通坐骨肛门窝,沿坐骨神经至大腿后面。

(三)梨状肌上、下孔及其穿行结构

梨状肌部分位于盆腔后壁,起自第 2~4 骶前孔的外侧,向外穿过**坐骨大孔** greater sciatic foramen 出盆腔,与坐骨大孔的上、下缘之间各有一间隙,分别称为梨状肌上孔和梨状肌下孔,各有重要的血管和神经穿过。

1. **梨状肌上孔**　穿经该孔的结构,自外侧向内侧依次为**臀上神经** superior gluteal nerve、**臀上动脉** superior gluteal artery 和**臀上静脉** superior gluteal vein。臀上神经分上、下两支,支配臀中、小肌和阔筋膜张肌后部;臀上动脉亦分浅、深两支,浅支主要营养臀大肌,深支营养臀中、小肌及髋关节。静脉与动脉伴行(图 8-3)。

2. **梨状肌下孔**　穿经该孔的结构,自外侧向内侧依次为**坐骨神经** sciatic nerve、**股后皮神经** posterior femoral cutaneous nerve,**臀下神经** inferior gluteal nerve,**臀下动、静脉** inferior gluteal artery and vein,**阴部内动、静脉** internal pudendal artery and vein 和**阴部神经** pudendal nerve(图 8-3)。

臀下动脉主要分布于臀大肌,并与臀上动脉吻合,还发出分支至髋关节。阴部内动、静脉和阴部神经自梨状肌下孔穿出后,即绕过坐骨棘和骶棘韧带经坐骨小孔进入坐骨肛门窝,营养和分布于会阴及外生殖器。股后皮神经伴随坐骨神经下行至股后部皮肤,并发出分支至臀下部皮肤。

3. **坐骨神经与梨状肌的关系**　坐骨神经出盆腔时与梨状肌的位置关系常有变异。其中坐骨神经以一总干出梨状肌下孔者约占 66.3%;坐骨神经在盆内分为两支,胫神经出梨状肌下孔,腓总神经穿梨状肌肌腹者,约占 27.3%;其他变异型约占 6.4%(图 8-4)。因为坐骨神经与梨状肌关系十分密切,当梨状肌损伤、痉挛或出血肿胀时,易压迫坐骨神经引起腰腿痛,称之为梨状肌损伤综合征。

(四)坐骨小孔及其穿行结构

坐骨小孔 lesser sciatic foramen 由骶棘韧带、坐骨小切迹、骶结节韧带围成,其间通过的结构由外侧向内侧依次为阴部内动、静脉和阴部神经。这些结构由坐骨小孔进入坐骨肛门窝,分布于会阴和外生殖器。

(五)髋周围动脉网

髂内、外动脉及股动脉等的分支在髋关节周围组成吻合丰富的动脉网,通常称为"臀部十字吻合"或髋周围动脉网。其位于臀大肌深方、股方肌与大转子附近。该动脉网由两侧的旋股内、外侧动脉,上部的臀上、下动脉,下部为股深动脉发出的第 1 穿动脉等组成。另外,在髋关节附近的盆腔侧

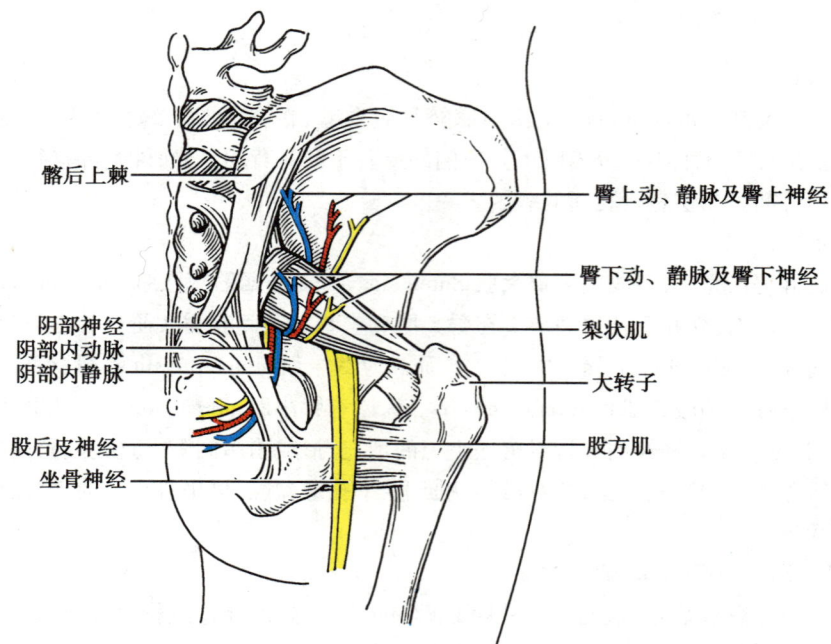

图 8-3　臀部的血管神经

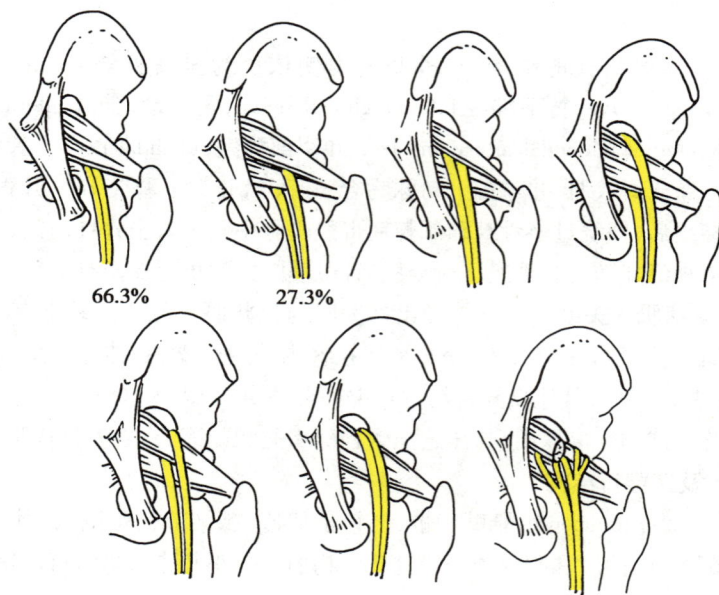

66.3%　　　27.3%

图 8-4　坐骨神经与梨状肌的关系

壁,还有旋髂深动脉、髂腰动脉、骶外侧动脉、骶正中动脉等参与该网的构成(图8-5)。故结扎一侧髂内动脉时,可借此动脉网建立侧支循环,以代偿髂内动脉分布区的血液供应。

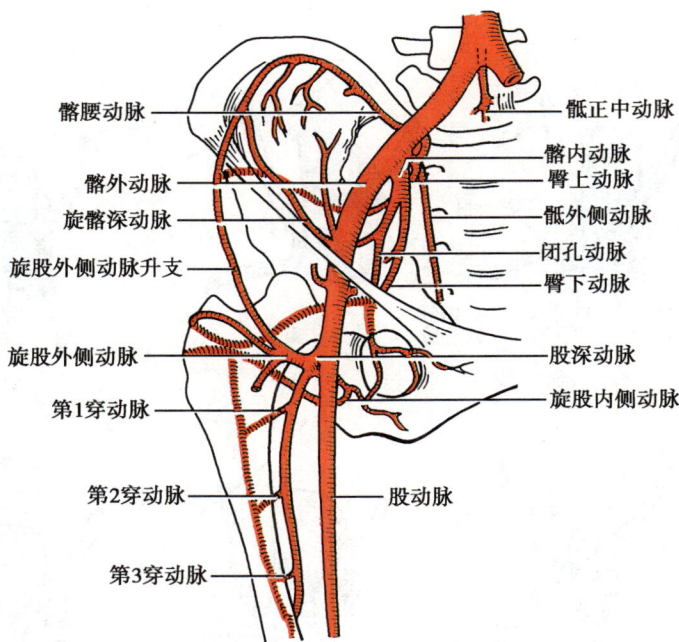

图8-5　髋周围动脉网

第三节　股　　部

前上方以腹股沟与腹部分界,后方以臀沟与臀部为界,上端内侧邻会阴,下端以髌骨上方两横指处的水平线与膝部分界。经股骨内、外侧髁的垂线,可将股部分成股前内侧区和股后区。

一、股前内侧区

(一)浅层结构

皮肤薄厚不均,内侧较薄而柔软,皮脂腺较多,外侧较厚。浅筋膜近腹股沟处分为浅的脂肪层和较深的膜性层,分别与腹前壁下部的脂肪层(Camper 筋膜)和膜性层(Scarpa 筋膜)相续。膜性层在腹股沟韧带下方约1cm 处与股部深筋膜(阔筋膜)相融合。浅筋膜中富含脂肪,有浅动脉、浅静脉、浅淋巴管、淋巴结及皮神经分布。

1. **浅动脉**　由股动脉在进入股三角处发出三支细小的浅动脉。**旋髂浅动脉** superficial iliac circumflex artery 沿腹股沟韧带走向髂前上棘,分布于腹前壁下外侧部。**腹壁浅动脉** superficial epigastric artery 可单独或与旋髂浅动脉、阴部外动脉共干起于股动脉,于腹股沟韧带内侧半下方约1cm 处穿出阔筋膜,分支供应腹前壁下部。**阴部外动脉** external pudendal artery 分布于外生殖器皮肤。股部浅动脉的起始、行径、管径与临床的皮瓣移植有密切关系。

2. **浅静脉**　**大隐静脉** great saphenous vein 为全身最长的浅静脉,全长约76cm。其起于足背静脉弓内侧端,经内踝前方约1cm 处沿小腿内侧缘伴隐神经上行,经股骨内侧髁后方约2cm 处,进入大腿内侧部,与股内侧皮神经伴行,逐渐向前上,在耻骨结节外下方穿隐静脉裂孔,汇入股静脉。大隐静脉汇入股静脉前收纳五条属支,即**旋髂浅静脉** superficial iliac circumflex vein、**腹壁浅静脉** superficial epigastric vein、**阴部外静脉** external pudendal vein、**股内侧浅静脉** superficial medial femoral vein 和**股外侧浅**

静脉superficial lateral femoral vein。它们汇入大隐静脉的形式多样,相互间吻合丰富(图8-6)。大隐静脉曲张行高位结扎时,须分别结扎、切断各属支,以防复发。大隐静脉全长的管腔内有9~10对静脉瓣,通常两瓣相对,呈袋状,可保证血液向心回流。

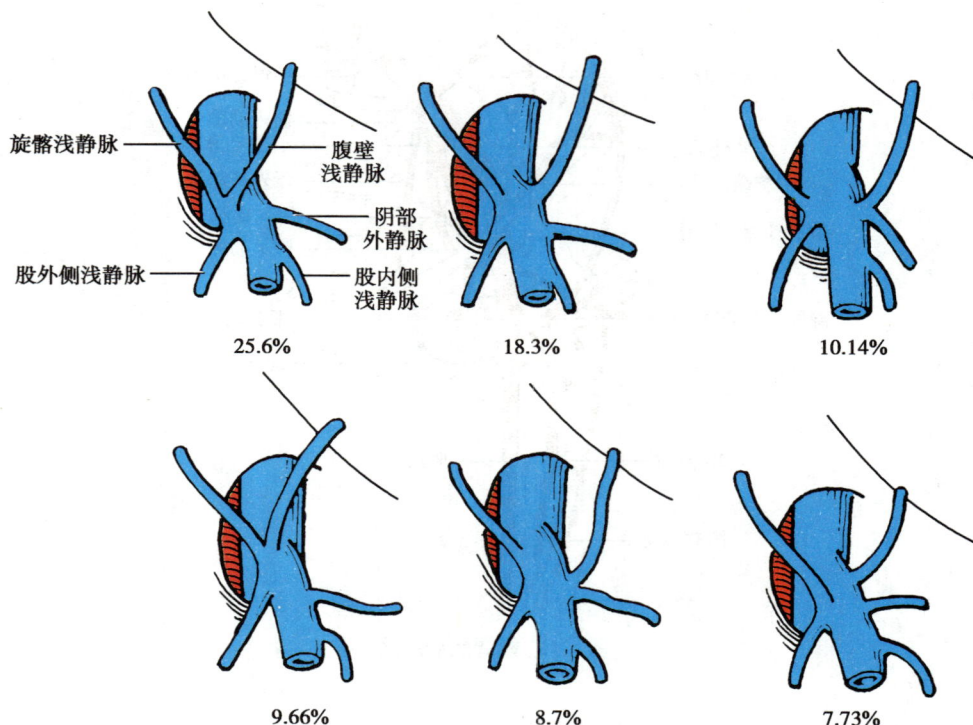

旋髂浅静脉   腹壁浅静脉   阴部外静脉   股外侧浅静脉   股内侧浅静脉

25.6%   18.3%   10.14%

9.66%   8.7%   7.73%

图8-6   大隐静脉上段属支的类型

3. **浅淋巴结**   腹股沟浅淋巴结superficial inguinal lymph node集中排列在股前内侧区上部,可分上、下两群。上群又称斜群,有2~6个淋巴结,斜行排列于腹股沟韧带下方,又可分为内、外侧两组,主要收集腹前外侧壁下部、会阴、外生殖器、臀部及肛管和子宫的淋巴;下群又称远侧群或纵群,有2~7个淋巴结,沿大隐静脉末段纵行排列,以大隐静脉为界,亦分为内、外侧两组,主要收纳下肢的浅淋巴管、会阴和外生殖器的部分浅淋巴。其输出淋巴管注入腹股沟深淋巴结或髂外淋巴结(图8-7)。

4. **皮神经**   股前内侧区的皮神经有不同的来源及分布(图8-8)。**股外侧皮神经**lateral femoral cutaneous nerve发自腰丛,在髂前上棘下方5~10cm处穿出深筋膜,分前、后两支。前支较长,分布于大腿外侧面皮肤;后支分布于臀区外侧皮肤。**股神经前皮支**anterior cutaneous branch of femoral nerve起自股神经,在大腿前面中部穿过缝匠肌和深筋膜,分布于大腿前面中间部的皮肤。**股神经内侧皮支**medial cutaneous branch of femoral nerve起自股神经,于大腿下1/3穿缝匠肌内侧缘和深筋膜,分布于大腿中、下部内侧份皮肤。**闭孔神经皮支**cutaneous branch of obturator nerve发自腰丛,多数穿股薄肌或长收肌,分布于股内侧中、上部的皮肤。此外,尚有生殖股神经及髂腹股沟神经的分支,分布于股前区上部中、内侧皮肤。

(二)深层结构

1. **深筋膜**   股部深筋膜称**阔筋膜**fascia lata或称大腿固有筋膜。上方附于腹股沟韧带及髂嵴,与臀筋膜和会阴筋膜相续;下方与小腿筋膜和腘筋膜相续。阔筋膜坚韧致密,为全身最厚的深筋膜。其在大腿外侧明显增厚形成扁带状的髂胫束。

(1)**髂胫束**iliotibial tract:起自髂嵴前份,上部分为两层,包裹阔筋膜张肌,二者紧密结合不易分离,下端附于胫骨外侧髁、腓骨头和膝关节囊。临床上常用髂胫束作为体壁缺损、薄弱部或膝关节交叉韧带修补重建的材料。

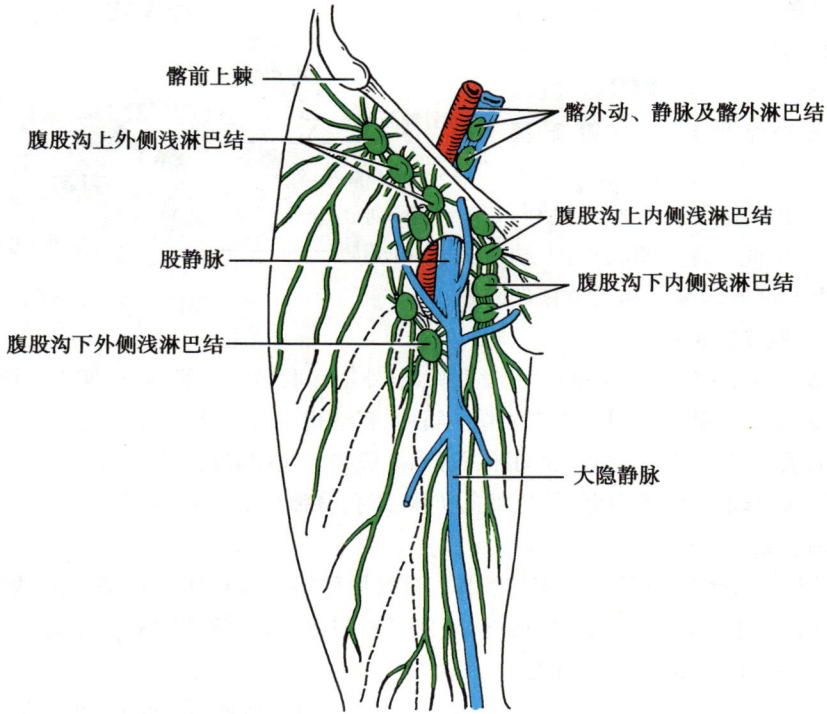

图 8-7　腹股沟浅淋巴结

髂前上棘

腹股沟上外侧浅淋巴结

髂外动、静脉及髂外淋巴结

腹股沟上内侧浅淋巴结

股静脉

腹股沟下内侧浅淋巴结

腹股沟下外侧浅淋巴结

大隐静脉

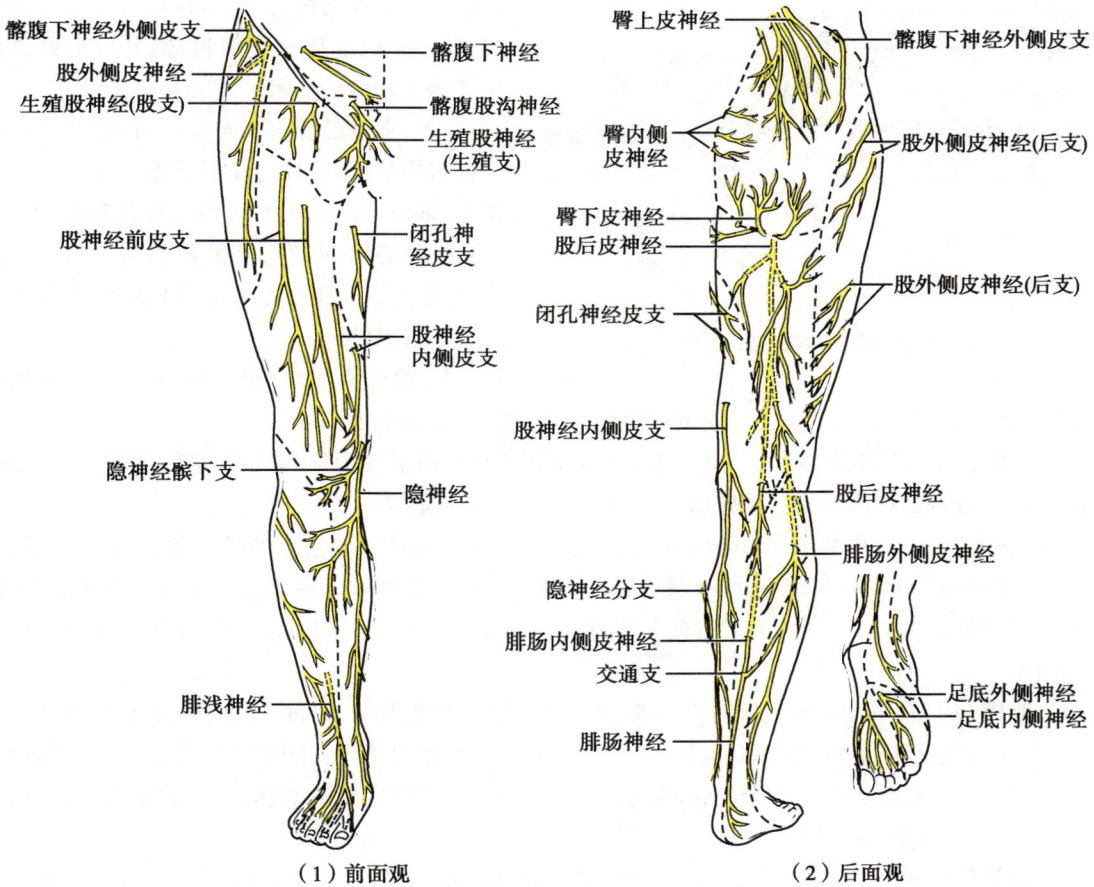

髂腹下神经外侧皮支

髂腹下神经

股外侧皮神经

生殖股神经(股支)

髂腹股沟神经

生殖股神经(生殖支)

股神经前皮支

闭孔神经皮支

股神经内侧皮支

隐神经髌下支

隐神经

腓浅神经

（1）前面观

臀上皮神经

髂腹下神经外侧皮支

臀内侧皮神经

股外侧皮神经(后支)

臀下皮神经

股后皮神经

闭孔神经皮支

股外侧皮神经(后支)

股神经内侧皮支

股后皮神经

腓肠外侧皮神经

隐神经分支

腓肠内侧皮神经

交通支

足底外侧神经

足底内侧神经

腓肠神经

（2）后面观

图 8-8　下肢皮神经

（2）**隐静脉裂孔** saphenous hiatus：又称卵圆窝，为腹股沟韧带中、内 1/3 交点下方约 1 横指处阔筋膜的卵圆形薄弱区。其表面覆盖一层疏松结缔组织称**筛筋膜** cribriform fascia，有大隐静脉及其属支穿入并汇入股静脉。隐静脉裂孔的外缘锐利，其形状呈镰刀状，因此又称为镰状缘；上端止于耻骨结节并与腹股沟韧带和腔隙韧带相续；下端与耻骨肌筋膜相续。

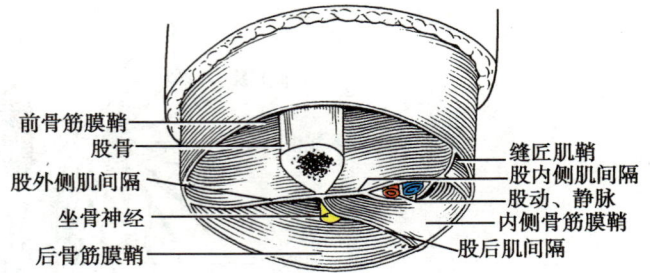

图 8-9　股骨中部骨筋膜鞘

2. **骨筋膜鞘**　阔筋膜向大腿深部发出股内侧、股外侧和股后 3 个肌间隔，伸入各肌群之间，并附于股骨粗线，与骨膜及阔筋膜共同形成 3 个骨筋膜鞘，容纳相应的肌群、血管及神经（图 8-9）。

（1）**前骨筋膜鞘**：包绕股前群肌、股动脉、股静脉、股神经及腹股沟深淋巴结。

（2）**内侧骨筋膜鞘**：包绕股内侧群肌、闭孔动脉、闭孔静脉和闭孔神经。

（3）**后骨筋膜鞘**：见股后区。

3. **肌腔隙与血管腔隙**　腹股沟韧带与髋骨间被**髂耻弓** iliopectineal arch（连于腹股沟韧带和髋骨的髂耻隆起之间的韧带）分隔成内、外侧两部，外侧者称肌腔隙，内侧者称血管腔隙（图 8-10）。二者是腹、盆腔与股前内侧区之间的重要通道。

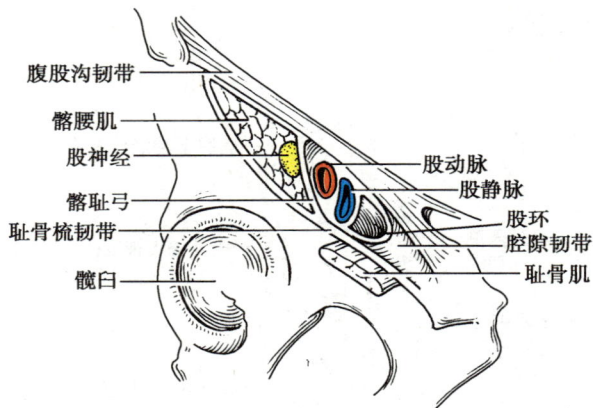

图 8-10　肌腔隙与血管腔隙

（1）**肌腔隙** lacuna musculorum：前界为腹股沟韧带外侧部，后外侧界为髂骨，内侧界为髂耻弓。内有髂腰肌、股神经和股外侧皮神经通过。患腰椎结核时，脓液可沿腰大肌及其筋膜，经此腔隙扩散至大腿根部，并可能刺激股神经产生相应的症状。

（2）**血管腔隙** lacuna vasorum：前界为腹股沟韧带内侧部，后界为耻骨肌筋膜及**耻骨梳韧带** pectineal ligament，内侧界为**腔隙韧带** lacunar ligament（陷窝韧带），外侧界为髂耻弓。腔隙内有股鞘及其包含的股动、静脉，生殖股神经股支和淋巴结。

4. **股三角** femoral triangle　位于股前内侧区上 1/3 部，呈一底向上、尖向下的倒三角形凹陷，向下与收肌管相续。

（1）**境界**：上界为腹股沟韧带，外下界为缝匠肌内侧缘，内下界为长收肌内侧缘，前壁为阔筋膜，后壁凹陷，自外侧向内侧分别为髂腰肌、耻骨肌和长收肌及其筋膜。

（2）**内容**：股三角内的结构由外侧向内侧依次为股神经、股鞘及其包含的股动脉、股静脉、股管及股深淋巴结和脂肪等。股动脉居中，于腹股沟韧带中点深面，由髂外动脉延续而成。外侧为股神经，内侧为股静脉（图 8-11）。此种关系可便于股动脉压迫止血，并有利于股动、静脉穿刺及股神经麻醉时的定位。

1）**股鞘** femoral sheath：为腹横筋膜及髂筋膜向下延续，包绕股动、静脉上段的筋膜鞘，位于腹股沟韧带内侧半和阔筋膜的深面。呈漏斗形，长 3～4cm，向下与股血管的外膜融合为血管鞘。股鞘内有两条纵行的纤维隔，将鞘分为三个腔，外侧腔容纳股动脉，中间腔容纳股静脉，内侧腔形成股管，内有腹股沟深淋巴结和脂肪（图 8-12）。

2）**股管** femoral canal：为股鞘内侧份漏斗状的筋膜间隙，平均长约 1.3cm。其前壁自上而下为腹股沟韧带、隐静脉裂孔镰状缘的上端和筛筋膜；后壁为髂腰筋膜、耻骨梳韧带、耻骨肌及其筋膜；内侧

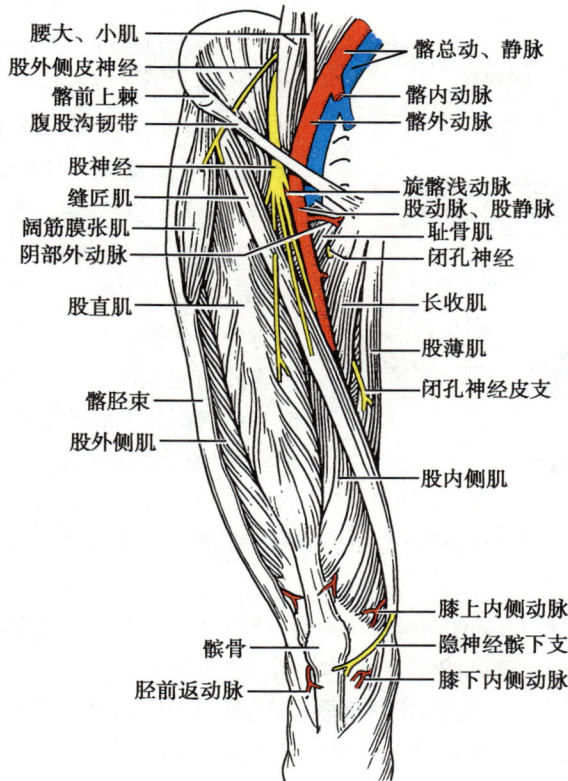

图 8-11　股前内侧区浅层肌及血管神经

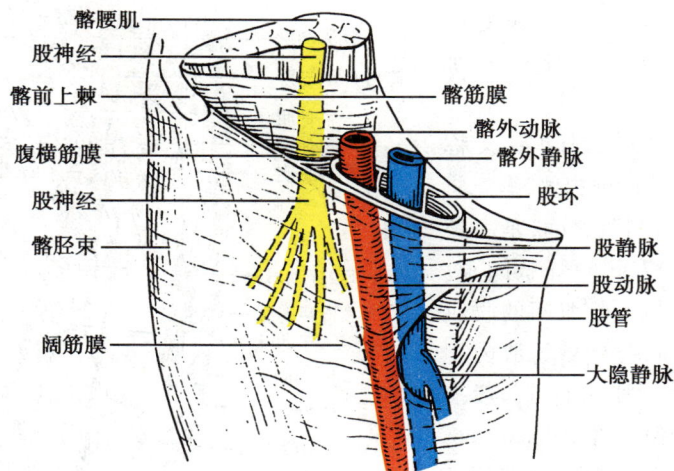

图 8-12　股鞘与股管

壁为腔隙韧带及股鞘内侧壁;外侧壁为股静脉内侧的纤维隔。股管下端为盲端;上口称**股环** femoral ring,卵圆形,其内侧界为腔隙韧带,后界为耻骨梳韧带,前界为腹股沟韧带,外侧界为股静脉内侧的纤维隔。股环是股管上通腹腔的通道,被薄层疏松结缔组织覆盖,称**股环隔** femoral septum,上面衬有腹膜。从腹腔面观察,此处壁腹膜呈一小凹,称股凹,位置高于股环约 1cm。股管内有 1~2 个腹股沟深淋巴结和脂肪组织。腹压增高时,腹腔脏器(主要为肠管)可被推向股凹,经股环突至股管,最后由隐静脉裂孔处突出而形成股疝。股环上方常有腹壁下动脉的闭孔支或变异的闭孔动脉经过陷窝韧带附近,故行股疝修补术时,应特别注意避免损伤此动脉。因股环前、后和内侧三面均为韧带结构,不易延

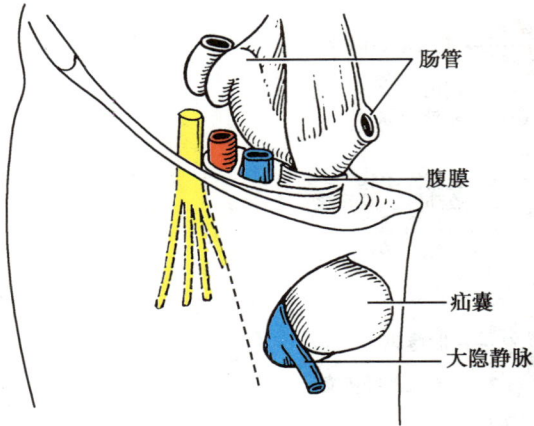

图 8-13 股疝

肠管
腹膜
疝囊
大隐静脉

伸,所以股疝易发生绞窄(图 8-13)。

3) **股动脉** femoral artery:股动脉是髂外动脉自腹股沟韧带中点后面向下的延续,在股三角内行向股三角尖,继而经收肌管下行,穿收肌腱裂孔至腘窝,移行为腘动脉。股动脉起始处发三条浅动脉(腹壁浅动脉、旋髂浅动脉、阴部外动脉)均与同名静脉伴行。股动脉的最大分支为**股深动脉** deep femoral artery,于腹股沟韧带下方 3~5cm 处起自股动脉的后外侧,向内下,行于长收肌和大收肌之间,沿途发出旋股内、外侧动脉、数条穿动脉及肌支,同时参与髋周围及膝关节动脉网的组成(图 8-14)。

4) **股静脉** femoral vein:为腘静脉的延续。起自收肌腱裂孔,向上与股动脉伴行,位于股动脉后方,逐渐转至动脉内侧,继而穿血管腔隙移行为髂外静脉。股静脉除收集大腿深部静脉外,主要收纳大隐静脉的血液。

5) **腹股沟深淋巴结** deep inguinal lymph node:在股静脉上部附近及股管内,有 3~4 个淋巴结。收纳下肢和会阴的深、浅淋巴。其输出淋巴管注入髂外淋巴结。

6) **股神经** femoral nerve:起于腰丛,沿髂筋膜深面,经肌腔隙内侧部进入股三角。其主干短粗,随即发出众多肌支、皮支和关节支。肌支分布至股四头肌、缝匠肌和耻骨肌;关节支至髋和膝关节;皮支有股神经前皮支和内侧皮支,分布至股前内侧区的皮肤。其中最长的皮神经为**隐神经** saphenous nerve,在股三角内伴股动脉外侧下行入收肌管,在收肌管下端穿大收肌腱板,行于缝匠肌和股薄肌之间,在膝关节内侧穿出深筋膜,伴大隐静脉下行至髌骨下方、小腿内侧和足内侧缘的皮肤。

5. **收肌管** adductor canal   又称 Hunter 管,位于股中 1/3 段前内侧,缝匠肌的深面,大收肌和股内侧肌之间,是一断面呈三角形,长 15~17cm 的管状间隙。前壁为张于股内侧肌与大收肌间的收肌腱板,浅面覆以缝匠肌;外侧壁为股内侧肌;后壁为长收肌和大收肌。上口与股三角尖相通,下口为**收肌腱裂孔** adductor tendinous opening,通腘窝上角,所以收肌管又称股腘管。股三角或腘窝的炎症,可借此互相蔓延。收肌管内通过的结构,前方为股神经的股内侧肌肌支和隐神经,中间为股动脉;后方为股静脉以及淋巴管和疏松结缔组织。股动脉在管下段发出**膝降动脉** descending genicular artery(又称**膝最上动脉**)。

6. **股内侧区的血管和神经**   有闭孔动、静脉和闭孔神经。**闭孔动脉** obturator

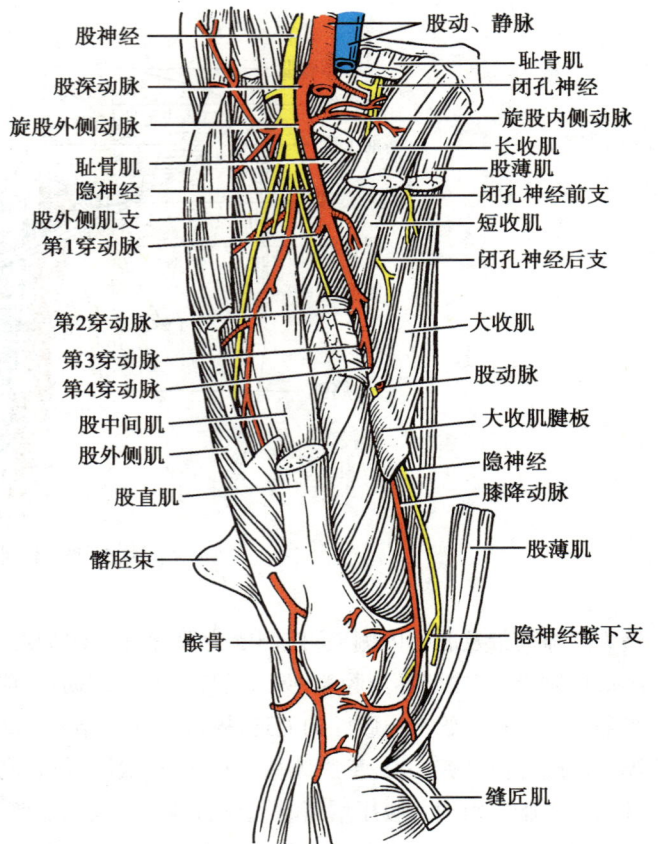

图 8-14 股前区深层肌及血管神经

股神经
股深动脉
旋股外侧动脉
耻骨肌
隐神经
股外侧肌支
第1穿动脉
第2穿动脉
第3穿动脉
第4穿动脉
股中间肌
股外侧肌
股直肌
髂胫束
髌骨

股动、静脉
耻骨肌
闭孔神经
旋股内侧动脉
长收肌
股薄肌
闭孔神经前支
短收肌
闭孔神经后支
大收肌
股动脉
大收肌腱板
隐神经
膝降动脉
股薄肌
隐神经髌下支
缝匠肌

artery 起自髂内动脉,穿闭膜管出骨盆至股内侧,分前、后两支,分别位于短收肌的前、后方,营养内收肌群、髋关节和股方肌,并与旋股内侧动脉吻合。闭孔静脉与同名动脉伴行,回流至髂内静脉。**闭孔神经** obturator nerve 起于腰丛,伴闭孔血管出闭膜管后,亦分两支,前支支配内收肌群大部及膝关节;后支支配闭孔外肌和大收肌。

二、股后区

(一)浅层结构

皮肤较薄,浅筋膜较厚。股后皮神经位于阔筋膜与股二头肌之间,沿股后正中线下行至腘窝上角。沿途分支分布于股后区、腘窝及小腿后区上部的皮肤。

(二)深层结构

1. **后骨筋膜鞘** 包绕股后群肌、坐骨神经及深淋巴结和淋巴管。鞘内的结缔组织间隙上通臀部,下连腘窝。二者的炎症可沿此间隙内的血管神经束互相蔓延。

2. **坐骨神经** sciatic nerve 为全身最粗大的神经,起于骶丛,多以单干形式出梨状肌下孔。它在臀大肌深面,坐骨结节与大转子之间,进入股后区,行于大收肌和股二头肌长头之间,下降至腘窝上角,分为胫神经和腓总神经两终末支(图 8-15)。

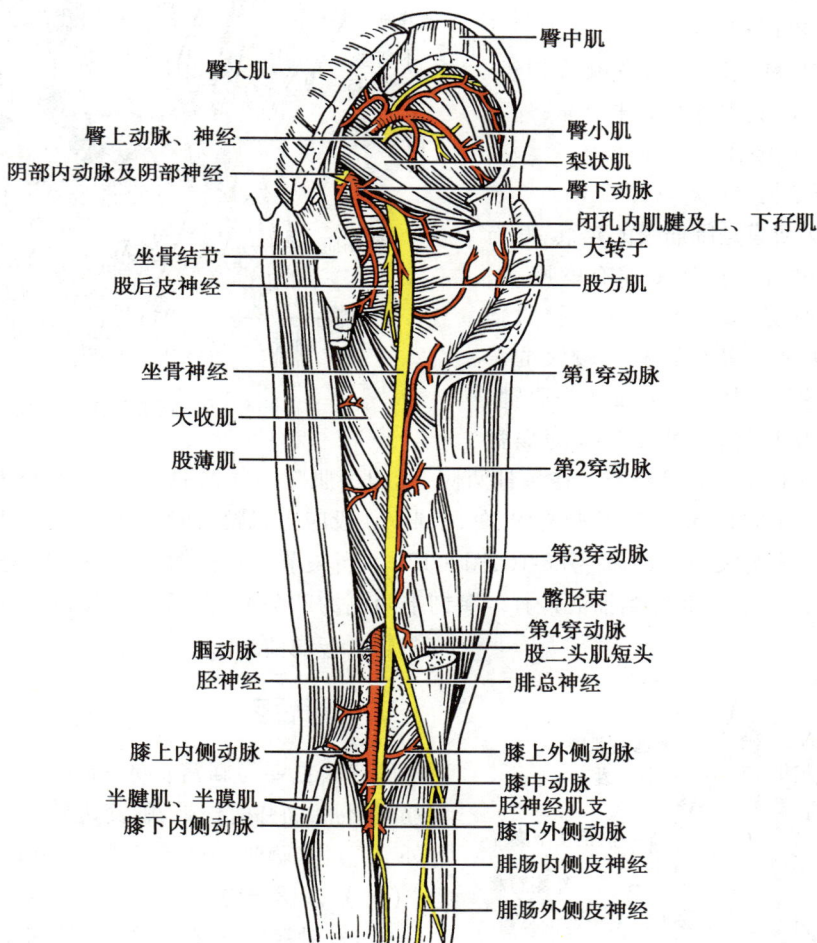

图 8-15 臀部与股后区的血管神经

在股后部,坐骨神经主要从内侧发出肌支,支配股二头肌长头、半腱肌、半膜肌和大收肌。支配股二头肌短头的神经由腓总神经发出。坐骨神经偶有一较粗的异常伴行动脉,称坐骨动脉。作股部截肢时,需先结扎此动脉。在臀大肌下缘和股二头肌长头外侧缘夹角处,坐骨神经的位置表浅,是检查坐骨神经压痛点的常用部位。

第四节 膝   部

膝部是从髌骨上缘上方两横指到胫骨粗隆高度的范围,分为膝前区和膝后区。

一、膝前区

膝前区结构主要包括皮肤、筋膜、滑液囊和肌腱等。伸膝时,明显可见并能扪及股四头肌腱、髌骨及髌韧带的轮廓。髌韧带两侧隆起的深面,填以**髌下脂垫** infrapatellar fat pad。屈膝时,该处呈浅凹,是关节腔穿刺的常用部位。

(一)浅层结构

皮肤薄而松弛,皮下脂肪少,移动性大。皮肤与髌韧带之间,有**髌前皮下囊** subcutaneous prepatellar bursa,慢性劳损时易发生炎症(图8-16)。在膝内侧,有隐神经自深筋膜穿出并发出髌下支;在外上和内上方有股外侧皮神经、股神经前皮支和内侧皮支的终末分布;外下方有腓肠外侧皮神经分布。

(二)深层结构

膝前区的深筋膜是阔筋膜的延续,并与其深面的肌腱融合。其外侧部有髂胫束,内侧部有缝匠肌腱、股薄肌腱和半腱肌腱共同形成的"鹅足",其深面有一较大的滑液囊,称"鹅足囊"。中间部为股四头肌腱,附着于髌骨底及两侧缘,继而延续为**髌韧带** patellar ligament,止于胫骨粗隆。在髌骨两侧,股四头肌腱与阔筋膜一起,形成**髌支持带** patellar retinaculum,附着于髌骨、髌韧带及胫骨内、外侧髁。在股四头肌腱与股骨之间,有一大的**髌上囊** suprapatellar bursa,多与关节腔相通(图8-16,图8-17)。当关节腔积液时,可出现浮髌感。此时可在髌骨两侧缘中点,行关节腔穿刺抽液检查。髌韧带两侧的凹陷处,向后可扪及膝关节间隙,此处相当于半月板的前端。

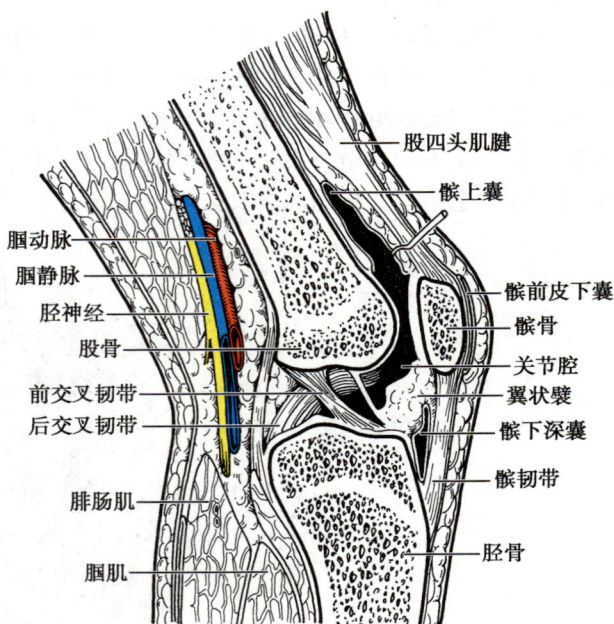

图8-16 膝关节矢状断面

二、膝后区

膝后区主要为**腘窝** popliteal fossa。伸膝时,此部深筋膜紧张,屈膝时松弛,腘窝边界清晰可见,其内上和外上界的半腱肌、半膜肌和股二头肌腱均可触及。

(一)浅层结构

皮肤松弛薄弱,移动性较大。浅筋膜中有小隐静脉穿入深筋膜,其周围有腘浅淋巴结。此区的皮神经为股后皮神经终末支、隐神经及腓肠外侧皮神经的分支。

(二)深层结构

1. 境界 腘窝为膝后区的菱形凹陷。外上界为

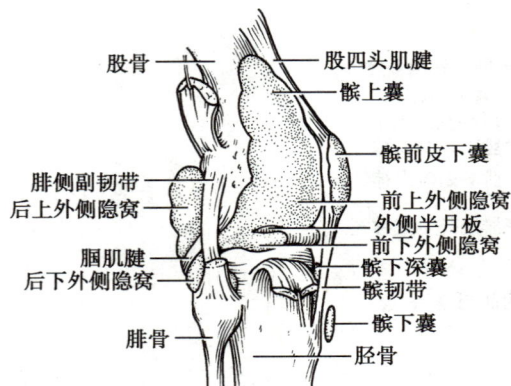

图8-17 膝关节滑液囊

股二头肌腱,内上界主要为半腱肌和半膜肌,下内和下外界分别为腓肠肌内、外侧头。腘窝顶(浅面)为腘筋膜,是阔筋膜的延续,向下移行为小腿深筋膜。腘筋膜由纵、横交织的纤维构成,致密而坚韧,患腘窝囊肿或腘动脉瘤时,因受腘筋膜的限制而胀痛明显。腘窝底自上而下为股骨腘面、膝关节囊后部及腘斜韧带、腘肌及其筋膜。

2. **内容**　腘窝内含有重要的血管和神经,由浅至深依次为胫神经、腘静脉和腘动脉。其外上界还有腓总神经,血管周围还有腘深淋巴结(图 8-18)。

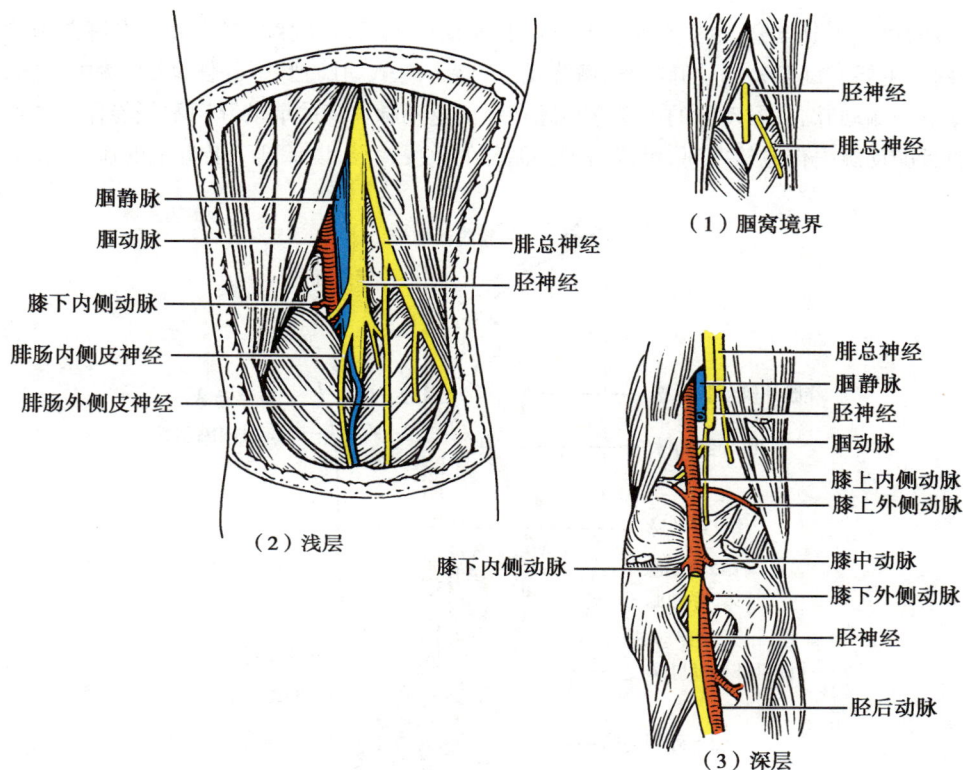

图 8-18　腘窝及其内容物

(1) **胫神经与腓总神经**:**胫神经** tibial nerve 位于腘窝的最浅面,于腘窝上角由坐骨神经分出,沿腘窝中线下行,至腘肌下缘穿比目鱼肌腱弓进入小腿后区。在腘窝内,发出肌支、关节支至附近的肌和膝关节。另发出**腓肠内侧皮神经** medial sural cutaneous nerve 伴小隐静脉下行至小腿后面,加入**腓肠神经** sural nerve。**腓总神经** common peroneal nerve 为坐骨神经的另一终末支,一般起自腘窝上角,沿股二头肌腱内侧缘行向外下,越过腓肠肌外侧头表面至腓骨头下方,绕腓骨颈进入腓骨长肌的深面,在此分成**腓浅神经** superficial peroneal nerve 和**腓深神经** deep peroneal nerve。腓总神经在腓骨颈处紧贴骨面,表面无肌组织覆盖。故腓骨颈骨折或此部外伤时,易损伤腓总神经,引起小腿前、外侧群肌瘫痪,导致足下垂。腓总神经在腘窝发出关节支和皮支(**腓神经交通支** communicating branch of peroneal nerve 和**腓肠外侧皮神经** lateral sural cutaneous nerve)。

(2) **腘动脉** popliteal artery:是股动脉的延续,位置最深,与股骨腘面及膝关节囊后部紧贴,故股骨髁上骨折易损伤腘动脉。腘动脉上部位于胫神经内侧,中部居神经前方,下部转至神经外侧。腘动脉在腘窝的分支有**膝上内侧动脉** medial superior genicular artery、**膝上外侧动脉** lateral superior genicular artery、**膝中动脉** middle genicular artery、**膝下内侧动脉** medial inferior genicular artery 和**膝下外侧动脉** lateral inferior genicular artery 供应膝关节,并参与膝关节动脉网的组成。其他分支营养膝部的肌。在腘窝下角,腘动脉分成**胫前动脉** anterior tibial artery 和**胫后动脉** posterior tibial artery 两终支。

（3）**腘静脉** popliteal vein：由**胫前静脉** anterior tibial vein 和**胫后静脉** posterior tibial vein 在腘窝下角处汇集而成，并有**小隐静脉** small saphenous vein 注入。在腘窝内伴胫神经和腘动脉上行，位于二者之间，并与腘动脉包于同一筋膜鞘内。

（4）**腘深淋巴结** deep popliteal lymph node：位于腘血管周围，4～5 个。收纳小腿以下的深淋巴和小腿后、外侧和足外侧部的浅淋巴管。其输出淋巴管注入腹股沟深淋巴结。

三、膝关节动脉网

膝关节的血供十分丰富，由股动脉、腘动脉、胫前动脉和股深动脉的多个分支在膝关节周围吻合形成动脉网。主要有旋股外侧动脉降支、膝降动脉、膝上内侧动脉、膝上外侧动脉、膝中动脉、膝下内侧动脉、膝下外侧动脉、股深动脉的第 3 穿动脉和胫前返动脉。膝关节动脉网不仅能保证供给膝关节的营养，而且腘动脉损伤或栓塞时，可成为侧支循环的重要途径，以保证下肢远端的血供（图 8-19）。

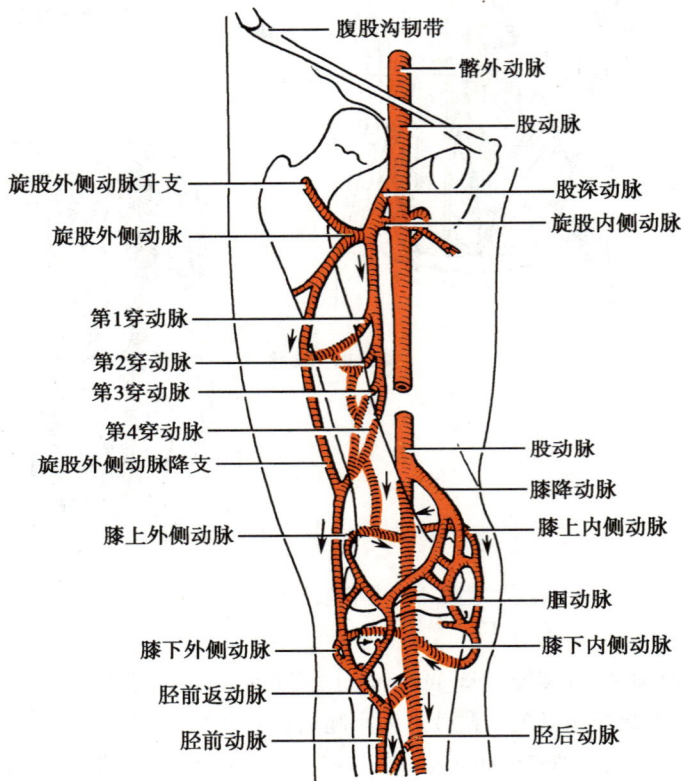

图 8-19　膝关节动脉网

第五节　小　腿　部

上界为平胫骨粗隆的环形线，下界为内、外踝基部的环形连线。经内、外踝的垂线，可将小腿部分为小腿前外侧区和小腿后区。

一、小腿前外侧区

（一）浅层结构

皮肤较厚而紧，移动性小，多毛发，血供较差，损伤后愈合较慢。浅筋膜疏松，含少量脂肪。身体轻度水肿时，于内踝上方易出现压痕。

1. **浅静脉**　为大隐静脉及其属支。大隐静脉起于足背静脉弓的内侧,经内踝前方约1cm处(此处为大隐静脉切开的常用部位),上行达小腿前内侧。大隐静脉及其属支在此区与小隐静脉、深静脉有广泛的交通和吻合。

2. **皮神经**　此区的皮神经主要有**隐神经**saphenous nerve 和**腓浅神经**superficial peroneal nerve。隐神经伴大隐静脉行至足内侧缘,在小腿上部居静脉后方,在小腿下部绕至静脉前方;腓浅神经由腓总神经分出,于小腿外侧中、下 1/3 交点处穿出深筋膜至皮下,分布于小腿外侧及足背皮肤(见图 8-8)。

（二）**深层结构**

小腿前外侧区深筋膜较致密。在胫侧与胫骨体内侧面的骨膜紧密融合;在腓侧发出前、后肌间隔,止于腓骨骨膜。深筋膜、前肌间隔、后肌间隔、胫骨骨膜、腓骨骨膜及骨间膜,共同围成前骨筋膜鞘和外侧骨筋膜鞘,容纳相应肌群及血管和神经(图 8-20)。

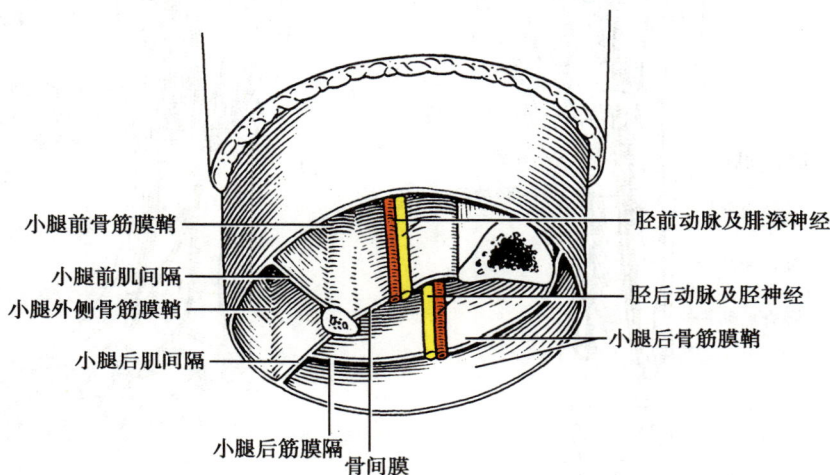

图 8-20　小腿中部骨筋膜鞘

1. **前骨筋膜鞘**　容纳小腿前群肌、腓深神经和胫前血管。

（1）**胫前动脉**anterior tibial artery:于腘肌下缘由腘动脉分出后,即向前穿骨间膜进入小腿前骨筋膜鞘,并紧贴骨间膜前面伴腓深神经下行。上 1/3 段位于胫骨前肌和趾长伸肌之间,下 2/3 段位于胫骨前肌和踇长伸肌之间。主干下行至伸肌上支持带下缘处,移行为足背动脉(图 8-21)。胫前动脉起始部发出胫前返动脉,加入膝关节动脉网;中部发出肌支营养小腿前群肌及胫、腓骨;下部在踝关节附近发出内、外踝前动脉,与跗内、外侧动脉吻合,参与构成踝关节动脉网。

（2）**胫前静脉**anterior tibial vein:为 2 条,与同名动脉伴行。

（3）**腓深神经**deep peroneal nerve:于腓骨颈高度起自腓总神经,穿腓骨长肌起始部及前肌间隔,进入前骨筋膜鞘与胫前血管伴行(图 8-21)。发出肌支支配小腿前群肌和足背肌。皮支仅分布于第 1、2 趾相对象的背侧皮肤。腓深神经损伤可致足下垂和不能伸趾。

2. **外侧骨筋膜鞘**　容纳小腿外侧群肌和腓浅神经。

腓浅神经superficial peroneal nerve 于腓骨颈高度由腓总神经分出,下行于腓骨长、短肌之间,发出肌支支配此两肌,进而于小腿外侧中、下 1/3 交点处穿出深筋膜至皮下,分布于小腿外侧及足背皮肤(第 1 趾蹼及第 1、2 趾相对缘的皮肤除外)(图 8-21)。腓浅神经损伤常导致足不能外翻。

二、小腿后区

（一）**浅层结构**

皮肤柔软,弹性好,血供丰富,是临床上常用的带血管蒂皮瓣的供皮区。浅筋膜较薄,内有小隐静脉及其属支、腓肠内侧皮神经、腓肠外侧皮神经和腓肠神经等。

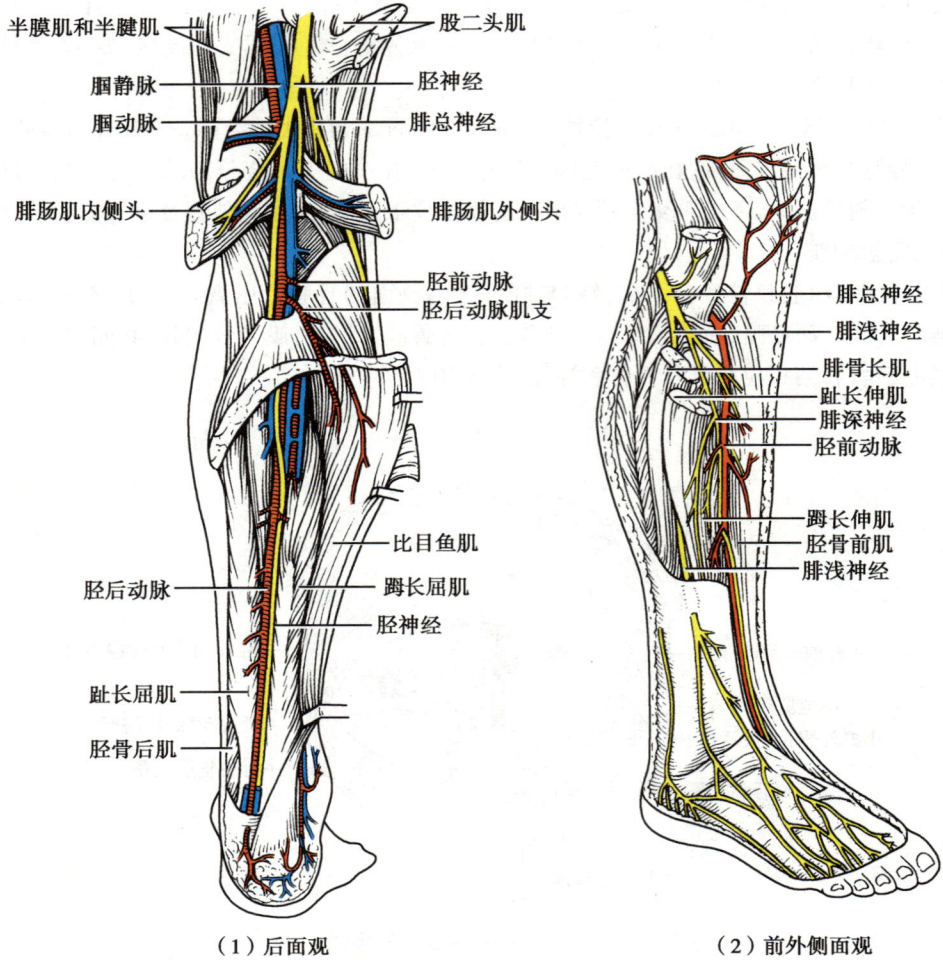

图 8-21　小腿的血管神经

1. **小隐静脉** small saphenous vein　起于足背静脉弓的外侧端,伴腓肠神经绕外踝后方于小腿后区正中线上行,至腘窝下角处穿腘筋膜入腘窝,上升一段后汇入腘静脉。小隐静脉有 7~8 个静脉瓣,并有交通支与大隐静脉和深静脉相吻合。静脉瓣发育不良或深静脉回流受阻,可导致小隐静脉和大隐静脉淤血或曲张。

2. **腓肠神经** sural nerve　多由来自胫神经的腓肠内侧皮神经和来自腓总神经的腓肠外侧皮神经于小腿后区下部吻合而成,穿出深筋膜后经外踝后方达足背外侧,分布于小腿后区下部及足背外侧的皮肤(见图 8-8)。

(二)深层结构

深筋膜较致密,与胫、腓骨的骨膜、骨间膜及后肌间隔共同围成后骨筋膜鞘,容纳小腿后群肌及血管神经束(图 8-20)。

1. **后骨筋膜鞘**　小腿后骨筋膜鞘依后筋膜隔分浅、深两鞘。浅鞘容纳小腿三头肌,向下逐渐缩窄,仅包绕跟腱及周围脂肪;深鞘容纳小腿后群深层肌和腘肌,在小腿上部,由外侧向内侧依次为姆长屈肌、胫骨后肌和趾长屈肌。在内踝后上方,趾长屈肌腱越过胫骨后肌腱浅面行向外侧,至足底与姆长屈肌腱形成"腱交叉"。

2. **血管神经束**

(1) **胫后动脉** posterior tibial artery:为腘动脉的直接延续,在小腿后区浅、深层肌之间下行,沿途分支营养邻近肌(图 8-21)。主干经内踝后方进入足底。胫后动脉起始处发出**腓动脉** peroneal artery,

沿胫骨后肌表面斜向外下,在踇长屈肌与腓骨之间下降于外踝后方,终于外踝支。腓动脉主要营养邻近肌和胫、腓骨。

（2）**胫后静脉** posterior tibial vein:为 2 条,与同名动脉伴行。

（3）**胫神经** tibial nerve:是腘窝内胫神经的延续,伴胫后血管行于小腿后群浅、深层肌之间,经内踝后方进入足底(图 8-21)。该神经主要发出肌支支配小腿后群肌;皮支为腓肠内侧皮神经,伴小隐静脉分布于小腿后面的皮肤。

（张雅芳）

第六节　踝　与　足　部

踝部上界平内、外踝基底的环线,下界为过内、外踝尖的环线,其远侧为足部。踝部以内、外踝为界,分为踝前区和踝后区。足部又可分为足背和足底。

一、踝前区与足背

（一）浅层结构

皮肤较薄,浅筋膜疏松,缺少脂肪。故浅静脉和肌腱等结构清晰可见。浅静脉有足背静脉弓及其属支。其内、外侧端逐渐分别汇合成大、小隐静脉。皮神经为足背内侧的隐神经和外侧的腓肠神经终支(足背外侧皮神经),足背中央有腓浅神经终支(足背内侧皮神经和足背中间神经),在第 1、2 趾相对面背侧有腓深神经。

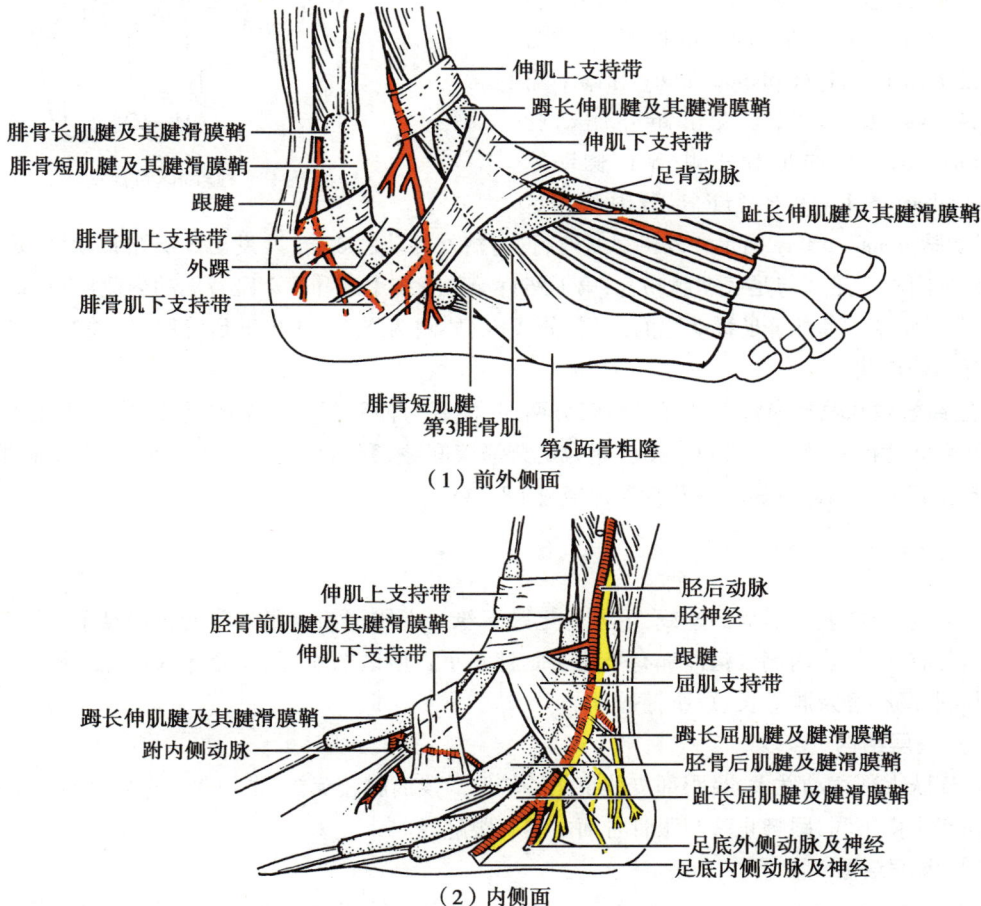

（1）前外侧面

（2）内侧面

图 8-22　下肢肌支持带及腱鞘

（二）深层结构

踝前区深筋膜为小腿深筋膜的延续,在此增厚形成两个支持带。

1. **伸肌上支持带**superior extensor retinaculum   又称小腿横韧带,呈宽带状位于踝关节上方,连于胫、腓骨下端之间。深面有两个间隙:内侧间隙通过胫骨前肌腱、胫前血管和腓深神经;外侧间隙通过蹞长伸肌腱、趾长伸肌腱和第3腓骨肌。

2. **伸肌下支持带** inferior extensor retinaculum   又称小腿十字韧带,位于踝关节前方的足背区,多呈横Y形,外侧端附于跟骨外侧面,内侧端分叉附于内踝及足内缘。伸肌下支持带向深面发出纤维隔,形成3个骨纤维管:内侧者通过胫骨前肌腱,中间者通过蹞长伸肌腱、足背动脉和腓深神经,外侧者通过趾长伸肌腱和第3腓骨肌腱。各肌腱表面均有腱鞘包绕(图8-22)。

3. **足背动脉**dorsal artery of foot   于伸肌上支持带下缘续于胫前动脉。在踝关节前方行于蹞长伸肌腱和趾长伸肌腱之间,位置表浅,其搏动易于触及。主干继续沿着蹞短伸肌内缘和深面前行,至第一第1跖骨间隙的近侧,延续为**足底深支** deep branch of plantar artery 和第1跖背动脉两个终末支。沿途发出跗外侧动脉 lateral tarsal artery 行向足背外侧;**跗内侧动脉** medial tarsal artery 1~3支,行向足背内侧及足

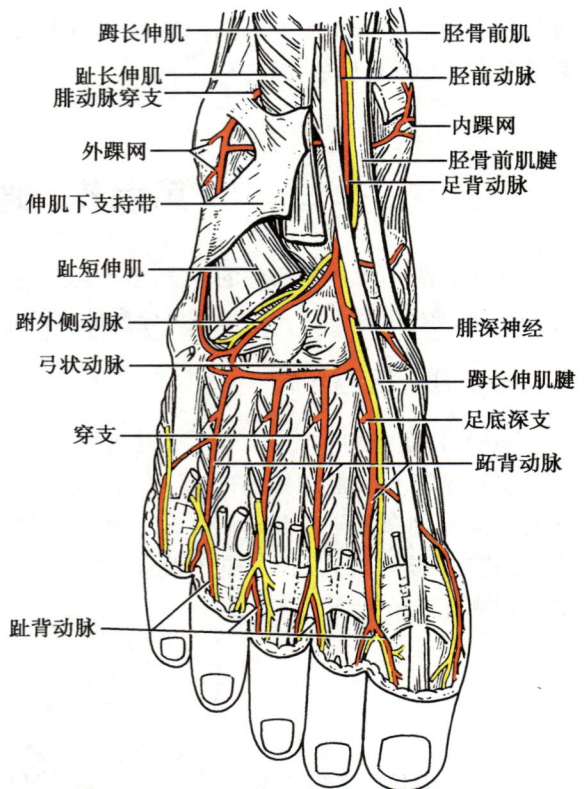

图8-23   踝前区及足背

底;**弓状动脉**arcuate artery 向足背外侧弓状弯行,与跗外侧动脉吻合,并发出3支跖背动脉;足底深支穿第1跖骨间隙至足底与足底动脉吻合;第1跖背动脉分布于蹞和第2趾背面的内侧(图8-23)。

4. **腓深神经**   多行于足背动脉的内侧,分成内、外侧两终支,分布于足背肌、足关节及第1、2趾相对面背侧的皮肤。

5. **足背筋膜间隙及内容**   足背深筋膜分两层:浅层为伸肌下支持带的延续,附着于足内、外缘;深层紧贴骨间背侧肌及跖骨骨膜。两层间为足背筋膜间隙,容纳趾长伸肌腱及腱鞘、趾短伸肌及腱、足背动脉及其分支和伴行静脉以及腓深神经(图8-22)。

二、踝后区

上界为内、外踝基部后面的连线,下界为足跟下缘。中线深面有跟腱附着于跟结节。跟腱与内、外踝之间各有一浅沟:内侧浅沟深部有小腿屈肌腱及小腿后区的血管、神经穿入足底;外侧浅沟内有小隐静脉、腓肠神经及腓骨长、短肌腱通过。

（一）浅层结构

此区皮肤上部移动性大,足跟部皮肤角化层较厚。浅筋膜较疏松,跟腱两侧有较多脂肪。跟腱与皮肤之间有跟皮下囊,跟腱止端与跟骨骨面之间有跟腱囊。

（二）深层结构

1. **踝管**malleolar canal   踝后区的深筋膜在内踝和跟结节内侧面之间的部分增厚,形成**屈肌支持带**flexor retinaculum,又称分裂韧带。此韧带与跟骨内侧面、内踝之间围成踝管。支持带向深面发出

3 个纤维隔,将踝管分成 4 个通道,通过的结构由前向后依次为:①胫骨后肌腱;②趾长屈肌腱;③胫后动、静脉和胫神经;④踇长屈肌腱。踝管是小腿后区与足底间的一个重要通道,感染时可借踝管互相蔓延。由于某种原因使踝管变狭窄时,可能压迫踝管内容物,形成"踝管综合征"(图 8-24)。

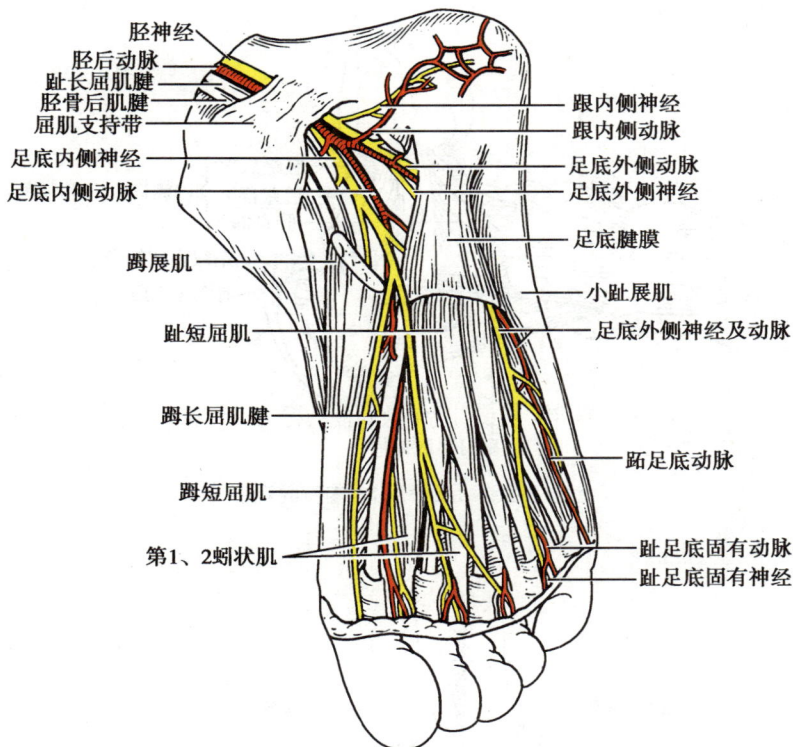

图 8-24 踝后区内侧面与足底

2. **腓骨肌上、下支持带** superior and inferior peroneal retinaculum 外踝后下方的深筋膜增厚,形成腓骨肌上、下支持带。腓骨肌上支持带连于外踝后缘与跟骨外侧面上部之间,可限制腓骨长、短肌腱于外踝后下方;腓骨肌下支持带前端续于伸肌下支持带,后端止于跟骨外侧面前部,有固定腓骨长、短肌腱于跟骨外侧面的作用。两肌腱在穿经支持带深面时,共同包于一个总腱鞘内(图 8-25)。

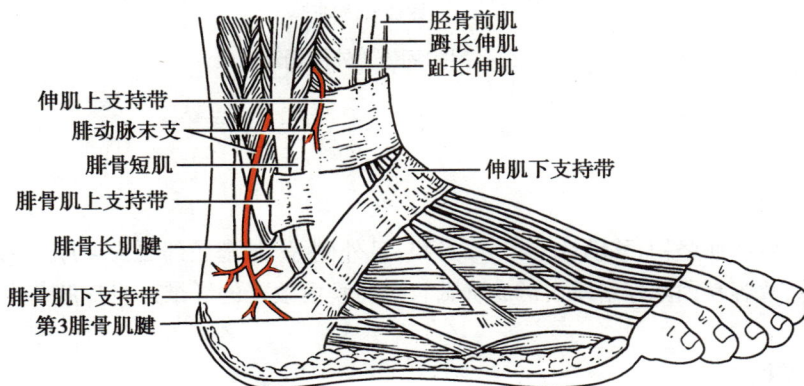

图 8-25 踝与足背外侧面

3. **踝关节的韧带** 踝关节内、外侧各有一些韧带加强,主要有**内侧韧带** medial ligament 和**外侧韧带** lateral ligament。内侧韧带起于内踝下缘,止于舟骨、距骨和跟骨前内侧面,呈"三角形"。外侧韧带分成 3 部:**距腓前韧带** anterior talofibular ligament 位于外踝前缘和距骨前外侧面之间;**距腓后韧带** pos-

terior talofibular ligament 位于外踝后缘和距骨后突之间；**跟腓韧带** calcaneofibular ligament 位于外踝尖和跟骨外侧面中部之间。外侧韧带比内侧韧带薄弱，故易损伤（图 8-26，图 8-27）。

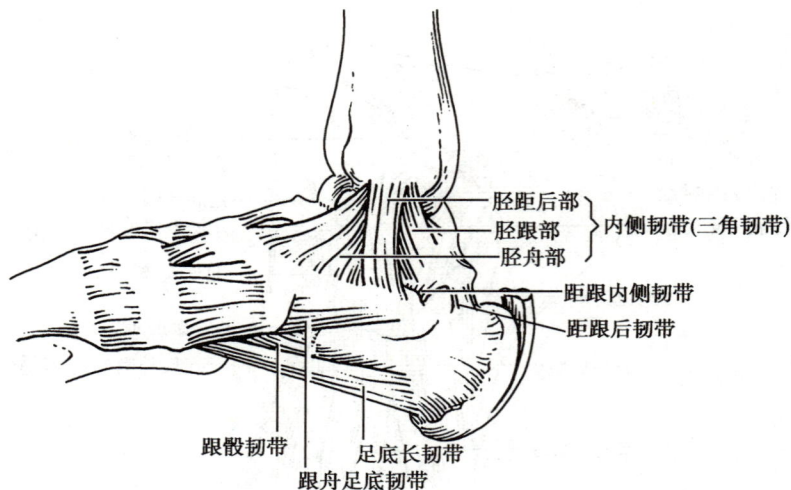

图 8-26　足的韧带（内侧面观）

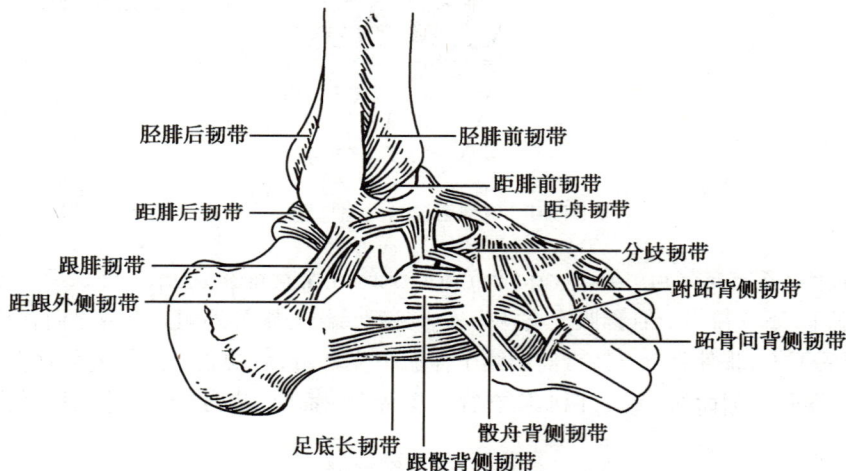

图 8-27　足的韧带（外侧面观）

三、足底

（一）浅层结构

　　足底皮肤厚、致密而坚韧，移动性差，尤以足跟、足外侧缘、趾基底部更为增厚。因这些部位是身体重力的支持点，故容易因摩擦增厚而形成胼胝。浅筋膜内致密的纤维束将皮肤与足底深筋膜紧密相连。

（二）深层结构

　　足底深筋膜分两层：浅层覆于足底肌表面，两侧较薄，中间部增厚称跖腱膜（又称足底腱膜），相当于手掌的掌腱膜；深层覆于骨间肌的跖侧，又称骨间跖侧筋膜。

　　1. 足底腱膜 plantar aponeurosis　三角形，含有较多的纵行纤维。后端稍窄，附于跟结节前缘内侧部。其两侧缘向深部发出肌间隔，止于第 1、5 跖骨，在足底形成三个骨筋膜鞘。

　　（1）内侧骨筋膜鞘：容纳𧿹展肌、𧿹短屈肌、𧿹长屈肌腱以及血管和神经。

（2）中间骨筋膜鞘：容纳趾短屈肌、足底方肌、踇收肌、趾长屈肌腱、蚓状肌、足底动脉弓及其分支、足底外侧神经及分支等。

（3）外侧骨筋膜鞘：容纳小趾展肌、小趾短屈肌及血管和神经。

2. **足底的血管和神经**　胫后动脉及胫神经穿踝管至足底，即分为足底内、外侧动脉和足底内、外侧神经（图 8-24）。**足底内侧动脉** medial plantar artery 较细小，伴同名静脉和神经沿足底内侧缘前行，分布于邻近组织，末端与第 1～3 跖足底动脉吻合。**足底外侧动脉** lateral plantar artery 较粗，伴同名静脉和神经斜向前外，穿趾短屈肌深面至足底外侧缘，分支分布于邻近组织，终支向内弯行至第 1 跖骨间隙处，与足背动脉的足底深支吻合成足底弓。由足底弓发出 4 个跖足底动脉，分布于各趾。**足底内侧神经** medial plantar nerve 支配足底内侧部的肌和关节、足底内侧半及内侧三个半趾底面的皮肤。**足底外侧神经** lateral plantar nerve 支配足底外侧部肌和关节、足底外侧半及外侧一个半趾底面的皮肤。

（夏玉军）

第七节　下肢解剖操作

一、解剖股前内侧区

（一）切口

人体标本仰卧位，做如下切口（见图 0-7）：

1. 上切口　从髂前上棘至耻骨结节作一斜行切口。

2. 下切口　过胫骨粗隆水平作一横行切口。

3. 由上切口中点向下，沿大腿前面作纵切口，直达下切口。

各切口均应浅切。皮肤向两侧翻起，翻皮不能过厚，避免切断浅层的血管和神经。

（二）层次解剖

1. **解剖浅筋膜内结构**

（1）解剖大隐静脉及其属支和伴行的浅动脉：在股骨内侧髁后缘脂肪组织内寻找大隐静脉及伴行的隐神经。向上追踪大隐静脉至耻骨结节下外约 3cm 处，可见其穿过股部深筋膜注入股静脉。用镊子将大隐静脉近侧端稍提起，用刀柄将隐静脉裂孔下外侧缘的轮廓划清，清楚显示出隐静脉裂孔的边缘，观察其形状、大小和位置。在附近分别寻找大隐静脉的五条属支。先找出腹壁浅静脉、旋髂浅静脉、阴部外浅静脉及伴行的三条同名动脉（动脉很细小，可单独起自股动脉，亦可共干起于股动脉；暂不追踪动脉的起点），仔细观察大隐静脉末段与股静脉之间是否有阴部外动脉通过，临床上常用该动脉作为寻找大隐静脉根部的标志。然后寻找股内侧浅静脉、股外侧浅静脉，这两条浅静脉的注入点位置较低。最后全面观察五条属支的类型、大隐静脉与深静脉的交通支并纵行剖开一段大隐静脉以观察静脉瓣。

（2）观察腹股沟浅淋巴结：在腹股沟韧带下方及大隐静脉近端两旁的脂肪中寻找和观察腹股沟浅淋巴结。观察后可除去。

（3）解剖皮神经：在浅筋膜内寻找下列皮神经：①股外侧皮神经，在髂前上棘下方 5～10cm 处穿出深筋膜；②股神经前皮支和内侧皮支于大腿中、下部沿缝匠肌表面穿出深筋膜；③闭孔神经皮支于大腿上部内侧穿出阔筋膜（大约在缝匠肌中点内侧 3 横指处可找到该神经）。上述皮神经均尽量追踪至远端并保留之。

2. **解剖深筋膜**　保留浅血管和皮神经，去除浅筋膜，仔细观察阔筋膜，可见外侧与内侧厚薄不一。股外侧面阔筋膜增厚的部分叫髂胫束，起自髂嵴，止于胫骨外侧髁。臀大肌下份附着于髂胫束，阔筋膜张肌包于髂胫束上份两层之间。由腹股沟韧带中点稍向下纵行切开阔筋膜，用刀柄将其与深层组织分离，翻向两侧，注意勿损伤深面的结构，至髂胫束前缘时切断阔筋膜以保留髂胫束。

3. **解剖股前群肌**　仔细去除股前部的阔筋膜，修洁缝匠肌和股四头肌。观察股四头肌四个头的位置及纤维方向。检查股四头肌腱止于髌骨,并形成髌韧带附着于胫骨粗隆。

4. 解剖股三角及其内容

(1)观察股三角的位置、边界及股鞘的结构特点:注意股鞘为包绕股血管的漏斗形薄层筋膜鞘,由外向内分为三个纵形的腔,分别容纳股动、静脉和股管。

(2)解剖股动脉及主要分支:在髂前上棘至耻骨联合上缘的中点(腹股沟中点)、腹股沟韧带下方,寻找股动脉,并追踪至股三角的尖部,观察其潜入缝匠肌的深面,进入收肌管。在股动脉主干上部后外侧,距腹股沟韧带3~5cm处解剖出它的最大分支——股深动脉。股深动脉在股三角内有两个主要分支,即旋股外侧动脉和旋股内侧动脉。旋股外侧动脉一般从股深动脉外侧发出,走在缝匠肌、股直肌深面。小心切断缝匠肌上端和股直肌中部,并翻起,可见旋股外侧动脉分为升、横、降3支。在股深动脉内侧解剖出旋股内侧动脉,可见它从髂腰肌和耻骨肌之间穿向深面。此两条动脉有时可直接发自股动脉。沿股深动脉主干追踪其发出的3~4支穿动脉,观察它们穿过短收肌与大收肌至大腿后部。

(3)解剖股静脉、观察腹股沟深淋巴结:在股动脉内侧解剖出股静脉,注意其先位于股动脉内侧,至股三角尖走向股动脉后方。清理股深静脉时,勿损伤股深动脉分支,并注意寻找沿股静脉近段排列的腹股沟深淋巴结,观察后除去。

(4)探查股管:股静脉内侧的潜在性间隙即股管,内有一腹股沟深淋巴结和脂肪。观察股管长约1.5cm,外侧壁是将股静脉与其分隔的纤维隔,前壁为阔筋膜,后壁为耻骨肌筋膜。股管上口叫股环,用小指顺股静脉内侧向上探,可通向股环。股管下部是盲端,对着卵圆窝的内上份。

(5)解剖股神经:在腹股沟韧带下方,股动脉的外侧,切开覆盖于髂腰肌表面的髂腰筋膜,暴露股神经及髂腰肌。解剖追踪股神经的分支,形如马尾,分别支配耻骨肌、缝匠肌、股四头肌及股前内侧区皮肤。其中最长的一支,称隐神经,与股动脉伴行进入收肌管,追踪并修洁之。

5. 解剖收肌管及其内容　将已切断的缝匠肌向上、下翻起,如有皮神经穿过此肌,可切断。注意缝匠肌下段的深面有一层致密的结缔组织,叫腱板,它架于股内侧肌与长收肌、大收肌之间。缝匠肌与腱板共同组成收肌管前壁。纵行切开腱板,暴露收肌管内结构,主要是股三角内结构的延续,如股神经的股内侧肌支、隐神经,股动、静脉等。用镊子分离管内结构,观察动、静脉与神经的关系,隐神经从外侧跨过股动脉前方至内侧。在收肌管内寻找隐神经发出的髌下支和股动脉发出的膝降动脉(或膝最上动脉),观察其二者伴行,共同从股薄肌与缝匠肌腱之间穿出,分布于膝内侧。注意股动脉在收肌管内逐渐跨向股静脉的前内侧,两者共同通过收肌腱裂孔至腘窝。

6. 解剖股内侧肌群及闭孔神经　先分离修洁内侧的股薄肌,再清理长收肌和耻骨肌。在长收肌起点下约3cm处切断该肌,向上、下翻起暴露深部的短收肌。清理短收肌及其表面的闭孔神经前支和位于其深面的闭孔神经后支。清理短收肌后下方的大收肌,注意该肌下部的收肌腱裂孔,股动、静脉由此进出腘窝,改名为腘动、静脉。

二、解剖小腿前外侧区与足背

(一)切口

为了一起解剖小腿前外侧区和足背,同时作四条切口(见图0-7)。

1. 在内、外踝水平作一过踝关节前方的横切口。

2. 沿足趾根部、趾蹼背侧作一横切口达足背内、外侧缘。

3. 延长大腿前面的纵切口直达内、外踝水平的横切口处。

4. 循上述第1、2条切口的中点,纵切足背皮肤,直达第3趾尖。

将皮肤翻向两侧。注意膝部、踝部、足背部的皮肤切口要浅,皮肤剥离时勿损伤浅筋膜内的浅静脉和皮神经。

（二）层次解剖

1. 解剖浅筋膜

（1）小腿前外侧区浅筋膜内结构

1）解剖大隐静脉和隐神经:沿股前内侧区解剖出的大隐静脉向下追踪并修洁至足背,保留之。同时找出和其伴行的隐神经。从足背静脉弓外侧端找出小隐静脉,往上追踪至其通过外踝的后下方。同时找出与小隐静脉伴行的腓肠神经。

2）解剖腓浅神经:清除小腿浅筋膜前,先在小腿外侧中、下 1/3 交界处,仔细找出腓浅神经的皮支,并追踪修洁至足背远端,保留之。

（2）解剖足背浅筋膜内的结构:确认足背静脉弓,沿其内侧端清理出大隐静脉起始段及伴行的隐神经。从外侧端清理出小隐静脉及伴行的腓肠神经终支、足背外侧皮神经。在足背正中部位修洁和保留腓浅神经的两终支:足背内侧和足背中间皮神经,观察其分布。在第 1、2 趾蹼处切开浅筋膜,寻找腓深神经的终末支。

2. 解剖深筋膜　清除所有浅层脂肪,暴露小腿及足背的深筋膜。仔细观察筋膜各部不同的厚度。从胫骨外侧髁前方向下纵行切开深筋膜,可见小腿上部深筋膜较厚,其深面为肌附着,不易分离。小腿中部深筋膜较薄,肌较易分离。小腿下部,踝关节上方,深筋膜横行纤维增厚,即伸肌上支持带（小腿横韧带）。向下,在踝关节前下方近足背处深筋膜又显著增厚,呈横位的 Y 形,此即伸肌下支持带（小腿十字韧带）,检查它们的境界及附着点,清除深筋膜,仅保留伸肌上、下支持带。

3. 解剖小腿前外侧区深层结构

（1）解剖小腿前群肌、外侧群肌:于小腿下 1/3 从内侧到外侧依次修洁小腿前方的胫骨前肌、踇长伸肌、趾长伸肌和其外侧的第三腓骨肌;在小腿外侧,修洁腓骨长、短肌。清理深筋膜时注意观察在伸肌上支持带及腓骨肌支持带深面经过的肌腱皆包以腱滑液鞘,其功能是保护肌腱,减少摩擦。

（2）解剖胫前动脉和伴行静脉:分离胫骨前肌与趾长伸肌的上段,在两肌之间、骨间膜前面,解剖出胫前动脉和伴行静脉（除去静脉保留动脉）。清理动脉时注意勿伤及附近的神经。向上尽量分开胫骨前肌与趾长伸肌,在胫骨粗隆水平处横断胫骨前肌,切除胫骨前肌上份残端的肌纤维,沿胫前动脉向上找出向内上行于胫骨前肌深面、紧贴胫骨外侧髁的胫前返动脉（与胫前返神经伴行）,两者分支分布于膝关节。在小腿下份腓骨内侧纵切伸肌上支持带,于第三腓骨肌外侧,找出腓动脉的穿支,该支有时粗大,可代替足背动脉。

（3）解剖腓浅神经、腓深神经:在腓骨颈外侧找出腓总神经,观察其绕过腓骨颈前面,穿入腓骨长肌深面,并分成三个分支:胫前返神经、腓浅神经、腓深神经。先将尖头镊沿腓总神经方向向前插入腓骨长肌,顺腓总神经的走向切断该肌,暴露上述三条神经。胫前返神经与胫前返动脉伴行;腓浅神经在腓骨长、短肌之间下行,观察其支配两肌的肌支以及在小腿前外侧中、下 1/3 交界处穿出深筋膜,分为内、外两支的情况。沿胫前动脉（小腿前群肌深面）寻找和修洁伴行的腓深神经达足背。

4. 解剖足背的深层结构　清理踇长伸肌腱、趾长伸肌腱,并找出其深面的踇短伸肌、趾短伸肌。于足趾根部切断踇长、短伸肌腱及趾长、短伸肌腱,翻向近侧。于踝关节前方找出腓深神经。再找出与腓深神经伴行的足背动脉和足背静脉,追踪该动脉至第 1 跖间隙近侧端,寻找发出的第 1 跖背动脉和足底深支。

三、解剖臀区及股后区

（一）切口

人体标本俯卧位,做如下切口（见图 0-7）:

1. **上切口**　从髂前上棘起始沿髂嵴切到髂后上棘,再向内侧切至骶部正中。

2. **正中切口**　由上切口内侧端沿骶部正中垂直向下切至尾骨尖。

3. **下切口**　继续沿臀沟至臀部外侧作一弧形切口。

4. **膝下切口** 过腘窝下方(相当于胫骨粗隆水平)作一横切口。

5. **股后纵切口** 由第3切口中点向下沿股后正中线纵切至膝下切口。

将臀区皮肤翻向外侧,股后区皮肤翻向两侧。注意切口不宜过深,以免损伤浅筋膜中的血管、神经。

（二）层次解剖

1. **解剖浅筋膜内结构** 于髂嵴上方、竖脊肌外缘,浅筋膜内寻找由第1~3腰神经后支发出的皮神经,即臀上皮神经,并向下追踪至臀上部。在臀大肌下缘中点附近寻找从下向上的臀下皮神经2~3支(为股后皮神经的分支)。有时这些神经不易找到,不必花费过多时间去解剖,去除剩余浅筋膜。股后部浅筋膜中无重要结构,可直接去除。

2. **观察深筋膜** 臀区深筋膜非常发达,它发出纤维束深入臀大肌肌束内,故不易清理。追查臀筋膜的延续,可见其向上附着于髂嵴,向外下方移行于阔筋膜,向下移行于股后深筋膜。观察后可沿肌纤维方向仔细剥离并除去深筋膜。

3. **解剖深层结构**

（1）解剖臀大肌及股后皮神经:在臀大肌下缘与股二头肌相交处,纵行切开深筋膜直达腘窝。在深筋膜的深面,寻找股后皮神经。确认并修洁臀大肌上、下缘。沿臀大肌起点约2cm处弧形切开臀大肌。最好在未切断该肌之前先用手指伸入臀大肌的深面,尽可能地将其与深层结构分离,边分边切,注意不要损伤其深面的血管、神经。臀大肌切开后向两侧翻开,用镊子清理进入臀大肌上部的臀上动、静脉的浅支,以及进入臀大肌下部的臀下动、静脉和神经。将臀大肌向外侧翻开,有时可见此肌与股骨大转子之间的滑液囊,戳破此囊有黏液淌出。

（2）解剖出入梨状肌上孔的血管和神经及臀部肌:清理梨状肌上缘,使之与臀中肌分离,清理并切断臀中肌中份,将此肌翻开即可见臀小肌。在梨状肌的内上方寻找由梨状肌上孔穿出的臀上动脉、静脉和臀上神经并修洁之。臀上动脉分浅、深两支,浅支分布至臀大肌,深支伴臀上神经分布至臀中、小肌。

（3）解剖出入梨状肌下孔的血管和神经:在梨状肌下方可见粗大的坐骨神经,其内侧为股后皮神经,再内侧为臀下动、静脉和臀下神经,它们分布至臀大肌,依次解剖和修洁这些神经、血管,并保留之。在最内侧解剖出阴部内动、静脉和阴部神经,它们行径隐蔽,出梨状肌下孔后,立即进入坐骨小孔,然后走向坐骨肛门窝至会阴部。

（4）观察坐骨神经的行径及其深面的肌:清理坐骨神经周围结缔组织,可见该神经自梨状肌下孔穿出后(有时在梨状肌上缘或梨状肌中穿出)在坐骨结节与大转子连线中点偏内下行。在臀大肌下缘与股二头肌长头之间坐骨神经位置表浅。提起坐骨神经,在其深面由上而下清理上孖肌、闭孔内肌腱、下孖肌和股方肌。垂直切断股方肌并翻开,可见其深面的闭孔外肌腱。

（5）观察股后区的肌及神经和血管:分别修洁半腱肌、半膜肌和股二头肌。在股二头肌深面,追踪坐骨神经及支配股后群肌和部分大收肌的肌支。在坐骨神经深面寻找股深动脉发出的穿动脉,观察其穿过短收肌、大收肌并分支营养股后区肌的情况。

四、解剖腘窝及小腿后区

（一）切口

按图0-7所示做如下切口:

1. 在腘窝下缘已有一横切口。

2. 于内、外踝水平过踝关节后方作一横切口。

3. 沿小腿后区正中作一纵切口,与切口1、2相连。将小腿皮肤翻向两侧。

4. 由切口2中点作一垂直切口,直达足跟,把皮肤尽量向两侧翻开。

注意踝部的横切口不宜过深。

（二）层次解剖

1. 解剖浅筋膜内结构　在外踝后下方的浅筋膜中解剖出小隐静脉及伴行的腓肠神经,向上追踪,直至穿入腘窝的深筋膜为止。小心清除小腿后面及腘窝的浅筋膜,注意小隐静脉穿入腘筋膜的位置,观察在小腿后面中、下份,小隐静脉是否有穿支与深静脉交通,大、小隐静脉之间是否有吻合支。沿腓肠神经向上解剖,于小腿后正中线,深筋膜深面,可找到腓肠内侧皮神经(起自胫神经)。在腓骨头后方约5cm处找出由腓总神经发出的腓肠外侧皮神经,观察二者合并共同形成腓肠神经。

2. 解剖深筋膜　切开厚而坚韧的腘筋膜,在小隐静脉末端附近,有时可见1～2个腘淋巴结,看到后除去。然后修洁腘窝边界的肌,同时修去小腿后区的深筋膜。

3. 解剖深层结构

（1）观察腘窝境界:观察腘窝上内侧界的半膜肌、半腱肌,上外侧界的股二头肌。下内、下外侧界的腓肠肌内、外侧头,并修洁。

（2）解剖腘窝中的血管和神经:清理股二头肌内侧缘,找出腓总神经,追踪至腘窝外侧角,可见其在腓骨头下方绕腓骨颈向前穿入腓骨长肌(至小腿前外侧面的部分已解剖)。在腘窝中线清理胫神经,可见其发分支到小腿三头肌,还有若干关节支。

用木枕垫在踝关节前方,使小腿后群肌放松。先清理腓肠肌的内、外侧头,以刀柄插入内、外两头的深面,使之与跖肌、比目鱼肌及腘肌分开。将腓肠肌内、外侧头从起点下约5cm处(胫神经分支穿入点以下)切断,将该肌翻向下方,然后小心切开包裹腘动、静脉的筋膜鞘。暴露腘静脉,并拉向一侧,其深面为腘动脉。解剖腘动脉在腘窝发出的五条关节支:①膝上内侧动脉;②膝上外侧动脉;③膝中动脉;④膝下外侧动脉;⑤膝下内侧动脉。

（3）解剖小腿后区的肌及血管和神经:修洁比目鱼肌。仔细解剖穿过其上缘倒U形腱弓的胫神经、胫后动脉、胫后静脉。沿腱弓切断比目鱼肌内侧份,翻向外侧。可见该肌深面为小腿深筋膜隔,分隔小腿后面浅、深两群肌,观察后将此筋膜清除。然后切开腘肌表面的筋膜,显露腘肌。辨认胫骨后肌(中间)、趾长屈肌(胫侧)、踇长屈肌(腓侧)并修洁之,注意三者在内踝上、下位置关系的变化。

在胫骨后肌表面清理胫后动、静脉及胫神经。在腘肌下缘,观察腘动脉分成胫前、后动脉。解剖胫前动脉及伴行静脉直至穿骨间膜为止。清理胫后动脉及其肌支,追踪至屈肌支持带深面。在腘肌下缘胫后动脉起点稍下寻找腓动脉及伴行静脉,沿腓骨内侧缘向下追踪至腓骨肌支持带深面。观察胫神经在小腿后面的分支,向下追踪至屈肌支持带深面。

（4）解剖踝管及其内容:在内踝与跟骨之间切开屈肌支持带,打开踝管,观察支持带向深面发出的纤维隔和形成的四个骨纤维管。解剖踝管内结构,从前向后依次为胫骨后肌腱、趾长屈肌腱、胫后动脉及伴行静脉、胫神经、踇长屈肌腱等。

五、解剖足底

在踝前垫一木枕,使足底朝上。

（一）切口

1. 从足跟沿足底正中线纵切至中趾的趾端。

2. 沿趾根从足底外侧横切至足底内侧。

剥离足底皮肤,可见皮肤及浅筋膜很厚,以足跟、趾根及足底外侧更明显。

（二）层次解剖

1. 解剖足底浅、深筋膜　修去浅筋膜,注意其内的脂肪及纤维束结实,趾蹼处横行纤维发达。解剖深筋膜,可见内侧部最薄,外侧部较厚,中间部最厚,即足底筋膜。修去内、外侧部,保留足底腱膜,注意勿损伤深面的结构。观察足底腱膜向前分裂成5束,终于5趾,两侧向深部发出内、外侧肌间隔,附于第1、5跖骨。于趾蹼处沿趾间隙纵行切开足底腱膜,清除脂肪组织,寻找通向趾部的神经和血管。

2. **解剖足底浅层肌及血管和神经**　在跟骨前方5cm处,横断足底腱膜,割断内、外侧肌间隔,向远侧翻起,注意勿损伤深面的结构。从内向外修洁踇展肌、趾短屈肌、小趾展肌,解剖出其间的足底内、外侧神经及血管。

3. **解剖足底中层肌及血管和神经**　在中部切断趾短屈肌,翻向远侧,暴露踇长屈肌腱及趾长屈肌腱。观察两肌腱在足底内侧相互交叉。进一步查看足底方肌及四个蚓状肌。观察走在足底方肌浅面的足底外侧神经、血管及其分支;观察走在踇展肌与趾短屈肌之间的足底内侧神经、血管及其分支。

4. **解剖足底深层肌及血管和神经**　在跟结节前方切断足底方肌、趾长屈肌腱及踇长屈肌腱,翻向远侧,暴露踇短屈肌、踇收肌、小趾短屈肌。在足底内侧切断展肌起端,翻向远侧,露出胫骨后肌腱。在足底外侧切断小趾展肌止端,翻向近侧,露出腓骨长肌腱。检查两肌腱的止点。切断踇收肌斜头及横头起端,翻向远侧,露出足底动脉弓、足底外侧神经深支,以及3个骨间足底肌和4个骨间背侧肌。

（夏玉军）

第八节　临床病例分析

病例 8-1

患者,男,55岁。因左下肢膝关节内侧出现团索状物而就诊。患者诉近2年来在久站或行走时感到左腿酸胀、疼痛,且进行性加重。体格检查:患者左腿内侧从踝关节到膝关节水平出现隆起、迂曲、扩张的静脉团块,局部有色素沉着。诊断:左下肢静脉曲张。

临床解剖学问题:

(1) 此患者可能是哪条浅静脉出现了曲张?

(2) 该静脉发生曲张的解剖学基础和诱因是什么?

(3) 医生建议患者应如何做才能减轻症状或防止病情加重?

病例 8-2

患者,女,60岁。近日剧烈咳嗽时感到右大腿根部胀痛,并出现一半球形包块而入院就诊。体格检查:右腹股沟韧带内侧半下方有一大小约2cm×3cm肿物,质软,无触痛。平卧时包块可变小,但不会完全消失。诊断:右侧股疝。

临床解剖学问题

(1) 什么是股管?什么是股环?其境界如何?

(2) 什么是股疝?为何在临床上股疝多见于老年妇女,且为何易发生嵌顿?

(3) 股管中什么结构的肿大易被误诊为股疝?

病例 8-3

患者,男,50岁。弯腰搬重物时,突感左臀部疼痛,并放射到左侧大腿后部。体格检查:患者痛点位于坐骨结节外侧,按压此处时,疼痛会自股骨大转子和坐骨结节连线的中点处,沿大腿后部中线向下放射到膝部中点。坐位时,患者左侧小腿疼痛剧烈而不能完全伸展;仰卧位时,将左下肢伸直抬高患者疼痛难忍,此时再使其足部背屈,疼痛加剧。结合腰部MRI结果诊断为L_5 S_1椎间盘突出。

临床解剖学问题:

(1) 椎间盘突出时什么神经受压而出现大腿后外侧、小腿及足背的疼痛?

(2) 该神经起自脊髓的哪些节段?

（3）为什么直腿抬高试验会引起疼痛？足背屈时为什么也会加剧疼痛？

病例 8-4

患者,男,26 岁。在搬运货物时,被掉下的货箱砸伤右侧膝盖,感到剧烈疼痛,不能站立,右踝关节活动受限,急送入院。体格检查后行右膝部 X 线检查。X 线显示,右胫骨近端粉碎性骨折,合并右腓骨颈骨折。

诊断:右胫腓骨近端骨折,合并外周神经损伤。

临床解剖学问题:

（1）腘窝的内容物有哪些？胫骨骨折后哪些血管可能被伤及？

（2）运用解剖学知识分析,如果要判断腘动脉及其终末动脉是否发生损伤,应在何处检查这些动脉的搏动？

（3）胫骨近侧端及腓骨颈骨折可能合并哪些神经的损伤？

病例 8-5

患者,女,18 岁,着高跟鞋,在下楼梯时不慎摔倒,被搀扶站起后,其右足不能承重,且踝关节开始肿胀,遂入院。检查发现患者踝关节疼痛和压痛明显,肿胀畸形,活动受限,足背动脉可触及。踝关节 X 线摄片显示:外踝(胫距关节面水平)发生横骨折。

诊断:外踝骨折伴严重的踝关节扭伤(韧带撕裂)

临床解剖学问题:

（1）何种过度运动常导致踝关节扭伤？讨论"扭伤"一词的含义。

（2）什么结构可能发生撕裂？

病例 8-6

患者,男,15 岁。右腿在距髌骨底近侧约 4cm 处被刀刺伤,由于伤势不重并未就医。3 天后大腿下部前面出现肿胀和压痛,患者因剧烈疼痛,几乎不能走路而入院就诊。体格检查:浮髌实验阳性。

临床解剖学问题:

（1）此区大腿深部是什么结构发生液体积聚？此区外伤与膝关节有何关系？

（2）若出现膝关节积液,如何进行引流？

病例 8-7

患者,女,36 岁。主诉站立或行走过久时,左内踝后部疼痛不适,休息后即可缓解。最近 5 天病情加重,上述症状反复出现,发作时间延长,左足跟内侧与足底麻木,有蚁行感。既往有左踝关节扭伤史。体格检查:左足趾皮肤干燥、发亮,汗毛脱落,足部肌肉萎缩。用手轻叩左内踝后方,足底部针刺感加剧,足极度背伸时加重。结合影像学检查,诊断为左踝管综合征。

临床解剖学问题:

（1）踝管综合征可累及哪些结构？

（2）请用解剖学知识解释出现这些症状的原因。

病例 8-8

患者,女,65 岁。在光滑地面上滑倒。患者自述在摔倒时听到断裂声。体格检查:右腿外旋且明显较左下肢短。触诊右髋关节疼痛,但肿胀不明显。右大腿被动活动疼痛加剧。X 线检查报告:股骨颈头下型骨折,股骨远端外旋并向近侧移位。

诊断:右股骨颈骨折

临床解剖学问题:

(1)老年人股骨骨折最易发生在什么部位?为什么?

(2)患者伤腿较对侧缩短的解剖学基础是什么?

(3)此类骨折常见并发症有哪些?其解剖学原因是什么?

(贺桂琼 侯志勇)

附录　临床病例分析问题答案

第一章　头　部

病例 1-1

根据颅顶血管神经分组和行径、分布特点,按其分布区可分为三组(图1-18),每组间血管吻合丰富,神经分布互相重叠。

前组:有眶上血管、眶上神经(位于外侧)及滑车上血管、滑车上神经(位于内侧)等。

外侧组:有耳前组的颞浅血管和耳颞神经;耳后组的耳后血管和枕小神经。

后组:有枕血管、枕大神经等。

颅顶血管和神经从颅周向颅顶走行。由于头皮的动脉有联系皮肤和帽状腱膜的纤维隔附着,因此动脉破裂后不能收缩,难以凝固血液。

当头部损伤至帽状腱膜,受枕、额肌前后部的牵拉,头皮的深创伤会使伤口裂开,出血量多。因此,缝合头皮时一定要缝合帽状腱膜,一方面可以减少皮肤的张力,有利于伤口的愈合,另一方面也有利于止血。

头皮的严重感染会扩散到硬脑膜,因为顶骨的板障静脉和硬膜静脉窦相联系,可能会引起颅骨的感染(骨髓炎)和硬膜窦血栓的形成。

病例 1-2

本病例中颧骨最有可能骨折(图1-1,图1-2)。颧骨骨折是最常见的面颅骨骨折。

构成眼眶的骨也可能骨折。

复视提示可能伤及眼球和眼眶,致使视轴错位。眩晕和面颊麻木是颧骨骨折,并发神经系统受损的结果。

病例 1-3

患者头部的撞击导致了视神经功能上的轻微改变:眼冒金星和视力模糊。假如持续头痛,则提示可能由于颅内出血而导致颅内压升高,以及大脑皮质的挫伤。

脑的被膜自外向内依次为硬脑膜、脑蛛网膜、软脑膜。硬脑膜坚韧而有光泽,由两层合成。外层兼有颅骨内膜的作用,内层较外层坚厚,两层之间有丰富的血管和神经。在颅盖处硬脑膜与颅骨结合较为疏松,易于分离,当硬脑膜血管损伤破裂时,可在颅骨与硬脑膜间形成硬膜外血肿;在颅底处硬脑膜则与颅骨结合紧密,当颅底骨折时,易将硬脑膜和蛛网膜同时撕裂,使脑脊液外漏,如颅前窝骨折时,脑脊液可流入鼻腔,形成脑脊液鼻漏。如果明显地观察到患者有液体从鼻腔滴出,说明颅前窝筛骨筛板骨折,撕裂了紧密结合的硬脑膜和蛛网膜而导致脑脊液从鼻腔漏出(脑脊液鼻漏)。

病例 1-4

面静脉位置表浅,起自内眦静脉,在面动脉的后方伴其斜行向外下,在下颌角下方接受下颌后静脉的前支汇入,形成面总静脉,在舌骨大角附近注入颈内静脉。面静脉在口角平面以上缺少静脉瓣,因此,当面部,尤其是鼻根至两侧口角间的三角区(图1-4)发生感染处理不当时,病菌可经面部静脉传至颅内静脉,临床上称此三角间的区域为"危险三角区"。

面部危险三角区内的化脓性感染,由于挤压可使病菌从面静脉通过内眦静脉、眼上静脉和眼下静脉,蔓延到颅内的海绵窦(外侧鞍状区)。亦可通过面深静脉、翼静脉丛、眼下静脉和颅内海绵窦交通。进而可能引起脑膜炎和脑水肿、颅内压升高。更严重的是,颅内压升高可能会引起枕骨大孔疝(亦称为小脑扁桃体疝)压迫脑干的呼吸中枢和心血管运动中枢,导致呼吸和心搏骤停而死亡。

病例 1-5

腮腺位于外耳道前下方。其上缘邻近颧弓、外耳道和颞下颌关节,下缘平下颌角,前缘邻咬肌、下颌支和翼内肌的后部,后缘邻乳突前部和胸锁乳突肌上部的前缘。

腮腺淋巴结位于腮腺表面和腺实质内,它们的输出淋巴管注入颈外侧淋巴结,由此肿瘤细胞会扩散到颈深淋巴结。颈深淋巴结沿颈内静脉从颅底到颈根部呈链状排列。

面神经由茎乳孔出颅进入腮腺,只含有特殊内脏运动纤维,支配表情肌,它的分支呈展开的手形分散。面神经外膜与腮腺组织容易分离,但病变时常紧密粘连。因此,恶性腮腺肿瘤压迫面神经及其分支,会影响到面神经对面肌的支配,而导致面部无力且吹口哨困难。如果肿瘤长期严重压迫面神经,可造成永久性面瘫。

病例 1-6

三叉神经为最粗大的脑神经,属混合性神经。由躯体感觉纤维、躯体运动纤维组成,它们分别组成感觉根和运动根,两根在脑桥基底部和小脑中脚交界处进出脑桥。三叉神经躯体感觉纤维的细胞体位于三叉神经节,该节位于颅中窝颞骨岩部尖端的三叉神经压迹处,由假单极神经元的胞体组成,这些假单极神经元的中枢突组成粗大的感觉根,周围突组成三叉神经的三大分支,即眼神经、上颌神经和下颌神经。细小的三叉神经运动根位于感觉根下内侧,最后并入下颌神经。

患者描述的症状具有三叉神经痛的特点。其中上颌神经痛最常见,其次是下颌神经,或眼神经。此病例主要涉及上颌神经,即三叉神经的第二支,仅含躯体感觉纤维。离开三叉神经节后,穿海绵窦外侧壁,经圆孔出颅,至翼腭窝内,进而分支分布于口鼻黏膜、上颌牙齿、眼裂与口裂之间的皮肤,即患者针刺样疼痛的皮肤和黏膜区域是由三叉神经的第二分支——上颌神经所支配。这种突发的刺痛常由触摸脸部、刷牙、喝水或咀嚼等引起,此处可能为特别敏感的"三角区"。引起三叉神经痛的原因还不清楚。有些研究认为大多数特发性三叉神经痛的患者,由于存在异常的血管压迫神经所致。

上颌神经颅外分支有:

(1)眶下神经:即上颌神经的终末支,向前穿眶下裂入眶,贴眶下壁前行,在眶下管内发出上牙槽神经前、中支,分布于上颌切牙、尖牙及其附近牙龈。终末支经眶下孔至面部,分布于下睑、外鼻及上唇皮肤和黏膜。

(2)上牙槽后神经:在翼腭窝内从上颌神经本干发出,经上颌骨体的后方穿入骨质,分布于上颌窦、前磨牙、磨牙及其附近牙龈。

(3)颧神经:细小,在翼腭窝处发出,分布于颧、颞部皮肤。

(4)翼腭神经:也称神经节支,为感觉性神经,有2~3小支,连于翼腭神经节,穿出神经节后分布于腭、鼻腔、咽部的黏膜及腭扁桃体。

病例 1-7

面神经是支配面部表情肌的神经,面神经的功能障碍,如麻痹,就会发生面瘫。贝尔麻痹(面神经麻痹)常发生在暴露于寒冷环境中,例如行车时开着窗户。面神经麻痹可以发生在任何年龄段,但是在30~50岁更常见。

面神经干出颅后进入腮腺,在腮腺体内分支吻合组成腮腺内丛,由丛发出分支达腮腺边缘,这些分支有颞支、颧支、颊支、下颌缘支和颈支(图1-4),分别支配额肌、眼轮匝肌、颧肌、颊肌、口轮匝肌、口周围肌、下唇肌和颈阔肌等。面部的症状是由于面神经损伤而引起的。左眼轮匝肌瘫痪使眼裂不能闭合,而流涎和咀嚼困难是因为颊肌和口轮匝肌瘫痪的结果。

由于眼轮匝肌的瘫痪,眼裂不能闭合,也不能做眨眼动作,眼泪就会从患侧眼下睑流到面颊。睡觉时因眼睑开放导致角膜干燥,白天也会因不能眨眼而致角膜干燥,长期如此会导致角膜溃疡。

面神经行程长,与诸多结构相毗邻。其损伤可发生在脑桥小脑三角、面神经管内和腮腺区等处。因损伤部位不同,可出现不同的临床表现:①面神经管外损伤:主要是患侧面肌瘫痪,口角歪向健侧,鼻唇沟变平,不能鼓腮,额纹消失,不能闭眼,不能皱眉。②面神经管内损害:当面神经的损伤在面神经管中鼓索神经的以上部分,除上述表现外,还可出现患侧泪腺、舌下腺及下颌下腺分泌障碍,舌前2/3味觉障碍;面神经还发出镫骨肌神经支配鼓室内的镫骨肌,面神经损伤使镫骨肌功能丧失,出现听觉过敏现象。本案例的面神经损伤在面神经管内鼓索神经的以上部分,最可能在颞骨岩部的面神经管内。

茎乳孔以上的面神经炎症造成面瘫,病因多为病毒感染,大多数病例是非持久性的损伤,即可以恢复,但是恢复较慢、预后较好。

第二章　颈　　部

病例 2-1

甲状腺次全切除术是指切除甲状腺一个叶的大部分的手术。通常保留该叶的后部,以避免去除甲状旁腺。

颈部气管前筋膜包绕甲状腺形成腺鞘,称为甲状腺假被膜。甲状腺自身的外膜为真被膜,即纤维囊。腺鞘与纤维囊之间为囊鞘间隙,内有疏松结缔组织、血管、神经及甲状旁腺。甲状腺两侧叶内侧和峡部后面,假被膜增厚并与甲状软骨、环状软骨及气管软骨环的软骨膜相连,形成甲状腺悬韧带,使甲状腺附着于喉与气管。因此,当吞咽时随着舌骨上肌群和舌骨下肌群上提和降低喉部,甲状腺可随喉上下移动,增大的甲状腺移动尤为明显。

甲状腺侧叶的后内侧邻近喉与气管、咽与食管以及喉返神经,当甲状腺肿瘤增大时,向后内侧压迫气管、咽与食管以及喉返神经,可出现呼吸、吞咽困难或声音嘶哑。

甲状腺切除术时须避免损伤的结构有:

(1)甲状旁腺:因为甲状旁腺正常位于甲状腺侧叶的后表面,保留侧叶的后部可避免切除甲状旁腺。甲状旁腺分泌甲状旁腺激素,参与血液中钙磷代谢,维持体液和血中的正常钙浓度。切除甲状旁腺会引起患者血钙下降,出现手足抽搐,表现为神经质,面部和四肢肌的痉挛、颤搐等。

(2)甲状腺上动脉与喉上神经:喉上神经的外支与甲状腺上动脉伴行,在距甲状腺上极 0.5 ~ 1.0cm 处两者分开,外支弯向内侧,分支支配环甲肌及咽下缩肌,动脉分支至甲状腺;喉上神经的内支与喉上动脉伴行,经甲状舌骨膜入喉,内支分布于声门裂以上的喉黏膜。故手术结扎甲状腺上动脉时,应紧贴甲状腺上极进行,以免损伤外支致声音低钝,或损伤内支致呛咳。

(3)甲状腺下动脉与喉返神经:喉返神经是支配喉肌管理发音的主要神经,为迷走神经胸部的分支。左、右喉返神经发出部位有所不同,右喉返神经在右迷走神经经过右锁骨下动脉处发出,向后勾绕右锁骨下动脉返回颈部;左喉返神经在左迷走神经行至主动脉弓处发出,向后勾绕主动脉弓返回颈部。左、右喉返神经返回颈部均沿气管与食管间的沟内上行,在甲状腺侧叶深面环甲关节后方入喉,改称喉下神经。其运动纤维支配除环甲肌以外的所有喉肌,感觉纤维分布于声门裂以下的喉黏膜。喉返神经在甲状腺侧叶中、下 1/3 交界处后方,左喉返神经位于甲状腺下动脉后方,右喉返神经位于甲状腺下动脉前方或动脉分支之间,行至咽下缩肌下缘、环甲关节后方入喉。甲状软骨下角可作为显露喉返神经的标志。因此,手术结扎甲状腺下动脉时,应远离甲状腺,或在甲状腺囊鞘间隙内结扎,以免损伤喉返神经而致声音嘶哑。

甲状腺肿瘤的癌细胞可转移到喉前、气管前及气管旁淋巴结。这些淋巴结的癌细胞也可能会转移到颈外侧下深淋巴结。

病例 2-2

胸锁乳突肌位于颈部两侧,粗壮强劲,在颈部形成明显的肌性标志。此肌以两个头分别起自胸骨柄和锁骨内侧端,两头会合后,斜向后上,止于颞骨乳突。作用:一侧收缩使头歪向同侧,脸转向对侧;两侧同时收缩使头后仰。

本病例为常见的颈部畸形,俗称为歪脖子。先天性肌性斜颈常在出生前发生(先天的)。胎儿头部和颈部在子宫内的位置不良,在分娩过程中可能导致胸锁乳突肌损伤,肌纤维撕裂,或出血的血肿纤维化。难产过程中颈部的牵拉也有可能导致肌纤维撕裂和出血。

由于肌组织纤维变性并缩短,斜颈缓慢发展。可能到儿童 5、6 岁时才被注意。一个全面的儿科体检可能会在胸锁乳突肌上发现肿块。如未能纠正肌性斜颈会导致面颅骨发育不对称,颈椎椎体也可能发生楔状畸形。

病例 2-3

吞咽困难多由咽及食管的肿瘤引起。食管恶性肿瘤的患者中约有 80% 的人会出现吞咽困难,这是由于肿瘤使食管狭窄并使食管腔闭锁造成的。一般当食管腔的 2/3 被肿瘤浸润,才会出现吞咽困难,实际上吞咽困难是逐渐加重的。

颈部食管的淋巴流向气管旁和颈外侧下深淋巴结。该患者的硬块可能是食管癌细胞转移至斜角肌前缘的颈内静脉外侧淋巴结,使该处淋巴结肿大。

食管前方为气管和喉,气管食管沟内有喉返神经,后外侧椎前筋膜的深面为颈交感干。若癌细胞侵及周围组织器官,如浸润至气管和主支气管可引起气急、干咳;侵及喉返神经可引起声音嘶哑;累及颈交感干可导致 Horner 综合征。

病例 2-4

枕三角又称肩胛舌骨肌斜方肌三角,位于胸锁乳突肌后缘、斜方肌前缘与肩胛舌骨肌下腹上缘之间。枕三角内有副神经及副神经淋巴结、颈丛皮支和臂丛的分支等。

手术切除的肿大淋巴结为副神经淋巴结。该淋巴结位于副神经的周围,故手术时应先显露副神经,然后再切除淋巴结,以免损伤副神经。副神经淋巴结的输出淋巴管注入颈外侧深淋巴结。因此,癌细胞进一步可转移至颈外侧下深淋巴结(图 2-4,图 2-23)。

斜方肌位于项部和背上部。全肌收缩时使肩胛骨向脊柱靠拢;上部肌束收缩提肩胛骨(耸肩);肩胛骨固定时,一侧的上部肌束收缩使脸转向对侧,下部肌束收缩降肩胛骨。斜方肌瘫痪后形成"塌肩"。

副神经是支配斜方肌和胸锁乳突肌的躯体运动性神经。出颅后较粗的脊髓根经颈内动、静脉之间,向后外斜穿胸锁乳突肌,自胸锁乳突肌后缘上、中 1/3 交点附近离开该肌继续向下外走行至枕三角,于斜方肌前缘中、下 1/3 交点处进入斜方肌深面(图 2-4)分支支配此二肌。

在枕三角内清除沿副神经排列的副神经淋巴结时,易损伤副神经。本例患者右副神经损伤后,斜方肌瘫痪,可解释为什么患者难以提右肩及脸转向左侧的困难现象。

病例 2-5

喉咽位于喉的后方,上界为会厌上缘平面,下至第 6 颈椎体下缘平面移行于食管。向前经喉口通喉腔,在喉口的两侧各有一个深窝称梨状隐窝,常为异物滞留的部位。喉口是喉腔的上口,朝向后上方,由会厌上缘、杓状会厌襞和杓间切迹围成。连接杓状软骨尖与会厌软骨的皱襞称杓状会厌襞。

鱼刺可能嵌顿在杓状会厌襞与咽喉侧壁之间的梨状隐窝中。外来物如鱼刺和鸡骨常常嵌顿在此处,因为正常吞咽食物时,食团都经梨状隐窝。而尖锐的物体可能停留在此处,并刺穿梨状隐窝壁。喉上神经的分支——喉内支直接行走于梨状隐窝的黏膜层深部,分布于声襞及其上方喉黏膜的感觉纤维。喉上部的黏膜很敏感,当受到外来物刺激时立即会引起咳嗽,从而反射性地排出异物。因此,鱼刺嵌顿可能损伤喉内支,其损伤可造成黏膜感觉缺失,导致异物入喉,形成气管异物。气管反射性地痉挛而使呼吸急促。

病例 2-6

右颈后外侧中间部的外伤可能伤及颈外静脉、颈横神经和副神经。颈外静脉由耳后静脉与下颌后静脉后支在下颌角附近汇合而成,沿胸锁乳突肌浅面下降,于胸锁乳突肌后缘中点入颈后三角,在锁骨上方穿颈深筋膜注入锁骨下静脉。颈横神经经胸锁乳突肌后缘的中部向前行,分支支配同侧和颈前部的皮肤,损伤后该区域皮肤感觉丧失。副神经在斜角肌后缘的中部上方,斜向后下方入颈后三角,支配斜方肌(图 2-6)。

患者梳头困难是因为损伤了副神经,使斜方肌瘫痪。要抬手至头部,需要斜方肌和前锯肌共同作用旋转肩胛骨使关节盂朝向外上而完成。右侧副神经损伤后,其支配的斜方肌瘫痪,而左侧斜方肌的正常肌张力牵拉,使之头向左侧倾斜。

病例 2-7

喉软骨,特别是突出的甲状软骨可能骨折,错位的甲状软骨板可能阻塞气道。此外,损伤部位的喉黏膜及黏膜下层水肿如果严重水肿,也可能阻碍空气通过。

为了保持呼吸道畅通,通常可做气管切开术。

临床上气管切开术是在气管颈部的前壁作一切口,插入气管套管另建呼吸道,是解除严重喉梗阻的治疗方法(图 2-11)。可分为高位气管切开术和低位气管切开术。前者将甲状腺峡部稍向下牵拉,切开第 1、2 气管软骨环;后者切开第 5、6 气管软骨环。如果将甲状腺峡部切断、结扎,亦可切开第 3、4 气管软骨环;高位气管切开术,由于靠近环状软骨,如损伤该软骨有可能引起喉狭窄。环状软骨位于甲状软骨下方,向下接气管。是喉软骨中唯一完整的环形软骨环,环状软骨对维持呼吸道的通畅有重要作用;低位气管切开术有损伤头臂静脉等大血管的可能。目前临床上一般主张切开第 2、3 气管软骨环。气管切开时,应熟知气管颈部的毗邻关系。通常在肩后垫一软枕,严格使头保持正中位,并尽量后仰,使气管接近体表,以利于手术进行。在体表,由环状软骨,两侧胸锁乳突肌前缘围成的尖向颈静脉切迹的三角,为气管切开的安全三角。

手术时,自环状软骨向下至胸骨上窝之间,按高、低位气管切开术的需要沿前正中线作垂直切口,依次切开皮肤、浅筋膜和颈深筋膜浅层,向两侧分离、牵拉舌骨下肌群,显露气管颈部,根据需要切开第 1、2 或第 3、4 或第 5、6 气管软骨,插入气管套管,新的呼吸道即可建立。手术中应注意避免损伤胸骨上间隙内的颈静脉弓,必要时可结扎切断;要始终沿气管前正中线进行手术,以免偏离正中线损伤颈部大血管致大出血,或损伤喉返神经等。幼儿因其胸腺和头臂静脉位于气管颈部下端前面,故在幼儿进行气管切开时应注意这一特点。

第三章　胸　部

病例 3-1

女性乳房淋巴管丰富,分为浅、深两组,淋巴回流主要注入腋淋巴结(图 7-8)。

左乳房外上象限的大部分癌细胞可经淋巴转移至腋淋巴结,主要是胸肌淋巴结和尖淋巴结。另外,锁骨上、下淋巴结和中央淋巴结也可有癌细胞的转移。乳房浅淋巴管广泛吻合,两侧互相交通。当乳腺癌侵及浅淋巴管时,可使其收集范围内的淋巴回流受阻,发生淋巴水肿,乳房的皮肤增厚,出现分布均匀的小凹呈橘皮样,是造成乳房局部皮肤"橘皮样"改变的原因之一。乳腺周围的结缔组织发出许多纤维束,一端连于皮肤和浅筋膜浅层,另一端连于浅筋膜的深层,称乳房悬韧带或 Cooper 韧带。由于韧带两端固定,无伸展性,乳腺癌侵及此韧带,牵拉皮肤内陷及乳头的回缩,乳房皮肤表面出现皮肤凹陷现象,临床上称为酒窝征。

当癌细胞侵入乳房后隙、胸肌深筋膜及胸肌间淋巴结时就会使整个乳房位置上提,乳头较对侧升高。

病例 3-2

网球运动明显加大了体力活动,也增加了心脏的活动量和需氧量。患者胸部及左臂的疼痛可能是由于运动量增加,冠状动脉供血不足引起心肌缺血。心肌缺血引起的疼痛也称为心绞痛。

当某些内脏器官发生病变时,常在体表的一定区域产生感觉过敏或疼痛,这些现象称为牵涉性痛。牵涉性痛可发生在患病器官邻近的皮肤区,也可发生在与患病器官相距较远的皮肤区。如肝、胆囊病变时,患者常感到右肩部皮肤的疼痛;心绞痛时,则可放射到左胸前区及左上臂内侧皮肤而感觉疼痛。一般认为,牵涉性痛的产生,是病变内脏的感觉纤维和被牵涉区的体表皮肤感觉纤维都进入脊髓同一节段的后角,而且它们在脊髓后角密切联系,或者在中枢其他部位的汇聚。因此,患病内脏的痛觉冲动可以扩散到邻近的躯体感觉接受区,因而产生相应皮肤的牵涉性痛。近年来,神经解剖学的研究表明,一个脊神经节神经细胞的周围突起分叉分别至躯体部和内脏器官,提出这是牵涉性痛机制的形态学基础。

此外,患病内脏的痛觉传入冲动,可能直接激发躯体感觉接受区,而只引起患者皮肤的牵涉性痛。因此,了解各器官病变时牵涉性痛的发生部位,有一定的临床诊断意义。

病例 3-3

动脉导管在胎儿期为一连接左肺动脉与主动脉弓之间的血管,其管径可能与肺动脉或主动脉的管径接近。出生后动脉导管闭锁形成一条纤维结缔组织索——动脉韧带,又称为动脉导管索,长 0.3~2.5cm,连于主动脉弓下缘与肺动脉干分叉处的稍左侧。

动脉导管在出生后 2 个月内闭合,若逾期未闭合,即为动脉导管未闭,属先天性心脏病之一,多见于女性,男女比例约为 1∶3。与怀孕早期母亲感染风疹病毒有关。胎儿期,未扩张肺内的血管阻力较高,胸主动脉、腹主动脉和脐动脉的阻力相对较低,肺动脉的血液较易经动脉导管流入主动脉弓及胸主动脉。这种分流方式可使血液直接经过脐动脉进入胎盘进行血液成分交换。

出生后由于主动脉压高于肺动脉压,因此,动脉导管未闭时,无论在心的收缩期还是舒张期中,血液均由左向右分流,即由主动脉经动脉导管进入肺动脉。血液从处于高压的主动脉经动脉导管进入低压的肺动脉而形成的湍流,由此产生典型的、持续响亮的"机械样"杂音。由于无论在收缩期还是舒张期压力都存在,因此杂音呈持续性。

未闭的动脉导管较粗,分流至肺动脉的血量大增,可引发肺血管疾病(如动脉硬化症),肺动脉的高阻力导致右心室及肺动脉压力升高,从而又反过来引起肺动脉的血液经动脉导管到主动脉的反流(从右至左的分流)。结果使低氧量的血液经肺动脉进入主动脉弓及胸主动脉。患者出现发绀,并有右心室的增大。

主动脉弓左前方有一个三角形区,称动脉导管三角,其前界为左膈神经,后界为左迷走神经,下界为左肺动脉。三角内有动脉韧带、左喉返神经和心浅丛。该三角是临床手术寻找动脉导管的标志(图 3-19)。左喉返神经紧贴动脉韧带(或动脉导管)左侧、向后绕主动脉弓凹缘的下方转折上升,手术中也常以左喉返神经作为寻找动脉导管的标志。

病例 3-4

心包位于中纵隔内。①前方:心包前方隔着肺和胸膜与胸骨体和第 2~6 肋软骨相邻,但在第 4~6 肋软骨之间因胸膜前界形成三角形的心包区,使心包直接与左第4~6肋软骨内侧部、第4~5肋间隙及胸骨下部的左半相邻,这个区域称为心包裸区。可在左侧第4、5肋间靠近胸骨左缘处进行心包穿刺或心内注射,或在左剑肋角做心包穿刺,以免损伤肺和胸膜。②两侧:邻接纵隔胸膜、膈神经、心包膈血管。③后方:有主支气管、食管、胸导管、胸主动脉、奇静脉和半奇静脉等。④上方:有上腔静脉、升主动脉和肺动脉干。⑤下方:邻膈和下腔静脉。

心位于胸腔中纵隔内,周围裹以心包,大小与本人拳头相似。约2/3位于正中矢状切面的左侧,1/3在其右侧。心的上方有出入心的大血管,下方是膈。前方对向胸骨体和第2~6肋软骨,后方平对第5~8胸椎。两侧借纵隔胸膜与胸膜腔、肺邻近。心的前方大部分被肺和胸膜所覆盖,只有左肺心切迹内侧的部分与胸骨体下部左半及左侧第4、5肋软骨相邻。心的毗邻关系与心包的毗邻相似,但其上界较低,与出入心的大血管相邻。

根据上述解剖结构的形态、位置和毗邻,患者从建筑工地的脚手架上掉下,着地时胸部被钢筋刺伤,伤口位于左侧第4肋间近胸骨处。钢筋可能伤及心包及右心室,右心室破裂出血引起心包积血及心脏压塞。纤维心包由坚韧的纤维结缔组织构成,缺乏弹性。因此,心包内血液聚集会使心脏舒张及血液回流受限,血液循环障碍。上腔静脉血液淤积阻碍了头颈部血液回流,从而导致头颈部静脉淤血怒张。

刺伤部位在左侧第4肋间近胸骨处,此处无胸膜覆盖,为心包裸区。因此,该处的损伤不会造成开放性气胸。

病例3-5

左主支气管细而长,平均长4~5cm,右主支气管粗而短,平均长2cm。气管中线与主支气管下缘间夹角称嵴下角,左嵴下角36°~39°,故左主支气管走行较倾斜,经左肺门入左肺。右嵴下角22°~25°,故右主支气管走行较陡直,经右肺门入右肺。临床上气管坠入的异物多数进入右主支气管,在施行支气管镜检查或支气管插管时,右主支气管也较易于进入。

由于右肺中间支气管与右主支气管相延续,异物常阻塞在中间支气管,中间支气管分为中叶和下叶支气管,因此异物阻塞常造成右肺中、下叶的阻塞。

一侧主支气管的完全阻塞,导致无气体进入,肺内的气体被肺泡吸收造成肺的无气状态,最终导致该侧肺的膨胀不全或完全塌陷。根据阻塞位置的不同,塌陷可发生在整个肺或者肺叶、支气管肺段。常见的右肺中、下叶支气管阻塞,肺塌陷,肺组织密度增高。在X线片上,右中、下肺叶呈现为密度均一的阴影。体检右侧胸中、下部叩诊音为浊音。而正常肺组织含气,X线表现为透亮度较高,叩诊为清音。肺叶的塌陷使肺的体积缩小,心脏及纵隔就被健侧肺推向患侧,吸气时尤甚。此时,健侧的膈肌运动正常,而肺塌陷侧的膈肌抬高,运动明显减弱。

病例3-6

气管支气管淋巴结位于气管杈和主支气管周围,收纳肺、主支气管、气管杈和食管的淋巴,其输出管注入气管旁淋巴结。

气管旁淋巴结位于气管周围,收纳气管胸部和食管的部分淋巴,其输出管汇入支气管纵隔干。

气管、支气管、肺淋巴结数目多,其回流的走向为:肺淋巴结→支气管肺门淋巴结(又称肺门淋巴结)→气管支气管淋巴结→气管旁淋巴结→左、右支气管纵隔干→胸导管和右淋巴导管。

上述淋巴回流走向提示着癌细胞可能转移的途径。很明显,患者的支气管癌已经转移到了左侧支气管旁淋巴结,支气管旁淋巴结肿大可压迫左喉返神经,引起左侧声带肌麻痹而导致声音嘶哑。

气管胸部位于上纵隔中央,上端于颈静脉切迹平面与气管颈部相续,下端在胸骨角平面分为左、右主支气管,分叉处称气管杈,其内面下缘有一凸向上的半月形结构为气管隆嵴,是气管镜检时辨认左、右主支气管起点的标志。而支气管镜观察到的气管隆嵴的扭曲变形,则是由于癌细胞转移至左、右主支气管分叉处的气管支气管下淋巴结,肿大的淋巴结挤推气管杈所致。

第四章 腹　　部

病例 4-1

外科手术时,在腹前外侧壁不同部位常见有以下手术切口:上腹正中切口、下腹正中切口、旁正中切口、经腹直肌切口、旁腹直肌切口、阑尾切口等。

经腹直肌切口较为合适,此切口所经过的层次为:皮肤-浅筋膜-腹直肌鞘前层-腹直肌-腹直肌鞘后层-腹横筋膜-腹膜下筋膜-壁腹膜。这种切口中只需要向外牵拉腹直肌以暴露手术野,从而避免了对神经、血管的损伤,手术后完整的腹直肌又可以填充于腹直肌鞘前、后两层的切口之间,能够保持腹前壁结构的完整性。

病例 4-2

腹股沟管位于腹前壁的下部,在腹股沟韧带内侧半的上方,是肌和腱膜之间的潜在性间隙。男性有精索,女性有子宫圆韧带以及髂腹股沟神经和生殖股神经的生殖支等通过。腹股沟管有二口四壁:外口即腹股沟管浅环,是腹外斜肌腱膜在耻骨结节外上方形成的三角形裂隙。内口称腹股沟管深环,为腹横筋膜(贴在腹横肌内面)向外形成的一个卵圆形的突口,位于腹股沟韧带中点上方约 1.5cm 处。前壁为腹外斜肌腱膜及腹内斜肌(在外侧部 1/3 处),后壁为腹横筋膜和腹股沟镰(在内侧部 1/3 处),上壁为腹内斜肌、腹横肌的下缘弓状肌纤维,下壁为腹股沟韧带(图 4-11)。腹股沟管为腹壁薄弱区,在病理情况下,腹腔内容物可经腹股沟管深环-腹股沟管-腹股沟管浅环,进入阴囊或大阴唇,而形成腹股沟斜疝。

腹股沟三角又称海氏三角,在腹股沟韧带内侧半的上方,由腹直肌外侧缘、腹壁下动脉、腹股沟韧带内侧半构成的三角形区域。

腹前外侧壁有以下结构特点:腹外斜肌在此区移行为腱膜,并在下部有一裂口(浅环);腹内斜肌与腹横肌的下缘未达腹股沟韧带的内侧部,该处缺乏肌层;有精索或子宫圆韧带通过,故为腹壁薄弱区。在人体站立时,该区所承受的腹内压比平卧时高三倍,因此,为疝的多发部位。

临床上腹股沟直疝即从海氏三角区突出,而腹股沟斜疝则从腹壁下动脉外侧的深环进入腹股沟管。故临床手术时可依据疝颈与腹壁下动脉的关系来鉴别直疝与斜疝。

腹股沟斜疝与睾丸下降有关系:胚胎早期睾丸位于腹膜壁层与腹横筋膜之间、脊柱的两侧;胚胎 3 个月降至髂窝;胚胎 7 个月在腹股沟外侧部;出生前 1 个月降至腹股沟管内;出生前降入阴囊。睾丸下降过程中,壁腹膜形成腹膜鞘突随睾丸一起至阴囊。正常情况下,腹膜鞘突的远侧端包绕睾丸形成睾丸固有鞘膜,其余部分闭锁形成鞘突剩件(鞘韧带)。若腹膜鞘突近侧端不闭合,仍呈长袋状,并与腹膜腔相通,则腹腔内容物或腹膜腔的浆液可经未闭合的腹膜鞘突进入睾丸鞘膜腔内,形成先天性腹股沟斜疝或交通性鞘膜积液,若鞘突已闭锁,腹腔内容物经腹股沟管全程疝出者,称后天性腹股沟斜疝。右侧睾丸下降慢于左侧,鞘突闭合时间也较晚,故右侧腹股沟斜疝较多见。

腹股沟管深环被疝囊扩张后,咳嗽就可以引起疝的再次形成。这就是医生在进行体格检查时,要求患者咳嗽的原因。

腹股沟斜疝的疝囊外有三层被膜,从外至内为:精索外筋膜,由腹外斜肌腱膜自腹股沟管外口处包绕精索而成;睾提肌及其筋膜,由来自腹内斜肌和腹横肌的肌束覆盖于精索内筋膜而成;精索内筋膜,由腹横筋膜自腹股沟管内口开始包裹睾丸、附睾、输精管等而成。

在斜疝的修补术中,对髂腹股沟神经和生殖股神经的生殖支的保护至关重要,因为这两条神经均穿过腹股沟管,自浅环穿出。髂腹股沟神经支配大腿内侧上部、阴茎根部和部分阴囊或大阴唇的皮肤。如果髂腹股沟神经受损,就会导致这些部位皮肤的感觉麻痹。缝合时,若压迫了该神经,术后会出现阴囊的神经炎性痛。输精管紧靠在疝囊的后面,在疝囊分离、结扎、切除的过程中要避免损伤输精管。术中还要避免伤及蔓状静脉丛和睾丸动脉,否则会造成睾丸的循环障碍,造成睾丸萎缩。

病例 4-3

肝门静脉多由肠系膜上静脉和脾静脉在胰颈后方汇合而成(或由肠系膜上、下静脉和脾静脉三者合成),长6~8cm,直径约为1.25cm。肝门静脉自胰头后方向右上行进入肝十二指肠韧带内,在肝固有动脉和胆总管的后方上行至肝门,分为两支,进入左、右半肝。肝门静脉在肝内反复分支分布,最后注入肝血窦,并与来自肝固有动脉分支的血液混合,再经肝静脉注入下腔静脉。肝门静脉的主要属支有:脾静脉、肠系膜上静脉、肠系膜下静脉、胃左静脉、胃右静脉、胆囊静脉和附脐静脉等。

肝门静脉系的始端与末端均为毛细血管,肝门静脉及其属支一般无静脉瓣,因此,当肝门静脉压力升高时,其血液可逆流,形成侧支循环。

肝门静脉和上、下腔静脉系的属支之间存在着丰富的吻合,血液最后经上、下腔静脉返回心脏。吻合途径有四处:

1. 肝门静脉→胃左静脉→食管静脉丛→食管静脉→奇静脉→上腔静脉。当肝门静脉受阻时,食管静脉丛曲张,若破裂→呕血。

2. 肝门静脉→脾静脉→肠系膜下静脉→直肠上静脉→直肠静脉丛→直肠下静脉和肛静脉→髂内静脉→髂总静脉→下腔静脉。当肝门静脉受阻,直肠静脉丛曲张,若破裂→便血。

3. 肝门静脉→附脐静脉→脐周静脉丛→胸、腹壁浅、深静脉→向上经腋静脉→锁骨下静脉→头臂静脉→上腔静脉;向下经大隐静脉→股静脉→髂外静脉→髂总静脉→下腔静脉。若脐周静脉曲张(海蛇头),是肝门静脉受阻的体征之一。

4. 贴于腹后壁的胰、十二指肠、升降结肠的静脉可与膈下静脉及下位肋间后静脉等吻合。

正常情况下,上述吻合处的静脉细小,血液量少,各自流入所属的静脉系统。当肝门静脉回流受阻时(如肝硬化、肝肿瘤等),血液不能畅流入肝,部分肝门静脉系的血液则通过上述静脉丛的交通途径形成侧支循环,通过上、下腔静脉系回流。随着血流量的增多,吻合部位的静脉丛变得粗大弯曲,于是在食管下端及胃底、直肠黏膜和脐周的静脉丛及静脉网就出现静脉曲张。亦可导致脾静脉压升高,脾淤血造成脾大。胃肠静脉淤血,毛细血管内液体外渗进入腹腔,积聚形成腹水。因此,熟悉上述吻合途径,具有重要的临床意义。

患者长期大量饮酒造成酒精性肝硬化,肝硬化是以肝实质细胞进行性破坏为特征的肝脏疾病。细胞被收缩变硬的纤维组织所取代,纤维组织包绕肝内血管和胆小管,逐渐加剧,造成肝门静脉系统的静脉回流受阻,形成肝门静脉高压症。

病例 4-4

右上腹部主要有肝和胆囊。肝呈不规则的楔形,可分为上、下两面。上面膨隆,与膈相接触,称膈面。膈面上有镰状韧带,借此将肝分为左、右两叶。膈面后部没有腹膜被覆的部分称裸区。肝下面邻接腹腔器官,又称脏面,脏面中部有略呈"H"形的三条沟,其中横沟称肝门,又称第一肝门,有肝左、右管,肝固有动脉左、右支,肝门静脉左、右支和神经、淋巴管出入。胆囊位于肝右叶下面右纵沟前部的胆囊窝内,为贮存和浓缩胆汁的囊状器官,有调节胆道压力的功能。胆囊上面借结缔组织与肝相连,可分为胆囊底、胆囊体、胆囊颈和胆囊管四部。胆囊底在肝前缘的胆囊切迹处露出,并与腹前壁相贴。胆囊底的体表投影于右侧锁骨中线与右肋弓交界处,为临床胆囊触诊部位。

进食油腻食物后引起的右上腹疼痛常见于胆囊炎或胆结石。脂肪进入十二指肠后刺激肠黏膜分泌胆囊收缩素,胆囊收缩素引起胆囊收缩释放胆汁进入十二指肠消化脂肪。本病例中,患者在高脂饮食后引起胆囊的强烈收缩刺激病变的胆囊而加剧疼痛。部分急性胆囊炎是由于嵌入胆囊管的结石所引起。

反复发作的右上腹痛也可以是胆道结石造成间隙性胆管阻塞而引起,胆囊炎、胆结石除了右上腹痛外,还可以引起右肩及右肩胛骨区的牵涉性痛。胆囊疾患时,常在右肩体表发生疼痛等。

牵涉痛是内脏痛觉的一种重要特性,引起牵涉痛的结构基础可能是:①病变脏器的初级感觉纤维进入脊髓后一方面终止于特有的二级神经元,另一方面以侧支终止于有关躯体结构感觉传导的神经元;②病变脏器与相应躯体结构的初级感觉纤维终止于同一个二级神经元;③初级感觉神经元周围突有不同侧支分布于内脏及相应躯体结构。

病例 4-5

右下腹痛常见于阑尾炎,但右侧中下部输尿管结石或右输卵管宫外孕破裂等也可出现右下腹痛,需要鉴别。

阑尾多数位于右髂窝内,其根部位置相对较固定,连于盲肠的后内侧壁,远端为游离的盲端,位置多变不定。阑尾一般长 6～8cm。全被腹膜包裹,并有三角形的阑尾系膜。

阑尾根部的体表投影,通常在脐和右髂前上棘连线的中、外 1/3 交界点,该点称为 McBurney 点。急性阑尾炎时,此点附近有明显的固定性压痛,对诊断具有重要的价值。

急性阑尾炎是急性腹痛的常见原因。阑尾炎时阑尾肿胀,刺激阑尾的外膜(即腹膜脏层),阑尾的痛觉传入纤维进入脊髓 T_{10} 节段,与脐周区域感觉传入在同一脊髓节段,因此,急性阑尾炎常可在脐周产生定位不明确的疼痛。当阑尾炎症刺激了下腹部的壁腹膜,则右下腹出现较为严重的疼痛。盲肠后位的阑尾炎刺激腹后壁的壁腹膜,后伸大腿也会引起疼痛。触诊腹前壁引起的疼痛,是由于触诊刺激了该部位的皮肤及腹膜中的痛觉感受器。向下按压腹壁然后突然松手也会引起疼痛,这是因为腹肌在反弹时牵动了炎症的腹膜,从而引起反跳痛。

在阑尾切除术中应该注意识别和保护髂腹下神经,否则该神经在阑尾手术切口时易被误伤。髂腹下神经(T_{12}、L_1)从腹横肌后部穿出,行于腹横肌和腹内斜肌之间,发出外侧皮支和前皮支,并发出肌支支配腹前外侧壁的三块扁肌的相应部位。髂腹下神经损伤可引起相关肌的肌张力低下,使腹前壁下部更薄弱,容易导致腹股沟直疝的发生。

病例 4-6

胰位于胃的后方,横贴于腹后壁上部,呈长条状,平对第 1～2 腰椎体。质地柔软,可分为头、颈、体、尾四部分,各部分之间无明显的界线。胰实质内有胰管,自胰尾至胰头,与胆总管共同开口于十二指肠大乳头。在胰头上部常存在副胰管,开口于十二指肠小乳头。

胰的毗邻及其临床意义(图 4-44):

(1)胰头较膨大,被十二指肠环绕,其下份向左下方伸出一钩突。胰头的上方邻接十二指肠上部、胃幽门、肝固有动脉、肝门静脉、腹腔淋巴结和网膜孔;右侧为十二指肠降部;下方为十二指肠水平部;前面有横结肠系膜根和空肠;后面有下腔静脉、右肾静脉及胆总管。胰头肿瘤可压迫十二指肠引起上消化道梗阻;压迫胆总管引起梗阻性黄疸;压迫肝门静脉,影响其血液回流,可出现腹水、脾大等症状。

(2)胰颈的前上方为胃幽门;后面有肠系膜上血管、肝门静脉和脾静脉。行十二指肠切除术时,切断胰腺的部位是在肠系膜上静脉的左侧(相当于肠系膜上动脉的位置)。

(3)胰体的前面隔网膜囊与胃后壁相邻;后面有腹主动脉、左肾上腺、左肾及脾静脉;上缘与腹腔干、腹腔神经丛和脾动脉相邻。胃癌或胃后壁溃疡常与胰体粘连或穿通。

(4)胰尾位于脾肾韧带内,末端达脾门。脾切除时不可伤及胰尾,以免术后形成胰瘘。

胰腺癌多发于胰头,约占 2/3,其次为胰尾,约占 1/3。由于本病例胰腺癌发于胰尾部位,而未出现梗阻性黄疸。因此,早期的症状和体征不明显,首发症状通常是感觉上腹部痛和上腹部饱胀不适,疼痛可放射至肩背部和腰部。

胰的淋巴起自腺泡周围的毛细淋巴管,在小叶间形成较大的淋巴管,沿血管到达胰表面,注入胰上、下淋巴结及脾淋巴结,然后注入腹腔淋巴结。除此之外,胰的癌细胞还可能转移至幽门淋巴结、肠系膜上淋巴结和腰淋巴结。晚期可转移至锁骨上淋巴结。癌细胞也可浸润到周围脏器,如胃、十二指肠、肠系膜根部、胆总管和胰周围腹膜及胰后组织等。少数癌细胞还可经血液转移至肝、肺和骨等。

(夏　蓉　李文生)

第五章　盆部与会阴

病例 5-1

(1)骨盆腔位于骨盆上、下口之间,对盆腔内脏器、神经、血管等有重要的保护作用。盆腔内脏器,虽男女不同,但其排列次序基本一致,由前至后为泌尿、生殖和消化三个系统的器官。骨盆骨折时位于前方的膀胱、尿道和位于后方的直肠极易损伤。

本病例患者发生了骨盆骨折,且骨折断端刺破了膀胱。膀胱的位置与其充盈度有关,当空虚时,膀胱全部位于盆腔内;充盈时,膀胱尖上升至耻骨联合以上,此时膀胱腹膜反折线可上移至耻骨联合上方,使膀胱的上面、后面及两侧有腹膜覆盖。本患者因醉酒,推测其膀胱充盈,因而存在腹膜外膀胱破裂。尿液外渗至膀胱周围组织,引起腹膜外盆腔蜂窝织炎,导致盆部和下腹部疼痛,并导出红色尿液。

(2)骨盆骨折时尿道损伤也较常见,多发生在后尿道。患者有尿痛、尿道出血、排尿障碍、膀胱膨胀和会阴部血肿。

骨盆骨折也可刺破直肠,患者出现下腹部疼痛、里急后重感。如损伤部位在直肠中、下 1/3 交界处以上,直肠内容物刺激腹膜可出现腹膜刺激征;如损伤在直肠中、下 1/3 交界处以下,直肠内容物外渗至肛周,引起严重的肛周感染。合并直肠破裂的患者,直肠指检时有压痛且手指染有血迹。

此外,骨盆骨折还可导致盆腔内的血管和骶丛及其分支损伤,大血管损伤可出现血压下降,甚至休克死亡;坐骨神经损伤出现臀部或下肢局部麻木、感觉减退消失、肌肉萎缩等。

病例 5-2

(1)直肠静脉丛分布于直肠黏膜下层及肌层外面,丛的上部、中部和下部分别合成直肠上、下静脉和肛静脉。肛管内肛柱部的黏膜下层和肛梳皮下组织的静脉丛,可因某些病理原因发生静脉曲张,向肛管内突出,称痔。根据发生部位的不同,痔可分为内痔、外痔和混合痔。齿状线是区别内痔和外痔的重要标志。内痔在临床上最常见,由直肠上静脉丛扩张淤血形成,位于齿状线以上(易发生在 3 点、7 点及 11 点钟的位置),表面为直肠黏膜覆盖,因受自主神经支配,疼痛不明显,但对牵拉敏感,用力排便时可引起痛觉。外痔位于齿状线以下,由曲张的肛静脉属支及被覆的皮肤形成,此处皮肤受躯体神经(即肛神经)支配,因此外痔时疼痛明显。若曲张的静脉属支跨越齿状线上、下,则称混合痔。

(2)坐骨肛门窝位于肛管与坐骨结节之间,为尖向上、底朝下的锥形间隙,左右各一。窝尖由盆膈下筋膜与闭孔筋膜(紧贴闭孔内肌表面)汇合而成;窝底为肛门三角区的皮肤和浅筋膜;内侧壁为肛门外括约肌和肛提肌及盆膈下筋膜;外侧壁是坐骨结节内侧面、闭孔内肌与闭孔筋膜;后壁是骶结节韧带和臀大肌下缘;前壁为尿生殖膈与肛提肌汇合处。坐骨肛门窝内有脂肪、阴部内动脉及分支、阴部内静脉及属支、阴部神经及分支、淋巴管等。

由于坐骨肛门窝脂肪多、血供较差,又毗邻直肠和肛管,是极易感染的部位。坚硬的粪便可损伤肛门黏膜,感染可经肛门黏膜上的损伤处,穿过肛门外括约肌进入坐骨肛门窝,形成坐骨肛门窝脓肿。难产或阴道侧切术、痔、肛窦炎等易诱发该窝的感染。一旦感染化脓后,若未及时治疗,脓液可向内破入肛管、向下穿透肛周皮肤形成瘘管;或通过肛管前、后扩散至对侧,形成马蹄形脓肿;也可向上穿过盆膈至骨盆腹膜外间隙,形成骨盆脓肿。

(3)阴部神经和阴部内动、静脉通过坐骨肛门窝侧壁的阴部管走行。肛神经离开阴部管朝前内侧方向浅层穿过坐骨肛门窝,支配肛门外括约肌。在坐骨肛门窝手术时该神经易受损伤,导致肛门外括约肌功能减弱。

病例 5-3

(1)女性会阴是指肛门与阴道前庭后端之间的区域,又称产科会阴,会阴中心腱(又称会阴体)是该区深层的主要结构。它是骨盆底的一部分,也是骨盆底的重要支持组织。会阴由浅入深逐渐变窄,呈楔形,深4~5cm,包括皮肤、皮下脂肪、筋膜与会阴中心腱。附着于会阴中心腱的肌肉主要有肛门外括约肌、球海绵体肌、会阴浅横肌、会阴深横肌、尿道括约肌、肛提肌等。这些肌肉具有加固盆底、承托盆内脏器的作用。

妇女在分娩时,如果会阴保护不妥,是造成会阴中心腱撕裂的主要原因。会阴撕裂是指阴道后壁的下1/3、会阴体和被覆的皮肤出现撕裂伤,严重者则可延伸到肛门外括约肌、肛提肌等,甚至撕裂直肠前壁。会阴体的损伤,会影响附着肌肉的稳定性,导致盆腔内器官的支持结构减弱、脏器脱垂等;肛门外括约肌和肛提肌的撕裂,可引起肛门括约功能丧失,导致大便失禁;若直肠前壁撕裂,则可形成直肠阴道瘘。一旦出现会阴撕裂,应尽快修复肛管壁、阴道壁和会阴体等。

(2)会阴侧切术一般于阴道外口5点或7点处将会阴体外侧皮肤至阴道壁完全切开,包括会阴浅、深横肌及其相应软组织。施行会阴侧切术时,应注意保护会阴中心腱以免损伤。

(3)会阴部的神经支配主要是起自骶丛(S_2~S_4)的阴部神经。会阴侧切术常阻滞麻醉阴部神经,其主要骨性标志为坐骨棘。患者取截石位,定位坐骨棘。阴部神经在发出支配会阴部的分支前正是从这个位置进入阴部管(阴部管位于坐骨肛门窝的侧壁上,为阴部内血管和阴部神经穿过闭孔筋膜的裂隙,又称 Alcock 管)。麻醉时注射器针头既可经皮肤朝衬于阴道内的指尖进针,又可通过阴部进针,将麻醉药注入坐骨棘附近。由于以上操作是在胎儿分娩前进行,此时婴儿的头部已位于小骨盆内,内衬的手指可作为针尖与婴儿头皮之间的隔离物。

病例 5-4

(1)前列腺是男性生殖系统的附属腺体,呈栗子形。上端与膀胱颈相接,内有尿道穿过,下端与尿生殖膈相邻,尿道由此穿出。前列腺体的后面正中有一纵形的前列腺沟。上端的后缘有一对射精管穿入前列腺,开口于尿道前列腺部。前列腺由腺组织、平滑肌、纤维结缔组织构成,外面包有纤维囊被膜,囊与腺实质相连。此囊外面另有一致密的由盆筋膜延续形成的纤维鞘,囊与鞘之间有前列腺静脉丛。

前列腺可分为5叶:①前叶,位于尿道以前的部分,甚小。②中叶,居于尿道和左、右射精管之间。当其肿大时,向上顶推膀胱三角,使尿道内口抬高,膀胱垂明显隆起,并挤压尿道,引起排尿障碍和膀胱余尿现象。③后叶,位于两射精管后方,此叶肿大的情况甚为罕见。④左、右侧叶,位于后叶前方及中叶、前叶和尿道的外侧,所占体积最大。侧叶肥大时,可压迫尿道而引起排尿困难和尿潴留。

前列腺肥大(又称前列腺增生症)的病理变化是:前列腺尿道部周围出现多发性纤维腺瘤样结节,多累及侧叶和中叶,因受被囊限制常向内突出。而前列腺包绕在尿道和膀胱入口处,当前列腺肥大压迫至膀胱,可使膀胱内残余尿量增加,出现夜尿频繁;当压迫到尿道时使尿道变得狭窄,尿流率减少,出现排尿无力、尿线细甚至成点滴状、尿不尽感等尿路梗阻症状。

(2)直肠指诊是诊断前列腺良性增生的重要手段。通过直肠指诊可了解前列腺的形态、大小、硬度,表面是否光滑,前列腺沟是否存在、变浅或消失等。值得一提的是,直肠指诊估计的前列腺大小并非是其实际体积,如中叶增生,腺体突入膀胱,直肠指诊时前列腺增大不明显。直肠指诊时如发现前列腺硬度增加,表面凹凸不平,应建议作针吸细胞学等检查,以排除前列腺癌等。

正常前列腺大小为4cm×3cm×2cm。B超可观察前列腺的形态和结构,测量其各径线、测定其体积并估算其重量。前列腺增生时B超显示前列腺各径线均有不同程度的增大:以左、右侧叶增生为主者,三径线相应增大;而中叶增生为主者,前列腺长度增加明显。

（3）本病例患者为前列腺增生肥大，肿大的前列腺导致尿道阻塞，致使尿管插入失败。从耻骨上方向膀胱内插入导尿管，由浅入深可经过皮肤、浅筋膜、腹直肌鞘前层、腹直肌及锥状肌、腹横筋膜、腹膜外组织和膀胱。但导尿管不穿过腹膜进入腹膜腔，因充盈的膀胱尖上升至耻骨联合以上，膀胱将腹膜上移至耻骨联合上方，使膀胱的前下壁直接与腹前壁相贴。

病例 5-5

（1）根据症状及体征可判断本病例患者出现尿道海绵体球部破裂，带血的尿液外渗至会阴浅隙，并向下进入阴囊，致阴囊肿胀变色，同时出现血尿。

（2）男性尿道分为海绵体部、膜部和前列腺部。尿道膜部位置固定，与海绵体部相接处管壁最薄，是最易损伤之处。尿道损伤后是否发生尿外渗及尿外渗的部位，取决于尿道损伤的程度及部位。尿道海绵体部前份破裂时，由于阴茎深筋膜包裹所有的海绵体，外渗的尿液一般仅限于阴茎范围内；尿道海绵体部后份（称尿道球部）位于会阴浅隙内，此处损伤破裂，尿液可渗入会阴浅隙，再进一步渗入阴囊、阴茎，并越过耻骨联合扩散到腹前壁下部，形成较广泛的尿外渗；但由于尿生殖膈的限制，尿液不能进入骨盆腔内。尿道膜部穿经尿生殖膈，在此处，尿生殖膈上、下筋膜周边融合形成密闭的会阴深隙，该部损伤，尿液外溢仅局限于会阴深隙内。在尿生殖膈上筋膜以上尿道断裂时，尿液可渗向耻骨后隙，向后可至骨盆直肠隙。

（3）本病例患者会出现尿液外溢，尿液会渗入会阴浅隙及相关部位。

会阴的筋膜分为浅筋膜和深筋膜。尿生殖膈由尿生殖膈上、下筋膜及其间的会阴深横肌、尿道括约肌（或尿道阴道括约肌）共同组成，封闭盆膈裂孔，有加固盆底的作用（男性有尿道、女性有尿道及阴道通过尿生殖膈）。会阴浅筋膜与尿生殖膈下筋膜之间的间隙组成会阴浅隙。会阴浅隙在两侧和后方都是封闭的，仅前上方是敞开的，与阴囊、阴茎和腹壁相通。

会阴浅隙的临床意义：①尿道球部破裂，尿液渗入会阴浅隙→阴囊→阴茎→越过耻骨联合→腹前壁（浅筋膜深面）；②尿道海绵体部破裂而阴茎深筋膜完好，尿液可局限在阴茎；③尿道海绵体部破裂伴有阴茎深筋膜破裂，尿液渗入→阴茎→阴囊→越过耻骨联合→腹前壁（浅筋膜深面）。尿液不能流向大腿，因为腹前壁浅筋膜的深层与阔筋膜在腹股沟韧带下方约一横指处愈合。

病例 5-6

（1）宫外孕（又称异位妊娠）是指受精卵在子宫腔以外着床发育。异位妊娠包括输卵管妊娠、腹腔妊娠和卵巢妊娠。前者最为多见，多发生在壶腹部，其次是峡部。异位妊娠有两种结果：一是流产；二是输卵管破裂，继发大出血。

发生异位妊娠的主要原因有：①慢性输卵管炎，炎症使输卵管内膜粘连，导致管腔狭窄，管壁蠕动减弱，卵子可进入输卵管内受精，而受精卵却不能回到宫腔；②输卵管发育不良畸形、子宫内膜异位、结扎后再通，使受精卵运行受阻；③盆腔肿瘤压迫或牵引，使输卵管移位或变形，阻碍受精卵通过；④受精卵外游。受精卵在一侧输卵管受精后，沿着伞端游到对侧输卵管，由于时间延长，尚未走到子宫腔内就具备了着床能力而形成异位妊娠。由于受精卵在输卵管（或其他部位）不断生长发育，绒毛侵蚀穿透肌层及浆膜，导致管壁破裂大量出血，引起失血性休克危及患者的生命，因此，异位妊娠破裂是妇科常见的急腹症。

（2）异位妊娠破裂最主要的症状是下腹痛，伴有恶心、呕吐，尤其是异位妊娠破裂发生于右侧较多，应注意与阑尾炎相鉴别。急性阑尾炎起病常为上腹部痛或满腹痛，渐局限于麦氏点（McBurney's point），恶心、呕吐较突出，压痛、反跳痛及腹肌强直均较明显，无内出血症状和无移动性浊音。而多数异位妊娠破裂患者在发病前有短暂的停经史，腹痛常为突发性下腹一侧有撕裂样或阵发性疼痛，并伴有恶心、呕吐，阴道点滴状出血，量少。由于血管破裂，患者有失血性休克的症状。

（3）输卵管妊娠破裂的患者应在积极对症治疗的同时尽快进行患侧输卵管切除。手术可采用下腹正中切口或下腹横切口。下腹正中切口自脐下至耻骨联合上缘，纵行切开皮肤、浅筋膜、深筋膜、白线、腹横筋膜、腹膜外筋膜和腹膜壁层进入腹膜腔。采用下腹部横切口,于脐与耻骨联合之间的中、下1/3交界处作一限于两侧半月线之间的横切口。依次切开皮肤、浅筋膜、深筋膜、双侧腹直肌鞘前层、横断双侧腹直肌,切开腹横筋膜、腹膜外筋膜和腹膜壁层进入腹膜腔。输卵管位于子宫阔韧带的上缘内,连于子宫底的两侧,可自子宫底的外侧向外沿子宫阔韧带上缘寻找输卵管,探查破裂部位。输卵管末端边缘的输卵管伞,是确认输卵管的重要标志。

病例 5-7

(1)直肠位于骨盆腔的后部、骶骨的前方,在第3骶椎前方起自乙状结肠,沿骶骨和尾骨前面下行,穿过盆膈移行于肛管,全长10～14cm。直肠前面男女不同,男性腹膜反折线以上隔直肠膀胱陷凹与膀胱底、精囊相邻,反折线以下借直肠膀胱隔与膀胱底下部、精囊、输精管壶腹、前列腺、输尿管盆部相邻;女性腹膜反折线以上隔直肠子宫陷凹与子宫、阴道穹后部相邻,反折线以下借直肠阴道隔与阴道后壁相邻。直肠后面与骶骨、尾骨和梨状肌相邻,两侧与盆丛、直肠上血管、直肠下血管及肛提肌等相邻。

骶丛由第4腰神经前支余部和第5腰神经前支合成的腰骶干、全部骶神经前支及尾神经前支组成。直肠肿瘤(晚期癌)可压迫直肠后方的骶丛。由骶丛发出支配大腿后面皮肤的股后皮神经和支配大腿后肌群的坐骨神经。患者大腿后部的疼痛及大腿后部肌无力,为坐骨神经和股后皮神经受压所致。

(2)直肠的淋巴回流至位于直肠壁外的直肠旁淋巴结,其上部的输出管至直肠上淋巴结、肠系膜下淋巴结;直肠旁淋巴结下部的输出管至髂内淋巴结;部分输出管向后注入骶淋巴结。直肠癌通常先沿直肠周围的淋巴管在局部扩散,然后随伴行的直肠上、下动脉的淋巴管向上和两侧扩散。直肠癌经静脉转移发生较晚,但直肠上静脉经肠系膜下静脉回流至肝门静脉,导致转移性肝癌,因此,肝是直肠癌转移的常见脏器。

病例 5-8

(1)子宫切除术可通过腹前壁或阴道内进行。行全子宫切除术,应切除子宫阔韧带、子宫主韧带、子宫圆韧带和骶子宫韧带等。

(2)由于在靠近阴道穹处子宫动脉从前上方跨过输尿管,因而在结扎子宫动脉时,输尿管有被损伤的危险。动脉跨过输尿管的位点在坐骨棘上方约2cm处。左侧输尿管更易受到损伤,因其更靠近子宫颈侧面。

第六章　脊　柱　区

病例 6-1

(1)椎骨之间的连结可分为椎体间的连结和椎弓间的连结,前者包括前纵韧带、后纵韧带和椎间盘;后者包括棘上韧带、棘间韧带、黄韧带、横突间韧带及关节突关节。正常情况下,前纵韧带、椎间盘纤维环和后纵韧带对椎体连接起到约束作用,维持颈部屈伸功能。

颈部第6～7椎骨间的活动度大,不仅容易发生颈部椎间盘突出,也是颈椎脱位、骨折等损伤的好发部位。脱位、骨折等损伤多发生在患者头部突然猛烈向前移动或受到重物撞击时(如本病例)。该病例中第6和第7颈椎之间的椎间盘、相应椎骨的关节突关节及椎弓损伤脱位。后纵韧带、椎间盘的纤维环、棘间韧带、黄韧带以及关节突关节的关节囊都受到了严重的损伤,甚至发生关节突绞索或骨折。由于第6和第7颈椎体脱位,使椎管变窄,损伤脊髓,患者出现高位截瘫。年轻人髓核呈半液体状,椎间盘的髓核有可能突出,进一步压迫损伤脊髓。

在手术治疗过程中,医生将第6和第7颈椎椎体复位采用钢板固定在一起,稳固脊柱。术后用颈圈固定颈部,促进受损韧带的愈合。

(2)由于颈段椎管的面积往往比颈髓的面积要大,椎体轻微错位有时不会损伤脊髓。但本患者发生了上、下肢运动及感觉障碍,推测患者头部在猛烈撞击中相应颈髓节段可能受到了严重的牵拉和(或)撕裂而受损。

（3）在本病例，最初脊髓休克的时间内所有躯体和内脏的活动都停止。在反射活动恢复的过程中，损伤平面以下发生了肌痉挛并且腱反射增强，膀胱和直肠的功能不再受意识支配。

病例6-2

（1）脊髓空洞症是一种慢性进行性疾病，脊髓内空洞形成和胶质增生为其主要病变。空洞常位于脊髓下颈段及上胸段的前后灰质连合及一侧或两侧后角基底部。空洞可限于几个节段，也可上及延髓下达脊髓全长，横切面上空洞大小不一，形状也可不规则。在空洞及其周围的胶质增生发展过程中，首先损害灰质中前角、侧角、后角和灰白质前连合，其后再影响白质中的长束，使相应神经组织发生变性、坏死和缺失。该患者脊髓空洞自中央管向周围发展，且发展速度快。

（2）疾病初期，患者右手小指被熨斗烫伤和被刀片切伤均无感觉，提示左侧脊丘束受损导致右手小指痛温觉消失。随着病程进展，脊髓空洞病变向前发展，空洞逐渐增大，破坏了脊髓丘脑束在白质前连合处的交叉纤维，故双上肢痛温觉消失的区域大致相似，该患者痛温觉缺失依次从双手向上延至前臂内侧半、臂内侧1/3。病情继续发展，脊髓空洞继续增大，侵犯了该节段前角，造成尺神经运动支支配的全部骨间肌、拇收肌及第3、4蚓状肌弛缓型瘫痪，手肌萎缩，不能做手指收展运动和拇指内收运动。

（3）患者出现眼睑轻度下垂、瞳孔缩小和面部潮红是 Horner 综合征的主要表现，表明该患者脊髓空洞使 T_1 的中间外侧核受损。因为 $T_{1\sim2}$ 侧角发出的交感神经节前纤维至颈上神经节换元，节后纤维至瞳孔开大肌、上睑的 Muller 肌和面部的动脉等。当 T_1 侧角受损时，所支配的瞳孔开大肌、上睑的 Muller 肌和面部动脉平滑肌功能丧失，出现上睑轻度下垂和瞳孔缩小、面部动脉扩张而面部潮红。

病例6-3

（1）腰椎椎体粗壮，椎孔呈卵圆形或三角形。棘突呈板状，水平伸向后方，相邻椎骨之间的间隙较大，临床上常在此进行穿刺或麻醉。腰椎穿刺即蛛网膜下隙穿刺。腰穿通常选择在第3、4腰椎或第4、5腰椎棘突间隙进行。双侧髂嵴最高点的连线平对第4、5腰椎间隙，是腰椎穿刺进针的重要标志。无论在成人、儿童还是婴幼儿，自此平面进针都是安全的。通常情况下，婴幼儿的脊髓下端位于第3腰椎体下缘，而成人的脊髓下端位于第1腰椎下缘，因此，该平面以下的终池内没有脊髓，而马尾浸泡在终池的脑脊液中，穿刺针一般不会损伤脊髓和马尾。

（2）腰穿时患者侧卧，尽量作出屈背抱膝的动作，是为了能使脊柱最大限度地前屈，使得相邻腰椎棘突之间的间隙开至最大，方便医生穿刺进针，突破软组织进入终池的蛛网膜下腔抽取脑脊液。

（3）穿刺时，针头依次需经过：皮肤、浅筋膜、深筋膜、棘上韧带、棘间韧带、黄韧带、硬脊膜和脊髓蛛网膜而到达终池。因黄韧带坚韧有弹性，且硬膜外隙为负压，针穿入硬膜外隙时有落空感。硬脊膜也较坚韧，穿刺针穿过时，可获得第二次落空感。针头一旦进入蛛网膜下隙，就会有脑脊液流出。

脑脊液穿刺与硬膜外麻醉穿刺明显的不同是，后者不穿过硬脊膜和蛛网膜，因此，在技术上要求更高些。

病例6-4

（1）人一生中发生腰背部疼痛的概率为60%～90%，其中大多数是良性的，且通常在几周内逐步缓解。约70%的下腰部疼痛由腰扭伤引起，其余约30%则与退行性椎间盘病、椎间盘突出、椎管狭窄、创伤、肿瘤等有关。本病例患者腰背部疼痛最可能原因是因腰背扭伤引起。腰部扭伤患者近期通常有从事特定的工作或活动，如提举重物、弯腰、转腰等，疼痛即刻见于从事上述活动后，并在几个小时后因局部组织水肿和肌肉反应性收缩而加重，于次日感到疼痛进一步加重并有局部僵硬感。

（2）该患者为背深肌劳损，而背深肌中的竖脊肌常被累及。竖脊肌（骶棘肌）是主要的背深肌，起自骶骨背面和髂嵴后份,向上分出多条肌束分别止于椎骨、肋及枕骨,为背肌中最长、最大的肌。该肌纵列于躯干的背面,脊柱两侧的沟内,居四块浅层肌的深面。竖脊肌是维持人体直立的重要肌,收缩时使脊柱后伸。竖脊肌深部有许多短肌,呈节段性分布,附着于椎骨与椎骨之间,加强椎骨间的连接,同时增加脊柱运动的灵活性。

躯干在负重活动时,位置越低所承受的重量越大,因而腰部受力最大也最集中。躯干的稳定性主要依赖于脊柱,当脊柱结构不稳定时,起辅助作用的腰背肌将超负荷工作以维持躯干的稳定。长期如此,肌肉代偿增生、肥大。同时,长期弯腰工作可压迫小血管,使肌肉供血不足、代谢废物聚积,刺激局部而产生损伤性炎症。本病例患者竖脊肌劳损,腰背部的持续性酸胀痛由肌痉挛引起,疼痛区有固定的压痛点,压痛点通常在肌肉起、止点或神经肌接头附近;其典型体征为脊柱运动受限且大范围的压痛。

病例 6-5

(1) 根据患者的表现,显然是刺伤了脊髓的传导通路。损伤部位在胸髓,且偏右侧,导致脊髓右侧半横断(Brown-Sequard 综合征)。患者左侧躯干和左下肢出现浅感觉丧失,提示右侧脊髓丘脑束受损;而浅感觉丧失区在躯干剑突水平以下,剑突水平的感觉由 T_6 支配,推测脊髓受损伤的节段在 $T_{4\sim5}$。因为脊髓丘脑束的纤维起自对侧后角神经元,并上升 $1\sim2$ 个节段,所以一侧脊髓丘脑束受损后,痛、温觉的消失出现在对侧,且在损伤平面 $1\sim2$ 个节段以下。患者右下肢出现深感觉及精细触觉障碍,提示右侧脊髓内的薄束受损;而右下肢出现上运动神经元受损的表现,提示右侧脊髓内的皮质脊髓束受损。

(2) 由于从胚胎第四月起,人体脊柱的生长速度较脊髓快,因此,成人脊髓与脊柱不等长,导致脊髓的节段与相应的椎骨并不完全对应(推算方法见例表 6-1)。了解脊髓节段与椎骨的对应关节具有重要的临床意义。如在创伤中,可根据受伤椎骨的位置来推测可能受损伤的脊髓节段,反之亦然。根据下表推测,本病例患者损伤区在第 3 胸椎,其平对的胸髓为 $T_{4\sim5}$。

例表 6-1　脊髓节段与椎骨的对应关系

脊髓节段	对应椎骨	推算举例
上颈髓 $C_{1\sim4}$	与同序数椎骨相同	如第 3 颈髓节平对第 3 颈椎体
下颈髓 $C_{5\sim8}$ 和上胸髓 $T_{1\sim4}$	同序数椎骨数-1	如第 5 颈髓节平对第 4 颈椎体
中胸髓 $T_{5\sim8}$	同序数椎骨数-2	如第 5 胸髓节平对第 3 胸椎体
下胸髓 $T_{9\sim12}$	同序数椎骨数-3	如第 11 颈髓节平对第 8 胸椎体
腰髓 $L_{1\sim5}$	平对第 $10\sim12$ 胸椎	
全部骶髓和尾髓	平对第 1 腰椎	

第七章　上　　肢

病例 7-1

(1) 患者在手术切除腋窝淋巴结时,支配前锯肌的胸长神经明显受损。胸长神经一直紧贴胸侧壁下行,通常易于辨认。然而在腋窝解剖中,当切除淋巴结时,此神经可能被意外损伤。胸长神经损伤可导致前锯肌瘫痪。前锯肌紧贴胸廓外侧壁,以肌齿起自第 $1\sim8$ 肋外面,肌束斜向后上,止于肩胛骨内侧缘。收缩时拉肩胛骨向前,并使肩胛骨紧贴胸廓,其下部肌束拉肩胛骨下角外旋,协助举臂。当举臂过肩时,前锯肌可强有力地协助斜方肌使肩胛骨向外上旋转。前锯肌瘫痪后,肩胛骨向外上旋转能力减弱,影响臂的上举运动,以上解释了患者难以梳头的原因。当患者双手推墙时,由于前锯肌瘫痪,肩胛骨内侧缘翘起,形成"翼状肩"。

(2) 胸长神经的损伤和前锯肌的麻痹通常由武器(刀和枪)伤引起,但也可发生于重大交通事故中或当患者被机动车辆碾过时。肩胛骨骨折和（或）肋骨骨折可损伤此神经。

（3）腋窝分布着很多神经,在腋窝下部进行淋巴结清扫的操作中,有损伤胸背神经(支配背阔肌的神经)的危险。该神经沿腋腔后壁向下外侧走行,在第二、三肋水平进入背阔肌。背阔肌瘫痪的患者难以内收和内旋上臂。

在腋窝手术时,还必须小心以避免伤及支配胸大肌的胸内侧和胸外侧神经。胸大肌瘫痪将严重减弱臂的内收和内旋功能。肋间臂神经为第二肋间神经的外侧皮支,在腋腔底部解剖中,偶尔会伤及,因为该神经到达上臂之前横穿腋腔底,并靠近腋淋巴结。肋间臂神经损伤可引起腋窝和臂上部后内侧的皮肤感觉障碍。

病例 7-2

（1）肌腱袖(musculotendinous cuff)是肩关节的肌腱带,由前方的肩胛下肌(止于肱骨小结节)、上方的冈上肌(止于肱骨大结节的上部)、后方的冈下肌(止于肱骨大结节的中部)和小圆肌(止于肱骨大结节的下部)构成。它们在接近止点的位置与关节囊相互愈着并相互融合形成袖套样结构包绕在肩关节的周围,构成肩关节的动力性稳定装置。肌腱袖的主要作用如下:①组成肌腱袖的肌肉包绕肩关节,能使肩关节产生各种运动;②肌腱袖从前、上、后等几个方向保护肩关节,可防止肱骨头向前、上、后方脱臼;③肌腱袖加强了肩关节的关节囊,通过肌肉的紧张性使肱骨头和肩胛骨关节盂紧密接触,不仅有利于肩关节的灵活运动,更增加了肩关节的稳定性。

（2）任何人在投掷物品(如棒球)或上臂外展(如滑雪摔倒)以及肩关节频繁劳损时都可损伤肌腱袖的结构,甚至致使其撕裂。此损伤在 45 岁以上人群常见。在肩关节外展过程中冈上肌腱的最大张力出现于肌腱前部的关节侧,而冈上肌肌腱的前部关节侧正是肌腱袖损伤常见的首发部位。肌腱袖的血液供应来自于旋肱前动脉的外侧升支、胸肩峰动脉的肩峰支、肩胛上动脉以及旋肱后动脉。冈上肌腱的最远端 1cm 为缺血区。随着年龄的增长,不仅肌腱袖的血供有下降趋势,同时易出现肌腱止点的退化变性,当外展的上臂受到间接外力(如老年人举重物)时容易导致肌腱袖损伤。另外,肩峰下撞击征是肌腱袖损伤的另一个重要原因,冈上肌腱在肩峰与大结节间通过,肱二头肌长头腱位于冈上肌深面,越过肱骨头上方止于顶部或关节盂上粗隆,肩关节运动时这两个肌腱在喙肩弓下往复移动,肩峰或肩峰下结构的退变或发育异常,或动力原因引起的肩关节不稳定,均可导致冈上肌腱、肱二头肌长头腱及肩峰下肌腱的撞击性损伤。创伤也是肌腱袖损伤的重要原因之一。总之,肌腱袖损伤的内在原因是肩关节周围肌腱随增龄而出现组织退化,以及其在解剖存在乏血管区的固有弱点,而创伤与撞击加速了肌腱袖退化和促成了断裂的发生。

（3）同下肢的髋关节相比,上肢的肩关节活动度更大,但其内在稳定性低。肌腱袖的存在为肩关节提供了良好的内在稳定性和精确的空间位置控制能力。正常情况下肌腱袖为肩关节提供了冠状面和轴面上的力偶平衡,满足肩关节的功能要求。①在冠状面上的平衡:位于肩关节旋转中心下方的肌腱袖肌肉,包括肩胛下肌的下部、冈下肌的下部和小圆肌的全部,所产生的力矩能与三角肌产生的力矩平衡,使合力的方向指向关节盂中心,抵抗三角肌收缩产生的向上的牵引力,维持了肩关节在上举过程中的稳定。②在轴面上的平衡:指位于前方的肩胛下肌与位于后方的冈下肌和小圆肌的力矩平衡,其产生的合力方向亦指向关节盂的中心,能使肩关节在活动范围内的任意空间位置保持稳定性。当肌腱袖损伤时,由于相应肌腱袖肌肉功能丧失而导致上述力偶平衡被打破,从而产生不同种程度的肩关节功能障碍。

病例 7-3

（1）毫无疑问,该患儿的肱骨髁上骨骺移位损伤了患侧的尺神经。男性到 16 岁(女性到 14 岁)内上髁骨骺才与骨干侧面完全融合,因此该患儿的损伤实为肱骨内上髁骨骺分离,如果发生在 16 岁以上的人,可能会发生内上髁骨折。尺神经发自臂丛内侧束,沿肱二头肌内侧沟伴尺侧上副动脉下行,于臂中部转向后下进入肱骨内上髁后方的尺神经沟。尺神经在此处位置既表浅,又紧贴骨面,故肱骨内上髁骨折或骨骺移位时易受损。

（2）尺神经在臂部无分支，在前臂上部发出肌支支配尺侧腕屈肌和指深屈肌尺侧半。在桡腕关节上方约 5cm 处，发出尺神经手背支，分布于手背尺侧半和尺侧 2 个半手指背面的皮肤。尺神经本干经豌豆骨外侧分为浅、深支入手掌，浅支分布于手掌尺侧 1 个半手指及对应的手掌皮肤，深支支配小鱼际肌、拇收肌、全部骨间肌及第 3、4 蚓状肌。因该患儿左尺神经在分支前受损，故同时出现支配区的感觉缺失和肌肉麻痹，即患侧小指及手内侧缘对针刺无反应。医生知道骨间肌由尺神经支配，骨间掌侧肌的功能使第 2、4、5 指向中指靠拢，当医生放一张纸片在患儿的手指间，并嘱其尽可能夹紧纸片，以此来检测该肌是否无力。手指内收无力是尺神经损伤和骨间掌侧肌麻痹的典型症状。

当然，该患儿还可能出现其他肌肉运动障碍：除拇指外的其余手指不能外展（骨间背侧肌瘫痪）；拇指不能内收（拇收肌瘫痪）；第 4、5 手指掌指关节屈曲能力减弱（第 3、4 蚓状肌瘫痪）；腕部屈曲、内收能力减弱（尺侧腕屈肌瘫痪）。

（3）因尺神经仅受到挤压和牵拉，损伤并不严重，不需要手术探查。随着压迫的解除，尺神经水肿消退，新的轴突在原来的神经内膜鞘和神经鞘内长至神经损伤位点的远端时，可恢复对瘫痪肌肉的神经支配，结合物理疗法，该患儿在数月后便可恢复功能。

病例 7-4

（1）根据症状可判断患者左侧腋神经在腋窝中受压而损伤，导致左三角肌区疼痛且感觉异常，左上肢外展乏力。

（2）腋神经位于肩关节的下方，长期错误地使用腋型拐杖导致腋窝承受大多数重量，而不是手。将腋神经挤压至肩关节，使腋神经出腋窝处受到间歇性的压迫。医生应指导患者正确使用腋型拐杖：让双手承受重量而不是腋窝。出现上述症状后，应建议患者换用长肘型拐杖。

如果不及时消除腋神经压迫，将造成拐杖性瘫痪，进一步发展还可能出现：①肩部及臂上外部皮肤感觉障碍；②肩关节不能外展；③三角肌萎缩，肩部圆隆的外形消失，形成"方肩"畸形。

病例 7-5

（1）鼻烟窝即解剖学"鼻烟壶"，位于腕和手背的桡侧，在拇指充分外展并后伸时明显，呈尖向远侧的三角形浅凹。其深部有桡动脉通过，可触及其搏动。"鼻烟壶"的底部由手舟骨和月骨构成，当腕关节过伸时舟骨易于骨折，此时"鼻烟壶"肿胀，局部压痛明显。

（2）舟骨骨折通常是无移位的线状骨折，骨折后 X 线检查难以发现，尤其是在损伤早期。在受损 10～14 天后，随着骨折处水肿的逐渐消失，骨折裂缝更明显，因而易于在 X 线检测到。因此当可疑舟骨骨折时，如 X 线检查不能发现骨折，应进一步行 CT 检查，以免漏诊。

（3）由于舟骨在腕部所处的特殊位置和其相对较小的体积，骨折后很难进行固定。腕部的持续运动常导致舟骨骨折难以愈合。舟骨骨折时常伴有韧带的移位和撕裂，影响舟骨一个断面的血供，从而可能导致部分舟骨发生缺血性坏死。由于舟骨通常由两条滋养动脉供血，一条供给近侧半，一条供给远侧半。偶尔两条动脉都供给远侧半，因此，分离的近侧半舟骨没有血供。引起的缺血性坏死可能会造成骨折愈合延迟或不愈合。

病例 7-6

腕部是前臂的肌腱、血管和神经进入手部的通路，分腕前区和腕后区。用力握拳时，腕前区有三条隆起的肌腱，由外侧到内侧分别是桡侧腕屈肌腱、掌长肌腱和尺侧腕屈肌腱。桡侧腕屈肌腱与桡骨茎突之间有桡动脉通过，是临床上常用的切脉点；掌长肌腱深面稍外侧有正中神经。

（1）该患者右侧腕部的掌长肌腱已被切断，还可能切断了桡侧腕屈肌腱。根据临床检查，可判断其右侧正中神经也被切断,因在腕部正中神经位于掌长肌腱的深部外侧。患者右腕部喷血,表明伤及了桡动脉主干。

(2)在腕部切断正中神经不会影响腕部的屈曲功能。腕部正中神经受损可致患者鱼际肌和第一、二蚓状肌瘫痪。鱼际肌瘫痪使患者拇指不能做对掌运动。由于骨间后神经(桡神经分支)未受影响,患者能用拇长展肌外展拇指,但因正中神经返支支配的拇短展肌瘫痪,拇指外展功能在一定程度上有所减弱。患者能用拇长伸肌和拇短伸肌正常伸拇指。因为支配拇收肌的尺神经深支未受影响,患者能内收拇指。由于正中神经支配的第一、二蚓状肌以及指浅屈肌和指深屈肌桡侧半的瘫痪,第2和第3指无法做精细运动,正中神经皮支受损,导致拇指及邻近的两个半手指及相应的手掌皮肤出现感觉丧失。若正中神经损伤后未能及时修复,几周后将出现鱼际肌萎缩。

病例 7-7

(1)在掌中部,屈指肌腱及尺侧囊与骨间肌和深血管神经层之间,有疏松结缔组织填充,此即掌间隙。掌间隙被掌中隔分成内侧的掌中间隙和外侧的鱼际间隙。根据患者右手掌肿胀、掌心凹陷消失,压痛明显,中、环、小指呈屈曲状等症状和体征,提示与掌间隙的位置及其毗邻结构受感染影响相吻合。

(2)掌间隙的交通:向远侧通过蚓状肌管、指蹼间隙与指背、手背相交通,向近侧经腕管与前臂屈肌后间隙相交通。本案例患者出现手背肿胀,是由于感染从掌间隙经指蹼间隙蔓延到手背所致;如感染得不到及时控制,掌间隙的感染还可经腕管蔓延至前臂屈肌后间隙。

在临床上,掌间隙的感染若经大剂量抗生素治疗效果不理想,应尽早切开引流,可选择纵行切开中指与环指间的指蹼。用止血钳撑开皮下组织,即可达掌中间隙。

第八章　下　　肢

病例 8-1

(1)本病例患者出现了下肢大隐静脉曲张。下肢静脉曲张是指下肢浅静脉因血液回流障碍而引起的以静脉扩张和迂曲为主要表现的一种疾病,是静脉系统最重要的疾病,也是四肢血管疾患中最常见的疾病之一。下肢浅静脉系统是由大、小隐静脉及其属支组成,可引流下肢皮肤和皮下组织的静脉血。

(2)大隐静脉为人体最长、最粗的浅静脉,是全身最易发生曲张的一条血管。其解剖学基础是:①行程长,距心脏远,需克服较大的重力作用;②静脉管壁薄,易于扩张;③因位于疏松的皮下组织中,周围缺乏支持和保护性结构(如肌肉的收缩及动脉的搏动等);④某些人呈先天静脉瓣膜发育不全。常见的诱因有:长期站立;腹压增高(如慢支炎、肺心病、长期便秘等)、较近侧的静脉发生阻塞或受压(如骨盆内肿瘤、妊娠子宫压迫近侧血管),也可继发于深静脉血栓形成的患者。在上述情况下,造成静脉回流迟缓→静脉内压力增高→血液回流障碍引起静脉扩张→逐渐使静脉伸长且弯曲→产生曲张。在小腿的下内侧,由于血液回流障碍,该处皮肤可发生慢性湿疹、硬化甚至溃疡。

(3)为防止大隐静脉曲张进一步加重,应建议患者休息、抬高患肢,避免长期站立,患肢穿弹力袜或用弹力绷带,绷带的压力应远侧高而近侧低,以利血液回流。若保守治疗效果不佳,宜行大隐静脉高位结扎和切除术,此时必须分别结扎和切断5条属支以及与深静脉的穿通支,以防复发。

病例 8-2

(1)位于大腿根部的股鞘在矢状位上被两个纤维结缔组织隔分成外、中、内三格,分别容纳股动脉、股静脉和股管。股管即股鞘内侧格,为长1~2cm的潜在性盲管,内有少许脂肪组织和1~2个腹股沟深淋巴结。

股环即股管上口,直径0.8~1.0cm,前界为腹股沟韧带,后界为耻骨梳韧带,内侧界为腔隙韧带(陷窝韧带),外侧界借纤维隔与股静脉相邻。股管向上经股环与腹膜外间隙相通,下端封闭,正对隐静脉裂孔。

（2）股管是腹壁较为薄弱的地方,当腹内压力急剧增高时,可迫使腹腔内容物经股环、股管、隐静脉裂孔突出至股部皮下,称为股疝。

股疝需与腹股沟疝(直疝和斜疝)鉴别。腹股沟韧带和耻骨结节是区别股疝与腹股沟疝的重要标志。腹股沟疝的疝囊颈位于腹股沟韧带的上方,而股疝的疝囊颈位于腹股沟韧带的下方。股疝进入股管,可经隐静脉裂孔突出至大腿皮下,在耻骨结节外下方形成肿块。而腹股沟疝在耻骨结节上方形成肿块,腹股沟斜疝和直疝自腹股沟皮下环突出至阴囊或大阴唇,因此,腹股沟疝不会在大腿前面皮下形成肿块。

股疝在老年女性中发病率高(男女比率约为1∶3)。因女性骨盆较宽,股血管较细,尤其老年女性多次妊娠和退行性变,肌肉筋膜更为薄弱松弛,故股环相对较大,易发生股疝。

股疝的嵌顿较常见。由于股环和隐静脉裂孔相对较小,且股环的边缘较坚韧,突入股疝疝囊内的肠管的静脉回流易受阻,而此时动脉血供受影响较小,从而导致肠管充血肿胀,继之整个血液循环障碍。因此,必须早期进行手术以防止嵌顿的肠管发生坏死。嵌顿性股疝松解术时,需切开疝环,此时应注意勿损伤异常的闭孔动脉。

（3）有时股管内肿大的淋巴结可能会被误诊为股疝,但肿大的淋巴结质地较疝更硬。淋巴结的肿大可因其引流区的肿瘤或感染所致。

病例 8-3

（1）根据患者疼痛的部位及 MRI 扫描结果提示,患者腰5椎体与骶1椎体之间椎间盘突出,突出的髓核压迫了与坐骨神经相关的神经根。

（2）坐骨神经起自 $L_4 \sim S_3$ 脊髓节段,为全身最粗大的神经,自梨状肌下间隙出盆后,于臀大肌深面向下,经坐骨结节和股骨大转子连线的中点下降达股后区,从股二头肌长头深面下降,至腘窝上角分为胫神经和腓总神经两大终末支。坐骨神经本干在股后区发出肌支支配股后肌群。胫神经为坐骨神经两终末支中较粗大者,在腘筋膜深面自腘窝上角沿中线垂直下降至腘窝下角,在小腿比目鱼肌深面伴胫后动脉下行,至内踝后方分为足底内侧神经和足底外侧神经进入足底,分布于小腿后肌群及足底肌、小腿后面和足底皮肤。

坐骨神经痛是指坐骨神经支配区域的疼痛。疼痛出现在臀区,尤其是坐骨结节区域、大腿后部、小腿后外侧、踝及足背外侧的部分区域。值得注意的是,由于坐骨神经由腰髓和骶髓多个节段发出的神经根组成,不同部位的椎间盘突出可导致髓核压迫不同的神经根,因此,不同患者出现坐骨神经痛的区域也不尽相同。

（3）腰骶椎间盘向后外侧突出压迫坐骨神经,引起臀部疼痛,并沿坐骨神经的走行放射到大腿后部和小腿后面。患者在直腿抬高试验中感觉疼痛加重,是因为下肢伸直时牵拉了坐骨神经的缘故。患者在足背屈时疼痛加剧,是因为坐骨神经及其神经根被进一步牵拉所致。

病例 8-4

（1）腘窝在膝关节的后方,其内由浅入深的结构有:胫神经、腘静脉、腘动脉及其腘深淋巴结,窝的上外缘有腓总神经。由于腘动脉位于腘窝深面,紧贴腘平面,在发生股骨下端或胫、腓骨近端粉碎性骨折时,骨折碎片常可损伤腘动脉。由于腘动脉在腘窝下端分为胫前和胫后动脉,因此,骨折时也可损伤上述分支动脉。同时,还可损伤由腘动脉发出的一条或多条关节支。

腘静脉由胫前、胫后静脉汇合而成,与腘动脉伴行,位于动脉浅面,并与动脉共同包裹于血管鞘中。当腘血管损伤时,易造成动、静脉瘘。

（2）胫后动脉的搏动在内踝和足跟的中点处可触及。足背动脉(胫前动脉的延续)的搏动可在踝关节前方、姆长伸肌肌腱外侧触及。这些部位的动脉位置表浅,适于检查动脉搏动。本案例中如患者的动脉搏动消失则提示腘动脉或胫前、胫后动脉发生了损伤。

（3）在腘窝内胫神经较腘血管位置表浅,胫骨近侧端骨折时胫神经也可被伤及。胫神经的分支及分布:

在腘窝内发出肌支至小腿三头肌;皮支(腓肠内侧皮神经)参与组成腓肠神经,腓肠神经与小隐静脉伴行,分布于小腿后区下部和足背外侧皮肤。胫神经的损伤可影响小腿后肌群以及足底的肌肉,因而患者足不能跖屈,足内翻无力,不能屈趾;因小腿前外侧肌群的牵拉,使足呈背屈外翻状(即钩状足)。

由于腓总神经与腓骨颈的密切关系,使得腓骨颈骨折时易损伤腓总神经。腓总神经为坐骨神经的另一终末支,沿腘窝上外侧界下降(无动脉伴行),经腓骨小头后方,绕腓骨颈分为腓浅神经和腓深神经,分布于小腿前肌群和小腿外侧肌群。腓总神经的损伤可影响到小腿外侧肌群(由腓浅神经支配)和小腿前肌群(由腓深神经支配),因而患者足不能外翻和背屈,足趾不能伸直。患者表现为典型的足下垂(足跖屈和轻微内翻)和跨越步态。

病例 8-5

踝关节扭伤多发生于跖屈位,如下山、下楼梯等运动过程,使承重足过度内翻。扭伤一词通常表示韧带发生了一定程度的撕裂。严重的扭伤常会引起韧带纤维的断裂,致踝关节的不稳定。此病例患者在下楼梯时跌倒,足处于过度内翻位置,其体重施加于内翻的足部,造成踝关节扭伤和骨折。距腓前韧带可能部分或完全撕裂,甚至跟腓韧带和距腓后韧带也被伤及。通常情况下,胫、腓骨下端与内、外踝所形成的深窝将距骨牢固固定,当踝关节外侧韧带撕裂时,距骨被迫向外踝倾斜,导致腓骨外踝的骨折。

如果踝部受到相反方向的外力作用(即过度外翻),强健的内侧韧带可将内踝撕脱。如外力持续作用,还可使距骨发生倾斜,并使距骨和外踝向外侧移位。由于胫腓骨间韧带起到枢轴的作用,近侧胫腓关节近侧段的腓骨也可发生骨折。

该患者的踝关节损伤可能并不是 Pott 骨折。"Pott-骨折-脱位"一词常用来泛指发生于内、外踝的骨折或骨折合并脱位。因此,轻度的 Pott 骨折伤及内、外踝(或一侧踝部和一条韧带);而重度的 Pott 骨折包括内、外踝和胫骨后缘(或内、外踝和一条韧带)。

病例 8-6

(1) 膝关节是人体滑膜最多、关节面最大和结构最复杂的关节,其周围有至少 12 个连于皮肤和深层结构之间的滑液囊。由于膝关节滑膜分布广泛且位于肢体较表浅部位,故遭受损伤和感染的机会较多。而膝关节周围的滑液囊中有 4 个与膝关节的滑膜腔相互交通,其中最重要的是位于股四头肌与股骨体之间的髌上囊,可超出髌骨上缘上方 5cm 左右,几乎与膝关节腔自由相通。外科中常将髌上囊作为膝关节腔的一部分。本案例患者在距髌骨底近侧约 4cm 处被刀刺伤,引起了髌上囊感染,由此蔓延至膝关节腔内。

(2) 髌上囊感染后,滑膜充血、水肿,渗出增多,髌上囊积液。由于髌上囊与膝关节滑膜腔相通,膝关节腔内滑液量也可能增加。本案例出现浮髌实验阳性,提示右膝关节腔内出现积液。此时可在髌骨两侧缘中点,行关节腔穿刺抽液检查,现时还可注射药物以治疗膝关节的病理改变。

病例 8-7

(1) 踝管位于踝关节内侧,踝管内通过的结构有:胫骨后肌腱及腱鞘、趾长屈肌腱及腱鞘、胫后血管、胫神经、姆长屈肌腱及腱鞘。因而患踝管综合征时上述结构将被累及。

(2) 踝关节内侧反复扭伤,使踝管内肌腱产生摩擦而形成腱鞘炎,腱鞘肿胀、肥厚,从而使踝管相对狭窄,由于管内压力增高,产生胫神经受压等症状。而胫神经穿踝管至足底后,随即分为足底内、外侧神经。因而产生了足底麻木、蚁行感等症状。

病例 8-8

(1) 股骨颈的上下径较前后径大 1/3,老年人因骨质疏松,股骨颈中部骨密度减低,轻微外伤或肢体突然扭转,都可能引起股骨颈骨折。本案例患者要跌倒时,为了支撑身体,她可能会施一扭力作用于一侧髋部,从而使股骨最脆弱的部分(即股骨颈)骨折。骨折发生后该患者跌倒在地,骨折并非其跌倒的结果,而是跌倒的原因。

(2)股骨颈骨折的特征性症状体征就是伤腿的外旋和缩短。外旋是由于股骨头与股骨干骨折分离后,髂腰肌的牵拉而使下肢的承重轴改变所致。下肢缩短则是由于跨过髋关节连接股骨和髋骨的肌肉痉挛,将骨折远端向近端牵拉的结果。

(3)髋关节的关节囊坚韧致密,其附着形式对临床有一定意义。其上端附于髋臼周缘,下端达股骨颈,前壁附于转子间线,包绕股骨颈全长,后壁仅包绕股骨颈内侧 2/3,故股骨颈骨折分为囊内骨折(股骨头下和颈中部)和囊外骨折(基底部)。股骨头的血供主要有三个来源:支持带动脉(由旋股内、外侧动脉发出)、股骨滋养动脉及股骨头韧带动脉(由闭孔动脉发出),其中支持带动脉是股骨头动脉的主要来源。股骨颈骨折时支持带动脉可能断裂。股骨头韧带内的动脉可因发育不全而缺如,即使存在,其血液也仅供股骨头凹周围的有限区域,故股骨头的血供比股骨颈少。另外,沿股骨颈行走的动脉非常脆弱,局部的水肿或股骨颈骨折均会损伤上述血管。一般来说,囊外骨折时股骨头血供来源较丰富,骨折易愈合;囊内骨折时营养股骨头的血供越容易被破坏。

本病例患者骨折发生在股骨头下,属囊内骨折,近侧端的血供常被破坏,因而更易发生骨不连和股骨头的缺血性坏死(由于血供缺乏引起近侧端骨折碎片的坏死和崩解)。

(贺桂琼　侯志勇)

参考文献

［1］ 柏树令,应大君. 系统解剖学. 8 版(八年制). 北京:人民卫生出版社,2013.

［2］ 丁文龙,华佳. 临床应用解剖学:病例讨论及分析. 北京:人民卫生出版社,2011.

［3］ 凌光烈,刘元健,田振国,徐恩多. 外科解剖学. 北京:科学出版社,2008.

［4］ 刘树伟. 断层解剖学. 3 版. 北京:高等教育出版社,2017.

［5］ 刘树伟,李瑞锡. 局部解剖学(五年制). 第 8 版. 北京:人民卫生出版社,2013.

［6］ 李瑞锡,刘树伟. 局部解剖学实物标本彩色图谱. 北京:人民卫生出版社,2016.

［7］ 张绍样,张雅芳. 局部解剖学(八年制). 第 3 版. 北京:人民卫生出版社,2016.

［8］ 张朝佑. 人体解剖学. 3 版. 北京:人民卫生出版社,2009.

［9］ 中国解剖学会体质调查委员会. 中国人解剖学数值. 北京:人民卫生出版社,2002.

［10］ 钟世镇. 数字人和数字解剖学. 济南:山东科学技术出版社,2004.

［11］ 朱长庚. 神经解剖学. 2 版. 北京:人民卫生出版社,2009.

［12］ Agur AMR,Dalley AF. Grant's Atlas of Anatomy. 13th ed. Philadelphia:Lippincott Williams & Wilkins,2013.

［13］ BoWJ,Carr JJ,Krueger WA,et al. Basic Atlas of Sctional Anatomy with Correlated Imaging. 4th ed. Philadelphia:Saunders Elsevier,2007.

［14］ Clemente CD. Anatomy:A Regional Atlas of the Human Body. 6th ed. Philadelphia:Lippincott Williams & Wilkins,2011.

［15］ ClementeCD. Clemente's Anatomny Dissector. 3nd ed. Philadelphia:Lippincott Williams & Wilkins,2011.

［16］ DrakeRL,Wayne Vogl A,Mitchell AWM. Cray' sAntony for Students. 2nd ed,. Beijing:Peking University Medical Press,2010.

［17］ MoreKL,Dalley AF,Agur AMR. Cinically Oriented Anatomy. 6th ed. Philadelphia:Lippincott Williams & Wilkins,2010.

［18］ Morton DA,Peterson KD. Albertine KH. Gray's dissection Guide forHuman Anatomy. 2nd ed. Philadelphia:Churchill livingstone,2007.

［19］ Snell RB. Clinical Anatomy by Regions. 9th ed. Philadelphia:Lippincott Williams & Wilkins,2012.

［20］ StandringS. Gray's Anatomy. 40th ed. Edinburgh:Churchill Livingstone,2008.

［21］ Tank PW. Grant's Gissector. 14th ed. Philadelphia:Lippincott Williams & Wilkins,2009.

［22］ Basmajian JV. Grant's Method of Anatomy. 10th ed. Williams & Wilkins,1980.

中英文名词对照索引